निर्भय होय न कोय

आचार्य प्रशांत

राजपाल

स्थापित 1912
100 वर्षों की
श्रेष्ठ प्रकाशन परम्परा
राजपाल

ISBN : 9789393267030

NIRBHAY HOY NA KOY (Inspiration & Personal Growth)

by Acharya Prashant

राजपाल एण्ड सन्ज़

1590, मदरसा रोड, कश्मीरी गेट, दिल्ली-110006

फोन : 011-23869812, 23865483, 23867791

e-mail : sales@rajpalpublishing.com

www.rajpalpublishing.com

www.facebook.com/rajpalandsons

क्रम

आचार्य प्रशांत

मनुष्य को ज्ञात सबसे प्राचीन शास्त्रों में वेद शीर्ष पर आते हैं और वेदांत वैदिक सार के परम शिखर हैं।

आज दुनिया ऐसी समस्याओं से जूझ रही है जो इतिहास में पहले कभी नहीं देखी गईं। अतीत में हमारी समस्याएँ अक्सर बाहरी परिस्थितियों के कारण होती थीं, जैसे कि भुखमरी, गरीबी, अशिक्षा, प्रौद्योगिकी का अभाव, स्वास्थ्य संबंधित समस्याएँ आदि। संक्षेप में कहें तो चुनौती बाहरी थी, दुश्मन—चाहे वो सूक्ष्म जीव के रूप में हो या संसाधनों की कमी के रूप में—बाहर था। सीधे कहें तो मनुष्य अपनी बाहरी परिस्थितियों के दबाव में संघर्षरत रहता था।

परन्तु बीते सौ वर्षों में बहुत से बदलाव हुए हैं। मनुष्य के संघर्षों ने इस सदी में एक बहुत ही अलग और जटिल रूप ले लिए हैं। पदार्थ को किस तरह से अपने उपभोग के लिए इस्तेमाल करना है, वह आज हम जानते हैं; परमाणु और ब्रह्मांड के रहस्य मनुष्य के अथक अनुसंधान के आगे ज़्यादा छिपे नहीं रह गए हैं। आज गरीबी, अशिक्षा और बीमारी अब वैसी अजेय समस्या नहीं रही जैसे पहले प्रतीत हुआ करती थी। इसी के चलते अब हमारी महत्वाकांक्षा दूसरे ग्रहों में बसने और यहाँ तक कि मृत्यु को मात देने की हो गई है।

वर्तमान काल मनुष्य के इतिहास में सबसे अच्छा होना चाहिए था। इससे कहीं दूर, हम अपने आप को आंतरिक रंगमंच में चुनौती के एक बहुत ही अलग आयाम पर पाते हैं। बाहरी दुनिया में लगभग हर चीज़ पर विजय प्राप्त करने के बाद मनुष्य पा रहा है कि वह आज पहले से कहीं ज़्यादा गुलाम है। और यह एक अपमानजनक गुलामी है—सभी पर वर्चस्व जमाना और फिर यह पाना कि भीतर से एक अज्ञात उत्पीड़क के बहुत बड़े गुलाम हैं।

मनुष्य भले ही प्रकृति पर अपना नियंत्रण बनाने में सफल हो गया हो लेकिन वह स्वयं अपने आंतरिक विनाशकारी केंद्र द्वारा नियंत्रित है, जिसका उसे बहुत कम ज्ञान है। इन दोनों के साथ होने का मतलब है कि मनुष्य की प्रकृति का नाश करने की क्षमता असीमित और निर्विवाद है। मनुष्य के पास केवल एक ही आंतरिक शासक है: इच्छा, उपभोग करने और अधिक-से-अधिक सुख का अनुभव करने की अनंत इच्छा। मनुष्य सुख का अनुभव तो करता है पर फिर भी स्वयं को अतृप्त ही पाता है।

इस संदर्भ में आध्यात्मिकता के शुद्ध रूप में वेदान्त आज पहले से कहीं अधिक महत्वपूर्ण हो जाता है। वेदांत पूछता है : भीतर वाला कौन है? उसका स्वभाव क्या है? वह क्या चाहता है? क्या उसकी इच्छाओं की पूर्ति से उसको संतोष मिलेगा?

आज मानव जाति जिन परिस्थितियों में खुद को पाती है, उसकी प्रतिक्रिया के रूप

में आचार्य प्रशांत वेदांत के सार को आज दुनिया के सामने लाने का महत्वपूर्ण कार्य कर रहे हैं। उनका उद्देश्य वेदान्त के शुद्ध सार को सभी तक पहुँचाना और वेदान्त द्वारा आज की समस्याओं को हल करना है। वर्तमान की ये समस्याएँ मनुष्य के स्वयं के प्रति अज्ञान से उत्पन्न हुई हैं, इसलिए उन्हें केवल सच्चे आत्म-ज्ञान से ही हल किया जा सकता है।

आचार्य प्रशांत ने दो तरीकों से वेदांत को जन-सामान्य तक लाने का प्रयास किया है: पहला, उन्होंने कई उपनिषदों और गीताओं पर सत्र लिए हैं और उनकी व्यापक टिप्पणियाँ वीडियो शृंखला और पुस्तकों के रूप में उपलब्ध हैं (लिंक : solutions.acharyaprashant.org)। दूसरा, वे लोगों की दैनिक समस्याओं को संबोधित करते हुए उन्हें वेदांत के प्रकाश में सुलझाकर उनका मार्गदर्शन करते हैं। उनके सोशल मीडिया चैनल्स ऐसे हज़ारों सत्रों के प्रकाशन के लिए समर्पित हैं।

संक्षिप्त जीवनी

प्रशांत त्रिपाठी का जन्म 1978 में महाशिवरात्रि के शुभ दिवस पर उत्तर प्रदेश के आगरा शहर में हुआ था। वे तीन भाई-बहनों में सबसे बड़े हैं, उनके पिता एक प्रशासनिक अधिकारी थे और माता एक गृहिणी। उनका बचपन ज़्यादातर उत्तर प्रदेश में ही बीता।

माता-पिता और शिक्षकों ने उन्हें एक ऐसा बालक पाया जो कभी शरारत करता तो कभी अचानक गहन चिंतन में डूब जाता। दोस्त भी उन्हें एक अपरिमेय स्वभाव वाला याद करते हैं, अक्सर यह सुनिश्चित नहीं होता था कि वे मज़ाक कर रहे हैं या गंभीर हैं। एक प्रतिभाशाली छात्र होने के कारण वे लगातार अपनी कक्षा में शीर्ष पायदान पर रहे और एक छात्र के लिए उच्चतम संभव प्रशंसा और पुरस्कार प्राप्त किए। उनकी माताजी को याद है कि कैसे उन्हें अपने बच्चे के बेहतर शैक्षिक प्रदर्शन के कारण कई बार 'मदर क्वीन' की उपाधि से सम्मानित किया जाता था। शिक्षक कहते हैं कि उन्होंने पहले कभी ऐसा छात्र नहीं देखा था जो मानविकी में उतना ही प्रतिभाशाली हो जितना विज्ञान में, जो भाषाओं में उतना ही निपुण हो जितना गणित में और अंग्रेजी में उतना ही कुशल जितना हिन्दी में। राज्य के तत्कालीन राज्यपाल ने उन्हें बोर्ड परीक्षाओं में एक नया मानदंड स्थापित करने और एनटीएसई स्कॉलर होने के नाते एक सार्वजनिक समारोह में सम्मानित किया था।

वे पाँच साल की उम्र से ही एक जिज्ञासु पाठक थे। उनके पिता के व्यापक गृह पुस्तकालय में उपनिषद् जैसे आध्यात्मिक ग्रंथों सहित दुनिया के कुछ बेहतरीन साहित्य शामिल थे। लंबे समय तक वे घर के किसी शांत कोने में बैठ जाते और उन किताबों में डूबे रहते जो केवल परिपक्व पुरुष ही समझ सकते थे। पढ़ने में खो जाने के कारण वे कई बार भोजन किए बिना ही सो जाते। दस साल का होने से पहले ही उन्होंने पिता के पुस्तक-संग्रह से लगभग सब कुछ पढ़ लिया था तथा और अधिक की माँग कर रहे थे। उनमें गहराई के शुरुआती लक्षण तब प्रकट हुए जब उन्होंने ग्यारह वर्ष की उम्र में कविताएँ रचनी शुरू कीं। उनकी कविताएँ रहस्यमयी रंगों से ओत-प्रोत थीं और ऐसे प्रश्न पूछ रही थीं जिन्हें अधिकांश वयस्क भी नहीं समझ पाते।

पंद्रह वर्ष की आयु में, कई वर्षों तक लखनऊ शहर में रहने के बाद, उन्होंने अपने पिता की स्थानांतरणीय नौकरी के कारण स्वयं को दिल्ली के पास गाज़ियाबाद में पाया। बढ़ती उम्र और शहर के परिवर्तन ने उस प्रक्रिया को गति दी जो पहले से ही गहरी जड़ें जमा चुकी थी। वे रात में जागने लगे और पढ़ाई के अलावा अक्सर रात के आसमान को चुपचाप देखा करते। उनकी कविताएँ गहराई में उतरती गईं; उनमें से बहुत सी रात और चाँद को समर्पित थीं। उनका ध्यान शिक्षाविदों के बजाय रहस्यवादियों की ओर तेजी से बढ़ने लगा।

फिर भी उन्होंने शैक्षिक रूप से अच्छा प्रदर्शन करना जारी रखा और प्रतिष्ठित भारतीय प्रौद्योगिकी संस्थान, दिल्ली में प्रवेश प्राप्त किया। आईआईटी में उनका समय दुनिया को समझने और छात्र राजनीति में गहरी भागीदारी के बीच बीता। वे राष्ट्रव्यापी कार्यक्रमों और प्रतियोगिताओं में एक उभरते हुए डिबेटर और अभिनेता के रूप में सामने आए। वे परिसर में एक जीवंत व्यक्ति, एक भरोसेमंद छात्र-नेता और मंच पर एक भावपूर्ण कलाकार थे। उन्होंने लगातार राष्ट्रीय स्तर की वाद-विवाद और भाषण प्रतियोगिताएँ जीतीं और उत्कृष्ट नाटकों में निर्देशन और अभिनय के लिए पुरस्कार भी प्राप्त किए। एक बार उन्हें एक ऐसे नाटक में अपने प्रदर्शन के लिए 'सर्वश्रेष्ठ अभिनेता' का पुरस्कार मिला जिसमें उन्होंने न तो कोई शब्द बोला था और न ही कोई कदम बढ़ाया था।

वे लंबे समय से यह महसूस कर रहे थे कि जिस नजर से अधिकांश लोग दुनिया को देखते हैं, जिस तरह से हमारे दिमाग ढर्राबद्ध हो गए हैं, उसमें मूलभूत रूप से कुछ कमी है, और इस कारण हमारे आपसी सम्बन्धों, वैश्विक संस्थाओं की संरचनाओं, समाज के कार्य करने के तरीके, मूल रूप से कहें तो हमारे जीने के ढंग में ही विकृति आ गई है। उन्होंने यह देखना शुरू कर दिया था कि मानव पीड़ा के मूल में स्पष्टता व समझ का अभाव है। वे मनुष्य की अज्ञानता, जनित हीनता, गरीबी की समस्या, उपभोग की बुराई, मनुष्य, जानवरों और पर्यावरण के प्रति हिंसा और स्वार्थ व संकीर्ण विचारधारा पर आधारित शोषण से बहुत व्यथित थे। उनका पूरा अस्तित्व ही इस विस्तीर्ण पीड़ा को चुनौती देने के लिए तैयार था, और एक युवा के तौर पर उन्हें भारतीय सिविल सेवा या प्रबंधन की राह चुनना एक सही कदम लगा।

उन्होंने उसी वर्ष भारतीय सिविल सेवा और भारतीय प्रबंधन संस्थान (आईआईएम), अहमदाबाद में प्रवेश प्राप्त किया। प्रशासनिक सेवाओं के आवंटन में उन्हें आईएएस का इच्छित पद न मिल सका, साथ ही तब तक यह भी दिखने लगा था कि प्रशासन में रहते हुए क्रांतिकारी परिवर्तन नहीं लाया जा सकता, उन्होंने आईआईएम जाने का चुनाव किया।

आईआईएम में उनके दो साल शैक्षणिक दृष्टि से काफी समृद्ध थे। वे ऐसे नहीं थे जो सदा ग्रेड और प्लेसमेंट की होड़ में ही लगे रहते, जैसा कि इन प्रतिष्ठित संस्थानों में सामान्यतय: देखने को मिलता है। वे नियमित रूप से गाँधी आश्रम के पास की एक झुग्गी में संचालित एक गैर-सरकारी संगठन में बच्चों को पढ़ाते, साथ ही, इस संगठन के खर्चों को देखने के लिए स्नातकों को गणित भी पढ़ाया करते थे। इसके अलावा, मानवीय अज्ञानता पर उनका गुस्सा थिएटर के माध्यम से आकर लेता था। उन्होंने 'खामोश! अदालत जारी

है', 'गैंडा', 'पगला घोड़ा' और '16 जनवरी की रात' जैसे नाटकों में अभिनय के साथ-साथ इनका निर्देशन भी किया। एक समय ऐसा भी आया जब उन्हें एक ही समय पर दो अलग-अलग नाटकों का निर्देशन एक साथ करना पड़ा। ये नाटक आस-पास और दूर-दराज से आए दर्शकों से खचाखच भरे आईआईएम के सभागार में हुआ करते थे। परिसर के लाभ-केंद्रित और स्वार्थ-प्रेरित माहौल में उन्होंने खुद को एक बाहरी व्यक्ति पाया। इन अस्तित्ववादी और विद्रोही नाटकों ने उन्हें अपनी पीड़ा को अभिव्यक्ति देने में मदद की और आगे के बड़े मंचों के लिए तैयार किया।

अगले कुछ वर्ष, जैसा कि वे अपने शब्दों में कहते हैं, निर्जनता में व्यतीत हुए। इस अवधि को वे एक विशेष दुःख, तड़प और तलाश के रूप में वर्णित करते हैं। शांति की तलाश में वे कॉरपोरेट जगत की नौकरियों और उद्योगों को बदलते रहे। इसी तलाश में वे समय निकालकर अक्सर शहर और काम से भी दूर चले जाया करते थे। उन्हें धीरे-धीरे यह बात स्पष्ट होने लगी थी कि वे क्या करना चाहते हैं और वह जो उनके माध्यम से व्यक्त होने के लिए पुकार रहा था, वह किसी पारंपरिक मार्ग से प्रस्फुटित नहीं हो सकता। इस दिशा में उनका अध्ययन और संकल्प जोर पकड़ने लगा, और उन्होंने बोधग्रंथों और आध्यात्मिक साहित्य के आधार पर स्नातकोतरों और अनुभवी पेशेवरों के लिए एक नेतृत्व पाठ्यक्रम तैयार किया। पाठ्यक्रम कुछ प्रतिष्ठित संस्थानों में शुरू किया गया और वे कभी-कभी अपनी उम्र से बड़े छात्रों को भी पढ़ाते। कोर्स सफल रहा और उनके लिए रास्ता साफ होने लगा।

अट्ठाईस वर्ष की आयु में उन्होंने कॉरपोरेट जगत को अलविदा कह दिया और 'इंटेलीजेंट स्पिरिचुअलिटी (प्रबुद्ध आध्यात्मिकता) के माध्यम से एक नई मानवता के निर्माण' के लिए 'अद्वैत लाइफ-एजुकेशन' की स्थापना की। प्रयोजन था मानव चेतना में गहरा परिवर्तन लाना। उनके प्रारंभिक श्रोता थे कॉलेज के छात्र जिन्हें आत्म-विकास पाठ्यक्रम का लाभ मिला। प्राचीन साहित्य की सीख को सरल शब्दों और मनोहर गतिविधियों के रूप में छात्रों तक पहुँचाया गया।

वैसे तो अद्वैत का काम अद्भुत था और सभी ने इसकी सराहना भी की, पर दूसरी ओर बड़ी चुनौतियों का सामना भी करना पड़ा। सामाजिक और शैक्षणिक व्यवस्थाओं ने छात्रों को केवल परीक्षाओं में उत्तीर्ण होने और नौकरी की सुरक्षा हेतु डिग्री प्राप्त करने के लिए तैयार किया था। आत्म-विकास की शिक्षा, मन के पार की शिक्षा, जीवन-शिक्षा जो अद्वैत छात्रों के लिए लाने का प्रयास कर रहा था, वह इतनी नई और इतनी अलग थी कि अक्सर अद्वैत के पाठ्यक्रमों के प्रति उनका रवैया उदासीनता से भरा रहता और कभी-कभी तो आंतरिक विरोध का भी सामना करना पड़ता। अक्सर कॉलेजों का प्रबंधन निकाय और छात्रों के माता-पिता भी अद्वैत के इस साहसिक प्रयास की महत्ता और विशालता को समझने में पूरी तरह विफल हो जाते थे। हालाँकि इन तमाम मुश्किलों के बीच भी अद्वैत ने अच्छा प्रदर्शन करना जारी रखा। मिशन का विस्तार जारी रहा और आज भी यह हजारों छात्रों को स्पर्श कर रहा है और उनका जीवन बदल रहा है।

लगभग 30 वर्ष की आयु में आचार्य प्रशांत ने अपने संवाद (बोध-सत्र) में बोलना

शुरू किया। ये सत्र महत्वपूर्ण जीवन-मुद्दों पर खुली चर्चा के रूप में हुआ करते थे। जल्द ही यह स्पष्ट होने लगा कि ये सत्र गहन ध्यानपूर्ण थे, मन को एक अनोखी शांति दिलाते थे और मानस पर चमत्कारिक रूप से उपचारात्मक प्रभाव डालते थे। आचार्य प्रशांत के शब्दों और वीडियो को रिकॉर्ड कर इंटरनेट पर उपलब्ध कराया जाने लगा। और जल्द ही उनके लेखन और उनके व्याख्यानों के प्रतिलेखन को प्रकाशित करने के लिए एक वेबसाइट भी तैयार की गई।

लगभग उसी समय उन्होंने आत्म-जागरुकता शिविरों का आयोजन करना शुरू कर दिया। वे सच्चे साधकों को लगभग 30 लोगों के समूह में एक सप्ताह की अवधि के लिए अपने साथ हिमालय ले जाते। ये शिविर गहन परिवर्तनकारी घटनाएँ बन गए और शिविरों की आवृत्ति में भी बढ़ोत्तरी हुई। अपेक्षाकृत कम समय में अपार स्पष्टता और शांति प्रदान करते हुए सैकड़ों शिविर अब तक आयोजित किए जा चुके हैं।

आचार्य प्रशांत का अद्वितीय आध्यात्मिक साहित्य मानव जाति द्वारा ज्ञात उच्चतम शब्दों के बराबर है। उनकी प्रतिभा वेदांत पर आधारित है। अपनी व्यापक वेदांतिक नींव के साथ उन्हें अतीत की विभिन्न आध्यात्मिक धाराओं के संगम के रूप में देखा जाता है, फिर भी वे किसी परंपरा से सीमित नहीं हैं। वे मन पर जोरदार प्रहार करते हैं और साथ ही उसे प्रेम और करुणा से शांत भी करते हैं। एक स्पष्टता है जो उनकी उपस्थिति से निकलती है और उनके होने से एक सुकून मिलता है। उनकी शैली स्पष्टवादी, शुद्ध, रहस्यमय और करुणामय है। उनके सीधे और सरल सवालों के सामने अहंकार और मन के झूठ को छुपने की कहीं जगह नहीं मिलती। वे अपने श्रोताओं के साथ खेलते हैं—उन्हें ध्यानपूर्ण मौन की गहराई तक ले जाते हैं, हँसते हैं, मज़ाक करते हैं और समझाते हैं। एक तरफ तो वे काफी करीब प्रतीत होते हैं, वहीं दूसरी तरफ यह भी दिखता है कि उनके माध्यम से आने वाले शब्दों के स्रोत कहीं और ही हैं।

इंटरनेट पर उनके द्वारा अपलोड किए गए 10,000 से अधिक वीडियोज़ और लेख मूल्यवान आध्यात्मिक संकलन हैं और सभी के लिए निःशुल्क उपलब्ध हैं। यह संकलन इंटरनेट पर दुनिया का सबसे बड़ा आध्यात्मिक सामग्री का भंडार है, जिनमें से 50 लाख से अधिक मिनट प्रतिदिन देखे जाते हैं। वे आईआईटी, आईआईएम और कई अन्य प्रतिष्ठित संस्थानों के साथ-साथ TED जैसे प्लेटफार्मों पर नियमित वक्ता रहे हैं। अभी हाल ही में पेंगुइन पब्लिशर द्वारा प्रकाशित उनकी पुस्तक 'कर्म' राष्ट्रीय बेस्टसेलर रही। प्रिंट मीडिया में उनके लेख राष्ट्रीय दैनिक समाचार पत्रों में नियमित रूप से प्रकाशित होते रहते हैं। उनके प्रवचन और साक्षात्कार राष्ट्रीय टीवी चैनलों के माध्यम से भी प्रसारित किए जाते हैं। आज उनके आंदोलन ने करोड़ों लोगों के जीवन को प्रभावित किया है। लोगों के साथ अपने सीधे संपर्क और विभिन्न इंटरनेट-आधारित चैनलों के माध्यम से सभी के लिए स्पष्टता, शांति और प्रेम लाने का उनका यह अथक प्रयास निरंतर जारी है।

भूमिका

यह किताब पहले बोली गयी थी, तत्पश्चात लिखी गयी है। एक वेदांत दार्शनिक और शिक्षक के रूप में आचार्य प्रशांत एक दशक से भी अधिक समय से विविध श्रोताओं के साथ संवाद कर रहे हैं। प्रत्येक संवाद आमतौर पर प्रश्नोत्तर के रूप में होता है। इसमें प्रश्नकर्ता अलग-अलग पृष्ठभूमि से आते हैं, और आचार्य प्रशांत उनकी जिज्ञासाओं का समाधान देते हैं। इस तरह के प्रत्येक बातचीत की लंबाई दस मिनट से लेकर एक घंटे तक भी होती है।

इस पुस्तक का प्रत्येक अध्याय अनिवार्य रूप से ऐसी ही एक बातचीत पर आधारित है। इसका तात्पर्य यह है कि प्रत्येक अध्याय, यद्यपि एक ही केन्द्र से आ रहा है, तथापि वक्ता की प्रतिक्रिया प्रस्तुत प्रश्नकर्ता और उनके विशिष्ट जीवनप्रश्नों पर है। प्रश्नकर्ताओं में वह सभी भिन्नताएँ मौजूद हैं जो एक व्यक्ति को दूसरे से अलग बनाती हैं, जैसे कि उम्र, लिंग, आयु, भौगोलिक दूरियाँ इत्यादि। परिणामस्वरूप जैसे-जैसे पाठक आंतरिक स्पष्टता की चाह से मानवीय परिस्थितियों की सीमा, उलझनों और प्रश्नों की ओर आगे बढ़ते हैं उनको एक समृद्ध बहुरूपदर्शक परिप्रेक्ष्य मिलता है। और इसी आंतरिक स्पष्टता की चाह में पाठक का सामना होता है—भय से।

आमतौर पर हम भय का अनुभव तभी करते हैं जब हमें यह आशंका होती है कि हमारा कुछ छिन सकता है या हमें कोई हानि हो सकती है। अर्थात हमारा डर किसी घटना विशेष पर निर्भर करता है। बाकी समय सब सामान्य सा ही लगता है। पर डर कभी-कभी घटने वाली घटना नहीं है। हम जिस तरह जीते हैं, जो चुनाव करते हैं, उसके आधार में ही डर छुपा हुआ है।

सतही तौर पर हमें सब सामान्य ही लगता है, पर ऐसा नहीं है। पैसा, नौकरी, पद-प्रतिष्ठा, सगे-सम्बन्धी, और अपने शरीर से हम आसक्त रहते हैं पर ये सभी कब हमारा साथ छोड़ दें कहा नहीं जा सकता। इस संसार में कोई भी ऐसी वस्तु नहीं है जो समय के साथ बदलती न हो। निश्चित ही इन सब बंधनों में रह कर भयमुक्ति सम्भव नहीं है ।

भय का अंत तभी हो सकता है जब हम किसी ऐसे से नाता जोड़ लें जो नित्य हो, जो समय के साथ न बदलता हो, जिसे हम सचमुच अपना कह सकें। पर हमारा जीवन तो क्षुद्र डरों से घिरा रहता है। हम कभी बॉस से डरते हैं, लोगो के सामने कमज़ोर दिखने से डरते, कभी समाज से डरते हैं, कभी व्यर्थ सपनों के टूट जाने से डरते हैं। पर क्या हम कभी भी जीवन के व्यर्थ चले जाने से डरते हैं? जो असली डर है उससे हम परिचित ही नही हैं।

दशकों से चले आ रहे डर से संबंधित प्रचलित मान्यताओं के बीच ये पुस्तक अपने पाठकों को डर को समझने का एक नया दृष्टिकोण देती है। एक डर यह होता है—''कहीं

ऐसा न हो जाए कि जो मैं चाहता हूँ, वो मुझे न मिले; कहीं ऐसा न हो कि जो मेरे पास है वो मुझसे छिन जाए।'' ये हुआ पहली कोटि का साधारण, सामान्य डर—जिससे हम सब खूब परिचित हैं।

एक दूसरा तरीके का डर भी होता है। वह जो आमजनों के जीवन में नहीं बल्कि सन्तों के जीवन में पाया जाता है। वह भय दुनिया के खो जाने का नहीं, बल्कि उसके खोने का होता है जो खो गया तो सब कुछ खो जाता है। वह भय शुभ है। वह असली डर है जो होना चाहिए ।

आचार्य प्रशांत कहते हैं—''डरना सीखो! संतों ने भी इसीलिए बार-बार हमें डरने के लिए कहा है।'' 'भय बिन होउ न प्रीत'। उससे डरो जिसको नहीं पाया, नहीं तो जीवन व्यर्थ हो जाएगा और अहंकार उसी को पाने से डरता है। जीवन में असली डर यदि आ गया तो चमत्कार ये होता है कि ये सब छोटे-छोटे, क्षुद्र डर अपने आप छूट जाएँगे।

चुनाव हमें करना है। तो स्वयं को एक मौका दें। डर से भागना व्यर्थ है, उसका सामना करना सीखें आचार्य प्रशांत की इस पुस्तक के साथ। यदि आपमें अपनी पुरानी धारणाओं को त्यागने का साहस, एक निर्भय जीवन की कीमत चुकाने की इच्छा और सत्य के प्रति प्रेम है, तो यह पुस्तक आपके लिए है।

अस्वीकरण—क्योंकि साधकों और उनके प्रश्नों के बीच बहुत सी विविधताएँ होती हैं, इसीलिए आचार्य प्रशांत के उत्तर भी प्रश्नकर्ता की स्थिति और प्रश्नों के अनुकूल ही होंगे। इन्हें मानकीकत करना उचित नहीं होगा। इसलिए कुछ जगहों पर एक अध्याय में दिए गए जवाब ऊपरी तौर से दूसरे अध्याय से विरोधाभासी प्रतीत हो सकते हैं। हमारी उम्मीद है कि हमारे विचारशील पाठक यह सराहने मे सक्षम होंगे कि यह भेद एक ही मूल की ओर इशारा करते हुए पृथक पथ मात्र हैं।

डर क्या है?

डर क्या है ?

अद्वैत शिविर, धर्मशाला, 2016

''सारा डर दूसरों का डर है। सारा डर संसार का डर है। जो संसार से जितना जुड़ा है, जितना निर्भर है, जितना आसक्त है, वो उतना डरा हुआ रहेगा।''

प्रश्नकर्ता : आचार्य जी, कृपया डर के बारे में बात करें।

आचार्य प्रशांत : आमतौर पर जब हम कहते हैं 'डर', तो ऐसा लगता है जैसे डर अलग-अलग किस्म के होते हैं क्योंकि डर का जो विषय, जो विषयवस्तु होती है वो तो अलग-अलग ही होती है। कभी इससे डर लगा, कभी उससे डर लगा, तो इस कारण हमने डर के प्रकार, डर के तल, सब निर्धारित कर लिए हैं, विभाजित कर लिए हैं, और चूँकि हमें ऐसा लगता है कि डर वस्तुनिष्ठ होता है, बाहर की किसी चीज़ पर निर्भर करता है, ऑब्जेक्ट डिपेंडेंट होता है तो इसीलिए जब हमें डर का उपचार भी खोजना होता है तो हम उसे वस्तुओं में ही खोजते हैं, बाहर ही खोजते हैं। प्रतीति यह रहती है कि डर बाहर की किसी चीज़ से लगा है, तो समाधान भी फिर बाहर ही खोजने जाते हैं कि बाहर ही है कुछ जो डराता है और बाहर ही कुछ होगा जो डर से मुक्ति भी दिलाएगा।

मामला हो सकता है थोड़ा अलग हो। डराने वाले बहुत हैं, असंख्य हैं। 'डरने वाला' एक ही है और ये बड़े शोध की बात है कि डराने वाला विषय पहले आता है या डरा हुआ मन पहले आता है। सतह पर देखें तो लगता ऐसे ही है जैसे बाहर से कुछ आया और डरा कर चला गया। लगता ऐसे ही है कि हम तो अच्छे-खासे बैठे थे, अचानक कोई घटना घटी, बाहर से कोई खबर आई, कोई व्यक्ति आया, कोई विचार आया और उसने हमें भयाक्रांत कर दिया।

करीब जाते हैं, गौर से देखते हैं तो हक़ीक़त दूसरी है। हम डरे हुए पहले होते हैं, हमें डरने का बहाना चाहिए। डर पहले आता है, डर का विषय बाद में आता है। हम पहले से ही डरे हुए हैं। सवाल उठता है कि यदि ऐसा है, अभी हमने माना नहीं है तो ये सिर्फ़ अभी मेरा कहना है, मेरा दावा है, कि यदि हम पहले से डरे हैं तो ये डर क्या है ? कहाँ से आता है ? कारण क्या है इसका ?

ये जो हम हैं, ये डर का ही दूसरा नाम है। मैं जो हूँ, वो है ही वही, जिसने अपने-आपको हमेशा दुनिया से सम्बद्ध करके ही जाना है। मैं कौन ? मैं वो जिसके पास कुछ

प्रतिष्ठा है, कुछ पैसे हैं, एक परिवार है, एक नाम है, एक धर्म है, कुछ ज्ञान है, कुछ इरादे हैं, एक अतीत है, भविष्य की कुछ आकांक्षाएँ हैं, मैं वो सब कुछ। अब ये, वो सब कुछ जिसको आधार बना कर मैं ख़ुद को परिभाषित करता हूँ, ये है ही सांसारिक, दुनिया का है, मुझसे बाहर का है। मैं अपने-आपको दुनिया से कटा हुआ ही तो देखता हूँ ना? कि मैं हूँ और मुझसे बाहर दुनिया है, और मैं जो कुछ हूँ वो दुनिया पर निर्भर करता है।

स्थिति को देखिएगा! मैं हूँ, मुझसे बाहर जो कुछ है उसे मैं क्या कहता हूँ? कि वो संसार है, वो दुनिया है, लेकिन मैं जो कुछ हूँ वो किस पर निर्भर करता है? दुनिया पर। आप कहते हैं कि भई! मेरी कुछ इज़्ज़त है। वो इज़्ज़त आपको कौन दे रहा है? दुनिया वाले दे रहे हैं, आप पूर्णतया निर्भर हैं। कोई आपको इज़्ज़त न दे तो आपके लिए मुश्किल हो जाएगा दावा करना कि आप एक प्रतिष्ठित व्यक्ति हैं। आप कहते हैं कि आपके पास पैसा है। वो पैसा तभी तक आपके पास है जब तक वो उस दुनिया में चलता हो। अन्यथा आप पैसा रखे रह जाइए, अगर दुनिया उसे स्वीकृति, मान्यता न दे, दुनिया आपके दिए हुए नोट को ग्रहण ही न करे तो आपका पैसा उसी समय शून्यवत् हो जाएगा।

तो हम ये अच्छे से जानते हैं कि जिस रूप में हमने अपने-आपको जाना है, जिस रूप में हमने अपने-आपको संकल्पित किया है वो पूर्णतया जगत सापेक्ष है, दुनिया पर निर्भर है। अब आप बताइए ये जो दुनिया है जिसे अपने चारों ओर देखते हैं, ये कैसी है? ये ऐसी है कि विश्वसनीय हो, कि स्थिर हो, कि शाश्वत हो? आपको यकीन आता है इस पर? जैसी दुनिया है उसमें कुछ भी ऐसा है जो टिका हुआ है? जो बदलता नहीं देखा आपने?

प्रश्नकर्ता : कुछ भी टिका हुआ नहीं है।

आचार्य : फिर सोच कर बताइएगा। दुनिया में आज तक आपने ऐसा कुछ भी देखा है जिस पर आप इतना भरोसा कर सकें कि ये बदलेगा ही नहीं? ये तो जैसा है ऐसा ही रहेगा, बदलता समय इस पर किंचित प्रभाव नहीं डाल सकता?

प्रश्नकर्ता : हर चीज़ बदलेगी।

आचार्य : सब कुछ परिवर्तनशील है और मैंने अपनी परिभाषा क्या की है? कि मैं दुनिया पर निर्भर हूँ। और दुनिया कैसी है? निरंतर चलायमान, प्रति पल परिवर्तनशील। तो मेरी हालत क्या हुई? मैंने अपनी जान बचाने के लिए बहुत सारी इधर-उधर की चीज़ों को पकड़ रखा है और जिनको मैंने पकड़ रखा है वो स्थिर हैं ही नहीं। वो ख़ुद कभी उठ रही हैं, कभी गिर रही हैं, कभी आ रही हैं, कभी जा रही हैं, कभी उनका रूप बदलता है, कभी रंग बदलता है। अब मेरी हालत कैसे रहेगी?

प्रश्नकर्ता : अस्थिर।

आचार्य : और मुझे कैसा लगेगा? मेरे वजूद का क्या होगा?

प्रश्नकर्ता : डर रहेगा।

आचार्य : डर रहेगा! तो इसलिए हम डरते हैं। क्योंकि हमारी परिभाषा पूर्णतया संसार-सापेक्ष है। हम संसार से हट करके, पदार्थ से हट करके, दूसरों से हट करके, अपने-आपको

कुछ जानते ही नहीं। तो लगातार ये डर बना रहता है कि मेरा क्या होगा? मैं मिट न जाऊँ, कहीं से धोखा न मिल जाए। वो एक बहुत आंतरिक बात है। उसको उकसाने वाली वस्तुएँ बहुत आ जाती हैं और छोटी-छोटी वस्तुएँ भी उस डर को बिलकुल खड़ा कर जाती हैं, क्रियान्वित कर देती हैं। अगर कोई छोटी-सी चीज़ भी हमें अक्सर डरा जाती है तो इसका मतलब यही है कि वो डर पहले से ही विद्यमान था, बैठा ही हुआ था। हमें ऐसा लगता है कि हमें तो बस डरने का मौका चाहिए था तो हम डर गए। नहीं! हम डर नहीं गए, वो डर अब सतह पर आ गया। वो डर अब चेतना में आ गया। डर अवस्थित पहले से था। डर बैठा हुआ है हमारे अंतस की गहराइयों में और वो तब तक रहेगा जब तक हम उस पर निर्भर रहेंगे जो आँखों से दिखता हो, हाथों से छुआ जा सकता हो, जो कुछ भी सांसारिक हो, जब तक आप उस पर निर्भर हो तब तक आपने अपने-आपको डर की सज़ा दे ही रखी है। क्योंकि जो कुछ आँख से दिखता है, आँख से दिखता भी है और अगले ही क्षण विलुप्त भी हो जाता है।

अब आपकी हालत कैसी रहेगी? अब 'क्षण' की परिभाषा बदलती रहती है। कई बार क्षण का अर्थ हो जाता है क्षण, कई बार हो जाता है माह, कई बार वर्ष, कई बार दशक और कई बार शताब्दियाँ; पर क्षण बीतता ज़रूर है और जो कुछ भी बीत रहा है वो आपको खौफ़ज़दा कर जाएगा। क्योंकि आपको फिर यही लगेगा कि एक दिन आप भी बीत जाएँगे। इसीलिए कहने वालों ने कहा है कि हर डर गहराई में मृत्यु का डर है, न होने का डर है, अनस्तित्व का डर है, 'मैं बचूँगा नहीं, मेरा होगा क्या? जैसे संसार बीत रहा है कहीं संसार के साथ मैं भी गुज़र न जाऊँ, बीत न जाऊँ।' और संसार गुज़र रहा है ये हमें प्रति पल दिखाई देता है। आवश्यक नहीं है कि हम किसी की मृत्यु ही होते देखें, शारीरिक मृत्यु। दिन ढला रात आई, ये हमें बताता है कि दिवस का अवसान हमारा अपना व्यक्तिगत अवसान भी तो है। मौसम बदले, हमें याद दिला जाता है, एहसास करा जाता है कि हम भी तो बदल ही रहे हैं मौसमों की तरह। और हमें अपने होने से बड़ा प्यार है, चाहते नहीं हैं हम किसी भी तरीके से न होने पर आ जाएँ।

अब इसमें दो बातें हो सकती हैं—पहली तो ये कि हम मान ही लें कि गुज़र जाना नियति है हमारी। बहुत बार ये सिखाया गया है कि मान लो कि एक दिन नहीं रहोगे। मैं ज़रा दूसरी बात करता हूँ। मैं कहता हूँ, 'गुज़र जाना नियति है ही नहीं आपकी, हम सब अमर हैं।' अमरता स्वभाव है हमारा, हम गुज़र सकते ही नहीं, हम मर सकते ही नहीं। इसीलिए जितनी भी बातें हमें मृत्यु का या हमारी मरणशीलता का एहसास कराती हैं वो हमें पसंद ही नहीं आती हैं। हम उनसे दूर भागते हैं क्योंकि वास्तव में चले जाना, न हो जाना, गुज़र जाना, वो संभव नहीं है हमारे लिए। जो हम हैं, वो मर नहीं सकता।

अक्सर जब मैं ये बोलता हूँ तो लोग खुश हो जाते हैं। कहते हैं कि ठीक है! 'इसका मतलब है हम...'

'हम' जो हैं वो पैदा भी नहीं हो सकता। वो मर तो नहीं ही सकता है, वो पैदा भी नहीं हो सकता। मरने का खौफ़ तब तक सताता रहेगा जब तक ये मानते रहेंगे कि पैदा हुए

थे। जब तक ये मानते रहेंगे कि ये संसार जैसा दिख रहा है ऐसे ही है और उसमें एक दिन एक शिशु आता है और वो उसका प्रथम दिन होता है, वो मैं हूँ। ना! वो जब तक मानते रहेंगे, तब तक मरने का डर भी रहेगा।

मृत्यु का डर या कोई भी डर—बात एक ही है—मूलत: 'संसार से आसक्ति' की उपज है। सौ बातों की एक बात, आप जितना अपने आपको संसार से जोड़ कर देखेंगे उतना ज़्यादा आप अपने-आपको डर में निर्वासित कर रहे हैं। घर आपका है 'निर्भयता' में, और निर्वासित होकर आप पहुँच जाते हैं डर की दुनिया में। समझ रहे हो?

प्रश्नकर्ता : क्या यही परिभाषा है निडरता की?

आचार्य : हाँ, जहाँ डर नहीं है उसे ही आप निडरता कहना चाहेंगे।

प्रश्नकर्ता : निडर तो आदमी कभी होगा ही नहीं। यहाँ पर दस आदमी बैठे हैं और मैं बोलना चाह रहा हूँ पर बोल नहीं पा रहा, तो ये मेरा डर है कि मैं इनके सामने कैसे बोलूँगा। डर तो रहेगा ही, निडर नहीं हो सकते हम।

आचार्य : अच्छा मौका है, कि यहीं देख लें कि डर क्यों रहेगा? आपने अभी कहा कि दस लोग बैठे हैं और मैं सवाल नहीं पूछ पाऊँगा कि दस लोग क्या सोचेंगे मेरे बारे में? यदि दस लोग न होते, सिर्फ़ मैं होता और आप होते तो क्या आप सवाल पूछ पाते? शायद तब ज़्यादा सुविधा रहती पूछ पाने में, है ना? क्योंकि लोग नहीं हैं तो इसीलिए ये प्रश्न ही नहीं है कि कोई क्या सोचेगा। और आगे बढ़ते हैं। लोग तो नहीं ही होते, वक्ता भी नहीं होते और आपको स्वयं से ही बात करनी है, दीवार से कहना है तब क्या ज़रा भी दुविधा होती कुछ कह देने में? तब बिलकुल भी नहीं होती।

सारा डर, दूसरों का डर है। सारा डर, संसार का डर है। जो संसार से जितना जुड़ा है, जितना निर्भर है, जितना आसक्त है वो उतना डरा हुआ रहेगा।

दो तरह के लोग बैठे हैं यहाँ पर। एक वो जो अभी बैठे हैं तो सिर्फ़ वो मौजूद हैं उसे 'कैवल्य' स्थिति भी कहते हैं। मैं मौजूद हूँ और हद-से-हद उन्हें कहना है तो कह देंगे कि चलो वक्ता मौजूद है। उन्हें और कोई दिख ही नहीं रहा, उन्हें संसार दिख ही नहीं रहा, भूल गए वो कि कुर्सी पर बैठे हैं और अगल-बगल कोई और लोग भी हैं। एक वो कोटि हुई।

और एक श्रेणी दूसरी है जिन्हें ये भी दिख रहा है वो हैं, दिख रहा है कि वक्ता है और ये भी दिख रहा है कि अन्य कदाचित् कितने लोग हैं। शायद उन्हें ये भी दिख रहा हो कि एक कैमरा भी है, शायद ये भी दिख रहा हो ऑडियो रिकॉर्डर है जिसमें आवाज़ रिकॉर्ड हो रही है। और उन्हें हज़ार तरह के ख़याल भी आ रहे हों। तो वो लोगों के साथ भी हैं, वस्तुओं के साथ भी हैं और ख़यालों अर्थात् विचारों के साथ भी हैं। वो इतना घिरे हुए हैं, वो पूरी भीड़ में बैठे हैं।

हमने दो श्रेणी के लोगों की बात की, एक वो जो यहाँ बैठे हैं और पूर्णतया अकेले हैं और दूसरे वो जो यहाँ बैठे हुए हैं और व्यक्तियों, विचारों और वस्तुओं से घिरे हुए हैं। अब मैं आप से पूछ रहा हूँ इनमें से डरेगा कौन? कौन डरेगा?

प्रश्नकर्ता : जो आदमी घिरा हुआ है हर चीज़ से...

आचार्य : वो डरेगा! उसको ये भी ख़याल आएगा कि मैंने बोला तो, वो क्या सोच लेंगे? उसको ये भी ख़याल आएगा कि मैंने बोला और बात यदि संग्रहीत हो गई तो कल पता नहीं किस तक पहुँचेगी, न जाने कौन क्या मत बनाएगा। क्या-क्या नहीं सोच सकता? तो जितना ज़्यादा आप संसार से ताल्लुक रखेंगे, जितना ज़्यादा संसार आप पर हावी रहेगा, आप उतना ज़्यादा डरे हुए रहेंगे। वस्तुत: समस्त आध्यात्मिकता का उद्देश्य एक ही होता है, वो होता है 'डर से मुक्ति'। जिसे हम ईश्वर कहते हैं, ब्रह्म कहते हैं वो और कुछ नहीं निर्भयता का दूसरा नाम है। हर व्यक्ति, अपने से ऊपर किसी को मान कर चलता है।

वहाँ विभाजन बस दो हैं, श्रेणियाँ बस दो हैं। एक, वो मन है जो अपने से ऊपर संसार को रखता है और एक दूसरा मन है जो अपने से ऊपर सत्य को रखता है। जो मन अपने से ऊपर संसार को रखता है वो डरा हुआ रहेगा। जो मन अपने से ऊपर सत्य को रखता है, उस सत्य को आप कुछ भी कह सकते हैं, ब्रह्म कह लें या आत्मा कह लें। जो मन अपने से ऊपर सत्य को रखता है वो निर्भयता में जीयेगा। अब हमें यही देखना है कि हमारा मालिक कौन है? संसार या सत्य।

प्रश्नकर्ता : आदमी कई बार गलत बात करता है, उससे भी डरता है।

आचार्य : पर आमतौर पर, ऐसे लोग जो गलत बात करने से डरते हैं उनका डर हट जाता है या कम-से-कम प्रतीत कम होता है अगर उन्हें ये बता दिया जाए कि तुमने जो बात की वो किसी ने देखी नहीं और उसकी कोई सज़ा तुम्हें मिलेगी नहीं। देखने वाले की दृष्टि दो किस्म की होती है जिससे हम डरते हैं। एक, संसार की दृष्टि, हम कहते हैं कि 'कोई देख लेगा, वो गवाही दे देगा, पुलिस, कोर्ट-कचहरी का चक्कर हो जाएगा' और दूसरी वो दृष्टि जिसे हम अंतरात्मा कहते हैं। हम कहते हैं 'और कोई देख रहा हो न देख रहा हो, भगवान देख रहा है, वो हमें सज़ा दे देगा।' इन दोनों ही स्थितियों में आप डरे हुए जियेंगे क्योंकि ये दोनों ही आपसे बाहर की बातें हैं।

संसार आप जिसको कहते हैं वो आपसे बाहर की वस्तु है और आमतौर पर भगवान जिसको आप कहते हैं वो आपसे बाहर का विचार है। तो इस कारण ये दोनों ही आपको डर में ढकेलते हैं। चाहे आप ये कहें कि आपको किसी न्यायाधीश की आँखें देख रही हैं, चाहे आप ये कहें कि आपको जगताधीश की आँखें देख रही हैं—दोनों ही स्थितियों में देखने वाले की आँख, आपसे बाहर की है। आप डरेंगे!

एक तीसरा मन भी होता है जिसको देखने वाली आँख उसकी अपनी होती है। वो डरता नहीं है। इसका अर्थ ये नहीं है कि वो न डर कर अराजक और असामाजिक हो जाता है। इसका अर्थ ये है कि उसके कर्म डर के बिंदु से नहीं निकलते हैं। हम काम करके नहीं डरते हैं; हम डर के काम करते हैं। बात समझिएगा! प्रतीत आमतौर पर ये होता है कि मैंने कुछ किया और उसके कारण मैं डर रहा हूँ, न! बात ऐसी है ही नहीं। हम डरते पहले हैं और चूँकि डरे हुए हैं, इसीलिए डर के केंद्र से उदय होते हैं हमारे समस्त कर्म। उन कर्मों में डर

विद्यमान रहेगा ही रहेगा। भले ही दिखाई नहीं देता हो। भले ही आप किसी को नमस्कार कर रहे हैं पर वो नमस्कार बहुत सम्भव है कि आपके भीतर के डर से उदित होता हो। कोई नहीं कहेगा कि ये तो डरा हुआ नमस्कार है, आप मुस्कुरा भी रहे हैं। हो सकता है कि आप पानी पी रहे हों लेकिन पानी आप डर के कारण पी रहे हों।

ये हमेशा होगा, जब तक हम 'सत्य' को अपने से बाहर कहीं देखेंगे। जब तक उसको अपने में नहीं देखते, अपने दिल में नहीं देखते तब तक हमें डर में जीना ही पड़ेगा। डर का इलाज बस एक है। अपने और ईश्वर के बीच में दूरी इतनी कम कर देना कि वो बस दिल में बैठ जाए। अब आपको देखने वाली आँख बाहर की नहीं है, आपकी अपनी है।

प्रश्नकर्ता : आत्मविश्वास आ जाता है उससे।

आचार्य : बस, बहुत बढ़िया! अच्छा शब्द है। एक तरीके की पकड़ आ जाती है, ज़ोर आ जाता है। पक्का-सा हो जाता है कि मेरा कुछ बिगड़ नहीं सकता। मन निश्चित अनुभव करता है। निश्चित भी और निश्चिंत भी।

प्रश्नकर्ता : पर उससे उद्दंडता भी आ जाएगी ना आदमी में? वो बोलेगा, 'मुझे तो डर नहीं है किसी का।' वो दोनों तरफ़ जा सकता है ना?

आचार्य : दूसरे उसे देख करके कह सकते हैं कि वो उद्दंड है। पर वास्तव में वह उद्दंड होगा नहीं। उसका जो कर्म है, उसका जो पूरा आचरण है, अब वो उसका कहाँ रहा? अगर आप ईश्वर के इतने निकट आ गए हैं कि हृदयस्थ कर लिया है, तो आपका आचरण अब आपका नहीं है; तो या तो ये कहिए कि ईश्वर स्वयं उद्दंड है कि आपसे स्वयं उद्दंडता करवा रहा है। आप तो वही कर रहे हो ना जो वो आपसे करा रहा है? अब वो तो उद्दंड है नहीं, कम-से-कम हमें ऐसा लगा नहीं और अगर है तो बहुत अच्छी बात है, हम भी उद्दंड बनेंगे।

प्रश्नकर्ता : लेकिन सामने वाला तो उसको कुछ भी समझ सकता है ना?

आचार्य : आपकी जो बात है वो बिलकुल सही है। देखिए, समाज का एक ढर्रा होता है। समाज का ढर्रा कहता है कि सामाजिक नियम-कायदों का पालन करो। और जो सामाजिक नियम-कायदों का पालन कर रहे हैं, समाज उनको प्रतिष्ठा देता है, वरीयता देता है, सम्मान देता है। ये सम्मान उन लोगों को दिए जाते हैं, समस्त सामाजिक सम्मान, जो समाज के अनुसार चलें।

एक दूसरा मन होता है, जो संत का होता है, भक्त का होता है, या ज्ञानी का होता है। वो कहता है कि समाज के नियम-कायदे ठीक हैं, अपनी जगह हैं पर मुझे उससे ऊपर का कुछ उपलब्ध हुआ है। 'मैंने जान लिया है कि संसार जो मेरा मालिक था, समाज जो मेरा मालिक था, उससे ऊपर का कोई और मालिक है। अब मैं चलता हूँ उसकी आज्ञा पर।' तो उसमें आप जो कह रहे हैं उसकी संभावना अक्सर रहती है कि संत जैसा चले, ज्ञानी जैसा चले, बोधवान पुरुष जैसा चले, समाज उसको स्वीकृति न दे। ऐसा होता है, बिलकुल होता है। मीरा को ज़हर पिलाया गया था। संतों को अक्सर तकलीफ़ दी गई थी। बुद्ध के ऊपर पत्थर फेंका गया था, पूरी चट्टान। ये होता है। समाज अक्सर ज्ञानियों से बड़ा प्रतिकूल

व्यवहार करता रहा है।

पर मैं आपसे पूछना चाहता हूँ कि इस बात से हम डर जाएँ? करना क्या है ये सब सोच कर? हमें एक बहुत कीमती चीज़ मिल रही है कुछ तो उसकी कीमत अदा भी करेंगे ना? या नहीं करेंगे?

प्रश्नकर्ता : कुछेक लोगों की प्रतिक्रिया है ना ये, पूरा समाज ऐसा नहीं है।

आचार्य : पूरा समाज ऐसा नहीं है और अगर यदा-कदा कभी पूरा समाज भी ऐसा हो जाए, तो भी परवाह किसको है? ठीक है हो गया था, ईसा-मसीह के साथ हुआ था कि पूरा एक शहर खड़ा हो गया था कि फाँसी दो इसको और फिर निर्ममता से चढ़ा भी दिया सूली पर। वो संभावना भी है, दो-चार प्रतिशत ही सही, पर है। अब हो गई तो हो गई, करना क्या है?

प्रश्नकर्ता : लेकिन उसका पश्चाताप किया समाज ने, वो आज भी पश्चाताप में है।

आचार्य : असल में जो डरेंगे वो ये नहीं कहेंगे कि समाज ने पश्चाताप किया। वो कहेंगे, 'उन बेचारों को तो कील ठोक दी ना?' तो डरने का बहाना मिल जाएगा कि सत्य पर चलोगे तो, कीलें ठुक जाएँगी। तो उसका एक ही तरीका है कि आप कहें कि क्या उन्हें (जीज़स को) पछतावा हो रहा था? ये देखने की बात नहीं है कि येरूशलम को पछतावा हुआ या नहीं? विचारणीय प्रश्न ये है कि क्या जीज़स को पछतावा हो रहा था, कि 'अरे! मैंने कुछ गलत कर दिया जिसकी सज़ा मुझे मिल रही है।'

वो तो उन घड़ियों में भी करुणायुक्त थे। वो तो उन घड़ियों में भी अपने कष्ट का विचार नहीं कर रहे थे, कह रहे थे, 'प्रभु! माफ़ करना इनको, बेचारे नादान हैं।' क्या उन्हें पछतावा हो रहा था? कि काश मैंने ये सब न किया होता तो मुझे ये दु:ख न झेलना पड़ता? इसका अर्थ क्या है? इसका अर्थ ये है कि यदि वैसा जीवन जीयोगे तो कष्ट भी आएगा तो पछताओगे नहीं, कष्ट में भी प्रफुल्लित रहोगे।

प्रश्नकर्ता : क्योंकि सत्य में तो कष्ट रहेगा।

आचार्य : हो सकता है रहे, हो सकता है न रहे। मूल बात ये है कि रहेगा या नहीं रहेगा, हम आनंदमग्न रहेंगे।

प्रश्नकर्ता : रहने में भी पछतावा नहीं। बात ये है।

आचार्य : पछतावा नहीं।

प्रश्नकर्ता : वो बात जो भृगु ऋषि ने विष्णु भगवान को जब लात मारी थी तब विष्णु भगवान की प्रतिक्रिया क्या थी? 'महाराज आपको लगी तो नहीं पाँव में?' तो ये प्रतिक्रिया है। अब उनको अपना डर नहीं कि मेरी छाती पर लात मारी है तो मुझे लगी, उनके पैर का ख़याल आया।

आचार्य : भई! किसके साथ नहीं हुआ? कृष्ण पर बाण नहीं चलाए गए? दुर्योधन ने कोशिश नहीं की उन्हें बाँधने की? राम के विरोध में कोई नहीं खड़ा हुआ था? बताइए?

कौन-से ऐसे ऋषि-मुनि थे जिनके यज्ञ को बाधित नहीं किया गया?

प्रश्नकर्ता : अच्छाई की खिलाफ़त तो हुई है?

आचार्य : हुई है! होती रहती है! करना क्या है?

प्रश्नकर्ता : मेरी सोच है, जो चीज़ हमने देखी नहीं, जो सिर्फ़ सुना है हमने या तो पुराणों में लिखा है, या तो अन्य ग्रंथों में लिखा है, उस चीज़ पर तो बोल नहीं सकते ना? कि आप बोलो, 'ठीक है उन्होंने ऐसा आचरण किया...'

आचार्य : ये बहुत बढ़िया बात! असल में ये बात मुझे बहुत ही पसंद है। तो इसीलिए हम शुरुआत वहाँ से करेंगे ही नहीं जो हमने देखा नहीं, सुना नहीं। बहुत बढ़िया बात है! प्रश्न समझें?

कह रहे हैं 'होता होगा परमात्मा! होता होगा ब्रह्म! मेरा व्यक्तिगत अनुभव तो नहीं है, तो मैं उसको सहारा बना कर अपना जीवन चला कैसे लूँ?' बिलकुल ठीक बात है, मैं भी शुरुआत यहीं से करना चाहूँगा।

'ब्रह्म' को नहीं देखा, जीवन को तो देखा है? ब्रह्म में नहीं है यकीन, इतना तो लगता है कि हम हैं? या अपने बारे में भी ये लगता है कि पता नहीं हैं कि नहीं हैं? अगर ये भी कह रहे हो कि 'पता नहीं है कि हैं या नहीं हैं?' तो भी कोई तो है कहने वाला। तो ये तो पक्का हो गया कि कोई तो है। अपने-आपको तो देखा है, अपने जीवन को तो देखा है। वहीं से शुरुआत करते हैं।

अपना जीवन कैसे बीत रहा है? बुद्ध की शुरुआत यहीं से हुई थी कि 'मेरा जीवन कैसा बीत रहा है?' उन्होंने कहा कि जीवन दुःख है। बड़ी ईमानदारी की बात की। आमतौर पर हम ये स्वीकार भी नहीं करना चाहते; चुपचाप तड़पते रहते हैं। बुद्ध ने खुल कर के घोषणा कर दी, 'जीवन दुःख है।' और जबकि राज-पुत्र हैं, चाहें तो कह सकते हैं 'सुख-सुविधा के सारे साधन उपलब्ध हैं तो कैसा दुःख?' लेकिन बड़ी निष्ठुरता से, बड़ी ईमानदारी से कह दिया—जीवन दुःख है। जन्म दुःख है! मरण दुःख है! समस्त जीवन दुःख है! जरा दुःख है! सब दुःख है!

जब आदमी ये देखता है कि मेरा जीवन वो तो नहीं है जिसमें मुझे पूर्ण शांति उपलब्ध हो। और जब आदमी इस यकीन के साथ कदम उठाता है कि वो पूर्णता जो उपलब्ध नहीं है वो स्वभाव और अधिकार है मेरा, तब आदमी कहता है कि मैं उससे राज़ी नहीं जो मुझे अभी मिला हुआ है और जैसा मेरा जीवन बीत रहा है। तब आदमी कहता है, 'मुझे नहीं पता कि 'ब्रह्म' क्या है, पर मुझे इतना तो पता है कि मेरा जीवन क्या है। और संसार क्या है और मुझे इसके पार जाना है क्योंकि इसमें वो नहीं जो मुझे चाहिए।' आप इस चारदीवारी में जीवन बिता रहे हैं। इसके बाहर क्या है? आपको कुछ पता नहीं। आपके कदम सिर्फ़ ज़मीन पर चले हैं, इसके बाहर का धरातल आपको नज़र आता नहीं। और यहाँ पर आपको कदम-कदम पर बंधन दिख रहे हैं, और पीड़ा दिख रही है, और सीमाएँ दिख रही हैं और दुःख दिख रहा है।

आप एक जगह से भागकर दूसरी जगह जाते हैं कि कदाचित् यहाँ शांति मिले, कुछ

बेहतर हो। आप पाते हैं कि जो शांति आप पा रहे थे वो भी दो-चार दिन की ही थी, छलावा मात्र थी। अब वहाँ से भागकर तीसरी जगह जाते हैं। आपने बहुत कुछ देख लिया है और चूँकि आप बोधयुक्त हैं तो आप ये भी समझ गए हैं कि अब इतना देखने के बाद कहीं और भी जाऊँ तो जो दिखेगा वो होगा ऐसा ही। इतने द्वारों पर दस्तक दे दी है कि अब किसी द्वार से कोई उम्मीद शेष रही नहीं। तब आप कहते हो कि या तो मेरे भीतर से उसको हटा दो जो बिना पूर्ण हुए मानता नहीं या फिर इसी संसार में पूर्णता उपलब्ध करा दो। आप समझ रहे हैं?

आपके भीतर आग लगी हुई है, एक द्वंद्व चल रहा है, कशिश है। आपको कुछ चाहिए। जो चाहिए वो न मिलता है, न उसे पाने की लालसा मिटती है। हम सबको कुछ चाहिए, जो हमें चाहिए वो पाए बिना हम मानेंगे नहीं। अब दो ही विकल्प हैं : या तो जो चाहिए वो संसार में ढूँढ लो या ये कह दो कि संसार के बाहर कुछ है ज़रूर, संसार के आधार में कुछ है ज़रूर, न होता, तो मेरे दिल में ये आग कैसे लगती?

तो पहले यही करना चाहिए कि तुम जाओ और संसार में जितना खोज सकते हो खोज लो, और जब पूरे तरीके से हताश हो जाओ तब कहना कि बताओ कि अब क्या है; तथ्य ये है कि वो हताशा ही 'आत्मा की पुकार' है। तुम्हें यदि 'आत्मा' चाहिए न होती, तो तुम अलग-अलग तरीकों से, अनेकानेक रूपों में पूर्णता की तलाश क्यों करते? आप देखिए कि हम घर खरीदें कि जायदाद, हम संबंध बनाएँ, हम किसी स्त्री या पुरुष की तरफ़ जाएँ, हम ज़िन्दगी में तरक्की की तलाश करें, हम सब कुछ-न-कुछ ढूँढ तो ज़रूर रहे हैं, और जो ढूँढ रहे हैं, वो न किसी आदमी में मिलता है, न किसी औरत में मिलता है, न किसी तरक्की में मिलता है, न घर में मिलता है, न कार पर मिलता है, न इज़्ज़त में मिलता है। मिल गया होता तो रुक जाते।

किसी को रुकते देखा है? जिसे मंज़िल मिल जाती है वो थम जाता है। हमें मंज़िल कभी मिलती नहीं है, आखिरी दम तक कभी मिलती नहीं है। इसका मतलब हम जो भी कुछ ढूँढ रहे हैं वो वो तो है नहीं जो हमें चाहिए। ईमानदारी इसमें है कि मान ही लें कि कुछ चाहिए और उसे चाहे बिना, पाए बिना रुकेंगे नहीं, और जो चाहिए वो इसमें तो कहीं मिलता दिखाई देता नहीं।

अब ब्रह्म साकार होता है, अब ब्रह्म कल्पना नहीं है, अब मिथक नहीं है। अब वो आपके लिए मात्र थ्योरी नहीं है, ज्ञान नहीं है, अब वो 'दिल' है आपका। आध्यात्मिकता इसीलिए शुरू होती है, अपने जीवन के अनासक्त दर्शन से। जिसको अभी ज़रा परे हट कर के जीवन को देखना नहीं आया, वो तो अभी संसार में ही लिपटा पड़ा रहेगा। तो एक छोटी-सी ईमानदारी बड़ी आवश्यक होती है कि जानें कि चल क्या रहा है?

प्रश्नकर्ता : पर इस सब काम का मतलब है कि आपको अल्टीमेट गोल तक पहुँचना है।

आचार्य : कह सकते हैं।

प्रश्नकर्ता : पर ये सब कुछ इस संसार में रहते हुए भी हो सकता है?

आचार्य : हाँ! सब संसार में ही होना है। आज दोपहर के सत्र में किसी ने मुझसे

शिव के तीसरे नेत्र के बारे में कहा, ''कि कुछ कहें।'' मैंने उनसे कहा, ''सबसे पहले तो ये देख लेना कि तीसरा नेत्र, बाकी दो के साथ ही है, बाकी दो से अलग नहीं है, दोनों नेत्रों के मध्य में है।'' मैंने कहा कि सबसे पहले तो ये देखो कि दो नेत्रों का प्रतीक है—चाँद और सूरज; द्वैत, संसार। और फिर तीसरे का प्रतीक है 'अग्नि', वो अग्नि जो संसार को भस्मीभूत कर दे। तो शिव प्रतीक हैं संसार में रहते हुए भी संसार से आगे रहने के। दो आँखें हैं जो दुनिया को वैसे ही देख रही हैं, जैसे आपकी आँखें देखती हैं। और एक तीसरी आँख भी है जो 'बोध दृष्टि' है। जो उस सबकी प्रवंचना को देख रही है जो इन आँखों से दिखाई देता है। इसका मतलब ये नहीं है कि इन दो आँखों से देखना बंद कर देना है। रहना संसार में ही है। इन दो आँखों से देखें, लेकिन साथ-ही-साथ तीसरी आँख से भी देखते रहें; ये शिव हैं।

प्रश्नकर्ता : बाकी काल्पनिक हैं? मूर्तियाँ हैं, शिवलिंग है...

आचार्य : हम कुछ भी बना सकते हैं।

प्रश्नकर्ता : नहीं! कुछ तो होगा, दुनिया जाती है वहाँ।

आचार्य : जैसे ये सब है (आस-पास की चीज़ों की तरफ़ इंगित करते हुए)। प्रतीक हैं!

प्रश्नकर्ता : वो तो कहते हैं कि शिवजी का स्थान है।

आचार्य : शिव माने क्या? कोई इंसान है क्या? जो आकर बैठ जाएगा।

प्रश्नकर्ता : शिव थे क्या?

आचार्य : शिव कुछ नहीं 'थे', अतीत में थोड़े ही थे। शिव हैं!

प्रश्नकर्ता : शिव हैं क्या?

आचार्य : शिव यही हैं—बोध, आत्मा, सत्य। कोई वस्तु थोड़े ही हैं, कोई इंसान थोड़े ही हैं, कि कहीं आकर बैठेंगे या कुछ करेंगे।

प्रश्नकर्ता : कोई स्थान विशेष को क्यों लिया?

आचार्य : कुछ नहीं, प्रतीक हैं! स्थान विशेष को इसलिए लिया क्योंकि हम हमेशा किसी-न-किसी स्थान पर होते हैं।

प्रश्नकर्ता : वो धर्मशाला में क्यों नहीं है?

आचार्य : वो धर्मशाला में भी हो सकता था, आप करिए।

प्रश्नकर्ता : नहीं। हुआ तो नहीं?

आचार्य : इतिहास तो आगे बढ़ रहा है ना? अमरनाथ से पहले भी दुनिया थी। मान लीजिए आपका कुछ नाम है। आप आज यहाँ एक विशिष्ट शिवलिंग की स्थापना कर दें, आज से हज़ार साल बाद पाया जाएगा कि उसे प्राचीन शिवलिंग कहा जा रहा है, उसकी पूजा हो रही है। बिलकुल धर्मशाला में हो सकता है। आज कर दीजिए। ये सब तो देखिए स्थितियों के संयोग हैं। कोई भी मंदिर सदा-से थोड़ी ही है? हर मंदिर की स्थापना कभी-न-कभी हुई थी ना? आप धर्मशाला में आज स्थापना कर दीजिए।

प्रश्नकर्ता : मैं नहीं कर सकता! मैं नहीं खा सकता! इस तरह के विफलता के ख़्याल

मुझमें आते हैं, क्या इसका कोई तोड़ है?

आचार्य : प्रश्न ये है, 'मन से इस भाव को कैसे निकालें या इसका निराकरण क्या है कि असफलता का भय, ख़याल सताता रहता है।' देखिए, आप जो कुछ भी किसी परिणाम की इच्छा से करेंगे, हमेशा उसके दो अंजाम हो ही सकते हैं : परिणाम वो आए जो आप चाहते हैं, परिणाम वो न आए जो आप चाहते हैं। बिल्कुल हो सकता है। अगर आप दोनों परिणामों में से किसी एक से जुड़े हुए हैं, आपने अपनी आशा उसके साथ बाँध दी है, तो निश्चित रूप से आपको दूसरे का डर होगा ही होगा। ये दोनों साथ चलते हैं, आशा और डर। तो सकाम कर्म जहाँ भी होगा, इच्छाजनित कर्म जहाँ भी होगा, उसके साथ डर जुड़ा ही रहेगा।

असल में इच्छा और डर एक साथ हैं; बल्कि इन दोनों में यदि कुछ पहले है तो डर है। तो अगर आप ये पूछ रहे हैं कि मैं कैसे काम करूँ कि मुझे अंजाम का डर न सताए, तो उसका एक ही तरीका है कि आप अंजाम की परवाह न करें। जो अंजाम की परवाह कर रहे हैं, वो अंजाम से डरेंगे भी। जिन्होंने अंजाम को लेकर उम्मीदें बाँधी हैं, वो अंजाम से डरेंगे भी। काम करने का एक तरीका ये होता है, जिसे—सबसे सुंदर उसका ग्रंथ है *भगवद् गीता*—'निष्काम कर्म', कि तुम वो करो जो उचित है और भूल जाओ कि आगे होगा क्या। तुम वो करो जो सही है और भूल जाओ कि अंजाम होगा क्या। आगे क्या होगा, वो तुम उस पर ही छोड़ दो जो तुमसे सही काम करवा रहा है।

तुमने वह किया जो सम्यक था, जो उचित था, जो अभी होना ही चाहिए था, और वो तुमने भगवद्-प्रेरणा से किया। तो जो भगवान तुमसे सही काम करवा रहा है, तुम जिसके प्रतिनिधि बने, तुम जिसके रूप बने, वही ईश्वर आगे तुम्हारे हश्र की भी परवाह कर लेगा। तुमने किया क्या? करने वाला वो था ना? जब करने वाला वो है, तो तुम्हें बचाने वाला भी वही रहेगा।

जब भी तुम ये कहोगे कि 'मैं कर रहा हूँ', तो आगे तुम्हें अपने-आप को बचाने की ज़िम्मेदारी ख़ुद उठानी पड़ेगी। क्योंकि किया किसने? 'मैंने! चूँकि मैंने किया, तो इसीलिए परिणाम भी कौन भुगतेगा? मैं।' जब आप कहते हो कि 'मैंने अपने-आप को सौंप दिया है, समर्पित कर दिया है, अब जो तू चाहेगा मैं ठीक वही करूँगा।' तब आप ये भी परवाह नहीं करते हो कि आगे क्या होगा। आप कहोगे कि 'अब जब तू करवा रहा है, तो अंजाम भी तू ही झेल।'

प्रश्नकर्ता : वो 'तू' आप ही हैं?

आचार्य : वो आप होकर के भी, आप नहीं हैं।

प्रश्नकर्ता : वो 'तू' कोई और?

आचार्य : न! वो आप हो करके भी, आप नहीं हैं।

प्रश्नकर्ता : अंजाम का डर तो तभी रहेगा न जब आप कुकर्म कर रहे हैं। अगर आप सत्कर्म कर रहे हैं तो अंजाम का डर नहीं होगा।

प्रश्नकर्ता : परिभाषा क्या है? कर्म क्या है और सत्कर्म क्या है?

आचार्य : आप यदि कृष्ण से पूछेंगे तो वो बहुत सीधा-सा जवाब दे देंगे। वो कहेंगे 'निष्काम कर्म ही एकमात्र सत्कर्म है और सकाम कर्म ही एकमात्र कुकर्म है।' जहाँ कामनायुक्त होकर कर्म किया, वही कुकर्म हो गया, और जहाँ परिणाम से मुक्त होकर के कर्म किया, वही सत्कर्म हो गया। बस यही परिभाषा है।

''डर बैठा हुआ है हमारे अंतस की गहराइयों में, और वो तब तक रहेगा जब तक हम उस पर निर्भर रहेंगे जो आँखों से दिखता हो, हाथ से दिखाई देता हो। जो कुछ भी सांसारिक हो, जब तक आप उस पर निर्भर हो तब तक आपने अपने-आप को डर की सज़ा दे ही रखी है; क्योंकि जो कुछ आँख से दिखता है, आँख से दिखता भी है और अगले ही क्षण विलुप्त भी हो जाता है।''

डर : बुरा भी, अच्छा भी

अद्वैत शिविर, बोधस्थल, 2019

''डर सिर्फ़ तभी जाना चाहिए जब वृत्तियों का पूर्ण शमन हो जाए, डर सिर्फ़ तभी जाना चाहिए जब डर का जो मूल कारण है, वो भी चला गया हो। उससे पहले अगर डर चला गया तो यह शुभ नहीं महा-अशुभ बात है।''

प्रश्नकर्ता : आचार्य जी, वासनाएँ जब इंद्रियों के द्वार पर खड़ी रहती हैं और मैं भाव करता हूँ तो छूट जाती हैं, लेकिन फिर एक डर लगता है कि पहले की तरह हम इनसे फिर पकड़े जाएँगे। तो वो डर क्यों है? ये बताने की कृपा करें।

आचार्य प्रशांत: डर है तो दोनों बातें हैं। संभावना अभी बची होगी वृत्तियों-वासनाओं में फँस जाने की, तो डर उठता है और साथ-ही-साथ डर का उठना यह भी बताता है कि इच्छा नहीं है फँसने की, तो शुभ ही है यह डर। कहीं यह स्थिति आ जाती कि अभी फँसने की, फिसलने की संभावना तो होती और डर नहीं होता, तो गड़बड़ ही हो जाती ना?

बहुत तरह के डर होते हैं, निर्भर करता है किस केंद्र से आ रहे हैं। एक डर वह भी होता है जो आपको ध्यान की तरफ़ ले जाता है। जो डर ध्यान की तरफ़ ले जाए उसको कहते हैं सावधानी। वास्तव में अवधान शब्द ध्यान का ही सूचक है। ये सब बातें सुनने में बहुत अच्छी लगती हैं कि जीवन में कोई डर नहीं होना चाहिए पर ये बातें आखिरी हैं, बिलकुल शिखर की हैं, मंज़िल की हैं, आत्यंतिक हैं। यह तभी कही जानी चाहिए जब सब प्रकार की वासनाओं से मुक्ति हो गई हो, कि न वासनाएँ बची हैं और अब न ही डर बचा।

पर वासनाएँ हमें सताती नहीं बल्कि मज़े देती हैं; डर परेशान करता है। वासना किसी को बुरी नहीं लगती, डर सबको बुरा लगता है। तो हम एक ऐसी स्थिति चाहते हैं जिसमें वासना तो रहे, डर न रहे। समझो बात को! डर सिर्फ़ तभी जाना चाहिए जब वृत्तियों का पूर्ण शमन हो जाए, डर सिर्फ़ तभी जाना चाहिए जब डर का जो मूल कारण है, वो भी चला गया हो। उससे पहले अगर डर चला गया तो यह शुभ नहीं महा-अशुभ बात है।

लेकिन जैसा मैंने कहा, हम चाहते हैं कि वासनाएँ तो बची रहें, वृत्तियाँ सारी कायम रहें, डर हट जाए। इसीलिए तुम पाओगे कि अध्यात्म में डर को लेकर के बड़ी नारेबाज़ी

होती है। लोग यह नहीं कहते कि ईश्वर मुझे मेरे दोषों और दुर्गुणों से छुटकारा दो या कहते भी हैं तो ज़रा कम कहते हैं। ज़्यादातर नारे किस बात पर लगते हैं कि हमें डरना नहीं है, हमें निर्भीक होना है। गौर से देखना तुम। हमारी मंशा साफ़ हो जाने की नहीं है, हमारी मंशा है कि हम गंदे ही रहें और गंदगी से संबंधित जो हमें डर लगता है, वो डर भी न लगे। यह तो अशुभ नहीं दूना-अशुभ हो गया ना?

पहली बात तो जितना मल था भीतर, वो भरा ही हुआ है और दूसरी बात उस मल के प्रति जो सतर्कता, जो सावधानी उठती थी डर के रूप में वो सतर्कता, वो अलार्म, वो सावधानी उठनी भी बंद हो गई है। पर यही हम चाहते हैं इसलिए निर्भयता, निडरता, फियरलेसनेस अध्यात्म के बाज़ार में खूब बिकने वाली चीज़ है और मैं कह रहा हूँ, 'डर नहीं हटना चाहिए, डर बचा रहना चाहिए।' जितने तुममें दोष हों, डर तुम्हें उतना ही लगना चाहिए, यह अति आवश्यक है।

लेकिन माया का चक्र कुछ ऐसा है कि दो तरीके से निडर हुआ जा सकता है, एक ही तरीके से नहीं। निडर होने का जो सीधा, सरल, शुद्ध तरीका है, वह तो यही है कि भीतर से दोष मिट जाएँ, अहम् की रुग्णता मिट जाए, विकार साफ़ हो जाएँ तो डर भी जाता रहेगा। ठीक? यह तो सीधा, सच्चा तरीका है।

डर हटाने का एक तरीका और है, वह तरीका यह है कि अंधेरा इतना घना हो जाए, विकार तुम्हें इतनी पूर्णता से जकड़ लें, दोष तुम पर इस कदर हावी हो जाएँ कि तुम्हें यह सूचना मिलनी भी बंद हो जाए कि कुछ अनिष्ट हो रहा है। डर तो तभी उठेगा ना जब तुम्हें पहले यह सूचना मिले कि कुछ गलत, कुछ अनिष्ट हो रहा है, तब डरोगे ना? अगर तुम अपनी हालत ऐसी कर लो कि तुम्हें सूचना आनी ही बंद हो जाए और सूचना अगर आती भी हो तो तुम उस सूचना के प्रति अनाग्रही हो जाओ, तुम उस सूचना को पूरी तरह अस्वीकार करना शुरू कर दो, तो भी डर मिट जाएगा।

एक-से-एक कुकर्म करे हैं लोगों ने बिना डरे, देखो अपने आस-पास। उन्हें यह निडरता कहाँ से मिली? निश्चित रूप से उन्हें यह निडरता सत्य या परमात्मा से तो नहीं मिल रही है। कोई किसी स्कूल में घुसता है, सत्तर बच्चों पर अंधाधुंध फायरिंग (गोलीबारी) करके उनको मार डालता है। कोई बाज़ार में निकलता है और वहाँ लोगों को, जिनसे वह परिचित भी नहीं है, अपने ट्रक के तले अंधाधुंध रौंद देता है। डर तो नहीं लग रहा होगा उसको, इसमें निडरता कहाँ से आ गई? क्या इसको निडरता परमात्मा ने बख्श दी है? ना! यह सत्य द्वारा बख्शी हुई निडरता नहीं है, यह वो निडरता है जिसमें तुमने, अपने अँधेरे को, अपने नशे को इतना बढ़ा लिया कि अब तुम्हें डर लगना भी बंद हो गया। यही वजह है कि बहुत सारे अपराध नशे में किए जाते हैं।

संतों के पास जाओगे, वो निडरता की बात करेंगे। पर वह जब भी निडरता की बात करेंगे वो कहेंगे, 'हम राम के पास हैं ना इसलिए कोई भय नहीं।' लेकिन जो वर्तमान का

अध्यात्म है, जो तत्कालीन शिक्षाएँ चल रही हैं अध्यात्म के क्षेत्र में, वो राम की तो बात करती नहीं, बस यह कहती हैं, 'निडर हो जाओ!' और हमें दिख रहे हैं बहुत लोग जो बेख़ौफ़ घूम रहे हैं जबकि उनका जीवन दोषों से परिपूर्ण है और ये बड़ी भयानक स्थिति है। जो आदमी एक अस्तित्वगत अपराधी है, जो आदमी आंतरिक रूप से पापी है, उसे डर भी ना लग रहा हो तो अब वह क्रिमिनल नहीं है अब वह हार्डेन्ड-क्रिमिनल है। अब वो अपराधी भर नहीं है, महा-अपराधी है।

तो डर के प्रति यह रवैया छोड़िए कि बुरा ही है। डर नहीं बुरा है, डर उसकी सूचना है जो बुरा है।

आपकी गाड़ी में तेल कम होता है, आपके डैशबोर्ड पर एक बत्ती जलने लगती है, फोड़ दीजिए बत्ती को, या उसके आगे काला टेप चिपका दीजिए क्योंकि जब वह बत्ती जलती है तो आपको तनाव हो जाता है ना? तो आप कहिए कि इस बत्ती का जलना बहुत बुरा है। जलना बुरा है या टंकी का खाली होना बुरा है? यही कारण है कि लगभग सभी धर्मों ने यह कहा कि सत्य भयानक भी है, संहारक भी है, प्रलयकारक है, कहा कि ख़ुदा का ख़ौफ़ करो!

जो सत्य से नहीं डर रहा, वह यह सोच रहा है कि उसने डर से ही निजात पा ली। नहीं, उसने डर से निजात नहीं पा ली है। जो सत्य से डरता है, वह बाकी सब डरों से निजात पा जाता है। बाकी सब डर कौन से होते हैं? दुनिया के होते हैं। अब दुनिया के डर तो दुनिया जैसे ही होते हैं, कभी कम कभी ज़्यादा। तो तुम्हारे जीवन में एक ऐसी स्थिति आ सकती है कि तुम्हें सत्य का कोई डर न हो और दुनिया भी तुम्हें डराती न हो।

लेकिन जिसको सत्य का डर नहीं है, उसको दुनिया से डरना ही पड़ेगा। आज नहीं तो कल। बस फेर यह है माया का कि दुनिया तो धूप-छाँव का खेल है। दुनिया के सामने खड़े होकर के कभी-कभार तुमको ये लग सकता है कि घबराने की, चिंता करने की, डरने की कोई बात नहीं, सब कुछ अपने नियंत्रण में है। 'हम दुनिया के राजा हैं, सब कुछ ठीक चल रहा है हमारे हिसाब से।' ऐसे में तुमको लगता है कि सोने पर सुहागा हो गया। सत्य के सामने झुकना नहीं पड़ रहा है और दुनिया भी अपनी मुट्ठी में है। तो दोनों जगह अकड़ पूरी कायम है।

सत्य के सामने भी झुके नहीं और दुनिया भी अपनी मुट्ठी में है, कह लो रावण जैसी स्थिति है, कि राम से तो दुश्मनी कर रखी है और लंका के राजा भी हैं। राम के सामने झुके भी नहीं हैं और सोने की लंका भी मुट्ठी में है तो लगता है क्या बात है! क्या बात है! डरने की ज़रूरत क्या है? बल्कि ऐसे लोग उदाहरण बन कर खड़े हो जाते हैं कि 'हमको देखो! हम किसी के सामने नहीं झुकते, हम फिर भी लंकेश हैं' और देखने वाले अगर सतर्क न हों तो वो यह निष्कर्ष भी निकाल सकते हैं कि यह व्यक्ति लंकेश है ही इसीलिए क्योंकि यह राम के आगे नहीं झुका। समझना बात को! तुम यह निष्कर्ष क्यों

नहीं निकाल सकते कि रावण इतनी बड़ी सत्ता का मालिक इसीलिए है क्योंकि वो राम के आगे नहीं झुका और तुम यह निष्कर्ष निकालकर अपनी ज़िन्दगी भी राम के विरुद्ध किसी आधार पर खड़ी कर सकते हो।

तुम कह सकते हो, 'देखो! हमने देखा है, जो लोग राम के खिलाफ़ रहते हैं, वे बहुत बड़े राजा बन जाते हैं।' ऐसे तर्क सुने हैं ना खूब? सुने हैं कि नहीं? और तुम कहोगे, 'यह हम कोई सुनी-सुनाई बात नहीं बता रहे, हम अपनी आँखों से देख कर आए हैं। रावण की लंका सोने की है और रावण दस दिशाओं का राजा है। यह सब उसको हासिल ही इसीलिए हुआ है क्योंकि वह राम के खिलाफ़ खड़ा है।' तो हमने क्या निष्कर्ष निकाला? कि जो राम के खिलाफ़ खड़ा होगा, उसे राम के आगे झुकने की ज़रूरत है ही नहीं, वह दसों दिशाओं का स्वामी भी बन जाएगा।

कितना आसान है ना यह निष्कर्ष निकाल लेना? और कितना आकर्षक लगता है यह निष्कर्ष? 'न यहाँ झुकना है, न वहाँ झुकना है, रावण न तो किसी इंसान के सामने झुका हुआ है और न ही राम के आगे झुका हुआ है।' बड़ा अच्छा लगता है और हमें ऐसे रावण जैसे नमूने, उदाहरण, दृष्टांत बहुत मिल जाते हैं। हम उन्हीं की तलाश में भी होते हैं। जो चाहोगे वह मिल भी जाएगा बस!

और कालचक्र, घूमने में हो सकता है थोड़ा समय लगा दे। सुख-दुःख, धूप-छाँव के खेल होते हैं और हो सकता है दोपहर ज़रा लंबी हो, तो तुमको लगे कि सूरज चमकता ही रहेगा और तुम धोखे में आ जाते हो। एक लंबी दोपहर को तुम अनंत समय समझ बैठते हो। तुम सोचते हो कि अब रात होनी ही नहीं है। दोपहर लंबी है, अनंत नहीं है।

जो राम के आगे नहीं झुका है, वह संसार में भी पिटेगा। मुझसे लोग कहते हैं, 'आप बार-बार, बार-बार कहते रहते हैं कि जो 'एक' के सामने नहीं झुका, उसे सौ के सामने झुकना पड़ेगा। जब आप कहते हैं तब तो बात बड़ी अच्छी लगती है कि जो सच्चाई के सामने नहीं झुका, उसे दुनिया में सौ जगह सर झुकाना पड़ेगा। जब आप यह बात बोलते हैं, तब तो बड़ी अच्छी लगती है। पर व्यावहारिक जीवन में तो हम ऐसा होता देखते नहीं। हम देख रहे हैं कि बहुत सारे लोग हैं जो झूठ का ही पक्ष ले रहे हैं और फिर भी अपने काम में, कारोबार में, चमक रहे हैं, अव्वल नंबर पर हैं—ऐसा कैसे हो जाता है?'

वो वही भूल कर रहे हैं, जिसका मैंने अभी ज़िक्र किया—वो एक लंबी दोपहर को अनंत प्रकाश का समय समझ रहे हैं। वो सोच रहे हैं कि साँझ कभी ढलेगी ही नहीं। वही रावण लंका के किसी साधारण-से मैदान में धूल फाँकता पड़ा हुआ है। कौन अनुचर, कौन भाई? कौन से गण, कौन से सेवक? तीरों से शरीर बिंधा हुआ है, आखिरी साँसें ले रहा है। वो सर जो कभी इतना ऊँचा हुआ करता था, आज धराशायी है। यह स्थिति समझ रहे हो क्या है? जो राम के सामने नहीं झुका, वो अब दुनिया की धूल फाँक रहा है। किसी मैदान की साधारण-सी धूल उसके चेहरे पर चिपकी हुई है।

इसलिए डरो! डरना अच्छा है, जब तक राम से डर रहे हो। बिलकुल मत सोचना कि वृत्तियों को तुमने जो सहयोग दे रखा है उसका एक भी अवसर खाली जाएगा, नहीं, फलित होगा। परिणाम आएँगे।

जितनी बार तुम गलत चुनाव करते हो, जितनी बार तुम सच्चाई के साथ बेअदबी करते हो, उतनी बार तुम अपने लिए ही दुःख तैयार कर लेते हो।

''डरना अच्छा है जब तक राम से डर रहे हो। बिलकुल मत सोचना कि वृत्तियों को तुमने जो सहयोग दे रखा है उसका एक भी अवसर खाली जाएगा; नहीं, फलित होगा, परिणाम आएँगे। जितनी बार तुम गलत चुनाव करते हो, जितनी बार तुम सच्चाई के साथ बेअदबी करते हो, उतनी बार तुम अपने लिए ही दुःख तैयार कर लेते हो।''

डर में डूबी एक पूरी पीढ़ी - और इस डर का इलाज

अद्वैत शिविर, बोधस्थल, 2021

''ये जितने लोग तुम्हारे समाज में हैं जो तुम्हारे इन्फ्लुएंसर्स बने हैं, जो तुम्हारे रोल मॉडेल बने हैं, ये सब तुमको गलत सोच से जीने के गलत तरीकों से लगातार भरे हुए हैं । उन्हीं गलत विचारों का, गलत तरीकों का अंजाम है—डर।''

प्रश्नकर्ता : आचार्य जी, मेरी उम्र 18 साल है। डर बहुत रहता है, सोशल ऐंगज़ाइटी रहती है। इस अवस्था से कैसे निकलूँ, कृपया मार्गदर्शन करें।

आचार्य प्रशांत : तुम दूसरों की करनी का फल भुगत रहे हो। तुम्हारी यह जो पूरी पीढ़ी ही है ना, उसे आजकल एक नए शब्द से संबोधित किया जाता है—'मिलेनियल्स' कहा जाता है। तुम्हारी समस्या ये है कि तुम्हें वास्तव में वो चीज़ दी ही नहीं गई है जो ज़िन्दगी में पाने लायक है। जो पाने लायक होता है, वो जब तुम्हारे पास आता है, तो वो तुम्हें डराता नहीं है, वो तुम्हें एक गज़ब विश्वास से भर देता है।

और जब तुम्हारी पूरी पीढ़ी को ही ऐसी चीजें दे दी गईं हैं जो ज़िन्दगी में होनी ही नहीं चाहिए, तो ज़िन्दगी ऐसी चीजों से भर जाती है जो तुम्हें बिल्कुल डरा के, दबा के रखती हैं।

सोशल ऐंगज़ाइटी कह रहे हो। सोशल ऐंगज़ाइटी इसलिए है, क्योंकि तुम्हारे पास जो कुछ भी है वो बस सोशल ही सोशल है। सोशल मीडिया है, सोशल इन्फ्लुएंसर्स हैं, सोशल लाइफ हैं। और ये जितने लोग तुम्हारे समाज में हैं जो तुम्हारे इन्फ्लुएंसर्स बने हैं, जो तुम्हारे रोल मॉडेल बने हैं, ये सब तुमको गलत सोच से जीने के गलत तरीकों से लगातार भरे हुए हैं। उन्हीं गलत विचारों का, गलत तरीकों का अंजाम है—डर। इन्होंने तुम्हें बात दिया है कि ज़िन्दगी में सबसे कीमती वो चीजें हैं जो तुम्हें दूसरों ने दिए हैं।

माने कि अब इस उम्र में (अट्ठारह) तुम जा रहे हो और तुम्हें ग्रुप अक्सेप्टन्स अगर मिल रही है तो तुमको लगता है कि मै तो एकदम सुपरस्टार हो गया। और वही जब नहीं मिलती तो तुमको तमाम तरीके के तनाव हो जाते है, ऐंगज़ाइटी, डिप्रेशन भी हो जाता है। तुम्हारे आदर्श ऐसे होने चाहिए थे जो तुम्हें बताते कि तुम्हारे पास सच का एक अंदरूनी केन्द्र होना चाहिए। लेकिन वैसे आदर्शों से तुम्हारा किसी ने कोई परिचय ही नहीं कराया।

मैं आज तुमसे पूछ दूँ, कि आर्यभट्ट के बारे में कुछ बताना, मैं तुमसे लियोनार्डो डा

विंन्सी के बारे में ही कुछ पूछ दूँ, मैं तुमसे पिकासो के बारे में कुछ पूछ दूँ। वापस भारत पर आऊँ तो तुमसे सुश्रुत के बारे में कुछ पूछ दूँ तो तुम ज़्यादा कुछ बताया नहीं पाओगे।

हाँ, एक से एक फूहड़ और गलीच इधर उधर के, दो कौड़ी के धूम रहे होंगे, उनका तुम्हें खूब पता होगा। तुम इसलिए डरे हुए हो क्योंकि तुम्हें गलत लोगों के बारे में बहुत कुछ पता है, और जिनके बारे में पता होना चाहिए उनका तुम्हें कुछ पता नहीं है।

एक अभी मिला मुझे बिलकुल लुचुर-पुजूर हालत में, लगा कि गिर पड़ेगा। साल डेढ़ साल पहले कि बात है। मैंने उससे पूछा 'तुम्हारे आदर्श कौन हैं?' उसने पूछा आदर्श क्या होता है? मैंने कहा रोल मोडल। उसने कहा 'एम सी रॉन', मैंने कहा मैंने कहा कौन? 'एम सी रॉन।' मैंने कहा भाई तू रॉन बोल ले, ये एम सी-एम सी क्या है? उसने कहा नहीं, एम सी रॉन।

मुझे समय लगा समझने में कि जो भी ये एम सी वाले लोग होते है, यही अब रोल मॉडल है। तुम रोल मोडेल हो ही नहीं सकते अगर अपने नाम के आगे एम सी न लगा लो। मैं इस नई पीढ़ी की बात कर रहा हूँ।

'करता क्या है?' उसने कहा, 'रैपिंग'। फिर उसने मुझे सुनाया कि देखो 'ये करता है'। और वो जो रैप संगीत था, वो म्यूजिक भर नहीं था, वो अपने आप में पूरी फिलोसॉफी थी ज़िन्दगी की। 'ज़िन्दगी जुआ है, खेल जाने दे। ज़िन्दगी दारू है, पी जाने दे'।

इन खुराकों पर तुम्हारी हस्ती बड़ी और खड़ी हुई है। इस तरह कि चीजें मानसिक रूप से सोख के, खा के, पी के, तुम सोलह साल के अठारह साल के, बीस के, शायद और पच्चीस तीस के भी हो रहे हो। अब तुम्हारी ज़िन्दगी लड़खड़ाती हुई सी नही रहेगी तो कैसी रहेगी, मुझे बताओ।

मैंने पूछा लाल-बाल-पाल कौन थे बताना। अब मैंने कोई बहुत खूफिया बात नहीं पूछ दी है। और ये ऐसा भी नहीं है कि तुम यूपीएससी कि तैयारी करोगे तो ही पता रहेगा, ये साधारण किसी भी बोर्ड की इतिहास की किताब में, आठवी नौंवी दसवीं में रहता है। पर उसने मेरी तरफ ऐसे देखा जैसे कि मैंने पता नहीं कौन-सा अलौकिक सवाल पूछ लिया हो।

मैं ये बिल्कुल नहीं कह रहा कि इस पीढ़ी के सभी बच्चे ऐसे हैं, पर जैसा मैंने पहले भी कभी कहा है कि गेहूँ के साथ घुन भी पिस जाते हैं। जब एक पूरी की पूरी पीढ़ी ही बर्बाद हो गई हो, तो उसमें कितना बचे रहोगे? और उसमें तुम्हारा दोष नहीं। मैं तो पूछता हूँ पचास और सत्तर और नब्बे के दशक वाली पीढ़ियों से, कि तुमने क्या विरासत सौंपी है आज के इन बच्चों को? क्योंकि ये तो बेचारे नन्हे ही पैसा हुए थे। इनको जो खिलाया पिलाया तुमने पिलाया, इनको जो सिखाया पढ़ाया तुमने पढ़ाया। ये क्या पढ़ाया इनको कि ये नस्ल ऐसी निकाल गई?

अच्छे लोगों के संपर्क में आना होगा तुम्हें, और तुम जैसे हो गए हो, अच्छे लोग तुम्हें अच्छे नहीं लगेंगे। वो तुमको थोड़े बोरिंग से लगेंगे, वो तुम्हें थोड़े अजीब से लगेंगे।

पर और कोई तरीका नहीं है, तुम्हें अच्छे लोगों के संपर्क में आना होगा, भले ही वो तुमको कितने भी अजीब लगें। किताबें तो तुम पढ़ते नहीं, तुम सात-आठ मिनट के युट्यूबर्स के विडिओ देखते हो। तुम्हें किताबों की ओर आना पड़ेगा। ज़्यादातर काम जो तुम्हारी पीढ़ी करती है उससे तुम्हें हटना पड़ेगा अगर तुम डर को हटाना चाहते हो तो।

दो दिशाओं में आगे बढ़ो। पहली बात—जो तुम्हारा सामान्य ज्ञान है उसको गहरा करो। हम कौन हैं, हम कहाँ से आए हैं, इसकी जानकारी इकट्ठा करो। और दूसरी बात, तुम्हारी उम्र अब इतनी है कि तुम बोध साहित्य कि ओर बढ़ सको, तुम्हें बढ़ना होगा। शुरुआत करो साधारण आध्यात्मिक कहानियों से, और उसके बाद धीरे धीरे उपनिषदों तक जाओ। वो डर का आखिरी इलाज हैं। उपनिषद स्वयं कहते हैं कि हम लिखे ही इसलिए गए हैं ताकि तुम्हारे तापों का नाश कर सकें। ताप माने हर वो चीज़ जो तुमको डरा देती है, तुम्हारा पारा बढ़ा देती है। ताप को गर्मी भी बोल सकते हो, या पीड़ा, संताप भी बोल सकते हो। 'ताप त्रय का नाश हो सके,' उपनिषद कहते हैं हम लिखे ही इसलिए गए हैं। डर तो अंततः तभी हटेगा जब उपनिषदों के पास आओगे।

इन उपनिषदों तक आने के लिए तुम्हें थोड़ी से यात्रा करनी पड़ेगी। पहला कदम ये है कि जिन लोगों से, जिन विचारधाराओं से, जिस तरह के आदर्शों से जुड़े हुए हो, उनको बर्खास्त करो। दूसरा, कुछ सामान्य ज्ञान अर्जित करो कि ये दुनिया, राजनीति, अर्थव्यवस्था, इतिहास क्या चीज है। तीसरा, अध्यात्म की जो साधारण किताबें हैं, प्रवेशिकाएँ है, उनसे शुरू करो। और चौथा अंततः आओ और साथ बैठ कर के उपनिषद पढ़ो। अगर वाकई तुम गंभीर हो, जो मैं समझता हूँ तुम्हें होना चाहिए, अभी तुम्हें बहुत लंबी ज़िन्दगी जीनी है। अगर वाकई गंभीर हो एक निर्भय ज़िन्दगी जीने के लिए, तो ये चारों कदम तुम्हें उठाने ही होंगे।

''जब तुम्हारी पूरी पीढ़ी को ही ऐसी चीजें दे दी गई हैं जो ज़िन्दगी में होनी ही नहीं चाहिए, तो ज़िन्दगी ऐसी चीजों से भर जाती है जो तुम्हें बिल्कुल डरा के, दबा के रखती हैं।''

जब अपने मन और जीवन को देख कर डर लगे

अद्वैत शिविर, बोधस्थल, 2020

''शरीर से आगे का कुछ कमाइए, वो इतना प्यारा होगा, इतना मूल्यवान होगा फिर ये जो रोज़मर्रा का लफड़ा लगा रहता है देह का और मन का, आपको फ़ुर्सत ही नहीं रह जाएगी इसमें उलझने की, आकर्षक ही नहीं लगेगा।''

प्रश्नकर्ता : जब अपने मन को और विचारों को देखता हूँ तो डर जाता हूँ, हाथ-पाँव तक काँपने लगते हैं। मन को और अपनी वृत्तियों को देख पाने का साहस कैसे आएगा?

आचार्य प्रशांत : मन मलिन है कोई शक नहीं, वृत्तियों में विकार है कोई शक नहीं, और बात घाटे की है कोई शक नहीं।

तुमको अगर बताया जाए कि तुमको दस लाख का नुकसान हो गया है तो झटका खाओगे। जैसे यहाँ लिखा है ना, हाथ-पाँव तुम्हारे काँपने लगेंगे। लेकिन तुमको बताया जाए कि दस लाख का नुकसान हुआ है और पचास लाख का फ़ायदा, तो तुम खुशी मनाओगे। क्यों खुशी मना रहे हो? दस लाख का नुकसान तो दोनों ही स्थितियों में हुआ है ना?

जहाँ तक मन की और वृत्तियों की बात है वो तो घाटे का ही सौदा है। जो शरीर लेकर पैदा हुआ, जो शरीरगत वृत्तियाँ लेकर पैदा हुआ, जो इस मन और उससे सम्बन्धित सारे भाव और सारे विकार लेकर पैदा हुआ, वो तो पैदा ही घाटे में हुआ है। तो वो घाटा तो रहेगा ही रहेगा। दस लाख का घाटा लिखा होता है हर बच्चे के माथे पर जब वो पैदा होता है। उस घाटे का मतलब समझ रहे हो ना?

एक घाटे की ही चीज़ पैदा हो गई है। जो वो लेकर आया है अपने साथ वो क्या है? घाटा ही घाटा! तो वो तो रहेगा ही रहेगा। वो तयशुदा है।

हमारे साथ कुछ ऐसा पैदा होता है जो हमें बढ़ा-घटा के रखता है, जो हमें क्षुद्र करके रखता है। जो चीज़ तुम्हें घटा कर रखे वही चीज़ घाटे की। घाटा वहीं से आता है ना? जो तुम्हें घटाकर—घटाकर माने छोटा करके—सीमित करके रखे उसी को कहते हैं घाटा। तो वो घाटा तो है ही है। वो सबके साथ लगा हुआ है, दस लाख डूबे। अब सवाल ये नहीं है कि दस लाख डूबे कि नहीं, सवाल ये है कि पचास लाख वाला मुनाफ़ा तुमने जीवन में कमाया कि नहीं कमाया।

दो आदमियों में अंतर ये नहीं होता कि एक को घाटा लगा दूसरे को नहीं लगा, घाटा तो दोनों को लगा है। हर बच्चा बिना किसी अपवाद के—हर बच्चे के माथे पर खुदा हुआ है 'घाटा', पैदा होते ही। तो फिर वो जो बच्चा वयस्क होता है अपनी पूरी ज़िन्दगी जीता है।

उन दो इंसानों में अंतर क्या होता है? उन दोनों इंसानों में अंतर होता है कि एक घाटा लेकर आया था और घाटा ही लेकर चला गया और दूसरा घाटा लेकर आया था लेकिन उसने उसमें बहुत सारा मुनाफ़ा जोड़ दिया। दस लाख के घाटे में उसने पचास लाख का मुनाफ़ा जोड़ दिया। तो कुल मिलाकर बात मुनाफ़े की हो गई।

तो ये वृत्तियों से सम्बन्धित तुम्हें जो भी विक्षेप, विकार दिखाई देते हैं वो सही ही दिखाई देते हैं। उन पर तुम्हारे हाथ-पाँव काँपते हैं तो बिलकुल सही बात है। अचानक किसी का दस लाख तुम लूट लो तो उसके हाथ-पाँव तो काँपेंगे ही, इसमें कुछ गलत नहीं हो गया। सवाल ये है कि पचास लाख कहाँ हैं भाई? वो क्यों नहीं कमाए अभी तक?

अहंकार तो चीज़ ही ऐसी है कि उसको देखो तो काँपने लग जाओ, पसीने छूट जाएँ। इसीलिए तो उसको देख पाने की ताकत बहुत कम लोगों में होती है। वहाँ पर तुम्हारी पूरी ज़िन्दगी की बर्बादी लिखी हुई है, तुम्हारी सब हारें लिखी हुई हैं, तुम्हारे पूरे जन्म का एकदम व्यर्थ चला जाना लिखा हुआ है, हममें कितनी पशुता भरी हुई है ये लिखा हुआ है, हम कितनी चोरी का और कितने झूठ का जीवन जी रहे हैं सब लिखा हुआ है वहाँ पर। उससे कैसे तुम आँखें मिलाओगे?

अपने भीतर जो भी देखता है अगर वो ज़रा ईमानदार आदमी है तो उसको यही सब दिखाई देगा, क्या? अपनी चोरियाँ, अपने झूठ, अपनी कमज़ोरियाँ, साहस की कमी, प्रेम की कमी, विकार-वासनाएँ। और क्या दिखाई देगा भीतर जब झाँकोगे? तो अच्छा किया भीतर देखा, ये सब तुमने पाया।

मेरा सवाल ये है कि यही सब क्यों पाया, इसके अलावा भी तो एक चीज़ पाने की हो सकती थी, वो क्यों नहीं कमाई आज तक? उसको कमा लोगे फिर तुम इस दस लाख के घाटे को झेल जाओगे। नहीं तो जानते हो तुम क्या करोगे? तुम पाखंड करोगे।

एक आदमी है जिसने पचास लाख कमाया है और दस-लाख गँवाया है। वो हँसते-हँसते बता देगा, दूसरों के सामने भी स्वीकार कर लेगा कि दस लाख का घाटा हुआ, क्यों? क्योंकि कुल मिलाकर उसे फ़ायदा हुआ है। कुल मिलाकर उसे फ़ायदा हुआ है, तो वो बता देगा। लेकिन जिसको सिर्फ़ घाटा-ही-घाटा हुआ है वो फिर पाखंडी हो जाता है। वो मानना ही बंद कर देता है कि उसको घाटा हुआ है क्योंकि उसके पास कुल मिलाकर क्या है? सिर्फ़ घाटा।

और जिसको घाटे के साथ मुनाफ़ा भी हुआ है वो फिर ईमानदारी से मान लेता है कि उसको घाटा हुआ है क्योंकि उसके पास घाटे के अलावा मुनाफ़ा भी है।

तुम बच्चे थे। तुम्हारी परीक्षा के बाद जाँची हुईं कॉपियाँ, उत्तर पुस्तिकाएँ बँट रही

थीं—होता था ना? परीक्षा खत्म हो जाती थी उसके हफ़्ते भर बाद से क्या शुरू होता था? कि आज इन दो विषयों की जाँची हुई उत्तर पुस्तिका बँटेगी, फिर इनकी बँटी। और आप दिल पर हाथ रखकर इंतज़ार करते थे कि अरे आज मैम आ गईं, आज गणित की 'आंसर शीट्स' आ गई हैं। और फिर वो बैठकर देती थीं कि देखो तुम्हारे इतने नम्बर, तुम्हारे इतने नम्बर। फिर आप जाते थे, अपनी कॉपी लेते थे।

तो आज बँटी है : गणित की, अंग्रेज़ी की।

दो बच्चे हैं, दोनों के गणित में बड़े कम नंबर आए हैं। मान लो सौ में से बस साठ-पैंसठ आए हैं। लेकिन जो दूसरा है उसके अंग्रेज़ी में भी कम आए हैं, पचास ही नंबर, और एक के अंग्रेज़ी में आ गए हैं पिचासी।

ज़्यादा संभावना यही है कि ये जो बच्चा जिसके गणित व अंग्रेज़ी दोनों में कम नंबर आए हैं, वह घर जाकर के अपनी कॉपियाँ दिखाएगा नहीं, ये छुपा जाएगा, ये झूठ बोल जाएगा, ये पाखंड करेगा, और वो जो बच्चा जिसके एक विषय में कम नंबर हैं लेकिन दूसरे में भरपूर हैं वो घर जाकर के ईमानदारी से दोनों कॉपियाँ रख देगा, क्योंकि उसको पता है कि एक जगह कम हैं तो दूसरी जगह मैंने भरपाई कर ली है। वो बता देगा।

तो अपना झूठ स्वीकार करना, अपनी चोरी भी स्वीकार करना, अपनी कमज़ोरी भी स्वीकार करना उसी के लिए संभव हो पाता है जिसने जीवन में कुछ ऊँचा अर्जित भी किया हो। इसीलिए आप पाएँगे कि जिन लोगों ने वाकई जीवन में ऊँचाइयाँ छुईं वो बड़ी आसानी से अपनी कमज़ोरियाँ भी स्वीकार कर लेते हैं।

संत लोग गाते हैं : 'मो सम कौन कुटिल खल कामी?' अजीब बात है! संत कह रहा है, 'मेरे जैसा कुटिल कौन? मेरे जैसा खल, धूर्त कौन? मेरे जैसा कामी कौन?' ये संत गा रहा है! संत को ये स्वीकार करने में कोई दिक्कत नहीं है कि वो कुटिल है, खल है और धूर्त है, कामी है।

आम आदमी कहता है : अरे साहब, हमसे ज़्यादा पाक-साफ़ कौन होगा? हमसे ज़्यादा सच्चा और निष्काम कौन होगा?

आम आदमी की मजबूरी है। उसके पास सिर्फ़ घाटा-ही-घाटा है। उसका दिल टूटता है ये स्वीकार करने में कि उसकी पूरी ज़िन्दगी घाटे का सौदा रही है। वो कैसे स्वीकार कर ले सबके सामने? वो कैसे बर्दाश्त कर ले? तो फिर उसे झूठ बोलना पड़ता है कि नहीं-नहीं, हम तो बड़े अच्छे आदमी हैं।

संत कहता है : मैं तो अपनी एक-एक कमज़ोरी गिन-गिन कर बताऊँगा। मैं तो अपना एक-एक नुक्स खोल-खोल कर, उघाड़-उघाड़ कर दिखाऊँगा। क्यों? क्योंकि जब मैं बता लूँगा कि मेरा यहाँ भी घाटा है, मेरा यहाँ भी घाटा है, मैं यहाँ भी कमज़ोर हूँ, मेरी ये भी गलती है, मेरी वो भी गलती है, ये सब बताने के बाद, मैं कहूँगा : इन सब गलतियों के बाद भी, इन सब गलतियों के बावजूद और इन सब गलतियों से बहुत बड़ा कुछ है मेरे पास!

और जो वो बहुत कुछ उसके पास बड़ा है उसके आगे वो सारी गलतियाँ फिर बहुत छोटी हो जाती हैं।

याद रखियेगा : वो जो गलतियाँ हैं, वो जो घाटा है, वो जो कमज़ोरियाँ हैं, वो सबके पास होती हैं। छोटे आदमी और बड़े आदमी में अंतर ये नहीं होता कि बड़े आदमी में कमज़ोरियाँ नहीं हैं। भारत इस मामले में कितना अनूठा रहा है। हमने तो अपने अवतारों में भी सब मानवीय कमज़ोरियाँ दिखाईं। दिखाईं कि नहीं दिखाईं?

हमारे अवतार लोग भी मानवीय कमज़ोरियों से परिपूर्ण थे तो फिर उनमें और साधारण आदमी में अंतर क्या है? राम हैं, कृष्ण हैं और एक साधारण आदमी है उसमें अंतर क्या है? अंतर ये नहीं है कि साधारण आदमी की कमज़ोरियाँ राम और कृष्ण में नहीं थीं।

भाई जब वो मानव देह लेकर अवतरित हुए हैं तो फिर जो साधारण मानव वृत्तियाँ हैं, उनका प्रदर्शन भी उन्हें करना ही पड़ेगा ना। तो वो करते हैं लेकिन उनके पास सिर्फ़ वो कमज़ोरियाँ मात्र नहीं थीं, उनके पास उन कमज़ोरियों के आगे भी कुछ था। उनके पास बस वो दस लाख का घाटा ही नहीं था उनके पास पचास लाख का मुनाफ़ा भी था, ये अंतर होता है।

तो कभी भी, किसी संत आदमी को या किसी ऊँचे या किसी ज्ञानी को इस आधार पर मत आँक लीजिएगा कि अरे, इसमें भी देखो तृष्णा है या कामना है या क्रोध है। साहब निश्चित रूप से उसमें भी तृष्णा है, कामना है, क्रोध है लेकिन उसके पास और भी कुछ है जो शायद आपने नहीं कमाया। और तृष्णा, कामना, क्रोध तो उसमें होगी ही क्योंकि ये बात देखो शरीर की है, पैदा होने की है।

हमने कहा ना, हर बच्चा पैदा होता है अपने माथे पर खुदवा करके 'घाटा'। तो जो भी कोई व्यक्ति आपके सामने है, देह रूप में, उसमें ये सब चीज़ें रहेंगी। आप ये बताइए : आपने असली चीज़ क्यों नहीं कमाई? और जब असली चीज़ कमा लोगे तो फिर ये सब जो वृत्तियाँ, विकार हैं इनको देख लेने का, इनकी अभिस्वीकृत करने का और फिर इनका उल्लंघन कर जाने का साहस आपमें अपने-आप आ जाएगा। आप कहोगे, 'चीज़ ही छोटी हो गई। कहाँ दस का आँकड़ा, कहाँ पचास का आँकड़ा?'

फिर आप इस दस के आगे चौंक जाओगे, कूद जाओगे। फिर आपको शर्म नहीं आएगी इस दस की बात करने में, फिर आप खुलेआम बात करोगे।

और ये जो सवाल है आपका इससे मुझे थोड़ा आश्वासन मिल रहा है कि आप अपनी वृत्तियों का उल्लंघन करने को तैयार हो क्योंकि इन वृत्तियों की खुलेआम चर्चा कर रहे हो। झूठे, बेईमान आदमी की निशानी यही होती है कि वो अपनी कमज़ोरियों की चर्चा ही नहीं करना चाहता। वो ऐसा नाटक करता है जैसे कि उसमें कमज़ोरियाँ हों ही नहीं।

जो असली आदमी है वो सबसे पहले अपनी कमज़ोरियों को पकड़ेगा, स्वीकारेगा, प्रदर्शित करेगा ताकि उनके आगे जा सके।

शब्दों पर ध्यान दीजिएगा : मैंने ये नहीं कहा कि वो अपनी कमज़ोरियों को मिटा सके, मैंने कहा कि अपनी कमज़ोरियों के आगे जा सके। देखिए, किसी चीज़ के अतीत चले जाना एक बात होती है, किसी चीज़ के 'बियॉन्ड' चले जाना एक बात है, अतिक्रमण कर जाना एक बात है और किसी चीज़ की सफ़ाई करना, किसी चीज़ पर विजय पाना बिलकुल दूसरी बात है।

हम अक्सर ये गलती कर जाते हैं कि हमारी जो सब क्षुद्रताएँ हैं, कमज़ोरियाँ हैं, विकार वगैरह जो भी चीज़ें हैं, जो हमें पता हैं भीतर अच्छी नहीं लगतीं, हम उनसे लड़ने बैठ जाते हैं। नहीं, उनसे लड़ना नहीं होता भाई। वो तो चाहती ही हैं कि आप उनसे लड़ो, उन्हीं में उलझे रहो, जूझ जाओ।

आपको उनके होते हुए भी उनकी उपेक्षा करनी है। वो तो आपको आकर्षित करती हैं, कभी आपको लुभा कर, कभी आपको चुनौती दे कर। आपको क्या करना है?

आपको कहना है : 'तुम अपना खेल अपने पास रखो। न हम तुमसे गले मिलना चाहते हैं, न लड़ना चाहते हैं। हमारे पास और बहुत कुछ है करने को भाई, ऊँचा काम है, सही चीज़ है वो करेंगे, तुमसे थोड़े ही आकर लिपट जाएँगे।'

लिपटना भी दो तरीके का है : एक तो ये है कि जाकर के मोह में लिपट गए और दूसरा ये है कि पहलवान की तरह लिपट गए। पहलवान भी तो एक दूसरे से लिपटते रहते हैं। काहे को लिपटते रहते हैं? वो एक-दूसरे को पछाड़ने के लिए लिपटते हैं, एक-दूसरे को हराने के लिए लिपटते हैं। पर जो भी करना, चाहे प्रेम में लिपटे—प्रेम माने तथाकथित प्रेम—चाहे अपने साधारण प्रेम में लिपटे और चाहे पहलवानी में, कुश्ती में, बैर में लिपटे। लिपट तो गए ना? लिपटना नहीं है, आगे बढ़ जाना है।

इस मान्यता से तो आप बिलकुल ही बाहर आ जाइए कि जब तक आप जी रहे हैं तब तक आप अपनी वृत्तियों को जीत सकते हैं। नहीं भाई, नहीं होना है ऐसा। इसीलिए जो उचित शब्द दिया गया मुक्ति को भारत में वो 'जीवन-मुक्ति' था, 'वृत्ति-विजय' नहीं कहा गया। जीवन चलता रहेगा, आप जीवन से मुक्त रहेंगे।

और जीवन माने? जीव की कहानी।

जी+व+न : जीव की कहानी, और जीव की कहानी और क्या होती है? जीव की कहानी तो यही होती है : खाया-पिया, डकार मारी, इससे लड़े, उससे उलझे, उससे तार जोड़ दिए, उससे बैर लगा लिया। यही तो है।

तो ये सब कहानियाँ चलती रहेंगी। ये शरीर का धंधा है भाई, ये लगा रहेगा। आप इसके अतीत होएँ, आप इसके आगे बढ़ जाएँ। उलझना नहीं है।

लेकिन इसके आगे जाने की आपमें हिम्मत तब आए न, जब इसके आगे का आपने कुछ अर्जित किया हो। इसके आगे जाना उन्हीं के लिए सम्भव है जब शरीर से आगे की

कोई चीज़ आपको उपलब्ध हुई हो। उपलब्ध तब होती है जब आप कीमत चुकाते हो। उपलब्ध ही नहीं हुई है तो फिर तो यही जो शारीरिक चीज़ें हैं इन्हीं में अटके रह जाओगे, क्योंकि यही है आपके पास, और तो आपने कुछ कमाया ही नहीं।

शरीर से आगे का कुछ कमाइए, वो इतना प्यारा होगा, इतना मूल्यवान होगा फिर ये जो रोज़मर्रा का लफड़ा लगा रहता है देह का और मन का, आपको फ़ुर्सत ही नहीं रह जाएगी इसमें उलझने की, आकर्षक ही नहीं लगेगा। कहेंगे, 'इनका तो रोज़ का यही चलता रहता है, कौन उलझे। और चीज़ें हैं।'

मैं समझ रहा हूँ कि ये पूरी बात सुनने के बाद बड़ी बेचैनी से आप क्या सोच रहे होंगे, आप सोच रहे होंगे : क्या है? वो पचास लाख क्या है? शरीर के आगे क्या है? ये भी तो बताइए। इतनी सांकेतिक बात ही करते रहेंगे क्या कि शरीर से आगे निकल जाओ। वो कुछ है जो अतीत है, वो क्या है?

अरे बाबा, शरीर से आगे निकलना ही आतीत्य है। वो क्या है माने वो कोई वस्तु नहीं है। वो चीज़ यही है। वो यही बोध है कि शरीर से आगे निकला जा सकता है और शरीर से आगे निकलने में ही बुद्धिमानी है, क्योंकि शरीर तो एक जंगली उत्पाद है। शरीर तो पशुओं की कोटि की एक व्यवस्था है, आप कहाँ तक उसी में फँसे रहेंगे? उसमें फँसकर के आपकी चेतना को चैन तो मिलता नहीं।

आप कहाँ यही सोचते रहेंगे कि पैदा इसीलिए हुए हैं ताकि बढ़िया बिस्तर मिल जाए, बढ़िया खाना-पीना मिल जाए, पैसा कमा लें तो बड़ा वाला एसी लगवा लें, और ऐसी जगहों पर घूमें जहाँ आँखों को बड़ा रस मिले। ये सब आप करते भी रह जाएँगे तो चैन कहाँ मिलना है। तो अपनी चेतना की पुकार को सुनना, ये जो भीतर बेचैनी है ये वास्तव में आपसे क्या चाहती है इसको पहचानना, यही है पचास लाख की बात।

आप अपने शरीर को देखिए कितनी भी सुख-सुविधा दे दीजिए, आपकी चेतना बड़ी हठी है, वो मानती नहीं है। हाँ, कुछ शारीरिक सुविधाएँ हैं जो चाहिए। नहीं तो शरीर को आप बहुत ज़्यादा पीड़ा में रखेंगे तो वही बात चेतना के लिए पीड़ा की हो जाती। वो बात भी ठीक है। मैं सहमत हूँ उससे। और उसके लिए आपके पास जीवन में थोड़ी सुविधा, थोड़ा पैसा होना चाहिए। भाई, अगर आपको खाने-पीने को ही नहीं है या आपके पास कपड़े ही नहीं हैं पहनने को तो फिर चेतना इन्हीं बातों में मजबूर होकर के व्यस्त हो जाएगी, कि अरे, कपड़ा कहाँ से लाएँ या खाने का क्या प्रबंध करें। तो वो सब आप कर लीजिए लेकिन उतने भर से चेतना मानेगी नहीं। वो आवश्यक तो है पर पर्याप्त नहीं है।

हमें वो दोनों काम करने पड़ेंगे : जो काम आवश्यक हैं वो भी करने पड़ेंगे और वो काम भी करने ज़रूरी हैं जो जीवन को एक पर्याप्तता देंगे, एक पूर्णता, एक 'फ़ुलनेस' देंगे।

जैसी दुनिया है, इतिहास हमको अर्थव्यवस्था के जिस मुकाम पर ले आया है उसमें हमारी आवश्यकताओं की पूर्ति हो चुकी है। बड़े आराम से हो रही हैं।

एक न्यूनतम स्तर की भौतिक उपलब्धि ज़रूरी होती है। कोई आपको जंगल में छोड़ दे, वहाँ आपको मच्छर काट रहे हैं और तमाम तरह के कीड़े आपको लग रहे हैं और जंगली जानवरों का ख़तरा है तो आप ध्यान नहीं कर सकते, आप जीवन के सत्य की बात नहीं सोच सकते क्योंकि आपकी सारी ऊर्जा इसी में जा रही होगी कि मच्छर ने काटा, कीड़े ने काटा, वो साँप लटक रहा है, अजगर पछिया रहा है। यही आप सोचते रह जाएँगे।

तो एक न्यूनतम स्तर की भौतिक उपलब्धि चाहिए पर दुनिया उस स्तर की भौतिक उपलब्धि को अब कब का पा चुकी है। हाँ, कुछ प्रतिशत लोग हैं अभी दुनिया में जिनको वो नहीं मिली है, उनको भी मिल जाएगी जल्दी। तो अब आवश्यकता और ज़्यादा भौतिक या आर्थिक प्रगति की है ही नहीं।

हमने कहा था दो चीज़ें चाहिए : एक जो आवश्यक है और दूसरी जो जीवन को पर्याप्त बनाएगी, जिनसे चेतना को पर्याप्त पूर्णता मिलेगी। वो जो दूसरी चीज़ है वो पाइए, वो पचास लाख की है।

समझना पड़ेगा कि स्वयं का सत्य क्या है।

समझना पड़ेगा कि ये चेतना कहाँ से उठती है और कहाँ को जाना चाहती है। और समझना पड़ेगा कि हम जैसे जी रहे हैं, हमने जो ढर्रे बना रखे हैं, जो व्यवस्थाएँ और जो रिश्ते बना रखे हैं, क्या उनमें हमें चैन मिलना है। यही जो समझने की चीज़ है, यही जो बोध है, ये पचास लाख की चीज़ है।

आशा करता हूँ कि मैंने स्पष्ट करके कह दिया होगा।

''झूठे, बेईमान आदमी की निशानी यही होती है कि वो अपनी कमज़ोरियों की चर्चा ही नहीं करना चाहता। वो ऐसा नाटक करता है जैसे कि उसमें कमज़ोरियाँ हों ही नहीं। जो असली आदमी है वो सबसे पहले अपनी कमज़ोरियों को पकड़ेगा, स्वीकारेगा, प्रदर्शित करेगा ताकि उनके आगे जा सके।''

धोखा खाने का डर क्यों रहता है?

अद्वैत शिविर, भोपाल, 2018

''जब किसी चीज़ के साथ बहुत दिल लगाते हो, उस वक्त सतर्क रहा करो। दिल लगाना आसान है, उसके बाद सजग होना मुश्किल है।''

प्रश्नकर्ता : आचार्य जी, धोखे का डर रहता है। उसको कैसे दूर करें?

आचार्य प्रशांत : तो धोखे का थोड़े ही तुम्हें डर रहता है, तुम्हें तो डर ये रहता है, कुछ खो न जाए। धोखे से तुम्हें एक लाख रुपए मिल जाएँ तो डर लगेगा?

धोखे का थोड़े ही डर है। डर ये है कि धोखे से कहीं कुछ नुकसान न हो जाए। बहुत लोगों को धोखे से बहुत फ़ायदा भी हो जाता है, सोच रहे थे कुछ और, हो कुछ और गया। देखो कितने फ़ायदे हुए हैं धोखे से।

तो क्यों है डर नुकसान का?

प्रश्नकर्ता : पैसे का, रिश्ते का। मुख्य परेशानी डर है।

आचार्य : फिर क्या होगा? जब चीज़ें खो जाएँगी तब क्या होगा? जिन चीज़ों के खोने का भय है वो खो जाएँगी तो क्या होगा?

प्रश्नकर्ता : दु:ख।

आचार्य : ठीक है, दु:ख होगा तो क्या होगा?

प्रश्नकर्ता : आपने कहा था कि जो चीज़ संसार से मिली है वो छिन जाए तो वो वैसे भी तुम्हारी थी ही नहीं।

प्रश्नकर्ता : दु:ख तो तब भी होना था तो दु:ख अभी क्यों कर रहे हो? खोएगा या नहीं खोयेगा वो तो एक सम्भावना है। अभी तो आप डर कर दु:खी हो ही रहे हो।

आचार्य : ये एक ओढ़ी हुई मजबूरी है कि कुछ खो गया तो दु:ख होना ही होना है।

तुम्हारा सब कुछ भी चला जाए तो भी तुम झेल तो लेते ही हो। बल्कि जब चीज़ें तुम्हारे पास से खोती हैं, तब दु:ख हो-न-हो, उनके खोने की कल्पना कर-करके तुम खूब दु:ख अनुभव कर लेते हो।

आज से पहले कुछ खोया नहीं है क्या? तो खोई हुई चीज़ के साथ तुम भी खो गए?

और जिस भी चीज़ को तुमने पकड़ रखा है वो खोयेगी कभी नहीं क्या?

जब तुम्हारी पहली वस्तु को ही खो जाना है, क्या है तुम्हारी पहली वस्तु?

देह। जब उसको ही खो जाना है तो देह के माध्यम से तुमने और जो वस्तुएँ पकड़ीं वो नहीं खोएँगी क्या? तो क्यों बवाल मचाते हो?

प्रश्नकर्ता : सोचना है।

आचार्य : सोचना है तो पूरा सोचो, जान लगा कर सोचो।

आधा-अधूरा नहीं कि 'हाय! हाय!' कि जैसे किसी की गर्दन कट रही हो, उसे गर्दन का कुछ पता नहीं। कह रहा है, 'अरे! अरे! दाढ़ी मेरी नहीं छिलनी चाहिए।'

दाढ़ी पहले आई थी या मुंडी?

जब मुंडी ही नहीं बचेगी तब तुम दाढ़ी से क्या लग्न लगा रहे हो?

ये सब रिश्ते-नाते दाढ़ी के बाल हैं, देह से उपजे हैं।

जब देह ही नहीं बचेगी तब दाढ़ी के बाल क्या बचेंगे?

और तुम्हें तो दाढ़ी के बाल ही नहीं दाढ़ी के बालों के रंग से भी आसक्ति रहती है। कहते हो, 'मेहंदी लगाई थी'।

गर्दन कट रही है। भैंसे वाला खड़ा है अपना गंडासा लेकर के। भैंसे वाले को जानते हो ना?

और यहाँ बात ये हो रही है कि दाढ़ी की जूँ न छूट जाएँ।

जब किसी चीज़ के साथ बहुत दिल लगाते हो, उस वक्त सतर्क रहा करो। दिल लगाना आसान है, उसके बाद सजग होना मुश्किल है।

ये जो जल्दी से तादात्म्य बना लेते हो ना कि ये मेरी चीज़, ये मेरा रिश्ता, ये मेरी इज़्ज़त, ये मेरा रुपया; एकदम बल्ब जल जाया करे, बिजली कौंध जाया करे कि रिश्ता जो बना रहा हूँ मैं अब यही दु:ख का कारण बनने वाला है।

भीतर एक व्यवस्था रहे सर्किट ब्रेकर की कि सर्किट में जहाँ एक सीमा से ज़्यादा करेंट प्रवाहित होगा वहाँ सर्किट ब्रेक (टूट) हो जाएगा।

उसी को कहते हैं: फ़्यूज़।

सर्किट पिघल जाएगा, मेल्ट कर जाएगा, फ़्यूज़ कर जाएगा।

दिमाग में थोड़ी बहुत गतिविधि चलती रहती है, जहाँ उस सीमा से ज़्यादा गतिविधि चलें, वहाँ सर्किट टूट जाए, कि लो अब कुछ नहीं चलेगा।

तो साधना यही है : भीतर सर्किट ब्रेकर लगा देना। गड़बड़ हुई नहीं, सर्किट डाउन! लो अब कुछ नहीं चलेगा यहाँ।

तो तुमने गड़बड़ी को ही विधि बना लिया, अब तुम नहीं हार सकते। माया के खिलाफ़

तुमने माया को ही विधि बना लिया, अब तुम्हें कोई और विधि चाहिए ही नहीं।

'मुझे परेशान नहीं होना है', इस लक्ष्य के लिए तुमने क्या विधि बनाई?

कि जैसे ही परेशानी आएगी : सर्किट डाउन!

लो अब परेशान तुम हो ही नहीं सकते।

माया का आना ही माया के खिलाफ़ अलार्म बन गया।

''धोखे का थोड़े ही डर है तुम्हें। डर ये है कि धोखे से कहीं कुछ नुकसान न हो जाए।''

पीछे छूट जाने का डर लगता है?

अद्वैत शिविर, बोधस्थल, 2020

''धर्म में केंद्र पर क्या होता है? 'मैं' का विसर्जन। धर्म में केंद्र पर क्या होता है? अहम् से मुक्ति। वो केंद्रीय, वो असली चीज़ है, बाकी सब बाहरी-बाहरी चीज़ें हैं। बाकी चीज़ों का निर्माण इसलिए हुआ था ताकि केंद्रीय चीज़ में सहायता मिल सके।''

प्रश्नकर्ता : सर, ये फोमो क्या है, 'फ़ियर ऑफ़ मिसिंग आउट' (कुछ खो जाने का डर)? मुझे भी बहुत डर लगता है कि दूसरे लोग जिन चीज़ों का अनुभव ले रहे हैं, आनंद ले रहे हैं कहीं मैं उन चीज़ों से वंचित न रह जाऊँ। मैं कुछ समय से आपको सुन रहा हूँ तो बहुत सारी चीज़ें अब मुझे व्यर्थ, निरर्थक भी दिखाई देने लग गई हैं, फिर भी जब मैं दूसरों को उन चीज़ों का मज़ा लेते देखता हूँ तो मेरे भीतर 'फोमो' जग जाता है, कि दूसरे तो मज़े ले गए, मैं ही कहीं अध्यात्म के चक्कर में चूक न जाऊँ, वंचित न रह जाऊँ।

आचार्य प्रशांत : तो ले लो मज़ा, कौन रोक रहा है। ले लो भई मज़ा। वहाँ इतने मज़े ही होते, पहली बात, तो तुम अध्यात्म की तरफ़ आते ही क्यों? अध्यात्म किसी अड़ियल हेडमास्टर द्वारा तय किया हुआ पाठ्यक्रम थोड़े ही है।

बहुत सारे अभी भारत में भी शिक्षा बोर्ड ऐसे हैं जिनके पाठ्यक्रम में ऐसी चीज़ें पढ़ाई जा रही हैं जिनकी अब कोई उपयोगिता नहीं। उनकी किताबों में अभी भी 1950-1960 के दशक का विज्ञान पढ़ाया जा रहा है। कुछ मामला उन किताबों में ऐसा है ही नहीं जो आज की ज़िन्दगी में व्यावहारिक रूप से काम आए। बस कुछ बड़े लोग हैं, ऊँचे बैठे हैं और उन्होंने तय कर दिया है कि ये किताबें पढ़नी हैं, इनको पढ़ो नहीं तो परीक्षा में फ़ेल करार दिए जाओगे। तो बेचारे जो छात्र हैं वो डर के मारे धौंस सहे जा रहे हैं और पढ़े जा रहे हैं।

अध्यात्म ऐसा थोड़े ही है, पुरानी तिथि, बाह्य किताबों जैसा, कि उनमें जो लिखा है उस बात की कोई प्रासंगिकता नहीं लेकिन फिर भी रटो, और सवाल आ रहे हैं जो पूछ रहे हैं कि ये क्या हुआ था, वो क्या हुआ था।

ऐसी-ऐसी मशीनें प्रयोगशाला में रखी हुई हैं जो आज उद्योग में कहीं इस्तेमाल न हो रही हों और छात्रों को उन पर प्रयोग कराए जा रहे हैं। बहुत सारे ऐसे कॉलेज हैं, खासतौर पर इंजीनियरिंग में, कि जो 'टेक्नोलॉजी' (प्रौद्योगिकी) दुनिया चालीस साल पीछे छोड़

आई, उस 'टेक्नोलॉजी' की मशीनें प्रयोगशालाओं में रखी हुई हैं।

कई साल पहले जब मैं जाया करता था 'टेक्निकल' (तकनीकी) संस्थानों में, कॉलेजों में और उनकी प्रयोगशालाओं के दर्शन करने, मैं उनके 'डायरेक्टर्स', वगैरह को बोलता था कि "ये जो आप 'एक्सपेरिमेंट' (प्रयोग) करा रहे हो ये 'इंडस्ट्री' (उद्योग जगत) में कहीं भी काम आने वाला है? ये द्वितीय विश्व युद्ध के समय की मशीन है, आप इसे आज क्यों अपने छात्रों को पढ़ा रहे हो? वो इस पर प्रयोग कर भी लेंगे तो क्या होगा?" बोले, "दूसरी है ही नहीं।" मैंने कहा, "ये कहाँ से आई?" बोले, "ये वो अंग्रेज़ जाते-जाते 'डोनेशन' (दान) दे गए, तो तब से पड़ी हुई है और छात्र इसी को चला रहे हैं।" अध्यात्म ऐसा थोड़े ही है।

देखो, धर्म-ग्रन्थों में जब भी कुछ ऐसा देखना जो आज बिलकुल काम न आ सकता हो, जिसकी आज कोई उपयोगिता, कोई प्रासंगिकता ही नहीं है, तो समझ लेना कि वो बात किसी ज़माने के लिए बोली गई थी, आज के लिए वो काम की नहीं है।

बाहर जो कुछ है वो बदलेगा तो धर्म-ग्रन्थों ने बाहर की दुनिया के बारे में जो बोला है, बहुत सम्भावना है कि वो बात आज उपयोगी न हो, लागू ही न होती हो। उदाहरण के लिए कोई पुरानी किताब है। इसी पर आ जाओ, तकनीक की वो बात करती है कि ऐसा है वैसा है, अब वो चीज़ बदल गई, आदमी बहुत आगे आ गया। तो उस बात पर अटके मत रहो।

फिर अध्यात्म आवश्यक क्यों है? फिर मैं क्यों यहाँ बैठ कर के उपनिषदों को आपके साथ बाँटता रहता हूँ? क्योंकि जहाँ तक आदमी के आंतरिक जगत की बात है, वहाँ कुछ नहीं बदला, न बदल सकता है।

बाहरी दुनिया की बात अगर कर रहा है कोई धर्म-ग्रन्थ कि बैलगाड़ी कैसे सजानी चाहिए और एक गाँव से दूसरे गाँव तक कैसे जाना चाहिए, तो उन बातों को अब हटा दो। अब बैलगाड़ी का ज़माना नहीं रहा, और गाँव भी अब वो नहीं रहे जो हज़ार साल पहले हुआ करते थे। न ही यात्रा के जो अब साधन हैं वो वैसे हैं जैसे कभी हुआ करते थे। तो उस तरह की बातें अगर हो रही हों, कपड़ों के बारे में कुछ बोल रहा है धर्म-ग्रन्थ, तो छोड़ो। वो बात या तो उपयोगिता की नहीं है या सीमित उपयोगिता की है।

लेकिन अगर लालच के बारे में कुछ बोल रहा है, माया के बारे में कुछ बोल रहा है, मन के बारे में कुछ बोल रहा है, क्रोध के बारे में कुछ बोल रहा है, स्त्री-पुरुष संबंधों के बारे में कुछ बोल रहा है, भक्ति के बारे में कुछ बोल रहा है, बोध के बारे में कुछ बोल रहा है, भय के बारे में कुछ बोल रहा है, तो वो बात कभी पुरानी पड़ सकती है क्या? क्यों नहीं पुरानी पड़ सकती? क्योंकि चार हज़ार साल पहले भी आदमी के मन में डर था और आज भी आदमी के मन में डर है। चार हज़ार साल पहले भी ईर्ष्या थी और आज भी ईर्ष्या है। चार हज़ार साल पहले भी स्त्री-पुरुष संबंधों में बड़ा टकराव था, कलह थी, दुःख था, आज भी है।

आदमी चार हज़ार साल पहले भी अज्ञान में जी रहा था अपने प्रति, आदमी आज

भी नहीं जानता कि वो कौन है। तो वहाँ पर अनिवार्य हो जाता है धर्म-ग्रन्थों को पढ़ना। अनिवार्य इसलिए क्योंकि उपयोगी हैं, इसलिए नहीं कि हेडमास्टर साहब नाराज़ हो जाएँगे। अनिवार्य इसलिए क्योंकि उपयोगी हैं, व्यावहारिक हैं।

याद रखो धर्म-ग्रन्थों को आप इसलिए नहीं पढ़ रहे हो कि ऊपर बैठा कोई भगवान है वो नाराज़ होकर श्राप दे देगा। बहुत लोगों की ऐसी ही दृष्टि रहती है, वो कहते हैं, 'देखो-देखो गीता ठीक से रख दो नहीं तो कृष्ण भगवान् नाराज़ हो जाएँगे।' नाराज़ होने की कोई बात ही नहीं। उन्हें क्या करना है तुम पर नाराज़ होकर? कृष्ण कोई ईश्वर थोड़े ही हैं, पार ब्रह्म हैं। ये सब बातें तुम देवी-देवताओं के साथ जोड़ के रख लेना कि खुश हो गए, नाराज़ हो गए, वरदान दे दिया, श्राप दे दिया। ब्रह्म को न तुम्हें वरदान देना है, न तुम्हें श्राप देना है। हाँ, सत्य ज़रूर बाँट सकता है, जैसे उन्होंने गीता बाँट दी है। तुम उसका लाभ लेना चाहो तो लो, लाभ न लेना चाहो न लो।

तो गीता पढ़ने का या गीता को समादृत करने का ये कारण तो बिलकुल भी नहीं हो सकता कि ऊपर बैठी कोई ताकत तुम से नाराज़ हो जाएगी या तुम पर प्रसन्न हो जाएगी। कारण बस एक है: पढ़ोगे तो लाभ होगा, तुरंत लाभ होगा, बस ये फ़ायदा है। इसीलिए उसको सम्मान दिया जाता है, इसीलिए उसे आसन पर बैठाया जाता है, इसीलिए उसको एक विशेष दर्जा प्राप्त है।

अब आओ तुम्हारे 'फोमो' पर। तुम जिन चीज़ों की बात कर रहे हो कि अध्यात्म वर्जित कर रहा है लेकिन दुनिया कर रही है, और तुमको लग रहा है कि मैं भी कर लूँ, कहीं मैं ही चूक न जाऊँ। अध्यात्म उनको अगर वर्जित कर रहा होगा तो कोई वजह होगी ना?

अगर वाकई कोई अच्छी किताब है 'इलेक्ट्रिकल इंजीनियरिंग' की, और वो तुमको बता रही है कि वो जो लाल तार है उसको छू मत देना, तो कोई वजह होगी ना? या तो वो किताब रद्दी हो, तो तुम कहो, "इसमें जो कुछ भी लिखा है मुझे उसका पालन करना ही नहीं। ये किताब दो सौ साल पहले की है जब 'डीसी करंट' (दिष्ट धारा) चला करता था, तो इसमें जो बातें लिखी हैं आज लागू ही नहीं होतीं। या ये किताब उस ज़माने की है जब 'एसी करंट' (प्रत्यावर्ती धारा) की वो 'फ्रीक्वेंसी' (आवृत्ति) ही नहीं हुआ करती थी जो आज है। तो इसमें फिर 'इलेक्ट्रिकल इक्विपमेंट्स' (विद्युत उपकरणों) को लेकर के जो निर्देश दिए गए हैं मैं क्यों उनका पालन करूँ?" बिलकुल पालन मत करो।

क्योंकि उसमें जो कुछ लिखा है—ये कई बार दोहरा रहा हूँ ताकि बात दिमाग में बैठ जाए—क्योंकि उसमें जो कुछ लिखा है वो आज व्यावहारिक नहीं है, लागू नहीं होता। तो फिर मैं बिलकुल नहीं कहूँगा कि तुम्हारे लिए कुछ भी वर्जित है। पर अगर वो किताब आज पूरी तरह लागू होती है और वो किताब तुमसे कह रही है कि "देखो, इस तरह के दो तारों को आपस में छुआ मत देना," तो मत छुआओ भाई, भले ही तुम सौ मूर्खों को ये हरकत करते देखो कि वो यही काम कर रहे हैं। हो सकता है कि तारों को आपस में छुआने का दुष्परिणाम

अभी न मिलना हो, कल मिलना हो। ये भी हो सकता है कि दुष्परिणाम अभी ही मिल रहा हो किन्तु सूक्ष्म हो, उसका असर हो रहा है पर दिखाई नहीं दे रहा, ये भी तो हो सकता है।

तो डर की वजह से हमको कोई वर्जना स्वीकार नहीं करनी है। अगर तुमसे कहा जा रहा है कि लालच के वशीभूत होकर कोई निर्णय ले रहे हो तो पछताओगे, अगर तुमसे कहा जा रहा है कि बाहरी चमक-दमक में बहककर के कोई निर्णय ले रहे हो तो पछताओगे, तो इसलिए नहीं कहा जा रहा कि ये बातें नैतिक दृष्टि से बुरी हैं। ये बातें इसलिए नहीं कही जा रहीं, कि इन बातों को अगर नहीं करोगे तो कोई बूढ़े बाबाजी हैं वो नाराज़ हो जाएँगे। इन बातों को अगर नहीं मानोगे तो तुम्हारी ही ज़िन्दगी नर्क जैसी हो जाएगी, इसलिए वर्जित किया गया है।

तो 'मिसिंग आउट' नहीं हो रही है कि 'अरे, दुनिया मज़े ले रही है मैं ही चूक गया।' वो दुनिया मज़े नहीं ले रही है, वो दुनिया अपनी कब्र खोद रही है, वो दुनिया अपनी मौत का सामान तैयार कर रही है। और तुम कह रहे हो 'आई एम मिसिंग आउट ऑल द फ़न' (मैं सभी मज़े करने से चूक रहा हूँ)। वो 'फ़न' हैं?

अब उसमें भी बात सीधी है। या तो कोई समझाने से समझ जाए, और जो समझाने से नहीं समझते उनके लिए तो फिर एक ही तरीका रहता है कि जाओ और अनुभव लेकर के आओ। तुम भी उन्हीं जैसे हो जाओ और फिर अनुभव लेकर आ जाना।

लेकिन ये अनुभव लेने वाले रास्ते में दो-तीन तकलीफ़ें हैं। पहली, ज़रूरी नहीं है कि अनुभव लेकर भी सब सीख ही जाएँ। दूसरी बात, अनुभव तुम्हें तोड़ भी सकता है और तोड़ने के बाद तुम ऐसे भी हो सकते हो कि तुम कुछ नया सीखने के काबिल ही न बचो, बल्कि जो तुम गलत सीखे बैठे हो उसी को जायज़ ठहराने लग जाओ। और एक तीसरी चीज़ भी हो सकती है कि तुम अनुभव लेने गए और कभी लौटकर नहीं आए क्योंकि ज़िन्दगी तो छोटी-सी ही है। जब तक तुम सीख पाते, इससे पहले कि तुम सीख पाते कुछ, मौत आ गई।

तो जो लोग कहते हैं ना कि हम तो जीवन से सीखेंगे, अपने अनुभवों से सीखेंगे, सीखा जा सकता है पर ये दो-तीन दिक्कतें हैं। तुम्हारा जीवन है इतना बड़ा कि तुम अनुभवों से सीखते रह जाओ, सीखते रह जाओ? दूसरी बात, तुम भीतर से हो इतने ठोस कि अनुभवों के सामने टूट ही नहीं जाओगे, घुटने ही नहीं टेक दोगे? और तीसरी चीज़, आवश्यक कहाँ है कि तुम अनुभवों से कुछ सीखो ही? लोग ऐसे भी हैं जो गलत ज़िन्दगी जिए जा रहे हैं, जिए जा रहे हैं और उनको पता भी नहीं है वो गलत जी रहे हैं, तो वो सीखेंगे कैसे?

कुछ भी अगर करना है तो इसलिए मत करो कि सब कर रहे हैं। इसलिए मत करो वो सब कुछ, कि सब लोग कर रहे हैं। तुम्हारे पास एक आत्मिक नज़र होनी चाहिए, आत्मिक नज़र से मेरा मतलब है साफ़ देख पाने वाली दृष्टि। तुम्हारे पास एक आत्मिक दृष्टि होनी चाहिए। देखो, बात सही ही लगे, समझ में आए, तो करो।

इसी तरीके से किसी चीज़ को वर्जित मत मान लो सिर्फ़ इसलिए क्योंकि धर्म में वो पारम्परिक रूप से वर्जित मानी गई है। वर्जित भी वो तुम्हारे लिए सिर्फ़ तभी है, जब

धर्म-ग्रन्थों ने जो केंद्रीय सीख दी है और अगर उस केंद्रीय सीख को तुम समझे हो तो वो केंद्रीय सीख तुम्हारी आत्मा के साथ एक अनुगूँज करेगी। वो धर्म-ग्रन्थ की जो बात होगी और तुम्हारे हृदय की जो बात होगी उनमें आपस में एक जुगलबंदी हो जाएगी, तारतम्य बैठ जाएगा। जब ये हो जाए तब ही धर्म-ग्रन्थों की बात मानना, अन्यथा दुनिया के धर्म-ग्रन्थों में, मैं बिलकुल स्वीकार करता हूँ, ऐसा बहुत कुछ है जिसकी आज उपयोगिता नहीं है। उस चीज़ के पीछे मत चलते रह जाओ।

धर्म को लेकर के ये जितने फसाद हैं, जितनी लड़ाइयाँ हैं और जितने संघर्ष हैं वो अधिकांशत: हैं ही इसीलिए क्योंकि लोग धर्म के केंद्र पर नहीं पहुँच रहे। और धर्म के जो बाहर-बाहर की बातें हैं, जो कभी किसी ज़माने में बोल दी गई थीं, उस ज़माने के लिए वो उपयुक्त थीं। आज हो सकता है कि वो काम की न हों। लोग उन बाहरी चीज़ों से चिपक कर के बैठे हुए हैं। और जो केंद्रीय तत्व है धर्म का उसकी तरफ़ नहीं आ रहे। उसकी तरफ़ क्यों नहीं आ रहे? क्योंकि उसकी तरफ़ आने की कीमत चुकानी पड़ती है, उसकी तरफ़ आओ तो अहंकार टूटता है।

तो उसको तो देख नहीं रहे और बाहरी चीज़ों से चिपक कर बैठ गए हैं। बाहरी चीज़ें क्या होती हैं? परम्पराएँ हमारी ऐसी हैं जी, हमारे रिवाज ऐसे हैं जी, हमारा पहनावा ऐसा है जी, ये हमारी बोली है जी, हम तो जी ऐसे ही खाएँगे-पिएँगे क्योंकि हम फलाने धर्म के हैं। नहीं हम तो फलाना त्योहार इसी तरीके से मनाते हैं, और हमारी प्रथाएँ, हमारे विश्वास—ये सब बाहर-बाहर की चीज़ें हैं धर्म में।

धर्म में केंद्र पर क्या होता है? धर्म में केंद्र पर होता है 'मैं' का विसर्जन। धर्म में केंद्र पर क्या होता है? अहम् से मुक्ति। वो केंद्रीय, वो असली चीज़ है, बाकी सब बाहरी-बाहरी चीज़ें हैं। बाकी चीज़ों का निर्माण इसलिए हुआ था ताकि केंद्रीय चीज़ में सहायता मिल सके। वो जो बाहरी चीज़ें थीं ना, वो 'फ़ैसिलिटेटर' (सहायक) थीं। वो इसलिए थीं ताकि वो केंद्रीय चीज़ की उपलब्धि में सहयोगी हो सकें। पर वो बाहरी चीज़ें थीं और वो समय सापेक्ष थीं। वो काल-निर्भर थीं। तो काल बदला, वो बाहरी चीज़ें अब उपयोगी नहीं रह गई हैं।

पर केंद्रीय चीज़ तो आज भी उपयोगी है; उसी तक पहुँचना है। वो सदा उपयोगी रहेगी, वो कालातीत है। उस केंद्रीय चीज़ तक पहुँचने के लिए आज अगर कोई दूसरी बाहरी चीज़ निर्मित करनी हो तो करो, बेशक करो। लेकिन वो दूसरी बाहरी चीज़ ऐसी निर्मित करो जो तुम्हें केंद्र तक पहुँचाती हो। वो दूसरी बाहरी चीज़ ऐसी मत निर्मित कर लेना जो तुम्हें समाज का गुलाम बना देती हो।

अब क्या हो रहा है दुनिया में। ऐसे भी लोग निकल रहे हैं दुनिया में जो कहते हैं, ''साहब हम तो आधुनिक हैं, हम लिबरल (उदार) हैं, हम ये रस्मो-रिवाज वगैरा नहीं मानते।'' बहुत सारे रस्मो-रिवाज हैं जो मैं भी नहीं मानता। आपको मिल जाएगा कोई, जा रहा है, वो अपने-आपको कह रहा है, ''मैं तो 'इंटेलेक्चुअल लिबरल' (बुद्धिजीवी और

उदारवादी) हूँ, मैं ये सब प्रथाएँ-परम्पराएँ नहीं मानता।'' मानता मैं भी नहीं हूँ बहुत सारी प्रथाएँ-परम्पराएँ धर्म की, लेकिन उसमें और मुझमें एक अंतर है।

वो धार्मिक प्रथाएँ-परम्पराएँ नहीं मानता बाहर की पर वो जो कुछ अब मानने लग गया है, वो इसलिए मानने लग गया है क्योंकि आज के समय का वो चलन है। या आज की कोई विचारधारा निकली है पिछले सौ-दो सौ साल की, उसका वो चलन है, तो वो उसको मानने लग गया है। उसने धर्म के बाहरी अंगों का त्याग इसलिए नहीं किया है क्योंकि उसे धर्म के केंद्र तक पहुँचना है, उसने धर्म के बाहरी अंगों का त्याग इसलिए किया है क्योंकि उसे बाहर समाज के बहाव में साथ-साथ बहना है। मैंने धर्म के बाहरी अंग का त्याग इसलिए किया है क्योंकि अब वो 'ऑउटडेटेड' (अप्रासंगिक) हो गया और मुझे धर्म के केंद्र तक पहुँचना है जिसमें अब वो 'ऑउटडेटेड' चीज़ मेरी सहायता नहीं कर सकती, तो मैंने उसका त्याग इसलिए किया है। अंतर समझ में आ रहा है?

तो त्याग करने के पीछे अगर बोध है और साफ़ दृष्टि है तो तुमको 'फोमो' नहीं होगा, कि 'अरे, मैं ही रह गया, बाकी सब मज़े लूट गए।' क्योंकि तुमको पता है सबसे ज़्यादा मज़ा कहाँ है? केंद्र में। अब अगर तुम कोई चीज़ छोड़ रहे हो ताकि तुमको आनंद की उपलब्धि हो, तो क्या तुम ये शिकायत करोगे कि दुनिया मज़े मार गई, मैं रह गया? अरे दुनिया मज़े ले रही है, तुम्हें क्या मिल रहा है? आनंद। मज़े से बहुत ऊपर की बात है वो। फिर तुम ये शिकायत नहीं करोगे।

लेकिन अगर तुम ऐसे हो कि तुम्हें कुछ समझ में तो आया नहीं है कि क्या छोड़ना है, क्या नहीं छोड़ना है। तुमसे किसी धर्मगुरु ने बोल दिया, मान लो मैंने ही बोल दिया कि फलानी चीज़ ठीक नहीं है और बिना समझे तुमने वो चीज़ छोड़ दी। तो तुम्हारे भीतर कोई अपनी आत्मिक आश्वस्ति तो होगी नहीं कि छोड़ी काहे को है। अब तुम छोड़ तो दोगे और यहाँ से बाहर निकलोगे फिर उन्हीं ढर्रों पर वापस। बहुत लोगों का है।

मैं एक अवस्था पर आकर, कुछ समझ कर के, किसी बोध से दूध का, दूध से निर्मित सारे पदार्थों का और जानवरों से आ रही सब वस्तुओं का, पदार्थों का और चीज़ों का, सबका मैंने त्याग किया। अब बहुत सारे लोग हैं मेरे आस-पास के, वो कहते हैं, 'अच्छा, ये छोड़े बैठे हैं चलो हम भी छोड़ देते हैं।' वो छोड़ तो देते हैं और उसके बाद फिर उनको बड़ी तकलीफ़ होने लग जाती है।

तो फिर कोई आएगा, धीरे से मुझसे बोलेगा, ''वो न वो मेरा 'बी ट्वेल्व' (विटामिन) कम हो रहा है।'' तो मुझे क्यों बता रहा है? तुझे दूध पीना है, पी ले। मैं बताने आता हूँ क्या कि मेरा 'बी ट्वेल्व' बढ़ रहा है कि कम हो रहा है? मेरा तो आज तक कम हुआ भी नहीं। इतने सालों से सब छोड़े बैठा हूँ। वो आकर मुझे बता रहा है। मुझे क्यों बता रहा है?

पता है वो मुझे क्यों बता रहा है? क्योंकि उसने अपनी आत्मा के कारण नहीं छोड़ा है, उसने मेरे कारण छोड़ा है तो इसलिए वो दलील देने भी किसको आ रहा है? मुझे। उसने

अगर अपने बोध से छोड़ा होता, उसने अगर अपने कलेजे की आवाज़ से छोड़ा होता तो वो मुझसे थोड़ी बताने आता। वो तो अभी वास्तव में मुझे बता नहीं रहा है, मेरी अनुमति माँग रहा है कि चलो थोड़ा दो-चार गिलास लस्सी हो जाए। तो भाई तू पी लस्सी, न पी, मेरा क्या जाता है?

वैसे ही और भी हैं। वो यहाँ जब तक अंदर-अंदर रहेंगे, तो अब यहाँ पर तो मेरी ही गुंडागर्दी चलती है तो वर्जित है कि दूध वाला सामान नहीं आएगा। पर बाहर निकलेंगे नहीं कि तुरंत 'बर्गर विद एक्स्ट्रा चीज़।' अरे तुम क्यों अपने-आपको इतनी तकलीफ़ दे रहे हो कि मुझे दिखाने भर के लिए त्याग किए बैठे हो? जब तुम्हारे भीतर अभी करुणा जगी ही नहीं, जब तुम्हारा बल्ब अभी फ़्यूज़ का फ़्यूज़ ही है, तो तुम क्यों आडम्बर कर रहे हो?

फिर तुमको यही लग रहा है 'फ़ोमो' हो गया मेरे साथ। दुनिया 'चीज़' (पनीर) के मज़े ले गई मैं तो रह ही गया। यही तो 'फ़ोमो' है। दुनिया 'चीज़' (पनीर) के मज़े ले गई और मैं रह गया, ये 'फ़ोमो' है।

बात को समझो, बात को जानो, उसके बाद जो छोड़ोगे वो वैसे ही छोड़ोगे जैसे केला खाकर आदमी छिलका छोड़ देता है। उसमें 'फ़ोमो' होता है क्या, कि 'ओह, आय मिस्ड आउट। आय मिस्ड आउट ऑन छिलका' (ओह कुछ छूट गया, छिलका छूट गया)? होता है?

बिना जाने छोड़ोगे तो तुम्हें पता ही नहीं चलेगा कि गूदा क्या है, छिलका क्या है। छिलका चाट रहे हो, चबा रहे हो, गूदा किनारे रख दिया उसको बन्दर ले गए। ये फिर तुम्हारी गति रहेगी।

"आदमी चार हज़ार साल पहले भी अज्ञान में जी रहा था अपने प्रति, आदमी आज भी नहीं जानता कि वो कौन है। तो वहाँ पर अनिवार्य हो जाता है धर्म-ग्रंथों को पढ़ना। अनिवार्य इसलिए नहीं कि हेडमास्टर साहब नाराज़ हो जाएँगे। अनिवार्य इसलिए क्योंकि उपयोगी है, व्यावहारिक है।"

कुछ छिन जाने का डर क्यों लगता है?

अद्वैत शिविर, उत्तराखंड, 2018

''बुद्धि किसलिए मिली है? कि संसार में सत्कार्य आगे बढ़ाया जाए, जीवों का दुःख हटाया जाए, कष्ट मिटाया जाए। और हमने बुद्धि का इस्तेमाल किसलिए किया? अपनी जेबें भरने के लिए, कि जो जितना बुद्धिमान है वो उतना पैसा कमा रहा है।''

प्रश्नकर्ता : आचार्य जी, डर बहुत लगता है : रिश्तों में, किसी से दोस्ती करने में, आगे बढ़ने में। डर लगता है कि ये सम्बन्ध टूट जाएगा फिर दुःख होगा। उसकी वजह से मन उदास रहता है, लगता है अकेले ही ठीक हैं, अपने में ही ठीक हैं। लोगों से घुलना-मिलना ज़रूरी नहीं लगता लेकिन फिर भी अन्दर से संतुष्टि नहीं है, उदासी बहुत ज़्यादा होती है। ये डर कैसे हटेगा?

आचार्य प्रशांत : डर तो उसे ही लगता है जिसने कुछ गड़बड़ की होती है। तो पहले तो ये बताइए कि गड़बड़ क्या की है?

प्रश्नकर्ता : ऐसे तो नहीं पता, ऐसा लगता है कोई चीज़ छिन जाएगी।

आचार्य : छिनती तो वही चीज़ है जो खरी नहीं होती और अपनी नहीं होती। तो बताइए गड़बड़ कहाँ की है? कौन-सी गड़बड़ चीज़ पकड़ ली है? जो असली है वो छिन नहीं सकता, बात सीधी! और जो छिन सके?

प्रश्नकर्ता : वो असली नहीं है।

आचार्य : वो न असली है, न अपनी। तो कौन-सी गड़बड़ चीज़ है जो पकड़ ली है? इसीलिए डर लगता है।

प्रश्नकर्ता : जो भौतिक चीज़ें होती हैं। घर में बच्चे हैं, पारिवारिक स्थितियाँ हैं—ध्यान वहीं लगा रहता है। अन्य स्थितियाँ भी ऐसी रहती हैं कि पहले उनको देखो, वो ज़रूरी हैं, ये सब चीज़ें बाद में हैं। वो बात बहुत परेशान करती है। मतलब कुछ पता ही नहीं है कि ये चीज़ नहीं है पहले, कुछ और है पहले, वो पहले क्या है? पता है कुछ और है, फिर भी बिलकुल समझ नहीं आता वो क्या है?

आचार्य : नौकर को चाहिए कि उसे दो ही चीज़ें प्यारी हों : एक तो मालिक और दूसरा वो हाथ, वो उपकरण जिनसे वो मालिक की सेवा करता हो। उपकरणों से प्यार वाजिब

है तभी तक और उसी सीमा तक जिस सीमा तक वो उपकरण मालिक की सेवा में काम आते हों। आप कह रही हैं कि आपको घर की और चीज़ों की चिंता हो जाती है। घर की चिंता कर लीजिए अगर घर 'सच की सेवा' के काम आता हो। कर लीजिए चिंता! हर उस चीज़ की चिंता कर लीजिए जो 'सच की सेवा' के काम आती हो। फिर ये मत कहिएगा कि अरे! मुझे तो सिर्फ़ सत्य से प्रयोजन है तो मैं किसी भी भौतिक वस्तु की परवाह क्यों करूँ? करो, अगर उस भौतिक वस्तु का इस्तेमाल करके तुम सत्य की सेवा करते हो तो बिलकुल करो। उसकी भी परवाह कर लो, पर अगर ज़िन्दगी में ऐसी चीज़ें बहुत भर ली हैं जिनका सच से कोई लेना-देना ही नहीं, तब तो डरोगे।

प्रश्नकर्ता : परिवार का जो लोभ है, वो भी तो?

आचार्य : मुझे क्या पता? आप बताओ! उसका सच से कुछ लेना-देना हो, तो उसको रखो, नहीं तो नहीं।

प्रश्नकर्ता : मन पर बहुत प्रभाव डालता है।

आचार्य : एक आदमी के दो नौकर, दोनों को वो बोलता था, 'मेरी मालिश कर दिया करो।' और दोनों को उसने एक-एक बोतल दी तेल की, कि तेल लगाकर के मेरी मालिश कर दिया करो। एक ने इतनी मालिश की, इतनी मालिश की कि उसका तेल ख़त्म हो गया और एक इतना लापरवाह था कि उसकी बोतल टूट गई। मालिश-वालिश उसने कुछ नहीं की और बोतल तोड़ डाली। अब दोनों के पास क्या नहीं बचा? दोनों से क्या छिन गया?

प्रश्नकर्ता : तेल

आचार्य : पर जिसने तेल व्यय किया था मालिक की सेवा में, वो मुस्कुराकर और आनंद के साथ और श्रद्धा के साथ मालिक के पास गया, बोला, "तेल ख़त्म हो गया।" उसका भी कुछ छिना है, पर उसका छिना है तो उसे आनंद है, वो कह रहा है, "जिस प्रयोजन के लिए ये तेल मिला था, उसी प्रयोजन में लगा। जिस उद्देश्य के लिए मालिक ने ये चीज़ दी थी, उसी उद्देश्य में व्यय हुई।" कितनी बढ़िया बात है! अब वो मालिक के सामने सर उठा कर जाएगा। अब वो ये नहीं कहेगा कि 'लागा चुनरी में दाग छिपाऊँ कैसे?' वो मालिक के सामने सर उठा कर जाएगा।

और दूसरा, उसका भी क्या छिना है? तेल उसका भी छिना है। पर वो मालिक से मुँह चुरा रहा है और डर रहा है। क्यों भाई? तेल तो दोनों के पास ही नहीं बचा। ऐसा कैसे? क्योंकि एक ने सुव्यय किया है और एक ने अपव्यय किया है। एक का व्यय सार्थक था और दूसरे का अनर्थक था।

चीज़ के छिनने का हमें डर नहीं होता, हमें अनर्थ का डर होता है। तेल तो दोनों का ही छिना, तो याद रखो कि तुम्हें ये डर नहीं है कि जीवन प्रति-पल बीत रहा है और घड़ियाँ तुमसे छिनती जा रही हैं, डर तुम्हें ये लग रहा है कि तुम उन घड़ियों का अपव्यय कर रहे हो, अनर्थ कर रहे हो।

जो अपना जीवन सही बिता रहा हो, उसे भी पता है कि जीवन शनैः-शनैः छिनता जा रहा है, जैसे कि उस नौकर का तेल धीरे-धीरे ख़त्म होता जा रहा है, पर उसको पता है कि तेल वहीं लग रहा है, जहाँ उसे लगना चाहिए था। तुम्हारा जीवन क्या वहीं लग रहा है जहाँ लगना चाहिए था?

मालिक की सेवा में तो तुम अपना जीवन लगा नहीं रहे। ये हाथ मिले थे सेवा के लिए, ये बुद्धि मिली थी सेवा के लिए। पर देखो अपना दिनभर कहाँ लगाते हो? हममें से अधिकांश लोग अपना दिन व्यतीत करते हैं अर्जन में, पैसा कमाने में। तुम पैसा ही देख लो कहाँ लगाते हो और कहाँ बचाते हो? तुम्हारा तेल लग कहाँ रहा है?

डर तो लगेगा ना! ये हाथ किसकी सेवा में इस्तेमाल हो रहे हैं? ये पाँव किसकी खातिर चल रहे हैं? ये बुद्धि किसके लिए है? ये समय किसके लिए है? ये संसाधन किसके लिए हैं?

प्रश्नकर्ता : मालिक के लिये!

आचार्य : मालिक के लिये होने चाहिए थे, हैं नहीं! मिला सब-कुछ इसलिए था कि मालिक की सेवा में लगाओ और तुमने लगा दिया अपने ऊपर। ये दूसरा नौकर है, इसका तेल ख़त्म कैसे हुआ? ये अपनी ही मालिश करता था और अब डर रहा है। मालिक ने बुलावा भेजा है कि दोनों मिलने आओ और दोनों अपना तेल दिखाओ। तेल दोनों के ही पास नहीं है, पर एक जा रहा है? सर उठा कर, और दूसरा जा रहा है?

प्रश्नकर्ता : सर झुका कर।

आचार्य : जो सर उठा कर जा रहा है, उसका जिस्म सूखा हुआ है पर दिल तर है। और जो सर झुका कर जा रहा है उसका पूरा जिस्म तेल से चमक रहा है क्योंकि सारा तेल उसने लगाया किसके ऊपर है? अपने ही ऊपर लगा लिया है। तुम बताओ कि तुम अपना सब-कुछ, किसके ऊपर खर्च कर रहे हो?

डर! डर! जब तक समय का, जीवन का, हाथ का और पाँव का, उस तेल की बोतल का अपव्यय किया हो। अन्यथा डर नहीं लग सकता।

तर्क देकर क्या होगा जब डर लगा ही हुआ है? तर्क से डर कटता हो तो तर्क दे लो। अभी तर्क दिया ना? डर कम हो गया? तर्क से डर कम नहीं होगा, तेल लगाने से होगा, रोज़ तेल लगाया करो। बोतल तो ख़त्म होनी ही है, तुम्हें जीवन में बोतल मिली ही इसलिए है कि उसको ख़त्म कर डालो। सही तरीके से ख़त्म करो ना? बोतल समझते हो ना?

हम छोटे थे, तो एक भजन चलता था घर में, कि आँख वो जो दर्शन किया करे और मुख वो जो वंदन किया करे तो आँख किसलिए मिली है? ताकि दर्शन करो! और तुम बताओ आँख से क्या-क्या करते रहते हो? कोई तो आँख ही मार रहे हैं। वो आँख मिली है सत्य का दर्शन करने के लिए और आँख इस्तेमाल की जा रही है : घूरने के लिए, कभी क्रोध दर्शाने के लिए, कभी छेड़ने के लिए, कभी सोने के लिए। दर्शन के लिए आँख

इस्तेमाल की क्या? और मुँह किसलिए मिला है? वंदना के लिए। और मुँह से क्या चल रहा है? कभी इसकी शिकायत चल रही है, कभी उसकी बुराई चल रही है, कभी अपने ही दुखों की चर्चा चल रही है। मुख से वंदन किया क्या?

बुद्धि किसलिए मिली है? कि संसार में सत्कार्य आगे बढ़ाया जाए, जीवों का दुःख हटाया जाए, कष्ट मिटाया जाए। और हमने बुद्धि का इस्तेमाल किसलिए किया? अपनी जेबें भरने के लिए, कि जो जितना बुद्धिमान है वो उतना पैसा कमा रहा है। बुद्धि का यही तो इस्तेमाल दिख रहा है? जो जितना बुद्धिमान है उसका घर उतना बड़ा। अब तो मालिक बुलाएगा और उसे दिखाई देगा कि तेल तुम्हारे ही शरीर से चू रहा है। अब तुम हैरान हो कि करें क्या? 'लागा चुनरी में दाग' और वो दाग समझ रहे हो काहे का दाग है? वो तेल का दाग है।

'मैली हो गई मोरी चुनरिया।'

कबीर आधी बात बता गए थे, तेल का नाम ही नहीं लिया था उन्होंने। तेल का दाग बड़ी मुश्किल से छूटता है। खासतौर पर अगर वो जीवन-तेल हो, परमात्मा द्वारा प्रदत्त तेल हो, कैसे छुपाओगे दाग?

प्रश्नकर्ता : अपनी वृत्तियों से कैसे छुटकारा पाया जाए?

आचार्य : अभी पंद्रह मिनट पहले भी यही पूछा, फिर वही पूछा? आप सुन ही नहीं रहे थे ना, जो कुछ बोला गया! पकड़ कर बैठे हैं ना? जो कुछ तुम पकड़ कर बैठे हो, वही तेल है तुम्हारा, वही दाग है, यही सवाल ही दाग बन गया। ये प्रयोग हो गया अभी। जो बोला, वो अगर सुना होता तो ये सवाल मिट गया होता। ये सवाल ही गहरी वृत्ति है, इसी को पकड़ कर बैठे थे। इसको छोड़ दिया होता तो अभी सब काम हो गया होता।

ये खेल बहुत पुराना है; हम अपने-आप को इतनी तवज्जो देते हैं कि हमें लगता है कि हमारे सवाल भी उतनी तवज्जो रखते हैं। हम अपने-आप को बहुत कीमती समझते हैं ना? हम बहुत बड़े हैं, तो फिर हमें लगता है कि हमारे सवाल भी बहुत बड़े हैं, बड़े कीमती हैं। तुम सुन ही नहीं रहे, मैं बोल क्या रहा हूँ। तुम पकड़ कर बैठे हो अपना सवाल; बड़ा कीमती सवाल है। तुम्हारा सवाल कीमती है और मेरा जवाब बेकार है। तो फिर सवाल मुझसे पूछ क्यों रहे हो? मेरा तो जवाब बेकार ही होगा।

अगर उनके प्रश्न पर मैंने जो बोला वो बात व्यर्थ है तो तुम्हारे भी प्रश्न पर जो बोलूँगा वो बात व्यर्थ ही होगी। पर देखो प्रश्न पकड़ कर बैठे हो।

भाई! एक बात समझो ध्यान से! मैं सबके प्रश्नों के अलग-अलग उत्तर नहीं दे सकता, क्योंकि सबके प्रश्नों के अलग-अलग उत्तर होते ही नहीं हैं, प्रश्नों के तल पर हम सब एक हैं। बीमारियाँ अलग-अलग नहीं होतीं; स्वास्थ्य एक होता है और स्वास्थ्य से विचलन भी एक ही होता है। हाँ, व्यक्ति अलग-अलग हैं तो बीमारियों के नाम अलग-अलग दे दिए जाते हैं। तो ये मत सोचा करो कि दूसरे के सवाल पर जो जवाब दिया जा रहा है वो सवाल बस दूसरे पर

लागू होता है। किसी को भी कुछ भी बोलूँ उसको बहुत ध्यान से सुन लो! तुम्हारे ही लिए है।

प्रश्नकर्ता : जब कोई ख़ुद पर ही तेल खर्च कर रहा है, तो ये तो उसकी गहरी वृत्ति से आ रहा है।

आचार्य : पता नहीं है तब? पता है कि नहीं है? इतनी गहरी है कि भूल गए कि तेल दिया किसने था? ये गहरी वृत्ति क्या है? ये तो सीधी-सीधी बेईमानी है, अमानत में खयानत है। देसी भाषा में इसको बोलते हैं—'जिस थाली में खाना, उसी में छेद करना।' वो तुम्हें तेल दे रहा है कि लो भाई! और तुम तेल ले कर आए और बढ़िया अपने ही ऊपर लगा लिया। और कह रहे हो, 'क्या हो अगर वृत्ति गहरी हो?' क्या गहराई?

कंपनी में काम करते हो, वहाँ से लैपटॉप मिला होगा। बेच दोगे उसको? और गोल-गप्पे खा लोगे उसके? और कहोगे कि 'मेरी तो वृत्ति बहुत गहराई से बैठी है।' तब याद रहता है क्योंकि कम्पनी आकर कान पकड़ लेगी कि मेरा लैपटॉप तूने बेच कैसे दिया। और परमात्मा ने तेल दिया है तब नहीं याद है?

"चीज़ के छिनने का हमें डर नहीं होता, हमें अनर्थ का डर होता है। तुम्हें ये डर नहीं है कि जीवन प्रति-पल बीत रहा है और घड़ियाँ तुमसे छिनती जा रही हैं, डर तुम्हें ये लग रहा है कि तुम उन घड़ियों का अपव्यय कर रहे हो, अनर्थ कर रहे हो।"

जीवन में कुछ खो जाने का भय हमेशा क्यों रहता है?

अद्वैत शिविर, गुजरात, 2018

''मिट्टी से उठे थे तुम, मिट्टी हो जाना है तुम्हें। तुम, तुम्हारा मान-सम्मान, तुम्हारी मान-मर्यादा, तुम्हारे रिश्ते-नाते, तुम्हारी इच्छाएँ, तुम्हारे विचार, तुम्हारा ज्ञान, तुम्हारी शान—सब मिट्टी है। और जो अमर है वो तुम से सम्बन्धित नहीं है, वह आसमान है तुम्हारा।''

प्रश्नकर्ता : आचार्य जी, जीवन में कुछ खो जाने का भय हमेशा क्यों बना रहता है?

आचार्य प्रशांत : मैं सवाल को ज़रा पलट देता हूँ : किसी चीज़ का अगर पता ही हो कि खो जाएगी और फिर वो खो जाए तो ज़्यादा बुरा लगता है या किसी चीज़ के बारे में धारणा हो कि नहीं खोएगी, फिर वो खो जाए तो फिर ज़्यादा बुरा लगता है? बताइए। जहाँ लगता हो नहीं खोएगी और फिर खो जाए तो ज़्यादा झटका लगता है ना, ज़्यादा बुरा लगता है ना?

तो चलिए अब आप बताइए ऐसा क्या है जीवन में जो नहीं खोने वाला? क्योंकि असली खतरा वहाँ से है जिसे आप माने बैठे हैं कि नहीं खोने वाला। तभी तो आप प्रश्न पूछ रहे हैं कि किस चीज़ के खो जाने का डर लगता है—जैसे कि कोई विशिष्ट चीज़ हो जो खोएगी और बाकी सब खोने नहीं वाला। मैंने दस चीज़ें पकड़ कर रखी हुई हैं और फिर मैं किसी से सवाल करूँ कि बताओ मुझे किस चीज़ के खो जाने का डर है। तो बात ज़ाहिर है। मैं सोच रहा हूँ कि इन दस में से एक या दो ही खोने वाली हैं और बाकी खोने नहीं वाली। मेरा ऐसा ही विचार है ना? तो मैं अपनी दृष्टि से बड़ा उपयोगी प्रश्न पूछ रहा हूँ : मैं कह रहा हूँ मेरे पास दस चीज़ें हैं और बताइए इसमें से किसके खो जाने का डर लगता रहता है?

मैं कह रहा हूँ, तुम्हें जिसके भी खो जाने का डर लगता रहता है वहाँ पर तुम कम खतरे में हो। क्योंकि कम-से-कम तुम्हें पता तो है कि वह चीज़ खो जाने वाली है। ज़्यादा खतरा तुम्हें वहाँ है जहाँ तुम्हें लगता है कि कोई चीज़ खोने नहीं वाली। तो मैं तुम्हें आमंत्रित कर रहा हूँ कि तुम मुझको बताओ कि क्या है जो नहीं खोने वाला?

प्रश्नकर्ता : चेतना?

आचार्य : नहीं खोएगी? वह तो रोज़ सोते वक्त ही खो जाती है।

प्रश्नकर्ता : मेरा होना?

आचार्य : नहीं खोने वाला? उसको लेकर तो सबसे ज़्यादा आशंकित रहते हो। पढ़ी-पढ़ाई बातें मत करो, कि मेरा होना नहीं खत्म होने वाला। 'मेरे खोने' में 'मेरा' क्या? किस 'मैं' की बात कर रहे हो? अपनी दिनचर्या को देखो। तो ये जो देह और मन का तंत्र है इसी को 'मैं' कहते हो, इसी की खातिर चौबीस घंटे लगे रहते हो।

तुम ईमानदारी से कह रहे हो कि 'मैं' नहीं खोने वाला? ये 'मैं' तो खुद ही दुर्बल है; ये तो सहारे पर टिका हुआ है। इसकी जान कभी भी जा सकती है, वेंटीलेटर पर है ये। ये कैसे नहीं खोने वाला? इसकी तो रक्षा करना छोड़ दो, ये तो अभी खो जाएगा। इसी की रक्षा की खातिर इतनी मेहनत करते हो और कह रहे हो, 'ये मैं कभी नहीं खोने वाला।' ये कैसी बात है?

कुछ है जो कभी नहीं खोने वाला? अभी हम ये देख ही नहीं रहे कि क्या है जो खो जाएगा। हम क्या देख रहे हैं? कि ऐसा कुछ भी है जो कभी नहीं खोने वाला? इसको पहले मैंने कहा था कि आमंत्रित कर रहा हूँ—अब चुनौती दे रहा हूँ। चलो ढूँढ कर बताओ कि जो तुम्हारे पास है वो कभी नहीं खोने वाला। फिर हम इस सवाल पर भी आ जाएँगे कि क्या खोए रहने का डर लगा रहता है। क्या पता फिर वो सवाल बचे ही ना।

प्रश्नकर्ता : आत्मा खोने वाली नहीं है पर पता नहीं चलता।

आचार्य : जब पता ही नहीं है तो है कहाँ आपका वो।

प्रश्नकर्ता : मेरी चेतना?

आचार्य : अभी तो बात हुई थी। सुनिए तो सही। सुबह कितने बजे उठे थे?

प्रश्नकर्ता : छह।

आचार्य : सुबह साढ़े पाँच बजे कहाँ थी? उस समय कोई बोलता कि डॉक्टर सत्यम पटेल, तो चेतना कोई जवाब देती? तब कहाँ थी चेतना? वो तो रोज़ आती है, जाती है। और मैं तो फिर भी चेतना के स्थूल परिवर्तन के बारे में बात कर रहा हूँ, कि जागृति नींद में बदल गई। जब आप जगे हुए भी हो तो भी चेतना प्रतिपल रंग बदल रही है, और आप कह रहे हो कि चेतना खोने नहीं वाली। बताओ तो, कुछ है ऐसा जो न खोए? कुछ तो ऐसा बता सको जिसका भरोसा कर सको।

प्रश्नकर्ता : देखने वाला।

आचार्य : वो सुबह साढ़े पाँच बजे कहाँ था? ये सारी किताबी बातें एक खरे सवाल के आगे नहीं टिक पातीं कि द्रष्टा कभी नहीं खोएगा—किसी किताब में पढ़ लिया, कहीं किसी गुरु जी ने बता दिया कि तुम द्रष्टा मात्र हो, साक्षी मात्र हो और वह अमर होता है, वह कभी नहीं खोता। नींद में कौन-कौन द्रष्टा होता है, भाई? खतरनाक लोग हैं; क्या पता वह नींद में भी देख रहे हैं। कैसी बात कर रहे हो?

अंड-बंड पढ़ लेने का यही परिणाम होता है कि जो सम्मुख, व्यावहारिक बात होती है, आदमी फिर उससे भी छूट जाता है। कम-से-कम कोई ऐसा आदमी जो अध्यात्म में

दीक्षित नहीं है ये तो नहीं बोलेगा कि मैं हमेशा द्रष्टा रहता हूँ। बच्चा भी नहीं बोलेगा। बच्चे को भी पता है कि मैं जिसको द्रष्टा भाव कहता हूँ वह तो आनी-जानी चीज़ है। ये तो छोड़ ही दो कि वह रात में खोती है, कोई बैठा है यहाँ पर जो पलक न झपकाए? जब पलक झपकाते हो तो दृष्टा कहाँ चला जाता है? और तुम्हारे पास कोई दृष्टि है जो आँखों के अतिरिक्त हो? तुम्हारी तो सारी दृष्टि ही आँखों से है, और पलक झपकी नहीं कि आँख गई। तो तुम्हारा द्रष्टा तो हर मिनट दो बार विलुप्त होता है। ये बात तो बच्चा भी जानता है। पर पढ़-लिख जाओ तो ये बात भूल जाती है कि, 'गुरु जी बता गए हैं कि द्रष्टा अमर है। तो हम द्रष्टा हैं और हम अमर हैं, ठीक।'

कभी पूछा भी तो करो गुरु जी से कि, 'द्रष्टा माने क्या, और कैसे अमर है, और कौन है वो द्रष्टा? कुछ ऐसा तो बताइए जो कुछ ज़मीन का हो; या सब हवाई बातें होंगी।'

बताओ, है कुछ तुम्हारे पास जो नहीं खोएगा? अंजनि, कुछ है? ये दुपट्टा? ये पीछे जो काला-काला पर्स? इनका है? ये चश्मा? यादें? संगी-साथी, घड़ी, चश्मा, घर, सम्मान? कुछ है जो नहीं खोएगा? खोज कर निकालो। क्या पता ऐसा कुछ निकल आए जो खोजने पर निकल आए।

प्रश्नकर्ता : सब कहते हैं कि हमने पूर्व-जन्मों में जो साधना की है, वो हमेशा हमारे साथ होगी। क्या ऐसा संभव है?

आचार्य : कल रात में क्या खाया था?

प्रश्नकर्ता : दाल-चावल।

आचार्य : कितने चावल खाए थे? कितने? कल रात का पता नहीं, पूर्व-जन्म का काम आएगा? कल रात का पता नहीं, पूर्व-जन्म इतना महत्त्वपूर्ण हो गया? कर्म-फल होते हैं। कोई कर्ता बना रहे तो उसके लिए कर्म-फल होते हैं, वो भी कट जाते हैं। न कर्ता अमर है, न कर्म-फल अमर है, दोनों को मिट जाना है; खो जाना है। मुझे बताओ कुछ ऐसा जो नहीं खोएगा?

प्रश्नकर्ता : हार गए।

आचार्य : तो ये तो अजीब बात है। जिसका सब कुछ खो जाने को तैयार खड़ा है, प्रतिपल खो ही रहा है, वो मुझसे पूछ रहा है कि बताओ मुझे क्या खो जाने का डर है। मैं पलट कर तुमसे पूछ रहा हूँ, 'तुम्हें क्या बचा लेने का भरोसा है?' खो लेने का डर तो तभी होता है जब पहले कुछ बचा लेने का भरोसा हो। तो तुम मुझे बताओ तुम्हें क्या बचा लेने का भरोसा है?

प्रश्नकर्ता : कुछ नहीं।

आचार्य : तो फिर कुछ खो जाने का डर कैसे हो सकता है? जब सब कुछ ही बिना अपवाद के खो ही जाना है तो फिर कुछ खो जाने का डर कैसे हो सकता है तुमको? कुछ

खो जाने की बात तो, मैं दोहरा रहा हूँ, वही करेगा जिसे बहुत कुछ बचा लेने का भरोसा हो। तुम्हें क्या बचा लेने का भरोसा है? सब कुछ तो खो जाने के लिए तैयार खड़ा है, खो ही रहा है। मुक्त हो तुम! इसी को मुक्ति कहते हैं। एक बार तय हो गया कि सब खोना है, कुछ बचाया जा नहीं सकता, तुम मुक्त हो गए। अब कोई झंझट बचा नहीं।

निश्चित रूप से डर के पहले झूठा भरोसा आता है; खो जाने के डर से पहले आता है बचा लेने का झूठा भरोसा। उस झूठे भरोसे की बात करो। किस झूठे भरोसे में जी रहे हो? जिन्हें भी डर सताते हों, वो डर से हटें—अपने झूठे भरोसों पर ध्यान दें। बहुत सारे झूठे भरोसे हैं। फिर डरे-डरे रहोगे, सख्त रहोगे, अकड़े रहोगे, तने हुए रहोगे। और कोई तना-तना खड़ा रहता है तो उसकी पीठ में दर्द हो जाता है। है ना, देखा है? लोच नहीं रह जाती।

और कोई कारण हो नहीं सकता जीवन में तनाव का। निश्चित ही तुमने अपने-आप को समझा लिया है कि तुम्हारे पास कुछ है जो छूटेगा नहीं, और उसी भरोसे से प्रेरित होकर तुम कह रहे हो कि अगर मैं कुछ चीज़ें बचा सकता हूँ तो बाकी चीज़ें भी बचा ही लूँगा। एकाध चीज़ें तुम्हें समझ आ रही हैं कि नहीं बचेंगी, उनको लेकर तुम तनावग्रस्त हो जाते हो।

भाई, ऐसा नहीं है कि एकाध-दो चीज़ें ही नहीं बचेंगी। कुछ नहीं है तुम्हारा। ध्यान से देख लो। बिलकुल नरम पड़ जाओगे, पानी की तरह बहोगे, हल्के हो जाओगे। नहीं तो बहुत तनाव रहेगा; मुट्ठियाँ भींची हुई रहेंगी; जबड़े कसे हुए रहेंगे। जैसे किसी युद्धरत आदमी के होते हैं ना। जब आप युद्ध में होते हैं तो आपकी हालत कैसी होती है? कैसी होती है? क्योंकि आप कुछ बचाने की कोशिश कर रहे हो, कुछ पाने की कोशिश कर रहे हो। और जो युद्ध में नहीं है वह हल्का है, उसे न कुछ पाना है न कुछ बचाना। वह कहेगा, 'जो होना है वह तो समझ में आ ही गया।' वो मौज में रहता है, नहीं तो पूरा तंत्र एक गहरे तनाव में जीता है। जिसको लगता हो उसका कुछ छीना जा रहा है, या जिसको लगता हो कि वह कुछ प्राप्त कर सकता है उसे चिंतित होना ही पड़ेगा।

तुम्हारी भी चिंता का, तनाव का और सख्ती का और कोई कारण नहीं है—यही है। कहीं पर झूठा भरोसा बैठा लिया है, और झूठे भरोसों से अहम् को बड़ा पोषण मिलता है क्योंकि वह खुद झूठी है। 'झूठे के घर, झूठा आया' (कबीर साहब के वाक्य)।

भीतर जो झूठा बैठा है उसे बचाए रखने के लिए, उसका पोषण करने के लिए हमें बाहर बड़े झूठ तैयार करने पड़ते हैं। फिर हमें तकलीफ़ झूठ से नहीं होती, क्योंकि झूठ का पोषण करने के लिए झूठ चाहिए। फिर तो झूठ प्यारा लगता है क्योंकि झूठ पोषण दे रहा है।

फिर हमें तकलीफ़ होती है सच से। इसलिए हमें मौत इतना सताती है, क्योंकि झूठा भरोसा है कि जो जैसा है वो वैसे ही चलेगा। तो फिर जब तथ्य सामने आता है तो फिर हम चीत्कार करते हैं, सिहर जाते हैं, पागल हो जाते हैं। कुछ भी छिनना, कोई भी मृत्यु तुम्हें क्यों सताती अगर पहले तुम्हें भरोसा नहीं होता कि ये जो है, जगत सारा, चिर है, अमर है?

डर से, कष्ट से पहले आते हैं झूठे भरोसे, धारणाएँ, मिथ्या ज्ञान। कहीं पढ़ लिया कि

आत्मा अमर है और सोचने लग गए कि मैं अमर हूँ, या सोचने लग गए कि मुझसे सम्बन्धित है वह अमर है। नहीं, तुमसे सम्बन्धित कुछ नहीं है जो अमर है। मिट्टी से उठे थे तुम, मिट्टी हो जाना है तुम्हें। तुम, तुम्हारा मान-सम्मान, तुम्हारी मान-मर्यादा, तुम्हारे रिश्ते-नाते, तुम्हारी इच्छाएँ, तुम्हारे विचार, तुम्हारा ज्ञान, तुम्हारी शान—सब मिट्टी है।

और जो अमर है वो तुमसे सम्बन्धित नहीं है, वह आसमान है तुम्हारा। ज़मीन पर मौतें होती रहती हैं, ज़मीन पर जन्म होते रहते हैं। आसमान को कोई फ़र्क नहीं पड़ता ना? वो अमर है। ये मत समझ लेना कि तुम्हारा कुछ अमर है; ये मत कह देना कि मेरी आत्मा अमर है। मेरी आत्मा जैसा कुछ होता नहीं, ठीक वैसे जैसे मेरे आसमान जैसा होता नहीं। आसमान किसी का होता है? जैसे आसमान किसी का नहीं होता है वैसे ही आत्मा किसी की नहीं होती है। पर लोग बात करेंगे कि मेरी आत्मा, फलाने की आत्मा इत्यादि-इत्यादि।

और इन्हीं सब मिथ्या धारणाओं का कारण होता है एक तनावग्रस्त जीवन, एक डरा हुआ, सहमा हुआ जीवन। जो जाता हो उसको गया मान लो फिर देखो कैसी मौज आती है। उधार की चीज़ें हैं, कुछ दिन के लिए मौज मना लो, जब कोई लेने आए तो बुरा क्या मानना? जितना भी कुछ मिला है वो बोनस है। उधार की चीज़ थी, देने वाला आज भी ले जा सकता था, आज नहीं ले गया, पाँच दिन बाद ले गया। तो ये पाँच दिन क्या थे?

प्रश्नकर्ता : मौज।

आचार्य : बोनस! क्योंकि वो तो आज भी ले जा सकता था। संयोग की बात है आज नहीं ले गया, पाँच दिन बाद ले गया। तो इन पाँच दिनों का तो हम उत्सव मनाएँगे ना? या पाँच दिन बाद रोयेंगे कि क्यों ले गया? मज़े की बात तो यह है कि वह आज ही नहीं ले गया। किसी की चीज़ पड़ी है तुम्हारे पास तो वो कभी भी आ सकता है ना वापस माँगने? जब तक नहीं आ रहा वापस माँगने तब तक मौज मना लो, जब वापस आए माँगने तो साभार उसको लौटा दो।

अब बताओ क्या खोने का डर है?

ज़रूर चोरी करना चाहते हो। चीज़ ली है उधार में और नीयत बदल गई है, चाह रहे हो कि माँगने वाला कभी माँगने न आए वापस, वस्तु लौटानी न पड़े। क्यों न लौटानी पड़े? जिसमें इतनी ताकत है कि दे सकता है, तुम्हें क्या लगता है लेने के समय वह निर्बल हो जाएगा? जिसमें इतनी ताकत है कि दे गया, निश्चित ही उसमें इतनी ताकत भी है कि तुम जितना भी बचाओ वह छीन कर ले भी जाएगा वापस।

पर हमारा हिसाब बड़ा उल्टा है: जन्म हम चाहते हैं, मृत्यु नहीं। जन्म क्या तुम्हारे चाहने से हुआ था? उसकी मौज थी, तुम्हारा जन्म हो गया; उसकी मौज होगी तो वो तुम्हें वापस भी खींच लेगा। बोलो?

तो जहाँ तक शारीरिक जन्म और मृत्यु की बात है, इसमें तुम अफ़सोस किस बात का कर रहे हो? तुम्हारी अपनी निजी कोई चीज़ होती और तुमसे कोई छीन कर ले जाता

तो तुम्हें हक भी था शिकायत करने का। जो चीज़ तुम्हें मिली ही अनुग्रहवश है, या ये कह लो संयोगवश है, वो कोई अगर वापस ले जा रहा है तो तुम होते कौन हो शिकायत करने वाले, बताओ मुझे?

और तुम्हारे पास क्या है जो तुम्हें संयोगवश नहीं मिला, दूसरी चुनौती? तुम्हारे पास कुछ भी ऐसा है जो तुम्हें संयोग के अलावा किसी और माध्यम से मिला हो? हाँ, कई बार तुम्हें भ्रम होता है कि तुमने अर्जित किया है। पर ज़रा गौर से देखना : ये कमाना, ये अर्जित करना, ये पात्रता सब फ़िज़ूल की बातें हैं। अगर ईमानदारी से देखोगे तो जो मिला है उसके मूल में संयोग-मात्र बैठा है। जिसने संयोग से दिया है, वह संयोग से छीन भी लेगा। तुम क्यों परेशान हो रहे हो? तुम्हारी हकदारी कहाँ से आ गई? चीज़ तुम्हारी है कहाँ कि तुमसे छिनेगी?

ये एक दृष्टि होती है, एक तरीका होता है, एक ऐटिट्यूड होता है, अपने-आप को देखने का, अपने से सम्बन्धित संसार को, वस्तुओं को, रिश्तों को देखने का। सदा सतर्क रहना होता है। भीतर का चोर तो लालायित है यह कह देने के लिए कि उधार की चीज़ उधार की नहीं है, अपनी है। तो भीतर का चोर बार-बार सर उठाएगा, वह तुम्हें यही कहेगा कि अपना माल है, पराया नहीं है। पराए माल को अपना मत बोलो। और तुम्हारा जो कुछ भी है वह पराया माल ही है, नीयत खोटी मत करो। पराया माल है, तुम्हारे पास है... बात समझ आ रही है?

अब आगे बढ़ो इस पर। बच्चे का पैदा होना ही एक झूठे भरोसे के साथ होता है। मैं माँ-बाप की बात नहीं कर रहा कि उन्हें झूठा भरोसा होता है। बच्चा जहाँ पैदा हुआ, तहाँ उसे एक झूठा भरोसा आ ही जाता है। क्या? जो कुछ है वह मेरा है, मुझसे सम्बन्धित जो कुछ है वह मेरा है। जब कुछ तुम्हारा होता है उसको सँभालने की ज़िम्मेदारी भी तुम्हारी। जब तुम्हीं अपने होते हो तो स्वयं की रक्षा की ज़िम्मेदारी भी तुम्हारी। इसी को कहते हैं कर्ताभाव। क्या कहते हैं?

प्रश्नकर्ता : कर्ताभाव।

आचार्य : तो जो बच्चा पैदा हुआ है, भले ही वह एक घंटे का हो, तब भी उसमें कर्ताभाव होता ही होता है। तो हम पैदा ही बड़े झूठे भरोसे के साथ हो जाते हैं, हमें लगता है कि हम अपने भरोसे हैं। छोटा बच्चा होता है; हम कहते हैं कि वह माँ के भरोसे रहता है। नहीं, तुम उसकी भावना को देखो तो वह भी यही सोच रहा है कि मैं अपने भरोसे हूँ। अगर वह यही सोचता कि माँ के भरोसे हूँ तो शोर क्यों मचाता? पर देखा कितना शोर मचाता है? वास्तव में उसे अपनी माँ से भी ज़्यादा भरोसा अपने ऊपर है।

हम पैदा ही ऐसे होते हैं। तो ये जो चीज़ मिली है हमें कुछ दिन के लिए उस चीज़ का मिलना ही हमें इस भरोसे के साथ आता है कि वह चीज़ हमारी है। समझो। सर्वप्रथम तुम्हें क्या मिला है? कुछ भी और मिला हो, कपड़े मिले हों, उससे पहले तुम्हें क्या मिली है? देह। संसार मिला हो, उससे पहले क्या मिला है? शरीर; स्वयं का भाव। स्वयं का भाव

होता है तभी तो शरीर दिखाई देता है ना?

तो तुम्हें और कुछ भी बाद में मिला है सर्वप्रथम ये भाव मिला है कि ये चीज़ मेरी है। ये चीज़ है कुछ दिनों की। इसलिए जानने वाले समझा गए हैं कि जितने दिन ये चीज़ है तुम्हारे पास उतने दिनों का उपयोग इसी भाव से मुक्त होने में कर लो कि ये चीज़ तुम्हारी है। थोड़ी देर पहले हमने कहा कि अगर उधार की चीज़ तुम्हारे पास पाँच दिन टिक गई है तो उन पाँच दिनों में क्या कर लो? मौज मना लो, उत्सव मना लो।

अब हम उस बात को और परिष्कृत कर रहे हैं। अब हम उस मौज का, उस उत्सव का वास्तविक अर्थ समझना चाहते हैं। अगर ये चीज़ पाँच दिन मिली है तुम्हें और किसी भी क्षण जा सकती है तो उत्सव मनाने का वास्तविक तरीका है कि उन पाँच दिनों में तुम उस भावना से मुक्त हो जाओ कि ये चीज़ तुम्हारी है। शरीरधारी होने का सम्यक उपयोग यही है कि तुम शरीरभाव से मुक्त हो जाओ।

इससे फिर तुम्हें ये भी समझ में आ गया हो कि जीवन का प्रयोजन क्या है। जीवन का उद्देश्य है मुक्ति। क्योंकि जीवन की शुरुआत ही होती है बंधन में। क्या होता है हमारा प्रथम बंधन?

प्रश्नकर्ता : शरीर।

आचार्य : शरीर तो होता है, शरीर बंधन नहीं होता। (आसपास की चीज़ों को बताते हुए) ये भी शरीर है। ये भी शरीर नहीं है? ये सब शरीर ही शरीर है। बंधन क्या होता है? कि ये शरीर मेरा है। शरीर का होना बंधन नहीं होता। संत भी तो शरीर रख कर चलते हैं, पर बँधे नहीं होते उससे। शरीर है, उसमें कोई बुराई नहीं।

बंधन है कि यह शरीर मेरा है, तो इस धारणा के साथ हमने कहा कि बच्चा भी पैदा होता है। तो अब हम कह रहे हैं कि अगर पाँच दिनों का शरीर है तो उन पाँच दिनों का उपयोग यही है कि इस बंधन से, इस धारणा से आज़ाद हो जाओ कि कुछ भी तुम्हारा है।

लोग बात करते हैं सत्य के अनुसंधान की। लोग बात करते हैं आत्मा की साधना की। सत्य का कोई अनुसंधान नहीं हो सकता। तुम बस यह कर सकते हो कि तुम अपने मौलिक झूठ से आज़ाद हो जाओ। और तुम्हारा मौलिक झूठ यही है कि ये मेरा है। पाँच दिन के जीवन का उचित उपयोग यही है कि तुम अपने झूठे भरोसों से मुक्त हो जाओ।

हम लगातार झूठे भरोसों में जी रहे हैं। जिस भी चीज़ पर भरोसा करते हो उसकी जाँच-पड़ताल करो, यही धर्म है तुम्हारा—निरंतर जिज्ञासा, निरंतर अनुसंधान, अन्वेषण। धर्म और कोई चीज़ नहीं होती; किसी बात पर यूँ ही यकीन कर लेना धर्म नहीं कहलाता। धर्म आस्था नहीं है, धर्म विश्वास नहीं है, धर्म सर्वप्रथम ईमानदार जिज्ञासा है।

और रोने को तुम किसी भी बात पर रो सकते हो, धारणा बैठाने की देर है। आसमान के बादल देख रहे हो? यहीं आधे घंटे लेट जाओ आसमान की तरफ़ मुँह करके और अपने-

आप को यकीन दिला दो कि वह बादल मेरे हैं। थोड़ी देर में जब बादल छँटने लग जाएँगे तो तुम बरसने लगोगे, 'हाय! मेरा बादल। मुझसे छूट गया, मुझसे बिछुड़ गया।'

वो तुम्हारा था कहाँ कि छूट गया, बिछुड़ गया। काहे रोते हो? लेकिन आदमी का ऐसा है कि वह जिस भी चीज़ पर यकीन बैठाना चाहे उसमें बैठा सकता है। तुम कोशिश करके देख लो। अभी एक प्रयोग कर लेना : घास हरी है। लेट जाओ। आसमान की ओर मुँह करो और अपने-अपने बादल चुन लो। नाम भी दे दो उनको, मिट्ठू, कुकू। और फिर देखना जब बादल छँटते हैं तो कैसी बरसात होती है। वो ऊपर से नहीं, नीचे से ही बरस रहा होगा।

नीयत में खोट न हो तो दुःख नहीं मिल सकता। पराया माल हड़पने की नीयत ही तुम्हें दुःख देती है। सब माल पराया है; हड़पने की कोशिश मत करो। और अजीब लोग हैं हम; जैसे कोई बच्चा हो, वह किसी दूसरे का माल लेने जाए। वह गया है दूसरे बच्चे की गेंद छीनने, और छीन नहीं पाया तो आकर ज़ोर-ज़ोर से पाँव पटक रहा है और रो रहा है। और शिकायत क्या कर रहा है? 'मैं दूसरे की गेंद नहीं छीन पाया।' इसी को कहते हैं : एक तो चोरी, ऊपर से सीना-ज़ोरी।

अधिकांश दुखी लोग ऐसे ही होते हैं। वह ऐसी चीज़ के खोने का दुःख मना रहे हैं और शिकायत कर रहे हैं जो चीज़ उनकी थी ही नहीं। जैसे कोई डकैत मिले, बहुत अफ़सोस मनाता हुआ। और अफ़सोस क्या है उसको? कि आज डकैती असफल रही। और डकैत की डकैती असफल होगी तो उसे अफ़सोस तो होगा ना? ऐसे ही हम हैं।

नीयत साफ़ रखो, दुःख से बचे रहोगे। पराए माल का लालच करते-करते और पराए माल की ही रक्षा करने में सारा जीवन व्यर्थ हो जाता है, ऊर्जा सारी बह जाती है, पर जो सार्थक काम हो सकता था वह नहीं हो पाता। यह जीवन का अपव्यय हो गया कि नहीं? बोलो।

थोड़ी देर पहले हमने बात की थी कि जीवन का एकमात्र सम्यक उद्देश्य क्या हो सकता है? अभी की ना? अब अगर गलत उद्देश्य में ही तुमने जीवन के चंद साल गुज़ार दिए तो जो असली काम था ज़िन्दगी का वह क्या हो पाएगा? लो। लगे रह गए पराए माल को बचाने में—कभी जान कर, कभी अनजाने में; और जो अपना काम था उस पर ध्यान ही नहीं गया।

हो गई ना गड़बड़? जैसे डॉक्टर साहब एमबीबीएस की प्रवेश परीक्षा देने गए हों—आप शरीर वाले ही डॉक्टर हैं ना या पीएच-डी हैं?

प्रश्नकर्ता : ऑर्थोपेडिक सर्जन।

आचार्य : तो प्रवेश परीक्षा दी है। गए हैं एमबीबीएस प्रवेश परीक्षा देने—प्रतियोगिता परीक्षा होती है भई दाखिले के लिए। और अपनी जगह दूसरे का परचा भर कर आ गए। पराया काम कर आए और अपना काम छूट गया। अब दाखिला भी किसको मिलेगा? कम-से-कम आपको तो नहीं मिलेगा। अपनी शीट भरनी होती है, दूसरे की नहीं।

अब आप बताएँ अपनी ज़िन्दगी देखकर कि आप किसका काम कर रहे हैं? जो

काम कर रहे हैं क्या वह वास्तव में आपका है?

अगर आपका काम होगा तो उसकी निशानी यह होगी कि आपको डर नहीं लग सकता, और अगर आपको डर लगता है तो आप पराया काम करे जा रहे हैं। तो डर बड़ी शुभ बात है, डर आपको सूचना दे देता है कि कुछ गड़बड़ है। जो लोग डर में जीते हों, जिन्हें बार-बार शक, संदेह, भय उठता हो वह साफ़ समझ लें कि कोई उनकी मदद करने के लिए उनको सूचना दे रहा है कि कुछ गड़बड़ है, वरना डर नहीं लग सकता था। आदमी का स्वभाव नहीं है डर; आदमी की बीमारी है डर।

प्रश्नकर्ता : वास्तविकता में वह गड़बड़ कहाँ है, बाहर या अंदर?

आचार्य : सब अंदर ही होता है; बाहर तो कुछ है ही नहीं। बाहर भी जो प्रतीत होता है वह है कहाँ? कल हम उस गुंडे की बात कर रहे थे कि उसने आँखों पर कब्ज़ा कर रखा है। और बाहर क्या है यह कौन बताता है? आँखें। तो बाहर कुछ होता नहीं। बाहर आपको जो कुछ प्रतीत होता है वह भीतर का ही प्रतिबिम्ब होता है; भीतर द्वारा ही प्रक्षेपित होता है। बाहर कुछ नहीं। इसलिए चूँकि हम सबके अंतरजगत अलग-अलग होते हैं तो हमारे बहिर्जगत भी अलग-अलग होते हैं। ये दुनिया जैसी इस वक्त इनको दिख रही है वैसी उनको नहीं दिख रही, क्योंकि भीतर से अलग है तो इसलिए बाहर भी सब अलग ही दिखता है। तो ये कभी मत कहिएगा कि बाहर क्या है; बाहर जो है वह भीतर की छाया मात्र है।

शुरू में बुरा लगता है इस बात से रू-ब-रू होना कि ये सब छिन जाएगा। थोड़ा झटका-सा लगता है, किसी को भी लगेगा, क्योंकि इस देह की वृत्ति होती है, क्या कर लेना? पकड़ लेना। बच्चा होता है छोटा-सा, दस दिन का बच्चा होगा, उँगली उसके करीब ले जाओ तो वह तुरंत क्या करता है?

प्रश्नकर्ता : तो उँगली पकड़ लेगा मज़बूती से।

आचार्य : हम ऐसे पैदा होते हैं। अब जितनी बड़ी आपकी उँगली होती है उतनी बड़ी उसकी कुल हथेली होती, और वो जान पूरी लगा कर उँगली पूरी पकड़ लेगा। तो हम पैदा ही होते हैं पकड़ने को तैयार, क्योंकि मूल वृत्ति ही देह की होती है पकड़ने को आतुर। तो इसलिए जब हम इस बात से रू-ब-रू होते हैं कि ये सब कुछ जा रहा है, जाएगा, पहले भी गया है, आगे भी जाता रहेगा, ठीक अभी भी जा ही रहा है तो कैसा लगता है? बुरा लगता है।

कोई बात नहीं। अपने में भरोसा रखो; ये सब अच्छा-बुरा झेलना सब भूल जाओगे। कोई बड़ी बात नहीं झेल जाना। अभी से तैयार रहो, प्रति-पल देखते रहो, तैयारी की भी बात नहीं है, प्रति-पल देखते ही रहो कि यह सब कुछ तो समय की धारा में बहता ही जा रहा है।

अभी जहाँ तुम बैठे हो वहाँ मोर बैठे थे। सुबह यहाँ मैं खड़ा होकर...दो मोर! तीन मोर! एकाध मोरनी। वह कहाँ गए? वह कहाँ हैं? मुझे बताओ वो कहाँ हैं? और उससे भी थोड़ी देर पहले ये किला ही नहीं था यहाँ पर। और उससे भी थोड़ी देर पहले यहाँ पर पाँच लाशें बिछी हुई थीं।

इतनी पुरानी है यह धरती कि धरती का रंच मात्र भी स्थान नहीं है जहाँ पर कभी कोई लाश न गिरी हो। कभी यहाँ पर लाशें बिछी हुई थीं—आदमियों की नहीं तो जानवरों की। कभी यहाँ पर किसी को बहुत हर्ष हुआ था; कभी किसी को यहाँ पर अमर्ष हुआ था। कभी यहाँ पर किसी जोड़े ने प्रेम किया था; कभी यहाँ पर कोई किसी से बिछुड़ा था—ठीक उस जगह जहाँ पर तुम बैठे हो। कहाँ गया वो सब, बताओ? बोलो।

हवा है। बह रही है? जब तक बह रही है तब तक बढ़िया। ये थोड़ी ना कहोगे कि हमेशा ऐसी ही बहती रहे—कभी इधर को बहती है, कभी उधर को बहती है। बह जाती है। या रुकती है क्या? बोलो।

आई और बही। कभी सुकून दिया, कभी परेशान किया, लेकिन एक बात पक्की है : बह गई।

चलो एक और चुनौती : हवा पकड़ कर दिखाओ। ये बह रही है अभी मौका है पकड़ के देख लो। अरे यार! जब तक पकड़ने की बात की तब तक रुक गई। ये भी सुन रही है।

कल आप पूछ रहे थे पैसिव जीवन के बारे में। सबसे पहले जो हानिप्रद तरीके की सक्रियता है उस पर सबसे पहले नज़र डालें, क्योंकि पैसिव तो हम हैं ही नहीं—पैसिव माने अक्रिय। पैसिव तो हम हैं ही नहीं, हम तो निरंतर क्या हैं? सक्रिय हैं ना?

तो हम पहले अपनी सक्रियता पर नज़र डालें या दूर की किसी धारणा, जिसका नाम है पैसिविटी, अक्रियता, निष्क्रियता, उसकी बात करें?

कहिए, बोलिए। आपके पास कोई मरीज़ आता है तो आप उसकी बीमारी को देखते हो या उसे स्वास्थ्य के गीत सुनाते हो? बताइए? चिकित्सक होने के नाते आप क्या करते हो, आपका सारा ध्यान किस पर जाता है? जहाँ वह स्वस्थ है वहाँ पर जाता है या जहाँ वह बीमार है वहाँ पर जाता है? जहाँ वह बीमार है। हमारी क्रियाएँ हमारी बीमारी हैं, पहले हम उनकी बातें करें। और जीवन हमारा सदा सक्रियता में बीत रहा है ना?

कभी आपको निष्क्रियता के पल मिलते भी हैं क्या? कभी ऐसा होता है कि आप ठहर ही गए, आप रुक ही गए। कभी अगर ऐसा होता हो तो अनुकम्पा है उसकी, अन्यथा वैसा होता नहीं होगा। आप लगातार कर्मरत हैं, हम सभी। बोलिए ऐसा है कि नहीं? यदि हाथ-पाँव नहीं चल रहे होते हैं तो क्या चल रहा होता है? ये भेजा चल रहा होता है। चल रहा होता है ना?

तो हम ठहरने की बात करें या हम ये देखें कि हम किस दिशा में जा रहे हैं? बताइए। ठहरना तो हमारे लिए सिर्फ़ एक सिद्धांत है, एक कॉन्सेप्ट है। ठहरे तो हम कभी हैं ही नहीं, ठहरने का तो हम स्वाद ही नहीं जानते। तो हम उसकी बात करेंगे ना जो हमारी वर्तमान स्थिति है, ईमानदारी से। और अभी हमारी वर्तमान स्थिति कैसी है? दौड़। सौद्देश्य दौड़ नहीं, लक्ष्ययुक्त दौड़ नहीं, अंधी दौड़, बहकी हुई दौड़—रैंडम, हैपहैज़र्ड, ब्रोनियन मूवमेंट (रसायन विज्ञान में सिद्धांत)। इधर को चले, इससे टकराए तो इधर को मुड़ गए। इधर को

आए, इससे टकराए तो इधर को मुड़ गए। चल बहुत रहे हैं पर पहुँचे कहीं नहीं।

तो हम अपनी गति की बात करेंगे। हमारी गति अंधी है, हमारी गति के मूल में एक झूठ है। और अपने-आप को दोष मत दीजिए, वह झूठ आपने जान-बूझकर नहीं पकड़ा—कल आप चैतन्य-अचैतन्य भी कह रहे थे। वह झूठ आपके गहरे अचैतन्य में बैठा हुआ है। मैं कह रहा हूँ कि वह झूठ आपकी मूलवृत्ति है। याद है ना वह बच्चा जो उँगली पकड़ता है? उसको किसी ने सिखाया नहीं पकड़ना। तो अपने आप को दोष मत दीजिए, कि मैं क्यों पकड़ता हूँ, पैदा हुए हैं तो पकड़ेंगे। हम पैदा ही ऐसे हुए होते हैं—पैदा हुए हैं तो पकड़ेंगे। तो ग्लानि मत धारण करिएगा, वैसे ही बहुत धारण किया हुआ है। कि सत्र से उठ कर के : अरे मैं तो चोर हूँ, अरे मैं तो झूठा हूँ, अरे मैं तो पराया माल हड़पना चाहता हूँ, अरे मेरी तो नीयत में ही खोट है। दस बातें अपने बारे में और तैयार कर लीं।

पैदा ही गलत हुए हैं; मैनुफ़ैक्चरिंग डिफ़ेक्ट है। और कुछ हुए हैं जानने वाले जो कहते हैं, 'गलत ही पैदा होता है।' मैं कह रहा हूँ, 'पैदा ही गलत हुए हैं।' उन्होंने ज़रा और आगे की बात कह दी : गलत ही पैदा होता है। जो सही ही होता है वह पैदा ही नहीं होता है। 'बुल्लेशाह दी जात की पुच्छनै, ना पैदा न पैद'। जो सही होगा वो कभी पैदा नहीं होगा; जो गलत होगा वह पैदा होगा; सही का न जन्म है न मृत्यु। 'बुल्लेशाह दी जात की पुच्छनै, ना पैदा न पैद'।

काहे को पैदा हुए? तुम्हारी कोई गलती है? सीधे जवाब दो : हमसे क्यों पूछ रहे हो? हमारी क्या गलती है? वास्तव में तुम्हारी कोई गलती नहीं है। कम-से-कम चैतन्य तल पर तुमने निर्णय नहीं किया था कि तुम पैदा होगे। हाँ, कोई बहुत-बहुत गहरा कोई अवचेतन हो तो अलग बात है। पर वह जो बहुत गहरा अँधेरा होता है मन का वह व्यक्तिगत नहीं होता है, वो तुम्हारा नहीं है, वह साझा है। तो तुम यह नहीं कह सकते कि वह तुम्हारा निजी अँधेरा है, अगर निजी होता तो तुम्हारा दोष होता, वह सबका है, अँधेरे के उस तल पर हम सब एक हैं। जैसे हम सब कहते हैं ना कि आत्मा एक है? आत्मा एक नहीं होती, आत्मा शून्य होती है, आत्मा होती ही नहीं है। आत्मा को एक नहीं कहा गया है, आत्मा को अद्वैत कहा गया है। आत्मा एक नहीं होती, अद्वैत होती है। और अद्वैत का मतलब एक नहीं होता है, अद्वैत का मतलब होता है एक भी नहीं, दो नहीं। दो नहीं माने एक नहीं क्योंकि एक होता तो दूजा होता। अद्वैत का अर्थ होता है दो नहीं, और दो नहीं माने एक नहीं, और एक भी नहीं तो शून्य। आत्मा शून्य होती है।

एक होती है मूल वृत्ति, एक होती है मूल अहंता, और उस मूल अहंता के तल पर समस्त प्राणियों में एकत्व है। हम सब एक हैं, क्योंकि हम सब की मूल वृत्ति एक ही होती है।

जानते हो तमाम स्तनधारियों के गर्भ में शिशु होते हैं। जब शिशु बिलकुल ही छोटे होते हैं, मान लो हफ़्तेभर के, गर्भ में हैं, भ्रूण, वह एक से ही दिखते हैं। चाहे खरगोश का हो, आदमी का हो, मोर का हो, गाय का हो वह करीब-करीब एक से दिखते हैं। मूल वृत्ति

एक ही होती है। मैं जो बात बोल रहा हूँ वह बहुत वैज्ञानिक नहीं है, इशारा भर कर रहा हूँ।

समझना। जैसे-जैसे गर्भ में प्राणी बड़ा होता है फिर अलग-अलग आकार-प्रकार दिखाई देने लगते हैं, फिर अलग-अलग प्रजातियाँ अलग-अलग रूप ग्रहण करने लगती हैं, लेकिन शुरुआत में वे सब एक से ही दिखते हैं बिलकुल। तो वह जो मूल-वृत्ति है, जीव-वृत्ति, मृत्यु-वृत्ति, जन्म-वृत्ति वह सब की एक है, हम वहाँ पर एक होते हैं। और उस तल पर, उस वृत्ति के तल पर सारे इंसान ही दुनियाभर के एक हैं, समस्त जीव एक हैं; समस्त जीव।

तुम पूछोगे कि ये तो आपने चैतन्य जीव की बात की, क्या चैतन्य जीव जड़-पदार्थ से भी एक हैं? तो मैं कहूँगा, 'पगले! वह मूल वृत्ति होती ही जड़-पदार्थ की है।' किसकी ये मूल वृत्ति है कि इसको यूँ पकड़ लूँ? किसको? जड़-पदार्थ को ही तो। वह जो चैतन्य वृत्ति है, भले ही वह चेतना मिलावटी चेतना हो, मिश्रित चेतना हो, अशुद्ध चेतना हो, वह चेतना किसके माध्यम से काम करती है? जड़-पदार्थ के माध्यम से ही तो काम करती है।

तो ये मत पूछना कि आपने यह तो कहा कि सारे जीव एक हैं, क्या मिट्टी और पत्थर भी एक हैं?

अरे! चेतना से अवलम्बित होकर मिट्टी और पत्थर ही तो दूसरे मिट्टी और पत्थर को पकड़ते हैं। चैतन्य जीव न हो तो जड़ को जड़ कौन बोलेगा? तो जड़ तो चैतन्य की छाया है। चैतन्य की छाया जब जड़ पर पड़ती है तो जड़ कभी जड़ दिखता है और जड़ कभी चैतन्य दिखता है। तुम ही तो कह रहे हो ना कि यहाँ पर कुछ लोग बैठे हैं वह जो चैतन्य हैं, और ये इमारत है ये जड़ है, तुम ही तो कह रहे हो। तो तुम्हारी चेतना की छाया जब संसार पर पड़ रही है तो वो कुछ चीज़ को कह देती है चैतन्य और अन्य चीज़ को कह देती है जड़। तुम न हो यहाँ पर तो कौन घोषणा करेगा कि क्या चैतन्य और क्या जड़?

तो एकत्व के तल पर इतना ही समझना काफ़ी है कि समस्त जीव एक हैं—समस्त चैतन्य जीव एक हैं। अपनी गलती मत मानना। तुम्हारी गलती कब है? तुम्हारी गलती तब है जब तुम जीवन का निरर्थक अपव्यय कर दो, उपयोग की जगह दुरुपयोग कर लो। जीवन मिला था मुक्त हो जाने को और उसकी जगह तुम अपने बंधनों को ही पोषण देते रह जाओ।

और बड़े खेद की बात है कि हज़ार में से नौ सौ निन्यानवे लोग जीवन अपना ऐसे ही बिताते हैं; वह अपनी बेड़ियों को चमकाते हैं। बेड़ियाँ पहन कर ही पैदा होता है छोटा बच्चा, और जीवन अपना बिता देता है वह अपनी बेड़ियों को चमकाने में—उतारने में नहीं, चमकाने में। वह चमका रहा है अपनी बेड़ियाँ। अब बताओ इससे बड़ा कोई नाश हो सकता है?

छोटा-मोटा नाश हो जाए तो तुम कह देते हो वेस्टेज, तुम कह देते हो दुरुपयोग है। और इतने बड़े-बड़े नाश हो रहे हैं और हमें कोई फ़र्क ही नहीं पड़ता। सबसे बड़ा नाश क्या है? जीवन का नाश। जो तुम्हें समय मिला है उसका नाश। और याद रखना, समय है पराया, उधार का, जिसका है वह कभी भी ले जा सकता है। वह ले जाए उसको वापस, उससे पहले तुम उसका कुछ उपयोग कर लो, भाई। थोड़ी जल्दी दिखाओ, थोड़े तत्पर हो जाओ। आत्मा

अमर होगी, तुम अमर नहीं हो, मृत्यु कभी भी आ सकती है, आ ही रही है। बीता पल लौट कर नहीं आता। काहे में समय बिता रहे हो? ये जो तुम कर रहे हो ये साथ में जाएगा?

कुछ छिन जाता है तुमसे, तुम्हें दु:ख होता है। अब समझना ये कि दु:ख का कारण ये नहीं है कि कुछ छिन गया, दु:ख तो छिनते वक्त प्रकट हो जाता है। दु:ख का कारण है जो छिना तुमसे तुमने उसके साथ आसक्ति करी और जिस पर ध्यान देना चाहिए था उसकी उपेक्षा करी। तुम दो गलतियाँ एक साथ करते रहे और गलतियाँ करते वक्त बेहोश थे इसलिए तो तुम्हें दु:ख का भी अनुभव नहीं हुआ। बेहोश आदमी को कोई दु:ख लगता है क्या?

कौन-सी दो गलतियाँ हैं जो हमेशा एक-साथ होती हैं? गलत वस्तु से आसक्ति और सद्वस्तु की उपेक्षा। जिस पर ध्यान देना था उस पर ध्यान दिया नहीं और जो उपेक्षा योग्य था उस पर ध्यान भी दिया, उस पर निवेश भी किया, उसको समय देते रहे, उसको संसाधन देते रहे। ये दो गलतियाँ हम एक साथ करते रहे। इन दो गलतियों का फल तो तभी मिल रहा था जब गलतियाँ कर रहे थे, पर वह फल प्रतीत नहीं हो रहा था। क्यों? क्योंकि गलतियाँ बेहोशी में हो रही थीं और बेहोश आदमी को कोई फल पता चलता नहीं।

फिर अचानक झटका लगा। कैसे लगा झटका? जिस पर ध्यान दिए जा रहे थे, जिसका पालन-पोषण किए जा रहे थे, जिससे आसक्ति थी, जिसको अपना माने जा रहे थे, वह छिन गया। जब वह छिन गया तो हम ज़ोर से चिल्लाए, बिलखने लग गए कि हमारे साथ कुछ बुरा हो गया है। तुम्हारे साथ उस पल थोड़ी न कुछ बुरा हुआ जब तुमसे कुछ छिना। तुम्हारे साथ निरंतर बुरा हो रहा था जब तुम उससे आसक्त थे, जिससे तुम्हें आसक्त होना नहीं चाहिए था, और जब तुम उसकी अवहेलना कर रहे थे जो पूजनीय था।

सोचो तो सही। मुझे यदि यह रुमाल प्यारा हो जाए, और मेरा पूरा जीवन इसी की छत्र-छाया में बीतने लग जाए और मैं कहूँ : यही नाथ है मेरा, यही सब कुछ है मेरा। तो जिस दिन यह रुमाल छिनेगा मैं कहूँगा : मैं अनाथ हो गया। गलती उस दिन नहीं हुई है जिस दिन रुमाल छिना, गलती उस दिन हुई थी जिस दिन आपने इसको नाथ बना दिया था। कोई रुमाल नाथ नहीं होता, कोई व्यक्ति नाथ नहीं होता, भले ही वह पिता हो या कोई भी हो।

मूल भूल तब हो रही थी जब आप किसी व्यक्ति को नाथ बनाए बैठे थे। कोई व्यक्ति नाथ नहीं होता; नाथ ही नाथ होता है। व्यक्ति को नाथ बना लिया तो असली नाथ को भूल जाएँगे, फिर जब व्यक्ति छिनेगा तो लगेगा हम तो अनाथ हो गए। अनाथ न आप थे, न हुए हैं, न कोई अनाथ हो सकता है। बात बस इतनी-सी है कि असली नाथ को आप भुलाए बैठे हैं।

अब आदमी का क्या भरोसा? कहीं भी जाके दिल लगा ले। अब रुमाल से दिल लग गया।

ये वृत्ति भी छोटे बच्चे के साथ ही शुरू हो जाती है। माँ नहीं मिले उसे तो अँगूठा चूसने लगता है, कहीं भी दिल लगा लेता है। अब उसे दूध चाहिए, माँ मिल नहीं रही, तो वो क्या करेगा? वो अँगूठा ही चूसना शुरू कर देगा। वैसे ही नाथ नहीं तो रुमाल ही सही,

रुमाल को ही पूजना शुरू कर दो।

और अगर हाथ के अँगूठे से ऊब जाए तो वह पाँव का अँगूठा चूसता है। देखा है? ये वह क्या कर रहा है? ये अपने-आप को धोखा दे रहा है। ये वृत्ति भी हम लेकर के पैदा होते हैं स्वयं को धोखे में रखने की—कि असली चीज़ नहीं मिली तो नकली से काम चलाओ रे। देखा है ना जिनका प्रेम टूट जाता है वे शराब में डूब जाते हैं? वे कहते हैं कि असली चीज़ नहीं मिली तो नकली से काम चलाओ। प्रेम नशा होता है। प्रेम का नशा नहीं मिला तो बोतल का नशा ही सही।

समझ रहे हो? हम ऐसे होते हैं। और याद रखना मैंने इतनी देर में सत्य के बारे में, परमात्मा के बारे में कुछ भी नहीं बोला होगा, या बहुत कम बोला होगा। मैं निन्यानवे प्रतिशत किसके बारे में चर्चा कर रहा हूँ? अपने बारे में : हम कैसे हैं, हमारी वृत्ति कैसी है, हमारी सोच कैसी है और हमारी झूठी धारणाएँ कैसी हैं। उसी को देखना ज़रूरी है, यही अध्यात्म है। तुम किसी परम-पिता की उपासना करने लग जाओ अपनी बेहोशी में, अपने अंधेपन में; इसको अध्यात्म नहीं कहते।

आत्मज्ञान का अर्थ होता है अहंकार का ज्ञान—कि देखो ये जो तंत्र है यह कैसे गति करता है, अहंकार के तौर-तरीके क्या हैं, वह चाहता क्या है, कहाँ छुपकर बैठता है; यही अध्यात्म है, यही आत्मज्ञान है। आत्मा को कोई ज्ञान नहीं होता, आत्मा अज्ञेय है, ज्ञान से परे है। ज्ञान मात्र अहंकार का हो सकता है। आ रही है बात समझ में?

प्रश्नकर्ता : क्या सत्य का कोई अनुभव नहीं हो सकता?

आचार्य : इतने अनुभव हो रहे हैं, क्या ये काफ़ी नहीं हैं? इसके लिए भीतर से कोई धन्यवाद नहीं उठता। ये पत्नी हैं? ये साथ में बैठी हैं। ये एक अनुभव है ना? इसके लिए क्यों ना धन्यवाद देते? वह बच्ची है पीछे? इसके लिए क्यों नहीं धन्यवाद देते कि इनका अनुभव हो रहा है? उसकी कृपा से यह सब अनुभव होते हैं। अनुभव में और उसमें रिश्ता क्या है, समझना। उसका अनुभव नहीं होता; पर उसकी कृपा से यह सब अनुभव होते हैं। उसका अनुभव नहीं किया जा सकता; पर अगर वह न हो तो तुम्हें कोई अनुभव नहीं होगा। वह है इसलिए सारे अनुभव हैं।

पर मन मानता नहीं। अहंकार कहता है, 'नहीं, मुझे तो उसी को पकड़ना है।' नहीं पकड़ पाओगे। ये उँगली क्या अपने-आप को पकड़ सकती है? बस।

''कुछ नहीं है तुम्हारा। ध्यान से देख लो। बिल्कुल नरम पड़ जाओगे, पानी की तरह बहोगे, हल्के हो जाओगे। नहीं तो बहुत तनाव रहेगा; मुट्ठियाँ भिंची हुई रहेंगी; जबड़े कसे हुए रहेंगे।''

संसार और भविष्य का डर

शास्त्र कौमुदी, बोधस्थल, 2019

''जब डर बैठा हो कर्ता के साथ, तो उसका प्रत्येक कर्म डर में ही रंगा हुआ होगा।''

प्रश्नकर्ता : प्रणाम, आचार्य जी। मैं बचपन से ही बहुत डरपोक रहा हूँ। अँधेरे मे जाने से तो डरता ही हूँ, चूहे, बिल्ली, गाय, छिपकली, कुत्ते, खरगोश, इन सभी से भी मुझे बहुत डर लगता है। क्या मेरा यह डर समर्पण के साथ कम होगा?

आचार्य प्रशांत : तुम इतना ही समर्पण कर लो कि एक हफ़्ते की छुट्टी लेकर आ जाओ। चूहा, बिल्ली, गाय, छिपकली, कुत्ता, खरगोश, सबसे मिलवा देंगे।

जिनसे डरने लग जाते हो, उनसे दूरी बना लेते हो। जिनसे दूरी बना लेते हो, उनके बारे में तथ्य जानने का तुम्हारे पास अब कोई तरीका नहीं बचता, क्योंकि उनसे तुमने दूरी बना ली। तो दूरी बनाने के साथ ही डर को ये सुविधा हो जाती है कि जिनसे दूरी बनाई है, उनके बारे में अब कोई कहानी बना ले।

कोई जीव, कोई वस्तु तुम्हारे सामने ही हो, साक्षात हो, तो तुम उसके विषय में किस्से नहीं गढ़ पाओगे, कल्पना नही कर पाओगे, क्योंकि वो तुम्हारे सामने ही है। पर डर के मारे दूर हो जाते हो, और जब दूर हो जाओगे, तो वो चीज़ तो तुम्हारे सामने है नहीं, तो अब तुम्हें सुविधा हो गई कहानी गढ़ने की। और चूँकि डरे हुए हो तो इसीलिए डर के विषय के बारे में कहानी कैसी गढ़ोगे?

डरावनी।

अब जो आदमी खरगोश से डरता हो, उससे अगर तुम कहो कि खरगोश कैसा होता है, इसके बारे में कुछ बताना।

''खरगोश नरभक्षी होता है। अभी बीते दिनों बगल के जिले में छह पहलवान मारकर खा गए दो खरगोश ने।''

अब वो ऐसा क्यों कह रहा है? अब वो ऐसा इसीलिए कह रहा है क्योंकि उसने खरगोशों से इतनी दूरी बना ली है कि खरगोश वास्तव मे क्या है, इसको वो बिलकुल भूल चुका है। उसकी कल्पना का खरगोश कैसा होता है? उसकी कल्पना के खरगोश के सींग हैं, उसकी कल्पना के खरगोश के बड़े-बड़े दाँत हैं, उसकी कल्पना के खरगोश के मुँह से

खून रिस रहा है, उसकी कल्पना का खरगोश बड़े पंजे और तीखे नाखूनों वाला हैं। और वो ये कल्पना सुविधापूर्वक कर सकता हैं क्योंकि खरगोशों से दूर है, खरगोशों से कोई वास्ता ही नहीं है।

छिपकली देखते ही इतना डर लगता है कि भागे ज़ोर से, ज़रा थम करके दो पल उसे देखा भी नहीं। तो अब जब भाग ही रहे हो, तो तुम्हारे चित्त में छिपकली, छिपकली नहीं, वो अब डायनासोर हैं जो छत से लटक रहा है, तुम्हारे ऊपर वो अब धावा ही बोलने वाला है। कुत्ते-बिल्ली अब कुत्ते-बिल्ली नहीं हैं, वो चीतें हैं, वो शेर हैं। ये दूरी बनाने से होता है।

ये अहंकार की बड़ी पुरानी, बड़ी घिनौनी, लेकिन बड़ी सफल चाल है। उसको जिससे घृणा करनी होती है, उससे वो दूरी बना लेता है। और तुम्हें ये बात बड़ी स्वाभाविक-सी लगती है न, कि "भाई, जिससे नफ़रत हो, उसके पास क्यों जाएँ?"

वास्तव में जिससे नफ़रत होती है, उसके पास तुम इसीलिए नहीं जाते ताकि तुम उससे नफ़रत करते रह सको, क्योंकि पास चले गए तो घृणा कर नहीं पाओगे।

घृणा तथ्यों पर कहाँ आधारित होती है? घृणा तो कहानियों पर आधारित होती है, और कहानियाँ बची ही तब तक रहेंगी जब तक तुमने दूरी बनाई हुई है। तो जहाँ तुम अपने-आपको पाओ कि किसी से बहुत दूर रहने का मन है, किसी की शक्ल नहीं देखनी है, बात नहीं करनी है, तहाँ समझ जाना कि तुम भीतर के झूठ को प्रोत्साहन दे रहे हो। सामने जाओगे, मिलोगे, बैठोगे, समय बिताओगे, झूठ का पर्दाफ़ाश हो जाएगा, इसीलिए तुम सामने जाना ही नहीं चाहते, या अगर तुम सामने जाओगे भी तो पल भर को जाओगे और विशेष स्थितियाँ निर्मित कर-करके जाओगे। तुम स्थितियाँ ही ऐसी निर्मित करके जाओगे कि जिसमें तुम्हारी कहानी बची रह सके।

जैसे कि कुत्ते से तुम्हें डर लगता हो, तो तुम कुत्ते के सामने जाओगे ही डंडा ले करके। अब जहाँ कुत्ते ने डंडा देखा, तहाँ वो तुम पर भौकेगा और तुम्हे दौड़ाएगा, और तुम्हें तुरंत प्रमाण मिल गया कि तुम्हारी कहानी ठीक थी। और तुम कहोगे, "देखा, मैं तो पहले ही कहता था कि नरभक्षी कुत्ते हैं; कुत्ता है ही नहीं, ये आदमखोर है।" तुम ये नहीं देख रहे कि तुम उस कुत्ते के सामने खासतौर पर योजना बना कर गए ही इस तरीके से कि वो कुत्ता तुम पर आक्रमण करे, भौंके।

ये अहंकार की घिनौनी, लेकिन दुर्भाग्यवश सफल चाल होती है। तुम जिसको जैसा देखना चाहते हो, वैसा देख सकते हो, और देख ही नही सकते, तुम प्रमाण भी इकट्ठा कर सकते हो कि तुम जिसको जैसा देख रहे हो, वो वैसा ही है। कितनी खतरनाक बात हैं ये।

जो दुनिया को जैसा देखता है, उसे अपनी दृष्टि के पक्ष में प्रमाण भी उपलब्ध हैं कि दुनिया वैसी ही है। फँस गए। कितनी बुरी तरह फँसे हुए हैं हम, अपने ही बीच में। हम अपनी ही दृष्टि के कारागार में बंद हैं।

प्रश्नकर्ता : मैं योजनाएँ अच्छी बनाता हूँ, विश्लेषण भी अच्छा करता हूँ, किंतु अपने

विचारों को साकार रूप नहीं दे पाता। इसका कारण यह नहीं है कि मैं कामचोर हूँ या मेहनत से कतराता हूँ, बल्कि इसका कारण मेरे ही डर और उलझनें हैं। जैसे–जैसे महीनों–सालों को गुज़रते देखता हूँ और पाता हूँ कि मैं अपने जीवन और दिनचर्या के पुराने कामों में ही फँसा हुआ हूँ, तो स्वयं की अकर्मण्यता के कारण एक बेचैनी घेर लेती है। कृपया मार्गदर्शन करें कि मैं अपने द्वारा सोचे गए कार्यों को आरम्भ कैसे कर सकूँ।

आचार्य : मूल मुद्दे पर ही टिको। तुम्हे ऐसा लग रहा है कि तुम जो विचार करते हो, जो तुम योजना बनाते हो या जो तुम विश्लेषण करते हो, वो योजना, विचार, विश्लेषण तो सब ठीक ही हैं। तुम्हे ऐसा लग रहा है कि समस्या तो बस इतनी–सी है कि तुमने जो तय किया, जो योजना बनायी, उसको तुम साकार रूप नहीं दे पाए, कार्यान्वित नहीं कर पाए। तुम्हारी दृष्टि में समस्या बस इतनी–सी है। और तुमने अपने अनुसार इस समस्या का कारण भी खोजा है, निदान किया है। तुम कह रहे हो कि समस्या है डर और उलझन।

नहीं, समस्या इतनी–सी ही नही हो सकती कि जो योजना बनी है, वो कार्यान्वित नहीं हो पाती। अगर मूल में डर बैठा हैं और द्वन्द बैठा है, तो जो योजना बन रही है, वो कार्यान्वित होने लायक होगी ही नही, इसीलिए कार्यान्वित हो भी नहीं पाएगी। तुमने समस्या का एक ही स्तर देखा है, तुम मूल तक नहीं पहुँच रहे हो।

तुम्हारे अनुसार योजना तो बढ़िया बन रही है। तुम्हारे अनुसार तुम्हारे विचार, तुम्हारे आइडिया? तो बहुत अच्छे हैं, कमी बस उनके कार्यान्वित होने में, उनके एक्सिक्यूशन में है। न, ऐसा नहीं है।

अगर करने लायक काम हो तो तुम उसे करोगे कैसे नहीं? अगर भीतर से सशक्त प्रेरणा उठ ही रही हो, तो तुम्हें उसे कार्यान्वित करना ही पड़ेगा, तुम उसके सामने असहाय, मजबूर हो जाओगे। पर अगर तुम निर्णय करते हो, मन बनाते हो, योजना बनाते हो, कार्यक्रम निर्धारित करते हो, और फिर जो तुमने निर्धारित किया, उस पर चल नहीं पाते, उसे कर नहीं पाते, तो बात मात्र इच्छाशक्ति की या डर इत्यादि की नही है, बात ये है कि तुमने जो विचार बनाया है, वो विचार ही कोई बहुत सुन्दर नहीं है, वो विचार ही इतना सशक्त नहीं है कि तुमको असहाय, निरुपाय कर दे।

तुमने जो आइडिया करा है, उसमें ही कोई दम नहीं है। दम होता तो मैं कह रहा हूँ कि तुम मजबूर हो जाते, तुम्हें उसका अनुपालन करना पड़ता। वो तुम्हें रात को सोने नही देता, वो दिन मे तुम्हें चैन से बैठने नही देता। वो कहता कि मैं होने के लिए तैयार खड़ा हूँ, तुम मुझे होने क्यों नहीं दे रहे? मूर्ति का खाका खींच चुका है, तुम पत्थरों को मूर्त रूप लेने क्यों नहीं दे रहे?

जब डर बैठा हो कर्ता के साथ, तो उसका प्रत्येक कर्म डर मे ही रंगा हुआ होगा। और कर्म का मतलब यही नही होता कि स्थूल तौर पर काम करना, विचार और योजना भी तो कर्म हैं न? अगर डर के मारे तुम ठीक से हाथ नहीं चला पा रहे, तो इतना तुमने कह दिया कि डर है, इस कारण ये स्थूल कर्म नहीं हो पा रहा, कि मैं डर के कारण ठीक से हाथ नही

चला पा रहा और ये भी समझना कि अगर डरे हुए हो तो डर के कारण जैसे तुम ठीक से हाथ नहीं चला पा रहे, वैसे ही तुम ठीक से दिमाग भी नहीं चला पा रहे होगे।

डर का मतलब है—तुम्हारी हस्ती के सहज प्रवाह को लकवा मार जाना। सब कुछ ही लकवाग्रस्त हो जाएगा—न ठीक से हाथ चलेगा, न ठीक से बुद्धि चलेगी और न ठीक से अंत:करण चलेगा। हाथ भी कँप-कँपकर आगे बढ़ेगा और विचार और योजनाएँ भी कँपी-कँपी ही होंगी। इसीलिए मैंने कहा कि वो योजनाएँ इतनी सुन्दर होंगी ही नहीं कि तुम उन्हें कार्यान्वित करो। उन योजनाओं में भी कुछ अच्छा नहीं है, इसीलिए तो वो आज तक साकार नहीं हो पाईं।

तो बाकी सब बातें छोड़ो, अपने बारे में तुमने जो भी मान्यताएँ बनाईं हैं कि मैं योजना करता अच्छा हूँ, मैं विश्लेषण अच्छा कर लेता हूँ, ये सब हटाओ, बस एक बात ईमानदारी से याद रखो कि डरे हुए हो और उलझन में हो, द्वन्द में हो। उस उलझन को हटाना हैं, उस डर को मिटाना हैं। वो डर मिट जाएगा तो सब अच्छे-अच्छे काम हो जाएँगे, ये भी हो सकता है कि बिना किसी खास योजना के ही हो जाएँ। और वो डर मौजूद है तो बड़ी-से-बड़ी योजना विफल जाएगी, क्योंकि वो योजना बड़ी तो होगी, पर जितनी बड़ी होगी, उतनी डरी हुई भी होगी। वास्तव में योजना जितनी डरी हुई होती है, उतनी बड़ी होती है। जैसे-जैसे निर्भीक होते जाते हो, वैसे-वैसे आयोजन की ज़रूरत ज़रा कम ही होती जाती है।

डर पर ध्यान दो। कहाँ से आ रहा हैं? क्या कह रहा है तुमसे? डर को हारना पड़ेगा, क्योंकि डर के मूल मे एक झूठ बैठा होता है, वो झूठ तभी तक छुपा रहता है जब तक तुम डर से दूर दूर रहो। डर को मिटाने का तरीका है कि डर के केन्द्र में घुस जाओ, वहाँ तुम्हें मिलेगा एक झूठ, और झूठ तुमने पकड़ा नहीं कि डर मिट जाएगा। लेकिन डर चूँकि डरावना है, डर का तो नाम ही है 'डर', तुम उससे रहते हो दूर-दूर।

दूर रहोगे तो उसके केन्द्र में जो झूठ बैठा है, उसे देखोगे कैसे, उसे पकड़ोगे कैसे? तो डर के पास जाओ, आमने-सामने उससे बात करो, बोलो उससे, "क्या बोलता है तू?"

डर तुम्हें डराने के लिए तुमसे कुछ तो बोलता होगा न? क्या बोलता है?

रूपए का नुकसान हो जाएगा, अपमान हो जाएगा, यही सब बातें तो बोलता है। कहीं के नहीं रहोगे, घर छिन जाएगा, घर वाले छोड़कर भाग जाएँगे, और क्या बातें बोलता हैं डर?

प्रश्नकर्ता : शरीर का नुकसान हो जाएगा।

आचार्य : शरीर का नुकसान हो जाएगा, असुविधा हो जाएगी, खाने-पीने को नहीं मिलेगा, जो भी बात है। कहो, "अच्छा, बोलो और क्या बोल रहे हो?"

और फिर जो कुछ वो बोल रहा है, उसका परीक्षण करो, बोलो, "ये कैसे होगा?" तुमने कह तो दिया पर कैसे होगा, समझें तो।

डर तुम्हारा हितैषी बनकर आता है, वो तुमसे कहता कि देखो, हम तुम्हें तुम्हारे भले की बात बता रहे हैं। फलाना काम मत करना, क्योंकि अगर तुमने वैसा काम किया तो

तुम्हारा नुकसान है। हम तुम्हारे हितैषी हैं, शुभेच्छा रखते हैं, इसीलिए बता रहे है कि फलाना काम मत करना। ऐसा ही कहता है न डर?

डर से बोलो, ''ठीक है, आओ। तो तुम हमारे हितैषी हो, तुम हमारा कोई नुकसान बचाना चाहते हो। देखें तो तुम हमारा कौन-सा नुकसान बचाना चाहते हो, देखें तो कि वो नुकसान हो भी सकता है या नहीं। और ये भी देखें कि अगर नुकसान हो भी गया, तो हमारा जाता क्या है, और ये भी देखें कि वो नुकसान न हो, उस नुकसान को बचाने के लिए हम कीमत कितनी बड़ी अदा कर रहे हैं। कहीं ऐसा तो नहीं कि दो रूपए का नुकसान बचाने के लिए कीमत दो लाख की अदा कर रहे हैं?''

ये सब बातें करनी पड़ेंगी क्योंकि डर के पास तर्क हैं। बात करो। जैसे-जैसे डर के करीब जाओगे, वैसे-वैसे तुम्हें दिखाई देने लगेगा कि ये तो बात कुछ झूठी है। बहुत कुछ है जो है नहीं, लेकिन डर उसे बड़ा करके तुमको दिखा रहा है, और जो असली चीज़ है, डर उसे बिलकुल छुपा ही रहा है।

शुरुआत यहीं से कर लो कि क्या कहता है तुम्हारा डर। क्या कहता है?

ये मत कह देना कि बस यूँ ही डरते हैं, यूँ ही कोई नहीं डरता। अगर तुम यूँ ही डरते होते तो सोते समय भी डरते। ऐसा कोई है जो गहरी नींद में भी डर जाता हो? मैं सपनों की बात नहीं कर रहा, सुषुप्ति की बात कर रहा हूँ। कोई है? नहीं डरते न?

इसका मतलब डर का सम्बन्ध विचारों से है। और विचारों में तो बातें आती हैं, तो डर के पास भी कोई बात है, कुछ कहता है तुमसे। क्या कहता है? बात करो।

प्रश्नकर्ता : कुछ गलत हो जाने का डर।

आचार्य : क्या गलत होने का? और बात करो साफ़-साफ़। क्या गलत?

वो कहेगा कि गलत हो जाएगा, उससे कहो, ''बहकी-बहकी बातें मत करो। खोलकर बताओ, साफ़-साफ़ बताओ। प्रिसाइसलि, इग्ज़ैक्टलि (ठीक-ठीक) क्या गलत और कितना गलत? नुकसान कितना है? और तुम्हारी अगर सलाह मानें, तो उसमें कितना नुकसान है? तुम मुझे नुकसान ही दिखा रहे हो न, तो हम नफ़े-नुकसान का पूरा हिसाब करेंगे, साफ़-साफ़ करेंगे। एक तरफ़ा बात नहीं चलेगी।''

''वास्तव में जिससे नफ़रत होती है, उसके पास तुम इसीलिए नहीं जाते ताकि तुम उससे नफ़रत करते रह सको, क्योंकि पास चले गए तो घृणा कर नहीं पाओगे।''

मृत्यु का भय क्यों सताता है?

अद्वैत शिविर, उत्तराखंड, 2018

''मौत संभावना वगैरह कुछ नहीं है, मौत तयशुदा है, मौत एक निश्चितता है। आप ऐसा भी कह सकते हो कि आप और मौत आमने-सामने खड़े हो, बीच में एक चीज़ है जिसको समय कहते हैं। हमें नहीं पता वह समय की डोर कितनी लम्बी है, कितनी नहीं; पर है तो डोर ही, कहीं-न-कहीं उसके सिरे खत्म होते हैं।''

प्रश्नकर्ता : सात साल पहले मेरे परिवार में एक दुर्घटना हुई थी। मेरी मम्मी और मेरे भाई की मृत्यु हो गई। मेरे मामा जी गाड़ी चला रहे थे तो मामा जी को झपकी आ गई थी। मामा जी तो ठीक हैं, उनको इतनी ज़्यादा चोट नहीं लगी मगर मेरी मम्मी और मेरा भाई नहीं रहे। तो मेरा प्रश्न यह है कि उनका समय इतना था या मेरे मामा जी की गलती की वजह से यह सब हुआ?

आचार्य प्रशांत : देखिए, इन बातों में कार्य-कारण का सिद्धान्त बहुत सफ़ाई से नहीं चलता। आप कार्य-कारण सम्बन्ध ढूँढ रही हैं। यह होता है, खासतौर पर जब घर में कोई दिवंगत हो गया हो ना, तो उसको 'साइकोलोजी' में कहते हैं कि 'साइकोलोजिकल क्लोज़र' के लिए कार्य-कारण सम्बन्ध चाहिए होता है, नहीं तो मन में 'क्लोज़र' नहीं होता। वह आप चाह रही हैं लेकिन मृत्यु का कोई कारण नहीं होता। मृत्यु का आप कारण पूछेंगी तो कारण जन्म है। जहाँ कहीं मृत्यु का कारण साफ़ दिखाई भी पड़ रहा हो उस कारण के पीछे और भी कारण होंगे, उनके पीछे और कारण होंगे, फिर और होंगे। तो आप किसी कारण पर निश्चित रूप से उँगली रख कर नहीं कह पाएँगी कि यह आखिरी कारण है।

तो यह तो चक्र है जीवन-मरण का, इसमें जो आया है उसे जाना है, बाकी हम अपनी मानसिक, 'साइकोलोजिकल' सुविधा के लिए, 'क्लोज़र' के लिए कोई कारण ढूँढ लेते हैं। आप डॉक्टर के पास जाएँगी तो वह कारण बता देगा, वह कह देगा उदाहरण के लिए कि 'ब्रेन हैमरेज' हो गया था। उसके पास कारण है। अब आप उसके पीछे का कारण जानना चाह रही हैं। आप जान नहीं पा रहीं कि मामा जी की गलती है या उनका वक्त पूरा हो गया था। मान लीजिए आपको वह कारण भी पता चल गया, मान लीजिए मैं कह दूँ मामा जी की गलती है तो मामा जी की गलती का क्या कारण है? फिर उसका क्या कारण है? उसका क्या कारण है? कारण कुछ नहीं मिलेगा। अंततः यही मिलेगा कि आए हैं तो जाना है।

ठीक है ना? आए हैं तो जाना है, कुछ-न-कुछ वजह हो जाती है, कुछ-न-कुछ बहाना है।

कोई वजह वास्तविक नहीं होती। कोई भी वजह वास्तविक नहीं होती, भले ही आप यह देख लें कि किसी ने किसी को गोली मार दी। तो आप कहेंगी, 'यहाँ तो कारण पता है, इस व्यक्ति की मृत्यु गोली लगने से हुई है, हमें कारण पता है।' जिसने गोली मारी उसने क्यों मारी? उसका कारण बताइए। फिर उस कारण का कारण बताइए। हमें क्या पता है? तो यह जो कारण की खोज है यह वास्तव में स्वयं को दिलासा देने का प्रयास है, वह दिलासा आपको ऐसे नहीं मिलेगी।

आपका पूरा अधिकार है कि आप शांति माँगें। दुखद घटना ऐसी घटती है, वह मन पर घाव छोड़ जाती है, मन अशांत रहता है। आपका पूरा अधिकार है कि आप शांति माँगें पर वह शांति आपको कारण खोज कर नहीं मिलेगी। वह शांति तो अब आपको तभी मिलेगी जब आप अपने जीवन में किसी सार्थक काम में डूब जाएँ प्रतिपल; और कोई तरीका नहीं है। अन्यथा कोई आकर के आपको एक पूरी कहानी भी सुना दे सचित्र, सविस्तार, कि ऐसे हुआ, फिर ऐसे हुआ, फिर ऐसे हुआ, फिर ऐसे हुआ और उसमें वह सिद्ध भी कर दे कि फलाने की गलती थी तो भी जान लीजिए कि आपको शांति या तृप्ति नहीं मिलनी है या मिलेगी भी तो क्षणिक मिलेगी। उस समय के लिए लगेगा कि, 'अच्छा! पता चल गया किसकी गलती थी।' अच्छा पता चल गया किसकी गलती थी तो क्या करेंगी?

मैं आपसे कह दूँ कि नहीं उनका तो समय आ गया था तो उनको तो जाना ही था, तो क्या इस बात से आप तृप्त हो जाएँगी? आप पूछेंगी नहीं कि यह कौन बैठा है अन्यायी, जो इस तरह से समय का, अकाल-मृत्यु का निर्धारण कर रहा है? आप कहेंगी ना? तो शांति तो तब भी नहीं मिलेगी।

शांति पाने का एक ही तरीका है: आज आप जैसे जी रही हैं, दिन-भर सोचती हैं जो, करती हैं जो, जिन चीज़ों से सम्बन्धित रहती हैं, जिन उद्देश्यों के लिए आगे बढ़ती हैं, उनमें गहराई हो। उस घटना की निवृत्ति कारण जानकर नहीं होगी, उस घटना की निवृत्ति उस घटना से आगे बढ़कर ही होगी। और आगे आप तभी बढ़ पाएँगी जब आगे कुछ ज़्यादा शांतिप्रद होगा, सुंदर होगा, तब आप उसमें लीन हो पाएँगी।

प्रश्नकर्ता : ऐसा नहीं है कि मैं कुछ 'सोशल वर्क' नहीं कर रही। 'एनिमल्स' से थोड़ी ज़्यादा दया-भावना है तो मैं उनके लिए काम करती हूँ और कहीं-न-कहीं वह मुझे तृप्ति भी देती है, मुझे अच्छी 'फ़ीलिंग' आती है। मगर फिर भी एक तो यह मौत का जो डर—मुझे हमेशा डर लगता है कि जो मेरे बाकी घरवाले हैं उनको कुछ न हो जाए, जिनसे मैं लव करती हूँ उनको कुछ न हो जाए, मुझे कुछ न हो जाए। तो इस चीज़ को मैं कैसे देखूँ?

आचार्य : आप मान लीजिए कि आपको जिन चीज़ों का डर है वह तो होनी ही हैं। आपसे छुपाऊँ कैसे? आपको कुछ नहीं होगा?

प्रश्नकर्ता : होगा, मगर हर चीज़ का समय होता है।

आचार्य : आज़ादी के समय भारत में प्रति व्यक्ति औसत आयु पच्चीस वर्ष की थी, क्या समय था? आम आदमी उन्नीस सौ सैंतालीस में पच्चीस साल जीता था, तब तो हम कह सकते हैं कि पूरी आबादी की ही अकाल-मृत्यु हो रही थी, आम आदमी पच्चीस वर्ष में मर रहा था। वह इसलिए थी क्योंकि बहुत सारे बच्चे पैदा होते ही मर जाते थे, तो औसत गिर गया था। पर फिर भी ऐसा कुछ नहीं है कि हर चीज़ का समय होता ही है।

औसतों में आप कह सकते हैं कि हर चीज़ का समय होता है, व्यक्ति के तल पर किस चीज़ का क्या समय होता है? औसत बहुत घटने-बढ़ने लगे तो आप कह सकते हैं कि यह क्या हो रहा है। पर औसत में तो बहुत सारी इकाइयाँ शामिल होती हैं ना, उनमें से कोई भी इकाई कुछ भी कर सकती है। हम नहीं जानते यहाँ हम इतने लोग बैठे हैं, हममें से कल कौन होगा, कौन नहीं होगा। तो इससे अच्छा है, यह मान कर ही चलिए कि कभी भी कुछ भी हो सकता है।

जो हमारे डर हैं वे वास्तव में डर नहीं हैं वे ये उम्मीद हैं कि मुझे कुछ नहीं होगा। इस उम्मीद को ही हटा दीजिए ना, कह दीजिए कि हो सकता है, अभी हो सकता है। हर सुबह ऐसे ही शुरू करिए कि क्या पता आज ही आखिरी दिन हो। हर रात ऐसे ही सोइए कि क्या पता जगें न जगें। शुरू में यह अटपटा लगेगा, कि यह क्या हो रहा है, फिर मज़ा आने लगेगा।

मिलिए लोगों से ऐसे जैसे आखिरी मुलाकात हो। क्यों कुछ अधूरा छोड़ती हैं कि फिर आगे 'क्लोज़र' करना पड़े—'क्लोज़र' माने पूर्णता देना। रिश्ते अपूर्ण छोड़े ही क्यों जाएँ कि बाद में उन्हें पूर्ण करना पड़े, कि दिल की बात रखी हुई है दो साल आगे के लिए। जो कुछ अधिकारी है अभी अभिव्यक्त होने का, उसे अभी कह डालिए, कर डालिए—अधिकारी हो तो, अधिकारी न हो तो उसे छोड़ दीजिए।

मृत्यु को संभावना की तरह मत देखो भई! मौत संभावना वगैरह कुछ नहीं है, मौत तयशुदा है, मौत एक निश्चितता है। आप ऐसा भी कह सकते हो कि आप और मौत आमने-सामने खड़े हो, बीच में एक चीज़ है जिसको समय कहते हैं। हमें नहीं पता वह समय की डोर कितनी लम्बी है, कितनी नहीं; पर है तो डोर ही, कहीं-न-कहीं उसके सिरे खत्म होते हैं।

अभी क्या होता है, थोड़ा-सा मन को समझिएगा, होता यह है कि आप जिसको देखती हैं इस अरमान के साथ देखती हैं कि यह जिए, और पीछे से यह विचार आता है कि क्या पता न जिए। ये दोनों जब आपस में टकराते हैं तो भीतर खलबली मचती है। वही जो फिर भीतर का द्वंद्व है, वह दुःख बनता है। आप इन दो को रखिए ही मत, आप एक को रखिए, वह एक यह है कि जाना है। इसमें आपको असुविधा यह होगी कि हमारा जो पूरा समाज है, बाज़ार की जो पूरी व्यवस्था है, जिस तरीके से हमारा पूरा कारोबार संरचित है, वह इस आधार पर है कि हम जियेंगे। तो हर कोई आपसे आकर बातें आगे की करता है, भविष्य की करता है, और भविष्य की बातें करने में सदा यह मान्यता निहित होती है कि हम जियेंगे। तो आदमी मान ही लेता है कि हम जियेंगे, और हमें दिखाई भी देता है कि लोग जीते भी हैं, तो हमें यह अपनी मान्यता बिलकुल सच लगती है। आप इस मान्यता से ही बच कर रहिए।

जब भी कोई ऐसी बात करे जो भविष्य की हो, आगे की हो तो अपने-आपको तो आप मुस्कुराकर याद दिला ही दीजिए, कि भाग! व्यावहारिक तौर पर आदमी को ऐसे चलना पड़ता है समाज में कि हाँ भाई आगे के लिए है। अब उधार लिया है मान लीजिए, तो उसमें यही तो होता है ना कि आगे लौटा देंगे? आदमी उधार यह सोचकर थोड़े ही लेता है कि मैं कल मर ही जाऊँगा, लौटाना थोड़े ही पड़ेगा। तो व्यावहारिक तौर पर यह सब ठीक है कि समय है आगे, भविष्य जैसी कोई चीज़ है। व्यावहारिक तौर पर वो रहे, मानसिक तौर पर न रहे। व्यावहारिक तौर पर भविष्य रहे, मानसिक, 'साइकोलॉजिकल' तौर पर नहीं होना चाहिए।

जे. कृष्णमूर्ति ने एक बहुत बढ़िया विधि बताई थी। वो कहते थे : दो तरह की घड़ियाँ होती हैं, क्रोनोलॉजिकल, साइकोलॉजिकल। क्रोनोलॉजिकल रहे भविष्य, सायकोलॉजिकल न रहे। बाहर की घड़ी टिक-टिक करती रहे, अंदर की न करे।

वो कहानी याद है ना अज्ञातवास के दिनों की? कोई था ऐसे ही माँगने वाला। वह युधिष्ठिर के पास आया, युधिष्ठिर व्यस्त रहे होंगे किसी चीज़ में, धर्म की किसी चीज़ में, तो उसको बोलते हैं, 'कल आना, कल दे देंगे।' तो भीम यह सब देख रहे थे। खाना-वाना खा चुके होंगे, तृप्त रहे होंगे, मन आनंदित था तो मज़े लिए उन्होंने। थाली उठाई जिसमें खाया-वाया होगा और लगे उस थाली को बजाने, इधर-उधर घूमने। बोलते हैं, 'सबको पता चले, सबको पता चले, धर्मराज ने समय को जीत लिया है, धर्मराज ने समय को जीत लिया है।' युधिष्ठिर बोले, 'यह बड़ी बदनामी कर रहा है। पहले थाली खाता है फिर थाली बजाता है।' बोले, 'रुक, ये क्या कर रहा है।' बोलते हैं, 'आपने ही बोला ना कल आना, आपको भरोसा है आप कल तक जियोगे? तो मैं तो सबको बताऊँगा कि धर्मराज ने समय को जीत लिया है।' हुआ हो चाहे न हुआ हो, हमें नहीं पता, पर कहानी जो चीज़ सिखाना चाहती है वह सीखिए। 'सार-सार को गहि रहे और थोथा दिए उड़ाए।' यह बहस की बात नहीं है कि हुआ था कि नहीं हुआ था ऐतिहासिक तौर पर। सवाल ही पागलपन का है। असली चीज़ यह है कि हम इससे सीख क्या सकते हैं। सीख बढ़िया है : भीतर इस बात का सदा डंका बजता रहे, क्या? कि विदाई बस होने ही वाली है।

जिसको यह लगातार याद है कि विदाई होने ही वाली है, मस्त जियेगा, उसके ठाठ निराले होंगे। फिर आप यह थोड़े ही कहेंगे कि उनके साथ कुछ गलत हो गया, अकाल हो गया। क्या अकाल? हम सब काल-ग्रस्त हैं, अकाल क्या, कुछ नहीं।

और जब आप उनकी बात करके दु:ख करती हैं तो इसमें थोड़ा-सा अहंकार भी छुपा हुआ है। अहंकार जानती हैं क्या है? 'उनके साथ हो गया, मैं तो बची हुई हूँ।' आप कहाँ बची हुई हैं? दु:ख मना रही हैं तो देखिए दु:ख मनाने के लिए आप बची हुई हैं ना? जो बचा है वही तो दु:ख मनाएगा। अगर दु:ख है तो उसके पीछे कोई तो है ना जो दुखी भी है? वह दुखी यह मान रहा है कि मैं तो हूँ। उसे यह नहीं मानना चाहिए कि मैं तो हूँ, उसे यह मानना चाहिए कि मैं कतार में हूँ। 'मैं तो हूँ नहीं, मैं कतार में हूँ।' वो जहाँ गए हैं वहीं मुझे भी जाना है तो फिर क्या दु:ख मनाना है। 'आ रहे हैं मम्मी, आ रहे हैं, और जब

तक नहीं आ रहे हैं तब तक यहाँ कुछ काम है निपटा रहे हैं।' दु:ख मनाने का समय कहाँ है। 'हम भी आ ही रहे हैं बस।'

प्रश्नकर्ता : ऐसा हम मानें कि कल आखिरी दिन है, तो ठाठ से कैसे रहेंगे? तब तो खाना भी नहीं खाया जाएगा।

आचार्य : तुम मानो तो पहले। पहले ही सब बातों का हिसाब चाहिए, कैसे होगा, क्यों होगा। तुम पहले मानो, फिर देखो।

''हर सुबह ऐसे ही शुरू करिए कि क्या पता आज ही आखिरी दिन हो। हर रात ऐसे ही सोइए कि क्या पता जगें न जगें। जिसको यह लगातार याद है कि विदाई होने ही वाली है, मस्त जिएगा, उसके ठाठ निराले होंगे।''

यह खास सीख छुपी है मौत के डर में

अद्वैत शिविर, बोधस्थल, 2021

''दुनिया में अगर कोई एक चीज़ है जो तुमसे कभी झूठ नहीं बोलती, वह डर है। डर यही कहता है ना कि फलानी चीज़ नहीं रहेगी, फलानी चीज़ खत्म हो जाएगी। बिल्कुल सही बोलता है डर। बल्कि उम्मीद झूठ बोलती है।''

प्रश्नकर्ता : आचार्य जी, बचपन से मैं ऐसे माहौल में रहा हूँ जिसने मेरे भीतर डर डाल दिया है। मेरे पापा और मेरे चाचा मुझे बहुत मारते थे, उनसे बहुत डर लगता था। फिर जब मैं कॉलेज आ गया तो वहाँ हॉस्टल में रहने लगा। वहाँ लड़कों के कई समूह बन गए थे, मैं भी एक समूह में शामिल था। अब उन समूहों के बीच में लड़ाई-झगड़े हो जाते थे, और जब भी ऐसा होता था, मुझे डूब डर लगता था। जब मैं अपनी स्नातकोत्तर की पढ़ाई कर रहा था, तो एक छोटी-सी समस्या को लेकर मैं डॉक्टर के पास गया। डॉक्टर ने बताया कि ये कैंसर के लक्षण हैं। ये सुनते ही मैं अंदर से इतना हिल गया कि मैंने बीच में पढ़ाई ही छोड़ दी थी।

डर के कारण मैं नए लोगों से सहजता से बात नहीं कर पाता। कई बार रात को यह सब सोचकर नींद नहीं आती। आचार्य जी, कृपया मार्गदर्शन करें जिससे जीवन में सहजता आ सके।

आचार्य प्रशांत : देखो, दुनिया में अगर कोई एक चीज़ है जो तुमसे कभी झूठ नहीं बोलती, वह डर है। डर वास्तव में कभी झूठ नहीं बोलता। डर यही कहता है न कि फलानी चीज़ नहीं रहेगी, फलानी चीज़ खत्म हो जाएगी? बिलकुल सही बोलता है डर। बल्कि उम्मीद झूठ बोलती है। तुमको जो भी डर है, वो सारे-के-सारे कभी-न-कभी तो सामने आने ही हैं, वो असली साबित हो ही जाएँगे।

हाँ, बिलकुल हो सकता है कि यह डर तुम्हारा व्यर्थ हो कि तुमको कैंसर है, लेकिन कैंसर का भी डर तुमसे यही कह रहा था न कि मर जाओगे जल्दी। कैंसर नहीं भी हुआ तो मरोगे तो है ही। डर ने झूठ थोड़े ही बोला तुमसे, इस रास्ते से नहीं मरोगे तो उस रास्ते से मरोगे। जो कुछ भी तुम अपना बोलते हो, उसी को ले-करके डर लगता है, है कि नहीं? और जो कुछ भी तुम अपना बोलते हो, उसे तुम्हारे पास टिकना नहीं है, तो डर ने झूठ कहाँ बोला?

डर तो एकदम सच्ची बात बोलता है। तो यह तो सवाल ही बड़ा विचित्र है कि डर क्यों हटाएँ, डर कैसे हटाएँ, डर का सामना कैसे करें, वगैरह-वगैरह। डर तो एक सच्ची चीज़ है, उसे हटा क्या रहे हो?

आमतौर पर डर को हटाने के नाम पर डर जो सच्चाई बयान कर रहा होता है, हम उससे मुँह मोड़ लेते हैं, आँखें मूँद लेते हैं। हम बस कह देते हैं कि डर हट गया! डर हट गया!

डर तुमसे बोल रहा है कि तुम्हारा एक दोस्त है, वह नहीं रहेगा, गलत कहाँ बोल रहा है? किसका दोस्त रहा है लगातार? हाँ, यह हो सकता है कि दस दिन रह जाए, दस साल रह जाए, उसके बाद नहीं रहेगा। डर ने झूठ तो नहीं बोला। डर की बातें गहराई में जाओ तो सच ही हैं। तो हम डर हटाने की बात क्यों कर रहे हैं? डर हटाने की बात नहीं करनी चाहिए। ज़िन्दगी में डर से बड़ा कुछ और होना चाहिए।

डर यही तो तुमसे बता रहा है कि फलानी चीज़ है, वह तुम्हारे पास बस कुछ समय के लिए है, यहाँ तक कि तुम भी अपने पास कुछ समय के लिए हो। डर तुम्हें परेशान इसलिए करता है क्योंकि तुम उस समय का सही इस्तेमाल नहीं कर रहे हो। इसलिए तुम्हारे पास करने को कुछ नहीं है, तुम्हारे पास बस डरने को डर है।

भाई, तुम्हारे सामने खाना भी रख दिया जाता है, तो यह बात सही है कि अगर खाना खा नहीं लोगे तो पाँच घंटे, दस घंटे, बारह घंटे के बाद वह खाना बेकार होना शुरू हो जाएगा, है कि नहीं? अब खाना तुम्हारे सामने रखा है और तुम उसे खा नहीं रहे हो, और कह रहे हो कि मुझे बहुत डर लग रहा है कि यह खाना कहीं खराब न हो जाए, खराब न हो जाए।

तो बात तुम एक पल पर बिलकुल ठीक कह रहे हो, लेकिन साथ-ही-साथ वह बात मूर्खता की भी हुई न। बात बिलकुल ठीक है कि खाना खराब हो जाएगा। अरे! खाना खराब हो जाएगा, यह चीज़ तो पत्थर पर खींची लकीर है। जो कुछ भी तुम्हारे पास है, उसे वक्त ने खराब कर ही देना है, तुम खा क्यों नहीं रहे हो जल्दी उसको? जब तक समय है, समय का सदुपयोग क्यों नहीं कर रहे? सामने खाना रखा है, उसका जो सही इस्तेमाल है, वह कर क्यों नहीं लेते? सही इस्तेमाल नहीं करेंगे, उसकी जगह बैठे-बैठे डरेंगें!

और सही इस्तेमाल क्यों नहीं करेंगे? क्योंकि खाने वाले उदाहरण में तो बस भोग है, श्रम दिखाई नहीं दे रहा है। ज़िन्दगी आपको जो देती है, उनका फ़ायदा उठाने के लिए आपको मेहनत करनी पड़ती है। वह मेहनत हम करते नहीं, बस डरते रहते हैं कि कहीं जो कुछ मिला है, वह छिन न जाए। क्यों कह रहे हो कि छिन न जाए? छिन तो वो जाएगा, निश्चित रूप से छिन जाएगा। अपने-आपको क्यों सांत्वना दे रहे हो कि "नहीं-नहीं, नहीं छिनेगा?" बिलकुल छिन जाएगा।

वह छिने, उसके पहले मौके का फ़ायदा क्यों नहीं उठाते? तुम कोई पढ़ाई कर रहे थे, तुम्हारी सेहत खराब हो गई और तुम्हारे भीतर डर बैठ गया सेहत को ले करके, तुम अपनी पढ़ाई छोड़ करके आ गए, इसका मतलब जानते हो क्या है? इसका मतलब यह है कि तुम्हारे पास उस डर से बड़ा कुछ था नहीं। जो कुछ भी तुम पढ़ रहे थे, उससे प्यार होता तुम्हें, तो तुम कैसे छोड़कर आ जाते? बताओ।

और डर लगातार मौजूद रहेगा, डर को हटाने की बातें एकदम नकारा, एकदम व्यर्थ बातें हैं। डर हमेशा मौजूद रहेगा, सवाल यह है कि तुम्हारे पास डर से बहुत बड़ा कुछ और

भी है या नहीं है? डर तो रहेगा-ही-रहेगा। दुनिया में कोई नहीं है जिसके पास डर नहीं होता। अरे! पैदा ही वो होता है जिसे समय ने मिटा देना है। घड़ी की टिक-टिक पैदा होती है, काउंटडाउन टू डेथ (मौत की गिनती)। जिस दिन पैदा होते हो, उस दिन से घड़ी उलटी चलनी शुरू हो जाती है, शून्य की तरफ़, और शून्य का मतलब होता है मौत।

अब बात यह है कि यह जो तुमको समय मिला है, जो बुद्धि मिली है, संसाधन मिले हैं, जीवन मिला है, इसको प्रेमपूर्वक किसी सही काम में झोंक रहे हो या नहीं झोंक रहे हो। झोंक दोगे तो डर नहीं लगेगा, क्योंकि डर है ही इसी बात का कि ज़िन्दगी बेकार जा रही है, डर है इसी बात का। झोंकोगे नहीं तो डरे बैठे रहो।

जैसे तीन घंटे की परीक्षा हो और तुमको पता है कि तीन घंटे की है, और तुम डर रहे हो कि कहीं तीन घंटे पूरे न हो जाएँ, कहीं मैं फेल (असफल) न हो जाऊँ, कहीं परीक्षा के निरीक्षक आ करके मुझसे यह उत्तर-पुस्तिका छीन न लें। डर क्या रहे हो? वह तो छीन ही लेगा। ये कोई संभावित बात नहीं है, यह तय बात है, यह निश्चित बात है। तुम हल करो न, प्रश्न-पत्र में समस्याएँ हैं, उनको हल करो तीन घंटे में। तुम्हारे पास वक्त नहीं होना चाहिए ये सोचने के लिए कि "हाय! क्या होगा अगर तीन घंटे पूरे हो गए तो?" यह क्या फ़ालतू बात सोच रहे हो? क्योंकि तीन घंटे तो पूरे होंगे ही होंगे। एक क्षण ऐसा आएगा जब कॉपी छिनेगी, तुम उसके पहले सब समस्याएँ हल कर डालो। समझ में आ रही है बात?

और एक मज़ेदार चीज़ होती है, जानते हो? जो ऐसे ही बुद्धू खाली बैठे होते हैं, जो अपना पेन चबा रहे होते हैं, उनकी कॉपियाँ सबसे पहले छीनी जाती हैं। और वहाँ से निरीक्षक जो होता है न, वह भी देख रहा होता है। और जो गंभीर परीक्षार्थी होते हैं, जो लग करके लिखे जा रहे हैं, लिखे जा रहे हैं, उनको एक-आध मिनट ज़्यादा भी दे देता है।

अब मैं यह नहीं कह रहा हूँ कि तुम कोई बढ़िया काम करोगे तो तुम्हारी ज़िन्दगी में एक साल जुड़ जाएगा। लेकिन अगर बढ़िया काम करोगे, लग करके अगर प्रश्न-पत्र हल करोगे, तो यह तुमको राहत ज़रूर रहेगी कि डर और व्यर्थ विचारों से बचे रहोगे।

डर प्रमाण है इस बात का कि आपके पास खाली समय बहुत है, डर प्रमाण है इस बात का कि आपके जीवन में प्रेम नहीं है, डर प्रमाण है कि आप बहुत ही स्पष्ट तरीके से नहीं जानते कि आपको अपने समय और जीवन का करना क्या है, तभी आपको डर लग सकता है। वरना डर रहेगा, पर पीछे रहेगा; डर से आगे, डर से ऊँचा, डर से बेहतर कुछ और रहेगा।

प्रश्नकर्ता : आचार्य जी, आप जो बता रहे हैं, मुझे इस तरह का डर नहीं लगता।

आचार्य : अभी जो मैंने बातें बोली, वह समझ में आई है?

अपनी अवस्था का विवरण देने की कोई ज़रूरत नहीं है। डर के हज़ार प्रकार हो सकते हैं, मूलतः डर एक ही होता है। उसकी बात हो गई। डर में इतनी रुचि मत दिखाओ कि डर का बिलकुल विविध चित्रण करने के लिए उतावले हो रहे हो कि मेरा ऐसा वाला नहीं, वैसा वाला डर है, यलो (पीला) नहीं, पिंक (गुलाबी) वाला डर है। है तो डर ही न? समझ रहे हो?

यह जो प्रेमहीनता होती है, लवलेसनेस, ये हमारी आँखों में ख़ौफ़ के रूप में उभर आती है। यही पूछो अपने-आपसे, "बड़ा क्या है मेरे जीवन में?" कुछ होगा बहुत बड़ा तो डर उसके सामने अपने-आप छोटा हो जाएगा। यह पूछो बार-बार, डर की बातें करने में इतनी रुचि मत दिखाओ।

डर का लगातार एहसास वास्तव में किसी दूसरी चीज़ के अभाव को प्रदर्शित करता है। जिस चीज़ के अभाव को प्रदर्शित करता है, उसकी बात आप करना नहीं चाहते। सारी रूचि है किसकी बात करने में?

डर की बात करने में।

जबकि डर ऐसी चीज़ है जिसकी बात करने से कोई लाभ नहीं, क्योंकि वह तो रहेगा। जिस चीज़ के अभाव के कारण डर इतना बड़ा लग रहा है, उसकी बात करो न भाई।

एक खालीपन, एक रिक्तता है, उसको भर दो, डर अपने-आप छोटा हो जाएगा, जैसे छोटी लकीर के आगे बड़ी लकीर खींच दो तो पहली लकीर छोटी हो जाती है न? तो वैसे ही।

प्रश्नकर्ता : प्रणाम, आचार्य जी। आपने जैसे कहा कि जो इंसान खाली होता है, उसको डर लगता है, लेकिन मुझे कभी-कभी काम करते-करते भी डर लगता रहता है। आपने एक उदाहरण दिया था कि आप गाड़ी चला रहे हों तो आपको डर नहीं लगेगा, बल्कि जो गाड़ी के पीछे बैठा है, वह कल्पना करता रहेगा कि कहीं सत्तर की गति से आता ट्रक भिड़ा न दे।

मैं एक वकील हूँ, कई सारे क्रिमिनल केस (आपराधिक मामले) आते हैं। तो कभी-कभी यह होता है कि मैं प्रॉसिक्यूशन (अभियोग पक्ष) की तरफ़ से होता हूँ, और सामने अपराधी होता है। अपराधियों के चेहरे-मोहरे थोड़े डरावने होते हैं, उन पर हत्या और हत्या के प्रयास से संबंधित मामले दर्ज होते हैं। वो जब घूरकर देखते हैं तो डर-सा लगता है कि कहीं ये मुद्दे को व्यक्तिगत न ले बैठें।

आचार्य : डर तुम्हें उस वक्त में लगता है जो तुमने काम से चुराया है। काम के समय नहीं लगा है डर, काम से चुराए हुए समय में लगा है डर।

डर तो समझ लो ऐसी चीज़ है कि जैसे आदमी पैदा हुआ है और उसके साथ एक राक्षस-सा है, वह भी पैदा हुआ है। दोनों साथ-साथ पैदा हुए हैं। वह मौजूद है, तुम जहाँ हो, राक्षस साथ में है। बात यह है कि तुम्हें मौका क्यों मिल रहा है उसकी ओर देखने का? और उस राक्षस का काम तुमको तत्काल खा जाना नहीं है, उस राक्षस का काम है तुमको बस बताते रहना, याद दिलाते रहना कि वह क्या-क्या खा जाएगा भविष्य में। डर हमेशा भविष्य के बारे में ही होता है।

प्रश्नकर्ता : आचार्य जी, ऐसी जगहों पर आकर थोड़ा अंतर दिखता है कि हाँ, ये राक्षस है, मैं अलग हूँ। पर अदालत में कुछ फ़र्क ही नहीं रहता, बिलकुल एकदम कब्ज़ा ही कर लेता है।

आचार्य : यह तभी करेगा जब उसकी ओर देखोगे। उसकी ओर देखने का तुम्हें समय तभी मिलेगा जब जो असली काम है, उससे तुमने नज़रें चुरा ली हों। असली चीज़ों

से नज़र मत चुराओ न।

प्रश्नकर्ता : आचार्य जी, यह पता नहीं होता कि डर क्या कर लेगा, एक घबराहट-सी होती है।

आचार्य : घबराहट से बड़ा कुछ और नहीं था न तुम्हारे पास?

देखो, जितना ऊँचा काम उठाओगे, उसमें घबराने की संभावना उतनी ज़्यादा रहेगी, इसलिए ऊँचा काम बिना प्रेम के करा ही नहीं जा सकता। प्रेम नहीं है तो ऊँचाइयाँ ही घबराहट बन जाएँगी।

प्रश्नकर्ता : आचार्य जी, संसार में तो डर लगता ही है, पर कभी-कभी तो आपसे भी डर लगता है। आपकी पहले की वीडियो देखता हूँ तो उसमें नहीं डर लगता, लेकिन जो अभी वाली वीडियोस देखता हूँ, उसमें कई बार जब आप गुस्से से देखते हैं तो डर लगता है।

आचार्य: काम का मतलब होता है असली काम। मुझसे असली काम रखो न, तो फिर जो कुछ भी बोल रहा हूँ, उसके मर्म पर ध्यान जाएगा। आँखों में गुस्सा है या नहीं, आवाज़ मैंने उठा दी या नहीं, ये सतही बातें हैं। आँखों में गुस्सा है भी तो किसी गहरे आंतरिक, मार्मिक उद्देश्य के लिए है। आवाज़ उठाई भी है तो किसी अंदरूनी चीज़ को समझाने के लिए उठाई है। वह जो अंदरूनी चीज़ है, वह असली काम है। तुम उस काम से काम रखो। या तुम्हें ज़्यादा मतलब इससे है कि मैंने ज़ोर से बोल दिया, डाँटकर बोल दिया या सहलाकर बोला?

काम का मतलब समझते हो? असली काम, असली चीज़, सच्ची चीज़। उससे मतलब रखो, फिर बाकी चीज़ें नहीं डराएँगी।

प्रश्नकर्ता : आचार्य जी, विचार बहुत धोखा देता है, जो एक बार लग रहा होता है असली है, वह बाद में नकली निकलता है। इस तरह से मन पर बिलकुल विश्वास ही नहीं रहता।

आचार्य : फिर से कोशिश करो, ज़िन्दगी में तुम्हें समय इसीलिए तो मिला है। एक झटके में ही तुम्हें अगर जीत जाना होता, तो तुमको जीने के लिए एक पल ही मिला होता। तुमको जीने के लिए ये साठ, अस्सी, नब्बे साल क्यों मिले हैं? ताकि बार-बार, बार-बार कोशिश कर सको। यह तय है कि तुम पहली कोशिश में तो सफल नहीं होने वाले, सौ बार हारना है न तुमको, इसी के लिए सौ साल दिए गए हैं।

"डर प्रमाण है इस बात का कि आपके पास खाली समय बहुत है, डर प्रमाण है इस बात का कि आपके जीवन में प्रेम नहीं है, डर प्रमाण है कि आप बहुत ही स्पष्ट तरीके से नहीं जानते कि आपको अपने समय और जीवन का करना क्या है, तभी आपको डर लग सकता है। वरना डर रहेगा पर पीछे रहेगा; डर से आगे, डर से ऊँचा, डर से बेहतर, कुछ और रहेगा।"

क्या कुछ लोग प्राकृतिक तौर पर निडर व आध्यात्मिक होते हैं?

अद्वैत शिविर, बोधस्थल, 2019

''बाधाएँ मत बताओ, कमज़ोरियाँ अपनी मत गिनाओ, दूसरों को दोष मत दो, जिस भी विलक्षण वस्तु से तुम वंचित हो उसकी वजह सिर्फ़ तुम हो, तुम्हारा अप्रेम, तुम्हारी शुष्कता, तुम्हारा रूखापन, तुम्हारे दिल से वो पुकार ही नहीं निकल रही कि चाहिए! इसलिए नहीं मिल रहा।''

प्रश्नकर्ता : हमारी जो स्मृति है, मस्तिष्क है, और याद्दाश्त है, उसमें कहीं-न- कहीं ऐतिहासिक प्रभाव अंकित रहते हैं। शरीर की हर कोशिका में भी स्मृति होती है। तो हर इंसान की कुछ जन्मगत प्रवृत्ति होती है; कोई बहादुर पैदा होता है, कोई डरपोक। और इसमें हमारे पूर्वजन्मों का या फिर कोशिकाओं की वंशानुगत स्मृतियों का बहुत बड़ा योगदान होता है। अध्यात्म में भी अगर कोई इंसान निर्णय लेना चाहता है तो कहीं-न-कहीं उसे हिम्मत चाहिए, बहादुरी चाहिए। क्या ये 'निर्णय करने की क्षमता' हमारी इन वंशानुगत स्मृतियों से बिल्कुल भी निर्धारित नहीं होती है?

आचार्य प्रशांत : अध्यात्म के रास्ते पर जितना हानिप्रद है कहना कि 'मैं कायर हूँ', उतना ही हानिप्रद है मानना कि 'मैं वीर हूँ।' जैविक रूप से, निश्चित रूप से ऐसा हो सकता है कि जैसे तुमने कहा कि एक बच्चा पैदा हो बचपन से ही भीरु और एक जो थोड़ा निर्भीक है। पर जो भीरु पैदा हुआ है, वह किसके प्रति भीरु है? संसार के प्रति ना? किससे डरता है? संसार से। और तो कुछ जानता नहीं है जीव, तो वह डरेगा भी तो किससे? संसार से। तो उसने अपना वास्ता किससे बनाया? संसार से। वो कहता है, 'डर कर रहो! बच कर रहो!' किससे? संसार से। उसने अपने केंद्र पर किसको बैठा लिया? संसार को।

और एक पैदा हुआ है जो कह रहा है, 'मैं तो बड़ा निर्भय हूँ।' वो किसके प्रति निर्भय है? वो कह रहा है, 'दबा के रखूँगा! डरता मैं किसी से नहीं।' किससे नहीं डरता वो? संसार से। केंद्र पर किसको बैठा लिया? संसार को। प्राकृतिक रूप से, जैविक रूप से जो दोनों को मिल रहा, वो मुक्ति में सहायक नहीं होने वाला।

कोई बच्चा आध्यात्मिक दृष्टि से खास नहीं पैदा होता, ये मान्यता बिलकुल मन से

निकाल दो। पर तुम कैसे निकाल दोगे क्योंकि तुम्हारे मन में न जाने कितनी पुरानी कहानियाँ भरी हुई हैं जिसमें कहा गया है बच्चा पैदा ही खास हुआ था। बच्चा क्यों पैदा खास हुआ था? क्योंकि माँ-बाप ने बड़ी साधना की थी और फिर वो बच्चा दिव्य आशीर्वाद से पैदा हुआ था। और तुमको बताया जाता है कि वो फलाने महात्मा थे, वो तो पैदा ही ऐसे एक विशिष्ट मुहूर्त में हुए थे कि पूछो मत। अवतारों, गुरुओं, संतों, पैगंबरों इन सब के साथ अक्सर इस तरह की कहानियाँ जुड़ी होती हैं कि वो सब बड़े विशिष्ट मुहूर्त में पैदा हुए थे, इसीलिए तो खास हैं।

मेरे पास भी आते हैं, कहते हैं, 'आप तो अलग हैं ना? आप से हो गया, हम से कैसे होगा? तो इसीलिए आपकी बात हमारे काम की नहीं है।' तुमने पहले से ही तय कर रखा था कि तुम्हें ये निकालना है कि मेरी बात तुम्हारे काम की नहीं और अपने निष्कर्ष तक पहुँचने के लिए तुमने मेरी ही योग्यता का सहारा ले लिया। तुम कहते हो, "आप तो बचपन से ही किताबें इत्यादि पढ़ते थे, हम तो बुद्धू थे। आपने तो दसवीं में बोर्ड में टॉप किया था और हमारे तो साठ परसेंट ही अंक आए थे। तो इसीलिए तो आप अध्यात्म में भी इतना आगे निकल गए। हमने थोड़े ही आईआईटी, आईआईएम किया था, आपने किया ना?"

उन बातों का इससे बहुत कम ताल्लुक है भाई! किसी को ये मत घोषित कर दो कि वो आध्यात्मिक मुक्ति के लिए बचपन से ही बेहतर उपकरणों से लैस होकर पैदा हुआ है, और न कभी ये कह दो कि कोई है जो पैदा ही ऐसा हुआ है कि उसको 'मुक्ति' नहीं मिल सकती। आठ जगह से टेढ़े थे अष्टावक्र। शंकराचार्य के शिष्य थे और उनके बारे में मशहूर है कि बुद्धि से ज़रा कुंद थे, कुछ समझ ही नहीं पाते थे। इन बातों का क्या लेना-देना? पर हमें बड़ा अच्छा लगता है कि हम घोषणा कर दें कि 'दिव्य पुरुष तो जन्म से ही विशिष्ट होते हैं।'

कोई विशिष्ट नहीं होता। तुम्हें मुक्ति मिलती है कि नहीं ये तुम्हारे वैशिष्ट्य पर, ये तुम्हारे जन्म पर, ये तुम्हारी प्रकृति प्रदत्त योग्यताओं पर नहीं निर्भर करता है। ये बस निर्भर करता है 'तुम्हारे चुनाव' पर; जिसे चाहिए उसे मिलेगी! भले ही वो प्राकृतिक, जैविक, सामाजिक रूप से कितना भी साधारण हो, अगर उसे चाहिए तो उसे मिलेगी। जिसे नहीं चाहिए, उसे नहीं मिलेगी भले ही वो बचपन से कितना भी ख़ास क्यों न पैदा हुआ हो।

हो सकता है कि तुम तीन साल की उम्र में इतने मेधावी रहे हो कि कक्षा चार की किताबें पढ़ लेते हो। बिलकुल होते हैं ऐसे। किसी की स्मरण शक्ति विलक्षण होती है। कोई तीन की उम्र में ही छह साल जितना दिखता है। ऐसे भी तो मामले आए हैं कि किसी ने अपनी पीएच-डी. चौदह वर्ष की उम्र में ही कर ली। तो तुम्हें क्या लगता है कि इन्हें 'मुक्ति' ज़्यादा आसानी से मिल जाएगी? नहीं!

पर हम कहानियों के उस्ताद हैं। जहाँ किसी को पाया कि उसने सही चुनाव करके बोध अर्जित किया, मुक्ति अर्जित की, तहाँ उसके बारे में कहानियाँ फैला देते हैं। कहानियाँ हम क्यों फैलाते हैं? क्योंकि स्वार्थ है हमारा। कहानी नहीं फैलाई तो हमें मानना पड़ेगा,

'अगर उसको मिली तो हमें भी मिल सकती है।' उसको मिली है उसके चुनाव से और चुनाव के बाद के श्रम और साधना से। तुम वह श्रम और साधना करना नहीं चाहते, इसलिए तुम झूठा अंधविश्वास फैलाते हो। तुम कहते हो, "उसको श्रम और साधना से थोड़े ही मिली है, उसको तो इसलिए मिली क्योंकि वो तो बचपन से ही ख़ास था। वो तो भगवान के आशीर्वाद से पैदा हुआ था ना? वो तो खास मुहूर्त में पैदा हुआ था ना? इसलिए उसको मुक्ति मिली है। हमें थोड़े ही मिलेगी।"

तुम वास्तव में सिर्फ़ सही चुनाव से, मेहनत से, साधना से बचना चाहते हो इसीलिए उस दूसरे व्यक्ति के बारे में झूठी कहानियाँ गढ़ रहे हो।

मुझे कितनी बार कहा जा चुका है। मेरा जन्मदिवस महाशिवरात्रि को पड़ता है। मुझसे कहते हैं, "भुनाते क्यों नहीं? जिनका महाशिवरात्रि से कोई लेना-देना नहीं, वो भी महाशिवरात्रि पर बड़े-बड़े आयोजन करके दुकानें चमका रहे हैं। आपका तो जन्म ही महाशिवरात्रि को हुआ था। आप तो सीधे-सीधे शिव-पार्वती के अंश से ही हो गए। आप क्यों नहीं अपने बारे में थोड़ा फैलाते?" हर साल कहा जाता है पिछले दस सालों से। मैं कहता हूँ, "माफ़ कर दो! मैं एक दिन आगे पैदा होता या एक दिन पीछे पैदा होता, उससे क्या हो जाता?"

बात तो मेरे चुनाव की है। मुझे इसलिए थोड़े ही मिला कि मैं ख़ास दिन पैदा हुआ था, मुझे इसलिए मिला है क्योंकि मुझे शिव चाहिए। मुझे शिव चाहिए, तो मुझे मिले। नहीं तो महाशिवरात्रि को कितने लोग पैदा होते हैं। प्रतिवर्ष महाशिवरात्रि को हज़ारों लोग पैदा होते होंगे ना? शायद लाखों। सबको 'शिवत्व' प्राप्त हो जाता है क्या? अगर हो रहा होता महाशिवरात्रि को ही पैदा होने से, फिर तो माँ-बाप गणना करके, बच्चे पैदा कर सकते थे कि इस दिन इस तरीके से हो कि उसी दिन उसका जन्म हो। और नहीं जन्म हो रहा हो तो सीजेरियन ऑपरेशन इत्यादि करा दो, इमरजेंसी में। इन बातों से नहीं होता।

किसको मिलता है? जो चाहता है उसे मिलता है। बात इतनी सीधी है कि हम काँप जाते हैं, हम थर्रा जाते हैं।

न योग्यता से मिलता है, न जन्म से मिलता है, न सिद्धि से मिलता है—प्रेम से मिलता है। जो प्रेम से माँगेगा वो पाएगा। नहीं मिल रहा? माने चाहिए नहीं। बाधाएँ मत बताओ, कमज़ोरियाँ अपनी मत गिनाओ, दूसरों को दोष मत दो, जिस भी विलक्षण वस्तु से तुम वंचित हो उसकी वजह सिर्फ़ तुम हो, तुम्हारा अप्रेम, तुम्हारी शुष्कता, तुम्हारा रूखापन, तुम्हारे दिल से वो पुकार ही नहीं निकल रही कि चाहिए! इसलिए नहीं मिल रहा।

तुम्हारे मन पर पचास और चीज़ें छाई हुई हैं, तुम्हारी दूसरे तरीके की बीसियों और कामनाएँ हैं। तुम कैसे एकनिष्ठ होकर एक को ही पुकारोगे? इसलिए नहीं मिल रहा। पर हम बेवफ़ा तो हैं ही, मक्कार भी हैं, स्वीकारते भी नहीं कि हमारी बेवफ़ाई है जिसके कारण मिलन नहीं हो रहा। हम फिर कहानियाँ बनाते हैं।

अष्टावक्र इतने ज्ञानी निकले कि ग्यारह वर्ष की उम्र में, जनक को उपदेश करने

लगे तो हमने कह दिया, ''वो तो इसलिए था क्योंकि गर्भ में ही उन्होंने पिता का प्रवचन सुन लिया था। अरे! हमें तो ऐसे पप्पा मिले ही नहीं ना! हमारी क्या गलती? अष्टावक्र के डैडी, अष्टावक्र की मम्मी को वेदांत का ज्ञान दिया करते थे। वो गर्भवती थी, वो लेटी रहती थी और वो वेदांत का ज्ञान देते रहते थे। तो अष्टावक्र को पहले ही सब पता चल गया।''

''हमारे डैडी तो बुद्धू, 'बेदाँत' के। वहाँ वेदांत, यहाँ बेदाँत, यहाँ दाँत भी नहीं है। क्या बोलेंगे ये? और हमारी जो ये हालत खराब है वो इसलिए क्योंकि हम जब गर्भ में थे, तो उल्टा-पुल्टा ही बोलते रहते थे माँ को, हमने भी वो सब सुन लिया। वैसे हम कम नहीं हैं अष्टावक्र से, सुनने में, सुना हमने भी पूरा-पूरा। पर किसी का बाप ही ऐसा हो तो कोई क्या करे? बाप की ओर से मार खा गए, नहीं तो अष्टावक्र तो कब के पीछे छूट गए होते।''

कभी अपने ऊपर भी ज़िम्मेदारी ले लो! क्यों व्यर्थ में कहानियाँ बना रहे हो कि उन्होंने गर्भ में सुन लिया था इसलिए वे अद्भुत ज्ञानी पैदा हुए। गर्भ में किसी को नहीं ज्ञान हो जाता। यही कहानी अभिमन्यु के बारे में निकाल दी है। अब वो सोलह साल का था और उसने विलक्षण वीरता दिखा दी। तो कह दिया, 'वो तो जब गर्भ में था, तो अर्जुन चक्रव्यूह भेदन की कला समझा रहे थे पत्नी को, तो अभिमन्यु को पहले से ही पता था। मैच-फ़िक्सिंग चल रही थी।' सीधे-सीधे मान क्यों नहीं लेते कि उस सोलह साल के लड़के में जो निर्भीकता थी उस निर्भीकता का तुमने कभी चयन ही नहीं किया। क्यों कहानियाँ बना रहे हो?

कभी कह देते हो वेदांत सुनाया जा रहा है पत्नी को, कभी कह देते हो चक्रव्यूह तोड़ने के गुर सिखाए जा रहे हैं पत्नी को। पत्नी को चक्रव्यूह भेदना कोई काहे को सिखाएगा भाई? पत्नी जाएगी क्या लड़ने? सो नहीं जाएगी वह बोर होकर? वह वैसे ही गर्भ से है और तुम उसको बैठ कर बता रहे हो कि चक्रव्यूह में कैसे घुसना है? कहेगी, 'माफ़ करो!'

कल को तुम ये भी बोल देना कि ''उसैन बोल्ट के पिताजी, उसकी सोती हुई माता के इर्द-गिर्द बहुत ज़ोर-ज़ोर से दौड़ा करते थे, इसीलिए तो वो बहुत तेज़ दौड़ता है। हमारे पिताजी को तो दौड़ना ही नहीं आया। जब पिता ही नालायक हो तो बेटा क्या करेगा फिर?'' जितना दोष है सब पिताजी पर डाल दो।

जब तुम परमात्मा को कहते हो ना, 'ये तूने क्या किया?' तब वास्तव में तुम पिताजी पर ही दोष डाल रहे हो। ऐसे ही डाला जाता है पिताजी पर दोष 'कि मैं क्या करूँ, मेरे पास तो कोई खास टैलेंट ही नहीं है। पिताजी ने ही गड़बड़ कर रखी है।' पिताजी, ऊपर वाले पिताजी।

प्रश्नकर्ता : मैंने जीवन में ऐसे बहुत सारे निर्णय ले लिए जिनके लिए मुझे बाद में बहुत पछताना पड़ा। जिसके बाद दिमाग को शांत करने के लिए दो बार विपश्यना की। उसका असर ऐसा हुआ कि अब दिमाग में कुछ रहता नहीं है, हर चीज़ को समान तरीके से देखने लगा हूँ। जैसे पहले काम ज़्यादा रहता था तो दिमाग पर चढ़ जाता था, अब काम ज़्यादा रहता है तो भी मैं आराम से रहता हूँ। पता नहीं ऐसा लग रहा है कि भावनाशून्य हो गया हूँ, या फिर ये क्या है समझ नहीं पा रहा हूँ।

आचार्य : जो भी चल रहा है, उससे तृप्ति है?

प्रश्नकर्ता : खालीपन है।

आचार्य : वो जो भी है, वो ठीक है तुम्हारे लिए?

प्रश्नकर्ता : समझ नहीं पा रहा हूँ।

आचार्य : नहीं समझ पा रहे! बिना समझे भी ठीक हो?

प्रश्नकर्ता : ठीक तो हूँ।

आचार्य : तो चलने दो। समझ कर क्या करोगे? तुम्हारे पेट में खाना कैसे पच रहा है, समझ पा रहे हो क्या? तो मैं यह थोड़े ही पूछूँगा कि ये समझ में आता है कि कैसे पच रहा है? मैं तो ये पूछूँगा, 'पेट ठीक है ना?'

जब किसी से पूछो, 'पेट ठीक है?' तो क्या तुम यह पूछते हो कि क्या तू समझ पा रहा है कि पेट में खाना कैसे पचता है या यह पूछते हो कि कहीं दर्द तो नहीं है? कहीं असहजता तो नहीं है? है कि नहीं है?

प्रश्नकर्ता : वो भी समझ नहीं आ रहा?

आचार्य : जब होगी तो समझ आ जाएगा। जिसके दर्द होता है वो कभी ये नहीं कहेगा कि 'मुझे पता नहीं दर्द है कि नहीं है।' जब होता है तो समझ में आ जाता है कि दर्द है। ठीक है? तो जब दर्द उठे तब प्रश्न करना। जब दर्द नहीं है तो प्रश्न का लाभ क्या? उत्सुकता मिटाने के लिए थोड़े ही होता है उत्तर, दर्द मिटाने के लिए होता है ना?

गड़बड़ हो गई! आश्रम समझ कर आए थे, दवाखाना निकला। यहाँ उत्तर नहीं मिलते, यहाँ दवा मिलती है। जिन्हें दर्द हो, वही आएँ। जिन्हें सवाल-जवाब करने हों, वो रेडियो-मिर्ची पर जाएँ। वहाँ पर किसी आर.जे. को पकड़ लो, वह सवाल पूछेगा, तुम जवाब देना, लोग ताली बजाएँगे।

जिसको अपना गहरे-से-गहरा दर्द अनुभव होने लगा हो, तापत्रय में जो गहरे-से-गहरा ताप, दुःख होता है, जानते हो ना कौन-सा होता है वो?

आध्यात्मिक।

तीन तरह के दुःख होते हैं। आम आदमी, जो सबसे सतही दुःख है उसी में फँस कर रह जाता है। दुःख सबको होते हैं, पर आम आदमी को बहुत दुःख होते हैं, सतह-सतह पर, वो उन्हीं दुखों में लिप्त रह जाता है।

फिर कुछ बिरले होते हैं, जिन्हें थोड़े गहरे दुःख मिलते हैं। फिर कुछ और होते हैं, जिन्हें गहरे-से-गहरा दुःख मिलता है, वो आध्यात्मिक दुःख कहलाता है।

जिन्हें आध्यात्मिक दुःख अनुभव होने लग गए हों, अध्यात्म उनके लिए है; मात्र उनके लिए।

अभी यह समझ में ही नहीं आ रहा है कि दु:ख है कि नहीं है, तो क्या करोगे? कुछ नहीं! घूमो-फिरो, मौज करो!

प्रश्नकर्ता : पर आचार्य जी, वो आनंद भी तो नहीं है?

आचार्य : कौन-सा आनंद? वो आनंद माने कौन-सा आनंद?

प्रश्नकर्ता : वही जिसका वादा अध्यात्म करता है।

आचार्य : ये कौन-सा आनंद? मैं तुमको बोलूँ, 'टूरा- टूरा' माने क्या? या तो तुमने पहले टूरा-टूरा देख रखा हो तो मैं बोलूँ टूरा-टूरा, तो शब्द सार्थक हुआ तुम्हारे लिए। नहीं तो मैं कह रहा हूँ 'टूरा' और तुम कह रहे हो 'टूरा'।

पागल हो क्या?

'टूरा' माने क्या?

या तो तुम्हें 'आनंद' पता हो कि क्या होता है और फिर तुमसे कोई बोले कि ऐसे जियो तो आनंद मिलेगा, तो तुम कहो, "ठीक बात! ऐसे जिये तो आनंद मिलेगा और आनंद ऊँची बात है क्योंकि हमें पता है, हमें अनुभव है, हम जानते हैं 'आनंद' क्या है।" आनंद तुम जानते नहीं, अजीब हालत है।

जैसे किसी छोटे बच्चे को कोई बहकाए, "चुप हो जा आज 'चिज्जी' दिलाएँगे।" अब 'चिज्जी' माने क्या? पर बच्चे खुश हो जाते हैं, 'चिज्जी' मिलेगी 'चिज्जी'! पर कौन सी 'चिज्जी'?

तुझे तो पागल बना रहे हैं।

नहीं, आज तो 'चिज्जी' मिलेगी!

ऐसे ही तुम आनंद बोल रहे हो कि किताबों में लिखा है, आनंद मिलता है! आनंद!

आनंद माने क्या?

आनंद शब्द प्रासंगिक ही उनके लिए है जिन्हें पहले दु:ख मिला हो। जिन्हें गहरा दु:ख मिला हो, वही तो आनंद की गहराई की बात करने के योग्य हुए ना?

आनंद और कुछ नहीं है; तुम्हारा गहरा दु:ख तुम्हें तैयार कर देता है दु:ख से मुक्ति के लिए, उसी का नाम 'आनंद' है।

अगर तुम्हें अभी अपने गहरे दु:ख का ही कुछ पता नहीं, तो तुम आनंद की क्या बात कर रहे हो?

मेरे सामने बैठकर ये फ़िफ़्टी-फ़िफ़्टी नहीं चलेगा। या तो पूरा बताओ कि हाँ! विकार हैं और विकारों के कारण नर्क में हूँ, गहरे दु:ख में हूँ, तो मैं दवा दूँ।

जो कहे कि अभी पता ही नहीं कि दर्द है कि नहीं, ऐसों से कोई बात नहीं और अगर वो बहुत ज़िद करते हैं तो मैं दर्द दे देता हूँ। अब जब आ ही गए हो और कह ही रहे हो कि

कुछ तो करिए! कुछ तो करिए! तो पहले दर्द ले लो, ताकि मैं तुम्हें दवा दे पाऊँ।

क्योंकि दवा देने की तो शर्त है क्या? दर्द होना चाहिए। दर्द नहीं है, तो मैं दिए देता हूँ।

तुम्हें और क्या लग रहा है? वीडियो पर मैं क्या कर रहा हूँ? लोगों के दर्द दूर कर रहा हूँ? दूर करने का तो सवाल ही नहीं पैदा होता, समझो!

तीन तरह के दुःख हैं। गहरा दुःख हो जब सबसे ज़्यादा, तब मुक्ति संभव होती है; और लोगों के पास गहरे दुःख ही नहीं हैं। उनके दुःख कैसे होते हैं? लॉलीपॉप छिन गई, सौ रुपया छिन गया, बीवी भाग गई, साड़ी में छेद हो गया, नौकरी माँ-बाप की इच्छाओं के मुताबिक नहीं लग रही है, गोरा होना है हो नहीं पा रहे। इस तरीके के तो दुःख हैं।

अब ऐसे दुःखों के साथ तो मुक्ति नहीं मिल सकती, क्योंकि अभी इस दुःख में उतनी गहराई ही नहीं है कि तुम दुःख से मुक्ति की बात करो। दुःख से मुक्ति की बात तभी करते हो जब दुःख में तीसरे चरण की गहराई आ जाती है। तुम्हारा दुःख अभी है ही पहले चरण का, ये आदिभौतिक दुःख है।

पहले चरण के दुःख को अध्यात्म कहता है, आदिभौतिक दुःख।

तुम्हारे आदिभौतिक दुःख हैं। तुम्हारे सारे दुःख भौतिक तल के हैं। 'मेरे चेहरे पर मुँहासा निकल आया है।' अब जब तुम्हारा दुःख ही इसी कोटि का है कि मुँहासा निकल आया है और उसको लेकर के दुःखी हो, तो तुम्हें कौन-सी आध्यात्मिक मुक्ति मिलने वाली है भाई?

लेकिन तुम फिर भी चले आते हो कि नहीं, हमें मुक्ति चाहिए,' और दुःख हैं अभी पहले चरण के। तो मुझे क्या करना होगा?

दुःख देना होगा।

यही मेरा काम है, मैं दुःख दे रहा हूँ तुम्हें। ये सात हज़ार वीडियो और किसलिए हैं? मुक्ति देने के लिए थोड़े ही हैं?

'मुक्ति' तो स्वतः मिल जाती है, जब तीसरे चरण का दुःख आ जाता है।

मैं इतना ही कर सकता हूँ कि तुम्हें तीसरे चरण के दुःख की ओर ढकेल दूँ।

और साधुवाद है आप लोगों का, कि ये बात खुले में बता दी फिर भी भागकर नहीं जा रहे आप लोग।

निश्चित रूप से आप लोग अब तीसरे चरण के दुःख के लिए तैयार हैं। नहीं तो देखिए मैंने तो ईमानदारी से बता दिया, बाद में मत कहिएगा कि बताया नहीं।

मेरा काम मुक्ति इत्यादि देना नहीं है। मैं तो आपको आपके गहनतम दुःख से ही परिचित करा सकता हूँ।

कह रहा हूँ ना दुःख देता हूँ? दुःख देता नहीं हूँ, आपको आपके दुःख की तरफ़ चैतन्य कर देता हूँ, दुःखी तो सब हैं। हर जीव को आध्यात्मिक दुःख है, पर उसे उसका पता

नहीं। उसे पता सिर्फ़ आदिभौतिक दुःख का है, पहले चरण के सतही दुःख का उसे पता है।

अपने गहरे दुःख का किसी को पता नहीं, तो वो सोचता है उसे दुःख है ही नहीं। मैं दुःख देता नहीं, मैं जता देता हूँ कि तुम दुःखी हो, तुम झूठे सुख का स्वांग कर रहे हो, गहराई में तुम्हें बहुत दुःख है। और एक बार तुमने मान लिया कि तुम दुःखी हो फिर मुक्ति दूर नहीं।

भूलना नहीं, दुःख भी तुम्हें उतना दूँगा जितना तुम्हारा चुनाव है। जो मेरे जितना निकट आते जाते हैं, वो मुझे उतना अधिकार देते जाते हैं कि मैं उन्हें दुःख दूँ। जो मुझसे दूर जाते हैं, मैं उन्हें दुःख देना छोड़ देता हूँ। क्योंकि याद रखो कि मालिक तो तुम ही हो, मलकीयत तो तुम्हारी ही चलेगी, संप्रभुता तुम्हारी है। दुःख भी तुम्हें उतना ही मिलेगा जितना तुम चाहते हो। अब मैंने बता दिया कि मेरा काम है तुम्हें दुःख देना, तो मेरे निकट आकर के तुम स्वयं चुनाव करते हो दुःख पाने का। ठीक?

तो फिर मैं तुम्हें दुःख दे देता हूँ।

और जो मेरे निकट आए, उसे दुःख मिले और वह कहे, 'नहीं-नहीं! नहीं चाहिए दुःख!' तो फिर वह दूर चला जाएगा।

जब वो दूर चला जाएगा, तो मैं उसकी इच्छा का सम्मान करते हुए उसे दुःख देना बंद कर दूँगा।

इसीलिए तो सत्र शुरू होने के पहले कहता हूँ, 'आगे आ जाओ। मैं भी देख लेता हूँ कौन तैयार है?' कुछ इतने चालाक होते हैं कि उनको कहता हूँ आगे आओ, तो वह इतना आगे आते हैं कि मेरे पीछे निकल जाते हैं, कहते हैं कि दिखाई ही न दें अब। और कहने को भी यही रहेगा कि गुरु जी ने ही तो बोला था कि आगे आ जाओ तो आगे आए—आए उधर, निकल गए पीछे।

पास के लोग तो सही में बहुत दुःख पाते हैं, उनकी एक-एक हरकत पर नज़र रखता हूँ। डाँट पाएँगे, फटकार पाएँगे। प्रेम ऐसा ही है मेरा; और-और ज़्यादा निकट आएँगे तो चाँटा भी पाएँगे।

फिर जिसको नहीं जमता; वे जाएँ!

पहले से बताए दे रहा हूँ, फिर न कहना कि पता नहीं था। इरादे तो बना रहे हो कि आश्रम आना है।

"जो डरा हुआ होगा, जो अपनी सुरक्षा को लेकर चिंतित होगा, वो किसी से भी स्वस्थ, सहज सम्बन्ध नहीं बना सकता। उसकी सारी ऊर्जा, उसकी सारी चेतना किस मुद्दे पर केंद्रित रहेगी? 'आत्म-सुरक्षा'।"

डर एक साज़िश है सच के खिलाफ़

अद्वैत शिविर, उत्तराखंड, 2018

"मजबूरी भ्रम है! मजबूरी आत्मप्रवंचना है! मजबूरी पाप है! कोई मजबूर नहीं होता। सही चुनाव करो, मजबूरी का बहाना मत बनाओ।"

प्रश्नकर्ता : आचार्य जी, जब समूह में कोई कार्यक्रम होता है, जिसमें बारी-बारी से सबको बोलना होता है तो अगर मुझे पहले बोलने को मिल गया तब तो ठीक है, लेकिन अगर मुझे इन्तज़ार करना होता है तो मैं घबराने लगता हूँ, और दूसरे की बात भी समझ नहीं आती जब तक कि मेरी बारी न आ जाए!

आचार्य प्रशांत : तो इससे ज़िन्दगी के बारे में क्या पता चलता है?

समझो उसने क्या कहा! उसने कहा कि एक समूह है, कुछ लोग हैं, उनके सामने क्या करना है? जवाब देना है, और वो जवाब देना उसके लिए इतनी बड़ी बात है, इतनी गम्भीर बात है कि वो लगातार उस जवाब के बारे में ही सोचे जा रहा है। और उस जवाब के बारे में वो लगातार सोचे जा रहा है इसीलिए और क्या चल रहा है, दूसरे लोग क्या बोल रहे हैं इसका उसे कुछ होश नहीं रहता।

इससे हमें ज़िन्दगी के बारे में क्या पता लगता है?

मन और ज़िन्दगी एक है! चाहे ये बता दो कि आदमी के मन के बारे में क्या पता चलता है, चाहे ये बता दो कि ज़िन्दगी के बारे में...

श्रोता : जो डरा हुआ है, वह स्वस्थ सम्बन्ध कैसे बना सकता है?

आचार्य : जो डरा हुआ होगा, जो अपनी सुरक्षा को लेकर चिंतित होगा, वो किसी से भी स्वस्थ, सहज सम्बन्ध नहीं बना सकता। उसकी सारी ऊर्जा, उसकी सारी चेतना किस मुद्दे पर केंद्रित रहेगी? 'आत्म-सुरक्षा'

'मुझे क्या करना है? अपने-आपको बचाना है!'

कोई यहाँ पर खड़ा हो कनपटी पर पिस्तौल लगाए, और कोई खड़ा हो छाती से खंजर टिकाए, और उधर चलता हो सुंदर नाच, और इधर बच्चे गीत गा रहे हों, उधर इंद्रधनुष खिला हो...

मुझे क्या दिखाई देगा?

कुछ भी नहीं! जो डरा हुआ होता है उसे कुछ भी नहीं दिखाई देता, उसे सिर्फ़ एक चीज़ दिखाई देती है, क्या? अपनी सुरक्षा! ये तो गड़बड़ हो गई! अगर दिखाई नहीं देता हो, तो हो सकता है कि सुनाई भी न देता हो। तो ये तो और बड़ी गड़बड़ हो गई... अब क्या करें?

डर आपको एक कमरे में कैद कर देता है, जहाँ आप हैं और?...आप हैं!

एक आप वो हैं जिसको आपने नाम दिया है 'मैं' और दूसरे आप वो हैं जिसको आपने नाम दिया है... 'डर का विषय।'

डर आपको एक कमरे में कैद कर देता है जिसमें आप हैं और...आप हैं; पर वो जो दूसरा है उसको आप आपका नाम नहीं देते, उसको आप क्या बोलते हो?

उसे आप बोल देते हो 'डर का विषय' है, ये कोई दूसरी चीज़ है, बेगानी चीज़ है, मुझसे अलग है, मैं इसको जानता नहीं, अजनबी है, ये मुझे डराने आई है, ख़त्म करने आई है।

द्वैत की यही बात है, जब भी दो दिखाई दें, समझ लेना दूसरा पहला ही है। दूसरे और पहले में रूपगत, आकारगत, दृष्टिगत अंतर है, कोई मूल भेद नहीं है।

तो अब आप एक कमरे में कैद हो, जिसमें आप हो और आप हो। बाहर क्या हो रहा है? हमें क्या पता?

बाहर कोई कुछ कह रहा है, बाहर कोई कुछ समझाना चाहता है, बाहर हो सकता है किसी को मदद की ज़रूरत हो, बाहर कुछ भी हो सकता है पर मेरे लिए तो मैं हूँ! और मैं हूँ!

बाहर कोई कुछ कह भी रहा हो तो मुझे सुनाई क्या देगा?

अपनी ही आवाज़।

इसको कहते हैं आत्मसंवाद! मैं ख़ुद से ही बात करने में तल्लीन हूँ। मुझे सुनाई ही नहीं दे रहा कि मुझसे बाहर कौन है, क्या है, क्या संदेश दे रहा है, क्या बोलना चाहता है। और ऐसा नहीं कि मैं सुन नहीं रहा, सुन मैं रहा हूँ, पूरे तरीके से सुन रहा हूँ। मैं किसको सुन रहा हूँ? मैं ख़ुद को सुन रहा हूँ। हममें से अधिकांश लोग यही कर रहे होते हैं। ये मनोरोग है, ये विक्षिप्तता है, पागलपन।

हम लगातार किससे बात कर रहे हैं?

स्वयं से।

हम लगातार किससे डरे हुए हैं?

स्वयं से।

हमें लगातार क्या दिख रहा है?

अपने ही द्वारा प्रक्षेपित कोई रूप, कोई छवि, कोई घटना, कोई आकार, कोई भी निर्मिति, जिसको हमने ही प्रक्षेपित किया है, प्रोजेक्ट किया है। और हम लगातार उसके साथ मशगूल हैं। हम उसके साथ गुत्थमगुत्था हैं, जैसे कोई पहलवान अपनी छाया के साथ लड़ाई कर रहा हो।

छायाओं के साथ एक बड़ी अजीब बात है, वो कभी हारतीं नहीं। तुम बड़े-से-बड़े पहलवान को हरा सकते हो, अपनी छाया को हरा कर नहीं दिखा पाओगे। प्रतिपक्षी असली हो तो उस पर कोई दाँव चल सकता है, पर छाया को कैसे हराओगे? इसीलिए समझाने वाले बोल गए हैं, 'माया छाया एक-सी।' माया को भी इसीलिए हराया नहीं जा सकता!

'अहंकार' के साथ दो बातें एक साथ चलती हैं और दोनों सुनने में एक दूसरे के विपरीत लगती हैं।

पहली बात ये कि अहंकार बहुत अकेला होता है और दूसरी बात ये कि अहंकार हमेशा भीड़ में होता है। ये बातें सुनने में कैसी लग रही हैं? एक दूसरे के विपरीत।

चूँकि वो अकेला होता है तो जानते हो क्या करता है? अपने-आपको वो घेर लेता है, अपनी ही बहुत सारी छायाओं से। अब भीड़ बन गई, अब वो बात करेगा कभी इससे, कभी उससे, कभी इससे, कभी उससे और वो वास्तव में बात किससे कर रहा है? अपने-आप से ही, और अहंकार के अतिरिक्त जो है, उससे बात करने की उसे फ़ुर्सत ही नहीं मिलेगी, क्यों? क्योंकि वो घिरा हुआ है, व्यस्त है, मसरूफ़ है, वो लगातार कुछ-न-कुछ कर रहा है, बहुत व्यस्त है। पर वो जो कुछ भी कर रहा है, सब नकली है, करने वाले की ही तरह नकली।

डरा हुआ आदमी कोई असली काम नहीं कर सकता। ये एक छोटा-सा अवलोकन था। ज़रा-सी इन्होंने एक झाँकी दी अपने जीवन से, कि 'मुझे बोलना था, मुझे एक समूह को सम्बोधित करके बोलना था और जब तक मेरी बारी नहीं आ गई बोलने की, तब तक मैं सुन ही नहीं पाया कि मुझसे पहले वाले क्या बोल रहे हैं।'

क्यों नहीं सुन पाया? क्या कुछ भी नहीं सुन रहे थे आप?

नहीं, ऐसा नहीं है कि कुछ भी नहीं सुन रहे थे, जिस समय बाकी लोग बोल रहे थे उस समय आप सुनने में तल्लीन थे, पर किसको? अपने-आपको! अपनी ही डरी हुई आवाज़ को सुनने में तल्लीन थे और वो आवाज़ झूठी है। झूठी क्यों है? क्योंकि वो आपके सामने ये कहकर आती है कि वो किसी और की है। जब डरते हो तो कभी ये कहते हो क्या कि डर का विषय मेरा ही उत्पाद है? कहा कभी? डर हमेशा क्या बन कर आता है? कोई विदेशी, कोई अंजाना, कोई अपरिचित, एलियन, है ना? यही तो बन कर आता है ना, और वास्तव में वो है क्या? अपनी ही पैदाइश! इसलिए डर झूठा है, क्योंकि वो अपना पता गलत बताता है, अपने बाप का नाम गलत बताता है, अपनी पहचान गलत बताता है, वो बताता ही नहीं कि वो किसके द्वारा निर्मित है, किसने उसे पैदा किया है; इसलिए डर झूठा है!

पढ़ा है ना खूब? जानने वाले खूब समझा गए हैं कि डर झूठी बात है! क्यों झूठी बात है? क्योंकि वो अपना असली नाम नहीं बताता है, पहचान नहीं बताता, सब कुछ फ़र्ज़ी है उसका! जैसे तुम्हारे साथ तुम्हारी छाया लगी हो और तुम हो रमेश, और छाया बोले, 'मैं हूँ सुरेश' तो बहुत गड़बड़ हो गई ना?

तुम रमेश हो, तो छाया सुरेश कैसे हो सकती है? तुम राजू हो, तो छाया काजू कैसे

हो सकती है? नहीं हो सकती ना? पर डर हमेशा ये कहता है कि 'तुम जो हो, तुमसे अलग मैं कुछ हूँ, और मैं तुमसे अलग हूँ और मैं तुम पर हमला करने आ रहा हूँ।' तुम चुन्नू हो तो डर है मुन्नू, और मुन्नू क्या बोल रहा है? 'मैं चुन्नू पर हमला करने आ रहा हूँ।' नहीं तो डरोगे क्यों? वो ये थोड़े ही बोलेगा कि माला लेकर आ रहा हूँ, गले मिलने आ रहा हूँ।

तो तुम हो चुन्नू, और मुन्नू बोल रहा है, 'मैं आया हमला करने!' अब डरे बैठे हैं, और ये सब कुछ करके अंततः प्रयोजन बस एक सिद्ध हो रहा है कि जो बात सुनने लायक थी वो तुमने सुनी नहीं, जो बात देखने लायक थी तुमने देखी नहीं। कोई पूरा चक्र चला हो, कोई पूरी व्यवस्था चली हो, चक्की चली हो एक, घटनाओं का पूरा एक जाल हो, एक के बाद एक घटनाएँ, कभी इधर कभी उधर; और तुम्हें समझ में ही न आता हो कि ये सब कुछ क्या हुआ, तो एक सूत्र दिए देता हूँ—बस ये देख लेना कि ये जो सब कुछ हुआ इसका अंजाम क्या हुआ? जो उन सारी घटनाओं का अंजाम था उसी अंजाम की खातिर वो सारी घटनाएँ घटीं।

इसने इससे ये कहा, उसने उससे वो कहा, ये कहा वो कहा, ये कहा, पचासों चीज़ें हुईं, और पचासों चीज़ें छोटी-छोटी हैं। तुम ये देख लेना कि इन पचासों चीज़ों के बाद क्या हुआ? पचासों चीज़ों के बाद जो हुआ शायद उसी की खातिर ये पचासों चीज़ें हो रही थीं।

'डर' की घटना जब भी घटेगी उसका अंजाम सदा एक रहेगा। तुम 'सच्चाई' से अलग हो जाओगे, तुम सच्चाई के प्रति अंधे-बहरे हो जाओगे, तुम वर्तमान को अनुपलब्ध हो जाओगे। इसका मतलब है कि ये डरने की, शक करने की सारी साज़िश होती ही इसलिए है ताकि तुमको 'सच्ची बात' न दिखाई पड़े, न सुनाई पड़े, और समझ में तो आए ही नहीं।

इस बात को गाँठ बाँध लो अच्छे से! 'डर' का कोई और मकसद नहीं है। डर एक साज़िश है 'मैं' की 'मैं' के खिलाफ़, और वो साज़िश क्यों रची जाती है? ताकि नकली 'मैं' का असली 'मैं' से कभी वास्ता न पड़े। मुझे देखना ही न पड़े कि हकीक़त क्या है, इसके लिए मैं ढँक लेता हूँ अपने-आपको, किससे? अपने ही आप से!

मैं बैठा हूँ और चमक रहा है सच्चाई का सूरज। मैं क्या कर रहा हूँ? मैं एक कोहरा निर्मित करता हूँ और उस कोहरे से अपने-आपको ढँक लेता हूँ। वो कोहरा मैंने ही निर्मित किया है, वो कोहरा मैं ही हूँ, और ये सब कुछ मैंने सिर्फ़ इसलिए किया ताकि जो 'असली' है वो मुझे न दिख जाए। असली जो दिख गया तो मुझे विलुप्त होना पड़ेगा ना, मुझे हटना पड़ेगा, इसलिए ये सारी चाल चली जाती है।

'भयजनित', 'अहंकारजनित' जो भी कुछ होगा, तुम देख लेना, शर्तिया तरीके से देख लेना, सिर्फ़ एक मकसद के लिए होगा—तुम सच्चाई से अछूते रहो, तुम सच्चाई से बचे रहो।

बड़ा मज़ा आएगा अगर तुम 'डर' को या 'संशय' को इस प्रकार पकड़ना शुरू कर दो। जब डर उठे, जब शक उठे, तो ज़रा बुद्धि लगा लेना, देखना कि अगर मैंने डर की बात मान ली तो होने क्या जा रहा है? और जैसे ही तुम्हें पता चलेगा कि क्या होने जा रहा है

अगर तुमने डर की बात मान ली, तो तुम समझ जाओगे कि डर किस मकसद से उठा है। डर इसी मकसद से उठा है ताकि वो हो जाए जो डर के उठने के कारण होता है।

छोटी-छोटी बातों में मत उलझ जाना! छोटी बातों में जो उलझता है वो 'बड़े' से वंचित रह जाता है। हम छोटे हैं और हम अपने इर्द-गिर्द तमाम छोटी-छोटी घटनाओं का और उलझनों का निर्माण करते ही इसलिए हैं ताकि किसी तरीके से हम 'विराट' से बचे रह सकें।

जैसे कि अब कबीर साहब का भजन चल रहा हो और एक छोटा-सा कीड़ा आकर तुम्हारे माथे पर बैठ जाए। कीड़ा कितना बड़ा है ? छोटा-सा। एक कीड़ा आकर बैठा, दूसरा आकर बैठा, फिर तीसरा। जब चार-पाँच दफ़े हो गया तो तुम्हारा सब्र टूट गया, तुम उठकर के चल दिए। अब अच्छे से समझ जाओ कि 'चित्त' कीड़े को इतनी गम्भीरता से क्यों ले रहा था ? कीड़ा तो छोटी-सी चीज़ थी ना ? उन छोटे-छोटे कीड़ों को 'मन' ने इतना महत्त्व क्यों दिया ? इतनी कीमत क्यों दी ? इतनी गम्भीरता से क्यों लिया ? ठीक है, हो सकता है कि कीड़े ने तुम्हें काट भी लिया हो। अरे ! काट लिया तो कौन-सी बड़ी बात हो गई ? उस छोटी-सी पीड़ा को, उस छोटे-से कीड़े को, उस ज़रा-सी खुजली को 'मन' ने इतना महत्त्व क्यों दिया ? ताकि तुम कबीर साहब को छोड़ सको ! कीड़ा छोटा-सा था, पर 'मन' कीड़े के माध्यम से एक बहुत बड़ी चाल चल रहा था, कि छोटे-छोटे कीड़ों द्वारा तुमको तंग कर दिया जाए और तुम कबीर साहब को ही त्याग दो ! जो छोटे में उलझेगा, वो बड़े को त्याग देगा !

और दुनिया की सबसे बड़ी बेवक़ूफ़ी यही हुई कि नहीं ? छोटे में उलझकर के 'बड़े' को त्याग देना, 'बड़ा' नुकसान कर लेना। हाँ, हम होशियार लोग हैं, हम जब उठकर चले तो हम ये थोड़े ही कहेंगे कि हम कबीर साहब को त्याग रहे हैं, हम कहेंगे कि हम वहाँ उधर दूर बैठ कर सुन लेंगे। 'हम अकेले ही गा लेंगे या हम बाद में रिकॉर्डिंग देख लेंगे या बाद में किसी से पूछ लेंगे कि भाई बताओ, कौन-सा भजन था ?' कुछ तो दिलासा देंगे अपने-आपको हम, कुछ तो सांत्वना देकर निकलेंगे ना ?

अगर खुलेआम बोल दिया कि हम तो अब कबीर साहब को ही त्याग कर जा रहे हैं कीड़ों की वजह से, तो अपनी ही नज़रों में गिरेंगे। तो इतनी खुली बात नहीं बोलेंगे हम।

छोटे में उलझने से बचना ! ये सब छोटे-छोटे मिलकर के 'बड़े' का दुश्मन बन जाते हैं। ज़रा-सा एक बालू का कण, छोटे से भी छोटा, अगर तुम्हारी आँख में पड़ जाए तो तुम्हें बड़े-से-बड़ा सूरज दिखाई देना बंद हो जाएगा, छोटे की इतनी औकात होती है! मिट्टी का, रेत का, छोटे से छोटा कण तुम्हारी आँख में पड़ जाए तो तुम्हें विराट सूर्य भी दिखाई देना बंद हो जाता है। छोटे को कभी आँख के इतने निकट मत आने देना। वो दिखने में छोटा है, उसके इरादे बहुत बड़े हैं। हम किसी बड़े के सामने लड़ाई थोड़े हारते हैं ? हम तो इतने छोटे हैं कि छोटे से ही हार जाते हैं।

आ रही है बात समझ में ? अब समझने वालों को तो सब कुछ समझ में आ गया होगा। इससे ज़्यादा क्या बोलूँ ?

हम अपने-आपको बहुत कमज़ोर समझते हैं। हम भूल गए हैं कि चुनाव का हक हमें है। हम भूल गए हैं कि विवेक की ताकत हमारे पास है। कोई छोटी-सी चीज़ आती है, हमारे ज़हन पर छा जाती है, और हम कहते हैं कि वो हमारे ज़हन पर छा गई। 'हम क्या करें? हम तो मजबूर हैं! दुर्बल! कोई ताकत नहीं है हमारे पास।' हम भूल गए हैं कि घटनाएँ सारी बाहर घटती हैं, भीतर आपका एकछत्र स्वामित्व होता है, भीतर के बादशाह आप हो। बाहर की घटना भीतर हलचल तब तक नहीं मचा सकती जब तक आप उसको 'अनुमति' न दो। दुनिया का सबसे बड़ा झूठ है मजबूरी।

तुम पूछोगे कि पाप क्या होता है? हत्या पाप है? मद, मोह, मात्सर्य, काम-क्रोध, परिग्रह ,हिंसा, शोषण, ये पाप हैं?

मैं कहूँगा, 'हटाओ ये सारी बातें, दुनिया का सबसे बड़ा पाप है—मजबूरी।'

'मैं क्या करता? मैं तो मजबूर था!'

नीच-से-नीच काम करने से पहले तर्क यही दिया जाता है—'मैं मजबूर था।'

'आत्मा' का दूसरा नाम है 'बल'! तुम मजबूर कैसे हो गए? हुआ होगा बाहर कुछ, उसने भीतर तुम्हारी सत्ता में कम्पन कैसे पैदा कर दिया? चोट हाथ पर लग सकती है, चेतना पर कैसे लग गई? जिस्म गोलियाँ खाकर छलनी हो सकता है, सच्चाई कैसे छलनी हो गई? तुम्हारे हाथों को कोई मजबूर कर सकता है, तुम्हारे बोध को किसने मजबूर कर दिया? बेड़ियाँ कहाँ पड़ती हैं? हाथों में। तुम अगर ये कहो कि मेरे हाथ बँध गए थे, बात ठीक है! हाथ तो छोटी चीज़ होते हैं, दूसरा उनको बेबस कर सकता है। पर जब तुम ये कहते हो कि तुम बँध गए थे, तुम मजबूर हो गए थे, ये महाझूठ है, महापाप है!

मत भूलो कि प्रतिपल 'विवेक' की ताकत तुम्हारे पास मौजूद है। भीतर का मौसम कैसा है, ये तुम्हारे 'चुनाव' पर निर्भर करता है; तुम्हारा निर्णय है, तुम्हारा विवेक है। किसी ने कुछ अच्छा-बुरा किया, ये करने वाले की बात है, ये बाहर की घटना है; तुम्हारे भीतर अच्छा-बुरा हुआ या नहीं हुआ इसके निर्धारणकर्ता तुम ख़ुद हो!

तो कोई ये न कहे कि 'मैं क्या करूँ? उसने मुझसे इतनी बुरी बात बोली कि मुझे गुस्सा आ ही गया।' ये तो तुमने फिर वही अपनी मजबूरी की बात कर दी ना? 'मैं मजबूर था। मुझे गाली मिली, मुझे गुस्सा आया, मैं मजबूर था।'

नहीं!

मजबूर 'यंत्र' होता है। पूर्व निर्धारित कृत्य मशीन के होते हैं। मशीन कहे कि 'मैं मजबूर थी..बटन दबा..तो मुझे चलना पड़ा।' तो ठीक बात है! बटन दबा, पंखा चलने लग गया, बात ठीक है! पर इंसान कहे कि मेरा बटन दबा और मैं बकने लग गया, तो वो झूठ बोल रहा है।

हम जो करते हैं वो हमारा 'चुनाव' होता है इसलिए 'मजबूरी' बहुत झूठा शब्द है। कोई मजबूर नहीं होता; हम सब चुनते हैं। हाँ! कुछ लोग गलत चुनते हैं, और जो गलत चुनते

हैं, वो अपनी गलती छुपाने के लिए किस शब्द का सहारा लेते हैं? 'मजबूरी'

तुम क्यों नहीं मानते कि तुम जानबूझकर गलत चुनाव कर रहे हो? तुम क्यों नहीं मानते कि तुम्हारी आदत बिगड़ गई है? तुम क्यों नहीं मानते कि तुम्हें दुःख में रस आने लग गया है? इन सब कारणों से तुम स्वयं ही बार-बार गलत चुनाव करते हो और चुनाव की ज़िम्मेदारी न उठानी पड़े इसलिए तुम कह देते हो 'मैंने तो चुना ही नहीं, मैं तो मजबूर था!'

आध्यात्मिक आदमी सबसे पहले अपने प्रति ज़िम्मेदार हो जाता है, 'आध्यात्मिक मन' सबसे पहले अपने प्रति ज़िम्मेदार हो जाता है। वो ये कहना बिलकुल छोड़ देता है कि मेरे साथ 'ऐसा' हो गया! वो कहता है, 'मेरे साथ जो हो रहा है, वो मेरी ज़िम्मेदारी है। मेरे साथ जो कुछ भी हो रहा है वो मेरी ज़िम्मेदारी है।'

'ऊपर पतंगा घूम रहा होगा पर मेरे भीतर पतंगा घूम रहा है या नहीं, वो मेरी बात है, मेरी ज़िम्मेदारी है। मैं तय करूँगा कि भीतर पतंगा प्रवेश करेगा कि नहीं करेगा और मैं पतंगे से अपेक्षा नहीं रखता कि वो बाहर शोर न मचाए, घूमे नहीं। पतंगा है, वो अपने धर्म का पालन कर रहा है, उसका धर्म प्रकृति है। उसने यही सीखा है, जहाँ प्रकाश हो वहाँ चक्कर लगाओ। मैं अपने धर्म का पालन कर रहा हूँ, मेरा धर्म 'आत्मा' है। वो अपना काम करे, मैं अपना काम करूँ। मेरा काम, मेरी ज़िम्मेदारी! मैं बहाने नहीं बनाऊँगा।'

प्रश्नकर्ता : जिस क्षण में डर होगा, उस क्षण में डर से निकलने के लिए क्या किया जा सकता है?

आचार्य : देखो! तुम्हारी सत्ता तब भी बनी रहती है जब अहंकार दहाड़ मार रहा होता है। जब अहंकार कह रहा होता है कि मैं ही मैं हूँ और तुम्हारी उस सत्ता को लगातार हक है कि भीतर के झूठ की सुने या न सुने, भले ही भीतर झूठ दहाड़ रहा हो। जो तुम हो, वो कभी हट नहीं सकता। जो तुम हो, उसकी मुक्ति उससे कभी छीनी नहीं जा सकती। चूँकि वो कभी हट नहीं सकता इसीलिए सदा उसका चुनाव किया जा सकता है, भले ही दूसरा पक्ष कितना भी दहाड़ रहा हो। ये दहाड़ने वाला अभी दहाड़ रहा है, थोड़ी देर में मिमियाएगा भी, रोयेगा भी। और जो तुम हो, वो न दहाड़ता है, न रोता है, उसका काम है मौन, वो चुप बैठा रहता है।

लेकिन उसके साथ एक बात खास है, उसकी हस्ती शाश्वत है! उसके होने में एक निरन्तरता है, उसका होना अपरिवर्तनीय है, उसके रंग नहीं बदलते, उसके मौसम नहीं आते। और जो दूसरी तरफ़ खड़ा है वो अभी दहाड़ता है और अभी मिमियाता है। उधर सब बदलता रहता है। लेकिन हो सकता है कि तुमको उधर का खेल ज़्यादा आकर्षक लगे, क्योंकि उधर कुछ हो रहा है, अहंकार की तरफ़ हमेशा कुछ हो रहा होता है। क्या हो रहा होता है? कभी मिलन, कभी बिछोह, कभी हँसना, कभी रोना, कभी बारिश, कभी धूप, कभी अच्छा, कभी बुरा। उधर सदा कुछ चल रहा है और इधर? इधर कुछ हो नहीं रहा, तो तुम्हें ये भ्रम भी हो सकता है कि इधर कुछ है ही नहीं। नहीं साहब! इधर 'बहुत कुछ' है, बस जो है वो अचल

है, चूँकि वो अचल है इसलिए वहाँ कुछ होता प्रतीत होगा नहीं।

उधर बहुत कुछ हो रहा है और हमारा जो पूरा तंत्र है वो आकर्षित 'गति' की तरफ़ होता है। एक अभी यहाँ पर पतंगा बैठा हो, तुम्हारा ध्यान उसकी ओर नहीं जाएगा। वो उड़ने लग जाए, तुम्हारा ध्यान उसकी ओर चला जाता है। आँखें सदा किसको पकड़ती हैं? गति को! कुछ हिलेगा, तुरन्त आँख उसकी ओर मुड़ जाएगी। 'मन' गति का प्यासा है, सारी इंद्रियों का निर्माण गति को, बदलाव को, पकड़ने के लिए हुआ है

और 'आत्मा' तो बदलती नहीं, तो इन्द्रियाँ उसे पकड़ पाती नहीं और इन्द्रियाँ बस उसे ही पकड़ पाती हैं जो लगातार बदल रहा है, और कौन लगातार बदल रहा है? वही जो झूठा है। जो झूठा है वही तो बदलेगा। सच्चा बदलता है क्या? जो 'सच्चा' है वो तो 'एक' रहता है, अविरल, अचल। झूठा लगातार बदलता रहता है, और इन्द्रियाँ जब भी पकड़ेंगी किसको पकड़ेंगीं? जो बदल रहा है। तो इंद्रियों को आकर्षक वही लगता है, 'बदलू'। तो हम कहते हैं कि बस वही-वही है और उसी के पक्ष में चुनाव कर लेते हैं।

विवेकी वो है जो उसके पक्ष में भी चुनाव कर सके, जो न दिखाई देता है, न सुनाई देता है, न समझ में आता है, न पकड़ में आता है, न उठता है, न बैठता है। उसके पक्ष में चुनाव करना सीखो! वो है, मात्र वही है!

ये जो शोर मचाने वाले हैं, ये तो बहुरूपिए हैं, दो दिन के मेहमान हैं, आएँगे, बुद्धू बनाएँगे, भाग जाएँगे। भाग कर कहाँ जाएँगे? तुममें ही समा जाएँगे क्योंकि तुम्हीं ने तो बनाए थे। अजीब हैं हम! ख़ुद को ही बुद्धू बनाने के लिए क्या-क्या तमाशे रचते हैं? ऐसे ही हैं ना हम? जो चीज़ शोर मचा रही होती है, वही हमें सच्ची लगने लग जाती है, और जो कुछ चुपचाप बैठा हो उसका हम ख़याल ही नहीं करते, कीमत ही नहीं देते, उसका ध्यान ही नहीं करते। इसीलिए तो अशांति जीतती है और शांति हारती है। शोर किधर होगा? अशांति में! अशांति माने शोर! और हमारा ध्यान तुरंत किसकी ओर जाता है? शोर की ओर। अशांति जीत गई, शांति हार गई। शांति तो चुप होगी, शांति माने 'चुप'। उसकी ओर ख़याल ही नहीं जाएगा, उसको कीमत ही नहीं दोगे, वो हार गई बेचारी।

फिर जिन्हें तुम्हारा मन पकड़ना होगा वो तुम्हारी कमज़ोरी जान जाएँगे, वो शोर मचाएँगे, उन्हें पता है कि जिधर को शोर होता है तुम उधर को ही चल देते हो। मजबूरी भ्रम है! मजबूरी आत्मप्रवंचना है! मजबूरी पाप है! कोई मजबूर नहीं होता। सही चुनाव करो, मजबूरी का बहाना मत बनाओ।

प्रश्नकर्ता : आचार्य जी, जैसे आप अभी शोर की बात कर रहे थे, तो मेरे मन में भी काफ़ी बार ये शोर रहता है कि मैं ज़िन्दगी में क्या करूँ? कभी ये रास्ता चुनूँ या वो रास्ता चुनूँ? कब इस पर पैर रखूँ कब उस पर? फिर कहीं ठीक से कुछ हो नहीं पाता और मन में उलझन बनी रहती है, तो उसके लिए क्या उपाय है? या फिर एक रास्ता पकड़ कर उस पर चलना है?

आचार्य : जो रास्ता शोर से शुरू होता हो और शोर को बढ़ाता हो, वो तुम्हारे लिए

ठीक कैसे हो सकता है? रास्ते चुनना तो बहुत आसान है—रोशनी की ओर अगर बढ़ रहे हो और रास्ता सही चुना है, तो हर कदम के साथ रोशनी बढ़ेगी। शांति की ओर बढ़ रहे हो और अगर रास्ता सही चुना है, तो हर कदम के साथ शांति बढ़ेगी। लो हो गया रास्ते का चुनाव! पर अजीब हमारे तर्क होते हैं, हम कहते हैं कि हम शांति की ओर जा रहे हैं और हम देखते ही नहीं कि हर कदम के साथ बढ़ती क्या जा रही है? अशांति। ये कौन-सी शांति की तरफ़ तुम जा रहे हो? जिसमें हर कदम के साथ अशांति ही बढ़ रही है।

प्रश्नकर्ता : मेरे दफ़्तर में एक वरिष्ठ व्यक्ति थे जिनसे मैं बहुत चिढ़ता था। लेकिन जब उनकी सेवानिवृत्ति का दिन आया तो उस दिन उनके लिए मेरे मन में एक सेवा भावना उठ रही थी। ये अचानक से कहाँ से आ गई?

आचार्य : ये सब संस्कार हैं। जाने वाले में अच्छाइयाँ नज़र आने लग जाती हैं, क्योंकि अभी तक उनमें जो अच्छाइयाँ थीं उनका तुमने जबरन निषेध किया होता है। जैसे तुम्हारी तनख्वाह से पी.एफ. काटा जाए और जिस दिन तुम रिटायर हो उस दिन एक-मुश्त दे दिया जाए। ऐसा ही हम सम्मान देते हैं, जिसको जब मिलना चाहिए, तो हम काट देंगे और जब वो विदा हो रहा होगा तो एक साथ बहुत सारा दे देंगे, फूलमाला फिर चढ़ाएँगे उसकी तस्वीर पर। जब देना था तब दिया नहीं, अब सर पटकते हैं, बड़े अच्छे आदमी थे।

यहाँ एक-से-एक पापी को यही कहा जाता है, 'ब्रह्मलीन हो गए।' हमने सुना ही नहीं है किसी को कहा जाए, 'ये तो नर्कवासी हुए होंगे।' यहाँ जो मरता है वो स्वर्गवासी ही कहलाता है, भले जब वो जी रहा हो तो तुमने उसको दस जूते रोज़ मारे हों, पर मरेगा तो वो स्वर्गवासी होगा। ये सब आम नैतिकता है हमारी, कुछ और नहीं हैं, कोई बड़ा राज़ नहीं। जिसका जो बनता है उसको तभी दे दो, बकाया राशि मत रखो। जो प्रेम का हकदार है उसको प्रेम दे दो, जाने वाला डुगडुगी बजाकर थोड़े ही जाएगा! और फिर जितना प्रेम तुमने बकाया रखा वो किसको दोगे? वो तो चला गया!

तुम न जानते होते तो मुझे समझाना आसान पड़ता; जो जानता है उसे समझाना बहुत मुश्किल पड़ता है। चलो बिलकुल बुनियादी तौर पर ही कहे देता हूँ—प्रेम आकर्षण है। हाँ, जैसे तुम होते हो, वैसा ही तुम्हारा आकर्षण होता है। तुम सच्चे हो तो सत्य के प्रति आकर्षण होगा तुम्हारा, उसको जानने वालों ने कहा है 'सच्चा प्रेम', 'परम प्रेम' और तुम झूठे हो, तो एक-से-एक झूठी वस्तुओं के प्रति आकर्षण होगा तुम्हारा, उसको जानने वालों ने सांसारिक प्रेम कह दिया है। 'आई लव यू!'

प्रश्नकर्ता : इसके बारे में पढ़ा बहुत है लेकिन अनुभव नहीं हुआ है।

आचार्य : (व्यंग्य करते हुए) आज तुमको रात के खाने के बारे में पढ़ाएँगे! कितने बजे लगना है? ग्यारह बजे! ग्यारह बजे आप सब भोजन करिएगा और आप भोजन के बारे में पढ़िएगा।

तुम्हें कोई खिंचाव नहीं होता किसी के प्रति? जो भी खिंचाव हो रहा हो जान लो

वो प्रेम ही है। प्रेम माने खिंचाव। अब बस सवाल ये उठता है कि किसकी ओर खिंचे चले जा रहे हो? भक्त होता है तो भगवान की ओर खिंचता है, कामी होता है तो कामना की ओर खिंचता है, पतंगा होता है तो प्रकाश की ओर खिंचता है, लोभी होता है, पैसे की ओर खिंचता है। तुम जैसे हो, तुम उसी तरफ़ अपने लिए आकर्षण का विषय चुन लोगे। ज्ञानी ज्ञान की ओर खिंचेगा, मुमुक्षु मुक्ति की ओर खिंचेगा।

तुम कौन हो? उसी से निर्धारित हो जाएगा कि तुम्हारे लिए प्रेम की व्याख्या क्या है।

और अपने बारे में जानने का एक अच्छा तरीका है—कौन खींचता है तुमको? कहते तो रोज़ यही थे, 'मैं सोना हूँ, हीरा हूँ, चाँदी हूँ,' और चुम्बक आई और तुम खिंचे चले गए, तो झूठ ही कहते थे भाई! जो चुम्बक से खिंचे चले जाएँ, वो सोने के तो नहीं हो सकते।

कहते यही थे कि सत्य का साधक हूँ, और ज़ुल्फ़ें ज़रा लहराईं और तुम खिंचे चले गए, तो तुम सत्य के साधक तो नहीं हो। साधक होओगे पर किसी और चीज़ के, जिस्म के साधक होओगे या जो भी। क्या खींचता है तुमको?

देखो! जब हमने पतंगे वाली बात की थी उसी समय कुछ पतंगों ने तय किया कि ये जो वक्ता बहुत बढ़-चढ़ कर बोल रहे हैं इनकी ज़रा परीक्षा ली जाए, और तीन-चार अंदर घुस गए हैं, और हम भी कह रहे हैं कि चलो देखते हैं! 'तुम्हें लग रहा है कि तुम अंदर घुस गए हो, हम भी देखते हैं कि तुम अंदर घुस सकते हो कि नहीं।' तो वो अपनी समझ से अंदर घुस गए हैं, पर उन्हें अंदर का मतलब नहीं पता, वो मेरे अंदर नहीं घुस सकते। अब वो अंदर कुछ कर रहे होंगे। सत्र पूरा होगा तो देखा जाएगा कहाँ लाल है, कहाँ काला है। पर कोई ज़रूरी तो नहीं ना कि कीड़े इतने कीमती हो जाएँ कि उनकी खातिर संवाद को, सत्संग को, कबीर साहब को ही विराम दिया जाए। अर्द्धविराम भी क्यों दिया जाए?

मज़ेदार बात, पहले-पहल जब अंदर घुसे थे तो उन्होंने खूब धूम मचाई! छाती पर, पेट पर वो जितनी तरह के नृत्य जानते थे, वो सब किए, अब ससुरे शांत हो गए हैं।

हमने भी कहा कि हम देखते हैं तुम हमें अशांत कर देते हो या हम तुम्हें शांत कर देते हैं। अब शांत पड़ गए हैं, जाने मर ही गए हों, कौन जाने?

मजबूरी झूठ है! किसी भी स्थिति में ताकत तुम्हारे पास होती है। कभी मत कहना कि 'मैं विवश हो गया।'

कभी मत कहना कि 'मैं क्या करूँ?'

''इस बात को गाँठ बाँध लो अच्छे से! 'डर' का कोई और मकसद नहीं है। डर एक साज़िश है 'मैं' की 'मैं' के खिलाफ़, और वो साज़िश क्यों रची जाती है? ताकि नकली 'मैं' का असली 'मैं' से कभी वास्ता न पड़े।''

डर हटाना है?

डर पूरी तरह हटाना है?

अद्वैत शिविर, ऋषिकेश, 2020

''यह शरीर तुम्हारी कोई संपदा नहीं है। यह शरीर तुम्हारा कारागार है, तुम कैद हो इसमें। तुम मज़े मारने के लिए पैदा नहीं हुए हो, तुम प्रायश्चित के लिए पैदा हुए हो। प्रायश्चित नहीं भी बोलो तो कह दो अपनी बेड़ियाँ काटने के लिए पैदा हुए हो ।''

प्रश्नकर्ता : आचार्य जी, मैं आपको दस महीनों से सुन रही हूँ, मुझे फिर भी डर लगा रहता है। तो ये डर कैसे दूर हो?

आचार्य प्रशांत : डर इतनी आसानी से हट जाने वाली चीज़ नहीं है। एक प्रकिया है यह पूरी; काम क्रमशः होता है।

दस महीने में थोड़ी न होता है। दस महीने में तो बच्चा पैदा होता है। हमें उसे बड़ा करके इंसान बनाना है।

वक्त तो लगता है ना?

ये माँग ही क्यों? ये धारणा ही कहाँ से आ गई कि तीन महीने, दस महीने, दो साल में...यहाँ तो मैं ही दस गलतियाँ करता हूँ अभी। मेरी बात सुनकर आपकी सारी गलतियाँ कैसे हट जाएँगी? रोज़ दस खोट अपनी दिखाई देती हैं, और ऐसा नहीं है कि वह अगले दिन हट जाती हैं, वह लौट कर आती हैं। बड़ी जद्दो-जहद रहती है थोड़ी-थोड़ी प्रगति करने में।

हम शायद यह मानते हैं कि हम बड़े अच्छे लोग हैं। हमें कुछ ऐसी-ऐसी धारणा है कि मुक्ति पर और आनंद में तो हमारा हक होना चाहिए। तो हमें बड़ी तकलीफ़ होती है जब हमको दिखाई पड़ता है कि मुक्ति हो नहीं रही; या कि दस महीने कोशिश कर ली कोई तरक्की नहीं हो रही, आंतरिक प्रगति नहीं हो रही।

ये हमको क्यों लगता है?

क्योंकि हमको लगता है ये तो हो ही जानी चाहिए थी अब तक। जैसे कोई कैंसर का मरीज़ हो, आज उसकी दवाई शुरू हुई हो और अगले हफ़्ते आकर कहे, 'बचा तो नहीं कैंसर?' वह समझ ही नहीं पा रहा कि उसकी बीमारी कितनी गहरी है; हमें एकदम नहीं पता हम कौन हैं।

साहब! ऐसे ही नहीं संतों ने बार-बार रो-रोकर माँगा है कि जनम-मरण के चक्र से,

मुक्ति के चक्र से मुक्ति दे दो, मैं नहीं दुबारा जन्म लेना चाहता।

क्यों माँगा उन्होंने ऐसा? क्यों कृष्ण बार-बार *गीता* में कहते हैं कि जो मुझे समझ गया या जो भक्त मेरे परायण हो गया वो दुबारा लौटकर नहीं आता?

इसका क्या मतलब है?

अगर लौटकर आना, माने जन्म लेना, बड़ी खूबसूरत बात होती, बड़े पुण्य की बात होती, बड़े आनंद की बात होती तो सब संत यही इच्छा क्यों करते कि हमें नहीं पैदा होना?

बोलिए?

ज़रूर पैदा होने में ही कुछ ज़बरदस्त गड़बड़ बात है। जो पैदा हो गया उसके साथ बड़ा अनर्थ हो गया। आपने कोई तीर नहीं मार दिया है दुनिया में आकर—आपको तीर मार दिया गया है दुनिया में लाकर।

लेकिन हमारी पूरी संस्कृति ही ऐसी है कि वह जन्म को बहुत बड़ी बात समझती है। रिश्तेदारों से लेकर हिजड़े तक, सब प्रसन्न हो जाते हैं जहाँ कोई पैदा हुआ है, और दोनों की खुशी बिल्कुल एक-सी ही होती है।

हम जन्म को बहुत अच्छी घटना मानते हैं इसीलिए मृत्यु को बड़ी शोचनीय बात मानते हैं।

तो जब बच्चे के जन्म को हम अच्छी, शुभ घटना मानते हैं तो फिर अपने जीवन में भी हमें लगता है कि भाई हम कुछ होंगे। 'जब मेरे जन्म पर इतनी बधाइयाँ बजी थीं तो फिर मेरा जीवन मतलब कैसे गड़बड़ हो सकता है?'

जन्म लेना ही एक गड़बड़ घटना है।

मुक्ति का और क्या अर्थ होता है? नहीं समझ आ रही है बात?

ये क्या है चौरासी लाख योनियों का फेर? ये सब क्यों बताया गया है कि इस सबसे मुक्त हो जाओ, आवागमन के चक्र से मुक्त हो जाओ?

क्योंकि जन्म लेना और जन्म देना ये दोनों ही कोई शुभ बातें नहीं हैं। बीमारी पैदा होती है एक बच्चे के रूप में। जानने वाले कहते हैं, 'अतृप्त वासनाएँ शरीर लेकर पैदा हो जाती हैं।' अतृप्त वासनाएँ समझ रहे हो, उसका चेहरा कैसा होगा? अतृप्त वासना! कैसा होगा उसका चेहरा? करो कल्पना। कैसा होगा? और वो बच्चे की शक्ल लेकर पैदा हो जाती है। और फिर वो चिल्ला रही है, हाथ-पाँव मार रही है, जैसे बच्चा करता है—टट्टी-पेशाब, चीखना-चिल्लाना; सब दुनिया भर का दलिद्दर।

अब जब इतनी बड़ी बीमारी पैदा हो रही है तो उसका कितनी जल्दी इलाज कर दिया जाए—दस महीने में? दस महीने में हो जाएगा इलाज? ये उम्मीद भी क्यों है?

ये उम्मीद भी इसलिए है क्योंकि हम अपने-आपको लेकर बड़ा अहंकार पाले हुए

हैं कि हम कुछ हैं, हम तो बढ़िया चीज़ हैं साहब।

आप बढ़िया चीज़ नहीं हो—आप एक बीमारी हो जो गर्भ से पैदा हुई है।

और आपको ही नहीं कह रहा, साहब—मैं भी वही हूँ। हर देह-धारी वही है।

समझ में आ रही है बात?

तो सबसे पहले तो अपनी स्थिति का सही मूल्यांकन करिए। इसलिए बार-बार जानने वाले बोलते रहे हैं कि 'शरीर का इतना घमंड मत करो। ये शरीर तुम्हारी कोई सम्पदा नहीं है। ये शरीर तुम्हारा कारागार है, तुम कैद हो इसमें। तुम क्या इतरा रहे हो कि मैं इतना सुन्दर हूँ, हाय, मैं करूँ क्या!'

तो फिर लोग कहते हैं, 'क्या करें, शरीर को लेकर शर्मसार हो जाएँ, लज्जित हो जाएँ?'

आप एक जेल में बंद हो। तो क्या आप जेल को लेकर लज्जित रहोगे? वह लज्जा किस काम की है? उस लज्जा से कुछ मिलता हो तो लज्जित हो लो।

सबसे पहले जेल को जेल जानो और फिर अपनी जो भयावह स्थिति है उसको पहचानो। हम सब बहुत गड़बड़ स्थिति में हैं। पहले तो हम खुद गड़बड़ स्थिति में हैं, और दूसरी बात, फिर जेल के अंदर संतानें पैदा करते रहते हैं। तो नए-नए बच्चे भी जो पैदा हो रहे हैं वो सब जेल में ही तो पैदा हो रहे हैं। और उसके बाद हम बाजे बजवाते हैं, बधाइयाँ गाते हैं। फ़र्टिलिटी क्लीनिक में लाइन लगाते हैं : 'मेरे यहाँ नहीं हो रहा है, कैसे भी करके हो जाए; ट्यूब डाल कर हो जाए, ऐसे हो जाए, वैसे हो जाए, कुछ करके हो जाए।'

ये मृत्युलोक है। ये दु:खलोक है। ये संतापलोक है। इन सब नामों से इस लोक को सम्बोधित किया गया है। यहाँ आपको थोड़ी देर भी राहत मिल रही है तो उसी को वरदान जानिए, बहुत ज़्यादा की उम्मीद करना आपको शोभा नहीं देता।

ईसाइयत में कहते हैं, 'यू हैव कम हियर टु रिपेन्ट, नॉट टु एन्जॉय।'

अगर सही दृष्टि से देखो तो बात में दम है। हम सोचते हैं कि हम मज़े मारने को पैदा हुए हैं। तुम मज़े मारने के लिए नहीं पैदा हुए हो, तुम प्रायश्चित के लिए पैदा हुए हो; प्रायश्चित नहीं भी बोलो तो कह दो, 'अपनी बेड़ियाँ काटने के लिए पैदा हुए हैं।' लेकिन एक बात तो पक्की है कि तुम जॉय (खुशी) के लिए तो बिलकुल पैदा नहीं हुए हो। जेल के अंदर पैदा हुए हो, वहाँ जॉय कैसा? और वहाँ अगर जॉय है भी तो सिर्फ़ बेड़ियाँ काटने का जॉय। आनंद अगर आपको चाहिए भी तो बेड़ियाँ बजाने में, खनखनाने में, और बेड़ियाँ लेकर नाचने में मिल जाएगा क्या? बहुत लोगों का यही कहना है कि नाचो, बेड़ियों के साथ ...

क्या बेवक़ूफ़ी है? आनंद है भी तो किसमें है? बेड़ियाँ काटने में है।

बेड़ियाँ बजा-बजा कर नाचने में आनंद है क्या? कि बेड़ियों के साथ नाच रहे हैं और कह रहे हैं, 'हम तो नाच रहे हैं, यही तो अध्यात्म है : नाचो!'

समझ में आ रही है बात?

अब क्या हो रहा है इसमें? थोड़ा और आगे जाऊँ इसमें या रुक जाऊँ?

हो ये रहा है ना कि ये जो पूँजीवादी और उपभोगवादी पूरी अर्थव्यवस्था और संस्कृति है वह बार-बार हमें यह जताती है कि हम बड़े लोग हैं, अध्यात्म आपको बार-बार बताता है कि आपकी हालत खराब है और आप बहुत क्षुद्र स्थिति में फँसे हुए हो।

लेकिन ये जो पूरी व्यवस्था है वो आपको बताती है कि साहब आप कुछ हो, और आपके चुनाव में दम है, उसका पालन किया जाएगा। उदाहरण के लिए आप कुछ भी हो—मैं जिस जगह से बोल रहा हूँ वहाँ से देखना, वरना मैं जो बोल रहा हूँ उसके खिलाफ़ आप कितने भी कुतर्क कर सकते हो; जहाँ से बोल रहा हूँ समझो।

आप कुछ भी हो। आप स्टोर में जाते हो वहाँ आपको क्या कह कर सम्बोधित किया जाता है?

सर, मैडम।

और आप जो भी चीज़ बोलते हो मुझे यह चाहिए वह आपको परोस दी जाती है अगर वह उपलब्ध है। वहाँ आपको सन्देश क्या दिया जा रहा है? यू आर समबडी एंड योर विशेज़ डिज़र्व टु बी ऑनर्ड। (आप कुछ हैं और आपकी जो भी इच्छाएँ हैं वो पूरी होनी चाहिए)।

तो ये लेकर हमें ऐसा लगने लग जाता है कि हम कुछ हैं और हमें सब चीज़ें आसानी से मिल जानी चाहिए। आप अमेज़न से ऑर्डर करते हो तो अमेज़न कभी आपको बोलता है कि आपकी हिम्मत कैसे हुई यह ऑर्डर करने की, अपनी हालत देखी है? कभी लिखकर आता है स्क्रीन पर—यू इडियट! इज़ दिस व्हाट यू मस्ट ऑर्डर? कभी आता है?

तो उन सब चीज़ों के कारण हममें भावना बैठ गई है कि हम कुछ हैं और हमारी चॉइस को रेस्पेक्ट मिलनी चाहिए।

आप कुछ नहीं हो। आप बहुत गड़बड़ हो और आपकी चॉइस भी उतनी ही गड़बड़ है। ये बात मानने में चोट भी लगती है, डर भी है, खतरा भी है और आगे फिर मेहनत भी करनी पड़ेगी। तो फिर हम यह काहे को मानें, उससे अच्छा तो यह है कि बोलो कि आई वुड प्रेफ़र दैट विद ए लिटिल बिट एक्स्ट्रा चीज़ (मैं चाहूँगा कि थोड़ा पनीर ज़्यादा डालें)।

आई वुड प्रेफ़र दैट? हू द हेल आर यू टु प्रेफ़र दैट ऑर नॉट (आप कौन होते हैं अपनी पसंद/नापसंद की बात करने वाले)?

देखा है कितनी अदा, अंदाज़ से हम बोलते हैं? 'मेक दैट लार्ज।'

मतलब परमात्मा भी मिले तो उसे ऐसे ही बोलोगे : विद एक्स्ट्रा चीज़।

तो बड़ा हममें एक गुरूर, एक रुआब भर जाता है कि हम ज़िन्दगी से भी बोलना शुरू कर देते हैं : विद एक्स्ट्रा चीज़।

और हो भी जाता है। तुम अपने जीवन में जो एक्स्ट्रा चाहते हो वो ये जो पूँजीवादी अर्थव्यवस्था है वो तुम्हें प्रदान भी कर देती है। तुम्हें अपने शरीर में एक्स्ट्रा मांस चाहिए—सही

जगहों पर—वो भी मिल जाता है। तुम कहते हो, 'देख लो, अगर मैं शरीर हूँ तो मैं अपने शरीर को भी अपने हिसाब से कर लेता हूँ ना? अगर मोटा हो गया हूँ तो मैं कहता हूँ कि चलो यहाँ-वहाँ से चर्बी निकाल दो; वो भी निकाल दी जाती है। और अगर मुझे अपने शरीर को और ज़्यादा कामुक और सेक्सी बनाना है तो मैं बोल देता हूँ कि ऐसी-ऐसी जगहों में मांस चढ़ा दो; और वहाँ चढ़ा भी दिया जाता है।'

'मैं जो चाहता हूँ वह हो जाता है। तो ज़रूर मैं कुछ हूँ—आई एम समबडी।' मैं जंगल काटना चाहता हूँ, मैं काट देता हूँ। मुझे जो जानवर खाना है वह मेरी थाली में परोस दिया जाता है। पूरी व्यवस्था ही मेरे चुनाव का आदर करने के लिए तो बनी है। जनतंत्र भी तो यही है कि फ़र्क नहीं पड़ता कि आप लुच्चे, लफंगे, गँवार, कमीने क्या हैं, आप वोट डालिए ना, आपके वोट का सम्मान किया जाएगा। या वोटिंग मशीन, ईवीएम पूछती है कि भाई तुम आदमी कैसे हो? तुम सबसे गिरे हुए आदमी हो सकते हो तो भी तुम्हें हक है वोट डालने का, और जो सबसे ऊँचा आदमी है उसके वोट की कीमत भी तुम्हारे वोट से ज़्यादा नहीं होगी।

इस चीज़ ने हमारे अंदर गुरूर भर दिया है, कि साहब हम किसी से कम नहीं। बुद्ध भी आ जाएँ तो उनके वोट की भी वही कीमत है जो हमारे वोट की है। और हम बड़े तन्नाए हुए रहते हैं भीतर : हम कुछ हैं।

ये जो आज की पौध है—तुम्हारे साथ की—देखते नहीं हो : 'मेरी मर्ज़ी मैं कुछ भी करूँ, मैं कुछ भी पहनूँ, मेरी ज़िन्दगी, मैं कैसा भी करूँ।' क्योंकि वह तो पूरी ही यही है—'मेक दैट लार्ज।'

जो तुम्हें चाहिए वह मिल जाता है। तुमसे सवाल नहीं हल होते तो सी.बी.एस.सी. पेपर आसान कर देती है। ये तो गज़ब है। तुम्हें एडमिशन नहीं मिलता तो सरकार और कॉलेजेस खोल देती है। मैं इनके खिलाफ़ नहीं हूँ। कुतर्क मत करने लग जाना कि 'इतने अप्लाई करते हैं, इतनों को मिलता है। बाबाजी, तुम्हारे ज़माने में ये रेश्यो था सिलेक्शन का, तो अब सीटें तो बढ़ानी पड़ेंगी ना?'

मैं कुछ और बोल रहा हूँ। बात को समझो।

अरे, ये फ़ोन किसका है? यह बजता जा रहा है। देखो कौन पगलाया जा रहा है?

और जो फ़ोन कर रहे हैं वह खुद भी ऑनलाइन हैं, उनको दिख रहा है कि मैं क्या कर रहा हूँ। पर वही है ना, 'मेरा फ़ोन है, मैं किसी को भी मिला सकता हूँ।'

आपको देख कर, आपकी उम्र के बारे में जो पता चल रहा है, आप जिस पीढ़ी से हैं, वह बहुत खतरे में है, क्योंकि उस पीढ़ी का यथार्थ से कोई लेना-देना बचा नहीं है। बहुत खतरे में है। खतरे में ऐसे नहीं है कि परमाणु बम गिर जाएगा आपके ऊपर, खतरे में ऐसे है कि तुम्हारे भीतर ज़बरदस्त खोखलापन है। तुम जानते कुछ नहीं, पर अपने-आपको समझते बहुत कुछ हो।

और यह बात बहुत खतरनाक है, और उसी के नतीजे में हज़ार तरह की मानसिक बीमारियाँ पैदा होती हैं। अपनी तो मानसिक बीमारियाँ ठीक हैं, यह पीढ़ी, मुझे तो डर है कि कहीं पूरी पृथ्वी को न खा जाए। अपना तो जो नुकसान कर रही है सो कर रही है—जानवरों की, पक्षियों की, पेड़ों की, पौधों की एक-एक प्रजाति को यह खत्म न कर दे।

क्यों?

'मेरी मर्ज़ी।'

हिन्दी को तो इसने ख़त्म कर ही दिया; ये विनाश-धर्मा पीढ़ी। आप इनसे देवनागरी लिखवा कर बता दीजिए। मैं पूरी कोशिश करता हूँ कि कोई भी कठिन, जटिल शब्द न बोलूँ। इनको नहीं समझ में आता। ये बोलते हैं, 'हिन्दी में बोला करिए ना।' इनको यह भाषा ही अपरिचित लगती है—इनको 'अपरिचित' भी नहीं समझ में आया होगा। अगर ये लाइव सेशन होता जिसमें ऑडियंस साथ में होती, तो अब तक लाइव चैट में कमेंट आ गया होता—'अपरिचित मीन्स?' और 'मीन्स' की स्पेलिंग होती 'एमआईएनएस'।

चलो ठीक है हिन्दी नहीं आती तो अंग्रेज़ी बोल देता हूँ; वह भी इन्हें समझ में नहीं आती। तुम्हें क्या समझ में आता है? पता नहीं।

ज़ोर से मुँह फाड़ दो, बहुत ही लाउड एक्सप्रेशंस दे दो, गाली-गलौज दे दो; ये समझ में आता है।

और मैं यह बात सिर्फ़ इस पीढ़ी के बारे में नहीं कह रहा हूँ, यह अपरिपक्वता, मैं देख रहा हूँ, पूरे समाज में छाती जा रही है। अपरिपक्व होना कूल बनता जा रहा है। जो जितना अपरिपक्व बनता जा रहा है वह उतना कूल है। जो जितना बेवकूफ़ है, वह उतना सेक्सी है। और अगर आप परिपक्व हो तो यह सबसे बड़ा पुट ऑफ़ (पसंद न आना) है। आपकी मानसिक उम्र अगर छह साल की है तो यह एक ज़बरदस्त टर्न ऑन (कामुक हो जाना) है।

सबके लिए है।

देखो, मान लो कि मेरी बात गलत भी लग रही है तो भी ऐसे समझो। अगर मेरी बात एक प्रतिशत भी सही है तो उसे मानने में कोई बुराई तो है नहीं। मैं यही तो कह रहा हूँ कि कुछ गड़बड़ है। अगर गड़बड़ नहीं है तो तुम्हारा कुछ बिगड़ नहीं गया। ठीक है? और अगर है तो तुम्हारा बहुत कुछ बच सकता है।

नहीं समझे? तुम बेहोश सोए पड़े हो और मैं तुम्हें जगा कर कह रहा हूँ, 'देखो कुछ गड़बड़ है, बाहर कोई घूम रहा है, एक बार जाकर जाँचो,' तो मान लो ना मेरी बात। अगर मान लो कोई गड़बड़ नहीं है, बाहर कोई नहीं घूम रहा चोर-लुटेरा, तो तुम्हारा कुछ बिगड़ नहीं गया, तुम दुबारा आकर सो जाना। लेकिन अगर कोई बाहर घूम ही रहा है, कोई चोर-लुटेरा, तो कुछ बच सकता है मेरी बात मानने से।

जाँच लो ना। जाँचने को ही तो कह रहा हूँ।

जाँचने में भी तकलीफ़ है?

हर चीज़ इंस्टेंट (तत्काल) नहीं होती। कोई भी चीज़ इंस्टेंट नहीं होती। कोई भी ऊँची चीज़ इंस्टेंट नहीं हो सकती। हमें सब कुछ तत्काल चाहिए।

इसलिए वे पुरानी कहानियाँ रची गई थीं ना, कि फलाने ऋषि ने गंगा किनारे एक पाँव पर खड़े होकर सत्रह हज़ार साल तपस्या की, तब महादेव प्रसन्न हुए, प्रकट हुए, और कहा, 'बताओ क्या चाहिए।'

लेकिन कहानी का मर्म समझो। क्या बात समझाई जा रही है? समय लगता है और कठिन यात्रा से गुज़रना पड़ता है, ये बात समझाई जा रही है। और सही जगह पर जाकर तपस्या करनी होती है, सही चुनाव करने होते हैं। उसको हमने बिलकुल शाब्दिक तौर पर ले लिया—'अच्छा, सत्रह हज़ार साल तो यानी सत्रह हज़ार साल, और इससे यह सिद्ध होता है कि हमारे ऋषि-मुनि सत्रह हज़ार साल जिया करते थे।'

वह सब प्रतीक हैं और वह बहुत बहुमूल्य प्रतीक हैं। उनका मतलब समझो। जल्दी नहीं हो जाएगा; इंस्टेंट लिबरेशन (तत्काल मुक्ति) कुछ नहीं होता।

''समय लगता है और कठिन यात्रा से गुज़रना पड़ता है। और सही जगह पर जा कर तपस्या करनी होती है। सही चुनाव करने होते हैं। जल्दी नहीं हो जाएगा; इन्स्टेन्ट लिबेरेशन (तत्काल मुक्ति) कुछ नहीं होता।''

जिन्हें डर बहुत लगता हो

अद्वैत शिविर, वाराणसी, 2020

''आपकी समस्या वो पाँच चीज़ें नहीं हैं जिन पर आपको संदेह है, आपकी समस्या वो पिचानवें चीज़ें हैं जिन पर आपको बड़ा अटल भरोसा है।'

प्रश्नकर्ता : प्रणाम आचार्य जी, मेरे जीवन की जो समस्या मुझे समझ आती है, वो ये है कि मेरे अंदर संसार को लेकर भय है। भय जैसे मेरे अंदर जड़ बनाकर बैठ ही गया है। मुझे अजनबी लोगों और परिस्थितियों पर बिना किसी कारण ही संदेह उठता है और डर तो लगातार दिन से रात तक बना ही रहता है। यहाँ शिविर में आने के दौरान, 'रजिस्ट्रेशन' की प्रक्रिया के दौरान और शिविर में आने का जब ख़याल उठा था तब से लेकर अभी आने तक भी लगातार डर ही बना हुआ है। इस भय के साथ जीना मेरे लिए अत्यंत कष्टकारी होता जा रहा है। यह डर शारीरिक और मानसिक दोनों हानि को लेकर उत्पन्न होता है। कृपया मार्गदर्शन करें।

आचार्य प्रशांत : दो-तीन दिशाओं से समझना पड़ेगा बात को पूरी। पहली बात है संदेह की। संदेह में अपने-आपमें कोई बुराई नहीं होती। संदेह से तो कहीं ज़्यादा घातक होता है विश्वास। हममें से अधिकांश लोग संदेह के मारे हुए नहीं हैं। हमारे दु:ख, समस्याओं और बंधनों का कारण हमारा झूठा, अंधा विश्वास है। संदेह तो हम वास्तव में कर ही नहीं पाते, करते भी हैं तो बहुत कम। संदेह होना चाहिए।

एक कोण से कहूँ तो धार्मिकता संदेह करने की कला है। किस पर संदेह? उस पर संदेह जो दिख रहा है, क्योंकि और उपलब्ध ही क्या है संदेह करने के लिए। जो दिख रहा है, प्रतीत हो रहा है, जान पड़ता है, उसके अलावा उपलब्ध कौन है संदेह करने के लिए? तो उसी पर तो संदेह करोगे ना? और उस पर संदेह क्यों करना है? क्योंकि जो कुछ भी दिख रहा है, प्रतीत हो रहा है, अनुभव में आ रहा है, जान पड़ता है, उसको देखने वाले तो हम ही हैं ना।

तो दुनिया में जो कुछ भी बहुत विश्वसनीय, या बड़ा सच्चा लगता है, उस पर संदेह करो जिसने उसे विश्वसनीय और सच्चा मान लिया। और कहाँ छुपती है माया? हमारे विश्वास और आत्मविश्वास में ही तो। किसी दूसरे पर यकीन कर लेते हो तो कह देते हो कि विश्वास, और दूसरा जैसा प्रतीत हो रहा है और जिसको प्रतीत हो रहा है उस पर हमारे

भरोसे का नाम है आत्मविश्वास। यही माया है : बड़ा भरोसा कर लेना अपने पर और अपने देखे हुए पर।

लेकिन जो कोई संदेह करे, जो कोई प्रतीत होते हुए सच को झूठ जाने, जो भी कोई देखे कि अंदर-बाहर चारों तरफ़ फँसाने का सामान और सामग्री तैयार है, उसे डर से मुक्त रहना होगा। क्योंकि डर की प्रतीति भी तो, डर का अनुभव भी तो हमारे ही द्वारा किया जा रहा है ना। कोई बात डरावनी है इसकी पुष्टि कौन कर रहा है? हम खुद ही तो। तो अगर आप देखी हुई चीज़ से डर जाते हो, तो भी ये आपका आत्मविश्वास ही तो है ना?

'हमें भरोसा है कि उस तरफ़ जो सफ़ेद-सफ़ेद दिखाई दे रहा है वो चीज़ हमारे लिए बड़ी हितकर है, बड़ी सच्ची है।' किसको है भरोसा? हमको। और हम ही हैं जिसको भरोसा है कि उधर वो चीज़ जो काली-काली दिखाई दे रही है वो हमारे लिए बहुत हानिप्रद है, बड़ी खतरनाक है। ये भरोसा भी किसको है? हमको ही तो।

तो जो संदेह करेगा वो डर कैसे सकता है भाई? जब तक अपने ऊपर, अपने झूठे अहंकार के ऊपर भरोसा नहीं, तब तक अपने ही डर पर भरोसा कैसे कर लिया?

वास्तव में बहुत डरने वाला मन भी बड़ा अहंकारी है, उसका वक्तव्य है कि मुझे साफ़ पता है फलानी चीज़ मेरे लिए खतरनाक है। तुम्हें कैसे पता? कैसे पता? आज तक जिन चीज़ों पर बड़ा भरोसा था उनमें से क्या देखा नहीं है कि कितनी चीज़ें उल्टी पड़ी हैं? कहो, बोलो। आज जिन सब चीज़ों को लेकर सर धुन रहे हो, वो सब वही चीज़ें हैं ना जिनको लेकर के कभी बहुत हर्षाते थे, कहते थे कि जीवन में उमंग आ गई, अमृत बरस रहा है। आज उन्हीं चीज़ों को लेकर के बाल नोच लेते हो, सर पटक लेते हो।

जीवन में हर्ष आ गया है ये मानने वाला, इस धारणा को सत्यापित करने वाला कौन था? भीतर जो 'मैं' बैठा है। और जीवन में खतरा आ गया है, हानि की आशंका है इस बात को भी मानने वाला कौन है? 'मैं'।

डर कैसे लेते हो बताओ तो? डरने के लिए तो बड़ा भरोसा चाहिए अपने ऊपर। जो भरोसा राम पर करना था वो भरोसा अपने ऊपर कर लिया। अब भीतर से एक बेईमान-सी आवाज़ है जो कभी कह देती है खुश हो जाओ तो खुश हो लेते हो, कभी कहती है डर जाओ, दुखी हो लो तो डर कर दुखी हो लेते हो। लेकिन चाहे खुश हो रहे हो, चाहे उदास हो रहे हो, उल्लासित हो रहे हो चाहे आशंकित हो रहे हो, एक बात पर तो हम अडिग हैं। किस बात पर? 'हम भरोसे के काबिल हैं। हमारा अनुभव, हमारी धारणाएँ, हमारी प्रतीतियाँ, हमारे एहसास, इन्हें गंभीरता से लिया जा सकता है। मुझे जैसा लग रहा है उस बात में सच्चाई है।' हम ये न बोलें तो खाना नहीं हजम होता।

कौन-सा अध्यात्म, काहे का सत्य? कौन-सा राम? हम तो सबसे ज़्यादा गंभीरता से लेते हैं स्वयं को। होगा कोई सत्य, होगा कोई ब्रह्म, हमने तो सबसे ऊँची जगह पर बैठा रखा है स्वयं को। तो फिर हमें डर भी राम से नहीं लगता, हमें डर भी उन बातों से लगता

है जिनकी पुष्टि हम करते हैं कि डरावनी हैं। 'मुझे ऐसा लग रहा है उस पर्दे के पीछे कोई है; मार न दे मुझे कहीं।' और मैं डर से बिलकुल काँपा जा रहा हूँ।

मैं फिर पूछ रहा हूँ, गौर करिए! कौन है जिसको ये सब फ़ितूर पता चल रहा है? कौन है जिसे इस धारणा, इस विचार, इस भावना का अनुभव हो रहा है कि उस पर्दे के पीछे कोई छुपा बैठा है, किसको अनुभव हो रहा है? आपको हो रहा है। आप अपने-आपको इतना भरोसे के काबिल मानते हो! आप अपने-आपको इतनी खुली छूट दे देते हो! कि मुझे अगर लग रहा है कि पर्दे के पीछे कोई है तो ज़रूर होगा।

साहब! ये तो छोड़ दीजिए कि पर्दे के पीछे कोई है, ये हो सकता है कि पर्दा ही न हो। ज़्यादा संभावना ये है कि पर्दा भी नहीं है और हम काँपे जा रहे हैं कि पर्दे के पीछे वाला कहीं घात न कर दे। इतनी तो हमारी होशियारी है। कैसे कर लेते हो बताओ तो?

डरा हुआ आदमी सहानुभूति का पात्र बाद में है, दया या करुणा का पात्र बाद में है, सबसे पहले तो ये देखना ज़रूरी है कि उसमें अपने-आपको लेकर के कितनी घोर ठसक है।

डरो! क्यों डरो? क्योंकि मुझे ऐसा लगा कि डरना चाहिए। अब मुझे लगा है तो डरना होगा। क्यों? क्योंकि मैं बादशाह हूँ। भई! मुझे लगा है तो सच ही लगा होगा ना। सच की भी कसौटी क्या है? जो मुझे लगे सो सच। तो सच से भी बड़ा कौन हुआ? मैं।

क्योंकि सच को भी प्रमाणित करने वाला कौन? मैं।

मुझे अगर लगा पर्दे के पीछे कोई है तो उसे होना पड़ेगा, क्योंकि किसको लगा? मुझे। मैं कौन हूँ? मैं बादशाह हूँ भई! मुझे अगर लगा है कि पर्दे के पीछे कोई है तो उसे होना पड़ेगा। और अगर कोई पर्दे के पीछे है तो अब मुझे अधिकार मिल गया डरने का, तो अब मैं डरूँगा और काँपूँगा और मैं अपनी ही नज़रों में क्या बन जाऊँगा? सहानुभूति का पात्र।

अपनी नज़रों में मैं एक तरफ़ यूँ हो जाऊँगा जैसे कि मैं बड़ा आतंकित हूँ, मेरे साथ बहुत चीज़ें गलत हो रही हैं, जबरन हो रही हैं, अन्यायपूर्वक हो रही हैं। और दूसरी ओर मैं जितना ज़्यादा अपने विषय में ये सब मानता रहूँगा, मैं उतना ही भीतर-ही-भीतर अपने ही प्रति विश्वास से और भरता जाऊँगा। क्योंकि भाई ये जो कुछ भी हो रहा है किसके साथ हो रहा है? मेरे साथ।

तो ये एक चीज़ है, एक सवाल है, जो अपने-आपसे पूछना न भूला करें : ये जो कुछ हो रहा है ये किसके साथ हो रहा है? ये जो कुछ भी लग रहा है किसको लग रहा है? मुझे ही तो लग रहा है। कुछ बहुत बुरा हो गया, ऐसा किसको लग रहा है? कुछ बहुत अच्छा हो गया है, ऐसा किसको लग रहा है? कोई घोर विपदा आने वाली है, किसको लग रहा है? आ हा हा हा हा! आशा के कमल खिले हैं; कौन हर्षा रहा है? 'मैं'। और मैं कौन हूँ? बोला करिए, 'भग्ग चोट्टा!' फिर सुख-दुःख दोनों बिलकुल झड़ जाएँगे।

सुख भी आप पर अवलंबित है और दुःख भी आप पर अवलंबित है, और अपने-

आपको बोलते रहेंगे कि मैं तो बादशाह हूँ, तो सुख भी बड़ा सच्चा प्रतीत होगा और दु:ख भी।

जब डरोगे तो आचार्य जी से पूछने लगोगे, 'आचार्य जी, डर बहुत लगता है।' जब मज़े आते हैं, मौज छाती है तब थोड़े-ही कहने आते हो कि बड़ी समस्या है। लेकिन बात ये है कि जितनी झूठी वो मौज है, डर उससे ज़्यादा झूठा थोड़े ही है, डर भी अधिक-से-अधिक बराबर का झूठा है। लेकिन शिकायत किसकी होती है? बस डर की होती है। सुख की शिकायत कोई करने ही नहीं आता।

सुख और दु:ख जब जीवन में बड़े मुद्दे बनें तो पूछना मत भूलिएगा, 'सुखी कौन है भाई? यह सुखी कौन है? सुख तो ठीक है, यह सुखी कौन हो रहा है? दु:ख तो ठीक है, यह दुखी कौन हो रहा है?' सुखी राजा भी हम हैं, दुखी राजा भी हम हैं। और दोनों के लिए एक संयुक्त नाम है : 'भग्ग चोट्टा!'

जो कुछ भी उसको (अहं को) प्रतीत हो रहा है वह झूठा ही होगा। इसी को उपेक्षा भी कहते हैं, इसी को वैराग्य भी कहते हैं, इसी को साक्षित्व भी कहते हैं। 'मैं अपने-आप को गंभीरता से नहीं ले सकता भाई। दर्द हो रहा है, मुझे ही तो हो रहा है। मैं कहाँ का बड़ा हरिश्चंद्र हो गया, मुझे ही तो दर्द हो रहा है। ऐसे ही कोई होगी आती-जाती घटना, छोटी-मोटी बात। खुद को कौन गंभीरता से ले?'

जो स्वयं को ही गंभीरता से ले रहा है उसके जीवन में सत्य का स्थान बहुत नहीं हो सकता। खुद को गंभीरता से ले रहे हो तो किसका स्थान है फिर तुम्हारे जीवन में? तुम्हारा अपना। तो अपने को ही जगह दिए बैठे रहो फिर। बड़ी उदासी छाई है, ज़बरदस्त उदासी छाई है, वह वाली वो जो शाम ढलने के बाद छाती है और गमगीन गाने चलाए जाते हैं और बोतल खुलती है और फ़ोन किया जाता है और कोई मिल जाए। ठीक उस वक्त अगर याद आ जाए कि उदासी तो ठीक है पर यह उदास होने वाला कौन है? कौन है?

प्रश्नकर्ता : अहंकार।

आचार्य : और उसको जो उसके लिए बिलकुल जायज़ संबोधन है उससे अलंकृत कर दिया जाए 'भग्ग चोट्टा!' तो अब उदासी कहीं बचेगी नहीं। लेकिन अगर आप यह साधना करना चाहते हैं तो अपने-आपको अविश्वसनीय सिर्फ़ दु:ख के क्षणों में नहीं बोलना होगा, अपने-आपको अविश्वसनीय आपको सुख के क्षणों में भी बोलना होगा। वहाँ दिक्कत आएगी क्योंकि लालच रहता है सुख भोगने का।

सुख को हम तत्काल सत्य की मोहर लगा देते हैं, सुख है तो सच्चा होगा। नतीजा निकलता है कि फिर दु:ख को भी झेलना पड़ता है, दु:ख को भी सच्चा मानना पड़ता है। नहीं तो ये सब फिर पर्दे पर चल रही फ़िल्म जैसे हो जाएँगे। हम इतने पागल थोड़े ही हैं कि जो चल रहा है उससे प्रभावित ही हो जाएँ। देख लिया, थोड़े मनोरंजन की चीज़ है, प्रभावित हुए भी तो उतने जितनी अपने-आपको छूट दी प्रभावित होने की।

आप सिनेमा हॉल में फ़िल्म देखने जाते हैं तो ऐसा तो नहीं होता है कि फ़िल्म से

बिलकुल अस्पर्शित रह जाते हैं, कुछ तो उसका आप पर असर होता ही है ना। लेकिन इतना बावला तो कोई नहीं होता कि पिक्चर देख कर के सुध-बुध खो दे, आपा खो दे, कूद-फाँद मचा दे, तोड़-फोड़ कर दे, गोली चला दे, ऐसा तो कोई नहीं करता। कोई सूरमा होता होगा लाखों में एकाध, जो यह कर भी जाता होगा, लेकिन मैं हम लोगों की बात कर रहा हूँ, हम तो ऐसा नहीं करते आमतौर पर।

तो अपने साथ भी जो कुछ भी हो रहा है, सुख है, दु:ख है, उस सबको वैसे ही देखिए कि पर्दे पर चल रहा है। और इस नाते मैंने कहा कि संदेह बड़ी मूल्यवान कला है, क्योंकि हमारी प्राकृतिक वृत्ति है विश्वास की। हमारे साथ जो कुछ भी हो रहा होता है हम उस पर तत्काल विश्वास करते हैं, कि जो हो रहा है, वह हो ही रहा है। जो प्रतीत हो रहा है उसको हम अस्तित्वमान मान लेते हैं, जबकि इन दोनों में बहुत अंतर है। किसी चीज़ का प्रतीत होना एक बात होती है और किसी चीज़ का अस्तित्वमान होना बिलकुल दूसरी बात होती है। प्रतीत तो हमें कुछ भी हो सकता है। जो कुछ प्रतीत हो, क्या आवश्यक है कि उसका अस्तित्व भी हो?

प्रश्नकर्ता : नहीं।

आचार्य : जानने वालों ने बार-बार यही समझाया है कि बेटा यह है नहीं, बस भास रहा है। भासता है, है नहीं। अहंकार क्या कहता है, कि आभास किसको हुआ? मुझे हुआ। जब मुझे आभास हुआ, तो ज़रूर होगा, क्योंकि आभास जब हमें हुआ है तो झूठ कैसे हो सकता है? हम कौन हैं? बादशाह। भाई हमें कोई चीज़ अगर प्रतीत हो रही है, अनुभव हो रही है तो ऐसा कैसे हो सकता है कि वह चीज़ बिलकुल नकली हो?

चूँकि हमारी प्राकृतिक वृत्ति विश्वास की है इसीलिए संदेह करना सीखिए। और जब संदेह कर रहे हैं तो भूलिएगा नहीं, कि दिखने वाली चीज़ पर ही नहीं, सबसे ज़्यादा संदेह करना है देखने वाले पर। अब बताइए डर कैसे लगेगा? डर पर भी तो फिर संदेह होगा ना? समझ रहे हैं?

धर्म वास्तव में ईश्वर का, सत्य का, ब्रह्म इत्यादि का अनुसंधान नहीं होता। धर्म ज़मीनी तौर पर, व्यावहारिक तौर पर झूठ भर का अनुसंधान है। आप झूठ पकड़ लें, यही धार्मिकता है। शर्त है कि झूठ पकड़ने में झूठ से लिप्त न हो जाएँ, झूठ को पकड़ भी लें और झूठ से अस्पर्शित भी रहें। यह नहीं करना है कि जिसको पकड़ने गए उसको पकड़ते-पकड़ते उससे ऐसे लिपटे कि उसी के रंग में रंग गए। जैसे कोई चोर कीचड़ मले भाग रहा हो, गिर गया होगा कहीं भागते-भागते, और उसको पकड़ा और ऐसा पकड़ा कि खुद भी बराबर के कीचड़-धारी हो गए। वो पीछे से भीड़ आ रही थी, उसने कहा, 'एक नहीं, दो हैं चोर, देखो भाई-भाई हैं कीचड़ के तौर पर,' मारे गए।

दुनिया का झूठ पकड़ना भी है—दुनिया में हम भी शामिल हैं। दुनिया माने यह नहीं कि बाकी सब झूठे हैं, हम सच्चे हैं—दुनिया का झूठ पकड़ना भी है और कितना भी खतरनाक

दिखाई दे रहा हो वह झूठ, अपने-आपको याद दिलाते रहना है कि अरे है तो झूठ। जब झूठ है, तो उससे जो खतरा है वह भी झूठा है। क्या झूठी चीज़ सच्चा खतरा पैदा कर सकती है?

प्रश्नकर्ता : नहीं।

आचार्य : तो जो दिखाई दे रहा है जब वह झूठ है, तो उससे जो खतरा लग रहा है मुझको, वह भी तो झूठ ही है ना। काहे की परेशानी, क्या डरना!

अपनी सब मान्यताओं पर संदेह करें। वो सब बातें जो सहज ही, प्रकट ही, प्रत्यक्ष ही सच लगती हैं, जिन पर कोई शक-शुबहा उठता ही नहीं, उन पर भी संदेह करें। हमारी समस्या, खौफ़, परेशानियाँ, सब वहीं छुपे बैठे हैं। अंत में अगर आपकी हार होगी तो इसलिए नहीं कि आप संदेह में फँस गए, आपकी खोट ये होगी कि आपने संदेह बहुत-बहुत कम किया, और ज़्यादा करना चाहिए था।

आप मेरे पास समस्या लेकर आते हैं, कहते हैं कि मैं बड़ा संदेहग्रस्त रहता हूँ। कहाँ संदेहग्रस्त रहते हैं? संदेह तो हममें से अधिकांश लोग जानते ही नहीं। सौ में से पाँच चीज़ों पर संदेह करते हैं, पिचानवें पर तो भरोसा रखते हैं। आपकी समस्या वो पाँच चीज़ें नहीं हैं जिन पर आपको संदेह है, आपकी समस्या वो पिचानवें चीज़ें हैं जिन पर आपको बड़ा अटल भरोसा है।

''जो स्वयं को ही गंभीरता से ले रहा है उसके जीवन में सत्य का स्थान बहुत नहीं हो सकता।''

डर हटाने के मात्र दो ही तरीक़े

अद्वैत शिविर, बोधस्थल, 2019

"जो तुम्हारा है, वह तुम से छिनने वाला नहीं, बाकी सब कचरा, तुम उसको लेकर क्यों हैरान हो? यह आत्मज्ञान है। मैं कौन हूँ? मैं वह हूँ ही नहीं जो मैं अपने-आपको मानता हूँ।"

प्रश्नकर्ता : आचार्य जी, मैं प्रथम बार आया हूँ। मेरा बुनियादी डर बचपन से है। अगर मन के विरुद्ध कुछ होता है तो नाभि पर दबाव प्रतीत होता है, भयाक्रांत हो जाता हूँ और फिर विचार भी बहुत तेज़ी से भागते हैं। अगर मैं इसको रोकने की कोशिश करूँ तो और तेज़ी से होता है। ये मेरा स्वभाव है। इस पर कृपया मार्गदर्शन करें।

आचार्य प्रशांत : जो कुछ शारीरिक तल पर होता है, वो तो मानसिक उथल-पुथल की शारीरिक अभिव्यक्ति मात्र है। ऐसा यहाँ कोई भी नहीं होगा जो जब डरता हो या क्रोधित होता हो या उत्तेजित होता हो तो उसके शरीर पर प्रभाव न पड़ता हो। क्या ऐसा यहाँ कोई भी है जिसकी मानसिक गतिविधि मात्र मानसिक होती हो? जब आप क्रोधित होते हैं तो आपको देख कर ही कोई बता सकता है ना कि आप गुस्से में हैं? वो क्या देख रहा है? वो आपके विचार देख रहा है या आपका चेहरा देख रहा है? इसका मतलब विचारों का प्रभाव किस पर पड़ गया? चेहरे पर पड़ गया। मन का प्रभाव सीधे-सीधे पड़ गया शरीर पर।

दस उदाहरण आप स्वयं ही दे लेंगे ना, कि जैसे ही मन बदलता है, शरीर कैसे बदल जाता है? आँखें बदल जाती हैं या नहीं? प्रेम के क्षण में आँखें दूसरी होती हैं ना? जब तुम्हारे भीतर करुणा होती है और दया होती है तो आँखें दूसरी होती हैं ना? अभिनेता भी ये राज़ जानते हैं! तुम अभिनेताओं से कहो कि, 'इस दृश्य में तुम्हें बहुत दयालु दिखाई देना है।' तो अभिनेता अभिनीत कर देगा ना? क्योंकि उसको पता है कि दया के क्षण में चेहरा बदल जाता है, तो आमतौर पर जिस तरीके से बदलता है वो वैसा अभिनीत कर देगा। ठीक?

क्रोध में हाथ काँपने लगते हैं ना? तनाव में कंधों पर और पीठ पर दर्द आ जाता है ना? भय में घुटने काँपते हैं ना? कामवासना के क्षण में आँखें बदल जाती हैं ना? ये सब होता है ना? हैरान हो, परेशान हो, होंठ सूख जाते हैं ना? तो शरीर में जो कुछ भी हो रहा है वो तो उसके पीछे के विचार के कारण हो रहा है, शरीर को हटा दें।

विचार अगर संयमित हो गया तो शरीर पर जो भी प्रतिक्रियाएँ होती हैं, चाहे वो नाभि

पर होती हों, चाहे चेहरे पर होती हों, वो अपने-आप ठीक हो जाएँगी। विचारों में क्या हो रहा है? विचारों में भय है। भय आपको तब तक रहेगा ही, जब तक आत्मज्ञान नहीं होगा या फिर जब तक प्रेम नहीं होगा। भय से मुक्ति पाने की इसके अतिरिक्त कोई विधि न कभी थी और न आगे कभी होगी। गौर से समझ लीजिए, या तो आत्मज्ञान, या फिर प्रेम। दोनों की प्रक्रियाएँ थोड़ी अलग-अलग होती हैं, लेकिन आत्यंतिक तौर पर एक हैं।

आत्मज्ञान की क्या प्रक्रिया होती है? आत्मज्ञान की प्रक्रिया ये है कि, 'मैं सोता था रात में, चोरों के भय में, मुझे नींद नहीं आती थी। मैं परेशान रहता था क्योंकि मुझे लगता था कि मेरे पास काफ़ी कुछ है जो चोर चुरा सकते हैं।' फिर एक दिन कोई आया फ़कीर मेरे घर और उसने बताया, 'कि वो सब कुछ जो तुमने इकट्ठा कर रखा है वो दो कौड़ी का है। वो चोरी हो भी गया तो कोई फ़र्क नहीं पड़ता।' मैंने कहा, 'क्या सब कुछ दो कौड़ी का है?' वो बोला, 'हाँ सब कुछ दो कौड़ी का है, और इतना ही नहीं, उनमें से काफ़ी कुछ उधार का है। तुम्हारे यहाँ रात में आने को जो बेकरार है उसको चोर बोलना भी बंद करो, उसमें से कई तो वो हैं जिनके तुम ऋणी हो। वो तकाज़ा करने आते हैं, तुम उन्हें चोर बोल रहे हो! तुम उनकी चीज़ें रखकर बैठे हो। तुम्हें लौटानी ही हैं एक दिन, तुम उन्हें पकड़े बैठे हो।'

मैंने कहा, 'अच्छा! इसका मतलब क्या मेरे पास कुछ भी नहीं है?' वो फ़कीर जहाँ खड़ा था उसने वहीं पर लात मारी। धरती थोड़ी-सी फट गई, नीचे से एक हीरा चमकने लगा, बोला, 'ये है तुम्हारे पास।' मैंने कहा, 'ये है ना, ये देखो ये चोरी हो गया तो?' उसने कहा, 'तुम खुद ही आज़मा लो। चोर तो बाद में चुराएगा, तुम ज़रा खुद ही इसको उखाड़ कर दिखा दो।' मैंने पूरी कोशिश कर ली, जान लगा ली, जितने प्रयोग कर सकता था और जितने उपकरण आज़मा सकता था, सब करके देख लिया, वो हीरा टस-से-मस नहीं हो रहा। फ़कीर मुस्कुरा रहा है, उसने कहा, 'अब आश्वस्ति है?' मैंने कहा, 'हाँ लगता तो नहीं कि इसे अब कोई...' उसने कहा, 'लगता नहीं? अभी थोड़ा संशय है क्या? तो और कोशिश कर लो।' मैंने कहा, 'नहीं! कोई संशय नहीं।' मैंने जी-तोड़ यत्न करके देख लिया, जब मैं ही इसको नहीं उखाड़ सकता, मैं ही इसको नहीं ले जा सकता तो कोई और क्या ले जाएगा?' तो उसने कहा, 'ठीक।' तो तुम्हें तीन-चार बातें समझ में आ गई हैं।

ये आत्मज्ञान समझा रहा हूँ।

पहली बात तुम्हें ये समझ में आई है कि तुम्हारे पास जो कुछ है, जिसकी रक्षा के लिए तुम इतने परेशान रहते हो, इतने व्यग्र रहते हो, वो दो कौड़ी का है। दूसरी बात तुम्हें ये समझ में आई है कि दुनिया तुम्हारी दुश्मन नहीं है, बहुत कुछ जो तुमने इकट्ठा कर रखा है वो तुम्हारा है ही नहीं। पहली बात, दो कौड़ी का है और दूसरी बात, तुम्हारा है ही नहीं। वो किसी और का है, तुम अपना माने बैठे हो, जिसका है वो तो लेकर जाएगा ही ना? और तीसरी बात, जो कुछ तुम्हारा है वो बड़ा कीमती है, और उसे कोई ले नहीं जा सकता।

जिस दिन से मुझे ये पता चला, मैं गधे-घोड़े सब बेच कर सोता हूँ, मेरे खर्राटों से मोहल्ला काँपता है। भय चला गया। जो दूसरे का है उसको तो वो ले ही जाएगा। जो कुछ

मुझे स्थितियों से, समाज से, समय से मिला वो तो चला ही जाना है। ये जिस्म भी चला ही जाना है क्योंकि ये तो यूँ ही मिल गया था, संयोगवश। जो संयोगवश मिला है वो संयोग से चला भी जाएगा।

कबीर साहब के पास एक स्त्री आई, वो रो रही थी। पूछा, 'क्या हुआ?' बोली, 'मेरा पति मर गया, टूट गई मोरी जोड़ी!' कबीर साहब बोले, 'जिन जोड़ी तिन तोड़ी, तू काहे को रो रही है? तूने जोड़ी थी क्या? संयोगवश जैसे जुड़ गई थी, संयोगवश वैसे ही टूट भी गई। तू काहे को दुखी हो रही है? छोटे-छोटे संयोग न हुए होते तेरी ज़िन्दगी में दो-चार, तो ये पुरुष तेरे जीवन में आता ही नहीं।'

कभी कोई तुम्हें बस में मिल गया, कभी कोई तुमसे राह में टकरा गया, कभी कोई तुम्हारे पड़ोस में रहता था, कभी किसी का रिश्ता कोई पंडित तुम्हारे घर ले आया। ऐसे तो जोड़ियाँ बनी हैं, इनको लेकर के रो क्या रहे हो? ये तो यूँ ही समय ने ताल्लुकात बना दिए थे, समय ही इनको तोड़ भी देगा। ठीक है? मस्त-मगन सोओ।

'कुछ तो कीमती होगा हमारे पास! ऐसे भिखारी हैं क्या हम कि आप कह रहे हो कि तुम्हारा माल बेकार है और दूसरा—अपमान ये करते हो कि एक तो बेकार माल, वो भी उधारी का!'

हीरे को याद रखो! वो हीरा ऐसा है कि उसे तुम भी अपने-आप से दूर नहीं कर सकते, तो चोर क्या करेगा? वो हीरा ऐसा है कि उसे तुम चाहो भी तो कोई और नहीं चुरा सकता। चोर तुम्हारे घर घुसे और तुम चोर से कहो, 'मैं भी तुम्हारे साथ हूँ। आओ दोनों मिलकर के यहाँ चोरी करते हैं, दोनों मिलकर के इस हीरे को उखाड़ते हैं और तुम ले जाना।' तो भी, न तुम सफल होगे न चोर सफल होगा। जो तुम्हारा है वो तुमसे छिनने वाला नहीं। बाकी सब कचरा, तुम उसको लेकर क्यों हैरान हो? ये आत्मज्ञान है—'मैं कौन हूँ' ये पता होना।

मैं वो हूँ ही नहीं जो मैं अपने-आप को मानता हूँ। मैंने अपने द्वारा संकलित छवियों को, वस्तुओं को, रिश्तों और नातों को और विचारों को और अवधारणाओं को 'मैं' का नाम दे दिया है। वो मैं हूँ नहीं, वो सब तो यूँ ही हैं।

जैसे पतझड़ के मौसम में उड़ते हुए पत्ते तुम्हारे आँगन में आकर गिर जाते हैं, उनसे क्या रिश्ता रखोगे भाई? वो आकर तुम्हारे आँगन में गिरे, सुन्दर बात! पर वो तुम्हारे आँगन के तो नहीं हो गए ना? जैसे सुबह उठते हो तो पाते हो कि तुम्हारे बाग में पत्तों पर कुछ ओस की बूँदें हैं, उनसे कितनी देर का रिश्ता रख लोगे? रात में आई थीं, संयोगवश आई थीं, उनको प्रणाम करो, मुस्कुरा दो उनको देखकर, उनका स्वागत कर लो। थोड़ी ही देर में उनको चले ही जाना है, जैसे आई थीं, वैसे जाएँगी। और अगली रात अगर विधि ने चाहा तो वो फिर लौटकर के आएँगी, तुम क्यों हैरान हो?

ये देह भी वैसी ही है, स्वयं को जानो। तुम्हारे पास ऐसा कुछ नहीं, जो तुम्हारा हो, और जो तुम्हारा है, मजाल किसी की कि उसे छीन कर दिखा दे!

सूत्र ये समझ लेना कि जो छिनता हो वो तुम्हारा है ही नहीं। सूत्र ये समझ लेना कि जिसकी रक्षा के लिए तुम्हें व्यग्र होना पड़े वो रक्षा के काबिल ही नहीं। जो बचाने के लिए तुम्हें रातों की नींद खोनी पड़े, वो इस काबिल ही नहीं कि उसे बचाया जाए, और जो इस काबिल है कि उसे बचाया जाए, उसे बचाने की कोई ज़रूरत नहीं, वो बचा ही हुआ है। भय गया, तुम भय मुक्त हुए।

प्रेम का रास्ता दूसरा है, उसकी तो सुन लो। चूक ही जाओगे तुम्हारा सवाल ले लिया तो। और प्रेम का रास्ता ऐसा है कि जैसे कोई औरत निकली हो बाज़ार में कुछ सौदा बेचने के लिए। कुछ छोटे-मोटे कपड़े हैं, कुछ सामान है, कुछ फल, कुछ सब्ज़ियाँ। ये सब वो घूम-घूम कर बेच रही है और कोई शरारती बच्चा आकर के उसके ठेले से एक टमाटर उठा ले, तो चिल्लाती है और गाली देती है। उसे प्यास लगी है पर उसके पास पानी नहीं है, पर अपना ठेला छोड़कर के नहीं जा सकती क्योंकि उसको पता है कि छोड़ा तो कुछ उठ सकता है, चोरी हो सकता है।

इस भय के मारे वो प्यासी घूम रही है। सोना तो बहुत दूर की बात रही, वो पानी नहीं पी सकती। वो कह रही है, 'ये इतनी कीमती चीज़ें हैं, इन्हें कोई ले गया तो क्या होगा?' और बात सही है, औरत गरीब है। उसके पास बस वही सब चीज़ें हैं जो उसने ठेले पर रखी हुई हैं। उसी से उसकी दाल-रोटी चलती है, उसी से साँझ को चूल्हा जलता है और ज़माना खतरनाक है, लोग स्त्री को अकेला जान रहे हैं, मोल-भाव कर रहे हैं, दबाव भी डाल रहे हैं, और बन्दर तो बन्दर! बच्चों को तो डाँट दो, समझा दो, बुझा दो, बन्दर आकर के कूद कर फल उठा कर ले जाते हैं। लो अभी आया! एक अमरूद उठाकर चला गया, वो चिल्लाती रह गई।

कभी इधर देखती है, कभी उधर देखती है, साँस उसकी अटकी हुई है और तभी कोई आता है और उससे कहता है, 'गाँव की सरहद पर तुम्हारे पति को देखा। दसों साल विदेश में रहकर वो लौट रहा है।' और ये औरत अपनी सब सब्ज़ी, भाजी, सारा सौदा, सब माल छोड़-छाड़ कर, फेंक-फाँक कर बावली होकर भागती है। सौदा तो उसने छोड़ ही दिया, उसके छोटे-से थैले में कुछ सिक्के, कुछ छोटे-छोटे नोट, और वो ऐसा बेसुध भाग रही है कि सिक्के उछल-उछल कर गिरते जा रहे हैं, नोट हवा में उड़ते जा रहे हैं। लोग उससे कह रहे हैं, 'अरे बाई! तेरा पैसा! देख पीछे छूटा,' उसे सुनाई ही नहीं पड़ रहा।

कोई उससे कह रहा है, 'अभी तुझसे थोड़ी देर पहले कहता था कि आलू ज़रा सस्ते लगा दे, तू मुझसे लड़ बैठी थी, और तेरे वही आलू वहाँ गली में लुढ़क रहे हैं अब, तुझे कुछ ख़याल नहीं?' वो उत्तर देने भर के लिए भी नहीं रुकती, वो भागी ही जा रही है। वो गली से निकल कर के अब सड़क पर आ गई है, यातायात है, गाड़ियाँ हैं, हॉर्न बज रहे हैं। उसे सुनाई ही नहीं दे रहा, उसे कोई डर ही नहीं है, वो नंगे पाँव है, उसके पाँवों से खून बह रहा है, उसे फ़र्क नहीं पड़ रहा। इस वक्त कोई उसे रोक कर दिखाए!

न उसे रुपया खोने का डर है, न उसे किसी गाड़ी के नीचे आ जाने का डर है, चोट

लगने का डर तो बहुत छोटी बात है। ये प्रेम है, प्रेम में डर विदा हो जाता है।

या तो ये जान लो कि तुम व्यर्थ ही चीज़ों को पकड़े बैठे हो। ये शुरुआत हुई बाहर से। बाहर-बाहर जो कुछ है, वो यूँ ही है, अनावश्यक है, हमने व्यर्थ ही उससे इतना गहरा नाता जोड़ लिया है। या तो ये कर लो, या फिर जो केन्द्रीय है, उससे प्रेम हो जाए तुम्हें। दोनों ही स्थितियों में भय बिलकुल हट जाएगा। न ज्ञानी में तुम भय पाओगे, न प्रेमी में तुम भय पाओगे। दोनों में ही भय नहीं मिलेगा। और अगर न ज्ञान हो, न प्रेम हो, तो फिर तो कहना ही क्या!

और इन दोनों को, मैंने कहा कि शुरुआत में ही अलग-अलग रास्ते मानना। ज़रा-सा आगे बढ़ोगे तो पाओगे कि एक ही रास्ता है। जहाँ प्रेम है, वहाँ सत्य के प्रति अनुराग और व्यर्थ के प्रति वैराग आ ही जाता है।

'प्रेम' में सत्य के प्रति अनुराग पहले आता है, व्यर्थ के प्रति वैराग छाया की तरह आ जाता है, और 'आत्मज्ञान' में, व्यर्थ चीज़ें पहले दिखाई देती हैं, हीरे का अनुसंधान ज़रा बाद में होता है; पर दोनों में घटना एक ही साथ घटती है; व्यर्थ छूटेगा, जो असली है वो मिलेगा।

कोई और तरीका आज़माना चाहते हो अगर भय से हटने का, तो है नहीं। ख़ुद को जानो, जितना ख़ुद को जानते जाओगे उतना उसके (ऊपर वाले के) इश्क में पड़ते जाओगे।

जब मैं कह रहा हूँ, 'ख़ुद को जानो,' तो मैं नहीं कह रहा हूँ कि आत्मा को जानो। मैं कह रहा हूँ, 'घर-द्वार, संसार को जानो, इस देह को जानो, विचार को जानो।' जितना तुम्हें अपनी हस्ती की नि:सारता का पता चलेगा, उतना ही तुम सत्य के प्रति आकर्षित होते जाओगे, जो समस्त सारयुक्त है। दोनों एक साथ चलेंगे।

सत्य की ओर बढ़ोगे कैसे अपने झूठ से अवगत हुए बिना?

तुमने अगर अपने-आप को ही सच मान रखा है, तो फिर तुम किस आध्यात्मिक सत्य की तलाश कर रहे हो? आध्यात्मिक सत्य की तो बात ही तब उठती है ना जब पहले तुम्हें दिखाई दे कि तुम कितने झूठ हो। तुम झूठे नहीं हो, अंतर समझना! मैं कह रहा हूँ, 'तुम झूठ हो! झूठे नहीं, झूठ!' तुम झूठ बोलते नहीं हो, तुम झूठ हो। हस्ती ही असत्य है, नि:सार है, अनित्य है। हमारा होना ही एक भ्रम है।

हम वो हैं जो प्रतिपल बदल रहा है, तो उसको क्या, कैसे कोई नाम दें? कैसे कह दें कि वो एक चीज़ है? वो बस नाम से एक चीज़ है, वो एक चीज़ है ही नहीं। पर हम उसे एक चीज़ समझते हैं इसीलिए उसके खोने के और मिटने के डर में जीते हैं। तुम जो चीज़ हो वो निरंतर परिवर्तनशील है, उसका कोई केंद्र नहीं है। वो पूरी ही तरह बदल जाती है। तो उसके मिटने का तुम्हें डर क्या? और वो जो अपरिवर्तनीय है उसको तुम खो नहीं सकते, तो उसके मिटने का तुम्हें डर क्या?

लेकिन हम इतने गौर से देखते नहीं ना! क्योंकि चीज़ों का नाम एक है, स्थान एक है, रूप-रंग एक है तो हमें लगता है चीज़ भी एक ही है। ईमानदारी से बताना, आज अगर

पचास साल के हो गए हो तो तुम्हारा नाम तो वही है ना जो पाँच की अवस्था में था? है कि नहीं? पर पचास के जो तुम हो और नाम है तुम्हारा कुछ भी, मान लो राघवेन्द्र। पचास के राघवेन्द्र और पाँच के राघवेन्द्र में कुछ भी साझा है क्या? कुछ भी?

मानसिक तौर पर तो छोड़ दो, शारीरिक तौर पर भी कुछ नहीं साझा है, शरीर की एक-एक कोशिका तक बदल चुकी है। पाँच साल के राघवेन्द्र की एक भी कोशिका नहीं बची है पचास साल के राघवेन्द्र में। लेकिन राघवेन्द्र का दावा वही है कि, 'मैं ही तो हूँ जो पाँच में था और मैं ही तो हूँ जो पचास में है' कैसे भाई, कैसे?

शरीर की कोशिकाएँ सारी बदल ही चुकी हैं, चलो एक काम और कर देते हैं। किसी तरीके से तुम्हारी स्मृति का लोप कर देते हैं। और बहुत आसान है, विज्ञान ये करना जानता है। विज्ञान तो छोड़ दो, किसी आम सड़क दुर्घटना में भी ये हो सकता है कि तुम्हारी याद्दाश्त चली जाए। अब बताओ पाँच साल के राघवेन्द्र और पचास साल के राघवेन्द्र में क्या साझा बचा? न शरीर एक है, न मन एक है, लेकिन तुम अभी भी कहते रहोगे, 'ये व्यक्ति तो वही है'। क्या ये व्यक्ति वास्तव में वही है?

कुछ भी नहीं है जो एक हो, लेकिन हमें भ्रम बना रहता है, 'हम तो हैं!' अपनी अनित्यता का दिखना ज़रूरी है। और बताने वालों ने कहा है कि जो अनित्य है वही असत्य है। नित्य समझते हो ना? जो निरंतर हो, टूटे न, जिसकी श्रृंखला कभी अवरुद्ध न हो।

घर को भी कह देते हो, 'एक है।' पुरानी कोठी है तुम्हारी, और कोठी का कुछ नाम दे लो तुम बढ़िया सा, 'सत्य-सदन'! अब ज़रा बताना पचास साल पहले की जो कोठी थी, और पचास साल बाद की जो कोठी है क्या उसमें कुछ भी साझा है? पर तुम कहते यही हो कि ये तो वही घर है, 'सत्य-सदन'। यही कहते हो ना?

हाँ, जब समय का अंतराल बहुत बढ़ जाए तब तुम्हें मानना ही पड़ता है कि कुछ शेष नहीं बचा। कुछ शेष नहीं बचा ये तुम तब ही मानते हो जब कोठियों के अवशेष मात्र बचते हैं। पुराने दुर्गों और महलों को देखो, चले जाओ राजस्थान, तब तुम्हें यकीन हो जाएगा कि नहीं-नहीं, बस नाम वही है, और कुछ नहीं है। नाम हो सकता है कुछ भी, जयपुर का किला, जोधपुर का किला, फलाना दुर्ग, फलाना महल। पर क्या उनमें कुछ भी वैसा है जैसा दो सौ साल पहले था? कुछ भी?

नाम लेकिन वही है। हम नाम पर चलते हैं, हम नाम के पुजारी हैं। चूँकि नाम नहीं बदल रहा तो हमें लगता है कि एक निरंतरता बनी हुई है, नित्यता बनी हुई है। नित्यता नहीं है भाई! अपनी नि:सारता को देखो।

और देखने-सुनने के अगर इतने शौकीन नहीं हो, तो दूसरा तरीका और सरल है। दूसरा तरीका ये है कि किसी ऐसे के पास जाकर बैठ जाओ जो बाँध ही ले तुमको। अगर बहुत अक्ल नहीं दौड़ाना चाहते, अवलोकन के बहुत शौकीन नहीं हो; अगर कहते हो कि, 'साहब हमारी नज़र बहुत तेज़ नहीं है। हमारे विवेक में बहुत तीव्रता, तीक्ष्णता नहीं है' या

कहते हो कि, 'साहब! हम तो सीधे-सरल आदमी हैं, आपने क्या लंबा तरीका बता दिया कि सब चीज़ों की निःसारता को देखो। हमें दिखाई ही नहीं पड़ती।' तो मैंने कहा कि दूसरा तरीका ये है कि तलाश लो उसको जो सुन्दर हो और फिर उसके प्रति कोई विरोध मत रखो। प्रेम का स्वागत करो; डूब जाओ उसमें!

एक बार तुम प्रेम में डूबे नहीं कि अपने-आप उस सबसे बेगाने हो जाओगे जो निःसार है। सच्चे प्रेमियों को फ़िक्र ही नहीं रह जाती खाने की, पीने की, रुपए की, पैसे की, कैसे दिख रहे, कैसे नहीं दिख रहे हैं। आशिकों को तुम दूर से बता सकते हो उनकी खस्ता हालत देख कर। कहोगे, 'और कुछ नहीं है, इसको इश्क हुआ है!'

ये जो आम मोहल्लेबाज़ी का इश्क होता है, इसमें भी हम दीवाने हो जाते हैं, तो सोचो जब परमात्मा से इश्क होगा तो उसमें कैसा दीवानापन छाएगा?

ये दूसरा तरीका है। इसको बताने वालों ने कहा है कि ये ज़्यादा सरल तरीका है। तुम्हें कुछ नहीं करना, तुम्हें बस चीज़ों को होने देना है; तुम्हें गिरफ़्तार हो जाना है। अब बताओ तुम्हें क्या करना है? जिसने गिरफ़्तार किया है, वो करे जो करे, तुम्हें क्या करना है? तुम्हारा काम तो ये है कि डालने वाला आया तुम पर बेड़ियाँ डालने और तुमने कोई प्रतिरोध नहीं किया। तुमने कहा, 'आ ले चल! तू सुन्दर है इतना, तू प्यारा है इतना, तुझे देखने भर से जी को ठंडक मिलती है। हम तेरा विरोध कैसे करें! ले चल, जहाँ ले जा रहा है ले चल!'

चुन लो अपना रास्ता, पर कुछ तो चुनो।

प्रश्नकर्ता : अगर मैं अपना अनुभव लूँ तो ज्ञान मार्ग से जीवन की निःसारता दिखती है—दैनिक जीवन के भ्रम हैं, मोह माया है, क्या यथार्थ है और क्या नहीं है। लेकिन उस वैराग्य के बाद भी वो अनुभूति—जो आपने कहा था कि हीरा दिख जाए, या बोला कि ठेले पर कृष्ण हैं—उस तरह नहीं होती, एक परिकल्पना, एक अभिधारणा लगती है। ऐसा प्रतीत होता है, 'ठीक है! मेरे मन ने एक स्तर तक चीज़ों को देखा है। जो मुझे दुनिया में दिख रहा है अब मैं उसमें भेद कर पाता हूँ कि ये अनित्य है, इसको छोड़ा जा सकता है, ये ठीक है!' पर क्या मैं एक शारीरिक मशीन से ज़्यादा हूँ? जो हम बोलते हैं, या भगवान भी क्या मेरी एक परिकल्पना है? प्रेम नहीं दिखता, निःसारता दिखती है चीज़ों की। तो क्या भूल हो रही है?

आचार्य : कोई भूल नहीं है, नेति-नेति करते चलो।

तुम्हारे हाथ में यही है। जिस चीज़ पर तुम्हारा हक चलता है वो चीज़ यही है कि तुम कह दो कि, 'ये चीज़ निःसार है।' क्यों? क्योंकि तुम्हारा हक दुनियावी चीज़ पर ही तो चलेगा ना? ये चाहे सच्ची हो या झूठी हो, मैं इसी के बारे में तो कोई बात कर सकता हूँ, क्योंकि ये चीज़ मेरी पकड़ की है। ये चीज़ दुनिया की है, तो मैं इसके बारे में कुछ कह भी सकता हूँ।

यहाँ इतने लोग बैठे हैं, ठीक? मैं इनको देख कर के कह सकता हूँ, कौन सुन रहा है, कौन नहीं सुन रहा है। पर जो यहाँ हो ही ना, उसके बारे में क्या ये कहा जा सकता है कि

वो सुन रहा है या नहीं सुन रहा है? नहीं कहा जा सकता ना?

ठीक इसी तरीके से सार या असार दुनिया की ही वस्तुओं को ठहराया जा सकता है ना? क्योंकि वो दृष्टि के समक्ष होती हैं, क्योंकि वो अनुभव के लिए उपलब्ध होती हैं, क्योंकि वो प्रयोग के लिए उपलब्ध होती हैं। तभी तो उनके बारे में कह सकते हो। तो तुम यही करते चलो, तुम्हारा हक इतने पर ही है। नेति-नेति भी दुनिया की ही तो की जा सकती है ना? तो दुनिया में जो कुछ सामने है तुम उसकी नेति-नेति करते चलो। तुम पर कोई बाध्यता नहीं है कि तुम साथ-ही-साथ किसी अलौकिक ईश्वर की कल्पना भी गढ़ो, बल्कि अगर ऐसी कोई कल्पना तुम्हारे पास है तो तुम उस कल्पना की भी नेति-नेति कर दो। तुम कह दो, 'ये भी असार है, क्योंकि आज रहती है, कल नहीं रहती है।' हिन्दू की कल्पना एक होती है, मुसलमान की कल्पना दूसरी होती है। तो इसमें भी क्या शाश्वतता है?

तुम बस काटते ही चलो, काटते ही चलो। काटने पर तुम्हारा हक है। हीरा तो भेंट में मिलता है, उसकी उम्मीद करने से कोई लाभ नहीं। तुम्हारा काम है कचरे की सफ़ाई करना, सफ़ाई करने पर तुम्हारा हक है। तुम सफ़ाई करते चलो। हीरा? उसकी कोई आस मत रखो, उसकी कोई छवि मत रखो, क्योंकि उसकी आस रखोगे, उसकी छवि रखोगे तो गच्चा खा जाओगे। असली हीरा बिलकुल तुम्हारी छवि से मेल नहीं खाने वाला; और तुमने छवि बना ली है, तुम कह रहे हो, 'हीरा तो जगमगाते लाल रंग का होता है!' और जो असली हीरा है, क्या पता वो बेरंगा हो? फिर वो तुम्हारे सामने आएगा, तुम उसको अस्वीकार कर दोगे। मारे गए ना?

तुम उतना ही करो जितना तुम्हारे अधिकार में है। तुम्हारे अधिकार में है झूठ को झूठ देखना। झूठ को खारिज करते चलो, सत्य की परवाह मत करो। सत्य कभी तुम्हारे सामने आया, अच्छी बात! नहीं आया, तो वो पीछे से तुम्हें बल दे रहा है। सत्य अगर तुम्हें बल नहीं दे रहा होता तो तुम झूठ को कैसे खारिज कर पाते? क्या झूठ, झूठ को खारिज कर सकता है? तो निश्चित रूप से अगर तुम नेति-नेति कर पाते हो तो इसका मतलब है कि कोई तो है ना जो तुम्हें नेति-नेति करने का विवेक दे रहा है, कौन है इस विवेक के पीछे? उसी को सत्य कहते हैं। वो कभी साकार होकर तुम्हारे सामने आ जाए, तो किस्मत तुम्हारी। साकार होकर नहीं भी सामने आता तो, तुम यही जानो कि उसका अनुग्रह, उसकी कृपा तुम्हें उपलब्ध है।

कैसे उपलब्ध है? तुम्हें संसार असार दिख रहा, यही बात बता रही है कि सत्य ने तुम्हें वरदान दिया है। संतुष्ट रहो इतने में ही!

''भय आपको तब तक रहेगा ही जब तक आत्मज्ञान नहीं होगा या फिर जब तक प्रेम नहीं होगा। भय से मुक्ति पाने की इसके अतिरिक्त कोई विधि ना कभी थी ना आगे कभी होगी।''

दूसरों को सच कहने में डर क्यों?

अद्वैत शिविर, बोधस्थल, 2018

"लक्ष्य अगर बड़ा है तो तुम अपने-आप सौ हार बर्दाश्त कर लोगे और लक्ष्य अगर छोटा है तो फिर छोटी-छोटी हार भी बर्दाश्त नहीं होती।"

प्रश्नकर्ता : आचार्य जी, अध्यात्म से, ग्रन्थों से जो मुझे मिल रहा है जब वो दूसरों को बताने जाता हूँ तो भय लगता है, ऐसा क्यों?

आचार्य प्रशांत : जब जान जाओगे कि जो उनको दे रहे हो उससे उनको लाभ ही मिलना है तो फिर भय नहीं रहेगा। फिर एक सरल श्रद्धा रहेगी, गहरा विश्वास रहेगा।

किसी का नुकसान करने जाते हो तो लजाते हो और डर भी लगता है कि इससे आँख कैसे मिलाएँ, इसका सामना कैसे करें, क्योंकि उससे कुछ माँगने गए हो, कुछ चुराने गए हो, उसका कुछ लेने गए हो। जब जानोगे ही कि कोई कीमती चीज़ देने जा रहे हो तो डरोगे नहीं। तब बिलकुल चौड़े हो कर के जाओगे, ठसक के साथ कहोगे, 'एक बात कहनी है, सुनिएगा ज़रूर!' लेकिन उसके लिए तुम्हें पहले पूरा विश्वास होना चाहिए कि जो तुम कहने जा रहे हो वो बात सच है और लाभप्रद है।

पहले वो विश्वास पैदा करो, और जब वो विश्वास उठने लगेगा तो तुम अपने-आपको रोक पाओगे भी नहीं, फिर तुम पाओगे कि तुम मजबूर हो गए हो दूसरों को बताने के लिए, बाँटने के लिए; फिर ख़ुद ही बताओगे, बताओगे ही नहीं, हाथ पकड़-पकड़ कर लेकर आओगे। फिर ये नहीं कहोगे कि 'मैं छुपा रहा हूँ कि मैं कहाँ जा रहा हूँ।' फिर हाथ पकड़ोगे और कहोगे, 'चलिए, हक से आपको ले चल रहा हूँ, और आप भी ये पढ़िए जो मैं पढ़ रहा हूँ, लीजिए!'

प्रश्नकर्ता : आचार्य जी, साधु कौन?

आचार्य : जो साध ले वो साधु। साधने की हसरत सबको है, तो साधु तो सभी होना चाहते हैं ना? सबकी एक ही हसरत है कि साध लूँ। साध लूँ माने बस में कर लूँ, नियंत्रित कर लूँ। तो साधू होना तो सब ही चाहते हैं।

हाँ, साधुओं के भेस और आचरण से डरते हैं। तो कौन कह रहा है कि तुम साधुओं-सा वेश करो, साधुओं-सा आचरण करो? कौन कह रहा है तुम नंगे पाँव चलो, पेड़ के नीचे

सोओ? साधु वो थोड़े ही है जो दाढ़ी बढ़ाए या पेड़ पर उल्टा लटके। जिसने साधा, सो साधू!

साधना समझते हो ना?

जब कोई चीज़ तुमसे नहीं बनती तो तुम उसे कहते हो, 'ये असाध्य है।' एक रोग ही है, अगर न मिटता हो तो उसे कह देते हो, 'ये असाध्य है।' और जो चीज़ सध गई, जिस चीज़ में तुम निष्णात हो गए, प्रवीण हो गए, माहिर हो गए, उसको तुम कहते हो कि मैंने इस चीज़ को साध लिया।

हम सब क्या साधना चाहते हैं? हम सब जीवन और मन साधना चाहते हैं। तो साधु सभी होना ही चाहते हैं। है कोई ऐसा, जो न चाहता हो कि उसका मन सधे? है कोई ऐसा जो न चाहता हो कि उसका जीवन सधे? सब यही चाहते हैं ना? तो सब क्या होना चाहते हैं? साधु।

लेकिन साधु का नाम कुछ ऐसा है कि उससे घबरा जाते हैं, क्योंकि छवि बन गई है मन में कि साधु नंगा घूमता है, गरीब घूमता है, उसका घर-द्वार नहीं होता, तमाम कठिनाइयाँ झेलता है। और थोड़ा पास आएँ, निकट आएँ तो आज के समय में ये भी छवि बन गई है कि साधु बेईमान होता है, धोखेबाज़ होता है, पैसे चुराता है, बलात्कार करता है। तो आदमी दोनों ही चीज़ों से घबराता है।

अगर असली साधु है या असली साधु की जो छवि है वो कहती है कि वो साधु फ़कीरी कर रहा होगा, गुफ़ा में बैठा होगा; आदमी घबरा जाता है, 'बाप रे बाप!' और जो नकली साधु की छवि है, आदमी उससे भी घबराता है, कि वो किसी आश्रम में सोना-चाँदी जमा कर रहा है और दुनिया को बेवकूफ़ बना रहा है; वो भी घबराहट की बात है।

'साधुता' न इसमें है कि गुफ़ा में जाकर बैठ गए हिमालय में, न इसमें है कि साधु-सा वेश बना कर के लोगों को बेवकूफ़ बना दिया। जीवन को साध लिया तो तुम साधु हो गए। जिसने ही जीवन को साध लिया, वही कहलाया साधु।

प्रश्नकर्ता : क्या विवाह करके भी, बच्चे करके भी साधुपन में रह सकते हैं?

आचार्य : अगर विवाह करने का निर्णय सधा हुआ निर्णय है तो मीठी बात। विवाह करना या न करना बड़ी बात नहीं है; 'सधना' बड़ी बात है। मन सही जगह है, केन्द्रित है, मन तड़प नहीं रहा, कलप नहीं रहा, मन अपूर्णता में नहीं जी रहा—उसके बाद तुम निर्णय करते हो कि तुम्हें विवाह करना है, जाओ करो!

कोई भी कर्म मत पूछना मुझसे कि सही है कि गलत? करें कि न करें? शादी करें कि न करें? बच्चे करें कि न करें? नौकरी करें कि न करें? घर बनवाएँ कि न बनवाएँ? राजनीति में जाएँ कि न जाएँ? ऐसे सवाल बहुत लोग पूछते हैं—विदेश में बसने का मौका मिल रहा है, विदेश में बसें कि न बसें? तमाम इस तरीके के सवाल हैं। मैं उनका उत्तर दे ही नहीं सकता। मैं तो एक बात पूछता हूँ—क्या बात है कि इस कर्म में उतरना है? क्यों ये

हरकत करनी है? वजह क्या है? माहौल क्या है? प्रेरणा क्या है? चाह क्या रहे हो? पाना क्या है? वो सब ठीक है तो उसके बाद तुम जो भी करो वो ठीक है।

तुम्हें विदेश जाना है विदेश जाओ, भारत में बसना है भारत में बसो या फिर जैसा तुमने पूछा कि विवाह इत्यादि करके बच्चे करने हैं, करो! एक साधे सब सधे! वो एक चीज़ सधी हुई है तो बाकी तुम्हारे सारे निर्णय अपने-आप ठीक होने हैं, और वो एक चीज़ गड़बड़ है तो तुम्हारे सारे निर्णय ऊटपटाँग रहेंगे, तुम जो भी करोगे वही उल्टा पड़ेगा।

प्रश्नकर्ता : आचार्य जी, आप कहते हैं ध्यान करना ख़ुद को जानने की सबसे अच्छी विधि है। लेकिन जब मन पर वासनाएँ, कामनाएँ छा जाएँ, तो उस समय ध्यान कैसे करें?

आचार्य : तब तुम उन इच्छाओं पर ध्यान करो। वो आई हैं ना तुम्हारा ध्यान भंग करने के लिए? वो आई हैं तुम्हें पकड़ लेने के लिए, घेर लेने के लिए, तुम कहो, 'मैं तुम्हें ही देखूँगा, बताओ क्या चाहिए? आओ बात करो! जब तुम इतनी मुझसे लपट-झपट कर ही रही हो कि सर पर चढ़ने के लिए आ ही गई हो, तो आओ फिर बैठो! बात करें! बताओ क्या बात है?'

आमतौर पर इच्छाओं का, डिज़ायर्स का विरोध सफल नहीं होता। वो बड़ी ज़िद्दी होती हैं—इधर से दबाओ तो उधर से आ जाती हैं। इससे अच्छा ये है कि उनसे बातचीत कर ली जाए, क्योंकि भागने वाली तो हैं नहीं।

कभी-कभार देखा है? तुम नहाए-धोए बैठे हो, पर एक मक्खी आ जाएगी, उसको ठीक तुम्हारी नाक पर ही बैठना है और तुम उसको भगाते हो और फिर? अब उसको आना है। ऐसी ही कामना होती है, उसको लहट लग गई तो लग गई, वो लौट-लौट कर आएगी। उससे बात करो, उससे पूछो, 'क्या देख रहे हो?' मक्खी से पूछो 'क्या चाहिए?' वो बोलेगी 'गन्दगी चाहिए, भोजन चाहिए।' उसको बोलो, 'मेरी नाक में है ही नहीं वो,' तब हो सकता है कि वो हट जाए।

कामना से भी पूछो, 'चाहिए क्या? काहे परेशान करती है?' तो वो अपनी कुछ कहानी बताएगी, बोलेगी, 'ये कमी लग रही है, ये उम्मीद लग रही है, उम्मीद है कि कमी को इस प्रकार से पूरा कर लेंगे।' तो उससे समझो—कमियाँ ऐसे पूरी होंगी क्या? और होती हों तो कर लेते हैं।

इच्छा का एक बहाव होता है, इच्छा में दम तभी तक है जब तक वो बहाव बना हुआ है। थोड़ी-सी देर को भी रुक गए अगर, तुमने उससे कहा, 'थमो ज़रा, बातचीत करते हैं, रुको!' ज़रा-सी देर को भी रुक गए अगर, तो इच्छा की पकड़ ढीली पड़ जाती है—प्रयोग करके देख लेना। करे जा रहे हो, करे जा रहे हो, इच्छा का ज़ोर बना रहेगा। ज़रा-सा रुक जाओ, कुछ सेकंडों के लिए, उतनी ही देर में जान जाओगे कि इच्छा दुर्बल हुई।

जैसे कोई आदमी भागा चला जा रहा हो, उसके पास एक गतिवेग है, एक मोमेंटम है। एक बार तुमने उसको रोक दिया, अब दोबारा उतनी गति पकड़ना उसको मुश्किल पड़ेगा।

और इच्छा तो ऐसी भी नहीं है कि जैसे कोई आदमी सपाट सड़क पर भाग रहा हो। इच्छा तो ऐसी है कि जैसे कोई ढेला किसी पहाड़ से लुढ़क रहा हो। वो जितनी गति पकड़ता है, वो उतनी ही गति और बढ़ाता है; जितनी देर लुढ़केगा, उसकी गति बढ़ती ही रहेगी। आदमी अगर भाग रहा है तो जितनी देर भागेगा गति कम होने की संभावना बढ़ेगी, ढेला जितनी देर लुढ़केगा गति उसकी और बढ़ेगी; इच्छा ऐसी होती है।

प्रश्नकर्ता : अपने साथ कई और ढेले लेकर आएगा।

आचार्य : और लेकर आएगा, बढ़िया बात! जिस भी चीज़ को स्पर्श करेगा, उसे भी अपने साथ लुढ़काना शुरू कर देगा। इसीलिए तुमने देखा है कि इच्छाओं से फिर इच्छाएँ उठती हैं। उनसे लड़ना मत! कोई नहीं जीता। उनसे बात करना, उनसे कहना, 'थमो! चाय पिओ, थम जाओ।'

प्रश्नकर्ता : आचार्य जी, कोई आदत है जो अच्छी है लेकिन किसी कारणवश छूट गई है, अब उसको जीवन में लाना कठिन हो रहा है। ऐसी स्थिति में क्या करें?

आचार्य : इसका मैं कोई उत्तर नहीं दे पाऊँगा। मैं तो यही कह पाऊँगा कि अगर कोई चीज़ कीमती है तो उसको तो बार-बार, पुनः-पुनः वापस पाना होगा।

रूठे सुजन मनाइए, जो रूठे सौ बार।
रहिमन फिरि फिरि पोइए, टूटे मुक्ता हार॥

कोई चीज़ कीमती है, तो वो सौ बार भी तुमसे अगर छूटे, टूटे, बिछड़े तो भी उसकी ये पात्रता है, उसकी ये कीमत है कि तुम उसे पुनः लेकर के आओ, पुनः प्राप्त करो। लेकिन तुम ये करो इसके लिए पहले आवश्यक है कि तुम्हारा ध्येय ऊँचा हो।

तुम जिसके साथ लगे हुए हो उसकी हैसियत ऊँची हो, तब तो वो इस काबिल है कि सौ बार भी रूठे तो उसको सौ बार मनाया। ऊँचे शिखर पर तुम्हारी दृष्टि है और तुम चढ़ रहे हो और बार-बार फिसलते हो, तब तो ये बिलकुल सम्यक है कि सौ बार भी गिरो तो सौ बार पुनः चढ़ने की कोशिश करो। न गिरने की कोई आश्वस्ति मैं नहीं दे सकता, पर मैं इतना बता सकता हूँ कि कुछ लक्ष्य ऐसे होते हैं जिन्हें मर कर भी हासिल किया तो बढ़िया किया। कुछ लड़ाइयाँ ऐसी होती हैं जो सौ हारों के बाद भी जीतीं, तो क्या बात है!

बात ये नहीं कि तुम कभी हारो ही नहीं, बात ये है कि लड़ाई वो लड़ो जिसमें सौ हारें भी मायने न रखें। छोटी लड़ाई लड़ी तुमने, उसको तुमने एक बार में जीत लिया, क्या जीत लिया? छोटी लड़ाई लड़ी तुमने और एक ही बार में जीत गए तो क्या जीत मिली? बड़ी लड़ाई लड़ो और सौ बार हार कर फिर जीतो—मज़ा आ जाएगा!

बात हार या जीत की नहीं है, बात लक्ष्य के बड़े होने की है। और लक्ष्य अगर बड़ा है तो तुम अपने-आप सौ हार बर्दाश्त कर लोगे, और लक्ष्य अगर छोटा है तो फिर छोटी-छोटी हार भी बर्दाश्त नहीं होती। तुम कहते हो, 'एक तो चीज़ छोटी माँग रहे हैं, वो भी मिल नहीं

रही।' फिर गुस्सा आता है, चिड़चिड़ाते हो।

इसीलिए जो लोग ऊँचे लक्ष्यों के पीछे होते हैं उनमें एक अद्‌भुत संयम और धैर्य आ जाता है, वो बार-बार गिरते हैं और बार-बार खड़े होते हैं, क्योंकि उनको पता है कि उनका निशाना ऊँचा है, ध्येय अद्‌भुत है, अब उन्हें हार बुरी नहीं लगती।

प्रश्नकर्ता : आचार्य जी, ऊँचा लक्ष्य तो एक ही है ना? उसके अलावा संसार का कोई लक्ष्य हो नहीं सकता?

आचार्य : देखो! मन में जब निराकार लक्ष्य होता है तो संसार में भी तमाम तरह के साकार लक्ष्य खड़े हो जाते हैं।

तुम मेरे पास आए हो शांति के लिए, शांति तो निराकार होती है या शांति का कोई रूप-रंग-आकार होता है? लेकिन यहाँ आने के लिए—ट्रेन, बस, टिकट, फ़्लाइट बुक कराया होगा ना? तो वो तो सब छोटे-छोटे और साकार लक्ष्य थे कि नहीं? तो हृदय निराकार के साथ जुड़ा रहे, हाथों को, बुद्धि को तो साकार के साथ ही जुड़ना पड़ेगा ना?

तुम पूछ रहे हो कि लक्ष्य एक ही होता है? हाँ! आखिरी लक्ष्य एक ही होता है, पारमार्थिक लक्ष्य एक ही होता है, लेकिन उस एक लक्ष्य के कारण बहुत सारे छोटे-छोटे लक्ष्य भी स्वयं बन जाते हैं। इस सत्र को साढ़े आठ या नौ बजे शुरू होना था, ये भी तो एक लक्ष्य ही है, कि नहीं है? पर ये छोटा लक्ष्य किसकी सेवा में समर्पित है? बड़े लक्ष्य की सेवा में समर्पित है।

जा रहे हो तुम एकदम पहाड़ की चोटी पर, गाड़ी चलाते हुए, तो नज़र कहाँ रखते हो? पहाड़ की चोटी पर रखते हो? क्यों नहीं रखते? तुम जा तो रहे हो पहाड़ की चोटी पर, तो लगातार पहाड़ की चोटी को देखते हुए ही गाड़ी काहे नहीं चलाते?

प्रश्नकर्ता : खाई में गिर जाएँगे।

आचार्य : तो अंतिम लक्ष्य, अल्टीमेट गोल भले ही उदात्त हो, ऊँचे-से-ऊँचा हो, लेकिन तात्कालिक रूप से तो निगाह जो सामने, साकार संसार है उसी पर रखनी पड़ती है, उसको भूल मत जाना। अध्यात्म के नाम पर ये न कह देना कि 'मुझे तो ऊपर आसमान में पहुँचना है।' ऊपर ही देख कर चल रहे हो, नीचे गड्ढे में गिरोगे।

दिल में आसमान रहे, लेकिन निगाह धरती पर ही रहे!

''कुछ लड़ाइयाँ ऐसी होती है, जो सौ हारो के बाद भी जीती, तो क्या बात है।
कुछ लक्ष्य ऐसे होते हैं जिन्हें मर कर भी हासिल किया तो बढ़िया किया।''

हिम्मत की सुनोगे या डर की?

अद्वैत शिविर, हिमाचल प्रदेश, 2019

''साँस-साँस में डर है, विचार-विचार में डर है, धड़कन में डर है, रिश्तों में डर है, कर्मों में डर है। डर क्या है, तुम्हारी जीती-जागती हकीकत। अगर जीवन डर से इतना लिप्त है तो जीवन बढ़िया कैसे है?''

प्रश्नकर्ता : आचार्य जी, मुझे ऐसा लगता है कि मेरे अंदर जो डर है, पहले मुझे उसका सामना करना पड़ेगा तो ही मैं मुक्त हो पाऊँगा। क्या यह मेरी धारणा है?

आचार्य प्रशांत : नहीं, हिम्मत के पास हमेशा एक तर्क होता है और डर के पास भी हमेशा एक तर्क होता है। जिसका तर्क जीतता है, वो जीत जाता है।

तो आपकी हिम्मत के पास तर्क तो है। तर्क क्या है? कि डर से मुक्ति चाहिए। डर से मुक्ति चाहिए, इस तर्क के साथ हिम्मत करते हो आगे बढ़ने की। लेकिन बंधनों के पास भी खूब तर्क होते हैं। वो तर्क क्या है, उसकी चर्चा करो।

'पार' की बहुत समझ नहीं भी हो, तो भी कम-से-कम इस लोक के ही तर्क ठीक से लगाओ। जो चाहिए उसके विपरीत को पकड़े रहोगे तो संसार में भी कुछ नहीं मिलता, कहीं और क्या मिलेगा?

तुम्हारी ज़िन्दगी में ही डर भरा हुआ है ना? डर से जब कहते हो कि मुक्ति चाहिए, तो यही कह रहे हो कि जैसी ज़िन्दगी चल रही है, वैसी नहीं चाहिए। दुहराओ मेरे साथ।

डर कहाँ मौजूद है? रसोई के किसी डब्बे में रखा हुआ है? दालान के किसी गमले में रखा हुआ है? बैंक खाते में रखा हुआ है? जेब में रखा हुआ है?

डर कहाँ है? ज़िन्दगी में डर है ना?

ये जो प्रतिदिन जीवन जी रहे हो यही डर से लथपथ है ना? तो जब कहते हो, 'डर हटाना है' तो डर माने क्या? डर कोई वस्तु है कि हटा दोगे? साँस-साँस में डर है, विचार-विचार में डर है, धड़कन में डर है, सपनों में डर है, रिश्तों में डर है, कर्मों में डर है। डर यहीं मौजूद है ना? या डर सिर्फ़ कोई सिद्धांत है, कोई अब्स्ट्रक्शन (कल्पना) है?

डर क्या है, तुम्हारी जीती-जागती हक़ीक़त, या कोई किताबी सिद्धांत? जीती-जागती हक़ीक़त है ना? वो इतनी जीती-जागती है जैसे कोई इंसान। इंसान को कहते हो ना, 'ये

ज़िन्दा है,' तो डर भी उसी तरह से ज़िन्दा है। इंसान का चेहरा देखा है कभी? तो क्या तुमने डर का चेहरा नहीं देखा? जैसे इंसान का चेहरा जानते हो, वैसे ही क्या तुम डर का चेहरा नहीं जानते? और अगर नहीं जानते डर का चेहरा, तो किसी की शक्ल देखते ही कैसे कह देते हो, 'ये तो डरा हुआ है?'

जैसे इंसानों के पास चेहरे होते हैं, डर भी उसी तरह ज़िन्दा है, और डर के पास भी..। डर की आवाज़ सुनी है? डर की आँखें देखी हैं? डर की धड़कनें कैसी होती हैं? डर के गाल और कान कैसे हो जाते हैं?

प्रश्नकर्ता : लाल।

आचार्य : तो डर कोई बात है या हमारी तरह आदमज़ात है? तो तुमने डर को कभी टाइप करते नहीं देखा, तुमने डर को चलते नहीं देखा। डर जब खा रहा होता है तो उसे क्या अनुभव हो रहा होता है? फीका, बेस्वाद, खाना अंदर चला जाए, पेट में पचे नहीं, है ना? तो डर माने 'जीता-जागता जीवन'।

अब तुम कहते हो 'डर' हटाना है, तो डर हटाने का ज़मीनी मतलब क्या हुआ? सीधी-सादी हक़ीक़त क्या हुई डर हटाने की?

जीवन ही बदलना है, डर और कहीं है ही नहीं। डर कहीं और होता तो हम कहते, 'जीवन जैसा चल रहा है उसको चलने दो और डर हटा दो।'

पर डर तो ऐसा है जैसे इस रुमाल में कपास, डर ऐसा है जैसे इस रुमाल में कॉटन फ़ाइबर (कपास का रेशा)।

डर ऐसा भी नहीं है कि जैसे इस रुमाल पर पानी की छींट पड़ गई हो, या ज़रा-सा तेल गिर गया हो। अगर ये (रुमाल) है हमारा जीवन, तो डर है इसका रेशा।

यहाँ तक हम साथ हैं? अब हम कहते हैं, 'डर हटाना है तो क्या हटाएँ?'

हमें इसमें (रुमाल) से कपास हटाना है तो क्या हटाएँ?

प्रश्नकर्ता : रेशा-रेशा, पूरा ही हटाना पड़ेगा।

आचार्य : पूरा ही हटाना पड़ेगा ना? पर माँग हमारी क्या है? 'जीवन तो बचा रहे, डर हट जाए।'

हम कहते हैं, 'जीवन तो बढ़िया है, बस डर हटाना है।'

अगर जीवन डर से ओत-प्रोत है, तो जीवन बढ़िया कैसे है, बताना?

दोतरफ़ा बात करोगे तो बात बनेगी कैसे? अगर जीवन डर से इतना लिप्त है, तो जीवन बढ़िया कैसे है?

मैं बताता हूँ बढ़िया कैसे है। डर है तो यहाँ रेशे-रेशे में, पर दिखाई रेशे-रेशे में नहीं पड़ता। डर है तो साँस-साँस में, पर चौबीस-घंटे उसकी प्रतीति, अनुभव नहीं होता उसका। अनुभव कितनी बार होता है वो? अनुभव वो उतना ही ज़्यादा होता है, जितनी ज़्यादा आपकी

संवेदनशीलता है।

है तो वो चौबीस-घंटे, पर आपको हो सकता है दिन में पता चलता हो कभी पंद्रह-मिनट, कभी आधे-घंटे, कभी दो-घंटे। आप ये तो नहीं कहते कि आप चौबीस-घंटे डर में हो, है ना?

हम क्यों नहीं कहते कि हम चौबीस घंटे डर में हैं?

क्योंकि 'आत्मज्ञान' नहीं है, हम स्वयं से ही संपर्क में नहीं हैं, हमें अपने ही मन का कुछ पता नहीं। तो हम जब डरे भी होते हैं तो हमें ये भ्रम हो जाता है कि ये डर थोड़े ही है, इसका नाम है महत्त्वाकांक्षा, इसका नाम है प्रेम, इसका नाम है दायित्व, कर्तव्य; इसका कुछ नाम है, इसका कुछ नाम है।

हम इतनी गहराई से अपने 'मन' के सम्पर्क में ही नहीं हैं कि हमें पता हो कि हम जिस अवस्था में जी रहे हैं, उसका और कोई नाम उचित ही नहीं है, उसका तो निरंतर एक ही नाम होना चाहिए—डर।

हम कब मानते हैं हार कर के कि हम डरे हुए हैं? जब इस बात को अस्वीकार करना एकदम ही असंभव हो जाता है कि तुम डरे हो। छोटा-मोटा डर हो, तुमने गौर किया है, कोई बोलता है, 'डर क्यों रहे हो?'

तुम तत्काल जवाब क्या दोगे, 'डर कौन रहा है?'

ऐसी ही है ना हमारी वृत्ति? डर, अहंकार का यथार्थ है पर अहंकार को बड़ा अपमान देता है। अहंकार अपने यथार्थ से ही अपमानित अनुभव करता है। जी वो रहा है डर में ही, अहं जी तो रहा है डर में ही, पर कोई आ कर बोल भर दे कि 'तू डर में है' तो उसे बड़ा बुरा लगता है। वो मानता कब है आखिरकार हार कर के कि वो डरा हुआ है?

प्रश्नकर्ता : चारों खाने चित्त।

आचार्य : जब बिलकुल चारों खाने चित्त हो जाए, जब डर इतना बढ़ जाए कि चक्कर ही आ जाए, एंबुलेंस बुलानी पड़े, तब मानेगा कि डर है। या कि फिर बड़े स्पष्ट और प्रत्यक्ष लक्षण सामने आ जाएँ, जैसा अभी कहा, कि नाक लाल हो रही है, कान लाल हो रहे हैं, हाथ काँप रहे हैं, आवाज़ लड़खड़ा रही है, कदम लड़खड़ा रहे हैं, तब मानेगा कि डर है।

अब इतने स्पष्ट और प्रत्यक्ष लक्षण सदा तो आते नहीं। डर रहता लगातार है, पर वो भीतर-भीतर बना रहता है, अदृश्य। तो हमें छूट मिल जाती है इस झूठ में जीने की, कि हम डरे हुए नहीं हैं।

प्रश्नकर्ता : नहीं है।

आचार्य : तो फिर हमारी अपने विषय में धारणा ये होती है कि हम चौबीस घंटे नहीं डरते, हम तो दिन में बस एक घंटा डरते हैं। इस छूट से, इस झूठ से ये प्रश्न आता है फिर, कि, 'आचार्य जी, पूरा रुमाल नहीं बदलना है, रुमाल में ज़रा-सा दाग लग गया है एक कोने में, बस उसको साफ़ करना है। चौबीसों घंटे का जीवन नहीं बदलना है, बस वो एक घंटा

हटा दीजिए जो डर से पूरित है, बाकी तो मेरा जीवन ठीक ही चल रहा है। चूँकि वो ठीक ही चल रहा है इसीलिए मुझे उससे बड़ा मोह है।'

आपने कहा ना, कि जीवन के प्रति मोह आ जाता है। जीवन के प्रति मोह इसीलिए आ जाता है क्योंकि जीवन क्या है, कैसा चल रहा है, उसका यथार्थ क्या है, हम उसके प्रति सजग, संवेदनशील ही नहीं हैं। काश कि हम जान पाते कि रेशे-रेशे में डर है; फिर हम नहीं कहते कि हमें इसका कुछ हिस्सा बचाना है, या इसका बड़ा हिस्सा बचाना है, फिर हम कहते, 'कुछ भी अगर बचा तो डर ही बचेगा, पूरा हटाइए।'

अब दिक्कत ये है कि आंशिक रूप से कुछ बदला जा नहीं सकता। बदलेगा तो पूरा बदलेगा, नहीं तो आधा हटाने से क्या लाभ?

डर समझ लीजिए ऐसा, जैसे शरीर के भीतर कैंसर। आधी कैंसर की कोशिकाएँ हटा दें और आधी छोड़ दें तो कैसा रहेगा? रेडिएशन से इलाज हो रहा हो आपका, या कीमोथेरेपी से हो रहा हो, और कहा जाए कि आधी हटा देते हैं आधी छोड़ देते हैं, तो कैसा रहेगा? अच्छा, कहा जाए, 'चलिए दो-तिहाई हटा देते हैं, एक-तिहाई छोड़ देते हैं', तो कैसा रहेगा? अच्छा, कहा जाए, 'सारी हटा देते हैं, एक सेल (कोशिका) छोड़ देते हैं कैंसर की' तो कैसा रहेगा? कैसा रहेगा?

पर हम तो ये कहते हैं कि, 'जितनी कैंसर की सेल हैं सब रहने दो, बस उसमें से एक हटा दो।'

यहाँ पर नौबत ये है कि एक भी बची रह गई तो मर्ज़ पूरा ही बचा रह गया और हम एक को बचाने की नहीं, हम तो कहते हैं, 'बस एक हटा दो जो परेशान कर रही है, बाकी अभी पता नहीं चल रहीं ना। जब तक बात छुपी-छुपी है, तब तक छुपी ही रहने दो।'

इलाज भी हमें सिर्फ़ तभी चाहिए जब मर्ज़ लाइलाज हो जाए। अब इलाज होगा कैसे?

जहाँ तुमको दिख गया कि गड़बड़ है, वहाँ तो गड़बड़ से ज़्यादा गनीमत है, क्योंकि आपने उँगली रख दी कि यहाँ पर कुछ गड़बड़ है।

मैं बार-बार आगाह करता हूँ, वहाँ देखो जहाँ तुम्हें अभी गड़बड़ दिखाई नहीं दे रही, असली गड़बड़ वहीं पर है। छल और भ्रम और माया, जहाँ पकड़ में आ गए वहाँ से हट गए, अब वो तुम्हारा बहुत नुकसान नहीं कर सकते। वो सबसे ज़्यादा घातक वहाँ पर हैं जहाँ वो दिखाई ही नहीं दे रहे, जहाँ लग रहा है कि सब कुशल-मंगल है, जहाँ तुम कह रहे हो कि मुझे तो जीवन से बड़ा मोह है।

किससे मोह है? किससे कर रहे हो मोह?

तुम समझ ही नहीं पा रहे कि जो चीज़ तुमको परेशान कर रही है और जिसको तुम मोह दे रहे हो, ये दोनों अलग-अलग नहीं हैं। व्यर्थ विभाजन कर रखा है आपने। आप कहते हैं, 'मेरे जीवन के दो हिस्से हैं, एक अच्छा, एक बुरा। बुरा वाला हटा दो, अच्छा वाला छोड़ दो।' आप देख ही नहीं पा रहे कि अच्छा और बुरा संयुक्त हैं, एक हैं।

शरीर के दो हाथों की तरह हैं, सिक्के के दो पहलुओं की तरह हैं, दोनों एक साथ हैं। बुरे के प्रति तो आप फिर भी थोड़ी सतर्कता रख लेते हैं, क्योंकि वो बुरा है। अच्छे को तो दरवाज़ा खोल कर के घर में बुलाते हैं, बैठाते हैं, चाय-पानी पिलाते हैं। बुरे के ख़िलाफ़ तो सतर्क रहते हैं, अच्छे को तो अंदर बुला लेते हैं।

और बुरा फिर जाएगा नहीं, क्योंकि बुरा जब जाने लगता है तो उसका तो अच्छे से चोली-दामन का साथ है। तो बुरा जब रवाना होने लगता है तो अपने साथ किसको ले जाने लगता है?

अच्छे को भी।

जब अच्छे को ले जाने लगता है तो वो होता है जो अभी आपने कहा, क्या? कि, 'मुझे मोह आता है कि कहीं जीवन ही समाप्त न हो जाए।' जीवन माने क्या? जैसे जी रहे हो वही है जीवन? कैसे पता तुमको कि और कोई विकल्प नहीं है? अच्छा बताओ तुम, इतना आत्मविश्वास कैसे है कि जैसे हम जी रहे हैं, यही जीवन है, इसके अलावा कुछ हो ही नहीं सकता?

प्रश्नकर्ता : किसी ने आज तक विकल्प दिया ही नहीं।

प्रश्नकर्ता : आचार्य जी, मन में एक सवाल ये आता है कि अगर इसके अलावा भी कुछ और भी है, तो उसके लिए भी तो, मतलब जीवित होना तो ज़रूरी है?

आचार्य : तुम्हें कैसे पता कि तुम्हारा शरीर तुम्हारे विचारों पर चल रहा है? तुम्हें कैसे पता कि तुम्हारी वैचारिक मृत्यु, तुम्हारी शारीरिक मृत्यु भी हो जाएगी?

शरीर हमसे कहीं ज़्यादा समझदार है। दिमाग जितनी करतूतें करता रहता है, शरीर को कभी करते देखा है? शरीर के पास अपना एक अनुशासन है। तुम्हारे दिमाग में चल रहे होते हैं भूचाल, शरीर में भी आ जाते हैं क्या?

सिर पर कितने भी भूचाल चल रहे हों, आँखें दो ही रहती हैं। या ऐसा होता है कि टपक कर नाक के नीचे आ गईं? कि भूचाल आया था तो ज़रा हिल गई हैं। तुम्हारी वैचारिक उथल-पुथल तुम्हारे शरीर को नहीं मार देगी भाई। और ये गनीमत की बात है, राहत की बात है।

तुम्हें क्यों लग रहा है कि अहं की मृत्यु, जीव की मृत्यु के बराबर ही है? क्यों लग रहा है ऐसा? और अगर अहं की मृत्यु जीव की मृत्यु के बराबर ही है तो फिर तो संतों को, अवतारों को, पीरों, पैगंबरों को जीवित ही नहीं बचना चाहिए था। जैसे ही उनका अहं गया, उनका निधन हो जाना चाहिए था। ऐसा हुआ क्या?

पर अहं की यही तो बात है, उसका तो नाम ही है 'अहं'। वो कहता है, 'हमारे बिना दुनिया क्या? शरीर क्या? परमात्मा क्या? विश्व के केंद्र पर हम ही तो बैठे हैं, अगर हम नहीं तो समूचा संसार नहीं।'

ये तो आपने छोटी बात कह दी कि अहं मरेगा तो कहीं शारीरिक मौत ही ना हो जाए,

बहुतों को तो पूरा भरोसा होगा कि जिस दिन उनकी मृत्यु होगी उस दिन परमात्मा भी मर ही जाएगा। यहाँ वो गए और ऊपर से परमात्मा मर कर टपका, पटाक, नीचे। कि, 'अरे! असली चीज़ तो हम हैं, जब हम नहीं बचे तो फिर अब क्या बचेगा?'

जब तुम सो जाते हो तो तुम्हारे विचार-इत्यादि बचते हैं क्या? जितनी भी अभी तुम बातें कह रहे हो, ये तुमको रात के तीन बजे, चार बजे याद रहती हैं, जब खर्राटे बिलकुल चल रहे होते हैं? जब नहीं याद रहतीं तो क्या मर जाते हो, या शरीर और ज़्यादा सुकून से जीता है?

तुम जब अपने वैचारिक उपद्रव हटा देते हो तो शरीर मर जाता है या राहत अनुभव करता है? पर देखो, अहं! कि जैसा जीवन जी रहे हैं अगर वैसा नहीं जिया तो कहीं मौत ही ना हो जाए। क्यों हो जाएगी मौत? ये बात तुमको तुम्हारे दिल ने बोली, जिगर ने बोली, फेफड़े ने बोली, किडनी ने बोली, आँतों ने बोली? किसने बोली?

प्रकृति की बड़ी कृपा है कि फेफड़ों को इस उपद्रव से कोई लेना-देना नहीं, या लेना-देना है भी तो ज़रा कम। तुम दाएँ जाओ, बाएँ जाओ, आगे बढ़ो, पीछे जाओ, ऊपर जाओ, नीचे जाओ, दु:ख में रहो, सुख में रहो, फेफड़े अपना काम करते रहते हैं। हाँ, उन्हें ज़्यादा परेशान करते हो तो कभी थोड़ा ज़्यादा जल्दी-जल्दी, कभी थोड़ा धीरे-धीरे। लेकिन वो इतनी परवाह नहीं करते हैं मस्तिष्क की और विचारों की, कि विचारों के अनुरूप काम करें। तुम जब चिल्ला-चिल्लाकर भी बोल रहे होते हो कि, 'मर जाऊँगा, मर जाऊँगा', तो भी तुम्हारा हृदय धड़क ही रहा होता है, खून पंप कर रहा होता है, वो नहीं ख़याल कर रहा कि तुम क्या दावे कर रहे हो।

हम जिसको जीवन बोलते हैं, वो अहं मात्र है, और अहं ही अपने-आपको जीवन बोलता है। ये मान्यता रखना कि अहं अगर गया तो जीवन ही चला जाएगा, कोई बुद्धिमानी नहीं। पचासों तरह के जीवन सम्भव हैं और तुम्हारा अधिकार है उन पर। संभव मात्र नहीं हैं, आप अधिकारी हो उनके; और आप अगर अपने आपको वंचित कर रहे हो उन सब जीवनों से, तो अपने प्रति अन्याय कर रहे हो, जन्म को अकारथ कर रहे हो।

एक प्रकार के ढर्रे में अपने-आपको कैद करके रखना, किसी भी तरह के बोध का सूचक नहीं है; और खतरा उसमें ये है कि ढर्रा जितने दिन चलेगा, उतना ज़्यादा आपको ये यकीन आता जाएगा कि इसी ढर्रे का ही तो नाम ज़िन्दगी है, ये ढर्रा टूटा नहीं कि ज़िन्दगी ही ख़त्म हो जाएगी।

''पचासों तरह के जीवन संभव है और तुम्हारा अधिकार है उन पर। और अगर आप अपने आपको वंचित कर रहे हो उन सब जीवनों से, तो अपने प्रति अन्याय कर रहे हो, जन्म को अकारथ कर रहे हो।''

गहरे बैठे डर का इलाज

अद्वैत शिविर, बोधस्थल, 2020

''नब्बे-पिचयानवे प्रतिशत डर तो ऐसे होते हैं जिनको हम ही गढ़ते हैं, जिनको हम ही बुनते हैं। क्यों? क्योंकि हमारे पास करने को कुछ और नहीं है। कोई सार्थक काम हो तो हमारे जीवन से बहुत सारी चीज़ें विदा होती है जिनमें से एक डर भी है।''

प्रश्नकर्ता : तैंतीस वर्ष मेरी उम्र है और एक नामी सॉफ़्टवेयर कंपनी में इंजीनियर हूँ।

कोरोना काल में आपके वीडियोज़ सुनना अधिक बढ़ गया। सर, आज से तीन साल पहले अचानक मेरी नौकरी छूटी थी। उसके तीन महीने बाद सब ठीक भी हो गया था परंतु उस घटना ने मुझे डर से भर दिया और आज तक वही डर मन में बैठा है।

सर, इतनी प्रतिस्पर्धा के समय में निश्चिंतता और संतोष कैसे बना कर रखें? डर का क्या इलाज?

आचार्य प्रशांत : अपूर्व, (प्रश्नकर्ता) अब डर अगर है तो है ही, अनुभव तो उसका तुम कर ही रहे हो। उसके प्रति आँख मूँद लेने से वो हट नहीं जाएगा, उसको नकारने से या उसकी निंदा करने से या उसे बुरा बताने से कोई विशेष लाभ होने का नहीं। तो क्यों ना डर से मुलाकात, बातचीत, साक्षात्कार ही कर लिया जाए, कि डर कह क्या रहा है?

अब अपनी स्थिति को ही देखो—तीन साल पहले एक घटना हुई थी, तीन साल बीत गए। दूसरी बात, वो जो तुम्हें झटका लगा था, तीन ही महीने बाद उसकी भरपाई भी हो गई। तो पहली बात, घटना को बीते बहुत समय हो गया है और दूसरी बात, उस घटना ने तुमको कोई गहरी या अपूरणीय क्षति नहीं दी है। तीन ही महीने में खानापूर्ति हो गई थी लेकिन अभी तक भी डरे हुए हो। इसका मतलब डर बस उस घटना से सम्बन्धित तो नहीं था ना? नहीं तो जैसे ही घटना से मिली चोट भरती वैसे ही उससे सम्बन्धित डर भी मर जाता।

आमतौर पर लोग अपने डरों से बातचीत नहीं करते, अगर बातचीत करें तो दो-तीन बातें पता चलेंगी। गौर से सुनना, मोटे तौर पर तीन तरह के डर होते हैं हमारे-एक तो वो डर जो पूरी ही तरह काल्पनिक हैं, बेतुके हैं। ये डर तो मिट जाएँ अगर तुम गौर से इनको बस देख लो, क्योंकि डरने को तो इंसान किसी भी बात से डर सकता है ना?

हम अपने-आप को शरीर से सम्बन्धित मानते हैं, और शरीर तो बहुत ही नाज़ुक चीज़ होता है। हम रिश्तों के एक जाल में रहते हैं। और हम जिनसे सम्बन्धित, जिनसे रिश्ते हैं, वो भी लोग ऐसे हैं कि उन्हें कोई चीज़ आकर के चोट पहुँचा सकती है या उनका कोई नुकसान हो सकता है या उनकी देह को किसी भी प्रकार की घातक क्षति भी हो सकती है। तो कल्पना करने के लिए बहुत ही माल-मसाला, सामग्री मौजूद है। इतना कुछ हो सकता है सम्भवतः तुम्हारे साथ कि तुम उसकी सूची बनाने बैठो तो पन्ने कम पड़ जाएँ, तो तुमको अगर डरना ही है तो तुम्हें पूरी छूट है। तुम्हें डरने के लिए अगर पाँच काल्पनिक मुद्दे चाहिए हों, पचास मिलेंगे, बस तुम्हारे पास समय खाली होना चाहिए डर में लोट-पोट होने के लिए। लेकिन इस तरह के डरों की सूची भले ही बहुत लम्बी हो, इस तरह के डरों का निवारण भी सबसे आसान है। तुम्हें बस पूछना है अपने-आप से कि ये जो मैं बात सोच-सोच कर डर रहा हूँ ये होने की संभावना कितनी है? 'मैं जिस जगत में रहता हूँ, जैसी मेरी स्थितियाँ हैं, उनमें क्या संभावना है कि ऐसी कोई घटना मेरे साथ घट सकती है?'

और अगर तुम पाओ कि वो सम्भावना अति न्यून है, 0.00001 प्रतिशत भी नहीं है, तो तुम पाओगे कि खुद ही उस डर से तुम्हारा पीछा छूट गया, तुम्हें वो डर फिर हास्यास्पद लगने लगेगा। क्योंकि बात समझना, कुछ भी ऐसा नहीं है जिसके होने की संभावना बिलकुल शून्य हो, तो कोई भी चीज़ तुमसे आकर के अधिकारपूर्वक ये तो कह ही सकती है कि देखो मैं एक घटना हूँ जो घट सकती हूँ। उदाहरण के लिए तुम्हारे मकान में आग लग सकती है, उदाहरण के लिए कोई उल्कापिंड आकर के धरती से टकरा सकता है, उदाहरण के लिए तुम अभी जहाँ बैठे हुए हो ठीक वहीं तुम्हारे पाँव तले से धरती फट सकती है और तुम धरती में समा सकते हो—ये सब घटनाएँ हो सकती हैं, ऐसा नहीं है कि नहीं हो सकतीं। प्रश्न ये है कि संभावना कितनी है?

अब कोई घटना सम्भव है या नहीं, बिलकुल एक बात होती है, और संभावित है या नहीं, बिलकुल दूसरी बात होती है। पॉसिबिलिटी और प्रोबेबिलिटी दो अलग-अलग चीज़ें होती हैं ना? तो संभव तो बहुत कुछ है पर उसकी संभावना कितनी है? तो जहाँ भी तुम देखो कि मामला आ रहा है कि पॉसिबल बट नॉट प्रोबेबल, वहाँ हँस पड़ो अपने-आप पर, कहो कि लगता है कोई जीवन में करने को सार्थक काम नहीं है तो अपने-आप को बहलाने के लिए, मैं मनोरंजन करने के लिए अपना, अपने-आप को ही डरा रहा हूँ; जैसे कोई हॉरर-फ्लिक।

डरावनी मूवीज़ बनती हैं ना, वो किसलिए बनती हैं?

इसलिए थोड़े ही बनती हैं कि तुम्हारा नुकसान हो जाए।

वो तो इसलिए बनती हैं कि तुम्हें किसी तल पर कुछ मज़ा आ जाए।

उनको भी रखा मनोरंजन की श्रेणी में ही जाता है ना?

तो ये हम अपना मनोरंजन करते हैं खुद को डरा-डरा कर।

नब्बे-पिचयानवे डर तो इसी कोटि के होते हैं जिनको हम गढ़ते, जिनको हम बुनते हैं। क्यों?

क्योंकि हमारे पास करने को कुछ और नहीं है।

कोई सार्थक काम हो तो तुम्हारे जीवन से बहुत सारी विदा होती हैं चीज़ें, जिनमें से एक डर भी है।

व्यर्थ के डर दिमाग की व्यर्थ की रिक्तता के साथ ही विदा हो जाते हैं। सोचो तुम गाड़ी चला रहे हो, कल्पना कीजिए। ट्रक आ रहा है सामने से, आपकी गाड़ी की गति नब्बे की है, सामने से जो ट्रक आ रहा है उसकी सत्तर की है, तो उस ट्रक के संदर्भ में आपकी गति कितनी है?

एक सौ साठ की।

और वो जो ट्रक है उसका वज़न आपकी कार से हो सकता है कुछ पाँच गुना-दस गुना ज़्यादा हो। अब एक सौ साठ की गति है तुलनात्मक, रिलेटिव स्पीड, और दस गुनी वज़नी सामने चीज़ है, और आप उससे कुल कितनी दूरी से निकल रहे हैं?

जब आप ट्रक के बगल से निकलते हैं तो आपमें और ट्रक में कुल कितनी दूरी होती है?

मान लीजिए दस इंच, आठ इंच, पंद्रह इंच।

ट्रक की सतह और आपकी गाड़ी की सतह के बीच में कुछ इंचों का फ़ासला है।

अरे, आप डरते क्यों नहीं? डरते क्यों नहीं?

अच्छा चलिए इसको और, और कल्पना जाल बुनते हैं—वो जो ट्रक का पहिया है वो देखा है कैसा होता है? ट्रक का पहिया?

और अपना खोपड़ा भी देखा है आपने, तो एक सौ साठ की स्पीड से वो पहिया आ रहा था और आपके खोपड़े से बस डेढ़ फ़ीट की दूरी से निकल गया।

एक सौ साठ की गति से, एक सौ साठ किलोमीटर प्रति घंटे की गति से उतना बड़ा ट्रक का पहिया आ रहा था और वो आपके खोपड़े से बस डेढ़ फ़ीट की दूरी से निकल गया है। और ये घटना हर दूसरे मिनट पर हो रही है, हर दूसरे मिनट पर ये हो रहा है आपके साथ - एक सौ साठ की स्पीड से एक इतना बड़ा पहिया आता है और आपके खोपड़े से बस डेढ़ फ़ीट की दूरी से निकल जाता है।

आप कभी भी मर सकते हैं!

आप कभी भी मर सकते हैं!

आप डरते क्यों नहीं?

आप डरते इसलिए नहीं क्योंकि आप खाली नहीं हैं।

आप गाड़ी चला रहे हैं।

इस तरह के बेतुके ख़याल करने की सम्भावना बहुत बढ़ जाए अगर आप पीछे बैठे हों और कोई ड्राइवर गाड़ी चला रहा हो और आप बहुत ही मानसिक रूप से बेरोज़गार किस्म के आदमी हों।

जिसके पास कुछ न हो करने को, बैठे-बैठे बस ख़याल उड़ा रहा हो, तो वो ये ख़याल भी उड़ा सकता है कि वो आ रहा है पहिया, इतनी उसकी गति है, और डेढ़!

डेढ़ फ़ीट तो कुछ होता नहीं है।

डेढ़ फ़ीट क्या होता है?

ड्राइवर का हाथ ज़रा सा बहक सकता है और आपका खोपड़ा बिलकुल वहीं पर, सड़क पर चकनाचूर!

और आप जब ये ख़याल कर रहे हैं तभी आप देखते हैं वहाँ सड़क पर एक मरा हुआ कुत्ता पड़ा हुआ है। आप कहते हैं, 'जीव तो जीव होता है, जो इसके साथ हुआ है मेरे साथ भी हो सकता है!'

बिलकुल हो सकता है!

संभव तो है पर संभावित नहीं है।

संभावना है भी तो—दस हज़ार, दस लाख में एक की संभावना है।

इस तरह के हमारे ज़्यादातर डर होते हैं—ख़याल करेंगे तो उड़ जाएँगे।

फिर दूसरी कोटि के डर होते हैं जो तथ्यपरक होते हैं।

जिनमें आपका नुकसान होने की, आपसे कोई चीज़ छिनने की कोई वास्तविक सम्भावना होती है, उन डरों में एक तथ्यात्मकता होती है। उदाहरण के लिए—'कल सुबह तक अगर मैंने काम करके, प्रोजेक्ट या असाइनमेंट करके नहीं दिया तो प्रोफ़ेसर मुझे डी ग्रेड दे देंगे,' ये कल्पना नहीं है, ये नियम है, ये होगा। उन्होंने एक समय-सीमा रख दी है—'भाई, कल सुबह आठ बजे तक सब अपना-अपना काम करके मुझे दे देंगे और जिन्होंने नहीं दिया उनको सीधे अनुत्तीर्ण कर दूँगा, डी ग्रेड दूँगा,' तो आप ये नहीं कह सकते कि 'ये कोई डरने की बात है? ऐसा थोड़े ही होता है!'

ये पहली कोटि का डर नहीं है, ये दूसरी कोटि का डर है।

पहली कोटि का डर ऐसा है कि आप ट्रेन में बैठे-बैठे सोच रहे हैं, 'अगर ये भिड़ गई तो?'

दूसरी कोटि का डर ये है कि ट्रेन साढ़े आठ बजे छूटती है और आठ-पच्चीस हो चुके हैं और आप अभी स्टेशन पर भी नहीं पहुँचे हैं। ये पहली कोटि का डर नहीं है अगर आठ-पच्चीस हो गए हैं और आप स्टेशन नहीं पहुँचे हैं। तो आपके लिए भला ये है कि आप दूसरी ट्रेन का टिकट देखना शुरू कर दें या कम-से-कम ये पता लगा लें कि ये ट्रेन

विलम्बित है या नहीं। अगर ट्रेन सही समय पर छूट रही है और अभी पाँच ही मिनट बचे हैं और आपने अभी तो स्टेशन में भी कदम नहीं रखा है, तो पक्का है आपकी ट्रेन तो गई। तो अब बैठ कर के अपने-आप को सांत्वना देने से नहीं होगा, कि 'भाई कुछ भी हो सकता है—हो सकता है वेबसाइट झूठ बोल रही हो, ट्रेन छूटने वाली है तभी कोई ज़ंजीर खींच दे, कुछ भी हो सकता है। तो हम बैठ कर के आशावाद के सहारे अपने-आप को प्रसन्न रख लेंगे।' नहीं, ऐसे नहीं। फिर तो बेहतर ही है कि देखिए कि अगली ट्रेन, अगली फ़्लाइट, बस, जो भी आपके लिए संभव हो सकता है उसका क्या प्रबंध है। तो इन दूसरी कोटि के डरों से निपटने के लिए दृष्टि नहीं चाहिए, या ये कहिए कि दृष्टि ही नहीं चाहिए, श्रम भी चाहिए।

पहली कोटि के डर बेहोशी से जन्मे होते हैं और उस बेहोशी से निपटने के लिए दृष्टि काफ़ी है—देख लिया डर को, डर विदा हो गया!

दूसरी कोटि के डर से निपटने के लिए श्रम चाहिए, काम करना पड़ेगा, क्योंकि आफ़त असली है।

असली से मेरा अर्थ है—आफ़त में तथ्य-परखता है, फ़ैक्चुअलिटी है; अगर आप उसका प्रबंध नहीं करेंगे तो वो निश्चित रूप से घटना घटेगी ही।

और उस घटना में आपको लग रहा है कि नुकसान हो सकता है तो फिर आपको तदानुसार कदम उठाने चाहिए।

याद रखिएगा कि ये जो दूसरी कोटि का डर है, जिसमें मैंने तथ्यपरकता की बात की, इसमें हमेशा आपको ये लग रहा होता है कि 'मेरी' कोई चीज़ छिन जाएगी; 'मेरी', 'मैं' से सम्बन्धित, 'मेरा' कुछ छिन जाएगा। ये जो दूसरी कोटि का डर है इसका समाधान करना पहली कोटि से थोड़ा ज़्यादा मुश्किल है, क्योंकि इसमें क्या करना पड़ता है?

श्रम करना पड़ता है।

और ये श्रम आप तत्काल करेंगे नहीं।

तत्काल कर भी लिया तो श्रम का परिणाम आपको तत्काल दिखाई नहीं देगा। कुछ देर तक मेहनत करेंगे, प्रतीक्षा करेंगे तब जाकर के परिणाम कहीं नज़र आएगा।

फिर एक डर होता है जिस तक आप तब पहुँचते हैं जब आपको पता चलता है कि आपने अपने काल्पनिक तथ्यों को विदा कर दिया, तथ्यात्मकता से डरों का इलाज कर लिया। काल्पनिक डरों को विदा कर दिया और तथ्यपरक डर का इलाज कर लिया, श्रम के द्वारा, लेकिन आप उसके बाद भी डरे हुए हैं। आप उसके बाद भी डरे हुए हैं।

आपको ये डर लगता था कि आप ट्रेन में बैठे तो ट्रेन भिड़ जाएगी। आपने खुद से बात की, आपने इधर-उधर से सूचना एकत्रित की, उसको खंगाला और पता चला कि पिछले साल भर में इतने लाख दफ़े ट्रेनें एक स्टेशन से दूसरे स्टेशन तक गईं और दुर्घटनाएँ हुईं कुल चौदह-बार, तो सम्भावना अति न्यून है, नहीं होने वाली दुर्घटना, और जो दुर्घटना

हुई भी, उसमें ऐसा नहीं हुआ कि पूरी-की-पूरी ट्रेन ही खत्म हो गई या जितने बैठे थे सब मृत्यु को प्राप्त हो गए। बड़ी दुर्घटनाएँ भी हैं, छोटी दुर्घटनाएँ भी हैं, ऐसी दुर्घटनाएँ हैं जिनमें बस दो-चार यात्रियों को छोटी-मोटी खरोचें आईं, इतना ही हुआ। तो काल्पनिक डर का आपने इलाज कर लिया तथ्यों के माध्यम से, सूचना के माध्यम से, और जो तथ्यात्मक डर थे, उनका आपने इलाज कर लिया श्रम करके, मेहनत करके।

मेहनत करके आपने क्या किया कि जो घटना आपको डरा रही थी आपने उसके होने की संभावना को कम कर दिया।

'पुरुषार्थ' का यही मतलब होता है कि जीवन को, संसार को अपने अनुरूप चलाने की कोशिश करना, ताकि तुम्हारे हितों की, तुम्हारे लक्ष्यों की पूर्ति हो सके। तो वो जिस हद तक हो सकती थी आपने कर डाला। अब जो घटनाएँ आपके लिए बहुत हानिकारक हो सकती हैं आपने उनकी संभावना बहुत कम कर दी है, लेकिन अगर आपने इन दोनों प्रकार के डरों का इलाज कर लिया है तो आपके लिए बहुत चौंकाने वाली चीज़ सामने आने वाली है, वो ये है कि आप अभी भी डरे हुए हैं।

अब डर ना काल्पनिक है, ना तथ्यात्मक है, फिर भी है।

अब आप क्यों डरे हुए हैं?

जो डर की इस श्रेणी तक पहुँच गया, उसने समझ लीजिए बड़ी बात कर ली, क्योंकि अब वो आदमी की हस्ती के मूल डर तक पहुँच गया है; और हमारा मूल डर है—'मैं हूँ क्या?'

दूसरे शब्दों में, 'मैं जो हूँ उसमें कोई स्थायित्व, कोई सत्यता है क्या?'

पहला डर तो काल्पनिक था।

दूसरा डर 'मम' का था; 'मेरा' कुछ छिन न जाए, 'मेरा' कुछ नुकसान न हो जाए।

तीसरा ये जो डर है ये अहम् का है।

ये मेरा कुछ छिन जाएगा की बात नहीं करता।

ये कहता है, 'मैं ही हूँ क्या? और अगर मैं हूँ भी, तो मेरे होने में सच्चाई कितनी है?'

इस डर का इलाज न दृष्टि है, न सूचना है, न ही श्रम है।

श्रम कर-करके आप इस डर का इलाज नहीं कर पाएँगे, क्योंकि हम जो श्रम करते हैं उससे तो बस हम अपनी बाहरी परिस्थितियाँ कुछ बदल देते हैं ना?

श्रम करके आपने अपनी गाड़ी की गति बढ़ा ली या कुछ पैसा इकट्ठा कर लिया या एक मकान बनवा लिया।

श्रम करके आप ये सब कर सकते हैं।

ये जो किया आपने बाहर-बाहर किया, लेकिन ये जो बड़े-से-बड़ा डर है ये भीतरी है, ये आध्यात्मिक डर है।

ये हमारी हस्ती के केंद्र को लेकर के हमारी अनिश्चितता का डर है।

हम जानते ही नहीं कि हम हैं भी या नहीं।

ये डर ये नहीं कहता कि मेरा कुछ छिन जाएगा।

ये डर कहता है कि क्या मैं हूँ? और अगर मैं हूँ तो क्या मैं वैसा ही हूँ जैसा मैं अपने-आप को सोचता हूँ? और अगर मैं जैसा सोचता हूँ अपने-आप को, वही हूँ तो मेरी सोच के अनुसार मेरी हस्ती बनी भी रहने वाली है क्या?

इस डर का इलाज अध्यात्म ही है।

इसीलिए अध्यात्म में प्रवेश सबसे ज़्यादा सार्थक अक्सर उनका होता है जिन्होंने पुरुषार्थ खूब कर लिया होता है, जिन्होंने कर्मठ होकर के अपनी शक्ति अनुसार जो संसार में उपलब्धि करनी थी, कर ली होती है, दुनिया को जाँच-परख लिया होता है। और फिर समझ में आता है कि बात बन नहीं रही है, संसार की उपलब्धियों से भी भीतर का डर जा नहीं रहा है। तब वो फिर पूरे तरीके से अध्यात्म के प्रति आश्वस्त होकर के और संसार के प्रति विरक्त होकर के तीसरी कोटि के डर का सामना करते हैं।

ये तीसरी कोटि का डर आपका तभी मिटेगा जब आप अपने प्रति निश्चित हो जाएँ। जब आपको पूरा भरोसा हो जाए कि आप अपने-आप को जो कहते हैं वो चीज़ इधर-उधर से आयातित नहीं है, वो चीज़ काल पर आश्रित नहीं है, वो चीज़ संसार पर निर्भर नहीं है इसीलिए वो चीज़ आपसे कभी कोई छीन नहीं सकता; एक बार ये यकीन आ गया, उसके बाद ही ये तीसरी किस्म का डर मिटता है। जब तक आपने अपनी पहचान जोड़ रखी है काल द्वारा प्रदत्त चीज़ों से, लोगों से, भावनाओं से, विचारों से, जब तक आपकी हस्ती बँधी हुई है संसार की इस चीज़ से, उस चीज़ से, तब तक कैसे आपको भरोसा आएगा कि आप स्थाई हैं, सुरक्षित हैं? आप लगातार डरे ही रहोगे ना, कि कभी ये छिना कभी वो छिना?

अपनी ही हालत देख लो ना अपूर्व—तीन साल पहले छूटी थी नौकरी, आज तो है ना, आज क्यों डरे हुए हो?

क्योंकि नौकरी संसार से आई है, बेटा।

जो नौकरी संसार ने दी है वही नौकरी संसार छीन भी सकता है।

एक डर होगा जहाँ पर तुम्हारी नौकरी बहुत अच्छी चल रही होगी लेकिन फिर भी तुम व्यर्थ ही कल्पना कर-करके डरे जा रहे हो कि नौकरी छिन न जाए।

मैंने कहा, 'इस डर का इलाज है—दृष्टि;' गौर से देख लो ऐसा होने की कितनी सम्भावना है? तुम पाओगे कम ही है तो बेतुके डर नहीं सताएँगे।

फिर एक डर होगा जहाँ तुमको पता है कि तुम्हारी कंपनी कर्मचारियों की छँटनी करने जा रही है। कंपनी ने पहले ही घोषणा कर दी है कि भाई अगले तीन महीने में छह प्रतिशत कर्मचारी हम हटा देंगे, ले-ऑफ करेंगे! और तुमको पता है कि वो छह प्रतिशत कौन हैं?

वो छह प्रतिशत वो हैं जिनका काम बिलकुल निम्न कोटि का है। तो ये डर नकली नहीं है इस डर में तथ्य है। और इस डर का मुकाबला तुम कर सकते हो अपना काम बेहतर करके, कि, 'भाई मैं नीचे वाले छह प्रतिशत में रहूँगा ही नहीं, तो फिर कंपनी मुझे नहीं निकालेगी।' लेकिन खौफ़नाक बात ये है कि तुम भले ही कंपनी के श्रेष्ठतम और हुनरमंद कर्मचारियों में से क्यों ना हो, डर तुम्हें तब भी लगा ही रहेगा, भले ही तुम्हें अभी पिछले हफ़्ते ही कंपनी द्वारा सम्मानित किया गया हो, कि ये हमारा स्टार परफ़ॉर्मर है। तुम पाओगे कि मन के एक कोने में फिर भी शंका बनी ही हुई है, कि, 'पता नहीं, कुछ पता नहीं, कुछ निश्चित नहीं, कोई भरोसा नहीं कल का,' क्योंकि तुमने अपनी सुरक्षा को, तुमने अपनी हस्ती को, तुमने अपनी सम्मानीयता को किससे जोड़ रखा है?

कंपनी से!

तुम कहते हो, 'मैं तब तक निरापद अनुभव करूँगा जब तक मेरे पास नौकरी है,' और नौकरी तुम्हें दी किसने है?

जिसने भी दी है वो ही कल को तुमको पिंक-स्लिप भी दे सकता है ना?

जानते हो ना, जिस विभाग से ऑफ़र-लैटर आता है फिर उसी विभाग से फ़ायरिंग-लैटर भी आता है, अलग-अलग जगह से नहीं आते। हो सकता है कि एक ही व्यक्ति तुमको दोनों चीज़ें देता हो, कि थोड़ा-सा आइएगा पाँच मिनट के लिए। तीन साल पहले बुलाए गए थे, कि आइए, और बताया गया था, 'कांग्रेच्युलेशनन्स!' और अब बुलाया गया है कि थोड़ा-सा आइए, पढ़ लीजिए।

तुम्हें पता है कि तुम्हारी कश्ती लहरों के रहम-करम पर है, तुम्हें चैन आ कैसे जाएगा?

अध्यात्म का यही मतलब होता है—उस 'मैं' की खोज जिसका कोई कुछ बिगाड़ नहीं सकता!

उस 'मैं' की खोज जिसे 'मेरा! मेरा!' कहकर किसी चीज़ पर आश्रित नहीं होना पड़ता।

उस 'मैं' की खोज जो सब कुछ हो जाने के बाद भी, सब नष्ट हो जाने के बाद भी, आग में सब राख हो जाने के बाद भी शान से खड़ा रहता है। कि जैसे किसी ने तुम्हारा सब छीन लिया हो, सब छीन लिया हो, कल्पना करनी मुश्किल है पर फिर भी करो। सब छीन लिया हो; मन से सब छीन लिया, ज्ञान छीन लिया, सम्मान छीन लिया, रुपए-पैसे छीन लिए, सब छीन लिए, तुम्हारी देह का सौंदर्य भी छीन लिया, और तुम उसके बाद भी मस्त कहीं पर खड़े हुए हो—निर्धन, नग्न, निराश्रित! और एक बहुत हल्की-सी मुस्कान है तुम्हारे होंठों पर, तुम्हें कोई अंतर ही नहीं पड़ रहा। जिसे कोई अंतर ही नहीं पड़ता ना, उसको फिर बोलते हैं—निरंतर!

वो सत्य के लिए ही दूसरा नाम है—निरंतर!

सत्य मात्र निरंतर है!

तुम निरंतर हो गए, तुम्हें कोई अंतर ही नहीं पड़ता अब।

तो वो जो बड़े-से-बड़ा डर है, जो अस्तित्वगत डर है, एक्सिस्टेंशिअल फ़ियर है, वो तो अध्यात्म से ही जाएगा।

वो तो जब तक तुम असली 'मैं' तक नहीं पहुँच जाते तब तक वो डर तुम्हें बना ही रहेगा, क्योंकि नकली 'मैं' तो अपूर्व, (प्रश्नकर्ता) है ही खोखला।

उसके भरोसे रह कर के कैसे तुम चैन से सो पाओगे?

गहरी नदिया और नाव पुरानी, किस विधि पार तू होवे रे!

नाव जर्जर और नदिया में भँवर, कैसे नहीं लगेगा डर?

तो डर तो लगना ही लगना है, ये हम सब की स्थिति है।

गहरी नदिया का मतलब समझते हो?

ये जो दुनिया है, कोई इससे पार नहीं जा पाता।

इसकी तलहटी में लाशें-ही-लाशें बिछी हुई हैं।

और नाव क्या है?

ये जो हमारा स्थूल और सूक्ष्म शरीर है।

शरीर और मन, इनको क्या बोला?

नाव!

क्योंकि इन्हीं के भरोसे हम सोचते हैं कि हम दुनिया में जी लेंगे, हम दुनिया में लड़ लेंगे और मृत्यु को भी जीत लेंगे।

साहब समझा गए कि ऐसे नहीं होगा, बेटा! इनके भरोसे नहीं हो पाता।

वो था ना उसमें—बेटा, तुमसे ना हो पाएगा! ये अपने-आप से बोला करो, जब कभी भी अपने पर बड़ा नाज़ और अपने पर बड़ा फ़ख्र उठे तो ऐसे।

उसका तरीका फिर दूसरा है।

उसका तरीका फिर अध्यात्म ही है; और अध्यात्म का तरीका सहारों की खोज नहीं है, कि पुराने सहारे गड़बड़ थे तो नए सहारे खोज लेंगे। नहीं, अध्यात्म का तरीका बड़ी निर्ममता का तरीका है।

अध्यात्म का तरीका कहता है, 'पुराने सहारे गड़बड़ हैं तो पहले तो पुराने सहारों को ही विदा करो, जो चीज़ ठीक नहीं उसको हटाओ' तुम कहोगे, 'नहीं, यदि हटा दिया और नया कुछ आया नहीं तो जियेंगे किसके भरोसे?' अध्यात्म कहता है, 'ये सब बात करोगे तो जाओ फिर तुम, तुम्हारे जैसे हज़ार हैं, उन्हीं के साथ रहो।'

असली चीज़ चाहिए तो सवाल-जवाब नहीं। ये नहीं पूछने का, कि नया कुछ मिला

नहीं पुराना कैसे छोड़ें? पुराना गड़बड़ है, इतना पक्का है ना? इतना अगर पता है कि पुराना गड़बड़ है तो ईमानदारी का तकाज़ा ये है कि अब नए की प्रतीक्षा नहीं करनी है। पुराने को त्यागना है। नए की प्रतीक्षा करना फिर राजनीति हो गई, कूटनीति हो गई, फिर चालाकी हो गई कि पता है जो चीज़ अपने हाथ में है वो गड़बड़ है लेकिन फिर भी उसको त्याग नहीं रहे हैं, इंतज़ार कर रहे हैं कि इससे कुछ बेहतर मिलेगा तो इसको छोड़ेंगे।

ये तो फिर तुम चतुराई दिखा रहे हो।

सत्य के काम में चतुराई नहीं चलती, वहाँ तो बहुत ही सहजता चाहिए, निर्दोषता चाहिए। जैसे बच्चा हो छोटा कोई, उसको पता चल गया हो उसके हाथ में जो चीज़ है वो ठीक नहीं है, उसने गिरा दी। वो ये गणना कर ही नहीं रहा कि इसको गिरा दूँगा तो आगे मेरा क्या होगा, कुछ और मिलेगा कि नहीं मिलेगा? वो कह रहा है कि हमें ये सब हिसाब नहीं पता है कि आगे क्या होगा, दूसरी चीज़ मिलेगी कि नहीं मिलेगी? अभी जो हाथ में है वो ठीक नहीं है इतना पता है, इतना काफ़ी है, हम अभी इसको छोड़ रहे हैं। बात खत्म!

आगे क्या होगा?

राम जाने!

हाँ?

कुछ मिल गया! क्योंकि तुम छोड़ ही नहीं सकते थे पुरानी चीज़ को अगर भीतर-ही-भीतर तुमको राम पर भरोसा नहीं होता!

भले ही तुम राम का नाम ना लेते हो कोई बात नहीं, कोई और नाम ले लो, तुम कोई नाम न लो। लेकिन एक श्रद्धा चाहिए सड़े-गले ममत्व को त्यागने के लिए। जिसने निर्भीक होकर के वो सब छोड़ दिया जो नकली है वो समझ लो प्रवेश कर गया उसमें जो असली है, क्योंकि असली का जब तक छुपा हुआ और आंतरिक सहारा नहीं होगा, तुम बाहर की नकली चीज़ छोड़ ही नहीं पाते। तो तुम बाहर की नकली चीज़ छोड़ो, बाहर की नकली चीज़ छोड़ना ही प्रमाण होगा इस बात का कि तुम्हें अंदर से असली चीज़ मिल गई है। ये अध्यात्म का तरीका है।

अध्यात्म का तरीका तुमको प्रकट सुरक्षा नहीं देता।

अध्यात्म का तरीका बाहर-बाहर से तो तुमको ऐसा ही लगेगा कि तुम्हें असुरक्षित कर रहा है, तुमसे कुछ छीन ले रहा है; लेकिन जिन्होंने अध्यात्म में गहरी डुबकियाँ लगाई हैं उन्होंने तो यही कहा है कि इससे बड़ा सहारा कोई दूसरा होता ही नहीं।

अपूर्व, आध्यात्मिक ग्रंथ बार-बार कहते हैं, कई बार तो 'डर' को ही अपना एकमात्र लक्ष्य बना कर कहते हैं कि 'डर से मुक्ति सत्य के बिना सम्भव है ही नहीं!' कई जगहों पर तो तुम्हें यहाँ तक मिलेगा कि ग्रंथ आरंभ में ही कह रहा है कि मेरी रचना आदमी को तमाम तरीके के भयों से मुक्ति दिलाने के लिए ही हुई है। तो डर छोटी बात नहीं है, डर

ऐसी बात नहीं है कि जिसको तुम बाज़ार में जाकर के कुछ खरीदारी करके दूर कर लोगे। हमारी हस्ती ही डर है। जिनको डर को सम्बोधित करना है, जो डर के पार जाना चाहते हैं, वो छोटे-मोटे उपाय नहीं करें।

हाँ, छोटे-मोटे जो उपाय होते हैं वो मैंने तुमको बता दिए। तो पहली दो श्रेणियाँ जो मैंने तुमको बताईं वो छोटे-मोटे उपाय थे। पहली श्रेणी क्या बोली, कि काल्पनिक डर है तो सूचना वगैरह इकट्ठा कर लो, देख लो कि डर काल्पनिक है, वो उड़ जाएगा। तथ्यात्मक डर है तो मेहनत कर लो, जिस वजह से डर है वो वजह कम सम्भावित हो जाएगी। लेकिन फिर मैंने कहा कि इन दोनों को तुम हटा भी दोगे तो जो सबसे बड़ा डर है वो तो शेष रहेगा ही, और वो डर होता है अहंता की असुरक्षा का; उसके लिए तो एक ही तरीका है—उनके पास जाओ जिन्होंने इसी विषय पर गहरा शोध किया है।

उपनिषद् हैं, वेदांत का पूरा सागर है।

वो जैसे प्रणीत ही है भय से मनुष्य को मुक्ति दिलाने के लिए।

उसके पास जाओ, उसकी बात सुनो, उसकी संगति करो!

इंसान जीना ही तब शुरू करता है जब वो डरा नहीं होता।

जो डरा हुआ है वो तो बार-बार मिटने के बारे में ही सोच रहा है ना?

और डर होता क्या है?

मिट जाऊँगा!

जो डरा हुआ है वो तो बार-बार मिटने के ही बारे में सोच रहा है, माने वो मृत्यु में जी रहा है, तो वो जी कहाँ रहा है? जो मौत में है, वो जी कहाँ रहा है? तो इंसान जीना ही तब शुरू करता है जब वो डर के पार निकल जाता है, डर छोटी बात नहीं है, ये मत कह देना कि 'बट, फियर इज़ नेचुरल!' डर स्वभाव नहीं होता।

डर अज्ञान का नतीजा है।

स्वभाव तो हमारा निर्भीकता है।

स्वभाव तो हमारा अमरता है।

ये शब्द ही रह जाएँगे जब तक तुम खुद नहीं उतरोगे उपनिषदों में, यही मेरी सलाह है।

''जो सबसे बड़ा डर है वह तो शेष रहेगा ही, और वह डर होता है अहंता की असुरक्षा का। उसके लिए तो एक ही तरीका है—उनके पास जाओ जिन्होंने इस विषय पर गहरा शोध किया है।''

निडर होकर दुनिया का अनुभव कैसे करें?

अद्वैत शिविर, उत्तराखंड, 2017

''जीवन 'डेड रबर' है! जीता हुआ है पहले ही, अब क्या करने आए हैं हम? खुलकर खेलने आए हैं। चार मैचों की शृंखला थी, 3-0 से उसी दिन आगे थे, जिस दिन पैदा हुए थे! जीवन चौथा मैच है, 'तुरीय', आनंद भाव से खेलेंगे। जीते तो जीते, हारे भी तो हमारा क्या बिगड़ गया?''

प्रश्नकर्ता : डर हमें हमेशा बहिर्मुखी रखता है, बाहर की तरफ़। उसकी वजह से हम अंतर्मुखी और बहिर्मुखी दोनों रहने का प्रयास करते हैं, और अंत में संसार की तरफ़ ही पूरे तरीके से हो जाते हैं।

आचार्य प्रशांत : पूरे तरीके से संसार की तरफ़ नहीं हो पाते हो, ये धारणा झूठी है। 'डर' भी तुमको पूरे तरीके से संसार का नहीं होने देता; 'डर' ही तो तुम्हें संसार का नहीं होने देता। संसार के प्रति तुम कोई भी भावना रखते हो, वो तुम्हें संसार का होने नहीं देती। तुम लोग अनुभवों की बात करते हो, मैंने बार-बार कहा है कि 'तुम अनुभव नहीं ले पाते; अनुभव ले पाने के लिए बड़ा खुलापन चाहिए।' तुम अनुभव में उतर ही नहीं पाते, अनुभव के प्रति तो तुम्हारे पास बड़े कवच हैं, बड़ी धारणाएँ हैं, बड़े अवरोध हैं, तुम्हें कहाँ कोई अनुभव हो पाता है?

अनुभव आता नहीं है कि तुम बिदकना शुरू कर देते हो, 'अरे! कुछ हो जाएगा! दाग न लग जाए! आग न लग जाए!' तुमने कोई अनुभव लिया है? कभी टूट कर रोये हो? ऐसा रोये हो कि बिखर ही गए? थोड़ा-सा रो लेते हो, जैसे नाक बहे थोड़ी देर को। सावन बहा है कभी? हँसी, खुशी, प्रसन्नता, जिसकी तलाश में रहते हो, वो भी बहुत मिल जाती है तो घबरा जाते हो। थोड़ी देर में कहना शुरू कर देते हो, 'बड़े-बूढ़े बता गए हैं, विषयों में बहुत संलग्न मत होना! इतनी खुशी मिल गई ना? ज़्यादा मत लेना! का बिट्टू, तीन बार कर लिए? नहीं अब उठो चलो! तीन बार तक ठीक है, चौथी बार करोगे तो भोगी कहलाओगे।' तुम्हें कोई अनुभव पूरा होता है? बहुत जल्दी तुम्हारी वर्जनाएँ खड़ी हो जाती हैं।

मैं अंधाधुंध भोग की बात नहीं कर रहा हूँ, मैं उसकी बात कर रहा हूँ जो तुम्हें बहती हवा का भी पूरा अनुभव लेने नहीं देता। तुम खड़े हो बाज़ार में, तुम्हारे घुटनों को बराबर कोई भिखारी बच्चा आकर छू जाता है, कंपन उठता है, एक लहर आती है। तुमने देखा है,

तुम उस लहर का कैसे गला घोंटते हो? अब बच्चा गंदा है, दुर्बल है, पर बड़ा खूबसूरत है। तुम खड़े हो बाज़ार में, कोई भिखारी बच्चा, इतना ही है, तुम्हारे घुटनों तक आता है, आकर तुम्हें यहाँ छू गया, पाँव में, उठा पाते हो उसे गोद में? मौका था प्रेम का अनुभव लेने का, उस मौके को भुना पाते हो?

तुम्हारे सामने कोई गायक गाता हो, कि नर्तक नाचता हो, कि वक्ता बोलता हो और तुम्हारे झुरझुरी छूटी जा रही है। तुम बिलकुल आलोड़ित हुए जा रहे हो, तो भी तुम इतनी छूट देते हो अपने-आपको कि उठकर जाओ और उसे गले लगा लो, कि चूम लो उसको, कि उसके पाँव पड़ जाओ? कोई अनुभव तुम अपने-आपको होने कहाँ देते हो?

प्रेम का पल है और तुम सुध-बुध खोए दे रहे हो। तुमने देखा है? तुम कितने डरे हुए और झूठे आदमी हो! प्रेम के पलों में जब तुम्हारी सुध-बुध खो रही होती है तो तुम ज़बरदस्ती होश का स्वांग करते हो। तुम बल्कि कोशिश करते हो कि प्रेम की खुमारी तुम पर पूरी न छा जाए। तुम अनुभव अपने-आपको लेने कहाँ देते हो?

प्रेम के पल में कभी भी तुमने बह जाने दिया अपने-आपको? नहीं! तुम पहरेदार बन कर खड़े हो गए। हुए कि नहीं हुए? तुम्हें डर लगता है कि इच्छा में पगी हुई मेरी सूरत अगर मेरे प्रेमी ने देख ली तो कहीं वो मुझे चरित्रहीन न समझ ले। 'इन आँखों में इस वक्त कुछ नहीं है सिर्फ़ प्यास है! प्यास है! प्यास है! इन आँखों को छुपाओ। दूसरे ने देख लिया कि इतनी हसरत है मुझे, इतनी प्यास है, तो कहीं वो हावी न हो जाए मुझ पर?' तुम कहाँ कोई अनुभव लेते हो?

अपने-आप से ही झूठ बोल देते हो ना? कुछ है जो बहुत बुरा लगा, अपने-आपको समझा देते हो कि 'नहीं, ज़्यादा बुरा नहीं था। ठीक है!' जीत मिलती है तो तुम झूम नहीं पाते, क्यों नहीं झूम पाते? 'अरे! प्रतिपक्षी टीम को बुरा लग जाएगा। उल्लास में ज़रा संयम होना चाहिए! किसी का दिल नहीं दुखाना है।' हार जाते हो तो चिल्ला नहीं पाते। 'हार-जीत में समभाव रखना चाहिए, संत-जन बता गए हैं। हारो तो भी यूँ प्रदर्शित करो जैसे कुछ हुआ ही नहीं है।'

तुम्हें कहाँ हार का अनुभव हुआ है? तुम्हें एक बार हार का पूरा अनुभव हो जाता उसके बाद तुम हारने से इनकार कर देते। जीवन भर हारते ही रहते हो, क्यों? क्योंकि हार कभी तुम्हें छू ही नहीं पाती, तुमने अवरोध खड़े कर रखे हैं। तुम अपने-आपको यह अनुभव ही नहीं करने देते कि तुम हारे, तुम यूँ मुँह बना लेते हो कि जैसे कुछ हुआ ही नहीं! 'कुछ हुआ नहीं! कुछ भी नहीं!'

आत्मा के तल पर देखो तो वास्तव में कुछ हुआ नहीं, वहाँ तो कभी कुछ नहीं होता, पर तुम्हारे तल पर तो बहुत कुछ हो गया, ज़मीन-आसमान एक हो गए। क्यों झूठ बोलते हो? क्यों नहीं मानते? कि तुम्हारे तल पर भूकंप आ गया! तुम हार गए! क्यों नहीं फूट-फूटकर रोते? तुम नहीं रोते।

तुम प्रेमी के सामने भी ऐसे हो जाते हो कि जैसे मुर्दा हो। शारीरिक उत्तेजना भी कहाँ पूरी होती है तुमको? उसमें भी तो ऐसे ही रहते हो जैसे मुर्दे को गुदगुदी की जा रही है, वो कितना उत्तेजित हो जाएगा? काम के, भोग के पलों में भी अपने-आप को देखना, कैसे मुर्दे जैसे रहते हो, पड़े हुए। 'संत-जन बता गए हैं, माया बुरी बात!'

तुम आए हो इस पृथ्वी पर? तुम जी रहे हो? तुम्हें कुछ पता है? चाँद का तुम पर कोई असर होता है? फूलों के साथ कभी तुम भी खिलते हो? किसी की मौत पर तुम भी मरे हो साथ? कोई प्यारे-से-प्यारा होता है तुम्हारा, और जब मरता है तो तुम इनकार कर देते हो उसके साथ मरने में भी। एक बार तुम मर लिए होते किसी के साथ तो जीना सीख जाते; पर तुम मरते भी नहीं। रात में तुम प्यार की कसमें खा रहे थे और सुबह वो मर गया, तुम थोड़ा-सा रो लेते हो।

प्रश्नकर्ता : उससे ज़्यादा कैसे रोयें? मतलब जितने आँसू आएँगे...।

आचार्य : अनुभव से डरते हो!

प्रश्नकर्ता : उसको कैसे ख़त्म किया जाए?

आचार्य : अनुभव से इसलिए डरते हो क्योंकि लगता है अनुभव तुम्हें मिटा देगा। श्रद्धा रखो कि कोई अनुभव तुम्हें मिटा नहीं देगा। अनुभव ऊपरी चीज़ है, ऊपरी किसी चीज़ से डरना क्या? उसे आने दो ना पूरा-पूरा। ऊपर से डर-डर कर तुम ऊपरी को इतना गंभीर मसला बना देते हो कि पूछो मत!

प्रश्नकर्ता : चुनाव की बात नहीं लगती, सामर्थ्य की बात लगती है। होता ही नहीं है!

आचार्य : डरे हुए हो! मानो इस बात को! बहुत डरे हुए हो!

प्रश्नकर्ता : हो ही नहीं रहा है! पूरी व्यवस्था ही ऐसी है।

आचार्य : व्यवस्था ऐसी बना ली है। फिर इसीलिए तो साधना चाहिए होती है ना? तुम से खुला जाता ही नहीं। जैसे किसी बच्चे को दशकों तक डराया गया हो। अब तुम उससे मज़ाक नहीं कर सकते। जो डरे हुए बच्चे होते हैं, उनकी एक पहचान ये होती है कि तुम उनसे मज़ाक नहीं कर सकते। वो मज़ाक नहीं समझते। न उन्हें मज़ाक करना आता है न उन्हें मज़ाक समझ में आते हैं! बड़ी दयनीय हालत है, दिल पर ले लेते हैं! दिल पर लेने का अर्थ समझते हो ना? गंभीरता से ले लेना, आहत हो जाना। तुम इतने आहत हो कि अपने-आपको आहत होने की अनुमति ही नहीं दे पाते। तुम कहते हो, 'इतनी तो चोट लगी हुई है, अब और चोट कैसे लगवा लें?'

आई.सी.यू. का रोगी थोड़े ही उतरता है मुक्केबाज़ी की रिंग में, कि दंगल के अखाड़े में। घूँसे अगर खाने हैं छाती पर, तो सबसे पहले छाती में जान होनी चाहिए। तुम्हारी छाती ही इतनी खोखली है कि तुम अखाड़े में उतरने से इनकार कर दोगे, तुम कहोगे कि एक दाँव पड़ा नहीं कि अस्थि-पंजर बराबर हो जाएगा।

इस बात को समझना। छाती जब मज़बूत होती है तो तुम कहते हो, 'आओ! मुक्के

बजाएँगे भी और मुक्के खाएँगे भी।' तुम्हें एक मुक्का कोई मार दे तो तुम बुरा मान जाते हो, क्यों? छाती खोखली है।

प्रश्नकर्ता : आप जितने हो, आप उतना ही अनुभव कर पाते हो!

आचार्य : बस! बहुत बढ़िया! प्यारी बात! आप इतने-से हो, उससे ज़्यादा का अनुभव भी नहीं होता आपको; 'एक्सटसी' नहीं आती! बड़ा प्यारा शब्द है। 'एक्सटसी' का अर्थ समझते हो क्या होता है? ऐसा भाव उठा कि हमें तोड़ गया, हमसे बाहर आ गया, हम अपने-आप से जैसे बाहर आ गए! इसका शाब्दिक अर्थ बिलकुल यही है—अपने से बाहर आ जाना। अपनी जो काया बना रखी है, अपनी जो वर्जना बना रखी है, ऐसा भाव उठा कि उससे बाहर आ गए, बेसुध हो गए, बेहाल हो गए, बेहोश हो गए, बेखबर हो गए! जैसे संत गाते हैं ना? 'अब लगन लगी! अब लगन लगी!' लग गई!

हमें नहीं पता हम कौन हैं? तुम अपने से बाहर आ ही नहीं पाते। तुम बेसुध कभी हो ही नहीं पाते, बेहोश कभी हो ही नहीं पाते, अपने-आपको कभी खो ही नहीं पाते, क्यों? क्योंकि तुम्हें हर समय परवाह है अपनी इज़्ज़त की, अपनी सुरक्षा की। जैसे कोई लाजवंती हो, वो कहाँ से नाचेगी? उसको तो यही देखना है कि कहीं पल्लू तो नहीं गिर गया, ससुर जी बहुत मारेंगे! तो वैसे ही तुम नाच कहाँ पाते हो? तुम कुछ नहीं कर पाते; तुम्हारा सारा ध्यान इस पर रहता है कि पल्लू न गिर जाए, कोई देख न ले।

अनुभव करने के लिए तो एक बेख़याली चाहिए, एक बेपरवाही चाहिए, बड़ा बेखौफ़ जिगर चाहिए। तुममें बेपरवाही कभी आती ही नहीं। तुममें हर समय यही परवाह लगी रहती है कि कौन देख रहा है, कौन मेरे बारे में क्या ख़याल बना लेगा, कौन क्या सोच रहा है, किसी ने कोई व्यंग्य तो नहीं मार दिया; दिल खोखला है!

कहाँ कुछ अनुभव करोगे? संसार को अनुभव करने के लिए परमात्मा में बड़ी श्रद्धा चाहिए, भीतर बड़ी पूर्णता का भाव चाहिए; या ये कह लो कम-से-कम अपूर्णता का भाव न हो। कितनी जल्दी-जल्दी तो चोटिल, घायल हो जाते हो। कभी किसी के सामने भिखारी बन पाते हो? तुरंत तुम्हें डर लगने लग जाता है, 'हाय! वो क्या सोचेगा? हम इतने लालायित हैं!' भीतर से भले ही तुम भिक्षा माँग रहे होगे, ऊपर-ऊपर से यही दिखाओगे...

मैं साधारण-सी बात करता हूँ, बहुत लोग ऐसे हैं जो काम के क्षण में भी भिखारी नहीं बन पाते, उन्हें उस वक्त भी नाक ऊँची रखनी है। तुम काम-भिक्षा भी माँग पाते हो? 'तेरे द्वार खड़ा है देवी! ना माँगूँ मैं सोना-चाँदी, माँगूँ दर्शन तेरे!' कह पाते हो? वहाँ भी तुम्हें समाज और संस्कार पकड़ लेते हैं। कहाँ अनुभव कर पाओगे? भिखारी होना भी कहाँ अनुभव कर पाओगे?

और बड़ा ऊँचा होता है वो क्षण, जब तुम पाते हो कि तुम पूरे-पूरे भिखारी हुए जा रहे हो। फिर भी भिखारी हो नहीं पा रहे। तब तुम्हें पता चलता है अपनी ऊँचाई का, अपने ऐश्वर्य और वैभव का। हम इतनी याचना कर रहे हैं पर याचक तब भी नहीं हो पा रहे। तुम

याचना से डरते हो, तुम्हें लगता है याचना की तो याचक हो जाएँगे। और करो पूरी-पूरी याचना, तब तुम्हें एहसास होगा कि बाहर-बाहर पूरे भिखारी हो गए तो भी भीतर कुछ होता है जिसकी बादशाहत में कमी नहीं आती। अब बनी बात! ये तो मज़ेदार बात है! अब हमें भीख माँगने से कौन रोक सकता है? अब माँगेंगे भीख, क्योंकि भीतर कुछ है जो बाहर की घटनाओं के कारण अपने सिंहासन से उतरेगा नहीं; वो बादशाह, बादशाह ही रहेगा। अब माँगेंगे भीख। तुम कहोगे, 'नहीं!'

शिविरों में आते हो, यहाँ लोगों को किरदार दिए जाते हैं, कहते हैं, 'चलो रोल प्ले करो थोड़ा, सिर्फ़ अभिनय, खुला अभिनय!' ज़ाहिर बात है अभिनय हो रहा है, सबको पता है। उनमें आप किसी इज़्ज़तदार आदमी को कहिए 'तू ज़रा खुजली वाला कुत्ता बन जा,' उन्हें अड़चन हो जाती है, 'नहीं! देखो हम खुजली वाला कुत्ता तो नहीं बनेंगे।' तुम क्या अनुभव करोगे?

परमात्मा को सूअर बनने से कोई ऐतराज़ नहीं है, परमात्मा ही तो सूअर बन कर नाली में लोट रहा है। तुम्हें कह दिया जाए, 'सूअर बन जाओ और ज़रा थोड़ी देर को मिट्टी में लोट जाओ यहाँ बाहर।' अभी देखना तुम कैसे, 'नहीं! साहब हम तो कुलीन लोग हैं, संभ्रांत हैं। अरे! भद्र पुरुष हैं, शूकर नाहि!' परमात्मा को कोई ऐतराज़ नहीं है, वो सूअर भी है, नाला भी है। तुम्हें बड़ा ऐतराज़ है! लिया है कभी नाले का अनुभव? लोटे हो? भद्र पुरुष हो! राय चौधरी हो! कैसे लोटोगे?

अब भूख लग रही होगी, बोल नहीं पाओगे कि 'थम जाइए महाराज! खाने भी दीजिए!' बड़ी अड़चन है! संस्कार आड़े आ रहे हैं।

जिस किसी को भी देखो और अपने-आप से भी सवाल यही पूछा करो—'तुम जो हो, यदि तुम वो न हो, तो भी क्या तुम वो रहोगे, जो तुम हो?' बस ये सवाल पूछा करो, 'तुम जो हो यदि वो तुम न रहो...' समझा कर बोलता हूँ! 'तुम जो दिखते हो, तुम यदि उसके विपरीत हो जाओ, तो भी क्या तुम वही रहोगे जो तुम हो?' यदि हाँ, तो तुम असली आदमी हो, नहीं तो तुम स्वांग रचा रहे हो, भागो यहाँ से!

तुम दाढ़ी में दिखते हो, तुम कुर्ते में दिखते हो। दाढ़ी चली गई, कुर्ता चला गया, उसके बाद भी क्या तुम बचोगे? तुम वही रहोगे जो तुम हो? हो अगर, तो असली हो! और अगर दाढ़ी और कुर्ता तुम्हारी अनिवार्यता बन गया है, उसके बिना तुम मिट ही जाते हो, तो समझ लो तुम वो हो नहीं।

तुम बड़ी सती-विदुषी बनकर घूमती हो, सफ़ेद साड़ी! ये उतर गई सफ़ेद साड़ी, तो भी क्या बचोगी तुम? इस सफ़ेद साड़ी के बिना भी यदि तुम वो रही जो तुम हो, तब तो तुम असली हो, नहीं तो बड़ी नकली हो। इसको कहते हैं आत्मस्थ होना। अगर सब चला जाए मेरा, खड़ा हूँ मैं, मन छूटा, दौलत छूटी, इज़्ज़त छूटी, धारणाएँ छूटीं, सब छूटा उसके बाद भी मैं शेष हूँ, तब तो मैं हूँ; और सब छूटा और सबके साथ मैं भी छूट गया, तो मैं बड़ा नकली हूँ। यही सवाल पूछा करो! 'जो तुम हो, तुम वो न रहो, तो भी क्या तुम हो?'

इससे बड़ी ताकत, बड़ी हिम्मत आती है। 'तुम छीन लो जो तुम्हें छीनना है, सब छीनने

के बाद भी हम तो वही रहेंगे जो हम हैं!' अब तुम कहते हो कि उतरे हम संसार में, मज़े लूटेंगे! जीतने के लिए उतरे हैं, क्योंकि हार भी गए तो क्या छिन जाना है?

हम तो सब जाने के बाद भी आधारभूत रहेंगे, शेष रहेंगे। यह नि:शेषता 'सार्थक जीवन' के लिए बड़ी ज़रूरी है। खुल कर खेलेंगे! जीवन 'डेड रबर' है, जीता हुआ है पहले ही, अब क्या करने आए हैं हम? खुल कर खेलने आए हैं। चार मैचों की शृंखला थी, 3-0 से उसी दिन आगे थे जिस दिन पैदा हुए थे! जीवन चौथा मैच है, 'तुरीय', आनंदभाव से खेलेंगे। जीते तो जीते, हारे भी तो हमारा क्या बिगड़ गया? कुछ दाँव पर नहीं लगा है! कुछ नहीं छिनने का! न पा सकते हो न गँवा सकते हो।

क्यों इतने गंभीर हो? क्या चाहिए? खाने में देर हो रही है, ये (10 वर्षीय शिविर प्रतिभागी की ओर इशारा करते हुए) गंभीर नहीं है, आप कैसे गंभीर हैं? मुँह ऐसा हो कि रसगुल्ला दिखाई पड़े गाल में बैठा ही हुआ है, ऐसे भक्का गाल होने चाहिए; एक रसगुल्ला इधर, एक इधर। 'अब रसगुल्ला मिले न मिले क्या अंतर पड़ता है? हमारे गाल ऐसे हैं कि एक रसगुल्ला यहाँ बैठा है एक यहाँ; मिठास भीतर है, पोषण भीतर है।'

तीन अवस्थाएँ वो हैं जो आती-जाती रहती हैं। अभी जगे हो, अभी सो जाओगे। सो जाओगे, सपने लोगे। थोड़ी देर में सपना भी उड़ जाएगा। तो ये आती-जाती रहती हैं। तुरीय माने कुछ ऐसा जो न आता हो न जाता हो। ये नहीं कि सपने के साथ तुम भी उड़ गए। ये नहीं कि तुम अपने ही सपने के एक पात्र हो। सपना लो भी तो तुम सपने के द्रष्टा रहो, सपने के एक चरित्र नहीं। सपने में तुम चरित्र भी बनो तो भी तुम उस चरित्र के द्रष्टा रहो—डायरेक्टर, एक्टर। कोई नाटक हो रहा है उसमें तुम अभिनेता भी हो और निर्देशक भी। कई बार तुम्हें अपने ही सपने में कोई किरदार अदा करना पड़ता है, बोलो, 'ठीक है! कर लेंगे। लेकिन कोई बात नहीं, हम वो भी हैं जो उस किरदार को देख रहे हैं।' ये तुरीय की बात है।

सारी बातें घूम-फिर कर इसी पर हैं—कोई पक्का सहारा है तुम्हारे पास कि नहीं है? या झड़ी हुई बूँद हो?

वो जो पक्का सहारा है उसी को परमात्मा कहते हैं, वही समस्त आध्यात्मिकता का ध्येय है। आँधियाँ चल रही हों, तूफ़ान चल रहे हों, तुम्हारी आँखें सहज हों, ठहरी हुई हों, 'हमारा कुछ उखड़ नहीं रहा!'

भूकंप आए हुए हों, तुम कह रहे हो, 'कुछ है भीतर जो हिल नहीं रहा।' और बड़े नाटकीय तौर पर नहीं कह रहे हो, कि सर पर अलमारी गिर रही है कि पत्थर गिर रहा है और तुम कह रहे हो कि हमारा कुछ हिल नहीं रहा। अरे! अभी खोपड़ा चकनाचूर हो जाएगा, नाटक मत करो!

ये बड़ी सूक्ष्म बात होती है कि जैसे तुम बचने के लिए दौड़ भी रहे हो तो भी भीतर कुछ है जो दौड़ नहीं रहा है। दौड़ने की मनाही नहीं है! भीतर की बात को बाहर पर आरोपित मत कर देना, कि गुरु जी ने बताया था कि 'भूकंप में भी स्थिर रहना होता है।' तो अब भूकंप आ गया है और ऊपर से देख रहे हो कि अलमारी गिरी...गिरी...गिरी...अपने ऊपर

गिर ही रही है, और कह रहे हो, 'गुरु जी ने कहा है भूकंप बाहर-बाहर है। हिलना नहीं है,' और सर फुड़वा बैठे।

सर फुड़वाने का नाम नहीं है आध्यात्मिकता! अलमारी जब गिरती हो, जान बचा कर दौड़ो! दौड़ते वक्त भी कुछ ऐसा रहे जो डर-डर कर नहीं दौड़ रहा। दौड़ते वक्त भी कुछ ऐसा रहे जो मानो दौड़ने पर हँसता हो। बड़ी-से-बड़ी आफ़त में भी जब तुम हर तरीके से प्राण बचाने के उपाय कर रहे हो, चेहरे पर हवाइयाँ उड़ी हुई हैं, तब भी कोई गहरे तरीके से झाँके आँखों में तो कहे कि ये आँखें डरी तो हैं पर पूरी तरह नहीं डरी हैं।

प्रश्नकर्ता : मैं इस चीज़ को समझना चाह रहा हूँ कि ये अवस्था तो जड़ता, इंडिफ़रेंस में भी आ सकती है?

आचार्य : तो तुम पूरे तरीके से फिर इंडिफ़रेंस में घुस गए, पूरे तरीके से उसमें भी नहीं घुसना है। जीवन में ऐसी स्थितियाँ आ सकती हैं जब तुम उदासीन रहो, जब बहुत चीज़ों की उपेक्षा करो, पर कुछ ऐसा भीतर होना चाहिए जिसको उपेक्षा भी नहीं करनी है, वो बस 'अस्पर्शित' है! उसे कुछ लेना-देना नहीं है, उसे इतना भी लेना-देना नहीं है कि वो उपेक्षा करे। उपेक्षा करने वाला कौन है? मन! मन कर रहा है उपेक्षा। कोई और है भीतर, जो उपेक्षा करने में भी रुचि नहीं रखता। डर हो, हर्ष हो या उपेक्षा हो, ये सब मन के माहौल हैं।

आध्यात्मिकता कोई उपेक्षा का नाम थोड़े ही है। उपेक्षा तो मन की लहर है। संयोगवश बहुत लोग विरक्त हो जाते हैं। कोई तुम्हें धोखा देकर भाग गया हो, दो-चार दिन तुम विरक्त रहते हो, तब बड़े उदासीन रहोगे जग के प्रति, 'कुछ नहीं चाहिए!' 'ना माँ, खाना ले जा!' ये तुममें कोई संन्यास थोड़े ही उतर आया है; ये तो लहर है, अभी आई है, अभी चली जाएगी।

अध्यात्म किसका नाम है? खूब लहराने का या न लहराने का? दोनों का एक साथ! सागर जैसे रहो! ऊपर-ऊपर खूब लहराओ! भीतर-भीतर ज़रा भी नहीं! दोनों एक साथ! कोई ऊपर-ऊपर देखे तो कहे 'बाप रे! बड़ा क्रियाशील आदमी है, हर समय कुछ-न-कुछ करता ही रहता है। क्या गति है इसकी! हवा-सा बहता है!' और कोई भीतर झाँक कर देखे तो कहे, 'ये तो महासमुद्र है! इसकी गहराइयों में तो कोई कंपन ही नहीं!'

कोई ऊपर-ऊपर देखे तो कहे 'ये तो बोलता ही रहता है! बोलता ही रहता है! चुप ही नहीं होता!' भीतर झाँके तो कहे, 'बाबा! सिर्फ़ मौन गूँज रहा था, कोई आवाज़ नहीं थी!' दोनों एक साथ!

"अनुभव से इसलिए डरते हो क्योंकि लगता है अनुभव तुम्हें मिटा देगा। श्रद्धा रखो कि कोई अनुभव तुम्हें मिटा नहीं देगा। अनुभव ऊपरी चीज़ है, ऊपरी किसी चीज़ से डरना क्या? उसे आने दो ना पूरा-पूरा!"

डर से निडरता की ओर कैसे जाएँ?

अद्वैत शिविर, प्रयागराज, 2019

''जहाँ लालच है वहाँ भय है, जहाँ झूठ है वहाँ भय है, जहाँ अंधेरा है वहाँ भय है। भय पीछे आता है, पहले कामना आती है।''

प्रश्नकर्ता : आचार्य जी, मन में कई तरह के भय उठते हैं, तो हम भय से अभय की ओर कैसे आएँ?

आचार्य प्रशांत : भय तुमको है। तुम पहले हो, भय बाद में है। तुमने भय का 'चुनाव' किया है। तुम्हारी हालत ऐसी है, तुम्हारी नीयत ऐसी है, तुम्हारी आत्म-परिभाषा ऐसी है, तुम्हारे इरादे और तुम्हारी ज़िद ऐसी है कि तुम्हें भय को पकड़ कर रखना है।

तो तुम्हारा प्रश्न ही गलत है कि हम भय से अभय की ओर कैसे आएँ? तुम तो ऐसे कह रहे हो जैसे भय ज़बरदस्ती आकर के तुमसे चिपक गया है।

जहाँ लालच है वहाँ भय है, जहाँ झूठ है वहाँ भय है, जहाँ अंधेरा है वहाँ भय है। भय पीछे आता है, पहले कामना आती है। जिसको लालच नहीं उसे डर होगा क्या? जो झूठ नहीं बोल रहा वो किससे डरेगा? अब अभय तो चाहिए, लेकिन लालच नहीं छोड़ने हैं, कामनाएँ नहीं छोड़नीं, ज़िन्दगी के हसीन सपने नहीं छोड़ने। ज़िन्दगी के हसीन सपने पालते ही रहोगे तो साथ में भय मिलता ही रहेगा, अभय कहाँ से आ जाएगा? हम असंभव माँग करते हैं। हम कहते हैं कि ज़िन्दगी में जो कुछ मुझे अच्छा लगता है, ज़िन्दगी में जो चीज़ें मुझे पसंद हैं वो सब तो मिली ही रहें, और आगे भी और मिलती जाएँ, बस डर न लगे!

प्रश्नकर्ता : जैसे बेचैनी की दवाई।

आचार्य : वो फिर वैसा ही है जैसे कोई गोली 'एंटी-एंग्जायटी पिल' (बेचैनी रोकने वाली दवाई की गोली) की तरह ही इरादा हो जाए कि तुम खाना तो खाओगे पर मल त्याग नहीं करोगे। भोजन करना और मल त्याग करना साथ-साथ चलता है ना? तुम ये नहीं कह सकते कि सुगंधित खाना खाया है तो अब ये दुर्गंध युक्त मल क्यों निकल रहा है? जिसको तुम सुगंधित खाना कहते हो उसको दुर्गंध वाले मल में बदल जाना है।

पर गलत जीवन जीते हुए भी तुम 'एंटी-एंग्जायटी पिल्स' का इस्तेमाल कर लेते हो, कि ज़िन्दगी तो गलत जियें पर भय और तनाव तब भी न हो। वो वैसा ही है कि खाते तो

जा रहे हैं और गोली ऐसी ले ली है कि मल न आए। अब मल नहीं आएगा, तो फिर देख लो, 'मलामाल' हो जाओगे।

सेठ जी बिलकुल फूलते जा रहे हैं, मलामाल हो गए हैं।

प्रश्नकर्ता : कुछ है जो हमारे जीवन से जुड़ा हुआ होता है, जैसे जीवकोपार्जन है, या नौकरी है, या पैसा है, तो उसको खोने का जो भय होता है वो तो स्वाभाविक तौर पर होता है?

आचार्य : नहीं भाई! कोई स्वाभाविक नहीं होता! इसको अगर स्वाभाविक बोलोगे तो फिर जो लोग तुमसे भय दिखा कर के काम कराए जाते हैं वो काम कराए ही जाएँगे।

जीविका जीवन से बड़ी थोड़े ही हो गई? कि हो गई? 'मुक्ति' स्वभाव है, 'आनंद' स्वभाव है! और तुमने कह दिया कि जीविका खोने का भय स्वाभाविक होता है। 'भय' कब से स्वभाव हो गया भाई? तुम चाहो तो मजबूरियों का रोना रो सकते हो, तुम चाहो तो मुझे व्यावहारिकता का पाठ पढ़ा सकते हो, कि घर पर इतने लोग हैं, मुझ पर आश्रित हैं, आठ बच्चे हैं, उनको पढ़ाना है, छह बहनों की शादी करनी है। अस्सी के दशक में जैसी हिन्दी फ़िल्में बनती थीं, भावुकता से ओत-प्रोत, उस तरीके के कई तुम मुझे भावुक तर्क दे सकते हो, कि 'आचार्य जी, आप क्या जानें? आप तो बैरागी, संन्यासी हैं। आपको क्या पता कि गृहस्थों को क्या-क्या झेलना पड़ता है?' दे लो तर्क, तुम तर्क दे लो, मैं कहूँगा, 'ठीक है! तुम्हारी ज़िन्दगी, तुम जानो भाई!' तुम्हें अगर इन्हीं तर्कों पर चलना है, तो चलो फिर, निर्भयता की बात ही मत करो।

बेकार की नौकरियों में पड़े रहने के पक्ष में तुम यही सब तो तर्क देते हो ना, कि बड़ी ज़िम्मेदारियाँ हैं? अरे! ज़िम्मेदारियाँ हैं तो कुछ पुरुषार्थ भी तुममें है या नहीं है? आगे बढ़ो! आय का वैकल्पिक कोई तरीका ढूँढो! जितना खून जलाते हो बेकार नौकरी को बर्दाश्त करने में, उसका चौथाई खून जला कर के कोई बेहतर नौकरी ढूँढ लो! कि नहीं?

प्रश्नकर्ता : वो हिम्मत के आड़े भी डर आ जाता है कि ये भी हाथ से जाएगी, आगे पता नहीं मिलना नहीं मिलना? जो चल रहा है इसी को चलाए चलो। ये डर...

आचार्य : अरे तो बुद्धि किसलिए है? बुद्धिबल, बाहुबल, इन सबका ज़रा इस्तेमाल करो ना! इनका प्रयोग करोगे तो ही ये जाग्रत होंगे और बढ़ेंगे। आत्मबल चाहिए इस संकल्प के लिए कि गलत काम में नहीं फँसे रहना है, बुद्धिबल चाहिए सही काम ढूँढने के लिए, बाहुबल चाहिए सही काम करने के लिए।

प्रश्नकर्ता : हमारी जब तक मानसिक स्थिति नहीं बदलेगी तो यदि हम अपना भी कुछ करते हैं तो वहाँ भी दूसरे से भय रहेगा! हमारे व्यवसाय या हमारी नौकरी छूटने का भी डर रहेगा, तो ऐसी स्थिति में क्या करना चाहिए?

आचार्य : बिल्कुल रहेगा! लेकिन जो तुम फ़िलहाल जीवन बिता रहे हो, भय तो उसमें भी है। डर जब गलत जीवन बिताने में भी लगता हो और सही ज़िन्दगी बिताने में भी,

तो कम-से-कम सही डर का चयन करो! आदमी को शांति प्यारी होती है, उसको बचाने के लिए वो डरता है। पर जिसको बचाने के लिए तुम डर रहे हो, वो डर-डर कर बच भी रही है? दिनभर अशांत हो, तो फिर तुमने डर से बचा किसको लिया? दिन भर डरे हो कि कुछ खो न जाए, और ये देखा ही नहीं कि जिसको बचाना चाहते हो खोने से, उसको तो लगातार खोते ही जा रहे हो। तो तुम तो दोनों तरफ़ से मारे गए ना? डर भी खूब झेला और जिसकी खातिर डर झेला उससे भी हाथ धोया।

और ऐसा नहीं है कि दुनिया तुम्हारा आलस बर्दाश्त कर लेती है। सच पूछो तो आलस तुम बस एक दिशा में दिखा पाते हो, जो 'सही काम' है वो करने की दिशा में। वरना तो तुम जहाँ भी काम करते हो, वो मालिक तुम्हें आलसी रहने देता है क्या? दिन के बारह घंटे दौड़ाता है। तो अगर तुम ये भी कहोगे कि मैं मुक्ति की दिशा में आगे नहीं बढ़ पाता हूँ क्योंकि मैं आलसी हूँ। आलस भी हमें बस एक दिशा में आता है, जो दिशा हमारे लिए वाकई लाभप्रद है उस दिशा में काम करने में हम आलसी हो जाते हैं। 'भजन करे को आलसी, खाने को तैयार।'

मुझे बताओ ना, जहाँ नौकरी करते हो वहाँ तुम्हारा बॉस तुम्हारा आलस बर्दाश्त कर लेता है क्या? रगड़-रगड़ कर एक-एक सेकंड का हिसाब लेता है। एक-एक रुपया जो तुमको देता है उसके एवज में पचास रुपए का तुमसे काम वसूलता है। तो ऐसा भी नहीं है कि सत्य न मिला तो कोई बात नहीं, कम-से-कम आराम से अलसाए तो बैठे रहे। तुम्हें ऐसा कोई आराम का जीवन भी नसीब नहीं हो रहा है।

अभी कह दिया जाए कि शिविर चलेगा तीन दिन और, खर्चा-पानी कुछ नहीं बस रुक जाओ! आराम से रुक जाओ, बस पड़े रहना धूप में, गंगा किनारे। तो भी तुममें से बहुत लोग रुक नहीं पाएँगे क्योंकि दूर कोई चाबुक फटकार रहा है, कि घोड़े जल्दी वापस आ तुझे काम पर लगना है। आलस भी तुम्हें कहाँ उपलब्ध है मुझे बताओ?

अष्टावक्र कहते हैं, मज़ाक करते हुए कहते हैं कि 'आध्यात्मिक आदमी तो परम आलसी हो जाता है!' जो ऊँची-से-ऊँची चीज़ है वो उसने पा ली है, बाकी सब पाने की उसको कोई आकांक्षा ही नहीं, अजगर समान हो जाता है। एक पूरी *गीता* ही है '*आजगर गीता*'। पर तुम्हें आलस भी कौन करने दे रहा है? बताओ कौन करने दे रहा है आलस? दफ़्तर तो दफ़्तर तुम घर में आलस नहीं कर सकते! एक चाबुक फटकारा जाता है दफ़्तर में, उससे तगड़ा चाबुक चलेगा घर में! 'कर क्या रहे हो तुम? चलो उठो पालक लेकर आओ।'

हाँ, जब तुम्हारी मुक्ति का मुद्दा छिड़ता है तो तुम कहते हो, 'आलस बहुत आ रहा है।' अपने बॉस से बोल कर देखना, 'आलस आ रहा है।' हम कैसे लोग हैं? हम दूसरे के स्वार्थों की खातिर मेहनत कर ले जाते हैं; अपने 'परमहित' के लिए न हमारे पास मेहनत है, न वक्त है।

प्रश्नकर्ता : आचार्य जी, संसारी जीवन में तो आलस नहीं कर पाते पर मुक्ति की

जहाँ बात आती है तो आलस आता है। यदि हम दो आदमियों को देखें जिनमें से एक तो मुक्ति की दिशा में कदम बढ़ा लेता है और दूसरा आलस के मारे रह जाता है, तो इसमें अंतर कहाँ आ रहा है? क्या 'अनुकंपा' अलग से आ गई है?

आचार्य : कुछ नहीं है! इतना उलझाओ नहीं बात को। तुम्हारे 'चुनाव' की बात है। दूसरे को कुछ खास नहीं मिला हुआ है; न अनुकंपा मिली हुई है, न उसकी कोई विशिष्ट बुद्धि है, न उसके ऊपर किसी परछाई का वरदान है। बात सीधी है, बिलकुल सीधी रखो! तुम्हारा चुनाव है, 'गलत चुनाव' है, तुम्हें अपने वास्तविक हित की कोई फ़िक्र ही नहीं है।

प्रश्नकर्ता : लेकिन हम अंदर से तो शांति चाहते ही हैं, तड़प भी हो रही है।

आचार्य : ये अंदर-बाहर का मामला कुछ नहीं होता। जो तुम चुनाव करो वो तुम हो! भकाभक-भकाभक पकवान खाए जा रहे हो और कह रहे हैं 'अंदर से तो हम व्रत में हैं।' ये अंदर-बाहर क्या होता है? ये अंदर की बात कर-करके जितने कुकर्म हैं हम सब कर डालते हैं।

एक घूँसा मारा सामने वाले की नाक पर और कहा 'अंदर से तो बहुत चाहते हैं तुझे।'

जो तुम कर रहे हो, वो तुम हो! ये अंदर-बाहर बिलकुल झूठी बात। मिथ्या-विभाजन। ये बिलकुल मत कहना कि 'चाहते तो हम कुछ और हैं, पर मजबूर हैं इसीलिए कर कुछ और रहे हैं।' जो तुम कर रहे हो वही तुम चाहते हो, वही चुनाव है तुम्हारा, एक बात! खुद को धोखा मत दो। और इस तर्क का इस्तेमाल हम सब करते हैं, लगातार, बखूबी करते हैं। करते हैं कि नहीं?

'शिविर में आने की इच्छा तो बहुत है 'अंदर' से, लेकिन साढ़ू की शादी में जा रहा हूँ।' अब साढ़ू और फूफा और जीजा 'शिविर' पर भारी पड़ रहे हैं और तर्क दिया जा रहा है 'अंदर' का। अंदर से हम ब्रह्मचारी भी हैं, व्रती भी हैं, और तभी अंदर से निकली एक ज़बरदस्त डकार!

वो देखिए! उसके अंदर से क्या निकल रहा है?

वो भी यही कहेगा, 'हम 'अंदर' से मौन हैं, ये सारा शोर बाहर-बाहर है।' हम कैसे लोग हैं भाई? कि जो अंदर है वो बाहर नहीं आ सकता? हिम्मत की कमी है? नपुंसक हैं हम? हम कैसे हैं? समस्या क्या है?

जिसको देखो वही शायरी ठेल रहा है 'कि अंदर-ही-अंदर से तो जानेमन आशिक हम तुम्हारे थे, बाहर-बाहर फेरे कहीं और ले आए।'

सबकी ज़िन्दगी का आलम बिलकुल यही है! ये अंदर-बाहर का भेद बताओ? ये क्या है? ये किन मजबूरियों का रोना रो रहे हो? सीधे-सीधे स्वीकार क्यों नहीं करते कि बेईमानी है ये। जो कर रहे हो वही तुम्हारी चाहत, वही तुम्हारा चुनाव है, बात खत्म! कुछ और चाहते होते तो कुछ और कर रहे होते!

कई लोगों को मेरी इस बात से बहुत तकलीफ़ हो जाती है, वो कहते हैं, 'आप जज़्बात तो समझते ही नहीं। ये गुरुजी फ़ीलिंग्स (भावनाओं) की कदर नहीं करते।' ठीक है भाई! तुम खनकाओ फ़ीलिंग्स!

मुझसे पूछोगे कि तुम कौन हो तो मैं बस एक जवाब दूँगा, 'जैसी तुम्हारी ज़िन्दगी है, वो हो तुम।' अपने बारे में किसी गलतफ़हमी में तो रहना ही मत! बिल्कुल मिथ्या-भाषण मत करना! बिल्कुल आध्यात्मिक तर्कों का उपयोग करके अपने-आपको सही और जायज़ साबित मत करना! कौन हो तुम? सुबह से जो किया तुमने आज, वही हो तुम! अभी कौन हो तुम? अभी जो कर रहे हो, वो हो तुम!

तुम्हारा कर्म, तुम्हारा जीवन ही एकमात्र और आखिरी कसौटी है। बाकी सब छल, प्रवंचना, झूठ, कपट, नीयत, इरादे अगर तुम्हारे 'जीवन' से मेल नहीं खा रहे, तो तुम्हारी नीयत और तुम्हारे इरादे सब झूठी बातें हैं।

जिसको देखो वही मजबूरी का रोना रो रहा है। हमें तो किसी ग्रंथ में 'मजबूरी-खंड' मिला नहीं, और तुम्हारे लिए सबसे बड़ी शक्ति, सबसे बड़ी देवी 'मजबूरी देवी' ही हैं, कि मजबूरी की बात है ऐसी ज़िन्दगी जी रहे हैं। बहुत लोग होंगे अभी, ये लाइव (सत्र) जा रहा है, उस पर देख कर कह रहे होंगे, बड़ा गंभीर चेहरा बनाकर 'नहीं! नहीं! ऐसी बात नहीं है तमन्ना ही नहीं होती, मजबूरियाँ भी होती हैं।'

पाँच-सात ने तो कमेंट भी भेज दिए होंगे, 'ये बाबा क्या जाने दुनियादारों का दर्द? अरे! हमारे बीवी है, बच्चे हैं, तुम्हें क्या पता?'

हँस क्या रहे हो? अब यहाँ आकर के बैठ गए हो, शुरुआत तो तुममें से कइयों ने ऐसे ही की होगी। ज़्यादातर लोगों का शुभारंभ ऐसे ही होता है, वीडियो देखेंगे, गरियाएँगे। फिर दो-चार दिन बाद भीतर कुछ सुकपुकी होगी तो जाकर के फिर देखेंगे, ऐसे जब पाँच-दस बार देख लेते हैं, तो फिर मन बदलने लगता है। पर आरंभ तो सभी का ऐसे ही होता है, परिचय तो सभी का ऐसे ही होता है, 'कुछ 'संतुलन' की बात करिए, श्रीमन!'

जैसे धूमिल कहते हैं न, कि 'आम आदमी' की तमन्ना होती है कि कोई ऐसा तरीका मिल जाए कि क्रांति में हाथ भी उठ जाए, मुट्ठी भी भिंच जाए और काँख (बगल) भी न दिखाई दे। क्रांति तो करनी है पर इज़्ज़त बचा-बचा कर। ऐसे ही तुम कोई विधि माँगते हो 'कोई तरीका बताइए कि हसीन सपने भी बचे रहें और अभयता भी प्राप्त हो जाए!'

प्रश्नकर्ता : आचार्य जी, एक डर और है—नाम और पहचान का।

आचार्य : उससे तुम्हें क्या मिल रहा है कि उसके खो जाने से परेशान हो तुम?

प्रश्नकर्ता : जैसे हम लोग अगर कुछ काम कर रहे हैं तो उस नाम और पहचान से हमारा काम चल रहा है।

आचार्य : उस काम से तुम्हें मिल क्या रहा है?

प्रश्नकर्ता : जो आम ज़रूरतें हैं हमारी।

आचार्य : वह कितनी ज़्यादा हैं?

प्रश्नकर्ता : अब जैसे अगर खाना चाहिए।

आचार्य : कितना खाते हो?

प्रश्नकर्ता : जीने के लिए जितनी ज़रूरत है?

आचार्य : उतना तुम्हें मिलेगा नहीं?

प्रश्नकर्ता : यही तो सबसे बड़ा सवाल है कि मिलेगा कि नहीं मिलेगा?

आचार्य : यहाँ एक भेड़ घूम रही है, उसको भी मिल रहा है। अभी यहाँ एक भेड़ घूम रही थी, देखा? ये चिड़िया चहचहा रही, देखी?

जिनको तुम जीवन की मूलभूत आवश्यकताएँ कहते हो, वो तो पशुओं और पक्षियों की भी पूरी हो जाती हैं बेटा! तुम्हारी ही नहीं होंगी क्या?

प्रश्नकर्ता : हम एक व्यवस्था में रह रहे हैं और जानवर जंगल में रहते हैं।

आचार्य : अरे! मूलभूत आवश्यकता की बात हो रही है। तुम्हारी कौन-सी मूलभूत आवश्यकता है जो इतनी बड़ी है कि उसकी खातिर ज़िन्दगी बर्बाद कर रहे हो?

प्रश्नकर्ता : आचार्य जी, हमें अपनी मूलभूत ज़रूरतों को पूरा करने के लिए कोई तो काम करना पड़ेगा, क्या यह बात दोतरफ़ा नहीं हो गई?

आचार्य : दोतरफ़ा क्यों रहना पड़ेगा? तुमसे किसने कह दिया कि 'सार्थक काम' करके तुम तन ढँकने का भी इंतज़ाम नहीं कर सकते? तुम कौन-सी तस्वीर खींच रहे हो?

तुम कह रहे हो, 'अगर रोटी भी कमानी है तो घटिया काम ही करना पड़ेगा!' ये तो तुमने बड़ा तीर चला दिया। तुम अगर ये कहते कि महल बनवाने के लिए बेईमानी ज़रूरी है, तो मैं समझता भी। पर तुम तो कह रहे हो कि दो जून का रोटी-पानी चलाने के लिए और सर पर छत रखने के लिए भी घटिया काम करना, मन को मारना और बेईमानी करना ज़रूरी है। ये बात गलत है, बिलकुल झूठ है!

प्रश्नकर्ता : शायद हमें अपनी सारी ज़रूरतों को उस तल पर लेकर आना पड़ेगा जिसमें हमें वही चीज़ें चाहिए जो हमारी ज़रूरत की हैं।

आचार्य : बेटा! अभी भी तुम्हें कौन-सा बहुत ज़्यादा मिला जा रहा है? कौन-से तुम महले-दोमहले के स्वामी हो? तुम्हें दिख नहीं रहा है कि तुम्हारा शोषण पूरा हो रहा है और बदले में तुम्हें मिल रहा है बिलकुल एक न्यूनतम जीवन? कौन तुम पर हीरे-मोती लुटाए दे रहा है? एक बहुत साधारण मध्यम-वर्गीय ज़िन्दगी ही तो जी रहे हो? इतनी-सी प्राप्ति के लिए तुम्हें ज़िन्दगी बेच देने की ज़रूरत क्या है? अगर तुम्हें इतना ही पाना है जितना तुम पा रहे हो, तो उतना तो तुम कोई सार्थक काम करके भी पा सकते हो; बस उस दिशा में ज़रा

सोचो और ज़रा प्रयत्न तो करो!

तुम ये कहते कि तुम्हें बादशाहत कोई मिली हुई है और वो बादशाहत तभी कायम रहेगी जब तुम तमाम तरह के दुराचार करो, तो मैं समझता कि भाई बहुत बड़ी चीज़ मिली हुई है बादशाहत, और बंदा उसकी खातिर ईमान बेच रहा है। पर अभी तुम्हें मिला क्या हुआ है कि जिसकी खातिर तुम बिके जा रहे हो?

अभी तुम कह रहे थे, 'हम एक सामाजिक व्यवस्था में रहते हैं,' उससे तुम्हें मिल क्या रहा है? जिस भी सामाजिक व्यवस्था में रह रहे हो, तुम्हें उसको कायम रखने में रुचि क्या है? उससे तुम्हें क्या मिल रहा है ये तो पूछो! व्यवस्था चल रही होगी, तुम्हें उससे क्या लाभ? कि है बहुत बड़ा लाभ?

प्रश्नकर्ता : हमने गलत मान रखा है? जो भी हमारे पास है हमने उसको अपनी बादशाहत मान रखा है, ऐसा?

आचार्य : तुमने बादशाहत भी अगर मान रखा होता, अपने फटे चीथड़ों को, तो भी ठीक रहता, क्योंकि अगर तुम ये मानते ही होते कि तुम बादशाह हो, तो तुम्हें एक तृप्ति रहती, एक संतुष्टि रहती! पर ये भी तुम झूठ बोल रहे हो कि तुमने अपनी रूखी-सूखी और अपने फटे-चीथड़े को बादशाहत मान रखा है, बिलकुल नहीं मान रखा है! तुममें तो घोर अतृप्ति है। है कि नहीं? तुम बिलकुल भी ये नहीं मानते हो कि तुम बादशाह हो! मानते हो क्या? तुम तो जहाँ किसी को ज़रा-सा आगे देखते हो, तुममें हीनभावना आ जाती है, कहाँ है बादशाहत?

तो तुम अच्छी तरह से जानते हो कि इस व्यवस्था का अंग बनकर तुम्हें कुछ मिल नहीं रहा है। लेकिन फिर भी 'सारी दुनिया का बोझ हम उठाते हैं!' अमिताभ बच्चन 'कुली' बना तो उसको करोड़ों मिले, तुम्हें क्या मिल रहा है कुली बनकर?

''इरादे अगर तुम्हारे जीवन से मेल नहीं खा रहे, तो तुम्हारी नीयत और तुम्हारे इरादे सब झूठी बातें हैं।''

मौत याद रखो, मौज साथ रखो

अद्वैत शिविर, बोधस्थल, 2019

''जिसने मृत्यु और मृत्यु की अनिवार्यता को स्वीकार कर लिया, जो मौत के होश में जीने लगा, उससे ज़्यादा मस्त कोई नहीं जीता; कोई भी नहीं। अब डर आपके लिए आफ़त नहीं रह जाएगा; अब डर होगा मस्ती का पैगाम।''

प्रश्नकर्ता : आचार्य जी, मेरी प्रवृत्ति कुछ ऐसी है कि ज़्यादातर समय मेरा डर में ही व्यतीत होता है। डर मतलब जो अभी है वो खो जाने का डर, कुछ अनहोनी हो जाने का डर। कृपया इस समस्या से उबरने के लिए कोई मार्गदर्शन दिखाएँ।

आचार्य प्रशांत : डर कभी भी झूठा नहीं होता। डर जो कुछ कह रहा होता है वो बात होती तो ठीक ही है ना? इस मामले में डर बड़ा सच्चा जंतु है।

आपको जिस भी चीज़ का डर लगेगा वो कभी-न-कभी तो होनी ही है, कि नहीं होनी?

दुनिया में मुझे बताना कौन-सी चीज़ है जो नष्ट कभी हुई नहीं, न होने वाली है? और डर सदा इन्हीं चीज़ों का होता है ना—कुछ नष्ट हो जाएगा, कुछ नहीं रहेगा, कुछ छिन जाएगा, कोई उम्मीद टूटेगी, कोई योजना विफल हो जाएगी।

कौन-सी योजना है आदमी की बनाई हुई जो पुरातन काल से आज तक चली ही जा रही है?

सभ्यताएँ मिट गईं, संस्कृतियाँ बह गईं, धर्म ख़ाक हो गए; आदमी का बनाया कुछ बचता नहीं।

इसी बात को जानने वालों ने यहाँ तक कहा है कि ये तो छोड़ दो कि आदमी का बनाया हुआ कुछ बचेगा, आदमी ने जिस चीज़ का विचार कर लिया वो तक नहीं बचने वाली।

बाप-रे!

आदमी का निर्माण ही नहीं, आदमी की कल्पना भी शेष नहीं रह जाने वाली है। सिर्फ़ वही नहीं जिसके आप रचयिता हैं, वो भी जिसके आप मात्र द्रष्टा हैं, कल नहीं रहेगा।

चाँद और सूरज आपने तो नहीं बनाए ना, कि बनाए हैं?

अरे, वो भी कल नहीं रहने वाले, तो गड़बड़ हो गई।

बड़ी-बड़ी आकाशगंगाएँ, अभी जो हम बात कर रहे हैं ठीक इस समय विलुप्त हुई जा रही हैं। मैं ग्रह, उपग्रह, किसी सूरज, किसी तारे, किसी चाँद की बात नहीं कर रहा, मैं बात कर रहा हूँ आकाशगंगाओं की। ठीक इस वक्त न जाने कितनी हैं जो मिट रही हैं, तो बचेगा क्या यहाँ पर?

हम जिनको सूर्यदेव बोलते हैं, ये क्या हैं?

ये मध्यम आकार के एक तारे हैं महाराज।

आपको क्या लग रहा है, ये चलने वाले हैं बहुत? इनकी भी लिखी हुई है एक्सपायरी-डेट (समाप्ति तिथि), ये भी जाएँगे।

ये तो गड़बड़ हो गई।

हममें से कौन है यहाँ पर—हम सब कहते तो अधिकांश लोग यही हैं ना कि वैदिक धर्म के अनुयायी हैं—जो मारुत की पूजा करता हो? इन्द्र राजा की भी अब पूजा कितने लोग करते हैं, बताइएगा? ये तक उस मानसपटल से मिट गए जिस मानसपटल पर इनका अस्तित्व था।

देवी-देवता भी आते हैं और चले जाते हैं। तो आपको जिस भी चीज़ के मिटने का डर लग रहा हो, डर वाजिब है, लग रहा होगा, सही लग रहा है।

अन्दर की बात ये है कि सबको लगता है, टेबल के इधर जो बैठा है उसे भी लगता है।

कोई नहीं है जिसकी दुनिया मिट नहीं जानी, कोई नहीं है जिसका संसार क्षणभंगुर नहीं है।

कोई मूर्ख ही होगा जो इस प्रति-पल बदलती दुनिया में स्थायित्व की कामना करेगा, दिख रहा है ना अपनी आँखों से जो आज है वो कल नहीं?

कंघी करो तो बाल झड़ जाता है ससुरा!

कल तक सर पर बैठा होता था, चढ़ा है यहाँ पर।

अभी मैं ही आ रहा था, कंघा मारा, ऐ यार! महाराज दिन-प्रतिदिन गंजा रहे हैं।

जो सर के ऊपर चढ़ कर बैठा है जब वो कंघे की चोट नहीं बर्दाश्त कर पाता, तो सर के नीचे जो कुछ है वो काल की चोट कैसे बर्दाश्त कर लेगा? कर लेगा क्या?

तो भईया यहाँ तो कुछ भी बचना है नहीं।

तो जितने लोग डरे हुए हैं वो सही ही डरे हुए हैं; एकदम ठीक।

अब बात को यहाँ रोक दूँ या आगे बढ़ाऊँ?

प्रश्नकर्ता : आगे बढ़ाएँ।

आचार्य : तो आगे बढ़ाते हैं।

तो डर झूठ नहीं बोल रहा, पर डर जो बात बोल रहा है वो अधूरी है; झूठी नहीं है, अधूरी है। और कई बार झूठ से ज़्यादा घातक होता है आधा सच।

डर ने खुल्लम-खुल्ला झूठ बोल दिया होता तो हमारा कम नुकसान कर पाता। डर आधी बात बताता है। ये भी कह सकते हैं आप, डर निन्यानवे प्रतिशत सही बताता है, एक प्रतिशत कुछ है जिसे दबा जाता है।

सब कुछ है जिसे मिट जाना है, यहाँ तक बात ठीक है; वाक्य लेकिन अभी पूरा नहीं हुआ है, पिक्चर अभी बाकी है।

पूरी बात क्या है?

पूरी बात यह है चूँकि सब कुछ मिट ही जाना है इसीलिए उसके मिट जाने से पहले हमें जी जाना है। अब बोलो, जो मिट रहा है उसका डर मनाओगे या उसके मिट जाने से पहले उसे पी जाओगे?

गृहिणी हैं आप, कुछ लेकर के आती हैं, कुछ चॉकलेट शेक या कुछ बच्चों के लिए बाज़ार से, लाती होंगी ना ऐसी चीज़ें? और उनमें अक्सर लिखा होता है कि अगले तीन दिन के भीतर इनका उपयोग कर लें। तो पता है ना कि तीन दिन के बाद इसका क्या होना है? क्या होना है भाई?

प्रश्नकर्ता : तिथि समाप्त।

आचार्य : एक्सपायर होना है। ये शब्द तो हमने सुना हुआ है ना—एक्सपायर! एक्सपायर माने क्या होता है?

टनक गए!

क्या!

तो फिर उससे पहले फिर क्या करती हैं आप? वो एक्सपायर हो जाएँ उससे पहले क्या करना है?

जो उसका समुचित उपयोग है वो कर डालना है, तो हम क्या करते हैं फिर उसका?

हम उसको पी जाते हैं।

ये पीना क्या बात है? पीने का मतलब क्या होता है?

एक बात बताइएगा, ये आपने कैसे कह दिया समुचित उपयोग है?

भाई, तीन दिन के बाद वो नाली में चला जाता, तीन दिन से पहले आपने उसे आँत में डाल दिया। ये आँत में डालना बेहतर उपयोग कैसे हो गया नाली में डालने से, थोड़ा समझाइएगा! और नाली भी तो आँत जैसी ही है, आँत भी नाली जैसी है। बल्कि अमेरिका की नालियाँ तो साफ़ होती होंगी, अन्दर वाली नाली में अक्सर कब्ज़ रहती है। वो बँधी हुई है, उसमें से कुछ निकल नहीं रहा है, दस तरह के बैक्टीरिया घुस गए हैं, न जाने क्या-

क्या? तो यहाँ वाली नाली में डाल दिया, वो बात बेहतर कैसे हो गई ज़मीन वाली नाली में डालने से? बताइएगा?

कैसे?

क्योंकि जो भीतर डाला है ना, वो प्राण बनेगा, वो आदमी की चेतना को बढ़ाने में काम आएगा। जो कुछ आपकी चेतना को बढ़ाए, वो जीवन का समुचित उपयोग है। नाली में डाल दिया होता तो उससे आपकी चेतना आगे नहीं बढ़ती ना, पेट में गया तो ऊर्जा मिली; और अब सम्भावना है कि उस ऊर्जा का उपयोग आप सही जीवन जीने के लिए कर डालें।

जो चीज़ हमें पता है कि मरण-धर्मा है, वो मिट ही जाए उससे पहले उसका उपयोग कर डालो चेतना को बढ़ाने के लिए। कहिए, है ना?

तो डर जो आकर आपसे बातें बोल रहा है, वो सही बोल रहा है। और अगर हम थोड़ा तटस्थ दृष्टि से देखें तो डर तो दोस्त है हमारा। डर यही कह रहा है ना, 'ये चीज़ कल नहीं रहेगी'?

वो तो दोस्त की तरह याद दिला रहा है कि जल्दी से इसका इस्तेमाल कर लो, ये कल रहेगी नहीं। 'जी लो! छक कर पी लो! कल ज़िन्दगी रहेगी नहीं।'

और कुछ अच्छा तो नहीं लगेगा कि मौत से महीने-दो-महीने पहले या घंटे-दो-घंटे पहले ख़याल आ रहे हैं कि कैसे ज़िन्दगी सुबकते हुए गुज़ारी थी। 'भइया, जल्दी ही मार दो नहीं तो इस तरीके के ख़याल और आएँगे, और गड़बड़ हो जाएगी।' आदमी इसीलिए तो घबराता है ना?

मृत्यु का मैं विषय इसलिए ले आया क्योंकि मृत्यु और डर बिलकुल जुड़ी हुई बातें हैं: डर हमेशा मिटने का ही होता है, और मिटना माने मौत।

कैसा अजीब-सा लगेगा ना? सत्तर के हो गए, अस्सी के हो गए, नब्बे के हो गए और फिर पीछे देख रहे हैं तो दिखाई क्या दे रहा है?

बस एक विराट सूनापन। एक ज़मीन जो उपजाऊ हो सकती थी, पर बीज नहीं पड़े इसीलिए बंजर जैसी दिख रही है।

अच्छा लग रहा है सुनने में?

ये तो चीज़ ऐसी है कि मुट्ठी से धीरे-धीरे फिसल ही रही है, और जिसकी भी मुट्ठी से फिसल रही है उसे ये होश कभी नहीं आता कि मैं भी कतार में हूँ। सब अपने-अपने किस्सों में मशगूल रहते हैं। जो जाने वाला भी होता है उसे भी हर वक्त ये ख़याल नहीं होता कि जा रहा हूँ। जिनको ये बता दिया जाता है कि आपको अब हो ही गई है कुछ प्राण-घातक बीमारी—वो बुढ़ापा भी हो सकती है, कुछ भी—और आप जाने वाले हैं, आपको क्या लगता है उसके बाद वो हर पल होशमंदी में बिताते हैं?

न-न!

वृद्ध-वर को पता भी होगा कि अब दो ही तीन महीने का खेल है, वो तो भी उन दो-तीन महीनों में भी कुछ-न-कुछ ऊट-पटांग ही कर रहे होंगे।

ठीक उसी तरीके से हमें भी तो पता है कि बहुत हुआ तो बीस-तीस साल का ही खेल है। ये जानते हुए भी हम कुछ-न-कुछ ऊट-पटांग ही कर रहे होते हैं।

दु:ख कितने बड़े हो गए भाई आपके, जब उन्हें चलना ही बीस-तीस साल है?

कोई कहे, 'बड़ा परेशान हूँ, बड़ा परेशान हूँ!'

भाई, तुम परेशान भी कितने दिन रह लोगे?

इतनी बड़ी किस्मत नहीं है तुम्हारी कि तुमको हज़ार सालों की परेशानी बख्शी गई हो। दु:ख हों और चाहे बड़े-बड़े सौभाग्य हों, खुशकिस्मतियाँ हों, सुख हों—वो सब जाने के लिए ही सामने खड़े हैं।

हर पल में ऐसे सतर्क रहें जैसे बस यही एक पल है। और कुछ उससे ज़्यादा आपके पास है भी नहीं, आगे की बातें तो सब फसाने हैं। किसको पता है कि कल आएगा कि नहीं? अभी तो अपने हाथ में बस इतना-सा है ना?

अब बताओ, इस एक पल में डरना है या जीना है?

और डर कोई गलत बात नहीं कह रहा, डर क्या कह रहा है?

'कल हो ना हो!'

डर बात तो ठीक कह रहा है, पर 'कल हो न हो' के चक्कर में जो अभी है उसको कैसे भुला दें? कल का तो ठीक कहा आपने कि कल हो न हो लेकिन ये पल? ये तो है।

ये पल कल की तरह नहीं है, कल का कोई भरोसा नहीं, इस पल का भरोसा?

है! ये है।

तो कल के चक्कर में इसको गवाऊँ या मस्त होकर पियूँ?

और ये मस्ती भी दो तरह की होती है: एक मस्ती वो जो डर के कारण आती है और एक मस्ती वो जो डर के बावजूद आती है।

इनमें भेद ज़रूर करिएगा, नहीं तो गलत मस्ती पकड़ लेंगे।

एक मस्ती वो जो डर के कारण आती है, कि बहुत डरे हुए थे तो शराब पी ली और लगे नाचने, इस मस्ती में क्या रखा है?

और एक मस्ती वो जो होश रहते हुए आती है, जिसमें आप जानते हो डर की उपस्थिति को, उस डर की उपस्थिति के बावजूद आप मस्त हो। आपने डर को भुलाने की कोशिश नहीं की है, दबाने की कोशिश नहीं की है, आप भली-भाँति जानते हो कि डर है और जो बातें डर कह रहा है वो बातें सच्ची हैं।

वो बातें सच्ची हैं, मैं तब भी मस्त हूँ।

तो पागल हो क्या?

हाँ!

कल सब कुछ छिन जाएगा!

'जी, पता है।'

'तो नाच क्यों रहे हो?'

कल सब कुछ छिन जाएगा ये भुलाना नहीं है। संतों ने कभी नहीं कहा कि भुला दो कि मौत आ रही है। कल निश्चित रूप से सब कुछ छिन जाएगा, मौत नहीं भी आई तो भी छिन जाना है भाई।

कहीं ये न हो कि मैं मौत की बात कर रहा हूँ और जवान लोग इस बात से बड़ा ढाँढस ले रहे हों, कह रहे हों, 'हमारी तो दूर है, अभी ज़रा प्रौढ़ों को सम्बोधित कर रहे हैं। अंकल जी, आप सुनिए, आपसे बात कर रहे हैं, मौत पास है!'

नहीं, ऐसा नहीं है।

'मौत' माने मिटना, और मिट तो सभी का कुछ-न-कुछ रहा है ना?

भइया, तुम मरोगे नहीं तो तुम्हारा कुछ और हो जाएगा, नौकरी चली जाएगी, ब्रेकअप हो जाएगा—कुछ-न-कुछ तो मिटेगा ना तुम्हारा? उसी का नाम मौत है।

सबसे बात कर रहा हूँ।

हमें वो सब याद है, और चूँकि हमें वो सब याद है हम इसीलिए इस पल गहराई से जी रहे हैं; उसी का नाम आनन्द है, उसी का नाम मस्ती है।

अपने-आप को झूठी सांत्वना देने में क्या रखा है? जो झूठी सांत्वना देगा, फिर वो झूठी ज़िन्दगी जियेगा। साफ़-साफ़ स्वीकारिए ना! 'क्या पता ये बचेगा नहीं, कि ये बचेगा कि नहीं।' कपड़े हैं, उतरते रहते हैं।

जिसने मृत्यु और मृत्यु की अनिवार्यता को स्वीकार कर लिया, जो मौत के होश में जीने लगा, उससे ज़्यादा मस्त कोई नहीं जीता; कोई भी नहीं।

अब डर आपके लिए आफ़त नहीं रह जाएगा; अब डर होगा मस्ती का पैगाम। जैसे कि आप किसी उधेड़बुन में खोए हैं, उदास हैं, परेशान हैं, तभी वो मृत्यु का डरावना विचार आएगा और आपसे कहेगा, 'जिस चीज़ के लिए परेशान हो, पक्का है कि वो चीज़ कल तक बचेगी। और अगर वो चीज़ कल तक बचेगी तो उसको भोगने के लिए, उसका अनुभव करने के लिए तुम कल तक बचोगे?'

डर आया और आपको आपकी चिंताओं से मुक्त कर गया, क्योंकि चिंताएँ तो सब होती हैं किसके बारे में?

प्रश्नकर्ता : भविष्य के बारे में।

आचार्य : भविष्य के बारे में, और डर ने आकर के कहा, 'भविष्य, क्या पता हो ही ना।'

तो चिन्ता किसके लिए कर रहे हो? जिसके लिए चिन्ता कर रहे हो, उसका कोई भरोसा?

प्रश्नकर्ता : नहीं।

आचार्य : और जिसका भरोसा है उसे तुम गँवाए दे रहे हो चिंता कर-करके।

किसका भरोसा है?

प्रश्नकर्ता : इस पल का।

आचार्य : इसको काहे में गँवा दिया?

लेकिन मैं जो बात कह रहा हूँ इसको लेकर के थोड़े से सतर्क रहिएगा। मैं मौत को भुला कर के मौज मारने की बात नहीं कर रहा, मैं बिलकुल अलग कुछ कह रहा हूँ। मैं कह रहा हूँ, 'मौत को लगातार याद रखो, तब मौज आएगी!'

इन दोनों बातों का अन्तर समझ पा रहे हैं?

तो डर को और बुलाया करिए, उससे कहिए, 'और क्या बता रहे हो, बताओ? आओ! जो-जो बताना है सब बता दो। तुम जितनी भी हमें बुरी खबरें सुनाओगे, तुम जितनी भी चीज़ों के मिटने का हमें पैगाम दोगे, उतना हम आज़ाद होते जाएँगे।'

'बढ़िया है! आओ भइया, बताओ। फिर कब आओगे? जल्दी आना, पेठा परोसेंगे!'

संतों ने यही नहीं कहा है कि मौत को याद रखो, उन्होंने ये तक कहा है कि डर बढ़िया चीज़ है, डर होना चाहिए।

भय से प्रीत सब होत है, भय से भक्ति होय।
भय पारस है जीव को, निर्भर होए न कोए॥

(संत कबीर)

डर वो पारस पत्थर है जो जीव को बदल देता है, लोहे को सोना बना देता है। कबीर साहब कह रहे हैं, 'निर्भय कोई हो न। क्योंकि जीव अगर निर्भय हो रहा है तो ये झूठी निर्भयता है। ये झूठी निर्भयता तुम्हें कहीं का नहीं छोड़ेगी, तुम्हें डर होना चाहिए।'

भय बिना भक्ति कैसी, और भय बिना प्रेम भी कैसे कर पाओगे तुम?

जो ज़बरदस्ती की निर्भयता अपने ऊपर ओढ़ रहे हैं, उनकी ज़िन्दगी से भक्ति और प्रेम बिलकुल विदा हो जाएँगे। जो निर्भय बनने की कोशिश कर रहे हैं वो कभी अपने झूठ को त्याग नहीं पाएँगे; लोहे से कंचन नहीं हो पाएँगे।

संतों ने तो हमारे लिए प्रार्थना की है कि 'निर्भय होए न कोए' पर वो भय सच्चा होना

चाहिए और उस भय के प्रति आपकी दृष्टि सही होनी चाहिए। वो जो आमतौर पर जो डर चलता है वो डर हमारे किसी काम का नहीं है। आखिरी डर को पहचानिए और उस डर से डरने वाले को पहचानिए, डर पारस हो जाएगा, डर ही आपको तार देगा।

कोई पूछेगा, 'क्या किया?' कहेंगे, 'डर कर तर गए!'

अहंकार चूँकि बहुत डरा हुआ रहता है इसीलिए उसे बड़ा रस आता है ये घोषित करने में कि हम डरते नहीं हैं, 'मर्द को दर्द नहीं होता, और जो डर गया सो मर गया।'

ये सब बचकानी, बेवक़ूफ़ी की, अप्रौढ़ बातें हैं, इनमें कोई गहराई नहीं। जो कह रहा है ना, कि जो डर गया सो मर गया, वो खुद डरा हुआ है। डर जीव की हकीकत है, डर जीव के लिए एक अनिवार्यता है; डरोगे नहीं तो क्या करोगे?

मैंने पूछा था अभी, कि भीतर तो लगा हुआ है टाइम-बम, अगर डर नहीं रहे तो पगले हो तुम। हर बच्चा अपनी छाती में क्या लेकर पैदा होता है?

आप कहते हैं, 'दिल'।

मैं कहता हूँ, 'टाइम-बम'। टाइम-बम भी क्या कर रहा होता है? टिक-टिक, टिक-टिक!

और दिल भी क्या कर रहा होता है? धक-धक, धक-धक!

ये टाइम-बम है जो हम अपनी छाती में लेकर के पैदा हुए हैं, और ये फटेगा, जिस दिन फटेगा उस दिन? तो डरना तो ज़रूरी है भाई।

इस डर का बस समुचित इस्तेमाल कर लो। ये डर हमें हमारी वस्तुस्थिति बता रहा है, ये डर हमें बता रहा है कि हम कौन हैं; ये डर समय है!

अब जब आए तो कहिएगा, 'जो कह रहे हो बिलकुल ठीक कह रहे हो। धन्यवाद तुम्हारा, तुमने हमें सच्ची बात बताई। अच्छा किया तुमने याद दिला दिया, अब हम कुछ चीज़ों को बदलेंगे।'

''जो ज़बरदस्ती की निर्भयता अपने ऊपर ओढ़ रहे हैं, उनकी ज़िन्दगी से भक्ति और प्रेम बिलकुल विदा हो जाएँगे। जो निर्भय बनने की कोशिश कर रहे हैं वो कभी अपने झूठ को त्याग नहीं पाएँगे; लोहे से कंचन नहीं हो पाएँगे।''

इच्छा का और डर का सही उपयोग

अद्वैत शिविर, ऋषिकेश, 2020

''फ़िज़ूल के डरों को छोड़ो। महा डर जो है उसकी खबर लो। जो सबसे खतरनाक और डरावनी घटना हमारे साथ घट रही है वो ये है कि जीवन बर्बाद हो रहा है। संभव थी जीवन में मुक्ति, और उससे चूके जा रहे हैं।''

प्रश्नकर्ता : आचार्य जी, आज सुबह *सर्वसार उपनिषद्* पढ़ रहे थे। उसमें एक श्लोक था जिसका अर्थ था कि 'मुक्ति और कुछ नहीं, मन की शुद्धता है, और जो मन की अशुद्धि है वो इच्छाएँ और डर है।' तो अगर इच्छा और डर चला जाएगा, तो यही मुक्ति है?

आचार्य प्रशांत : इच्छा भी है और डर भी है, तो इन्हीं का हमको उपयोग करना पड़ेगा; मजबूरी है।

तो क्या इच्छा करें?

इच्छा से मुक्ति मिले।

क्या डर रहे?

मुक्ति न मिली तो?

और हम कुछ कर नहीं सकते ना। अगर ये आपके लिए संभव होता कि आप तत्काल इधर इच्छा फेंक दो और ऐसे, इधर डर फेंक दो—लो जी, इच्छा का भी परित्याग हो गया और डर से भी रिहाई मिल गई, तो मैं कहता हूँ, 'इससे तो बढ़िया कुछ हो ही नहीं सकता, सुभानल्लाह!'

पर ऐसा तो हम कर ही नहीं पाते। ऐसा तो हम नहीं कर पाते ना?

तो फिर हमारे लिए रास्ता यही है कि इच्छा को सद्गति दो और डर का सदुपयोग करो। सही डर रखो, फ़ालतू डर नहीं। ये नहीं कि 'अरे! मार्च आ रहा है टैक्स ज़्यादा तो नहीं पड़ जाएगा इस बार?'

अब डरे घूम रहे हैं, कहें, 'बजट में लगता है इस बार कुछ संशोधन हुए हैं, समझ में नहीं आ रहा कि वो जो पौने तीन हज़ार का आँकड़ा है वो बचेगा कि जाएगा?' पौने तीन हज़ार रुपए को लगे हैं दो महीने से मथने में। और फिर बचा भी लिए तुमने पौने तीन हज़ार तो क्या पाया?

तो फ़िज़ूल के डरों को छोड़ो। महा डर जो है उसकी खबर लो ना।

जो सबसे खतरनाक और डरावनी घटना हमारे साथ घट रही है वो ये है कि जीवन बर्बाद हो रहा है; संभव थी जीवन में मुक्ति, और उससे चूके जा रहे हैं।

मेरे ख़याल से *ईशावास्योपनिषद* है जो बोलता है—

'तद् दूरे तद्वन्तिके।' (*ईशोपनिषद्*, श्लोक 5)

कि वैसे तो बहुत दूर है, पर जो समझ सके, वो उनके लिए ऐसी है जैसे अपने आँगन में हो, अवंतिका में हो अपनी, आँगन में हो। आत्मा के लिए कहा गया है कि दूर भी है लेकिन बहुत पास भी है, अब वो तो तुम्हारे ऊपर है कि तुम्हें उससे दूरी बनानी है कि पास बुलाना है।

इस बात से डरो कि जो चीज़ बहुत पास हो सकती थी, पाई जा सकती थी, कहीं ऐसा न हो कि मौत आ जाए और हाथ मलते रह जाएँ।

इसी तरह से 'इच्छा'। इच्छा करनी ही है तो बड़ी इच्छा करो ना, और बड़ी माने कैसी बड़ी? बड़ी माने जिस आयाम में हो उसी आयाम में बड़ी नहीं, कि 'पड़ोसी दस लाख कमाता है तो मैं कम-से-कम पाँच करोड़ पर तो इस बार हाथ मारूँगा ही'—ये वाली बड़ाई नहीं। 'बड़ी' माने ऊँची, 'बड़ी इच्छा' माने ऊँची इच्छा। आयामगत श्रेष्ठता हो सकती है क्या इच्छाओं में? भूलना नहीं कि जो उच्चतम कोटि का साधक भी है उसमें मुमुक्षा तो होती ही है ना?

मुमुक्षा भी क्या है?

इच्छा ही तो है ना? और बड़ी सूक्ष्म और बड़ी लाजवाब इच्छा है—मुमुक्षा।

तो इच्छाओं का और डर का सदुपयोग करिए।

भक्त भी क्या माँगता नहीं है भगवान से अपने?

तो माँग तो वो भी रहा है ना? इच्छा तो उसके पास भी है, पर वो ये थोड़े ही माँगता है भगवान से कि थोड़ा लड्डू मिलेगा?

ये माँगता है?

वो क्या माँगता है?

कि अब पास ही रख लो अपने! तुम्हारे ही पास रहना है।

माँगिए तो ऐसा माँगिए ना!

इच्छा ऐसी हो।

"इच्छा भी है और डर भी है, तो इन्हीं का हमको उपयोग करना पड़ेगा, मजबूरी है। तो क्या इच्छा करें? इच्छा से मुक्ति मिले। क्या डर रहे? मुक्ति न मिली तो?"

भय और भ्रम हटेंगे या तो विज्ञान से, या आत्मज्ञान से

अद्वैत शिविर, गाँधीधाम, 2019

"जो संसार को जानेगा नहीं, वो संसार की बहुत सारी चीज़ों से व्यर्थ ही डरेगा और बहुत सारी चीज़ों की ओर व्यर्थ ही आकर्षित हो जाएगा।"

प्रश्नकर्ता : आचार्य जी, बार-बार एक ही गलती होती है और फिर डर एवं ग्लानि, ये दो चीज़ें बार-बार आती हैं। यह लगता है कि एक चक्र जैसा बना हुआ है। कृपया समाधान बताने की कृपा करें।

आचार्य प्रशांत : आप कह रही हैं कि बार-बार आपसे एक ही गलती होती है और बार-बार एक ही तरह की गलती करने के बाद आप में भय उठता है और आप में ग्लानि उठती है। आप आधी बात बता रही हैं, पूरी नहीं बता रही हैं।

पूरी बात ये है कि एक ही तरह की गलती आप इसलिए करती हैं क्योंकि एक ही तरह की गलती करने में बड़ा आकर्षण है। कोई एक चीज़ है जो बहुत खींचती है और आप उसकी तरफ़ बढ़ी चली जाती हैं, और बढ़ जाने के बाद पता चलता है कि जो आपको आकर्षित कर रहा था वो आपके लिए जाल बिछाए बैठा था।

जैसे किसी हाथी के लिए गड्ढा खोदा गया हो और गड्ढे के ऊपर एक जाल बिछाकर उस पर गन्ने रख दिए हों खूब सारे, और हाथी लोभ-संवरण ही नहीं कर पा रहा, हाथी गन्ने के लालच से उबर ही नहीं पा रहा। उसे अच्छी तरह पता है पिछली बार गन्ने खाने गया था तो गड्ढे में गिरा था। उसे गड्ढे में गिरना तो याद है लेकिन गन्ना कुछ इतना रसीला और इतना मीठा है कि वो फिर बढ़ जाता है। उस गन्ने की बात बताइए, वो गन्ना कौन-सा है जो बार-बार आपको गड्ढे में गिराता है? बिना गन्ने के हाथी गड्ढे में बार-बार गिरेगा ही नहीं। कौन-सा गन्ना है जो आपको गड्ढे में गिरा रहा है? और मैं बताऊँ वो गिरा क्यों रहा है?

क्योंकि आप उसकी बात नहीं करना चाहतीं। हमें गड्ढों की बात करना पसंद है, ऐसा लगता है कि किसी दुश्मन ने हमारे लिए गड्ढा खोदा और हम उस गड्ढे में गिर गए। गन्ने की बात हम छुपा जाएँगे, क्योंकि वहाँ पर हमारा लालच प्रकट हो जाएगा। अगर हमने बता दिया कि हम खुद ही गए थे अपने पाँव चल कर, गन्ने के लोभ में, इसलिए फँसे, तो हमारी पोल खुलती है ना?

कौन-सा गन्ना है? किस चीज़ का आपको इतना लालच है? उस पर गौर करिए, उसके करीब जाइए। गलतियाँ यूँ ही नहीं हो सकतीं।

प्रश्नकर्ता : शायद जो साथ चाहिए वो नहीं मिलता इसलिए शायद उसकी वजह से लगता है कि पकड़ कर रखो और वही पकड़ने के चक्कर में जो आज़ादी मिलनी चाहिए वो नहीं मिलती और फिर वही चक्र चालू हो जाता है।

आचार्य : ठीक, अब खुली न बात? तो आपको साथ का लालच है। संगति चाहती हैं, अकेलेपन से डर लगता है।

प्रश्नकर्ता : डर तो बहुत चीज़ों से लगता है। जैसे छिपकली से, पानी से, बिजली से और पता नहीं किन-किन चीज़ों से लगता है।

आचार्य : जिस भी चीज़ से आप डर रहे हैं, आपका डर बताता है कि आप उससे अनजान हैं। जिस चीज़ को आप जान जाएँगे, उससे आप डरेंगे नहीं। वो चीज़ अगर ख़तरनाक भी है तो आप उससे बचने का उपाय निकालेंगे।

पुराने आदमी को जानते हैं?

वो कुछ जानता-समझता नहीं था। कोई उसे ज्ञान नहीं था। तो पहाड़ की चोटी पर कोई पत्थर रखा है, वो उससे भी डर जाता था, उसे लगता था कि वो कोई दानव बैठा हुआ है। वो डर जाता था और लेट जाता था और पूजा-प्रणाम करना शुरू कर देता था। जहाँ अज्ञान होगा, वहाँ डर आ जाएगा। रात में हवा चली, पेड़ों के पत्ते खड़खड़ाए, और इस अज्ञानी आदमी को लगता था कि दूर देश से आत्माएँ आई हैं हवाओं पर सवार होकर के, और वो बुरी तरह डर जाता था।

आप जिस चीज़ से डर रहे हैं, निश्चित रूप से उसे जान नहीं रहे; न जानने के कारण ही डर आता है। तो जब आप कहते हैं कि आप अकेलेपन से घबराती हैं और आप तमाम अन्य चीज़ों से भी घबराती हैं, छिपकली से डर जाती हैं, इस चीज़ से डर जाती हैं, उस चीज़ से डर जाती हैं, तो इसका मतलब ये है कि आप संसार को जानती नहीं। जो संसार को जानेगा नहीं, वो संसार की बहुत सारी चीज़ों से व्यर्थ ही डरेगा और बहुत सारी चीज़ों की ओर व्यर्थ ही आकर्षित हो जाएगा।

छोटे बच्चों का ही उदाहरण ले लीजिए। वो दुनिया को जानते नहीं हैं। तो देखा है, साँप को पकड़ने दौड़ पड़ते हैं और घर की ये छोटी-छोटी साधारण चीज़ों से कई बार कितने डर जाते हैं। उनका डर भी फ़िज़ूल है और उनका आकर्षण भी फ़िज़ूल है, क्योंकि डर और आकर्षण दोनों उनके कहाँ से आ रहे हैं?

अज्ञान से आ रहे हैं।

तो दुनिया से डरने की आपकी वजह यही है कि संसार वास्तव में चीज़ क्या है इसका आपने अभी ज्ञान लिया नहीं, शोधन किया नहीं।

दो तरीके हैं दुनिया को जानने के ताकि डर से मुक्ति मिल सके—या तो वो सब वस्तुएँ जान लो जो दिखाई पड़ती हैं बाहर, या उसको जान लो जो उन वस्तुओं को देखता है। जिन भी लोगों को संसार से आसक्ति होती हो या संसार से भय लगता हो, उनकी आसक्ति और भय दोनों को ही मिटाने के मात्र दो तरीके हैं—या तो दुनिया को जान लो, क्योंकि दुनिया ही तुम्हें हैरान-परेशान कर रही है। कभी खींचती है, कभी रुलाती है; या उसको जान लो जो दुनिया को देख रहा है, यानी कि स्वयं को जान लो।

पहला तरीका कहलाता है विज्ञान, दूसरा तरीका कहलाता है अध्यात्म। एक वैज्ञानिक भूत-प्रेत से नहीं डरेगा, एक वैज्ञानिक नहीं डरेगा चंद्रग्रहण-सूर्यग्रहण देखकर के, एक वैज्ञानिक को तुम बेवक़ूफ़ नहीं बना पाओगे कि 'तुम्हारे जीवन पर फलाने ग्रह की दशा है, लो ये अँगूठी पहन लो।' उसको तुम नहीं बता पाओगे कि 'तुम्हारा फलाना मुहूर्त आने वाला है, तैयारी कर लो।' वो दुनिया को समझता है, वो खूब जानता है कि दुनिया, पूरा ब्रह्माण्ड चीज़ क्या है।

तो संसार से मुक्त होने का एक तरीका विज्ञान है, या तो विज्ञान में प्रवेश कर जाओ। और संसार के भय और आसक्ति से मुक्त होने का दूसरा तरीका है अध्यात्म, कि मन को जान लो, कि मन क्यों चीज़ों से डरता है, क्यों चीज़ों से उलझता है, क्यों अकेलापन अनुभव करता है, क्यों किसी का साथ माँगता है।

ये मन चीज़ क्या है?

दोनों में से जिस भी राह पर चलना चाहो चल सकते हो। विज्ञान की राह पर चलना है तो किसी विश्वविद्यालय में प्रवेश ले लो। अध्यात्म की राह पर चलना है तो गुरु के पास जाओ और आध्यात्मिक साधना की राह पकड़ो। इन दो तरीकों के अलावा भय से और आसक्ति से, आकर्षण से और विकर्षण से मुक्ति का और कोई मार्ग नहीं। अब आपको जो मार्ग चुनना हो, आप चुन लीजिए।

प्रश्नकर्ता : अध्यात्म और गहन-गहन चर्चाएँ काफ़ी समय से चल रही हैं, पर क्यों समझ में नहीं आती हैं मुझे चीज़ें? हर बार वही गलतियाँ दोहराई जा रही हैं, हर बार वही दर्द लेकर के आपके पास बैठ जाती हूँ। मुझसे बैठा नहीं जा रहा, शिकायत भी बहुत ज़्यादा है, यही बस रोज़ का एक क्रम बना हुआ है।

आचार्य : तो वो पूरा आपको अपना वृत्तांत सुनाना पड़ेगा, पूरा किस्सा बताना पड़ेगा। आपको तो फिर अब सीधे-सीधे साधना की पद्धति चाहिए। आपके लिए तो चिकित्सक को पर्चा लिखना पड़ेगा। पूरी बात पता चलेगी, निदान होगा, समाधान भी हो जाएगा।

प्रश्नकर्ता : आचार्य जी, आप मुझे मानसिक तनाव दूर करने का सबसे अच्छा उपाय बता दीजिए।

आचार्य : बस तनाव ही दूर करना है, और बाकी चीज़ें नहीं?

प्रश्नकर्ता : मुझे सिर्फ़ मानसिक तनाव ज़्यादा है।

आचार्य : फिर नहीं हटेगा।

जितने विकार होते हैं वो सब एक कुनबा हैं और उनमें आपस में बड़ी मोहब्बत है। विकार समझते हो ना? विकार माने दोष। जितनी परेशानियाँ होती हैं वो सब आपस में क्या हैं?

वो भाई-बहन हैं सब और उनमें आपस में बड़ी मोहब्बत है। तो तनाव, मोह, भ्रम, आलस, आसक्ति, भय, ईर्ष्या, तुलना—ये सब आपस में क्या हैं?

भाई-बहन हैं। और इन्होंने आपस में सौगंध खाई हुई है, क्या?

'जियेंगे तो साथ, और बहना, मरेंगे तो साथ' और बड़ी पक्की कसम है, तोड़ नहीं पाओगे। हम गड़बड़ कर देते हैं, हम कहते हैं, 'नहीं, इनमें से एक को मारना है, बाकी ज़िन्दा छूटते हों तो छूट जाएँ।' ऐसा हो नहीं सकता, या तो मरेंगे तो सब मरेंगे, नहीं तो कोई नहीं मरेगा।

अब तनाव को मारना है, वो मँझला भाई है, लेकिन मोह बचाए रखना है, ये नहीं हो पाएगा। तनाव मारना है तो मोह को भी मारना पड़ेगा। 'नहीं! नहीं! नहीं! वो तो बड़ा प्यारा बच्चा है।' वो प्यारा बच्चा नहीं है, वो छोटा भाई है, और जिसका वो छोटा भाई है उसी के साथ जियेगा-मरेगा। एक को बचाओगे तो पूरा कुनबा बचा रहेगा। उस कुनबे में सैंकड़ों बीमारियाँ हैं, उन सैकड़ों बीमारियों में से अगर तुमने एक से भी यारी कर ली है तो वो सैकड़ों के सैकड़ों ज़िन्दा रहेंगे, उनमें से एक भी नहीं मरेगा। जिसको एक हटाना हो वो उन सबको हटाने को तैयार रहे।

और ये भी समझ लो कि तुम्हारे जीवन से अगर कोई एक भी बीमारी नहीं हट रही तो ये सीधा-सीधा संकेत है इस बात का कि किसी दूसरी बीमारी से तुम्हारा बड़ा नाता है। जो एक चीज़ तुम्हें बुरी लगती है ज़िन्दगी में, वो तुम्हारी ज़िन्दगी में बसी ही इसलिए हुई है क्योंकि तुमने किसी दूसरी चीज़ को पकड़ रखा है जो तुम्हें भली लगती है।

अब ये रुमाल है, ठीक?

इस तरफ़ से ये गंदा हो गया। हो गया ना? (रुमाल के एक तरफ़ लगे एक निशान को दिखाते हुए)

निशान लग गया। और इधर से ये अपेक्षतया साफ़ है। अब मुझे ये बड़ा अच्छा लगता है, क्योंकि ये तो है साफ़-साफ़। और मैं चाहता हूँ कि ये जो हिस्सा है ये रहे ही नहीं, मुझे नया रुमाल चाहिए। नया रुमाल चाहिए लेकिन ये हिस्सा बचा रहे।

ऐसा हो सकता है क्या?

जाएँगे तो दोनों पक्ष जाएँगे और रहेंगे तो फिर दोनों रहेंगे। हम असंभव की माँग करते हैं। हम कहते हैं कि एक बच्चा रहे, दूसरा चला जाए। 'शराब पिएँ तो मज़ा तो आए, पर नशा न आए।' ऐसा कैसे होगा भाई?

खा-पी तो खूब लें, पर न डकार आए, न वज़न बढ़े। ऐसा कैसे होगा भाई?

मुस्कुराहट आ गई! ये मुस्कुराहट ही तो डकार है। बात खुल जाती है ना, खाया-पिया खूब है और वज़न बढ़ना और डकार तो फिर भी थोड़ी अपनी बात है, हम तो और आगे की माँग करते हैं। खा-पी खूब लें, बिल भी न देना पड़े। ऐसा कैसे होगा भाई?

या तो खाओ मत, और अगर खा रहे हो तो कीमत चुकाओ। अगर दिखाई ही दे रहा है ज़िन्दगी में कि लूट रहा है कोई, तो वो खाना खाना बंद करो। खा थोड़ा-सा रहे हो, कीमत इतनी चुका रहे हो, तो क्यों खाए जा रहे हो?

सीधी सी बात है ना?

पर हम शिकायत करेंगे कि वो बड़ा लुटेरा है, इतना बड़ा बिल ले आया। तो मैं तो पूछूँगा ना, कि देवी जी, खाया ही क्यों जब पता है कि यहाँ लूट मची है तो? जब जानते ही हो कि यहाँ मामला लूट का है, तो खाते ही क्यों हो? वो भी तुम बार-बार खाते हो। एक ही भूल बार-बार दोहराते हो।

मुक्ति के साथ जानते हो एक शब्द क्या जुड़ा हुआ है?

बल।

जो उसकी ओर चल देता है ना—उसे मुक्ति बोल लो, स्वतंत्रता बोल लो, आज़ादी बोल लो—उसे आगे बढ़ने की ताकत अपने आप मिलती जाती है। ये भावना तो अपने भीतर लाना ही मत, कि तुम कमज़ोर हो। कोई कमज़ोर नहीं है।

दुनिया के कामों के लिए तुम कमज़ोर हो सकते हो। दो सौ किलो का पत्थर उठाने के लिए तुम कमज़ोर हो सकते हो, लेकिन मुक्ति की ओर बढ़ने के लिए कोई कमज़ोर नहीं होता। तुम आगे बढ़ो, ताकत खुद-ब-खुद मिलेगी।

''दो तरीके हैं दुनिया को जानने के ताकि डर से मुक्ति मिल सके—या तो वो सब वस्तुएँ जान लो जो दिखाई पड़ती हैं बाहर, या उसको जान लो जो उन वस्तुओं को देखता है।''

अध्यात्म, और डर से मुक्ति

अद्वैत शिविर, उत्तराखंड, 2018

''डर है, आप पैदा ही डर में होते हो। डर हमारी जैविक अवस्था है। डर के खिलाफ़ शिकायत करना, जैसे कि वो कोई बाहरी चीज़ हो, जैसे कि वो कुछ अतिशयोक्ति हो गई हो हमारे साथ, जैसे कि प्रारब्ध ने विशिष्ट तौर पर हमें ही चुन लिया हो अत्याचार के लिए, गलत होगा।''

प्रश्नकर्ता : मैं बहुत व्यग्र और चिंतित रहता हूँ, मैं अपनी ओर से पूरा प्रयास कर रहा हूँ कि शांति में जिऊँ। मैं अपनी व्यक्तिगत और पारिवारिक समस्याओं के कारण डरा रहता हूँ, मैं निर्भय होना चाहता हूँ, मैं क्या करूँ?

आचार्य प्रशांत : 'मैं व्यग्र-चिंतित रहता हूँ और डरा रहता हूँ,' ये वो शास्त्रीय समस्या है जिसके लिए सब ग्रंथ रचे गए, सब बातें कही गईं, जिसके लिए बुद्धों ने, गुरुओं ने अथक प्रयास किया—डर। अगर कोई पूछे कि शास्त्र लिखे ही क्यों गए, तो उसका छोटा-सा उत्तर होगा, 'तुम्हें डर से मुक्त करने के लिए।'

डर है, आप पैदा ही डर में होते हो। डर हमारी जैविक अवस्था है। डर के खिलाफ़ शिकायत करना, जैसे कि वो कोई बाहरी चीज़ हो, जैसे कि वो कुछ अतिशयोक्ति हो गई हो हमारे साथ, जैसे कि प्रारब्ध ने विशिष्ट तौर पर हमें ही चुन लिया हो अत्याचार के लिए, गलत होगा। छोटा बच्चा पैदा ही डर में होता है और जैसे-जैसे वह बढ़ता जाता है, वैसे-वैसे ये डरा हुआ समाज उसमें डर को और गहराता जाता है। लेकिन ये भी मत कह देना कि डर सिर्फ़ दुनिया देती है तुमको। डरे तुम पैदा होते हो और, और ज़्यादा डरने का बीज भी तुम साथ लेकर पैदा हुए हो।

दोनों बातें समझना : ऐसा भी नहीं है कि डर सिर्फ़ बीज रूप में मौजूद है तुम्हारे भीतर। प्राकृतिक जन्म की घड़ी में, जब तुम पैदा हुए हो, ठीक उसी क्षण तुमने जो पहली साँस ली, उस साँस में भी डर था और साथ-ही-साथ तुम्हारे भीतर बीज मौजूद था और ज़्यादा डर जाने का, दोनों ही बातें थीं। तो दोनों का ही नाश करना होता है, दोनों का ही समाधान करना होता है। लेकिन अधिकांशत: न नाश होता है डर का, न बीज को कभी निर्बीज किया जाता। होता उल्टा है, जो डर शरीर में ही रचा-बसा था वह तो रहा ही करता है और जो डर बीज रूप में मौजूद था उसे ये दुनिया, हमारी संगत, दाना-पानी दे

देते हैं, खाद दे देते हैं, उसको और पोषण दे देते हैं। वह बीज पेड़ बन जाता है विशाल।

तो ये है आदमी की स्थिति, ये हैं हम। अब शिकायत तो कोई करे ही न कि डर लगता है। पैदा हुए हो तो डर तो लगेगा, बात खतम। अवश्यंभावी हैं, अवश्यंभावी भी नहीं, अनिवार्य है, अपरिहार्य है। सम्भावना की बात नहीं, प्रारब्ध है। लिखा हुआ है, क्या? आदमी माने डर। बच्चा माथे पर गुदवाकर पैदा हुआ है, 'मैं डरा हुआ हूँ,' डरा हुआ भी नहीं, 'मैं डर हूँ, मैं डर ही हूँ।'

अब बोलो क्या करना है? अगर वैसे ही जीना है जैसे पैदा हुए हो तो फिर डर में जीने से समझौता कर लो, कह दो कि अब डरना तो है ही। पर यदि कोई है तुम्हारे भीतर जो डर से सहमत नहीं होता तो बात करो। बहुत हैं दुनिया में जिन्होंने डर पर नकाब चढ़ा लिए हैं, खूबसूरत आवरण। जिन्होंने डर को बड़े लुभावने नाम दे दिए हैं, लुभावने, सम्मानित, गौरवान्वित। तुम भी वैसे ही हो जाओ। वैसे क्यों नहीं हो जाते? क्यों नहीं तुम अपने डर को प्रेम बोल देते? क्या आवश्यकता है यहाँ आने की और खुल कर बताने की, कि हाँ मैं डरा हुआ हूँ, मैं आतुर हूँ, परेशान हूँ, व्यग्र हूँ? क्यों यहाँ पर ज़ाहिर कर रहे हो इतने लोगों के सामने कि पारिवारिक समस्याएँ हैं जिनके कारण भीतर चक्र चलता रहता है? तुम भी, करोड़ों हैं, उनके जैसे ही हो जाओ, जो मानेंगे ही नहीं कि उन्हें डर है।

एक पुस्तक है मेरी जिसका शीर्षक है डर, हिन्दी में भी है, अंग्रेज़ी में भी है। इसी नाम से, डर, *फ़ियर*। तो ये लोग सब कार्यकर्ता, 'वालंटियर', स्वयंसेवक जब ये लोग वह पुस्तक लेकर किसी के पास जाएँगे, कहेंगे, 'ज़रा पढ़िए,' तो दस में से आठ जने जानते हो क्या बोलते हैं? क्या बोलते हैं? (एक स्वयंसेवक की ओर इशारा करते हुए) बोलो भाई, तुम्हीं बताओ कि क्या बोलते हैं?

स्वयंसेवक : 'मुझे किसी चीज़ से डर नहीं लगता।'

आचार्य : 'मुझे तो डर लगता ही नहीं किसी चीज़ से, मैं ये क्यों पढ़ूँ?' और इन्हें बस इतना करना होता है, कितना? 'माफ़ी दीजिएगा, मैं करके ही बता देता हूँ' (और डराने का अभिनय करते हैं) बस ऐसे करना होता है और वो बिलकुल चिहुँक जाते हैं, उछल पड़ते हैं। फिर पूछा जाता है, 'ये क्या हुआ,' तो वो बुरा मान कर चल देते हैं। लेकिन दावा यही है, दावा ही नहीं नारा यही है कि हम डरते इत्यादि नहीं हैं, क्योंकि मान लिया कि डरते हो तो अहंकार को बड़ी चोट लगती है।

अहंकार को बड़ी चोट लगती है मानने में, कि मैं तो डरा-डरा ही घूम रहा हूँ। क्योंकि डरे-डरे घूम रहे हो तो अब तुम बहुत बातें नहीं कर सकते, तुम बहुत बढ़-चढ़ कर दावे नहीं कर सकते। अब तुम्हें ज़रा झुक के रहना पड़ेगा, अब तुम्हें मानना पड़ेगा कि कुछ गलती तो कर रहे हो। तो हो जाओ वैसे ही, दस में से आठ जैसे हैं, 'मुझे तो डर है ही नहीं, लगता ही नहीं।' फ़ोन बजने भर की देर है, और फिर जान जाओगे कि डर लगता है कि नहीं लगता।

और अगर है कोई तुममें जिसकी आवाज़ अभी भी तुम सुन पाते हो और उस आवाज़ को सम्मान भी दे पाते हो, कह रहे हो तुम अगर कि नहीं जीना डरे-डरे, तो फिर समस्त ग्रन्थ तुम्हारे लिए हैं, गुरुओं की वाणी तुम्हारे लिए हैं, उनको सलीके से पढ़ना शुरू करो। विधि दी गई है, निर्देश दिए गए हैं। आचरण की, अनुशासन की एक प्रणाली दी गई है। एक तरीका दिया गया है, एक कायदा दिया गया है, एक तहज़ीब दी गई है; उस तहज़ीब का पालन करो और फिर देखो कि डर मिटता है कि नहीं।

दुनिया तुम्हें जो भी कुछ देगी वह कोई चीज़ होगी, तो दुनिया डर मिटा नहीं पाएगी, पूछो क्यों? विज्ञान बहुत तरक्की कर जाएगा, जितनी तरक्की करेगा तुम्हें क्या देगा? और बड़ी और बेहतर चीज़ें। (टेप रिकॉर्डर को अपने हाथ में लेते हुए) अब ये चीज़ें आ गईं तुम्हारे हाथ में, अब क्या होगा? और ये कैसी चीज़ हैं? बढ़िया चीज़ें हैं, अब क्या होगा? तुम और डरोगे, काहे को डरोगे? कि छिन न जाए। ये दिक्कत है आधुनिकता, विज्ञान में। ये सब बहुत करते हैं तो भी तुम्हें क्या दे देते हैं? चीज़ें ही तो दे देते हैं, और हर चीज़ अपने साथ क्या लेकर आती है? डर।

चलो तुमने कहा, 'विज्ञान के पास नहीं जाएँगे, उत्पादन के पास नहीं जाएँगे, निर्माणियों, फ़ैक्ट्रियों के पास नहीं जाएँगे,' तुमने कहा कि हम इंसानों के पास जाएँगे। तुम गए, इंसानों से संलग्न हो गए, फिर क्या मिल गया? डर, काहे को? अरे बिछड़ जाएगा, छिन जाएगा, धोखा दे देगा, न जाने क्या कर दे। तुम्हें अपना ही भरोसा नहीं, दूसरे आदमी का क्या भरोसा करोगे? तो दुनिया से जो कुछ भी मिलेगा वह तुम्हारे डर को संवर्धित ही करेगा।

डर मिटाना है तो ज़रा ग्रंथों के पास जाओ, उनका पाठ करना शुरू करो। ये बात आधुनिक मन को ज़रा रास नहीं आती, क्योंकि तुम्हारी बाकी जितनी समस्याएँ हैं उनका समाधान तो तुमने विज्ञान से होते देखा है। शरीर को कुछ हो गया, नई-नई दवाइयाँ हैं। तुम कहते हो कि ये देखो 'मेडिकल साइंस' ने कितना कुछ दे दिया हमको, पर कोई भी डॉक्टर डर नहीं मिटा सकता तुम्हारे भीतर से। कर लो कोशिश, कह दो उससे, वह ख़ुद डरा हुआ है, तुम्हारा क्या डर निकालेगा? यहाँ जो आते हैं मुझसे मिलने, उनमें से एक-चौथाई तो डॉक्टर होते हैं। दस प्रतिशत 'साईकेट्रिस्ट' (मनोविज्ञानी) होते हैं, 'फ़ियर स्पेशलिस्ट', वह दूसरों का डर निकाल रहे होते हैं। और फिर आकर कहते हैं कि 'हमारी-आपकी बातचीत कृपा करके रिकॉर्ड न करें, मेरा धंधा ठप हो जाएगा। दुनिया जान गई अगर कि मैं ही सबसे ज़्यादा डरता हूँ तो मेरी तो दुकान बंद।'

अभी तीन दिन हो यहाँ पर, ताप-त्रय के उन्मूलन के लिए। एक उचित ग्रन्थ उठाओ और डूब कर के उसका सेवन करो। फिर उसमें जो समझ में ना आए, उससे सम्बन्धित प्रश्न पूछो। यही विधि है। सीधी, सरल, सच्ची लेकिन उबाऊ विधि है। तो मन कहेगा 'इसमें कुछ भी रोमांच नहीं, इसमें कुछ भी नया नहीं, इसमें कुछ भी उत्तेजक नहीं। ये

क्या किया इन्होंने? इन्होंने बोल दिया कि बेटा किताब उठाओ और पढ़ना शुरू करो। ये तो बच्चों वाली बात है।' जैसी भी बात है, तुम्हारे काम की यही बात है, पालन करो। और नहीं पालन करना तो मत करो। किसने कह दिया कि अनिवार्य है डर से मुक्ति? जीव पैदा हुए हो, डरे-डरे जिओ, डरे-डरे मरो।

"अगर है कोई तुममें जिसकी आवाज़ अभी भी तुम सुन पाते हो और उस आवाज़ को सम्मान भी दे पाते हो, कह रहे हो तुम अगर कि नहीं जीना डरे-डरे, तो फिर समस्त ग्रन्थ तुम्हारे लिए हैं, गुरुओं की वाणी तुम्हारे लिए हैं।"

भय का ये इलाज अजीब लगेगा

अद्वैत शिविर, बोधस्थल, 2021

''जो ऊँचे काम से खाली हो गया, वह निचले अहम् से भर गया। इसलिए खाली होना गड़बड़ बात है। क्योंकि जब तुम खाली होते हो तो खाली नहीं होते हो, भरे हुए होते हो। किससे? अपने-आपसे, अपने विचारों से।''

प्रश्नकर्ता : मैं पिछले दो वर्षों से ओसीडी—ऑब्सेसिव-कम्पल्सिव डिसऑडर (मनोग्रसित-बाध्यता विकार) से पीड़ित हूँ। मुझे जिस ज़िस्म का विकार है, उसे कंटेमिनेटेड विकार (अनावश्यक रूप से एक ही काम को बार-बार करने की बीमारी) कहते है और मैंने कुछ डर भी विकसित कर लिए हैं, जैसे कीड़ों का डर, छिपकली और अन्य तरह के रेंगने वाले जंतुओं का डर, और मैगट्स (मक्खी का लार्वा) का डर। तो मुझे लगता है पहला इन्फेक्शन (संक्रमण) का डर, दूसरा बीमार हो जाने का डर और तीसरा समाज से निकाल दिए जाने का डर। तो पहले डर के कारण मैं बार-बार अपने हाथ धोता हूँ। मैं कमरे के हर चीज़ को डिसिनफ़ेक्ट (निस्संक्रामक) करता रहता हूँ। मैं खाने को और पानी को बार-बार देखता हूँ। सतर्क रहता हूँ। बाहर का खाना नहीं खाता। मुझे लगता है कि कीड़े, मैगट्स मेरे मस्तिष्क और शरीर को खा जाएँगे और मैं मर जाऊँगा। तो मैं घर से बाहर नहीं जा पाता।

डॉक्टरों ने बताया कि मेरे मस्तिष्क और शरीर में कहीं कोई समस्या नहीं है, समस्या पूरी तरह मानसिक है। मैं मनोचिकित्सक से अब इलाज करवा रहा हूँ लेकिन लाभ नहीं हो रहा है। कृपया मदद करें।

आचार्य प्रशांत : देखो, मदद तो मुझे पता नहीं लेकिन मैं दो-चार बातें बोल सकता हूँ। कोई शरीर में समस्या लग रही हो, कोई ज़िन्दगी में समस्या लग रही हो तो एक सवाल पूछा करो अपने-आपसे—इसके बारे में नहीं सोचूँ, क्या ये तब भी रहती है? और उसका जवाब आए, ''शायद नहीं,'' तो आगे बढ़ो अगले स्तर का डायग्नोसिस (निदान) करो। पूछो कि जब मैं सोचूँ तो क्या ये बढ़ जाती है समस्या? और जवाब आए, 'हाँ', तो इसको फिर विधि बना लो, यही चीज़ बार-बार पूछा करो अपने-आपसे। क्योंकि बहुत संभव है कि समस्या, समस्या में नहीं है, समस्या, समस्या के बारे में सोचने में है, कि सोच ही समस्या है।

उदाहरण देता हूँ, किसी महत्वपूर्ण काम में व्यस्त हो गए तुम। तुम्हें सोचने का समय ही नहीं मिला समस्या के बारे में। क्या समस्या तब भी थी? अगर थी तो तुरंत डॉक्टर के

पास जाओ। समस्या है पार्थिव, मटेरियल। पर समस्या अगर तब ही उठती है, या तब ज़्यादा उठती है जब तुम खाली होते हो और समस्या के बारे में सोचते हो तो समझ लो कि समस्या, समस्या कम है, सोच समस्या ज़्यादा है। अब मैं यहाँ आपके सामने बैठा हूँ, मैं आपसे बात कर रहा हूँ ये सब, ठीक है? मैं यहाँ से उठ करके चला जाऊँ बाहर, और बाहर जाकर कहूँ कि मुझे एक आँख से दिखाई नहीं दे रहा, सिर में एक तरफ़ झनझनाहट अनुभव कर रहा हूँ, पचास चीज़ें। कुछ भी कह सकता हूँ।

तो ठीक है, मुझे अपनी जाँच-पड़ताल करानी चाहिए, लेकिन साथ ही सवाल ये भी पूछना चाहिए कि पिछले दो-तीन घंटे से तुम बैठे हुए थे, लोगों से बातचीत कर रहे थे, क्या तुम्हें तब भी दिखाई नहीं पड़ रहा था? क्या तुम्हें तब भी झनझनाहट हो रही थी?

मैं ऐसा बिलकुल भी नहीं कह रहा कि शरीर की सारी समस्याएँ सोच के कारण ही होती हैं। मैं नहीं कह रहा कि आपका पाँव टूट गया है, फ्रैक्चर है, तो आप सोचेंगे तभी फ़्रैक्चर है, नहीं सोचेंगे तो नहीं है। नहीं, ये नहीं कह रहा हूँ मैं।

मैं ये कह रहा हूँ कि शारीरिक समस्याओं की एक श्रेणी ऐसी भी होती है जहाँ पर समस्या बहुत ज़्यादा बड़ी इसलिए लगने लग जाती है क्योंकि आप उसी समस्या के बारे में बार-बार सोच रहे होते हैं। फिर वहाँ पर समाधान ये होता है कि ज़िन्दगी को कुछ बेहतर दो न भाई सोचने के लिए। ये कीड़े-मकोड़े, मैगट, छिपकली, यही सब सोचते रहोगे क्या? और इनके बारे में सोचें तो अच्छा-खासा स्वस्थ आदमी भी लगने लगे कि कुछ गड़बड़ है।

यहाँ जितने भी लोग बैठे हैं, आप प्रयोग कर सकते हो, आप कल्पना करने लग जाओ कि आपके ऊपर साँप रेंग रहा है, कोई कल्पना कर लो कि उसके कान में कीड़ा घुस गया है, कुछ कर लो, किसी को वायरस (विषाणु) लग गया है, किसी को कुछ हो गया है, करो। और जितना आप कल्पना करोगे, आपको ऐसा लगने भी लगेगा कि आपके भीतर कुछ लक्षण, कुछ सिम्पटम्स आ रहे हैं। और अगर आप पन्द्रह-बीस मिनट सोच गए तो वाकई आपका एक-दो डिग्री तापमान भी बढ़ जाएगा। अब सोचो, आप को बुखार है, बुखार है, बुखार है और आपके मनोदैहिक विकार की बात कर रहा हूँ मैं सीधे-सीधे।

(प्रश्नकर्ता को सम्बोधित करते हुए) तो आपने जाँच करवा ली। जाँच करने वाले ने बोल दिया कि आपके मस्तिष्क में कहीं कोई खराबी नहीं है, मस्त है मामला। अब ठीक है न, ज़िन्दगी जियो, आगे बढ़ो।

क्या काम करते हो ये तो तुमने लिखा ही नहीं। बीमारी भर बता दी, क्योंकि सोच ही सिर्फ़ बीमारी के बारे में रहे हो। ज़िन्दगी बतायी नहीं क्योंकि ज़िन्दगी के बारे में सोच नहीं रहे हो। जो तुमने नहीं बताया, वह ज़्यादा महत्वपूर्ण है। जो तुम करते हो, वह ऐसा कौन-सा काम है कि वह तुम्हें डरने के लिए इतना खाली समय दे देता है? तुम कह रहे हो कि मैं हर समय हाथ धोता रहता हूँ। इसका मतलब तुम्हें किसी और काम में एकाग्र होना नहीं पड़ता क्या? तुम कुछ भी करो ज़िन्दगी में, उसमें एकाग्रता, कॉन्सन्ट्रेशन लगता है न? तुम कैसे एकाग्र हो पा रहे हो अगर तुम बात-बात में डिसिन्फेक्टन्ट लगा रहे हो, ग्लव्स (दस्ताने)

पहन रहे हो। जो भी कुछ तुम कर रहे हो, तुम्हारा सारा ध्यान तो इसमें लग जाता होगा। तुम काम तो इसका मतलब है कि कुछ कर ही नहीं रहे होगे ज़िन्दगी में।

साथ ही तुमने लिखा है कि तुम घर से बाहर निकलते नहीं, बाहर खाना तुम खाते नहीं। तो कोई काम करो, तो आमतौर पर ये सब भी करना ही पड़ता है कि भाई, बाहर निकलो, यात्रा करो, ये सब ज़रूरी हो जाता है काम में। इसका मतलब शायद काम-धाम को तुमने अलग ही रख दिया है, कि काम तो मैं कुछ करूँगा नहीं, अभी तो मैं बीमार हूँ साहब! वहाँ उसने (डॉक्टर ने) बोल दी कि बीमारी तुम्हें कुछ है नहीं। लेकिन बीमारी नहीं है, ये पक्का हो गया तो काम करना पड़ेगा!

देखो, मैं आरोप नहीं लगा रहा हूँ कि तुम काम न करने के लिए ये सब बातें कर रहे हो। बात सीधी-सी ये है कि हम क्या कर रहे हैं, किस वजह से कर रहे हैं, हमें पता नहीं होता। तो आरोप लगाने में कोई लाभ नहीं मुझे। हमारे भीतर बहुत एक ज़बरदस्त अचेतन क्षेत्र होता है। जब तुम किसी से बोलो कि तूने ये काम इसलिए किया, तो वह कह देगा, ''नहीं, मैंने तो अनजाने में कर दिया।'' उसने कुछ अनजाने में नहीं करा है। वास्तव में बहुत कम काम होते हैं जो हम अनजाने में करते है। अधिकांशत: जो हमें लग रहा होता है कि हमने अनजाने में करा है, वह हमसे हमारे अनकॉन्शस सेल्फ़ (अचेतन मन) ने करवाया है। बात बस इतनी-सी है कि हमें पता भी नहीं कि हमारे भीतर कोई बैठा है जो हमसे कुछ करा रहा है, तो हम क्या कहते हैं? ''मैंने नहीं करा, या मुझसे तो धोखे से हो गया, गलती से हो गया।'' वह गलती-वलती से नहीं हो गया, वह आपके भीतर जो बैठा है, वह आपसे करवा रहा है।

तो आपको भी शायद पता नहीं है कि आपके भीतर कोई बैठा है, जो शायद घर से बाहर निकलना ही नहीं चाहता, जो शायद किसी भी काम में एकनिष्ठ हो करके डूबना ही नहीं चाहता। तो वह कैसे कहे कि मैं काम में नहीं डूबना चाहता? तो उसे कोई तो कारण चाहिए न काम में नहीं डूबने का? तो उसने ये कारण खड़ा किया है। मैं आरोप नहीं लगा रहा हूँ, मुझे असंवेदनशील मत समझना। तुम कहो कि देखो, मैंने समस्या सामने रखी, इन्होंने तो मुझ पर ही इल्ज़ाम ठोक दिए। मेरा ऐसा नहीं कोई इरादा।

और जो बात तुमसे कह रहा हूँ, वह बात मुझ पर भी लागू होती है, भाई। हम सब हाड़-माँस के इंसान हैं। तो अगर अचेतन मन तुम्हारे भीतर है तो मेरे भीतर भी है। मैं मानवमात्र की बात कर रहा हूँ। हम सबकी, एक प्रिन्सपल की, सिद्धांत की बात कर रहा हूँ। मैं किसी पर व्यक्तिगत आक्षेप नहीं कर रहा। बात समझ में आ रही है?

अब मैं अगर तुमसे कहूँ कि पता है तुम्हें, तुम्हारे भीतर ब्लड प्रेशर (रक्त दाब) है, तो ये इल्ज़ाम हो गया क्या? भाई, ये तो सबकी दशा है, सबका ही है!

यहाँ कौन ऐसा बैठा है जिसके शरीर में बैक्टीरिया (जीवाणु) नहीं है, वायरस (विषाणु) नहीं है, फंगस (कवक) नहीं है? या मल-मूत्र, मवाद, पस इत्यादि इस वक्त नहीं मौजूद हैं? कोई ऐसा बैठा है यहाँ पर? तो ये किसी पर व्यक्तिगत आरोप नहीं हो सकता। ये हम

सबकी दशा है कि हम हैं ही ऐसे। हम पैदा ही ऐसे होते हैं। हमारी जो पूरी निर्मित्ति है, वह इसी तरह की है।

तो जैसे शरीर में स्थूलरूप से बैक्टीरिया वगैरह हर समय मौजूद होते हैं, वैसे ही मन में जो अचेतन क्षेत्र है, वह सबके होता है, और लगातार मौजूद होता है। और हमसे ज़्यादातर हमारे काम वही करा रहा होता है। फिर हम कह देते है कि पता नहीं मुझे उस वक्त इतना गुस्सा क्यों आ गया। तुम्हें पता नहीं है, पर उसके पीछे बहुत स्पष्ट और ठोस कारण हैं। वह तुम्हें पता नहीं है बस, क्योंकि तुम्हारे पास क्या नहीं है? सेल्फ कॉन्शसनेस (आत्म चेतना) नहीं है, तुम आत्मज्ञान से दूर हो। तुम मन को जानते नहीं इसलिए तुम्हें पता ही नहीं कि तुम्हें गुस्सा क्यों आ गया।

तुम्हें पता नहीं कि तुम एक आदमी से बात करते हो तो सहज रहते हो और दूसरे से बात करते हो तो वजह कोई नहीं है, लेकिन एकदम डर जाते हो। तुम कहते हो कि पता नहीं मैं फोन पर बात करता हूँ तो डर जाता हूँ, क्यों डर जाता हूँ? वजह तो कुछ नहीं है। नहीं, वजह है, वजह है और बहुत तगड़ी वजह है, और उसका संबंध तुम्हारे मन से है। लेकिन तुमने अपने मन का इतना अन्वेषण कभी करा ही नहीं है कि तुम्हें वह वजह साफ़-साफ़ पता हो। इसीलिए वह वजह बनी भी रहेगी और तुम लगातार डरे भी रहोगे, ठीक है?

इसी तरीके से ये जो फॉलिंग इन लव (प्यार में पड़ जाना) होता है, किसी को नहीं पता होता है कि उसे कोई क्यों पसंद आ गया। होता है पता? नहीं, आ गया, पसंद आ गयी, और कहते हैं, ''लव इज़ रीज़नलेस'' (प्यार कारणहीन होता है), बस हो गया। रीज़नलेस नहीं, उसके पीछे एक बिलकुल स्पष्ट कारण है कि आपको वही व्यक्ति क्यों पसंद आ रहा है। एकदम ठोस मैथमैटिकल (गणितीय) कारण है। कभी अगर आंतरिक विज्ञान इतनी तरक्की कर पाया तो बिलकुल इक्वेशन्स (समीकरण) की तरह लिखकर बताया जा सकेगा कि आप जो हो, आपको कोई व्यक्ति क्यों पसंद आया और आपको किस तरह का व्यक्ति पसंद आएगा। लेकिन हम कहते है कि नहीं, बस हो गया। समझ में आ रही है बात?

तो इसी तरीके से अब ये सब जो चल रहा है, इसके पीछे भी कारण है। और कारण कभी कोई दिव्य, अलौकिक नहीं होता है। कहो कि कारण ये है कि फलाने देवता ने फलानी अप्सरा को बोला था कि इसको श्राप दे दो कि इसको लगे कि इस पर कीड़े रेंग रहे हैं। नहीं, वह सब नहीं होता। कारण बस इसी तरीके के होते हैं। अचेतन मन तो अचेतन है न? उसके पास तो बुद्धि भी नहीं है। वह कहाँ से आ रहा है? हमारे जंगली इतिहास से आ रहा है।

तो उसके पास कोई बहुत गहरा नहीं कारण होता है, वह तो ऐसे ही कारण होता है। क्या? बहुत काम नहीं करना है। या किसी से किसी बात पर डर गए, अब वह डर पकड़कर बैठे हैं। क्यों डर पकड़कर बैठे हैं? क्योंकि डर पकड़कर बैठने से बच्चे जैसी भावना आती है। बच्चा होने में क्या लाभ है? बच्चे का समाज ख़्याल रखता है।

तुम अभी बीमार पड़ जाओ, देखो, चार लोग तुम्हें स्ट्रेचर पर उठाकर ले चलेंगे। यही तुम स्वस्थ होते तो इन्हीं चारों ने पिछवाड़े पर लात मारी होती। होता है कि नहीं होता है?

और चार लोग जो तुम्हें उठाकर ले जा रहे हों स्ट्रेचर पर, तुम अचानक बीच में बता दो कि मैं तो ठीक हूँ, यही चारों बजाएँगे।

तो बीमार होने के फ़ायदे क्या है? ये नहीं कि परिवार या तुम्हारे प्रियजन, वही लोग तुम्हें सहारा, सांत्वना देते हैं, पूरा संसार खड़ा हो जाता है तुम्हें सहारा देने के लिए। इसीलिए तो दुनिया में इतने कमज़ोर लोग पाए जाते है, क्योंकि कमज़ोर होने में लाभ है। कमज़ोर होने में लाभ नहीं होता तो दुनिया में इतनी कमज़ोरी नहीं होती।

और अचेतन मन भी करता जो कुछ भी है, वह करता अपने किसी-न-किसी लाभ के लिए ही है। वह भी कर लाभ के लिए ही रहा है। तो आप जो कुछ भी कर रहे हो, आप ये देखो कि आपको उसमें लाभ क्या हो रहा है। मैं आपको इतना ही आगाह करना चाहता हूँ कि लाभ आपको बहुत कम हो रहा होगा, नुकसान आपको बहुत ज़्यादा हो रहा है। लेकिन लाभ आपको दिख रहा है, नुकसान आपको दिख नहीं रहा है। जिस दिन आपको बहुत साफ़-साफ़ दिख गया कि ये सब करके आप बहुत बड़ा नुकसान करा रहे हो, ये सब करके आप जीवन को ही गँवा रहे हो, ज़िन्दगी बीतती जा रही है और आप डर में सिकुड़े बैठे हो, उस दिन आप इस डर से आगे निकल जाओगे।

उस दिन आप कहोगे कि ये डरने के लिए और हाथ साफ़ करने के लिए, और ये जो भी चीजें आप करते हैं, ये करने के लिए मेरे पास समय नहीं है। कोई पूछेगा, ''अरे! तुम डरे नहीं?'' तो एकदम चौक जाओगे, और मालूम है मँह से निकलेगा क्या? ''भूल गया!''

क्या बोलोगे?

''डरना तो था। ये तो मुझे याद था।''

क्या याद था?

''डरना है। पर अभी किसी ऐसी चीज़ में लगा हुआ था। बड़ी प्यारी चीज़ थी। उसने मुझे सोख लिया बिलकुल। अभी किसी ऐसी चीज़ में लगा हुआ था कि डरना भूल गया।''

वहाँ सीलिंग (छत) में तीन छिपकलियाँ होंगी दरवाजे के पास। और बाहर कोई खड़ा है जिससे बिलकुल दिल ही लग गया है। दरवाज़े पर छिपकली, और दरवाज़ा खोलना बड़े सूरमाओं का काम है, है कि नहीं? कुंडी पर ही हो तो? कुंडी खोलनी है और वही कुंडी पर बैठी है काली वाली छिपकली, बहुत बड़ी काली वाली, और कुंडी खोलनी है।

कुंडी भी खुल जाएगी, दरवाज़ा भी खुल जाएगा, छिपकली ऊपर कंधे पर गिरेगी तो हटा भी दोगे। और कोई पूछेगा तो कहोगे, ''डरना भूल गया।''

फिर जब खाली हो जाओगे तब डरोगे। दो घंटे पहले छिपकली गिरी थी क्या मुझ पर? एकदम डर जाओगे। अरे! दो घंटे पहले छिपकली गिरी थी। तब काहे नहीं डर रहे थे? भूल गए थे। अब काहे डर रहे हो? खाली हो गए हो।

खाली मत होना। काम से खाली होने का मतलब होता है स्वयं से भरे होना।

जो ऊँचे काम से खाली हो गया, वह निचले अहम् से भर गया। इसलिए खाली होना गड़बड़ बात है। क्योंकि जब तुम खाली होते हो तो खाली नहीं होते हो, भरे हुए होते हो। किससे? अपने-आपसे, अपने विचारों से। काम तो है नहीं, तो अब करोगे क्या? बिलकुल भर जाओगे। यह-वह, ऐसा-वैसा, छिपकली-मैगट, ऐसा-वैसा, पचास चीजें वहीं चलेंगी। थका करो। समझ में आ रही है बात?

''शारीरिक समस्याओं की एक श्रेणी ऐसी भी होती है जहाँ पर समस्या बहुत ज़्यादा बड़ी इसलिए लगने लग जाती है, क्योंकि आप उसी समस्या के बारे में बार-बार सोच रहे होते हैं। फिर वहाँ पर समाधान ये होता है कि ज़िन्दगी को कुछ बेहतर दो सोचने के लिए।''

ये बात समझ गए तो कभी नहीं डरोगे

अद्वैत शिविर, बोधस्थल, 2021

"प्रकृति के मामलों में चेतना को हस्तक्षेप मत करने दीजिए। और चेतना के मामलों में प्रकृति को हस्तक्षेप मत करने दीजिए। खाना कैसे पचना है ये प्राकृतिक मामला है, इसमें चेतना अपनी टाँग ना अड़ाए। और प्रेम किससे करना है ये चेतना का मामला है, इसमें प्रकृति अपना ज़ोर न चलाए।"

प्रश्नकर्ता : नमस्ते, आचार्य जी। मैं पिछले दो-तीन महीने से अध्यात्म में हूँ। थोड़े समय से बिलकुल सही चल रहा था। जब तक मन और बुद्धि पर काम हो रहा था तो ज़्यादा डर नहीं था। पिछले हफ़्ते कुछ ऐसा हुआ कि बहुत ज़्यादा डर लगने लगा। मैं जिनसे सीख रही हूँ, मैंने उनसे पूछा कि ऐसा क्यों हो रहा है तो उन्होंने मुझे बताया कि ये अहम् है। इतने में एक स्वयंसेवक का कॉल आया और उन्होंने बोला कि तुम आचार्य जी से जाकर पूछो, वो तुम्हें अच्छे से समझा पाएँगे अहम् के बारे में। डर बहुत ज़्यादा लगता है। जैसे-जैसे आगे बढ़ रही हूँ, वैसे-वैसे डर बहुत लग रहा है तो मैं इस डर का क्या करूँ?

आचार्य प्रशांत : हमारे भीतर कुछ है उसको बचाने के लिए डर ज़रूरी होता है। डर भीतर क्या, बाहर भी है, इस शरीर में है। तो डर कोई गलत चीज़ तो हो ही नहीं गयी। (शरीर की ओर इशारा करते हुए) ये नहीं बचेगा, अगर डर न हो।

डर का मतलब क्या होता है? ये भाव कि कुछ खतरे में है। कुछ छूट जाएगा, कुछ जो मिल सकता है नहीं मिलेगा, इस भाव को डर कहते हैं। तो ये भाव यूँ ही नहीं आ गया। ये भाव जो हमारी पूरी विकास प्रक्रिया रही है, जैसे हम पिछले करोड़ों सालों में नन्हें तंतुओं से बढ़कर के इतने बड़े-बड़े हो गए हैं न, और हम कहते हैं हमारा मस्तिष्क जो है वो अब बहुत विकसित हो गया है, ये सब चीज़ें, तो ये सब एक दिन में हुआ नहीं, एक बड़ी लम्बी यात्रा रही है। उस पूरी यात्रा में डर का बड़ा योगदान रहा है। डर नहीं होता तो ये जितने भी जीव रहे हैं हमारी यात्रा में, या हमारी ही यात्रा में जो हमारी अलग-अलग स्थितियां रही हैं, अवस्थाएं रही हैं, हम उनमें बच ही नहीं पाते।

एक जंगली जानवर आपके पीछे पड़ता है। आपने देखा है, आप कितनी ज़ोर से भागते हो? वो जो आपके भीतर भागने की ऊर्जा उठती है, वो कौन देता है आपको? यहीं भाव कि भाग नहीं तो खत्म हो जाएगा, इसी को तो डर कहते हैं। तुम खत्म हो जाओगे, इसी भाव

को कहते हैं डर। और ये भाव हमारे लिए उपयोगी रहा है आजतक। तो कुछ गलत नहीं हो गया अगर डर है, बात ये है कि डर किसको है?

ये जो देह है, ये डरे तो क्या हर्ज़ हो गया क्योंकि इसको भलीभाँति पता है कि ये मरणशील है। ये खत्म हो सकती है ये जानती है। ये जानती है इसीलिए अपने-आपको बचाना चाहती है। तो डरने का काम आपका ये जो शारीरिक तंत्र है, इसको करने दीजिए, और अगर वो डर रहा है तो बिलकुल ठीक कर रहा है।

और आपको पता है? बहुत बार तो आपको पता भी नहीं चलता वो डर रहा होता है और डर के वो अपना जो नुकसान है वो बचा भी ले जाता है। उदाहरण के लिए आपके शरीर में कोई वायरस (विषाणु) वगैरह घुस जाएँ, तो भीतर एकदम डर ही पैदा हो जाता है। लेकिन वो डर आपको नहीं पता चलता क्योंकि कोई मानसिक, साइकोलॉजिकल घटना अभी घटी नहीं है, और अगर घटी भी है तो ऐसी जगह पर घटी है जहाँ पर आपका जो कॉन्शियस रडार (चेतन मन) है, वो उसको पकड़ नहीं पाया।

तो डरने की, सतर्क हो जाने की, भीतर एक अलार्म के बज जाने की घटना तो दिन-रात चलती ही रहती है, और वो चलती रहे। शारीरिक तल पर वो चल रही है, अच्छा है। शरीर अपना बचा रह जाएगा। क्योंकि शरीर को अच्छे से पता है कि उसे मिट जाना है। जो जानता है कि उसे मिट जाना है, वो गलत क्या कर रहा है अगर अपने-आपको मिटने से बचाना चाहता है, जितने भी दिनों के लिए। अमर तो है नहीं। पर नहीं बचाएगा तो पंद्रह ही साल जिएगा, बचाकर हो सकता है कि पचहतर साल जी जाए। तो वो इस कोशिश में अपना लगा रहता है, कोई दिक्कत नहीं हो गई।

इसी तरीके से मन भी जिन चीज़ों को जानता है कि मिट जाएँगी, उनको ले करके डरता है। और ये डर भी वाजिब है। आपने अपने बहुत सारे नुकसान बचा लिए होंगे क्योंकि किसी कीमती चीज़ को ले करके आप ज़्यादा सतर्क रहे होंगे, या मान लो डरे भी हुए होंगे। अगर डर न हो तो मुझे बताइए कितने छात्र हैं जो अपनी परीक्षाएँ पास करेंगे।

तो डर यही बताता है कि जो डर रहा है, वो जानता है कि उसके पास खोने के लिए कुछ है। शरीर को अच्छे से पता है कि इसको धूप भी मिटा सकती है, कीटाणु भी सकते हैं, पानी भी मिटा सकता है, भूख भी सकती है, उम्र भी मिटा सकती है, तो शरीर डर रहा है। वाजिब बात है, उसे डरने दो। शरीर को निडर मत बना देना। शरीर को आप निडर बना भी नहीं सकते। आप क्या करोगे? आपके भीतर जो इम्युनिटी (प्रतिरक्षा तंत्र) बैठी है, आप उसको बोलोगे कि "डरने की कोई बात नहीं, जो वायरस (विषाणु) आ रहा है, आने दो," ऐसे बोलोगे? नहीं। वो तो हमेशा चौकन्नी रहती है भीतर। कोई आया नहीं कि खट-खट, खट-खट, अंदर के कार्यक्रम चालू हो जाते हैं।

तो जिनके लिए मुनासिब है डरना, उनको डरने दीजिए, और उन्हीं के लिए मुनासिब है डरना जिनके पास कुछ ऐसा है जो मिटेगा ही।

अब अगर आपको बुरा लग रहा है डरना तो कुछ ऐसा पकड़ना छोड़िए जो मिटेगा। आप ये दोनों चीज़ें एक साथ नहीं माँग सकतीं कि आप कहें कि मैं ऐसी चीज़ों से जुड़ी हुई हूँ जो खत्म हो सकती हैं, जो खतरे में रहती हैं, जिन्हें कभी भी कोई भी छीन सकता है, नष्ट कर सकता है, और साथ-ही-साथ मुझे डरना भी नहीं है। तो ये तो नहीं होने वाला।

डर की उपयोगिता बिलकुल है जहाँ तक शारीरिक प्रकृति की बात है, लेकिन वही डर जब चेतना में घुस जाता है तो आपका जीना मुश्किल कर देता है। तो डर को उसकी सही जगह पर रहने दीजिए। आपने डर को वहाँ प्रवेश करा दिया है जहाँ उसकी कोई ज़रूरत नहीं है।

देखिए, कुछ चीज़ें ऐसी हैं जो प्रकृति ही बिलकुल ठीक करती है, आपकी चेतना उन मामलों में कुछ नहीं कर पाएगी। उदाहरण के लिए, आप खाना खाती हैं, खाना पचाना है, आपकी चेतना उसमे क्या कर सकती है? कुछ कर सकती है? बल्कि बहुत अच्छा है कि आपकी चेतना उस मामले में हस्तक्षेप एकदम न करे, एकदम न करे। आपको पता लगने लग गया न कि खाना जा रहा, अब ऐसे हो रहा है, वैसे हो रहा है, पच रहा है, तो खाना ठीक से पचेगा ही नहीं। जितनी भी शारीरिक चीज़ें हैं, जितने भी दैहिक क्रियाकलाप हैं, वो बढ़िया तभी चलते हैं जब आप उसमें अपनी बुद्धि, अपनी चेतना बिलकुल न लगाएँ। डर उन्हीं चीज़ों में है।

आपके सामने अचानक एक शेर आ जाए, या आप बैठी हैं और ऊपर से एक कोबरा टपक पड़े तो फिर क्या करना है, ये आपकी चेतना से बेहतर आपका प्राकृतिक डर जानता है। चेतना मत लगाने लग जाइएगा। आप किसी गर्म चीज़ को छू देते हैं, आप क्या बुद्धि लगाएँगे, भीतर विचार-विमर्श करेंगे कि अब मैं क्या करूँ? इतनी देर में तो हाथ आप हमेशा के लिए गँवा देंगे। आप उसको छू देते हैं, आपकी आदिम, पुरानी प्रकृति जानती है कि हाथ पीछे हटाओ, तुरंत हटाओ और हाथ ही नहीं पीछे हटाओ, पूरा शरीर पीछे हटा दो। तो डर की ये वाजिब, सही, सम्यक जगह है, कौन-सी जगह? शरीर। और शरीर की एक-एक कोशिका डरी हुई है और डरी हुई ही रहेगी, और यही उसके लिए ठीक भी है। कोई दिक्कत नहीं है।

शेर सामने खड़ा हो और आप ध्यान करने लग जाएँ कि अब मुझे करना क्या चाहिए, तो ध्यान बहुत देर चलेगा ही नहीं। शेर कहेगा कि मैं तुम्हें ध्यान से ही मुक्त किए देता हूँ। तो उस वक्त तो क्या करना है? उस वक्त जो हमारे भीतर का डर है, उसको सारा नियंत्रण दे देना है। हमें कहना है कि अब वही करो जो तुमसे तुम्हारा डर कराता है, क्योंकि चेतना बहुत ज़बरदस्त चीज़ है लेकिन प्राकृतिक मामलों में नहीं। प्रकृति के मामलों में चेतना को हस्तक्षेप मत करने दीजिए और चेतना के मामलों में प्रकृति को हस्तक्षेप मत करने दीजिए। खाना कैसे पचना है, ये प्राकृतिक मामला है, इसमें चेतना अपनी टाँग न अड़ाए। और प्रेम किससे करना है, ये चेतना का मामला है, इसमें प्रकृति अपना ज़ोर न चलाए।

तो डर की एक सही जगह है जीवन में, और वो कौन-सी जगह है? वो सब प्रकृति के मामले हैं, वहाँ पर डर अपना काम करता रहे। चेतना में डर तभी घुसेगा जब आप प्रकृति

की चीज़ों को चेतना में डाल देंगी। प्रकृति की चीज़ें माने कौन–सी? दुनिया की चीज़ें। इन्हीं को प्रकृति कहते हैं, ये सब प्रकृति है। प्रकृति माने वही नहीं जो जंगल में होता है, ये कमरा, ये कैमरा, लोग, ये कुर्सियाँ, रुपया–पैसा, अच्छाई–बुराई, ऊँचा–नीचा, कैरियर, सफलता, ये सब भी प्रकृति ही हैं। जब ये चीज़ें आपकी चेतना पर हावी होने लग जाती हैं, माने प्रकृति आपकी चेतना में घुस जाती है, तो प्रकृति के साथ–साथ क्या घुस जाएगा चेतना में?

प्रश्नकर्ता : डर।

आचार्य : डर। क्योंकि डर चीज़ ही किसकी है? प्रकृति की चीज़ है। आपने प्रकृति को चेतना में घुसेड़ा, माने आपने साथ–साथ डर को चेतना में डाल लिया। तो आपकी चेतना में अगर डर बैठ गया है तो इसका मतलब ये है कि आपने दुनिया को बहुत जगह दे दी है अपने दिमाग में। एकदम ज़मीन की बात।

जो दुनिया को अपने दिमाग में बहुत जगह दे देगा, वो दुनियावी डर को भी जगह दे देगा मजबूर हो के। देना पड़ेगा क्योंकि डर और प्रकृति हमेशा साथ–साथ चलते हैं। हमने कहा जो हमारी प्राकृतिक यात्रा रही है उसमें डर का महत्वपूर्ण योगदान रहा है, डर अच्छी चीज़ रही है।

देखा नहीं है कि प्रकृति में गैय्या बछड़े के लिए डरी रहती है, माँ बच्चे के लिए डरी रहती है। घर में बच्चा हो और थोड़ी देर कूँ–कूँ, कूँ–कूँ न करे, तो माँ ये नहीं सोचती कि चैन से सो गया होगा। तुरंत कौन–सा विचार आता है, डर का आता है न? ''कुछ हो तो नहीं गया?'' और वो डर उपयोगी है, बताओ क्यों? क्योंकि मान लो दो संभावनाएँ हैं : बच्चा सो सकता है या बेहोश हो सकता है। अगर बच्चा सोया हुआ है और माँ को लगा कि बेहोश हो गया है तो इसमें बच्चे का कोई नुकसान है? क्योंकि बच्चा तो सो रहा है लेकिन माँ को लग रहा है बेहोश हो गया है तो माँ क्या करेगी? माँ पास आएगी, जाँचेगी, छाती पे हाथ–वाथ रखेगी, देखेगी साँस–वाँस बढ़िया चल रही है, थोड़ा हिलाएगी, बढ़िया ठीक है। बच्चे का कोई नुकसान तो नहीं हुआ न? लेकिन अगर माँ ने दूसरी बात मान ली, दूसरा अज़म्प्शन (मान्यता) कर लिया : कि बच्चा बेहोश हो गया है और माँ ने यही मान लिया निडर होकर के कि बच्चा तो सो ही रहा है। माँ निडर हो गई, माँ ने अपने डर का त्याग कर दिया। बच्चा हुआ है बेहोश और माँ ने क्या मान लिया? कि बच्चा सो रहा है तो बच्चा मर सकता है। तो बच्चे को बचाने में माँ के डर का योगदान है।

प्रकृति में डर गुथा हुआ है। हमने कहा कि हमारी एक–एक कोशिका में डर बैठा हुआ है और हमारी कोशिका के, हमारे शरीर के, हमारे संसार के निर्माण में उसका योगदान रहा है। लेकिन वही डर जब चेतना में आने लग जाता है तो जीना नर्क बना देता है, फिर आदमी बिलकुल दु:खी, परेशान हो जाता है कि जियें कैसे, हर समय खोपड़े में कुछ–न–कुछ चल रहा है, चल रहा है। तो खोपड़े से डर नहीं निकलेगा जब तक डर जिस चीज़ के साथ आता है, वो चीज़ नहीं निकलेगी। आख़िरी बात हो गई ये। खोपड़े से डर नहीं निकलेगा, जब तक डर जिस चीज़ पर बैठ कर आया है, वो चीज़ नहीं निकलेगी। कोई तो है जिसको आपने

अपने दिमाग में बहुत जगह दे दी है। डर उसी के साथ आया है आपके पास।

प्रश्नकर्ता : आचार्य जी, आपने बताया कि प्राकृतिक डर होता है और एक डर होता है चेतना का डर। तो जब मैं सोने के लिए जाती हूँ और मैं अपनी आँखें बंद करती हूँ तो मुझे अजीब-अजीब सी चीज़ें दिखती हैं। मैं उसको कौन-सा डर समझूँ, प्राकृतिक डर या चेतना का डर?

आचार्य : नहीं वो जो चीज़ें दिखती हैं, वो दिखती हैं चेतना को, पर चीज़ संसार की है। जो भी आपको चीज़ दिखती है, वो कहाँ की है?

प्रश्नकर्ता : संसार की।

आचार्य : दुनिया की है। और वो दिख किसमें रही है? चेतना में। आपकी कॉन्शसनेस (चेतना) में दुनिया की चीज़ घुस आई है, और उसी चीज़ के साथ क्या घुस आया है? डर। डर के अपने पाँव नहीं होते, वो किसी-न-किसी चीज़ पर बैठ करके आता है।

(कलम उठाकर बताते हुए) आपको ये पेन बहुत पसंद आ गया तो आप अपनी ओर से तो ख़्याल करेंगी इस पेन का, "ये पेन बहुत अच्छा है, ये पेन बहुत अच्छा है।" लेकिन आपको पता ही नहीं है कि इस पेन में वायरस की तरह क्या चिपका हुआ है। क्या चिपका हुआ है?

प्रश्नकर्ता : डर।

आचार्य : डर चिपका हुआ है। अब हमने तो अपनी ओर से होशियारी दिखाई, हम अपनी कल्पनाओं में किसको तैरा रहे हैं? पेन को। और हमें ये पता ही नहीं कि इसमें साथ में क्या चिपका हुआ है। एक वायरस हमने अपने भीतर बुला लिया। भाई, जैसे आप आइसक्रीम खाएँ और आप तो यही सोच रहे हैं कि आपने आइसक्रीम खायी, और उसमें ऊपर लगा क्या हुआ था? कोई बैक्टीरिया (जीवाणु) वगैरह। तो आइसक्रीम तो पता नहीं कितना आपको मिली, बैक्टीरिया पूरा अंदर पहुँच गया और वो अंदर पहुँच करके अपना जो भी कार्यक्रम है, वो कर रहा है, आपको पता भी नहीं। डर ऐसा ही होता है।

अभी यहाँ आपसे पूछूँ आपमें से कौन-कौन अपने भीतर डर बुलाना चाहता तो कितने लोग हाथ उठाएँगे? कोई नहीं। लेकिन डरे तो सभी हुए हैं, तो हमारी चेतना में फिर डर पहुँच कैसे गया? निश्चित रूप से हमने कुछ और अपने भीतर बुलाया—अपने भीतर माने मन के भीतर, शरीर की बात नहीं कर रहा—निश्चित रूप से हमने अपने मन में कुछ और बुलाया और उसके साथ बिन बुलाए मेहमान की तरह डर भी चला आया। ऐसे धोखा होता है।

हम अपनी नज़रों में सब बहुत होशियार लोग हैं। कोई अपने दिमाग में क्या बुला रहा है? पैसा बुला रहा है, कोई अपने दिमाग में शोहरत बुला रहा, कामयाबी बुला रहा है, किसी को प्यार हो गया तो प्रेमी-प्रेमिका को अपने दिमाग में बुला रहा है, जगह दे रहा है। किसी को नई गाड़ी चाहिए, नई घड़ी चाहिए, वो उन चीज़ों को दिमाग में जगह दे रहा है। तो आप तो अपनी ओर से बहुत सुरक्षित, सेफ़ चीज़ों को ही दिमाग में बुला रहे हो लेकिन

उनके साथ छुप-छुपकर दिमाग में क्या घुस आया?

प्रश्नकर्ता : डर।

आचार्य : तो इसीलिए हमारे जानने वालों ने हमें बहुत पहले से क्या समझाया? कि "बच्चा, दुनिया को बहुत तवज्जो मत दो।" दुनिया में वैसे तो कुछ भी बुराई नहीं है, दिक्कत बस ये है कि दुनिया के साथ वो एक वायरस और बैक्टीरिया चिपका रहता है, जिसका नाम क्या है? डर।

तो आपके दिमाग में आप ही जानती होंगी बेहतर कि दुनिया की कौन-सी चीज़ें हैं जो एकदम अड्डा बनाकर बैठ गई हैं। वो आपको ही पता करना है। और उन चीज़ों को आप जैसे-जैसे या तो निकालती जाएँगी या ठिकाने पर लगाती जाएँगी, वैसे-वैसे वो जो वायरस है, वो भी हटता जाएगा। क्योंकि डर के अपने पाँव नहीं होते, डर किन्हीं दूसरी चीज़ों पर सवार हो करके आता है।

और ये मत सोचिएगा कि डर किन्हीं खास चीज़ों पर ही सवार होकर आता है। जिस भी चीज़ को आपने दिमाग में बहुत महत्वपूर्ण बना लिया, डर उसी के साथ आ गया, यानि कि डर हर चीज़ के साथ आता है। चीज़ माने डर। प्रकृति माने डर, और प्रकृति माने क्या? प्रकृति माने फिर वही (अपने आस-पास की चीज़ों की ओर इशारा करते हुए) ये भी प्रकृति, ये भी प्रकृति, ये भी प्रकृति, सब कुछ प्रकृति। जो कुछ भी आप अनुभव करते हैं, देखते हैं, सूँघते हैं, सुन सकते हैं, वो सब प्रकृति हैं। उसमें से कोई भी चीज़ अगर आपके दिमाग में घूमने लग गयी तो माने क्या घूमने लग गया? डर घूमने लग गया।

तो आप जैसे भी जी रही हैं, जो भी आप काम कर रही हैं, जो भी आपकी जीवन में अवस्था है, उसमें निश्चित रूप से आपने कुछ चीज़ें अपने लिए बहुत महत्वपूर्ण बना लिए हैं। और जिस चीज़ को आपने महत्वपूर्ण बना लिया, वो चीज़ जितनी ज़्यादा कमज़ोर होगी, फ्रैजाइल (नाज़ुक) होगी, उसमें डर उतना ज़्यादा घुसा हुआ होगा। मेरी जान अटकी हुई है इस पेन में (पास रखे कलम को बताते हुए), रीफ़िल ये हो नहीं सकता और स्याही इसकी दिन-ब-दिन घट रही है। अब मेरे भीतर लगातार क्या बढ़ता जा रहा है? स्याही घटती जा रही है, डर बढ़ता जा रहा है।

तो पहली बात तो कोशिश कीजिए कि किसी भी चीज़ को दिमाग में बहुत जगह न दें, दिमाग माने ज़िन्दगी में। और कम-से-कम उन चीज़ों को तो बिलकुल ही जगह न दें जिनकी प्रकृति है लगातार घटते जाना या बदलते जाना। बदलने वालों को, धोखा देने वालों को, जो आपके साथ किसी तरह का कोई नाता निभा नहीं सकते, उनको क्यों मन में जगह देते हो? यही तो डर का कारण है।

(कलम का उदाहरण लेते हुए) ये कोई चीज़ है दिमाग में बैठाने की? बताओ। इसे तो मिट ही जाना है। अपने साथ-साथ ये मेरा सर्वनाश कर देगी, अगर मैंने इसको बिलकुल केन्द्र बना लिया ज़िन्दगी का। और हम ऐसा ही करते हैं।

जेब में पैसा हो तो ठीक है, मन में पैसा आ गया तो बोलो, क्या होगा? वो गड्डी तो घटनी-ही-घटनी है न। वो जैसे-जैसे घटेगी, डर वैसे-वैसे बढ़ेगा। गड्डी जेब में है तो ये उसकी प्राकृतिक जगह है। पदार्थ, पदार्थ के पास है। जेब क्या है? मटेरियल (भौतिक), और गड्डी भी क्या है? मटेरियल। कोई दिक्कत नहीं क्योंकि प्रकृति में—हमने कहा—डर की वाजिब जगह है, माने हमने कहा पदार्थ की वाजिब जगह पदार्थ के ही साथ है।

पैसा क्या होता है? पदार्थ, माने मटेरियल। और जेब भी क्या होती है? पदार्थ, माने मटेरियल। तो पैसा जेब में है, कोई दिक्कत नहीं हो गयी। वही पैसा जेब से उठ करके अगर यहाँ (मस्तिष्क में) पहुँच गया या यहाँ (हृदय में) पहुँच गया, आपको बहुत तकलीफ़ देगा, बहुत।

प्रश्नकर्ता : आचार्य जी, जैसा आपने बोला, मैं पहले ऐसे सोचती थी पैसों के बारे में, संसार की चीजों के बारे में, तो वो डर अलग है और अब जो है, जैसे मैंने आपके वीडियोस देखना शुरू किया एक साल पहले, तो मैं अध्यात्म में आयी। अब जो है, वो मुझे आध्यात्मिक चीज़ों को लेकर डर लगता है, जैसे मुझे कभी कोई विचार आता है, मैं सोचती हूँ कि आगे क्या होगा, इससे आगे क्या होगा, तो मुझे उसमें डर लगने लग जाता है। वो विचार आता है और मुझे बहुत गंदे तरीके से डराकर चला जाता है। तो मैं इसको प्राकृतिक डर बोलूँ या चेतना का डर?

आचार्य : विचार क्या बोल रहा है? वो कुछ बात करता होगा।

प्रश्नकर्ता : विचार ऐसा होता है कि धीरे-धीरे सब चीज़ खत्म हो गयी और अब मन को भरने के लिए कुछ नहीं है।

आचार्य : इसी बात की तो पार्टी करनी है। ये कला आपने नहीं सीखी तो फिर जीना दूभर हो जाएगा और ये जो रास्ता है सच्चाई का, अध्यात्म का, इसमें बहुत आगे आप जा नहीं पाओगे। आध्यात्मिक आदमी को दुनिया की बेवफ़ाई की दावत उड़ानी होती है। बेवफ़ाई का मतलब समझते हो न? है आज, कल नहीं है।

प्रश्नकर्ता : मुझे लगता है कि मैं सही रास्ते पर जा रही हूँ, पर वो विचार आता है और कहता है कि आगे क्या होगा और मैं डर जाती हूँ। मुझे भी लगता है कि आगे क्या होगा।

आचार्य : कुछ नहीं होगा, कुछ नहीं होगा। न आप होंगी, न मैं होऊँगा, होगा क्या? यहाँ होने के लिए बचना क्या है? और इसी बात पर तो एक बिलकुल कातिल-सी मुस्कुराहट होनी चाहिए लबों पे। यहाँ कुछ नहीं बचना होने के लिए।

अभी पिछला शिविर यहाँ हुआ था, उसके अगले दिन यहीं पर मेरा रोड एक्सीडेंट (सड़क दुर्घटना) हो गया। ये (स्वयंसेवी) मुझे उठा करके भागे ट्रॉमा सेंटर में, एम्स में लेकर गए। ब्रेन इंजरी (दिमागी चोट) थी। वो तो खाल मोटी है खोपड़े की भी। एक दिन ऐसे ही बावरे होकर घूमते रहता, "मैं कौन हूँ? मैं कहाँ हूँ?" एकदम कोह। और फिर बैठ गए यहाँ पर। यहाँ बचना क्या है? अभी यहाँ बैठे हैं, क्या पता अगले शिविर में बैठे हों कि न बैठे हों।

एक सज्जन ने फॉर्म भरा (संस्था का) कि हमसे संपर्क किया जाए। तो वो फॉर्म हमारे पास आया, नंबर वगैरह मिला। उनको फ़ोन मिलाया तो उनकी श्रीमती जी ने उठाया। बोलीं कि इन्होंने आपका फॉर्म भरा और फॉर्म भरने के बाद—फॉर्म भरते-भरते ही उनका देहांत हो गया।

प्रश्नकर्ता : (रोते हुए) आचार्य जी, वो बात तो समझ में आती है लेकिन थोड़ी सी रेस्टलेसनेस (बेचैनी) होती है।

आचार्य : इस पर सिर्फ़ हँसा जा सकता है, इस पर आपको रोना क्यों आ रहा है? ये कॉमेडी है। इस पर तो हँस ही सकते हैं, हँसा करिए। यहाँ कुछ नहीं बचना है, ये जानते हुए फिर खेल खेलिए। और नुकसान अगर हो रहा है इस खेल में तो आपको इसमें अफ़सोस या आश्चर्य क्या है? यहाँ पर कौन जीतकर बाहर निकलने वाला है, ये तो बताओ?

प्रश्नकर्ता : नहीं, अफ़सोस नहीं लेकिन बस वो जो विचार आ जाता है, वो परेशान करता है।

आचार्य : वो विचार जो बात बोल रहा है, वो बात डरने की नहीं, हँसने की है। विचार ये ही बोल रहा है कि कुछ नुकसान हो जाएगा। विचार से बोलिए ''तू बच्चा है। पप्पू, तुझे पूरी बात पता नहीं है।'' कुछ नुकसान नहीं हो जाना है, यहाँ तो हमें पूरा ही गँवाकर जाना है। जो भी चीज़ खोई जा सकती है, वो हम यहाँ पूरी-पूरी खो करके जाएँगे। जो कुछ भी खोया जा सकता है, वो हम यहाँ पूरा-पूरा खोकर जाने वाले हैं।

आज मन मेरा कुछ इधर-उधर चंचल हो रहा था। तो ये (स्वयंसेवक) साथ बैठा था। जब होता है तो गाने इसके, कल मैं बता ही रहा था गानों वाली बात। तो मैंने गाना लगा दिया, 'लगी आज सावन की फिर वो झड़ी है, वहीं आग सीने में फिर जल उठी है।' बारिश भी हुई थी। तो कुछ इसकी यादें, कुछ हमारी यादें। और फिर मैंने देखा कि ये सामने स्क्रीन पर जो दो अभिनेता हैं, अब दोनों ही नहीं हैं, विनोद खन्ना भी नहीं हैं, श्रीदेवी भी नहीं हैं। जो हँसी छूटी फिर, कि जब तक आदमी ज़िन्दा होता है तो यही कर रहा होता है। क्या? कि वहीं आग सीने में फिर जल उठी है। 'कुछ ऐसे ही दिन थे कि जब हम मिले थे।' अरे, यहाँ किसका मिलना, किसका बिछुड़ना? दोनों अभी राख हुए पड़े हो। तो ऐसे ही है बस।

जो आपको डराने आए, वो आपको छोटी धमकी देता है। उसको आप कहिए, ''तू आकर बैठ। तू तो छोटी धमकी दे रहा है, मुझे तो पूरी बात पता है।'' पूरी बात क्या? यहाँ से एक पैसा और इस शरीर की एक कोशिका ले करके हम बचने नहीं वाले, बाहर नहीं जाने वाले। तो हम डरें क्या? क्या डरें? ये तो जानी हुई बात है।

साधुओं ने, फ़कीरों ने इंसान को देखा है और उसको कहा है, ''ये पता है क्या जा रही है? ज़िन्दा लाश। ये अपने-आपको कहते ज़िन्दा हैं, ये मरे हुए हैं, बस इनको समय ने धोखा दे रखा है। वो समय जो है अभी इनको ऐसे बिंदु पर रखे है जहाँ इनको भ्रम हो गया है कि ये जीवित हैं। अभी बस घड़ी टिक-टिक थोड़ा-सा करेगी, उसके बाद इनका ये भ्रम

भी नहीं रहेगा।'' हम मरे हुए ही लोग हैं।

प्रकृति माने जड़ पदार्थ। हम जड़ पदार्थ ही तो हैं। और अगर हम चैतन्य हैं, तो डरे हुए क्यों हैं? अगर हम जड़ हैं, प्रकृति हैं, पदार्थ भर हैं, तो हम वैसे ही मरे हुए हैं। पत्थर को ज़िन्दा बोलते हो क्या? या नोट की गड्डी को जीवित बोलते हो क्या? और अगर हम जड़ नहीं हैं, हम चैतन्य हैं, तो हम डरे हुए क्यों हैं? क्योंकि चेतना में तो पदार्थ ही नहीं होते। विशुद्ध चैतन्य में चीज़ों के लिए कोई जगह नहीं होती, वहाँ बस क्या होती है? एक चेतना, एक जानना, एक अवेयरनेस (जागरूकता)। उसमें चीज़ें नहीं घूम रही होती हैं, उसमें रोशनी भर होती है, चीज़ें नहीं होतीं। जब वहाँ चीज़ें नहीं होतीं, तो फिर वहाँ पर क्या नहीं हो सकता? डर नहीं हो सकता।

प्रकृति में चीज़ें भर होती हैं तो वहाँ डर होगा ही होगा। और चेतना अगर साफ़ रखी है आपने तो वहाँ चीज़ें ही नहीं हो सकती, तो वहाँ डर कैसे होगा? लेकिन डर सबमें होता है। डर इसलिए होता है क्योंकि हम अपनी चेतना को गन्दा रखते हैं, सफ़ाई नहीं करते। उसमें हम क्या डाल लेते हैं? ''हाँ जी, ये रिकॉर्डर न, ये तो बड़ा स्लीक (चिकना) है।'' तो फिर हो गया। कौन-सा रिकॉर्डर दो-चार साल से ज़्यादा चलना है, बता दो मुझे। फिर वो टूटेगा और तकलीफ़ देगा। टूटकर भी तकलीफ़ देगा, जब तक नहीं टूटा है, तब तक आशंका में रखेगा, ''हाय-हाय, टूट न जाए।''

'जो मन से न उतरे, माया कहिये सोय।' मन में जगह मत दिया करो किसी को भी, चाहे वो इंसान हो, चाहे जायदाद हो, चाहे सफलता हो, चाहे प्रसिद्धि हो, कुछ भी हो। जब भी देखो कि कोई चीज़ ख्यालों में ज़्यादा घुमने लग गई है, एकदम उचककर खड़े हो जाओ, खतरा! चीज़ तुम्हें खूबसूरत लगती है, पर उसके साथ जो वायरस चिपका हुआ है, वो बहुत बदसूरत है, वो ज़िन्दगी को भयावह कर देगा।

और देखो, चीज़ खूबसूरत होती है, तभी तो उसे दिमाग में जगह देते हो न आप? कोई फ़ालतू की या बदसूरत या खतरनाक चीज़ों को तो वैसे ही दिमाग में नहीं रखा चाहता। हम तो अपने दिमाग के कपाट खोलते ही किसके लिए हैं? जो हमें लगता है, अपनी सीमित बुद्धि से, अपने छोटे से खोपड़े से, हमको लगता है, ''आ हाहा! ये चीज़ तो बड़ी खुशहाली लेकर आएगी ज़िन्दगी में।'' तो हम पूरा बिलकुल अपना दरवाज़ा खोल देते हैं, ''आजा, अंदर आजा, अंदर आजा।'' और वो चीज़ है न, वो जानते हो कैसी होती है, वो ट्रोजन हॉर्स की तरह होती है। ट्रोजन हॉर्स पता है किसी को? 'ट्रॉय' कहानी देखी है या पढ़ी है, या पिक्चर देखी है ट्रॉय? तो ट्रोजन हॉर्स क्या होता है?

प्रश्नकर्ता : उसके झाँसे में आ जाते हैं।

आचार्य : अब वो जो हॉर्स (घोड़ा) है वो बड़ा सुन्दर है। उसको वो किले के बाहर छोड़ गए। किले वालों ने कहा ''देखो, ये इतना सुन्दर हमारे लिए तोहफ़ा छोड़ गए हैं। ये खुद तो डर के भाग गए और हमारे लिए भेंट छोड़ गए हैं।'' तो वो जो ट्रोजन हॉर्स है उसको अंदर ले आए, जैसे हम भी खूबसूरत लोगों को और आकर्षक चीज़ों को अपने इस गढ़

(मन), अपने इस किले के भीतर ले आते हैं। और हमें पता ही नहीं होता कि उसके भीतर छुपा कौन है। ट्रोजन हॉर्स के भीतर कौन छुपा हुआ था? कौन छुपा हुआ था?

प्रश्नकर्ता : सोल्जर्स (सैनिक)।

आचार्य : सोल्जर्स। उन्होंने क्या किया? जब सब सो गए तो रात में उन्होंने धीरे से घोड़ा खोला—लकड़ी का घोड़ा था—उसको खोला और उसमें से बाहर कूदे, और जो गढ़ अभेद्य था, उसमें लगा दी आग। किले वाले हार गए। ऐसे ही इंसान हारता है। तुम खूबसूरत चीज़ों को अपने मन में प्रवेश दे लेते हो, और तुम्हें पता ही नहीं होता उन खूबसूरत चीज़ों के पेट में क्या छुपा हुआ है।

तो अपने जीवन से खूबसूरत चीज़ों को बाहर निकालिए, चाहे वो खुद आपकी ही खूबसूरती क्यों न हो। क्योंकि एक तो डर ये भी रहेगा, "मेरी खूबसूरती का क्या होगा?" अरे, जब दुनिया में किसी चीज़ की सूरत कायम नहीं रहनी है तो आपकी अपनी सूरत कायम रह जाएगी क्या? तो बहुत इसको महत्व मत दीजिए। क्या रखा है? असली चीज़ पर ध्यान दीजिए न।

अब तरीका समझ लीजिए। जो भी डर लग रहा हो, उसको पाँच गुना, दस गुना बढ़ा लीजिए और अपने-आपको बताइए, "हाँ, यह बात है। तो?" डर आपको जो भी नुकसान बता रहा है न, उससे दस गुना नुकसान आप अपने-आपको पहले ही बता लीजिए। "हाँ, है। हाँ, है।" वो आपको बोलेगा, "तू खतरे में है।" आप बोलिए, "तू मुझे जितना खतरा बता रहा है, उससे दस गुना ज़्यादा खतरा है मुझे। मैं मानती हूँ। हाँ, है। तो? क्या करूँ? क्या मैं मर जाऊँ?" है तो है, क्या कर सकते हैं ऐसा ही है। इसी को शास्त्रीय तौर पर फिर कहा गया है तथाता। हाँ, है। भाई, है। दैट्स द वे थिंग्स आर (चीज़ें ऐसी ही हैं)। प्रकृति में ऐसा ही है सब, परिवर्तनशील। तो करूँ क्या?

प्रश्नकर्ता : आपने मुझे प्राकृतिक तल पर तो समझा दिया। वो ऐसा था कि थोड़े समय पहले तो इन सब चीज़ों से मैं जुड़ी ही हुई थी। मोह, ईर्ष्या, ये सब चीज़ें तो थीं, पर आपने कल एक बात बोली थी ईमानदारी से अगर तुम इसमें चलोगे तो तुम्हें सब चीज़ें ठीक-ठीक लगेंगी। अभी ईमानदारी से मैं यहाँ आयी, यहाँ तक पहुँची। तो अभी बीच में ऐसी चीज़ हुई कि पहले तो विचार थे बहुत सारे, उनसे समस्या होती थी। अब विचार खत्म हो गए, बिलकुल ऐसे सुध-बुध सी खो गयी है। जैसे मैं आपको सुन रही हूँ तो ऐसा होता है कि दिमाग में कुछ चल नहीं रहा, लेकिन बात जा रही है बस।

आचार्य : तो अच्छी बात है, कोई समस्या नहीं है।

प्रश्नकर्ता : फिर उसके बाद एक ऐसी चीज़ हुई कि एक बार मेरे दिमाग में बहुत ज़्यादा प्रेशर (दबाव) था तो मैंने सोचा कि सो जाती हूँ जाकर। तो मैं सोने के लिए गई तो मुझे ऐसा महसूस हुआ कि मेरी देह ही नहीं है। तो फिर मैंने अपने हाथ-वाथ देखे। मुझे समझ नहीं आया कि क्या हुआ।

आचार्य : देखिए, इसमें तो आपको ही ईमानदारी से बताना पड़ेगा कि कौन-सी चीज़ है। आप डर की बात कर रही हैं, मैं चीज़ की बात कर रहा हूँ। कौन-सी चीज़ है जिसको आपने बहुत वैल्युएबल, मूल्यवान समझ रखा है, वो चीज़ ही आपको परेशान कर रही है। तो आप डर की बात छोड़िए, उस चीज़ की बात करिए।

प्रश्नकर्ता : वो चीज़ यह है कि मैं चल तो इधर रही हूँ (आध्यात्मिक मार्ग पर) और अब सब छूट गया, चला गया अब सब कुछ। अभी मुझे उसके बारे में सोचकर डर लगता है कि "क्या होगा आगे?"

आचार्य : किस चीज़ के बारे में सोच करके?

प्रश्नकर्ता : सत्य के बारे में सोचकर डर लगता है कि पता नहीं क्या होगा।

आचार्य : सत्य थोड़े ही छूट जाएगा, चीज़ें छूटती हैं।

प्रश्नकर्ता : तो अब खालीपन तो बहुत है न।

आचार्य : तो खालीपन को ज़िन्दगी से भर दीजिए, सही काम से भर दीजिए, बिना उस काम को मन में, केन्द्र पर बैठाए। देखिए, एक चीज़ है कि आपने ये दरवाज़ा खोल दिया और आपने अंदर क्या घुसेड़ लिया? ट्रोजन हॉर्स, कि भाई, ये तो खूबसूरत चीज़ है। ट्रोजन हॉर्स को अंदर ले आए और वो ट्रोजन हॉर्स अपने साथ गड़बड़ चीज़ें भी ले आया। और दूसरी चीज़ ये है कि आप इस दरवाज़े को खोल दीजिए, अंदर-बाहर एक कर दीजिए। जो कुछ भी बाहर है, वो अंदर आ सकता है लेकिन उसे अंदर स्थायी स्थान, परमानेंट प्लेस हमें नहीं दे देनी है।

आप अभी सवाल पूछ रही हैं। सवाल को मैं उत्तर दे दूँगा लेकिन जब मैं अगले सवाल पर जाऊँगा तो मुझे याद भी नहीं होगा कि आपसे मैंने क्या बात करी। आप मुझसे पूछेंगी कि ठीक इसी जगह पर, महीने दो-महीने पहले शिविर हुआ था। तीन दिन में तीस-चालीस सवाल हुए होंगे तो कुछ बता दीजिए। मुझे क्या पता?

मन खुला हुआ है, जीवन के लिए पूरी जगह है। जीवन माने यहीं जो आते-जाते अनुभव हैं, इसके लिए पूरी जगह है। लेकिन उसमें से किसी भी चीज़ को हम सिर पर नहीं चढ़ा लेंगे। जो कुछ हो रहा है, सब सामने है, लेकिन उसमें से कुछ भी ऐसा नहीं है जो ऐसा हो गया कि "अरे-अरे अरे, इससे तो हमें चिपक ही जाना है, चिपक ही जाना है।"

अध्यात्म आपके मन की सफ़ाई करता है और सफ़ाई वो इसलिए नहीं करता कि अब आप सफ़ाई को ही लेकर चिंतित हो जाएँ। वो सफ़ाई इसलिए करता है ताकि अब आप निडर हो करके खेल सकें। ये कौन-सी सफ़ाई है? ऐसा घरों में बहुत बार होता है, गृहिणियाँ करती हैं कि वो सफ़ाई-वफ़ाई करके बढ़िया फिनाइल वाला पोछा मारकर घर को बंद कर दिया जाए अब। क्यों? क्योंकि अब तो साफ़ हो गया। साफ़ करके तुमने बंद कर दिया तो साफ़ किया किसके लिए है? जब तक उसमें मक्खियाँ थीं, तक तक उसमें घर वालों को भी प्रवेश था, सब उसमें आ-जा रहे थे, तब तक सबको प्रवेश था। और सफ़ाई करने के बाद,

"अब इधर कोई नहीं आएगा, यहाँ सफ़ाई हो गई है।" ये मुझे बात ही नहीं समझ में आती।

अध्यात्म ऐसा थोड़े ही है कि अब यहाँ सफ़ाई हो गई, अब यहाँ कुछ आना नहीं चाहिए। अध्यात्म इसलिए है कि अब सफ़ाई हो गई है, चलो, अब खेलते हैं। अब डर नहीं है, अब खुलकर खेलेंगे न, तो अब खेलते हैं। तो अब खुलकर खेलिए।

आपने तो गजब कर दिया कि आप सत्य की चिंता कर रही हैं। सत्य चिन्ताहारी होता है, सत्य सबकी चिंताएँ हरता है और आप सत्य की ही चिंता करने लग गईं कि कहीं भाग न जाए कुछ।

उसकी चिंता मत करिए। उसका आशीर्वाद माँगा जाता है और फिर खुलकर खेलते हैं कि अब हमारा कोई अनिष्ट नहीं होगा।

"डर की उपयोगिता बिल्कुल है जहाँ तक शारीरिक प्रकृति की बात है, लेकिन वही डर जब चेतना में घुस जाता है तो आपका जीना मुश्किल कर देता है। तो डर को उसकी सही जगह पर रहने दीजिए।"

श्रद्धा और निडरता

शास्त्र कौमुदी, बोधस्थल, 2017

''श्रद्धा अन्धविश्वास नहीं होती; श्रद्धा विश्वास भी नहीं होती। जो वास्तव में श्रद्धा रखता है वो शंका करने के लिए स्वतंत्र हो जाता है।श्रद्धालु सवाल करेगा, श्रद्धालु शंका करेगा, श्रद्धालु को बार-बार ऐसा लगेगा कि वो गलत भी हो सकता है।''

प्रश्नकर्ता : आचार्य जी, बर्टरण्ड रसल का कथन है—

'आयरनी ऑफ़ लाइफ इज़ दैट इंटेलिजेंट आर फुल ऑफ़ डॉउट एंड स्टुपिड आर कॉकश्योर।' कृपया इस पर कुछ बोलें।

आचार्य प्रशांत : ये जो शब्द आपने इस्तेमाल किया ये बिलकुल सटीक है— 'कॉकश्योर' (समाश्वस्त), मूर्ख को आप इसी से पहचानिएगा, वो कॉकश्योर होगा, उसके चेहरे पर कोई संशय, कोई दुविधा नहीं होगी।

देखिए! श्रद्धा अन्धविश्वास नहीं होती; श्रद्धा विश्वास भी नहीं होती।

जो वास्तव में श्रद्धा रखता है वो शंका करने के लिए स्वतंत्र हो जाता है।

श्रद्धालु सवाल करेगा, श्रद्धालु शंका करेगा, श्रद्धालु को बार-बार ऐसा लगेगा कि वो गलत भी हो सकता है।

श्रद्धा बड़ी निडरता देती है, श्रद्धा बड़ी हिम्मत देती है। जब आप में हिम्मत होती है तभी आप इस संभावना को स्वीकार कर सकते हो कि आप गलत भी हो सकते हो। ये संभावना स्वीकार करने के लिए कि आपका विश्वास, आपकी सोच गलत हो सकती है, बड़ी ताकत चाहिए ना? हल्का आदमी तो टूट जाता है जब ये साबित होता है कि उसकी सोच गलत थी। हल्के आदमी की निशानी ही यही है, आप उससे तर्क करिए और आप उसे तर्क में पराजित कर दीजिए, वो टूट जाता है, उसे बुरा लग जाता है। और जिस आदमी में गुरुता होती है उसकी निशानी होती है कि जब वो गलत साबित होता है तो उसे खुशी होती है; उसे लगता है कि कुछ मेरे पास था जो गलत था और मैं उसको पोषण दे रहा था, भला हुआ कि वो गलत सिद्ध हो गया। ये श्रद्धा की निशानी होती है, श्रद्धा हमेशा गलत सिद्ध होने के लिए तैयार होती है।

क्या गलत सिद्ध होगा?

श्रद्धा नहीं!

चूँकि श्रद्धा है, इसीलिए विश्वास गलत सिद्ध हो जाएँगे।

श्रद्धालु कभी अकड़ेगा नहीं, वो कहेगा, 'मुझे ऐसा लगता है, और जो मुझे लगता है हो सकता है वो गलत हो।' एक चीज़ को छोड़ कर के वो बाकी हर चीज़ को गलत मानने के लिए तैयार है। श्रद्धा का अर्थ होता है एक पर परम निष्ठा है, उसके अलावा बाकी सब-कुछ गड़बड़ हो सकता है, उस एक चीज़ के अलावा मैं जिस भी चीज़ से जुड़ा हुआ हूँ वो नकली, झूठी हो सकती है; ये श्रद्धा की निशानी है।

श्रद्धालु कभी अड़ेगा नहीं। श्रद्धालु में एक तरह की बड़ी तार्किक और वैज्ञानिक दृष्टि होगी। श्रद्धा तर्क का या विज्ञान या बुद्धि का विपरीत नहीं है, बल्कि जिसमें श्रद्धा होती है सिर्फ़ वही पूरी बुद्धि लगा सकता है। जिनमें श्रद्धा नहीं होती वो तो बुद्धि से डर जाएँगे, वो कहेंगे कि 'ज़्यादा अक्ल लगाई तो कुछ ऐसा सामने आ जाएगा जो हमें तोड़ देगा, तो ज़्यादा अक्ल लगाओ ही मत,' और ये आप अक्सर सुनते होंगे।

जो डरा हुआ आदमी होगा वो अक्ल से कितना घबराता है? वो कहता है, 'नहीं-नहीं, इससे ज़्यादा मत सोचो।' जो श्रद्धालु होगा वो कहेगा, 'और सोच लो, सोच जहाँ तक जाती है जाने दो, क्योंकि हम डरते नहीं हैं। सोच जो भी कुछ सामने लाएगी वो इतना खौफ़नाक नहीं हो सकता कि हमें तोड़ दे।'

तो जो भी वास्तव में ज्ञानी होगा, कि भक्त होगा, कि श्रद्धालु होगा—जो भी कह लीजिए आप उसको—बोधवान होगा, वो संशय को बड़े स्वस्थ रूप में लेगा। उसको ये कहते हुए लाज नहीं आएगी कि—मुझे नहीं पता।

और एक रुग्ण चित्त, ये कहते हुए लजा जाएगा, हीन अनुभव करेगा कि 'मैं नहीं जानता'। इस कसौटी पर भी आप आदमी की परख कर सकते हैं कि कौन कितनी आसानी से ये स्वीकार करने को राज़ी हो जाता है कि—मैं नहीं जानता।

श्रद्धालु बड़ी आसानी से मान लेगा कि मैं नहीं जानता; क्योंकि जो जानने योग्य है एक चीज़, उसको वो जानता है। उसको जानने के बाद वो कहता है कि 'बाकी सब कुछ अगर नहीं भी जानता तो लजाने की क्या बात है, स्वीकार कर लो ना। जो चीज़ करोड़ों की थी वो तो मेरे पास है, अब लजाने की बात क्या है? स्वीकार कर लो ना, कि दस रुपया गँवा दिया है। करोड़ों की बात तो जानता हूँ, दस वाली बात नहीं जानता तो इसमें ल'जा क्या है? हाँ साहब, नहीं जानता तो आप बता दीजिए!'

और कुछ आपको ऐसे मिलेंगे जिन्हें रास्ता भले न पता हो पर उन्हें रास्ता पूछते भी लाज आती है। देखे हैं ऐसे लोग?

वो बार-बार रुक कर के सड़क पर दिशा-निर्देश भी न माँगेंगे। वो कहेंगे, 'हाँ ऐसा ही होगा, पूछना क्या है? हम किसी से कम हैं क्या? यूँ ही चल लो।' भटकना उन्हें स्वीकार है, पर ये मानते उनकी जान जाती है कि मैं नहीं जानता।

धार्मिकता की, आस्तिकता की ये निशानी है, आपको अपने अज्ञान से कोई बैर नहीं रह जाएगा।

आप अपने अज्ञान को भी प्रेम से देखेंगे। आप हँस कर बता पाएँगे, 'मालूम है, मैं तो कुछ नहीं जानता।' ये क्यों बता पाएँगे हँस कर? क्योंकि आप वास्तव में जो असली है उसको जानते हैं। असली को जानने का फल ही यही मिलता है कि अब आप खुल कर स्वीकार कर सकते हैं कि नकली में बहुत कुछ है जो आप नहीं जानते। 'संसार का ज्ञान तो अनंत है, कोई भी ऐसा नहीं है जो सब कुछ जान सकता हो, तो मैं झूठ क्यों बोलूँ कि मैं सब-कुछ जानता हूँ? मान ही लो कि नहीं जानता!'

जैसे ब्रह्म अनंत है, वैसे ही संसार में जो पसरी हुई माया है वो भी तो अनंत है। तो मान ही लो कि नहीं जानता। कभी भी कॉकश्योर नहीं रहिएगा, इस शब्द में ही कॉकिनेस (अतिविश्वास) है।

आँखें निरंतर अज्ञेय की संभावना से भरी हुई रहें।

ज्ञान कभी घर के दरवाज़े बंद न कर दे। सदा पता रहे कि अभी और है! अभी और है तो दरवाज़ा खुला रखो, अभी और है। संदेह, संशय कोई बुरी बात नहीं है, बिल्कुल बुरी बात नहीं है।

आध्यात्मिक ज्ञानी होने का अर्थ ये नहीं होता कि आपके सारे जगत-संबंधी संशय भी मिट ही जाएँगे, कि आप कहें कि हमने तो मोक्ष पा लिया है अब हम थोड़े ही पूछेंगे कि घी है कि तेल है? अरे भाई! घी-तेल का मोक्ष से क्या संबंध है? परम मोक्ष भी तुमने पा लिया हो, तो भी उससे तुम्हें घी और तेल की पहचान नहीं हो जाएगी, वो तो पूछना ही पड़ेगा, उनके गुणों को नापना-जाँचना पड़ेगा, प्रयोग करना पड़ेगा या किसी जानकार से पूछना पड़ेगा।

बुद्ध के सामने तुम जाकर के रूसी भाषा में बात करते तो बुद्ध ये थोड़े ही कहते कि 'हम सब जान गए हैं।' वो भी किसी अनुवादक को ही बुलाते।

ज्ञान एक तल है और बोध दूसरा तल है।

''श्रद्धा बड़ी निडरता देती है, श्रद्धा बड़ी हिम्मत देती है। जब आप में हिम्मत होती है तभी आप इस संभावना को स्वीकार कर सकते हो कि आप गलत भी हो सकते हो। ये संभावना स्वीकार करने के लिए कि आपका विश्वास, आपकी सोच गलत हो सकती है, बड़ी ताकत चाहिए ना?''

मन अनजाने से भी डरता है और जाने हुए से भी

शास्त्र कौमुदी, बोधस्थल, 2017

''मन का डरना तय है, वो दाएँ चले तो डरेगा, बाएँ चले तो डरेगा। जिधर को भी चलेगा, अगर छवियों पर चल रहा है, तो डरेगा। मन देखे हुए से भी डरेगा, मन अनदेखे से भी डरेगा। क्योंकि जिसको मन अनदेखा कहता है उसको भी अपनी वृत्ति के चलते कुछ छवि तो दे ही रहा है।''

प्रश्नकर्ता : कृष्णमूर्ति कहते हैं कि 'हम अज्ञात से तो डरते ही हैं, और तो और, हम ज्ञात से भी डरते हैं' ऐसा क्यों?

आचार्य प्रशांत : वास्तव में जो अज्ञात भी है, वो है तो मानसिक ही ना? मन 'अज्ञात' भी जब कहता है तो अज्ञात की एक छवि तो रखता ही है ना, कि वो अज्ञात है?

मन हर उस चीज़ से डरेगा जो सीमित है, क्योंकि जो कुछ भी सीमित है उसे ख़त्म हो जाना है, और मन बिना छवि बनाए जी नहीं सकता। तो मन कहने को तो, नाममात्र को तो कह देता है कि 'अज्ञात'। 'अज्ञात' का विशुद्ध अर्थ तो यह हुआ ना, कि उसके बारे में तुम कुछ नहीं जानते। अगर कुछ नहीं जानते तो ये भी कैसे जानते हो कि उसके बारे में नहीं जानते। मन कहने को तो कह देता है 'अज्ञात', पर अज्ञात के बारे में भी वो ज्ञान रखता है। क्या ज्ञान? कि कुछ है—ऐसा है, कि वैसा है। कुछ-न-कुछ रखता है छवि। मन जो भी छवि रखता है वो सीमित होगी, और जो भी सीमित होगा वो मन को डराएगा।

तो इसीलिए मन का डरना तय है, वो दाएँ चले तो डरेगा, बाएँ चले तो डरेगा। जिधर को भी चलेगा, अगर छवियों पर चल रहा है, तो डरेगा। मन देखे हुए से भी डरेगा, मन अनदेखे से भी डरेगा। क्योंकि जिसको मन अनदेखा कहता है उसको भी अपनी वृत्ति के चलते कुछ छवि तो दे ही रहा है, वरना कैसे कहता? आप क्या जब सुषुप्ति में होते हो तो किसी भी चीज़ को अनदेखा कह पाते हो? अनदेखा कहने के लिए भी तो चेतना चाहिए ना? जब आप सुषुप्ति में होते हो, गहरी नींद में, तो क्या कह पाते हो कि आपको कुछ नहीं पता? ये भी तो आप चेतना में ही कह पाते हो ना, जागृत अवस्था में, कि आपको कुछ नहीं पता? यानी कि जो कुछ भी चेतना के दायरे में घट रहा होगा वो डर ही होगा।

चेतना मात्र ही डर है, क्योंकि चेतना द्वैत है। चेतना में हमेशा जो हो रहा होता है,

उसमें 'मैं' और 'संसार', दो होते हैं। जहाँ ये दो आए, तहाँ डर है—'द्वितीया द्वै भयं भवति'। दो हुए नहीं कि डर हुआ, यानी कि चेतना आई नहीं कि डर हुआ। चेतना में ही कहते हो कि जानता हूँ, और चेतना में ही कहते हो कि नहीं जानता हूँ। कहोगे कि जानता हूँ, तो भी डर, कहोगे, 'नहीं जानता हूँ', तो भी डर; क्योंकि हैं तो दोनों चेतना में ही घटी हुई घटनाएँ। चेतना ही डर है, द्वैत मात्र डर है।

प्रश्नकर्ता : सर, चेतना की उपयोगिता क्या है? अस्तित्व में चेतना है ही क्यों?

आचार्य : है बस। 'क्यों' नहीं पूछते। क्यों माने कारण। क्यों माने?

प्रश्नकर्ता : कारण।

आचार्य : इसलिए हमेशा समझाता हूँ, 'क्यों' नहीं पूछो। 'क्या' पूछो। 'क्यों' पूछना दु:ख को आमंत्रण देना है। 'क्या' पूछो, 'क्या'। 'क्या' है? अगर दु:ख है तो नहीं चाहिए। 'क्यों' है दु:ख, ये नहीं पूछना। अगर दु:ख है तो नहीं चाहिए, हटाओ बाबा हटाओ, ये माल नहीं चाहिए। हटाओ, हटाओ।

ये मत पूछो किस फ़ैक्ट्री से आया, ये मत पूछो कितने का है, ये मत पूछो इसके साथ कुछ मुफ़्त मिल रहा है क्या। जैसे ही देखो कि माल का नाम क्या है?

प्रश्नकर्ता : दु:ख

आचार्य : तहाँ तुरंत कहो, 'बाबा हटाओ, बाबा हटाओ'। ये मत पूछना किस ब्रांड का है, फँस जाओगे। ये मत पूछना कि बाबा आपकी दुकान पर क्यों है, फँस जाओगे। देखा नहीं कि दु:ख है, कि हटाया। देखा नहीं कि आकर्षण है, कि उत्तेजना है, कि हटाया।

प्रश्नकर्ता : शायद इसीलिए कृष्णमूर्ति कह रहे हैं, 'क्या मन अपने अतीत को ख़ाली करके भी अपनी स्मृति को बचा कर रख सकता है और कार्य कर सकता है?'

आचार्य : ज्ञान रहे, लेकिन उस ज्ञान के कोई अर्थ न रहें। आहत होने का मतलब होता है कि अतीत अब अर्थवान हो गया, अतीत अब कीमती हो गया; अतीत अब आपकी आत्म-परिभाषा से जुड़ गया, अतीत अब आपके आत्म-मूल्य से जुड़ गया, आपने अपना जो मूल्यांकन किया वो अतीत पर आधारित हो गया। अतीत रहे, सामग्री की तरह मौजूद रहे; वो सामग्री और आपकी आत्म-परिभाषा, आपकी आत्म-छवि, दोनों एक दूसरे से मुक्त रहें।

आप क्या हैं?

मैं वो, जिसकी कोई छवि नहीं हो सकती।

अतीत क्या है?

वो जो छवि देने को आतुर रहता है।

मैं अतीत को सफल नहीं होने दूँगा, मैं मुक्त रहूँगा। अतीत मौजूद रहे, दूर मुझसे। मैं अतीत से संबंधित होकर के नहीं जिऊँगा। मैं अतीत को यह अनुमति नहीं दूँगा कि वो मुझे व्याख्यायित करे, मुझ पर चढ़ कर बैठ जाए। होगा, मौजूद है। जैसे ई-मेल का पासवर्ड, आप जानते हैं उसको, लेकिन वो आपका जीवन निर्धारित नहीं करने लग जाता।

"चेतना मात्र ही डर है, क्योंकि चेतना द्वैत है। चेतना में हमेशा जो हो रहा होता है, उसमें 'मैं' और 'संसार', दो होते हैं। जहाँ ये दो आए, तहाँ डर है—'द्वितीया द्वै भयं भवति'। दो हुए नहीं कि डर हुआ, यानी कि चेतना आई नहीं कि डर हुआ।"

भय बिनु होइ न प्रीति

डर के समग्र स्वीकार में ही निडरता है

शास्त्र कौमुदी, बोधस्थल, 2017

''डर के पार जाने के लिए हम बहुत सहारे खोजते हैं और जिन भी सहारों का हम आश्रय लेते हैं, वो सब वही हैं जिन्हें नष्ट हो जाना है। तो डर के पार जाने की हमारी जो युक्तियाँ हैं, वो विफल हैं, वो झूठी हैं।''

डर करनी डर परम गुरु, डर पारस डर सार।
डरता रहै सो उबरै, गाफ़िल खावै मार॥

—संत कबीर

आचार्य प्रशांत : डर को समझना होगा। एक ही डर होता है—'न होने का'। जो है, उसके न होने का, ख़त्म हो जाने का, यही डर होता है।

जो है उससे हमारी पहचान जुड़ी होती है, सुख-स्वार्थ, जीवन जुड़ा होता है। हम जीवन कहते ही उसे हैं, जो है। वो ख़त्म हो जाए तो लगता है, मृत्यु।

यही डर है—जो है कहीं वो ख़त्म न हो जाए; क्योंकि जो है उसी को हमने जीवन नाम दिया है। वो चाहे जैसा है, जीवन तो वही है, वो गया तो मृत्यु।

होना स्वभाव है! न होना किसी को पसंद नहीं, क्योंकि वो हम हैं नहीं, हम अपने-आपको जीव, जीवित मानते हैं। डर जब हमें सताता है, 'न होना' हमारे सामने आता है—चीज़ों को ख़त्म होता देखते हैं, मृत्यु की घटना देखते हैं—तो हम डरते हैं। हम मृत्यु से मुक्ति चाहते हैं, हम डर से मुक्ति चाहते हैं, हम इलाज खोजना चाहते हैं 'डर-मृत्यु' की समस्या का, न होने की समस्या का।

उसका इलाज हम कुछ गिने-चुने रूपों में खोज लेते हैं। एक इलाज होता है ये कि इस ख़याल से ही दूर भाग जाओ कि तुम नहीं रहोगे, मन को तमाम तरह के अन्य विचारों से भर लो। मन साफ़ रहेगा, स्पष्ट रहेगा तो मन उसको देखेगा जो है; और जगत का तथ्य है, मृत्यु!

तो मन को भर लो तमाम तरह के ख़यालों से ताकि मन उनमें ही लिप्त रहे। ये है मन को भर देना, मन को गंदा कर देना, मन को रंजित कर देना, इसी को कहते हैं मनोरंजन। मनोरंजन और कुछ नहीं है, मृत्यु से भागने का एक उपाय है।

एक तरीका होता है युक्तियाँ लगाना, तरकीबें लगाना जिनके माध्यम से अपने-आपको ये सांत्वना दे सको कि कालजयी हो गए, मौत को पीछे छोड़ आए, मरेंगे नहीं!

क्या होती हैं ये युक्तियाँ?

विज्ञान, परिवार, स्मृतियाँ, स्मारक, धरोहर, वंश, नाम, प्रतिष्ठा, कुछ भी ऐसा जो समय को मात दे दे; कुछ भी ऐसा जो तुम्हारे बाद शेष रह जाए, या कुछ भी ऐसा जो तुम्हारी उम्र को लम्बा कर दे।

डर के पार जाने के लिए हम बहुत सहारे खोजते हैं, और जिन भी सहारों का हम आश्रय लेते हैं वो सब वही हैं जिन्हें नष्ट हो जाना है। तो डर के पार जाने की हमारी जो युक्तियाँ हैं वो विफल हैं, वो झूठी हैं। लेकिन स्वयं को धोखा दिया जा सकता है, अपने-आपको ये जताया जा सकता है कि आपने जो उपाय किया वो काम आएगा।

आप ख़याल ही न करो, आप चारों तरफ़ घटती मृत्यु को देखो ही मत, आप तथ्यों के संपर्क में ही न रहो। या आप प्रसिद्धि जुटा लो जो आपको लगे कि आपके बाद भी शेष रह जानी है, या आप वंश खड़ा कर लो, परिवार खड़ा कर लो। इन सबसे आप अपने-आपको इस धोखे में रख सकते हो कि आपने ऐसा कुछ कर लिया है जो आपको मृत्यु से बचा लेगा। असल में हम जो भी कुछ करते हैं वो करते डर-वश ही हैं, वो करते हम मौत के पार जाने के लिए ही हैं।

जिन्होंने भी गौर से देखा है उन्होंने और देखा क्या है? उन्होंने बदलाव को ही देखा है। दुनिया को गौर से देखोगे तो बदलाव ही पाओगे। और जितने हमारे बहाने हैं वो सब गौर से बचने के बहाने हैं, गौर माने ध्यान।

कबीर साहब कह रहे हैं, 'डर होना चाहिए क्योंकि डर ही तुम्हें बताएगा कि जिस पर तुम टिके हुए हो, वो तुम्हें नष्ट होने से बचा नहीं सकता।'

डर ही तुम्हें बताएगा कि तुम्हारे सारे बहाने झूठे हैं। असल में बहाना झूठा साबित हुआ नहीं कि डर तो उठेगा ही। लेकिन आत्मविश्वास के लिए, सुविधा के लिए ये मानते रहना बहुत ज़रूरी है कि हमारे नुस्ख़े, हमारे तरीके कामयाब हैं; और आत्मविश्वास न हो तो बड़ी असुविधा हो जाती है। आत्मविश्वास का अर्थ ही होता है अहंकार, आत्मविश्वास का अर्थ होता है अकड़ की सहूलियत।

डर जाओ तो देखा है कैसे पिलपिले-से हो जाते हो?

ज्यों जान निकल गई हो, ज्यों गुब्बारे से हवा निकल गई हो, हमें वो स्थिति पसंद नहीं है। डर ऐसा-सा होता है जैसे रीढ़ टूट गई हो। तो हम डर के तथ्य को, (डर माने ख़ात्मा) हम ख़ात्मे के तथ्य को, मृत्यु के तथ्य को, डर के तथ्य को नज़रअंदाज़ करने के लिए, छुपा देने के लिए हज़ार तरीके की युक्तियाँ लगाते हैं, जुगाड़।

कबीर साहब कह रहे हैं कि जानो कि तुम्हारे सारे जुगाड़ विफल ही जाने हैं।

हाँ, जानोगे ये कि ये विफल हो जाने हैं, तो डरोगे। वो कह रहे हैं, 'डरे चलो! डर करनी, डर परम गुरु।'

डरोगे ही तब जब तथ्य में जियोगे, और जो तथ्य में जी रहा है वो सत्य के पास पहुँच गया तो, 'डर परम गुरु!'

और कबीर साहब उसको गाफ़िल कह रहे हैं जो डर में नहीं जीता।

तुम्हारी नाव में छेद है, गाफ़िल बैठे हो तुम, पता ही नहीं तुम्हें कि क्या हो रहा है, तो डरोगे तो नहीं। पर धीरे-धीरे नष्ट होने की ओर बढ़ रहे हो। और ऐसा भी नहीं है कि जब डर नहीं रहे हो तो बड़े आनन्द में हो; क्योंकि जानना स्वभाव है! न जान कर के ऐसा नहीं कि तुम शांति पा लोगे, न जानने में भी पीड़ा है ही; बस तुम उस पीड़ा को सतह पर नहीं आने दे रहे, चैतन्य नहीं होने दे रहे। पीड़ा का विचार नहीं उठने दे रहे। पीड़ा है। वो जीवन में दिखाई देगी, वो वृत्तियों में दिखाई देगी, वो कर्मों में दिखाई देगी। हाँ, विचार नहीं आएगा, तुम्हें लगेगा नहीं, तुम्हारा दावा ये रह जाएगा कि तुम्हें पीड़ा नहीं है।

डर को दबाने में हमारा प्रयोजन यही रहता है, पीड़ा प्रतीत न हो। पीड़ा नीचे चली जाए, गहरी चली जाए, मन के तहखाने में बैठ जाए, मन की सतह पर न आए, आँखों से ओझल हो जाए, दीवार के पीछे चली जाए, ताकि हम कह सकें कि हमें तो नहीं दिखाई देती। हमें झूठ बोलने की सुविधा हो जाए, हम कुछ ऐसा झूठ बोल पाएँ कि झूठे भी न कहलाएँ। कुछ है जो अब दीवार के पीछे चला गया, तुम कह सकते हो, 'वो नहीं है,' और कोई नहीं कह पाएगा कि तुमने झूठ बोला, क्योंकि अब तुम्हारे पास तर्क है। अब तुम अनैतिक नहीं कहलाओगे, अब तुम मक्कार नहीं कहलाओगे। तुम कहोगे, 'मैं क्या करता, मेरी इन्द्रियों की सीमा थी, दीवार के पार न देख पाती थीं। डर दीवार के पार था तो मैंने कह दिया मैं निडर हूँ, तो मैंने तो ठीक ही बोला। आप मुझे दोषी नहीं करार दे सकते, आप सज़ा नहीं दे सकते।'

ऐसी हमारी आंतरिक चाल रहती है। हम नश्वर हैं, हम मरणशील हैं, हम शनैः-शनैः ख़त्म हो रहे हैं, हम प्रतिपल ख़त्म ही होते जा रहे हैं। इस तथ्य से वो मन डरता है जो परिवर्तनशील को अमर मान लेता है। बदलाव से वो मन हमेशा डरता है जिसने बदलने वाली वस्तु को अपरिवर्तनशील मान कर के उससे मोह रखा होता है। जिसे बदल ही जाना है, जिसे मिट ही जाना है, जिसे कुछ और ही हो जाना है, मैंने दिल लगा लिया उससे। अब ये स्वार्थ होगा मेरा कि मैं उसके बदलने को अनदेखा करता रहूँ, मैं मानूँ ही न कि वो बदलता जा रहा है, मुझे दिखाई भी पड़े कि ये वो है ही नहीं जिससे मन लगाया था तो भी मैं इस तथ्य को नज़रअंदाज़ कर दूँ; ऐसा जीवन होता है हमारा।

और यदि ये बलवश दिखाई भी पड़ जाए, स्थितियाँ ऐसी हो जाएँ कि आपको न देखने की सुविधा ही न बचे और आपको मानना ही पड़े कि बदलाव है और डर है, तो फिर आप कुछ ऐसा आयोजन कर लें जो बदलाव के विरुद्ध खड़ा हो जाए। आप किसी तरह का सहारा जुटा लें, आप अतीत को वापस लाने की युक्तियाँ कर लें, आप भविष्य को अतीत का

पुनर्चक्रण बना लें। यही सब तो हम करते रहते हैं ना? ये सब बदलाव से बचने के बहाने हैं।

कबीर साहब कह रहे हैं, 'डरो! पूरी तरह से डरो! डर को खंजर की तरह सीने में उतर जाने दो।'

डरने से आशय है—बदलाव के, समय के, नश्वरता के, तथ्य के रू-ब-रू खड़े हो जाना। काँप जाओगे, जड़ तक काँप जाओगे, पर जब तक तुम नश्वर को ही अमर मान रहे हो तब तक अमर से भी तुम्हारा सम्पर्क हो नहीं पाता है। वास्तव में अमरता से सम्पर्क में कोई बाधा है यदि, तो यही है कि तुम उसको अमर माने बैठे हो जो अमर है नहीं।

जिस क्षण तुम्हें दिख ही गया कि सब नश्वर ही है, उस क्षण तुम उस सब से किनारा कर लेते हो जो अमरता का ढोंग करता था; और तुम उस सबसे मुक्त हुए नहीं जो झूठा था, जो ढोंगी था, जो मात्र छल था, कि तुम्हारी मुक्ति ही अमरता कहलाती है। अमरता में और मुक्ति में कोई अंतर थोड़े ही है! जो तुम्हें बाँधे, वो स्वयं मरणधर्मा है। सत्य थोड़े ही कभी किसी को बाँधता है!

मुक्ति का अर्थ ही होता है मृत्यु से मुक्त हो जाना, मुक्ति का अर्थ ही होता है झूठे से मुक्त हो जाना, मुक्ति का अर्थ ही होता है जो चलायमान है उससे मुक्त हो जाना। तो मुक्ति का अर्थ ही होता है अमर हो जाना, मुक्ति का अर्थ ही होता है उसके शिकंजे से छूट गए जो मौत था। मौत माने बदलाव। मुक्ति का अर्थ होता है उसके धोखे से छूट गए जो बहुरूपिया था, जो बदल जाता, जो हमें एक चेहरा दिखाता और कल दूसरा हो जाता।

डर के समग्र स्वीकार में ही निडरता के दर्शन होंगे। जो डर को ठुकराएगा, जो डर को झुठलाएगा, जो डर से भागेगा, जो डर पर पर्दा डालेगा, जो डर को कोई भी और नाम देगा, उसकी सज़ा ये होगी कि उसे निरन्तर डर कर ही रहना पड़ेगा।

तुमने डर को यदि डर कहा होता, तो तुम्हें अनुज्ञा भी मिलती डर को हटा देने की, क्योंकि डर तो बुरी चीज़ है, डर तो कड़वी चीज़ है।

रखा हो तुम्हारे सामने डर, और तुम कह दो कि ये तो डर ही है, तब तो तुम्हें मिला हक उसे हटा देने का। पर रखा हो तुम्हारे सामने डर, और तुम कह दो, 'ये तो प्रेम है,' तो अब वो डर क्या हो गया?

अब वो डर तुम्हारे सामने अचल हो गया, अब वो डर तुम्हारी पहचान बन गया, अब वो डर हटेगा नहीं। कड़वे को कड़वा कहा होता तो उसे कड़वा कह कर के हटा भी सकते थे। अब कड़वे को यदि मीठा ही कहे जा रहे हो तो किस बहाने हटाओगे? क्या तर्क दोगे? कारण क्या बताओगे अपने-आपको ही? कोई कारण नहीं पाओगे। जब कारण नहीं पाओगे तो हटा भी नहीं पाओगे।

इसीलिए कबीर साहब कह रहे हैं—

डर करनी डर परम गुरु, डर पारस डर सार।

जब तुम उस सबसे मुक्त हो जाना चाहते हो जो बदल रहा है और इसी कारण तुम्हें सम्बल नहीं देता है, सुरक्षा नहीं देता है, सहारा नहीं देता है, तब तुम्हें अंततः उसको भी छोड़ना पड़ता है जो तुम्हारे भीतर बैठा है और बाहर के बदलाव के साथ जोड़ा बनाता है।

कोई बैठा है तुम्हारे भीतर, जिसे बाहर जो कुछ बदल रहा है उसके साथ मोह रखना है, उसके साथ पहचान बाँधनी है। जब बदलते हुए के साथ तुम्हारा राग समाप्त हो जाता है तब तुम उससे भी मुक्त हो जाते हो जो बदलाव के साथ राग रखता है, वो तुम हो। बाहर वाला जगत-भर ही थोड़े ही बदलता रहता है, बदलने में सबसे आगे तो तुम्हारा मन है,भीतर वाला।

जिसे बदलाव से मुक्त होना हो, उसे संसार भर से ही थोड़े मुक्त होना पड़ेगा। संसार के बदलाव से राग तो रखता है निरन्तर बदलने वाला, विस्थापित होने वाला, उछल-कूद मचाने वाला, मन।

मन को कभी एक जगह रुकते देखा है?

संसार में और मन में यही साम्य है, न संसार रुकता है न मन रुकता है, दोनों एक हैं।

जो रुकेगा नहीं वो तुम्हें डरा देगा, क्योंकि तुम भाग-दौड़ करने वाली वस्तु हो नहीं। तुम अडिग, अचल, अटल, स्थिर आत्मा हो। आत्मा जो मिटना जानती नहीं, आत्मा जो होना भी नहीं जानती। भीतर कुछ है तुम्हारे जो निरंतर तुम्हें बताता है कि 'तुम्हारा न होना' सम्भव नहीं है, और बाहर कुछ है तुम्हारे जो निरंतर तुम्हें बताता है कि 'निरंतर तुम्हारा होना' सम्भव नहीं है; इसी कशमकश में इन्सान का जीवन व्यर्थ जाता है।

संसार को जब भी देखोगे तो यही पाओगे कि यहाँ जो है सो बदल ही रहा है, मिट ही रहा है; और संसार को देखने वाली आँखों के पीछे जो आँखें बैठी हैं वो तुमको बताएँगी कि बदल तुम सकते नहीं। कुछ है भीतर जो बस है और जो कि इतना पक्का है कि उसका होना भी शब्दों के आगे की बात है, असीम है उसका होना। इसी कारण मृत्यु हमें पसंद नहीं है। इसी कारण जब भी किसी से बोलते हो 'मौत' तो उसके चेहरे पर खौफ़ आ जाता है। सोचा है कभी? कि सोच ऐसी क्यों होती है? डर किसी को क्यों नहीं पसंद? मृत्यु किसी को क्यों नहीं पसंद?

क्योंकि मिटना किसी को नहीं पसंद है, क्योंकि मिटना एक असंभावना है, एक झूठ है। पर वो एक ऐसा झूठ है जो प्रतीत सच्चा होता रहता है, तो तुम फँस जाते हो, दिमाग चक्कर खा जाता है। तुम कहते हो, 'दिखाई तो यही पड़ रहा है कि मौत होती है, तो हम कैसे मान लें कि हम अमर हैं?' फिर तुम अपनी अमरता के लिए बहाने बनाते हो, फिर तुम कहते हो, 'ना-ना, शरीर भर मरा है, हम थोड़े ही मरे हैं, हम तो धुआँ बन कर, कि भाप बन कर, कि आत्मा बन कर उड़ गए थे। अब हम कहीं और किसी और लोक में पहुँच जाएँगे, फिर वापस आएँगे जाने नहीं आएँगे।' तमाम किस्से गढ़ते हो। इन सारे किस्सों की वजह ही यही है, क्योंकि मिटना तुम जानते नहीं, मिटना तुम चाहते नहीं, मिटना तुम्हारा हो सकता नहीं।

कबीर साहब कह रहे हैं, 'जब मिटना तुम्हारा हो सकता नहीं तो फिर इतनी हिम्मत

रखो ना कि जो मिट रहा है उसको बिना कंपित हुए गौर से देख लो। डर के तथ्य के सामने सीधे खड़े हो जाओ।'

डर को छुपाते वही हैं जो डर जाते हैं। जो डरे नहीं हैं, वे तो डरने को स्वीकार करते हैं। जो डरे हुए होते हैं, वो डर से लड़ते हैं। कबीर साहब कह रहे हैं, 'डर से लड़ो मत, डर को पैठने दो भीतर, डर तुम्हारे वहम तोड़ देगा, डर तुम्हारी धारणाएँ तोड़ देगा।'

तुम्हारी धारणाएँ हमेशा स्थायित्व के इर्द-गिर्द बुना गया एक जाल होती हैं, एक फ़रेब होती हैं। ये जानते तुम भी हो, इसीलिए अपनी धारणाओं को बचाने की फ़िराक में रहते हो। तुम जानते हो कि धारणाएँ झूठी हैं इसीलिए बचाना पड़ेगा।

जब डर भीतर जाएगा तो धारणाओं का झूठ प्रकट हो जाना है, दोनों एक ही हैं। तुम कहते हो कि तुम्हारा प्रेम अमर है, भीतर-ही-भीतर डरे हो, जानते हो अच्छे से कि कुछ नहीं हो। भली-भाँति जानते हो, कुछ शर्तें हैं जो जब तक पूरी हो रही हैं तब तक तुम प्रेम का स्वांग कर सकते हो, उसके बाद कुछ नहीं है। अभी इसी पल वो शर्तें तोड़ दो, प्रेम नष्ट हो जाना है; और शर्तें तोड़ो भी मत, बस ये सूचना अपने प्रेमी तक पहुँचा दो कि तुमने वो शर्तें तोड़ दी हैं, प्रेम नष्ट हो जाना है। ये तुम अच्छे से जानते हो, लेकिन तुम्हें अभिनय यूँ करना है मानो तुम्हारा प्रेम अमर हो।

तुम बार-बार अपने प्रेमी के सामने यूँ जाना चाहते हो जैसे कि लगातार, हर दिन, हर शाम यूँ आते ही रहोगे। तुम कभी ये नहीं कहते कि विचित्र संयोग है कि आज भी लौट आया, क्योंकि यदि ये कह दोगे कि विचित्र संयोग है आज भी लौट आया, तो तुमने ये स्वीकार किया कि सम्भव था कि आज लौटता नहीं। तुम लौटते हो तो यूँ लौटते हो जैसे लौटना तुम्हारा स्वभाव हो; नहीं, लौटना तुम्हारा स्वभाव नहीं है। शरीर-रूप में लौटते हो, कोई भी दिन ऐसा हो सकता है जिस दिन लौटोगे नहीं। और जहाँ तक तुम्हारे मन की बात है वो तो अक्सर लौटता ही नहीं, या कि लौट भी आता है तो लौटकर भी नहीं लौटता। लौटा हुआ मन भी न जाने कहाँ-कहाँ भटकता रहता है।

पर ये सब देख लिया अगर, तो जो ढाँचागत, ढर्रागत, बँधा-बँधाया जीवन जी रहे हो उसमें फिर बड़ी असुविधा हो जाती है। आलस्य त्यागना पड़ता है, उचित कर्म में उतरना पड़ता है, इससे ज़रा कष्ट होता है। हाथ-पाँव चलाने पड़ते हैं, अज्ञात का सामना करना पड़ता है, बिल से बाहर निकलना पड़ता है, सूरज की रोशनी देखनी पड़ती है, सड़कों की धूल खानी पड़ती है। कौन करे ये सब? इससे अच्छा ये है कि अभिनय किए जाओ, स्वाँग किए जाओ कि जो है वो असली है।

मान लिया यदि कि बीमारी है, तो बीमारी से मुक्ति हेतु कर्म भी तो करना पड़ेगा। एक स्थिति आ जाती है रोगी की जब वो कहता है कि उसे रोग में रहना स्वीकार है, उपचार उसके लिए रोग से बड़ी यंत्रणा मालूम होता है। वो कहता है, 'रोग के अभ्यस्त हो गए हैं तो रोग छोटा कष्ट है, क्योंकि उसके अभ्यस्त हो गए हैं' वो कहता है 'रोग का उपचार

ज़्यादा बड़ा कष्ट हो जाएगा क्योंकि वो नया कष्ट होगा। रोग बड़ा कष्ट होगा, लेकिन अब वो छोटा हो गया है क्योंकि वो जाना हुआ कष्ट है। उपचार भले ही छोटा कष्ट हो, पर वो बड़ा कष्ट है क्योंकि वो अनजान कष्ट होगा; हम उससे परिचित नहीं, तो हम तो जानी हुई विपत्ति को चुनेंगे भले ही वो बड़ी विपत्ति क्यों ना हो।'

ये हमारा जीवन है। हम सब यही करते हैं। हम ऐसे खौफ़ज़दा जीव हैं जो ज्ञात मृत्यु तो चुनने को तैयार हैं पर अज्ञात अमरता चुनने से घबराते हैं।

जिसको हम कहते हैं कि ये हमारा जाना-पहचाना जीवन है—वो रोज़-रोज़ की मौत के अलावा और क्या है? पर हम रोज़-रोज़ मरना स्वीकार कर लेते हैं; गए, तिल-तिल कर मरे। और मैं जिस मरने की बात कर रहा हूँ वो कबीर साहब का मरना नहीं है। मैं जिस मरने की बात कर रहा हूँ वो मुक्ति वाला मरना नहीं है। मैं जिस मरने की बात कर रहा हूँ वो है चेतना का ह्रास, वो है मन पर आघात, वो है जीवन की रुग्णता, हमें वो स्वीकार है, तिल-तिल कर, घुट-घुट कर मरना स्वीकार है, पर जीवन का विस्फोट हमें भयावह लगता है। हम कहते हैं, 'इतना सारा जीवन? हम कैसे सँभाल पाएँगे? नया होगा, हमारे वश से बाहर का होगा।' कबीर साहब कह रहे हैं, 'जान लो कि तुम्हारे बहाने झूठे हैं, जान लो कि डर से बचने के तुम्हारे सारे प्रयास विफल हैं।' बल्कि वो कह रहे हैं, 'जानते तो हो ही; मान लो कि तुम जानते हो।'

डरता रहै सो उबरै, गाफ़िल खावै मार॥

तुम तो डरे रहो। किससे डरे रहो? अपने-आप से। क्योंकि जो कुछ भी नकली है उससे तुम्हारे भीतर जो नकली है वही साझा रखता है। कोई भी छल, प्रपंच, धोखा तुम्हारे किस हिस्से के साथ सुलह करता है? तुमसे कहाँ पर आकर के जुड़ता है? तुम्हारे किस बिन्दु से सम्पर्क बनाता है?

उस बिंदु से जो उसके ही जैसा होता है। बाहर का धोखा तुम्हारे भीतर के धोखे से आकर जुड़ेगा। बाहर धोखा हो और भीतर सच्चाई, तो कोई रिश्ता बनेगा ही नहीं। बाहर का आकर्षण तुम्हारे भीतर के उस बिंदु से आकर के जुड़ता है जो आकर्षित हो जाने के लिए तैयार ही बैठा हुआ है।

तुम आठ बरस के होते हो, तुम्हारे सामने से एक स्त्री गुज़र जाती है, तुम आकर्षित हो जाते हो क्या? तुम अठारह के हो जाओ, ठीक वैसी ही स्त्री गुज़र जाए, तुम आकर्षित हो जाते हो, आकर्षण क्या स्त्री मात्र में था? स्त्री मात्र में होता तो जब तुम आठ बरस के थे, तुम तब भी आकर्षित हो जाते ना?

स्त्री के गुज़रने के पहले ही तुम्हारे भीतर कोई विद्यमान था जो आकर्षित होने के लिए तैयार हो चुका था। जो तुम्हारे भीतर था वो स्त्री द्वारा प्रदत्त नहीं था, स्त्री को मत दोष देना कि वो सामने से गुज़र गई तो आकर्षित हो गए। तुम पहले ही तैयार बैठे थे, तुम्हें बस बहाना चाहिए था। तुम्हें तलाश थी कि कोई विषय मिल जाए, कोई नाम मिल जाए जो मेरे

खाँचे से मेल खा सके; 'भीतर एक तस्वीर तो मैंने बना ही ली है, कोई चेहरा मिल जाए जो मैं उस तस्वीर को दे सकूँ।'

कबीर साहब कह रहे हैं, 'डरते रहो अपने-आप से। जगत तुम्हारा कुछ नहीं बिगाड़ता अगर तुम स्वयं बिगड़ने के लिए तैयार न बैठे हो।'

डरता रहै सो उबरै, गफ़िल खावै मार।

जिन्हें दुश्मन का पता होता है, वो अक्सर दुश्मन से बच भी जाते हैं। जो गाफ़िल होकर के सो जाते हैं, जिन्हें पता भी नहीं होता कि दबे पाँव दुश्मन कितने नज़दीक आ बैठा है, सिरहाने ही खड़ा हो गया है, वही होते हैं जो कष्ट पाते हैं, हार और मृत्यु पाते हैं।

कबीर साहब कह रहे हैं, 'डरते रहो! कुछ है तुम्हारे साथ जो लगातार उससे जुड़ेगा जो डर का द्योतक है, जो डर के देश से है, जो डर का प्रतिनिधि है। तुम्हारा काम है उसको पहचानते रहना।'

तुम जैसे एक जहाज़ पर हो और जहाज़ में ही कुछ लोग ऐसे हों जिनका काम ही यही है कि वो जहाज़ में छेद किए जा रहे हैं। कबीर साहब कह रहे हैं, 'तुम्हारा काम है लगातार सतर्क रहना। तुम्हारे ही साथ कुछ ऐसे लोग हैं जो तुम्हारे ही जहाज़ में छेद किए जा रहे हैं। तुम्हारे ही भीतर बैठा है तुम्हारा शत्रु। डरते रहोगे, सतर्क रहोगे तो जान बच सकती है, छेद बन्द किए जा सकते हैं, दुश्मन की साज़िश विफल हो सकती है।'

अगर उल्लास में आ जाओगे, उत्सव मनाने लग जाओगे, जो जीत मिली नहीं उसके जश्न में डूब जाओगे, जो पाया नहीं उसका ढिंढोरा पीटने लगोगे, जिस नींद के तुम पात्र नहीं उस नींद का सुख भोगने लगोगे, तो दुश्मन छेद करता जाएगा। तुम कहोगे, 'सब ठीक है।'

तुम कहोगे, 'ना! कोई संकट नहीं, सब बढ़िया चल रहा है।'

वास्तव में मूर्ख आदमी में जितना आत्मविश्वास आपको दिखेगा उतना किसी ज्ञानी आदमी में नहीं दिखेगा। ज्ञानी के चेहरे पर सरलता होगी, खालीपन, शून्यता, कुछ नहीं होगा। और जब भी उसके सामने कुछ नया आएगा तो उसके चेहरे पर विस्मय के भाव होंगे; जो कि अक्सर होंगे क्योंकि जीवन तो प्रतिपल ही कुछ-न-कुछ नया दिखाता रहता है। तो आप ज्ञानी के चेहरे पर अक्सर कौतूहल पाएँगे, जो कि अजीब-सी बात है क्योंकि वो ज्ञानी है, वो जानता है। वो जानता है तब भी उसके चेहरे पर विस्मय पाएँगे, कौतूहल पाएँगे, प्रश्न पाएँगे, बच्चों-सी जिज्ञासा पाएँगे; और मूर्खों के चेहरे पर आप बड़ा आत्मविश्वास पाएँगे।

वास्तव में इससे ज़्यादा आसान और त्वरित तरीका है नहीं मूर्ख की पहचान का, उसके चेहरे पर कोई कौतूहल का भाव होता ही नहीं, उसको लगता है कि उसने अपनी सारी समस्याएँ जीत रखी हैं, उसको लगता है कि उसे संसार पता है। उसको लगता है डरने की कोई बात ही नहीं। बल्कि वो आपको भी यही कहेगा, 'डरो नहीं! कोई बात नहीं! ऐसा कर लो, काम बन जाएगा।'

ज्ञानी से ज़्यादा एक अर्थ में कोई डरता नहीं, और मूर्ख से ज़्यादा एक अर्थ में कोई निडर होता नहीं।

मूर्ख की निडरता वैसी ही होती है जैसे ज़मीन में आँख-मुँह दिए हुए शुतुरमुर्ग की। सामने दुश्मन खड़ा है और शुतुरमुर्ग बिलकुल विश्वास से भरा हुआ है, 'कोई दुश्मन नहीं है।' और नीचे अगर कुछ कीड़े इत्यादि हों, जो कहते हों कि, 'भइया अब बस पंजे गड़ने ही वाले हैं तुम्हारी गर्दन में।' वो कहता हो, 'कहाँ, कैसी बात कर रहे हो? आओ शेयर-मार्केट की बात करें।'

आपको मिलेंगे ऐसे लोग, ये लोग आमतौर पर वो लोग हैं जो जीवन में अधकचरी सफलता प्राप्त कर चुके होते हैं। इनके चेहरे पर गज़ब का आत्मविश्वास होता है, ऐसा नूर छलक रहा होता है कि कई बार तो आपको लगेगा कि ज्यों देवप्रदत्त है, आध्यात्मिक है। कोई दुविधा, कोई शंका, किसी तरह की कोई उलझन आप इनके चेहरों पर पाएँगे ही नहीं। सम्भव है कि एक बार को अष्टावक्र उलझ जाएँ, पर मूर्ख को आप कभी उलझा हुआ नहीं पाएँगे, उसके पास परम सूझबूझ है। आप उसके सामने जलती हुई चिता रख दें तो भी उसके चेहरे पर भाव यही रहेगा कि हमें ये सब पता है। आप उसके सामने उगता हुआ सूरज रख दें, उसके चेहरे पर कोई विस्मय न आएगा। आप उसे चिड़िया की चहचहाहट सुना दें, वो कहेगा, 'जानते हैं, साउंड वेव्स (ध्वनि तरंगें) हैं।'

दुर्भाग्य ये है कि ज़्यादातर पढ़े-लिखे लोग इसी कोटि में आ जाते हैं। उनके भीतर कुछ मर जाता है, और जो मर जाता है उसकी लाश अकड़ कर सख्त हो जाती है; लगातार एक भाव उनके भीतर रहता है—'मैं जानता हूँ।'

और जितना ज़्यादा वो इस भाव को प्रश्रय देते हैं, उतना ही पता चलता है कि वो न जानने से कितना डर रहे हैं। जीवन अज्ञेय है, इस तथ्य से वो कितने आतंकित हैं। उस आतंक को छुपाने के लिए उन्होंने लगातार अपने चेहरे पर सहजता का, विश्वास का नकाब ओढ़ रखा है। ऐसे ही लोग होते हैं फिर जो मनोरोगों की गिरफ़्त में आते हैं, इन्हें ही अवसाद होता है, ये ही डिप्रेशन के मरीज़ बनते हैं। मनोवैज्ञानिकों के पास आप इन्हीं को कतार में पाएँगे। हाँ, अक्सर ये वहाँ मुँह छुपा कर जाएँगे, और जब वहाँ जाएँगे तो पहली ही बार में सच भी न बताएँगे, कि हाँ! मैं मनोरोगी हूँ।

ये कहेंगे, 'मैं तो यूँ ही ज़रा आपका हाल जानने चला आया, कहीं आपको कोई तकलीफ़ हो तो मैं कोई समाधान बताऊँ।'

शंकित हो लीजिएगा, डर लीजिएगा। कोई गुनाह नहीं हो गया, इससे ये बिलकुल नहीं पता चलता कि आप में कोई हीनता है।

हीनता तो तब है जब उपनिषद् के श्लोक आपके सामने गाए जाएँ और फिर भी आपके चेहरे पर भाव यूँ रहें जैसे रोटी-दाल की बातें हो रही हैं।

'हाँ-हाँ ये तो रोज़मर्रा की चीज़ें हैं, ये हमें पता है।' जिसके चेहरे पर 'नूतन' को

लेकर के एक हतप्रभता नहीं है, जो अवाक् नहीं हो जाता, जिसकी बोली नहीं बन्द हो जाती, जिसकी सिट्टी-पिट्टी नहीं गुम हो जाती। जानते हैं ना हक्का-बक्का रह जाना? जो उस अनुभवहीनता के क्षण से कभी गुज़रा ही नहीं, जब ये भी न पता चले कि कौन-सा अनुभव सही होगा, वो समझिए कि जिया ही नहीं।

सत्य जब गहराई से आपमें प्रवेश करता है तो आपको एक गहरी असुविधा ये होती है कि आप जान ही नहीं पाते कि आपको अब प्रतिक्रिया क्या करनी चाहिए।

आप हँसें, कि आप रोयें, कि आप धन्यवाद दें, कि आप जान छुड़ा कर भाग लें, आपको समझ में ही नहीं आता कि कौन-सा अनुभव इस मौके के लिए उचित रहेगा, तो आप उलझ जाते हैं, और उसका फल आपको ये मिलता है कि कोई अनुभव होने नहीं पाता, यही सत्य का प्रमाण है कि वो अनुभवातीत है।

सत्य की जोड़ का अनुभव आप खोज ही नहीं पाते। फिर बस एक ही प्रतिक्रिया होती है जो उचित होती है, वो क्या होती है?

विस्मय, अवाक् खड़े रह गए।

करें क्या, समझ में ही नहीं आता!

वो मूर्खता की स्थिति होती है। और जिन लोगों को होशियारी से बहुत लगाव है फिर वो इसीलिए कभी सत्य का सामना कर ही नहीं पाते, क्योंकि सत्य तो जब भी आपके सामने आएगा आपकी शक्ल मूर्खों जैसी हो जानी है। वो मूर्खता परम-प्रज्ञा है, उस मूर्खता में आदमी सब कुछ जान लेता है।

नवजात शिशु तुम्हारे सामने आए और तुम्हारी आँखें फटी न रह जाएँ तो इलाज कराओ अपना। देवमूर्ति के सामने खड़े हो, मौन का, ध्यान का, समर्पण का क्षण है, और अभी भी तुम्हारे चेहरे पर रोज़मर्रा के भाव हैं, तुम बदल ही नहीं रहे, तुम्हारा चेहरा शून्य ही नहीं हो गया तो डूब मरो जाकर कहीं—मरे ही हुए हो!

खाली जगह पर हो, प्रपात है, पर्वत है, पक्षी हैं। अब वहाँ पर भी तुम्हारे चेहरे पर भाव यूँ ही हैं जैसे किसी बाज़ार में टहल रहे हो, तो व्यर्थ ही गया न जीना?

प्रेम में हो। प्रेमी के साथ हो, प्रेयसी के साथ हो, अंतरंगता का, आलिंगन का क्षण है और तुम्हारा चेहरा वैसा ही है जैसा लाला जी की दुकान पर था और पूछ रहे हो, 'आलू कितने पसेरी?' तो बेहतर है कि तुम अभी आलू-प्याज में ही जियो।

सबसे सुंदर तुम तब दिखते हो जब तुम्हारी सारी अक्ल और सारी होशियारी तुम्हारे चेहरे से कोई साफ़ कर देता है, इतने सुंदर दिखते हो तुम तब जिसका कोई कथन नहीं हो सकता।

वास्तव में लोगों के साथ बैठने का और बात करने का और सत्-चर्चा करने का जो एक बड़ा मुझे 'सुफल' मिलता है, प्रसाद मिलता है, पुरस्कार मिलता है वो ये है कि मैं लोगों के सुंदरतम् चेहरे देख पाता हूँ। वार्ता शुरू होने के करीब आधे-पौने घंटे बाद,

श्रोताओं के जैसे चेहरे हो जाते हैं वैसे चेहरे उनके कभी-कभार ही होते होंगे। तो ये सौभाग्य होता है मेरा कि मैं अपने श्रोताओं के, अपने साथियों के वो रूप देख पाता हूँ जो अरूप से बड़े मिलते-जुलते होते हैं। इस समय आप जैसे दिख रहे हैं, ये आपके रूप की उच्चतम अभिव्यक्ति है, आप इससे ज़्यादा सुन्दर कभी न हो पाएँगे।

नहीं, तुम नहीं हो अभी। तुम अपवाद हो।

जो हँस पड़ा वो गया। जो हँसे उसके पास तो हँसने का कारण होगा ना?

रूप तुम्हारा तब खिलता है, जब अकारण से पोषण पाता है।

मुस्कुराते हुए चेहरे में वो बात नहीं जो हत्प्रभ चेहरे में है, जो अवाक् चेहरे में है। अवाक् चेहरा ऐसा होता है जैसे तुम सूर्य के सामने आ गए हो और उसकी पूरी रोशनी से तुम्हारा चेहरा दीप्तिमान हो उठा है। अब सूरज के सामने आओगे तो कुछ बोल थोड़े ही पाओगे? हाँ, लेकिन तुम्हारा चेहरा जगमगाने लगेगा।

प्रश्नकर्ता : शांतचित्त हैं, पीसफ़ुल और वन्डरमेंट हैं, तो दोनों कैसे? शांतिपूर्ण का मतलब है आश्चर्य का न होना।

आचार्य : वन्डरमेंट—अवाक् होना, वो उठता ही तब है जब आप अशांति से शांति की ओर आते हैं।

अशांत रहना आदत है हमारी, और अशांति में ज्ञान पूरा है क्योंकि ज्ञान से ही तो अशांति है। आप कुछ जानते हैं, वही आपको अशांत कर रहा है। कभी आप अशांत हुए हैं बिना कुछ जाने?

अशांति का तो कारण ही ज्ञान है ना? अवाक् होने में ज्ञान का लोप होता है, ज्ञान की मृत्यु होती है तभी तो आप अवाक् हो जाते हैं। आप कहते हैं कि 'मुझे जो पता था वो कितना छोटा है।' आपको मूढ़-सा प्रतीत होता है। अब आप शांत हुए। शांति भी एक चोट करती है गहरी, उस चोट को कहते हैं विस्मय।

जब अशांति में जीने की आदत पड़ गई हो, तो जब अशांति हटती है और शांति सामने आती है तो मुँह खुला रह जाता है। जैसे आप झूठ में जी रहे हो और तभी सच्चाई उठ खड़ी हो और आप उसको मूर्ख की तरह निहारें, 'ये क्या हो गया। मैं किसमें विश्वास किए जा रहा था?'

ये शांति का प्रादुर्भाव है, ये शांति आई है, लेकिन ये शांति चोट की तरह आई है, इसीलिए तो आपको अवाक् कर रही है। शांति जब अशांति को हटा कर के उतरे तो उसको कहते हैं अवाक् हो जाना या अहोभाव या विस्मय या वन्डरमेंट। शांति जब एक निरंतर धारा बन जाए तो चेहरा भावशून्य हो जाता है, खाली हो जाता है, दर्पण जैसा, आसमान जैसा हो जाता है; वो बुद्ध का चेहरा है। और शांति जब यकायक उतरे, शांति जब अशांति का अंत बनकर उतरे, तब जो होता है उसको कहते हैं विस्मय।

प्रश्नकर्ता : बर्टरण्ड रसल का कथन है—

'आयरनी ऑफ़ लाइफ़ इज़ दैट इंटेलिजेंट आर फ़ुल ऑफ़ डॉउट एंड स्टुपिड आर कॉकश्योर।'

आचार्य : बस-बस, वही बात हो रही है।

ये जो शब्द आपने इस्तेमाल किया ये बिलकुल सटीक है—'कॉकश्योर' (समाश्वस्त), मूर्ख को आप इसी से पहचानिएगा, वो कॉकश्योर होगा, उसके चेहरे पर कोई संशय, कोई दुविधा नहीं होगी।

देखिए! श्रद्धा अन्धविश्वास नहीं होती; श्रद्धा विश्वास भी नहीं होती।

जो वास्तव में श्रद्धा रखता है, वो शंका करने के लिए स्वतंत्र हो जाता है।

श्रद्धालु सवाल करेगा, श्रद्धालु शंका करेगा, श्रद्धालु को बार-बार ऐसा लगेगा कि वो गलत भी हो सकता है।

श्रद्धा बड़ी निडरता देती है, श्रद्धा बड़ी हिम्मत देती है। जब आप में हिम्मत होती है तभी आप इस संभावना को स्वीकार कर सकते हो कि आप गलत भी हो सकते हो। ये संभावना स्वीकार करने के लिए कि आपका विश्वास, आपकी सोच गलत हो सकती है, बड़ी ताकत चाहिए ना? हल्का आदमी तो टूट जाता है जब ये साबित होता है कि उसकी सोच गलत थी। हल्के आदमी की निशानी ही यही है, आप उससे तर्क करिए और आप उसे तर्क में पराजित कर दीजिए, वो टूट जाता है, उसे बुरा लग जाता है। और जिस आदमी में गुरुता होती है उसकी निशानी होती है कि जब वो गलत साबित होता है तो उसे खुशी होती है; उसे लगता है कि कुछ मेरे पास था जो गलत था और मैं उसको पोषण दे रहा था, भला हुआ कि वो गलत सिद्ध हो गया। ये श्रद्धा की निशानी होती है, श्रद्धा हमेशा गलत सिद्ध होने के लिए तैयार होती है।

क्या गलत सिद्ध होगा?

श्रद्धा नहीं!

चूँकि श्रद्धा है, इसीलिए विश्वास गलत सिद्ध हो जाएँगे।

श्रद्धालु कभी अकड़ेगा नहीं, वो कहेगा, 'मुझे ऐसा लगता है, और जो मुझे लगता है हो सकता है वो गलत हो।' एक चीज़ को छोड़ कर के वो बाकी हर चीज़ को गलत मानने के लिए तैयार है। श्रद्धा का अर्थ होता है एक पर परम निष्ठा है, उसके अलावा बाकी सब कुछ गड़बड़ हो सकता है, उस एक चीज़ के अलावा मैं जिस भी चीज़ से जुड़ा हुआ हूँ वो नकली, झूठी हो सकती है; ये श्रद्धा की निशानी है।

श्रद्धालु कभी अड़ेगा नहीं। श्रद्धालु में एक तरह की बड़ी तार्किक और वैज्ञानिक दृष्टि होगी। श्रद्धा तर्क का या विज्ञान, या बुद्धि का विपरीत नहीं है, बल्कि जिसमें श्रद्धा होती है सिर्फ़ वही पूरी बुद्धि लगा सकता है। जिनमें श्रद्धा नहीं होती वो तो बुद्धि से डर जाएँगे, वो

कहेंगे कि 'ज़्यादा अक्ल लगाई तो कुछ ऐसा सामने आ जाएगा जो हमें तोड़ देगा, तो ज़्यादा अक्ल लगाओ ही मत,' और ये आप अक्सर सुनते होंगे।

जो डरा हुआ आदमी होगा वो अक्ल से कितना घबराता है? वो कहता है, 'नहीं-नहीं, इससे ज़्यादा मत सोचो।' जो श्रद्धालु होगा वो कहेगा, 'और सोच लो, सोच जहाँ तक जाती है जाने दो, क्योंकि हम डरते नहीं हैं। सोच जो भी कुछ सामने लाएगी वो इतना खौफ़नाक नहीं हो सकता कि हमें तोड़ दे।'

तो जो भी वास्तव में ज्ञानी होगा, कि भक्त होगा, कि श्रद्धालु होगा—जो भी कह लीजिए आप उसको—बोधवान होगा, वो संशय को बड़े स्वस्थ रूप में लेगा। उसको ये कहते हुए लाज नहीं आएगी कि—मुझे नहीं पता।

और एक रुग्ण चित्त, ये कहते हुए लजा जाएगा, हीन अनुभव करेगा कि 'मैं नहीं जानता'। इस कसौटी पर भी आप आदमी की परख कर सकते हैं कि कौन कितनी आसानी से ये स्वीकार करने को राज़ी हो जाता है कि—मैं नहीं जानता।

श्रद्धालु बड़ी आसानी से मान लेगा कि मैं नहीं जानता; क्योंकि जो जानने योग्य है एक चीज़, उसको वो जानता है। उसको जानने के बाद वो कहता है कि 'बाकी सब कुछ अगर नहीं भी जानता तो लजाने की क्या बात है, स्वीकार कर लो ना। जो चीज़ करोड़ों की थी वो तो मेरे पास है, अब लजाने की बात क्या है? स्वीकार कर लो ना कि दस रुपया गँवा दिया है। करोड़ों की बात तो जानता हूँ, दस वाली बात नहीं जानता तो इसमें लज्जा क्या है? हाँ साहब, नहीं जानता तो आप बता दीजिए!'

और कुछ आपको ऐसे मिलेंगे जिन्हें रास्ता भले न पता हो पर उन्हें रास्ता पूछते भी लाज आती है। देखे हैं ऐसे लोग?

वो बार-बार रुक कर के सड़क पर दिशा-निर्देश भी न माँगेंगे। वो कहेंगे, 'हाँ ऐसा ही होगा, पूछना क्या है? हम किसी से कम हैं क्या? यूँ ही चल लो।' भटकना उन्हें स्वीकार है, पर ये मानते उनकी जान जाती है कि मैं नहीं जानता।

धार्मिकता की, आस्तिकता की ये निशानी है, आपको अपने अज्ञान से कोई बैर नहीं रह जाएगा।

आप अपने अज्ञान को भी प्रेम से देखेंगे। आप हँस कर बता पाएँगे, 'मालूम है, मैं तो कुछ नहीं जानता।' ये क्यों बता पाएँगे हँस कर? क्योंकि आप वास्तव में जो असली है उसको जानते हैं। असली को जानने का फल ही यही मिलता है कि अब आप खुल कर स्वीकार कर सकते हैं कि नकली में बहुत कुछ है जो आप नहीं जानते। संसार का ज्ञान तो अनंत है, कोई भी ऐसा नहीं है जो सब कुछ जान सकता हो, तो मैं झूठ क्यों बोलूँ कि मैं सब कुछ जानता हूँ? मान ही लो कि नहीं जानता।

जैसे ब्रह्म अनंत है, वैसे ही संसार में जो पसरी हुई माया है वो भी तो अनंत है। तो

मान ही लो कि नहीं जानता। कभी भी कॉकश्योर नहीं रहिएगा, इस शब्द में ही कॉकिनेस (अतिविश्वास) है।

आँखें निरंतर अज्ञेय की संभावना से भरी हुई रहें।

ज्ञान कभी घर के दरवाज़े बंद न कर दे। सदा पता रहे कि अभी और है! अभी और है तो दरवाज़ा खुला रखो, अभी और है। संदेह, संशय कोई बुरी बात नहीं है, बिलकुल बुरी बात नहीं है।

आध्यात्मिक ज्ञानी होने का अर्थ ये नहीं होता कि आपके सारे जगत-संबंधी संशय भी मिट ही जाएँगे, कि आप कहें कि हमने तो मोक्ष पा लिया है अब हम थोड़े ही पूछेंगे कि घी है कि तेल है? अरे भाई! घी-तेल का मोक्ष से क्या संबंध है? परम मोक्ष भी तुमने पा लिया हो, तो भी उससे तुम्हें घी और तेल की पहचान नहीं हो जाएगी, वो तो पूछना ही पड़ेगा, उनके गुणों को नापना-जाँचना पड़ेगा, प्रयोग करना पड़ेगा या किसी जानकार से पूछना पड़ेगा।

बुद्ध के सामने तुम जाकर के रूसी भाषा में बात करते तो बुद्ध ये थोड़े ही कहते कि 'हम सब जान गए हैं।' वो भी किसी अनुवादक को ही बुलाते।

ज्ञान एक तल है और बोध दूसरा तल है।

''डर के समग्र स्वीकार में ही निडरता के दर्शन होंगे। जो डर को ठुकराएगा, जो डर को झूठलाएगा, जो डर से भागेगा, जो डर पर पर्दा डालेगा, जो डर को कोई भी और नाम देगा, उसकी सज़ा ये होगी कि उसे निरंतर डरते ही रहना पड़ेगा।''

डर को कैसे छोड़ें?

शास्त्र कौमुदी, उत्तराखंड, 2017

''सृष्टि अनंत है; यहाँ सब कुछ मौजूद है। प्रश्न यह है कि तुम्हारी दृष्टि किस चीज़ पर है। सही चीज़ पर दृष्टि रखोगे तो डर नहीं रहेगा; तुम्हारे लिए नहीं रहेगा, उस समय नहीं रहेगा।''

हमरी करो हाथ दै रक्षा॥ पूरन होइ चित् की इछा॥
तव चरनन मन रहै हमारा॥ अपना जान करो प्रतिपारा॥

हे अकाल पुरख! अपना हाथ देकर मेरी रक्षा करो। मेरे मन की यह इच्छा आपके द्वारा पूरी हो कि मेरा मन सदा आपके चरणों में जुड़ा रहे। मुझे अपना दास समझकर मेरा हर तरह प्रतिपालन करो।

—चौपाई साहब (नितनेम)

प्रश्नकर्ता : मेरा मन भी ऐसे ही पुकार कर रहा है। लेकिन इस डरे हुए मन और उसमें चल रहे कुविचार का क्या उपाय है? डर को अपने से दूर कैसे रखें? सुरक्षा की तलाश में ही मन रहता है और तरह-तरह के विचार मन में आते रहते हैं। डरे हुए मन का क्या उपाय है?

आचार्य प्रशांत : डर रहेगा। डर है तभी तो तुम्हें निर्भयता की आस है। डर है तभी तो अध्यात्म है। तुम हो तो डर है, डर रहेगा। डर नहीं रहा तो फिर यह प्रश्न भी नहीं रहेगा और तुम भी नहीं रहोगे। डर नहीं है तो कोई साधना नहीं, कोई साधक नहीं। कोई यह न पूछे कि डर से छुटकारा कैसे मिलेगा। कोई यह नहीं पूछे कि डर का समूल विनाश कैसे होगा। समझो।

डर की अपनी एक जगह है और उस जगह पर डर है। यह जीव-देह की विवशता है। बड़ी दुस्सह अनिवार्यता है कि डर का अपना एक अधिकार-क्षेत्र है और रहेगा, तुम उस क्षेत्र को मिटाने की बात नहीं कर सकते। तुम बस यह पूछ सकते हो कि तुम वहाँ कैसे न जाओ, कैसे न रहो। साफ़-से-साफ़ घर में भी कुछ जगहें होती हैं जो अशुचितापूर्ण होती हैं। मन्दिरों में भी शौचालय तो होते हैं ना? किसी तीर्थ में भी चले जाओ तो वहाँ कुछ जगह मिल जाएँगी जो ज़रा दोषयुक्त, दुर्गंधयुक्त होंगी। धरती पर पैदा हुए हो तुम शरीर-रूप में। किसी काल्पनिक स्वर्ग की माँग मत करो कि जहाँ न दोष हों, न विकार हों, न अशुचिता

हो, न अपवित्रता हो। शरीर को ही देख लो ना अपने, रख लो जितना साफ़ रखना है, दोष और विकार और मल तो मौजूद रहते ही हैं। तुम करते रहो माँग कि वो न मौजूद रहें, वो मौजूद रहेंगे। तुम्हारे अधिकार में इतना ही है कि जब मंदिर जाओ तो ध्यान देव-प्रतिमा पर लगाओ; मल-मूत्र और शौच पर नहीं। मंदिर के प्रांगण में भी मल मौजूद है या नहीं? किसी मक्खी से पूछो, किसी कौवे से पूछो। वो तुम्हें बताएँगे कि मंदिर के भी कुछ कोने मलिन होते हैं या नहीं होते। कौवे को साफ़ पता है, उसे मन्दिर में भी कहाँ जाना है। मक्खी को भी पता है, कीड़ों को भी पता है। पता है ना उन्हें?

तुम्हें पता होना चाहिए तुम्हें किधर को जाना है। तुम्हें अगर डरना ही है तो डर तुम लोगे। डरने की अनेक जगहें मिल जाएँगी, अनेक स्थितियाँ मिल जाएँगी, बहुत कारण मिल जाएँगे। कभी नहीं होने वाला कि डर की अब कोई संभावना ही नहीं बची। संभावना-रूप में डर सदा मौजूद रहेगा, बीज-रूप में डर सदा मौजूद रहेगा, विकल्प-रूप में डर सदा मौजूद रहेगा। तुम ध्यान मत लगाओ डर पर, तुम ध्यान लगाओ किसी सार्थक ध्येय पर।

और तुमने ठान ही रखी हो कि जीवन के जितने मलिन पक्ष हैं उन पर ही तुमको केंद्रित रहना है, तो फिर तो तुम्हारा कोई उपचार नहीं है। फिर तो डर में जियो, ग्लानि में जियो, निंदा में जियो।

सृष्टि अनंत है; यहाँ सब कुछ मौजूद है। प्रश्न यह है कि तुम्हारी दृष्टि किस चीज़ पर है। सही चीज़ पर दृष्टि रखोगे तो डर नहीं रहेगा; तुम्हारे लिए नहीं रहेगा, उस समय नहीं रहेगा। दूसरों के लिए हो सकता है कि तब भी रहे, क्योंकि जो डरना चाहता है वह तो डर ही सकता है। तुम्हारे लिए भी उस समय नहीं रहेगा, पर तुम फ़ैसला बदल सकते हो अगले ही क्षण, अगले ही क्षण तुम चाहो तो फिर डर सकते हो। ये तुम्हारे चुनाव की बात है।

डर से कुछ बहुत बड़ा होना चाहिए तुम्हारे पास, नहीं तो मन को किसी ओर तो आकृष्ट होना है, वो डर की ओर ही आकृष्ट हो जाएगा। कहीं-न-कहीं तो उसको जाकर के लिप्त होना है, किसी-न-किसी विषय से मन को तो जुड़ना है। तुम उसे नहीं दोगे कुछ विराट, सुंदर, साफ़, तो वो जाकर के ऐसे ही किसी ओछी, मैली-कुचैली चीज़ से लिपट जाएगा। कभी डर से लिपटेगा, कभी वासना से लिपटेगा, कभी कुत्सा से लिपटेगा। मन अकेला तो नहीं रह सकता न? कुछ-न-कुछ चाहिए उसको छूने को, पकड़ने को; वो जाकर डर को ही थाम लेता है। डर बड़ा मनोरंजक होता है; उसको थाम लो तो उसमें मन लगा रहता है। कभी देखा है जब डरते हो तो कैसा मन डर में रम जाता है? अब मन बेचारा खाली है, सूना है, तन्हा है, एकाकी है। उसे कुछ चाहिए था, उसने क्या पकड़ लिया? डर!

अब देखो, डर बखूबी अपना काम कर रहा है। जिस उद्देश्य के लिए तुमने डर को पकड़ा था वो उद्देश्य पूरा हो रहा है, मन का सूनापन बिल्कुल खत्म हो गया। सूनेपन में क्या उतर आया? डर। जो तुम चाहते थे वो हुआ; तुम्हारी इच्छा पूरी हुई। अब डर के साथ खेलो, बहुत बड़ा खिलौना है वो। कभी उसका यह पक्ष देखो, कभी उसके उस पक्ष से छेड़खानी

करो, कभी ये कल्पना, कभी वो कल्पना, कभी ये अंदेशा, कभी वो आशंका। कोई पूछे, 'क्या करते हो?' तो बोलो, 'हम डरते हैं। ये हमारा धंधा है।' हम यही करते हैं; हम दिन-रात डरते हैं। खानदानी पेशा है।

ऊब से बचे रहते हो डर कर, और डर से ऊबते नहीं। डर से ऊब गए होते तो डर कब का छोड़ दिया होता। डरोगे नहीं तो बड़े बोर हो जाओगे। और जब कोई साधारण वजह नहीं मिलती डरने की, तो डर का ईजाद करते हो, डर का निर्माण करते हो; जाकर हॉरर फ़िल्म देख कर आते हो। कहते हो, 'डर आजकल कुछ कम-सा हो गया है। चलो रे! भूतिया पिक्चर देखेंगे। पैसे देकर देखेंगे। शुल्क अदा करके डरेंगे। जानते-बूझते डरेंगे।'

डरोगे नहीं तो करोगे क्या? कुछ तो चाहिए ना करने को; करने को तो है नहीं कुछ। ज़िन्दगी: खाली, बेबस, सुनसान, श्मशान। और वैसी ही ज़िन्दगी सबकी है। तो तुमने भी क्या शौक पाला? डरने का। और इसने भी क्या शौक पाला? ये तो बढ़िया हो गया ना। अब दोनों एक ही कायदे में दीक्षित हो गए। अब तुम दोनों एक ही पंथ, समुदाय, सम्प्रदाय के सदस्य हो गए; ये भी डरवादी, और ये भी डरवादी। तुमने कहा, 'हमारी तुम्हारी जात तो बिलकुल एक है, चलो विवाह कर लेते हैं।' तो देखो, डर के चलते तुम्हें साथी भी मिल गया। 'हम भी डरे थे, तुम भी डरे थे, डर के मारे हम दोनों ने एक-दूसरे का हाथ थाम लिया।' एक फ़िल्म आई थी, उसका गाना कुछ ऐसा था, ठीक से याद नहीं पर करीब-करीब। तो लड़की-लड़का काली अँधेरी बारिश की रात में गा रहे हैं। क्या गा रहे हैं? कि 'बादल गरजा सिमट गए हम, बिजली कड़की लिपट गए हम।'

देखे डर के लाभ? 'बिजली कड़की लिपट गए हम।' डर बड़ा लाभप्रद है। दुनिया की निन्यानवे प्रतिशत आबादी डर से आई है। डर न होता तो कहाँ से आते ये इंसान, ये खानदान? तुम्हें क्या लग रहा कि ये प्रेम से आए हैं? डर से ही आए हैं। ऐसे ही आए हैं; 'बिजली कड़की लिपट गए हम।'

इतने तो फ़ायदे हैं डर के और तुम कह रहे हो, 'आचार्य जी, डर से मुक्ति कैसे मिलेगी?' मैं कह रहा हूँ, 'डर हट गया तो तुम्हारा ये पूरा संसार गिर जाएगा, चलेगा ही नहीं।'

लेकिन डर से हटा जा सकता है। मैंने कहा था कि डर का अपना एक अधिकार-क्षेत्र है। उस अधिकार-क्षेत्र के बाहर भी बहुत बड़ा स्थान, बहुत बड़ा आकाश है। चुनाव तुम्हें करना है। डर एक रंगमहल है : बड़ा आकर्षक, बड़ा मनोरंजक। उसमें चाहो तो प्रवेश करो, न चाहो तो प्रवेश न करो। प्रवेश तुम करते हो अनायास ही नहीं; प्रवेश तुम करते हो क्योंकि प्रवेश करने के तुमको फ़ायदे मिलते हैं।

डर कोई तुम्हारी लाचारी, मजबूरी नहीं है; डर तुम्हारा चुनाव है। और वो तुम चुनाव करते हो क्योंकि उससे लाभ है। और लाभ है, मैं इस बात से इनकार नहीं कर सकता। डर के फ़ायदे बहुत हैं। तुम्हारी सारी सामाजिक व्यवस्था ही डर पर चलती है। आज डर न हो तो देखो क्या होने लग जाए, तमाम उपद्रव होंगे, उत्पात होंगे। आज आम आदमी अगर किसी

तरीके से सुव्यवस्थित चलता है तो वो इसलिए थोड़ी है कि उसके मन में व्यवस्था के प्रति प्रेम या आदर है; डर के कारण ही है। तो डर के फ़ायदे हैं।

डर से बड़ा कोई फ़ायदा तुम्हें मिल गया तो तुम डर पर चलना छोड़ दोगे। और डर से बड़ा क्या है वह तुम्हें खोजना पड़ेगा, ढूँढना पड़ेगा। डर तो है। जिस दिन तुम पैदा हुए समझ लो डर पैदा हुआ था। तो डर तो है : डर है, डर का महल है, डर का अधिकार-क्षेत्र है; ये सब तो हैं ही। ये तथ्य हैं: तुम्हारे जीवन के, इस पूरे संसार के। ये तो हैं ही। ये हैं ही और ये बड़े आकर्षक भी हैं। ये तो हैं ही। इससे बाहर क्या है इसको तुम्हें खोजना पड़ेगा। वो मिल गया तो इस महल से हट जाओगे, दूर चले जाओगे, वो नहीं मिला तो इसी महल में जीवन बिताओगे।

देखो क्या कह रहे हैं गुरुजन —

हमरी करो हाथ दै रक्षा॥ पूरन होइ चित की इछा॥
तव चरनन मन रहै हमारा॥ अपना जान करो प्रतिपारा॥

ये कह पाने के लिए आवश्यक है कि सबसे पहले तुम्हें यह अहसास तो हो कि जिस घेरे में तुम रह रहे हो, जिस क्षेत्र में, जिस महल में, उसके बाहर कोई है। उसके बाहर कुछ हो भी सकता है। इसी को आस्तिकता कहते हैं—ये मानना कि तुम्हारे मन की सीमित दुनिया के आगे सत्य है।

उसी को संबोधित किया जा रहा है: तव चरनन मन रहै हमारा। तुम्हारे चरणों में हमारा मन रहे। हम अपने मन को डर-महल में नहीं रखना चाहते; हम अपने मन को तुम्हारे पास रखना चाहते हैं। ये कौन है जिसको तव, तुम्हारा आदि कहकर संबोधित किया जा रहा है। वो तो हम मानते ही नहीं कुछ है। हम कहते हैं, 'जो कुछ है वही है जो हमें दिखाई-सुनाई देता है, जिसके बारे में हम सोच सकते हैं, जिसके हमको प्रमाण उपलब्ध हैं, जिस तक हमारी आँखें और मन पहुँचता है, वही है।'

यहाँ जिसको संबोधित किया जा रहा है, वो कोई और है। अगर तुम्हारी मूल धारणा ही यही हो कि डर का कोई सीमित अधिकार-क्षेत्र नहीं है, कि डर अनंत है, डर का कोई अंत नहीं, डर की कोई सीमा नहीं, तो फिर क्या तुम कहोगे कि मुझे डर से बाहर जाना है? ये श्रद्धा तो उठे, कि यह सब कुछ जो है, ये मेरे अंदर-बाहर, इससे बहुत सुंदर, बहुत आगे का कुछ है। मेरी सब धारणाएँ टूट जाएँ, मेरा सारा संसार गिर जाए, मेरी सारी संपदा छिन जाए, तो भी जो असली है वो है। फिर तुम डर को छोड़ सकते हो। फिर तुम डर के घर से बाहर निकल सकते हो, कहते हो, 'जा रहे हैं, खोजने जा रहे हैं।' यही अध्यात्म है। डर के अतिरिक्त क्या है उसकी खोज; डर के बाहर क्या है उसका अनुसंधान।

इसीलिए जो आदमी आध्यात्मिक नहीं है, वह बड़ी आसानी से पहचाना और पकड़ा जाएगा, वो डरा-डरा घूम रहा होगा। कभी वो प्रकट तौर पर डरा हुआ होगा, और कभी प्रच्छन्न तौर पर। कभी तो साफ़ ही दिख जाएगा कि उसके चेहरे पर हवाइयाँ उड़ी हुई हैं,

तुम कहोगे, 'बहुत डरा हुआ है। आध्यात्मिक हो ही नहीं सकता।' और कभी वो चेहरे से बड़ा धीर-वीर, सूरमा बनकर घूम रहा होगा। कह रहा होगा, 'हम डरते नहीं किसी से।' पर उसका दिल टटोलो तो वहाँ दिखाई देगा कि डर ही धड़क रहा है। तो बहुत खोजबीन नहीं करनी पड़ती। कौन आदमी आध्यात्मिक नहीं है यह बात तुरन्त ज़ाहिर हो जाती है उसके जीवन के डर से।

अध्यात्म है ही तभी जब तुम डर से ऊब जाओ—पहली बात। और दूसरी बात, तुम्हें यह श्रद्धा हो कि डर के बिना भी जिया जा सकता है। और तुम नमित हो जाओ, तुम कहो, 'डर के बिना जीने के लिए जो कीमत देनी पड़ेगी वो देंगे।'

इसी नमन को इन शब्दों में साकार किया गया है: तव चरनन मन रहै हमारा, अपना जान करो प्रतिपारा।

ये शब्द वास्तव में एक मूल्य का प्रतिपादन है। मूल्य यह है कि हम निर्भयता को ऊँची-से-ऊँची कीमत, बड़े-से-बड़ा मूल्य देते हैं, तो निर्भय होने के लिए हम झुकने को तैयार हैं; निर्भय होने के लिए हम सर झुकाने को तैयार हैं, निर्भय होने के लिए हम किसी का हाथ थामने को तैयार हैं।

हमरी करो हाथ दै रक्षा, पूरन होइ चित की इछा—किसी का हाथ थामने को, किसी के सामने झुक जाने को तैयार तुम तभी होगे जब बिलकुल तंग आ चुके हो अपने-आप से, और जब श्रद्धा हो कि जिसका हाथ ले रहे हो उसका हाथ लेकर के तर जाओगे। दोनों चाहिए: ऊब भी, आस भी। ऊबना बहुत ज़रूरी है; ऐसे नहीं जीना, अब हम ऊब गए। और आस भी होनी चाहिए कि ऐसे जैसे जी रहे हैं इसके अलावा भी जीने का कोई ढंग हो सकता है। जिसमें ऊब भी है और आस भी है, वो तर गया।

''अध्यात्म है ही तभी जब तुम डर से ऊब जाओ—पहली बात। और दूसरी बात, तुम्हें यह श्रद्धा हो कि डर के बिना भी जिया जा सकता है। और तुम नमित हो जाओ, तुम कहो, 'डर के बिना जीने के लिए जो कीमत देनी पड़ेगी वो देंगे।' ''

डरे हुए आदमी से डरना

शास्त्र कौमुदी, ऋषिकेश, 2017

"डरे हुए को अगर कई पूर्णतया निडर मिल गया तो वो उसके लिए बड़े अपमान की बात होगी, क्योंकि निडरता की मौजूदगी ही उसके मुँह पर तमाचा होगी; निडरता उसको जता देगी कि 'तेरा डर मिथ्या था, तू बेवक़ूफ़ था जो अपना समय नष्ट कर रहा था, मन खराब कर रहा था। क्यों डरा-डरा फिरता था? देख! निडरता सजीव मौजूद है।' "

प्रश्नकर्ता : आचार्य जी, बाबा शेख फ़रीद ऐसा क्यों बोल रहे हैं कि 'जो तुमसे भय मानता हो, तुम उससे भय मानो'?

आचार्य प्रशांत : तो, कहा है कि जो तुमसे भय मानता हो, तुम उससे भय मानो। बताते हैं कि बाबा फ़रीद के उपदेशों में से है। समझेंगे।

आप यदि किसी से भय मानते हैं, तो क्यों? और आप कौन हैं अगर आप भय मानते हैं? दुनिया में एक-से-एक भीरु देखे होंगे आपने, वो डरते ही रहते हैं, भयाक्रांत। डरने वाला क्यों डरता है? और कौन है जग में जो निडर होता है?

जिसे कुछ खोने का डर है, वो डरता है। जिसे भाव है कि कुछ छिन सकता है, वो डरता है। और निडर कौन है? निडर वो है जिसने कुछ ऐसा पा लिया जो अब छिन नहीं सकता, जो खो नहीं सकता, जिसके नष्ट होने की, मिट जाने की कोई संभावना नहीं। डरेगा वही जो उसमें जियेगा जो नकली है। डर वास्तव में हमेशा अहंकार के चोट खाने का, अपने भ्रमों के टूटने का ही होता है, इसके अतिरिक्त और कोई डर होता नहीं। जिस चीज़ से आप जुड़े बैठे हो, अगर वो कमज़ोर है तो डर तो सताएगा, 'वो चीज़ टूटी तो मैं भी टूट जाऊँगा, क्योंकि मैंने उससे अब रिश्ता बाँध लिया है।'

तो कौन है जो डरता है?

जो नकली में जी रहा है, जो सपनों में जी रहा है, जो भ्रम में जी रहा है, जो सत्य के विरुद्ध खड़ा है, वही डरेगा। फ़रीद कह रहे हैं, 'ऐसे से तुम डरो, ऐसे से तुम बचो।' क्यों?

क्योंकि वो डरा हुआ है। जो डरा हुआ है, वो हिंसक हो जाता है। जो डरा हुआ है, वो सच्चाई को झेल नहीं सकता; वो संख्या में आश्रय पाता है, वो अपने जैसों की तादाद बढ़ाना चाहता है। आपने देखा है ना, जब आप डर जाते हैं तो आप भीड़ की ओर भागते हैं।

अँधेरा हो, निर्जन हो, अकेलापन, आपको बड़ा सुकून मिलता है अगर आपको पाँच-छह लोग कहीं दिख जाएँ, उनका साथ मिल जाए। जो डरा है वो तादाद माँगेगा, संख्या माँगेगा। कैसों की? अपने जैसों की।

डरे हुए को अगर कोई पूर्णतया निडर मिल गया तो वो उसके लिए बड़े अपमान की बात होगी, क्योंकि निडरता की मौजूदगी ही उसके मुँह पर तमाचा होगी; निडरता उसको जता देगी कि 'तेरा डर मिथ्या था, तू बेवक़ूफ़ था जो अपना समय नष्ट कर रहा था, मन खराब कर रहा था। क्यों डरा-डरा फिरता था? देख! निडरता सजीव मौजूद है।'

तो निडरता से तो डरा हुआ व्यक्ति खार खाएगा, डरा हुआ व्यक्ति अपने जैसों को बढ़ाना चाहेगा। झूठ सहारा माँगता है; सत्य पर-आश्रित नहीं होता, पर झूठ को बहुत सारे अपने जैसे चाहिए। जो डरा हुआ है, वो और ऐसे पैदा करना चाहेगा जो डरे हुए ही हैं। डरा हुआ व्यक्ति अपने आस-पास के पाँच और लोगों को डराता है, डरा हुआ व्यक्ति उसके प्रति हिंसक हो जाता है जो न डरे। डरा हुआ व्यक्ति चूँकि संसार से डरता है, इसीलिए संसार को शत्रु मानता है, अपनी सुरक्षा के लिए वो घातक हो उठता है।

जहाँ डर है, वहाँ प्रेम नहीं। जहाँ डर है वहाँ सत्य नहीं। जहाँ डर है, वहाँ मुक्ति नहीं। कोई बहुत डरा हुआ है, वो आपसे बँध ही जाएगा, चिपक ही जाएगा। इसलिए नहीं कि उसे प्रेम है आपसे, स्वार्थवश। किसी से प्रेम में एक हो जाना बिलकुल अलग बात है, और अपने डर की वजह से, अपने स्वार्थ की वजह से किसी को जकड़ लेना बिलकुल दूसरी बात है। तो, फ़रीद हमें समझा रहे हैं कि जो डरा हुआ है उससे बचो, क्योंकि वो घातक है, नुकसानदेह है।

डर अनायास नहीं होता, डर अकारण नहीं होता, डर के पीछे हमेशा एक चुनाव होता है। क्या चुनाव? कि सच्चाई नहीं चाहिए, झूठ ज़्यादा पसंद है, समर्पण नहीं चाहिए, अकड़ में जीना है। डर बीमारी है, ऐसी बीमारी जिसे हम खुद पैदा करते हैं, पोसते हैं, और सुरक्षित रखते हैं। जो सरल चित्त हैं, उन्हें डर कहाँ? डर कभी अकेला नहीं चलता, भय के साथ बीमारियों का पूरा एक कुनबा चलता है। जहाँ डर देखो, समझ लेना वहाँ भ्रम है, क्रोध है, मोह है, मद है, मात्सर्य है, तमाम तरह के झूठ हैं।

बीमारियों के इस झुंड से बचना है, कि नहीं बचना है?

यही समझा रहे हैं शेख फ़रीद, कि डरे हुए आदमी को व्याधियों का झुण्ड जानना, सतर्क हो जाना, वो व्याधियाँ तुम्हें भी लग सकती हैं। जितनी मानसिक बीमारियाँ हैं, सब अति-संक्रामक होती हैं; संगत असर लाती है, डरे हुए के बगल में बैठोगे, तुम भी डर जाओगे। वो ऐसे किस्से सुनाएगा, तुम्हारे मन में ऐसे-ऐसे ख़याल भर देगा जो तुम्हें अन्यथा कभी आते नहीं। तुम मौज में घूम रहे थे, वो तुम्हारे दिमाग में दस भूत नचा देगा, तुम भी डर जाओगे; संक्रामक है डर। तो फ़रीद कह रहे हैं, 'इस संक्रमण के विरुद्ध सतर्क रहो, अपनी रक्षा करो।'

तुम अपनी रक्षा कर पाओगे तभी तो किसी और की करोगे ना? जो खुद हार गया वो किसी और को क्या जिताएगा? जो खुद बीमार हो गया वो दूसरों की क्या चिकित्सा करेगा? अपने-आप को बचाओ, यही दूसरे के प्रति भी करुणा है। जो मुक्त है, उसी का स्पर्श दूसरों को मुक्ति दे सकता है। जो आनंद में है, उसी का साहचर्य दूसरों को आनंदित कर सकता है।

प्रश्नकर्ता : *पाया है, कुछ पाया है,*
सतगुरु मेरे, अलख लखाया है।
कहूँ बैर पड़ा, कहूँ बेली है,
कहूँ मजनूं है, कहूँ लेली है।
कहूँ आप गुरु, कहूँ चेली है,
आप आपका पंथ बताया है।

आचार्य : परमात्मा की बात हो रही है, कि ये जो विभिन्नताएँ भासती हैं, ये सब-कुछ जो परस्पर विरोधी लगता है, वो कुछ और नहीं है, उसी के अनेक रूप हैं। अद्वैत हज़ार तरीके के द्वैतों में प्रकट होता है। वही पुरुष है, और वही पुरुष के विपरीत स्त्री भी है; मजनूं भी वही है और लैला भी वही है। चीज़ें अलग-अलग दिखती हैं, पर वास्तव में एक ही हैं। कहा ये जा रहा है कि जो कुछ तुम्हें अलग-अलग दिख रहा है उसके पीछे उनको अलग-अलग देखने वाला मन बैठा हुआ है। और मन के जो तमाम रंग हैं वो सबके सब समाहित हो जाते हैं मन की शान्ति में। सारा संसार और इसकी सारी विभिन्नताएँ और विषमताएँ, घूम-फिर करके मन में समा जाती हैं, और मन के सारे आकार-प्रकार घूम-फिर के अंततः शांति में, समाधि में, आत्मा में समा जाते हैं।

जो मन को जान लेता है, वो मन की तमाम अवस्थाओं में भी एक-सा रहता है, समभाव में। बाहर उसके चीज़ें बदलती रहती हैं, भीतर कुछ होता है जो नहीं बदलता। वो कहता है, 'हाँ, ठीक है! काला था, अब सफ़ेद है। अभी गर्मी है, थोड़ी देर में ठंड। पर भीतर कुछ है, जो शीत और ऊष्मा दोनों के एहसास से अछूता है।'

सारे द्वैतों के बीच में अद्वैत।

प्रश्नकर्ता : कुछ-कुछ स्थितप्रज्ञ जैसा।

आचार्य : बिल्कुल, वही। बिल्कुल वही।

ये तो हम लोगों ने इतनी बार गाया है, पिछले दो सालों में इसका ज़िक्र नहीं आया, नहीं तो खूब गाया है। अब गाओ।

प्रश्नकर्ता : *पाया है, कुछ पाया है,*
सतगुरु मेरे, अलख लखाया है।
कहूँ बैर पड़ा, कहूँ बेली है,

कहूँ मजनूं है, कहूँ लेली है।
कहूँ आप गुरु, कहूँ चेली है,
आप आपका पंथ बताया है।
पाया है, कुछ पाया है,
सतगुरु मेरे, अलख लखाया है।
कहूँ मेहजत का करतारा है, कहूँ बढ़िया ठाकर द्वारा है।
कहूँ बैरागी जय धारा है,
सेखन बड़ी-बड़ी आया है।
पाया है, कुछ पाया है,
सतगुरु मेरे, अलख लखाया है।
कहूँ तुरक मुस्सला पढ़ते हो, कहूँ भगत हिन्दू जप करते हो,
कहूँ घोर घुन्डे में पड़ते हो, कहूँ घोर घुन्डे में पड़ते हो,
घर घर लाड़ लड़ाया है, घर घर लाड़ लड़ाया है।
पाया है, कुछ पाया है,
सतगुरु मेरे, अलख लखाया है।
बुल्ला शाहू, मैं बेमुहताज़ होईया,
महाराजा मिल्या मेरा काज होईया।
दरसन पिया का इलाज होईया, दरसन पिया का इलाज होईया,
आप आप में आप समाया है।
पाया है, कुछ पाया है।

''जहाँ डर है, वहाँ प्रेम नहीं। जहाँ डर है वहाँ सत्य नहीं। जहाँ डर है, वहाँ मुक्ति नहीं। कोई बहुत डरा हुआ है, वो आपसे बँध ही जाएगा, चिपक ही जाएगा। इसलिए नहीं कि उसे प्रेम है आपसे, स्वार्थवश। किसी से प्रेम में एक हो जाना बिलकुल अलग बात है, और अपने डर की वजह से, अपने स्वार्थ की वजह से, किसी को जकड़ लेना बिलकुल दूसरी बात है।''

डर और डर में अंतर होता है

शास्त्र कौमुदी, बोधस्थल, 2019

''असली डर आ गया तुम्हारे जीवन में तो तुम्हारी ज़िन्दगी बदल जाएगी तत्काल; लोहे से सोना हो जाएगी। और असली डर अगर जीवन में आ गया तो चमत्कार ये होगा कि ये सब जो छोटे-छोटे, क्षुद्र डर हैं, ये वि हो जाएँगे। फिर दुनिया से डरना छोड़ दोगे। फिर ज़रा-ज़रा सी बातों में रूह नहीं काँपा करेगी।''

When people do not fear what they ought to fear,
that which is their great dread will come on them

जीवन के सबसे बड़े ख़ौफ़ को आमंत्रण है उस भय से विमुख हो जाना जिससे भयभीत होना ज़रूरी है।

—लाओ-त्सु

प्रश्नकर्ता : आचार्य जी, प्रणाम। लाओ-त्सु ने डर और डर में भेद किया है। मेरे अनुभव से तो डर एक ही जैसा होता है—जो मुझे अंदर से कम्पित कर दे। कृपया समझाएँ कि जो पहले तरीके का डर है, जिससे हमें डरना ही चाहिए, वह और दूसरे तरीके के डर में क्या फ़र्क है?

आचार्य प्रशांत : बहुत भेद है। डर एक तरह का ही नहीं, साफ़-साफ़ दो तरह का होता है। ये समझिएगा।

पहले तरीके के डर से आप परिचित हैं। पहले तरीके का डर कहता है, 'कहीं ऐसा न हो कि मुझे वह न मिले जो मैं चाहता हूँ, कहीं ऐसा न हो मुझसे वह छिन जाए जो मेरे पास है।' यह हुआ पहली कोटि का साधारण, सामान्य डर, जिससे आपका परिचय खूब है।

दूसरी श्रेणी के डर से आप उतने वाकिफ़ नहीं होंगे। दूसरा डर कहता है, 'कहीं मुझे वह मिल ही न जाए जो मुझे वास्तव में चाहिए और जिससे मैं बचता फिर रहा हूँ।'

लाओ-त्सु ने इन दोनों डरों के मध्य भेद किया है। संतों ने भी इसीलिए बार-बार आपको डरने के लिए कहा है। इसी डर से अंग्रेज़ी का शब्द आया है—गॉड-फ़ीयरिंग। डरना सीखो! उससे डरो जिसे नहीं पाया तो जीवन व्यर्थ हो जाएगा; और अहंकार उसी को पाने से डरता है। हम सब तरीके के छोटे-छोटे डरों में लिप्त रहते हैं, जो एक डर हमें लगना ही चाहिए उसको हमने छुपा रखा है। हम बॉस से डरते हैं, हम पुलिस से डरते हैं, पति से डरते

हैं, पत्नी से डरते हैं, सास से डरते हैं, ससुर से डरते हैं, पड़ोसी से डरते हैं। हम पूरी दुनिया से डरते हैं; हम बस जीवन के व्यर्थ जाने से नहीं डरते।

जीवन की सार्थकता किसमें है ? कि जीवन का अभीष्ट पा लो, मुक्ति पा लो। अमुक्त रह जाने से नहीं डरते हम, बाकी सबसे डरते हैं हम। काँपने लग जाते हैं। ज़रा-ज़रा सी बातें हमें कँपा ले जाती हैं, और जो एक अति भयावह घटना हमारे साथ रोज़ घट रही है उससे हमारे कानों में जूँ नही रेंगती।

तो जो प्रेम करते थे हमसे, हितैषी थे हमारे, उन्होंने बार-बार कहा, 'डरो! डरना सीखो!'

कबीर साहब के पास जाओगे तो कहेंगे, 'भय पारस है जीव को।'

असली डर आ गया तुम्हारे जीवन में तो तुम्हारी ज़िन्दगी बदल जाएगी तत्काल; लोहे से सोना हो जाएगी। और असली डर अगर जीवन में आ गया तो चमत्कार ये होगा कि ये सब जो छोटे-छोटे, क्षुद्र डर हैं, ये विदा हो जाएँगे। फिर दुनिया से डरना छोड़ दोगे। फिर ज़रा-ज़रा सी बातों में रूह नहीं काँपा करेगी।

एक फ़ोन आ गया; अब खड़े काँप रहे हैं, कंपन रुक ही नहीं रहा। बॉस ने ज़रा धमका दिया, रक्तचाप बढ़ गया। बच्चे के अंक कम आ गए तो लगा संसार ख़त्म होने को है। रुपए-पैसे को लेकर के कुछ ऊँच-नीच हो गई, रात की नींद उड़ गई। कोई गलती या चोरी पकड़ी गई, मुँह छिपाए घूम रहे हैं।

ये सब उन्हीं के साथ होता है जिन्हें असली डर नहीं लगता है। जीव हैं हम, इंसान पैदा हुए हैं हम; जीव का अर्थ ही वो जो डरा हुआ है। तो कोई यह तो कहे ही नहीं कि मैं भयमुक्त हूँ, मैं निर्भय हूँ। डरना तो तुम्हें पड़ेगा—अब ये चुन लो किससे डरना है। या तो दुनिया के सब मच्छर-मक्खियों और क्षुद्रताओं से डर लो, या फिर उस एक से डर लो जिससे डर कर उसको पा ही लोगे।

गॉड-फ़ीयरिंग होने का या भगवान से डरने का अर्थ क्या होता है ? अर्थ होता है कि मुझे बहुत डर है इस बात से कि कहीं वो मुझे मिले न। गॉड-फ़ीयरिंग होने का अर्थ है 'द फ़ियर ऑफ़ मिसिंग आउट ऑन गॉड'—भगवान से डर नहीं लगता, भगवान से दूरी से डर लगता है। और भगवान से मेरा आशय कोई काल्पनिक देवी-देवता इत्यादि नहीं है, जब भगवान कह रहा हूँ तो मेरा सीधा-सीधा आशय सच्चाई से है।

आजकल बड़ा चलन है फ़ियरलेसनेस (निडरता) का। बार-बार कहा जाता है, 'देखो, किसी से डरना मत।' कितना भी समझा लो किसी से डरना मत, जो उससे नहीं डर रहा वह नीचे वालों से डरेगा ही डरेगा। तुम दे लो जितनी आधुनिक शिक्षा देनी है, तुम कर लो जितना प्रचार करना है, तुम छाती पीट-पीट कर बताते ही रहो कि साहब हम किसी से नहीं डरते या कि हम तो मिलेनियल पीढ़ी (सहस्राब्दी पीढ़ी) हैं, ये डरना इत्यादि हमने सीखा नहीं।

डरना इत्यादि सीखा है या नहीं सीखा वो तो जब ज़िन्दगी ज़रा-सी चुनौती देती है

तभी पता चल जाता है। जितना डिप्रेशन आज की पीढ़ी को होता है, इतना इतिहास में कभी किसी को नहीं हुआ। और जितनी बेखौफ़ और निर्भय आज की पीढ़ी बनती है, उतना कभी कोई पीढ़ी बनी नहीं। आज की पीढ़ी तो आदर और सम्मान देने को, झुक जाने को भी डर से ही सम्बन्धित मानती है। तो ये न आदर देना जानते हैं, न सम्मान देना जानते हैं, न झुकना जानते हैं—ये सिर्फ़ कूल हैं। डिप्रेशन अन-कूल (अनुचित) नहीं लगता? बार-बार आकर बताते हो, 'हमें तो एंग्जाइटी (व्याकुलता) हो गई।' वो अन-कूल नहीं लगता?

वह इसीलिए है, जिसका तुम्हें डर लगना चाहिए था उसके सामने तुम कभी डरे नहीं, झुके नहीं। सिर झुका लेने में, पाँव छू लेने में तुम्हें बड़ा अपमान लगता है। जिसका सिर झुकेगा नहीं, उसका सिर फटेगा; और जिसका सिर उसके सामने नहीं झुकेगा उसको सज़ा यह मिलेगी कि उसका सिर सौ जगहों पर झुकेगा, बहुत गलीच जगहों पर झुकेगा। चिंता के सामने झुकेगा, क्रोध के सामने झुकेगा, कामवासना के सामने झुकेगा, लालच के सामने झुकेगा।

इनके सामने सिर झुकता है कि नहीं झुकता? इनके सामने तो सिर हमारा तत्काल झुक जाता है। सच्चाई के सामने सिर झुकाने में हमें बड़ी लज्जा आती है। हम कूल हैं ना! हम 'हाय' करते हैं, हम नमन तो कर ही नहीं पाते हैं। चरणस्पर्श करना तो दमन का सबूत है ना? हम सोचते हैं कि ये सब करके हम दिखा दे रहे हैं कि हमें दुनिया में किसी से डर नहीं लगता।

बिना डर के ही आ गए क्या ये सैंकड़ों मनोरोग? क्या इन सबका मूल सम्बन्ध डर से नहीं है? मनोवैज्ञानिकों की दुकान जितनी आज चल रही है उतनी कभी नहीं चली। क्या हर मानसिक बीमारी का गहरा ताल्लुक डर से नहीं है? और डर का ताल्लुक सीधे-सीधे हमारी बेवफ़ाई से है, हमारी अश्रद्धा से है। जो जितना बेवफ़ा और बेईमान होगा उसको मनोरोग की संभावना उतनी बढ़ेगी।

समझो! अध्यात्म और क्या है? मानसिक स्वास्थ्य का विज्ञान है अध्यात्म। मन को और कुछ स्वस्थ रख ही नहीं सकता अध्यात्म के अलावा; उसी अध्यात्म के अभीष्ट को जो नाम दिया गया है उसे कहते हैं सच्चाई। तो माने मानसिक स्वास्थ्य की एक ही दवा है, क्या है? सच्चाई। जो सच्चाई के सामने झुक गया, वह मानसिक रूप से बिल्कुल भला-चंगा रहेगा। जो सच्चाई के सामने नहीं झुका, वह पचास अन्य जगहों पर झुकेगा : परिवार के सामने, समाज के सामने, अपनी ही वृत्ति और विकारों के सामने झुकेगा और मनोरोगी रहेगा।

'मैं, मैं' खूब करता रहेगा—'आई दिस, आई देट।' सब मनोरोगियों में ये बात तुम साझी पाओगे; 'आई' बहुत चलता है उनका : 'देन आई सेड, देन आई थॉट, देन आई फ़ेल्ट, देन आई इमेजिन्ड, देन आई अज़्यूम्ड' (मैंने कहा, मैंने सोचा, मैंने महसूस किया, मैंने कल्पना की, मैंने अनुमान लगाया)। अंग्रेज़ी में इसलिए बोल रहा हूँ क्योंकि उनका अंग्रेज़ी से भी खूब ताल्लुक होता है—हिन्दी तो पिछड़ेपन की भाषा है ना।

और यह बात मैं यूँ ही कल्पना में नहीं कह रहा हूँ, सर्वेक्षण करके देख लो। अंग्रेज़ी-भाषियों और देशी भाषा वालों में तुलना करके देख लो कि मनोरोगों का अनुपात कितना है। जो भजन नहीं गा सकता, उसे पगलेठ के अलावा और क्या बोलूँ? उसकी मानसिक विकृति तो सामने आ ही गई है, उससे भजन गाए ही नहीं जाते।

यहाँ महीने में चार शिविर होते हैं। हर शिविर में कुछ ऐसे आते हैं, उनको बोलो, 'बैठो, भजन गाओ,' उनके बोल नहीं फूटते। वो अंदर से सख़्त हो गए हैं, कड़े हो गए हैं। कुछ आर्द्रता, कुछ नमी उनमें बची ही नहीं है।

तुमने गौर किया है, डर में तुम अकड़ जाते हो। गौर किया है? डर में बैठे रहो, डर कर बैठे रहो। आधा घंटा, पौन घंटा। और उठोगे तो पाओगे कि अकड़-से गए हो। वो अकड़ गए हैं, वो सूख गए हैं। ज़्यादातर जिसे हम प्रगति कहते हैं, तरक्की बोलते हैं, वह कुछ नहीं है, दुनिया का डर है, दुनिया के डर से प्रेरित हुई घटना है। दुनिया को भी जीतने की ज़्यादा ललक उसी में रहती है जो दुनिया से डरा हुआ है। यही वजह है कि मनोरोग भी अधिकांशत: प्रगतिशील लोगों में ही ज़्यादा पाया जाता है। और यह प्रगतिशील लोग ही हैं जो अधिकांशत: अपने-आप को घोषित करते हैं कि 'नहीं साहब! हमारा धर्म इत्यादि से कोई ताल्लुक नहीं है। हम प्रगतिवादी हैं, हम लिबरल (उदारपंथी) हैं।'

हम चूँकि ऐसे मूरख हैं कि दुनिया की पचास चीज़ों से डरते हैं और जो डरने लायक है उससे नहीं डरते हैं, तो बेचारे धर्मों को विचित्र तरीके अख़्तियार करने पड़े। किसी धर्म ने कहा कि स्वर्ग होता है, नरक होता है; गलत काम करोगे, नरक में पड़ोगे। ये तुमको डराया ही जा रहा था। किसी ने कहा, 'कयामत का दिन आता है, गलत काम करोगे तो कब्र से निकालकर तुम्हारा इन्साफ़ किया जाएगा,' ये तुमको डराया जा रहा था। ये कृत्रिम तरीके हैं तुम्हें डराने के, क्योंकि स्वस्थ डर हमें पता ही नहीं।

और मैं बिलकुल नाप-तोल कर कह रहा हूँ—स्वस्थ डर। एक होता है रुग्ण डर और एक होता है स्वस्थ डर। क्योंकि हम स्वस्थ डर जानते ही नहीं तो इसलिए फिर धर्मों ने हैवन-हेल (स्वर्ग-नरक) इत्यादि की व्यवस्था की, कि 'कुछ तो करके इस आदमी में खुदा का खौफ़ डाला जाए, नहीं तो ये डरता ही नहीं। ऊपर से डरता नहीं और नीचे डर के अलावा कुछ जानता नहीं, अजीब इसकी हालत है।' पुनर्जन्म की भी जो पूरी अवधारणा गढ़ी गई वो भी इसीलिए की गई—क्योंकि तुम तो कह देते हो कि खाओ-पियो, मौज करो, मर ही तो जाना है।

अब ऋषियों को बड़ा सिरदर्द, बोले, 'ये तो इसने बढ़िया कहानी निकाल ली। कह रहा है कि खाओ-पियो, मौज करो; कह रहा है मर ही तो जाना है।' तो उन्होंने कहा, 'अब मैं बताता हूँ, नहीं मरना है! तू लौटेगा! और गड़बड़ काम करेगा तो गधा बनकर लौटेगा।' ये तुमको डराने का इंतज़ाम किया जा रहा है, क्योंकि बिना डरे तुम बहुत ज़्यादा डरोगे। अजीब बात कही। बिना डरे तुम बहुत ज़्यादा डरोगे; डर जाओ ताकि यहाँ डरना न पड़े।

जो वहाँ से डर गया, वह यहाँ निर्भीक हो जाता है। जो वहाँ से नहीं डरा, उसकी यहाँ बड़ी शोचनीय हालत रहती है। जब भी कोई आदमी देखना जो दुनिया में बड़ी दर्दनाक हालत में हो, हर तरफ़ घिसटता-पिटता फिर रहा हो, एक बात साफ़ समझ लेना। क्या? उससे (ऊपर से)नहीं डरा, उससे डरा होता तो यहाँ इतना पिटा नहीं होता।

बात-बात में निर्भयता के नारे मत लगाने लग जाया करो। हालत जब अपनी खराब है तो उस खराब हालत को स्वीकार करो—इसको ही मैं कहता हूँ स्वस्थ डर। स्वस्थ डर तुमसे क्या कहता है? स्वस्थ डर तुमसे कहता है कि तुम्हारी हालत खराब है और इसको ठीक नहीं किया तो तुम अपने लिए और कष्ट पैदा कर रहे हो। ये डर बिलकुल ठीक है। तुम्हें ये डर पता होना चाहिए कि तुम्हारी हालत खराब है, निस्संदेह खराब है, और अगर हालत ठीक नहीं की तो ज़िन्दगी पूरी बर्बाद कर ली—ये डर लगना चाहिए।

''हम सब तरीके के छोटे-छोटे डरों में लिप्त रहते हैं, जो एक डर हमें लगना ही चाहिए उसको हमने छुपा रखा है। हम बॉस से डरते हैं, हम पुलिस से डरते हैं, पति से डरते हैं, पत्नी से डरते हैं, सास से डरते हैं, ससुर से डरते हैं, पड़ोसी से डरते हैं। हम पूरी दुनिया से डरते हैं; हम बस जीवन के व्यर्थ जाने से नहीं डरते।''

सही जीने वाले को मौत से डर कैसा?

शास्त्र कौमुदी, बोधस्थल, 2018

''जब तक शरीर है, आज़ाद हो लो। खिड़की खुली हुई है, उसमें से रोशनी भीतर आ रही है, न जाने कब बंद हो जाए। बंद हो जाए, उससे पहले पूरे रौशन हो लो। यही जीवन का मकसद है। इसके अतिरिक्त जीवन का कोई प्रयोजन नहीं। पूर्ण मुक्ति के अतिरिक्त तुम अपना जीवन यानी अपना समय यानी अपनी संभावना जिन भी कामों में व्यतीत कर रहे हो वो बर्बादी ही है।''

एशुं नामक एक ज़ेन तपस्विनी अपने जीवन के साठ साल गुज़ार चुकी थीं, अब वे मृत्यु को प्राप्त होने ही वाली थीं। तब उन्होंने कुछ भिक्षुओं को लकड़ी की चिता बनाने को कहा। चिता तैयार होते ही वे अपनी चिता के बीचों-बीच जाकर बैठ गईं और उन्होंने कहा कि चारों तरफ़ से आग लगा दो।

जब चारों तरफ़ से आग लग गई, तो एक भिक्षु ने चिल्लाकर पूछा, 'हे तपस्विनी! क्या भीतर बहुत गर्म है?'

इस पर एशुं ने जवाब दिया, 'ऐसी बातों से सिर्फ़ तुम्हारे जैसे किसी बेवकूफ़ को ही फ़र्क पड़ेगा।' उसके बाद आग की लपटें बढ़ीं और वो चली गईं।

प्रश्नकर्ता : जब तपस्विनी आग में बैठी थीं तब भी उन्हें कोई दर्द महसूस नहीं हो रहा था। ये कैसे संभव है? कैसे कोई पूरी तरह से अपने शरीर के अनुभवों से अलग हो सकता है?

एक जगह पर ऋषि अष्टावक्र कहते हैं,

यदि देहं पृथक् कृत्य चिति विश्राम्य तिष्ठसि।
अधुनैव सुखी शान्तो बन्धमुक्तो भविष्यसि॥

यहाँ वो भी शरीर के साथ तादात्म्य न बैठाने को ही कह रहे हैं, कृपया समझाएँ।

आचार्य प्रशांत : जीवन जिसे हम कहते हैं उसका सार्थक उपयोग क्या है?

जीवन इसलिए है ताकि तुम जीव-भाव से मुक्त हो सको; यही जीवन का लक्ष्य है, इसी में जीवन की सार्थकता है, मंतव्य है। पैदा हुए हो बंधनों में, दैहिक मृत्यु से पूर्व उन बंधनों से मुक्त हो जाओ, यही जीवन का आशय है।

तो एक अवसर-भर है जीवन; मुक्ति के लिए एक अवसर है, आज़ाद हो जाने की एक संभावना है।

तुम हो जो अपने-आप को 'देही' बोलते हो, जिसका शरीर से तादात्म्य है। चूँकि तुम्हारा शरीर से तादात्म्य है, इसीलिए शरीर की अवधि ही तुम्हारा अवसर है।

तुम किसको ज़िन्दा बोलते हो?

जिसका शरीर अभी गतिशील हो, उसको तुम कहते हो, 'ये जीवित है।' तो यानी जीवित रहने की तुम्हारी परिभाषा ही किससे जुड़ी हुई है?

शरीर से जुड़ी हुई है ना?

तो तुम्हारा फिर एक ही अवसर क्या हुआ?

शरीर। कि जब तक शरीर है, आज़ाद हो लो। खिड़की खुली हुई है, उसमें से रोशनी भीतर आ रही है, न जाने कब बंद हो जाए; बंद हो जाए उससे पहले पूरे रौशन हो लो। यही जीवन का मकसद है, इसके अतिरिक्त जीवन का कोई प्रयोजन नहीं। पूर्ण मुक्ति के अतिरिक्त तुम अपना जीवन यानी अपना समय यानी अपनी संभावना जिन भी कामों में व्यतीत कर रहे हो वो बर्बादी ही है।

ये ऐसी-सी बात है कि जैसे किसी कैदी को कुछ काल के लिए कैद से रिहाई दी गई हो, मान लो एक दिन के लिए। सुबह उसे छोड़ा गया है और कहा है, 'शाम तक तू जो कर सकता है, जहाँ जा सकता है, जो साधन आज़मा सकता है, सब कर डाल। शाम को हम फिर आ जाएँगे तुझे पकड़ने के लिए।' और उसे कारागृह की चार दीवारों से तो छोड़ दिया गया है पर उसके हाथ भी बेड़ियों में हैं, पाँव भी बेड़ियों में हैं। उसके कंधों पर भी बेड़ियाँ डली हुई हैं, उसके गले में भी लोहे का फंदा है। और सुबह-सुबह उसे जेल के द्वार से बाहर धक्का दे दिया गया है, कि 'जा बेटा! ये दिन तेरा हुआ। ये जो एक दिन है ये तेरा अवसर है। ये जो बारह-चौदह घंटे हैं, ये तेरा अवसर है, यही तेरी संभावना है पूरी तरह आज़ाद हो जाने की।' ये समझ लो बच्चे का जन्म हुआ, तो बच्चे का जन्म ही हो रहा है किसमें?

बेड़ियों में।

और जब उसका जन्म हुआ है, ठीक तभी उसे बता दिया गया है कि सीमित समय दिया जा रहा है तुझे।

कैदी को कितना समय दिया गया?

प्रश्नकर्ता : एक दिन।

आचार्य : एक दिन का, और बच्चे को कितना समय दिया जाता है?

एक जन्म का; और दोनों के पास बेड़ियाँ हैं। अब तुम देखो कि ये कैदी कर क्या रहा है। इसने बेड़ियाँ पहन रखी हैं और ये जेल के पास एक जगह बैठकर के चाय-समोसा खा रहा है और फिर ये लम्बी तान कर सो रहा है। कितने समोसे खा लिए, नींद तो आएगी।

फिर इसे एक औरत दिख गई, उसको छेड़ रहा है, उसके पीछे जा रहा है, उससे प्रेम प्रस्ताव कर रहा है; और सूरज अपनी यात्रा पर है। घड़ी की टिक-टिक थम नहीं रही। और इसे फिर अपने ही जैसे चार-पाँच मिल गए, ये उनके साथ गपशप कर रहा है, व्यर्थ चर्चाओं में संलग्न है। फिर इसे किसी ने बता दिया कि समोसे मज़ेदार थे ना?

बोला, 'हाँ।'

तो बोला, 'मेरे साथ आओ, उधर चलते हैं, वहाँ कुछ सौ-पचास की आमदनी हो जाएगी। खूब समोसे खाना, और समोसे खाना।' और ये कह रहा है, 'ठीक बात! दो-चार महीनों के समोसों का इंतज़ाम कर लेता हूँ।' ये बिल्कुल भूल गया है कि इसको मोहलत शाम तक की ही मिली है। अब ये जाकर के पैसा जोड़ रहा है। अब ये फ्रिज खरीदना चाहता है, उसमें समोसे रखेगा। और जिस औरत को छेड़ रहा था, जिसके पीछे जा रहा था, उसने भी देख लिया कि अब इसने पैसे जोड़ लिए हैं, इसके पास फ्रिज आ गया, तो वो ख़ुद ही आ गई है।

तुम भी फ्रिज ले लो, स्त्री-पुरुष जो चाहते हैं सब मिल जाएगा, फ्रिज होना चाहिए बस। फ्रिज भी कई तरह के होते हैं, छोटा-सा फ्रिज होगा तो तुम्हें भी सब छोटा-ही-छोटा मिलेगा।

अब संध्या के चार बज चुके हैं, और इसके पास क्या-क्या है?

फ्रिज है, स्त्री है, समोसे हैं और सारी-की-सारी बेड़ियाँ हैं, और इसने अब बहुत सारे भाई-बंधु, पूरा कुटुंब जुटा लिया है और सब इसी के जैसे हैं। उनमें से एक 'पुतैया' है, वो आकर इसकी बेड़ियाँ पोत रहा है। वो कह रहा है 'ये काली-काली अच्छी नहीं लगतीं, मैं इनको सुनहरा रंग कर देता हूँ।' इसकी बेड़ियाँ अब सुनहरी हो गई हैं, पौने-पाँच बज चुके हैं, सूर्य अस्ताचल की ओर बढ़ रहे हैं।

ये भूल ही चुका है सूर्य को। अब इसके पास फ्रिज है और समोसा है और स्त्री जाकर कड़ाही खरीद लाई है, वो बोल रही है, 'अब चलो, निकालोगे फ्रिज से तो बिलकुल गरम करके दूँगी तुमको।'

बेड़ियाँ भी अब बुरी नहीं लग रही हैं क्योंकि उन पर रंग अब सुनहरा है और आस-पास जितने इकट्ठे कर लिए हैं वो सब बेड़ियों ही वाले हैं। बेड़ियों से बेड़ियाँ खनकाई जा रही हैं, 'यारा दिलदारा।' एक कैमरा लेकर शूटिंग भी कर रहा है, कह रहा है, 'ये देखो, ये बढ़िया नृत्य है।' त्योहार मनाया जा रहा है।

'तेरे बंधन, मेरे बंधन, अरे! छन-छना-छन।'

एक लगा है यूट्यूब पर डालने ये सारे वीडियोज़, एक अब सब्सक्राइबर गिन रहा है। छह बज रहे हैं भाई।

उधर समोसे तले जा रहे हैं और समोसों के साथ औरत आती है और उसके कान में फुसफुसाती है, 'सुनते हो जी? हम तीन होने वाले हैं।'

सूरज अब आधा डूब चुका है। उत्सव की तैयारियाँ चल रही हैं, घर में 'समोसू' आने वाला है। और ठीक तब जब तुम अपने उत्सव और आह्लाद के चरम पर, शीर्ष पर हो, तभी कई पुलिस वाले भैंसे पर बैठकर आ जाते हैं, काले भैंसे और गदा लेकर के। वो बोलते हैं, 'चलो, एक दिन की मोहलत दी थी और हमें तो लगा था तुम अपनी बेड़ियाँ वगैरह काटने का इंतज़ाम करोगे। तुमने तो बेड़ियों के इर्द-गिर्द ही पूरा कुटुंब खड़ा कर लिया। खैर कोई बात नहीं, हमें क्या लेना-देना? हमें तो कहा गया था कि इसको एक दिन का अवसर दे दो, क्या पता ये अवसर को भुना ले, क्या पता ये अपनी बेड़ियों को काटकर इतना दूर निकल जाए कि फिर कभी कोई इसे कैद न कर पाए। पर इतनी इसको सद्बुद्धि आई नहीं, ये तो बाहर निकल कर चाय-समोसे में डूब गया।'

ऐसा हम सबका जीवन होता है; हम चाय, समोसे, फ्रिज और फ़र्नीचर में डूबे हुए हैं। हम बेड़ियाँ खनका रहे हैं, हमें घड़ी का कुछ पता ही नहीं। अंतिम दृश्य अभी बाकी है। जब ये सब भैंसेवाले इसको पकड़ कर, उठा कर ले जाने लगे, तो ये आक्रांत होकर के ज़ोर-ज़ोर से चिल्लाता है। मार्मिक दृश्य है, तुम्हें दया आ जाए। ये छटपटा रहा है, हाथ-पाँव फेंक रहा है, बोल रहा है, 'एक बार मोहलत और दे दो, दोबारा ये भूल नहीं करूँगा।' और वो उसको घसीटते हुए लेकर जा रहे हैं, और जितने लोग ये दृश्य देख रहे हैं, सब सिहर गए हैं, सबकी रूह काँप गई है। आदमी मौत से तबसे घबराता है।

जितने सवाल मुझसे पूछे गए हैं वो सब मौत के डर से उठे हैं। तुम सब मौत से घबराते हो और मौत से इसीलिए घबराते हो क्योंकि तुमने ये जीवन बर्बाद किया है; रात से वही घबराता है जिसने दिन बर्बाद किया है।

याद है ना, जब अगली सुबह परीक्षा देनी होती थी तो रात कितनी भयावह बीतती थी?

क्योंकि अवसर गँवा चुके थे, अब परीक्षा सामने है, करोगे क्या?

रात तुम्हें तड़पा देती थी। नींद ही नहीं आती थी, रो पड़ते थे। हम सब वैसे ही हैं, इसीलिए तुमने ये सब प्रश्न पूछे हैं कि 'इसको मौत से डर नहीं लगा? एशुं ने मौत का वरण कर लिया?'

हाँ, मौत का वरण कर लिया, क्योंकि उसका जीवन पहले ही सार्थक हो चुका था।

कुछ होते हैं ऐसे विद्यार्थी भी जिन्होंने साल-भर पढ़ाई की होती है, वो परीक्षा की पूर्व-संध्या पर भी धड़ल्ले से सोते हैं। वो कहते हैं, 'साल भर तो पढ़ाई की है, सोने दो ना। और दिनों पर तो हम रात में दस बजे सोने जाते थे, आज हम आठ बजे ही सो जाएँगे।'

एशुं ऐसी शिष्या है, एशुं ऐसी विद्यार्थी है। वो पहले ही सोने चले जाना चाहती है, क्योंकि जो काम था वो उसका सब पूरा हो चुका है। जिसका काम पूरा हो चुका है, वो अब सोने ही तो जाएगा। तुम्हारा काम नहीं पूरा है, इसीलिए तुम इतना डर रहे हो कि सो कैसे जाएँ, सो कैसे जाएँ? 'आज तो रात-भर जगेंगे, सुबह परीक्षा है।'

तुम्हें अच्छी तरह याद है कि पिछली बार भी वो भैंसेवाले तुम्हें कैसे घसीटते हुए ले गए थे। तुम्हें याद सब कुछ है, लेकिन नालायकी इतनी गहरी है कि तुम फिर वही गलती कर रहे हो जो तुम बार-बार, बार-बार करते आए हो। तुम्हें इतने जन्म मिले हैं, तुमने हर जन्म को व्यर्थ गँवाया है। तुमने फ्रिज, फ़र्नीचर, समोसा, समोसू, बेड़ियाँ, कुटुंब, स्त्री, पुरुष, दही, चटनी, लहसुन, लौंग, मेथी, हींग, यही सब किया है ना?

तुम्हें इसलिए जन्म मिला है कि तुम शर्मा जी को वर्मा जी से भिड़ाओ?

तुमने कितने घंटे बर्बाद किए हैं अपनी सास की निंदा करने में?

थोड़ा हिसाब करो एक बार।

तुम्हें इसलिए जन्म मिला था? जन्मदाता ने तुम्हें ये बता कर भेजा था?

उम्र के आठ साल तुम्हें अपनी सास की निंदा में लगाने हैं।

लेकिन घड़ी तो चल रही है; भैंसेवाले उधर ही खड़े हैं चौराहे पर, छुप कर। ज़रा-सा मुड़ोगे तो देखोगे, वो इसी ताक में हैं कि तुम्हारा समय पूरा हो और तुम्हें फिर वैसे ही घसीटते हुए ले जाएँ जैसे हर बार घसीटते हुए ले जाते हैं। और तुम रोओगे, तड़पोगे, चिल्लाओगे, कल्पोगे, वो तुम्हारी एक नहीं सुनेंगे। पर बड़े ही बेशर्म और ज़िद्दी आदमी हो, वही चीज़ बार-बार होती है, लजाते नहीं हो। फिर जन्म मिला है, फिर वही कर रहे हो, फ्रिज, फ़र्नीचर।

एशुं का काम पूरा हो चुका था तो उन्होंने कहा, 'अर्ली डिपार्चर! हम तो चलें।' तुम्हारा काम कभी पूरा नहीं होगा इसीलिए तुम मौत से सदा घबराओगे। और जो मौत से जितना घबराता हो, जान लेना उतना नालायक है, क्योंकि काम तो उसने पूरा किया नहीं है।

कबीर ने अपने संत को सूरमा कहा है और कहा है कि वो तो जीवित मृतक है; वो तो जीवित मृतक है, उसे मरने से डर नहीं लगता।

मरण मरण सब डरें, हमरी मरे बलाय।
मरना था सो मर चुका, अब को मरने जाए॥

काम हमारा पूरा हो गया। बेड़ियाँ मारने के लिए पैदा हुए थे हम, बेड़ियाँ काटने के लिए पैदा हुए थे। बेड़ियों को मार डाला, काट दिया। मरना था सो मर गया, अब को मरने जाए। अब कौन मरेगा?

जिस हेतु जन्म लिया था, वो हेतु ही पूरा हो गया, अब मृत्यु हमें छू नहीं सकती। कबीर की यही बेबाकी, यही शान रही है।

मरण-मरण सब जग डरे, हमरी मरे बलाय।

अरे, हमारी बला मरे, हमारी बला से जो मरता हो मरे, या कह लो कि हमारी बलाएँ ही हैं जो मर चुकी हैं, हम नहीं मरेंगे अब। मरना था सो मर चुका, अब को मरने जाए। अब कौन मरेगा? बेड़ियाँ तो काट दीं। अब तो हम हंस हैं, आज़ाद पक्षी हैं। भैंसा कभी हंस को पकड़ पाएगा क्या?

बताओ ज़रा। वो जो अपने-आप को यमराज बताता है, उसके तो पाँव नहीं हैं। वो काहे पर चलता है?

भैंसे पर।

और तुम क्या हो?

हंस। अब भैंसा क्या हंस को पकड़ेगा?

पर हंस की तरह तो तुम तब उड़ोगे ना, जब पहले तुम्हारी बेड़ियाँ कटी हों। बेड़ियाँ कटी नहीं हैं तो भैंसेवाला तुमको बाँध ले जाता है, और फिर चिल्लाते हो, 'एह थोड़ा-सा। डॉक्टर साहब! एक महीना और मिल जाएगा?'

वो कहता है, 'हाँ मिल सकता है, पाँच लाख और रखो।'

और फिर तुम अपनी गाढ़ी कमाई, पाँच लाख और रख देते हो कि एक महीना और मिल जाएगा। जन्म-भर तुम कमाते किसलिए हो? इसीलिए तो कमाते हो कि जाकर अंत में मरोगे अस्पताल के किसी बिस्तर पर, पाँच-दस-पचास लाख ख़र्च करके, करोड़ खर्च करके; और फिर तुम्हें निहायत ताज्जुब होता है। एक सवाल तो यहाँ तक ये भी पूछ लिया है कि 'ये गैर-ज़िम्मेदारी की बात नहीं है? कि आप कह रहे हैं कि देखो अब हमें मौत आ रही है, चिता तैयार करो, हम जा रहे हैं।'

अरे! इसमें गैर-ज़िम्मेदारी नहीं है, ये संतों की शान है। ये उनका बेधड़क जीवन है, बिंदास; हम मौत का इंतज़ार नहीं करेंगे, जब दिख गया कि काया जीर्ण-शीर्ण हो रही है, हम कह रहे हैं, 'हम ही जा रहे हैं, अरे हटो, तुम हमें क्या लेकर जाओगे, हम ही जा रहे हैं।'

'हम रोते, कलपते, भिखारी की तरह अस्पताल के बिस्तर पर नहीं पड़े हैं कि, डॉक्टर साहब, एक दिन और दे दीजिए ना। काम पूरा हो चुका है, काहे को विलंब करें भाई? जाने दो ना!'

हमारा तो पूरा जन्म ही मृत्यु के खौफ़ में बीतता है और मृत्यु के खौफ़ द्वारा ही संचालित होता है। जो कुछ कर रहे हो उसके पीछे मंशा यही है कि किसी तरह विनष्ट होने से बच जाएँ। लगातार यही भीतर ही डर साल रहा है कि मिट जाएँगे कुछ बचेगा नहीं, किसी तरह रक्षा कर लो।

तो कभी घर खड़ा करते हो, कभी खानदान बड़ा करते हो; 'कुछ बच जाए हमारे बाद भी, मेरे बाद भी इस दुनिया में ज़िन्दा मेरा नाम रहेगा।'

और कैसे?

'जो भी तुझे देखेगा, तुझे मेरा लाल कहेगा।'

एकदम ही बुद्धि भ्रष्ट है। और भैंसेवाले की तोंद देखी है? इतनी मोटी है, बताओ क्यों मोटी है?

क्योंकि जितने समोसे तुमने फ्रिज में रखे थे, वो उसने खाए। तुमने कभी सोचा ही नहीं, जिज्ञासा तो करते ही नहीं। ये यमराज की इतनी बड़ी तोंद क्यों? क्योंकि तुम जितना कुछ बचा कर रखते हो, वो तुम्हारे बाद मिलता किसको है?

उसी को तो मिलता है। और तुम तो बचाए पड़े हो, 'एक घर और खड़ा कर लो भाई।' क्या घर में कब्र बनाओगे?

प्रश्नकर्ता : नॉमिनी (उत्तराधिकारी)।

आचार्य : वो उसको भी खाएगा।

एशुं भले ही उम्र के आख़िरी पड़ाव पर पहुँच गई हों, पर उनका ख़ुद को यूँ चिता में जलाना कहाँ तक उचित है?

नहीं, बिलकुल उचित नहीं है, तुम बताओ ना क्या उचित है? सवाल तो देखो! 'देखिए ये उचित नहीं है, पर आप ज़्यादा हठ करेंगी तो हम 100 डायल कर देंगे। कानून के अनुसार आत्महत्या अपराध है।'

भारत में बहुत पुरानी परंपरा रही है, जब देखो कि वक्त आ रहा है, स्वयं ही जंगल की ओर प्रस्थान कर जाओ।

बात समझ रहे हो?

चले जाओ जंगल की ओर।

क्यों किसी पर बोझ बन कर जीते हो?

जब चेतना ही नहीं रही, दिन में आधे समय बेहोश पड़े रहते हो, आँखों से अब दिखाई नहीं दे रहा, कानों से सुनाई नहीं दे रहा, बुद्धि कुछ समझ नहीं पा रही, तो काहे को जीवन घसीटे चले जा रहे हो?

और जैनियों में तो ये प्रथा बहुत पुरानी रही है। जब वो देखते हैं कि मृत्यु आसन्न है तो स्वयं ही अन्न, जल इत्यादि का परित्याग कर देते हैं। अभी भी जब ऐसा होता है तो बहुत लोगों को ताज्जुब होता है, वो विरोध भी करते हैं, वो कहते हैं, 'नहीं, ये नहीं करना चाहिए।'

तुम पहले समझो तो सही कि करने वाला कौन है। एक ही नियम सब पर नहीं लागू होता। जिसका जीवन सार्थक हो गया, परिपूर्ण हो गया, वो व्यर्थ ही अब शरीर को ढोएगा नहीं। उसकी आत्महत्या इत्यादि में कोई रुचि नहीं है, पर अब वो देख रहा है कि ये शरीर किसी काम का नहीं बचा, कचरा हो गया है, तो क्यों इसे ढोते फिरें?

गाड़ी थी, गाड़ी मंज़िल तक ला चुकी है और गाड़ी अब खस्ता-हाल है, बिलकुल जर्जर है, तो गाड़ी को अब त्याग ही दो ना। दोनों बातें हैं। हम मंज़िल तक आ गए और गाड़ी की हालत बहुत ख़राब है, तो त्याग ही दो ना अब उस गाड़ी को। लेकिन उसके लिए पहले तुम्हें मंज़िल तक आना पड़ेगा। जो मंज़िल तक आ गया है सिर्फ़ उसे ही हक है गाड़ी को त्याग देने का; जो मंज़िल तक नहीं आया, कृपया वो गाड़ी को त्यागने का विचार न करे।

तुम तो गाड़ी को सशक्त रखो, मज़बूत रखो, स्वस्थ रखो ताकि गाड़ी का तुम सार्थक उपयोग करके जल्दी-से-जल्दी मंज़िल तक आ सको।

प्रश्नकर्ता : आचार्य जी, ये मंज़िल है क्या?

आचार्य : अपने-आपको देखो तो पता चले ना क्या मंज़िल है। जो कैदी एक दिन के लिए कारावास से छोड़ा गया है, अगर उसे ये जानना हो कि उस दिन का सम्यक उपयोग क्या है तो उसे क्या करना चाहिए?

प्रश्नकर्ता : बेड़ियों को तोड़ना चाहिए।

आचार्य : उसे पहले स्वयं को देखना पड़ेगा। जब खुद को देखेगा तो उसे ऊपर से लेकर नीचे तक क्या दिखाई देंगी?

प्रश्नकर्ता : बेड़ियाँ।

आचार्य : बेड़ियाँ। वो समझ जाएगा कि इस दिन का क्या सही उपयोग करना है। मुझसे मत पूछो कि जन्म का सार्थक उपयोग क्या है। अपने-आप को देखो, तुम्हें बेड़ियाँ-ही बेड़ियाँ दिखाई देंगी, उन बेड़ियों को काटना ही जीवन का प्रयोजन है।

प्रश्नकर्ता : अब उन्हें काटें कैसे?

आचार्य : बेटा, जिसके लग रही होती हैं, वो तरीका खोज लेता है। अभी पीछे ख़ुजली होगी, तो मुझसे पूछोगे खुजाएँ कैसे?

जिसके हो रही होती है वो तरीका खोज लेता है। और तुम्हें पता ही न चल रहा हो, मैं बताऊँ ऐसे-ऐसे खुजाओ, तो ये बात ही हास्यास्पद होगी।

पहले अनुभव तो करो कि तुम्हारी कितनी दयनीय हालत है, फिर मुक्ति का मार्ग स्वयं ढूँढ लोगे।

"जीवन इसलिए है ताकि तुम जीव भाव से मुक्त हो सको। यही जीवन का लक्ष्य है, इसी में जीवन की सार्थकता है, मंतव्य है। पैदा हुए हो बंधनों में, दैहिक मृत्यु से पूर्व उन बंधनों से मुक्त हो जाओ। यही जीवन का आशय है।"

भय बिनु होइ न प्रीति

शास्त्र कौमुदी, बोधस्थल, 2017

''भय न होता तो तुम्हारे जीवन में सत्य की कोई कीमत भी न होती। भय तुम्हें बताता है कि तुम जिस जगह खड़े हो, उस जगह की हकीकत क्या है। भय तुम्हें बताता है कि जिस रास्ते तुम चल रहे हो, उस रास्ते का अंजाम क्या है। भय ही है जो तुम्हें बदल देगा।''

बिनय न मानत जलधि जड़ गए तीनि दिन बीति।
बोले राम सकोप तब भय बिनु होई न प्रीति॥

—रामचरितमानस

आचार्य प्रशांत : तुलसीदास हों, कबीर साहब हों, यही बात सबने कही है और करीब-करीब एक-से शब्दों में कही है।

भय पारस है जीव को, भय बिनु होय न कोय।

ये कबीर साहब के वचन हैं। इसी तरह से तुलसीदास हैं —

भय बिनु होय न प्रीति।

क्यों कहा गया है? समझेंगे!

तुम जहाँ हो, तुम्हारा बस चले तुम वहीं बैठे रहोगे, तुम नहीं हिलोगे; आत्मा की तरफ़, हृदय की तरफ़, सत्य की तरफ़ कोई यात्रा कभी शुरू ही न हो। तुम बैठ गए हो एक गलत स्थान पर, पर तुम बड़े अड़ियल हो और नासमझ भी। नासमझ हो इसलिए गलत स्थान चुना, अड़ियल हो इसलिए जो चुना है उस पर बैठे रहोगे। तो तुम्हारे पास तो कोई प्रेरणा, कोई वजह ही नहीं है कि जहाँ बैठ गए हो वहाँ से उठो और सच्चाई की तरफ़ चलो। लेकिन फिर भी कुछ लोग चल पड़ते हैं। क्यों चल पड़ते हैं?

उत्तर है—भय!

जब दिख जाता है कि जहाँ बैठ गए हैं वो संसार भय का है, उस जगह पर डर-ही-डर है, तब भागते हैं वहाँ से। कहते हैं, 'यहाँ नहीं रहना।'

'रहना नहीं देस बेगाना।' 'ये तो मृत्युलोक में फँस गए। यहाँ तो जो चीज़ है वही बदल जाती है, किसका भरोसा करें? यहाँ से भागो रे!' तब मृत्युलोक से उठ कर अमरपुरी की

ओर भागते हैं। ये जो सत्य की ओर भागना है, इसी को कहते हैं प्रीत। सत्य की ओर चलते हो, उस गति को कहते हैं प्रीत। सत्य तुम्हें जो खींचता है, उस खिंचाव को कहते हैं प्रीत।

सत्य जिन्हें सीधे नहीं खींचता, उन्हें भय के माध्यम से खींचता है।

या तो तुममें शुद्धता हो, मन ज़रा मलिनता और विकार से खाली हो, तो तुम विनम्र होकर, समर्पित होकर, सीधे ही सच्चाई की ओर खुद ही खिंचे चले जाओगे। और हम कैसे होते हैं? हम होते हैं मलिन और अड़ियल-टट्टू। तो हम तो अपनी जगह पर जमे रहते हैं, सीधे-सीधे तो हम सत्य की ओर खिंचेंगे ही नहीं क्योंकि सत्य का तो हमारी दृष्टि में कोई मूल्य ही नहीं।

जिस चीज़ की, जिस शय की तुम्हारी नज़रों में कोई हैसियत नहीं, तुम उसकी ओर क्यों जाओगे? सच्चाई को तुम क्या हैसियत देते हो? कुछ भी नहीं। तो सीधे-सीधे तुम सच्चाई की ओर कभी जाओगे नहीं। सच्चाई तुम्हें एक ही तरह से खींचती है, कैसे? डरा कर।

वो नहीं डराती; उसका अभाव डराता है। तुम्हें दिख जाता है कि सच्चाई से दूर हैं तो डर है, मृत्यु है, काल है, बेचैनी है—ये सब डर के ही नाम हैं; तो फिर मजबूरन, भय-वश तुम्हें सत्य की शरण में जाना पड़ता है। इसीलिए शुरू करते ही मैंने क्या कहा था? कि तुम्हारा बस चले तो तुम जहाँ हो वहीं बैठे रहो, तुम कभी हिलो ही नहीं।

'भय बिनु होए न प्रीति'—आम आदमी के लिए हैं, संतों के लिए नहीं।

संत डर के मारे नहीं जाता है; संत तो सरल प्रेम के मारे जाता है। हमारा तो प्रेम भी जटिल है, अप्रत्यक्ष है। हम जाते हैं सत्य की ओर, लेकिन तब जब संसार से निराश हो जाते हैं। जब संसार हमें खूब घाव दे देता है, डरा देता है, चैन छीन लेता है, तब हमें होश आता है कि इस जगह से जो उम्मीद बाँधी थी वह पूरी नहीं हुई, धोखा खा गए। फिर हम कहते हैं कि छोड़ो ये सब, चलो उधर को चलें।

भय न होता तो तुम्हारे जीवन में सत्य की कोई कीमत भी न होती। भय तुम्हें बताता है कि तुम जिस जगह खड़े हो उस जगह की हकीकत क्या है। भय तुम्हें बताता है कि जिस रास्ते तुम चल रहे हो उस रास्ते का अंजाम क्या है। तो फिर इसीलिए कबीर साहब ने कहा है कि

भय पारस है जीव को।

भय ही है जो तुम्हें बदल देगा, ऐसे नहीं कि कोई तुम्हें आकर ज़बरदस्ती डराए; ऐसे कि जैसे तुम हो उसमें तो डर लाज़िमी है। तुम्हें किसी और की ज़रूरत ही नहीं कि कोई आकर डराए तुम्हें।

मैं डर की कोई वकालत नहीं कर रहा हूँ। मैं नहीं कह रहा हूँ, 'किसी को डराओ।' मैं कह रहा हूँ, 'जहाँ तुम हो, वहाँ कोई चाहिए ही नहीं डराने वाला; तुम जहाँ हो उस जगह का नाम ही डर है। तो तुम्हें कोई और चाहिए ही क्यों जो तुम्हें डराए?' जो खुद ही डरा हुआ हो, जिसकी परिभाषा ही ये हो कि मैं डर हूँ, कोई दूसरा क्यों लगेगा उसे डराने के लिए?

तुम डरे हुए तो हो ही। चूक मत जाना।

मैं डर की संस्तुति नहीं कर रहा हूँ, न ही संत कर रहे हैं। वो नहीं कह रहे हैं कि 'भय बिनु होइ न प्रीति' तो जाओ और लोगों को डराओ; कि जिससे प्रीत हो गई हो उसे जाकर डरा दो क्योंकि 'भय बिनु होइ न प्रीति।' ये उल्टा तर्क मत पकड़ लेना।

संत तुम्हें बता रहे हैं कि तुम डरे हुए हो और अपनी इस दुःखद स्थिति को मानो। अपने आप से झूठ मत बोलो। फ़ालतू छाती मत ठोंको। दुनिया के सामने मुखौटा मत पहनो निडरता का। डरे हुए तो तुम हो ही, यही तुम्हारा तथ्य है। और जब तुमने यह तथ्य देख लिया, स्वीकार कर लिया कि मैं डरा हूँ! उस क्षण परिवर्तन शुरू हो जाता है; उस क्षण एक अलग आयाम की तुम्हारी यात्रा शुरू हो जाती है। तब तुम कहते हो, 'भाई न! न! डर में क्या मज़ा है? जब देखो तब दिल धड़कता रहता है; जब देखो तब आशंकित रहते हैं। लगता है कभी इधर से हमला हो जाएगा, कोई उधर से कुछ छीन ले जाएगा। क्या रखा है ऐसे?

सोते-सोते दुःस्वप्न आते हैं। सपने में भी चोर-डाकू लगे हैं छीनने में। ऐसे जीवन में कुछ नहीं रखा। माफ़ करो! जो कुछ दिया है सब ले जाओ।' 'मन लागो यार फ़कीरी में', कल गा रहे थे ना? वो यही है।

जो सुख पाऊँ राम भजन में, सो सुख नाहीं अमीरी में।

ये आदमी तभी कहता है जब जान जाता है कि जिसे तुम आमतौर पर अमीरी कहते हो, वह डर का ही दूसरा नाम है। फिर छोड़ देते हैं।

तो डर बड़े काम की चीज़ है। लेकिन वो ऐसी चीज़ नहीं है जो तुम्हें लानी पड़ेगी। जहाँ तक तुम्हारा सवाल है, तुम्हारी तो आत्मा बन गया है डर। इतना झूठा जीवन जी रहे हो। डर कहीं से लाना नहीं पड़ेगा, डर की मौजूदगी का साक्षात्कार करना पड़ेगा। डर है! आईने में देखो अपने-आपको, वहाँ तुम्हें डर दिखाई देगा; अपनी आँखों को देखो, तुम्हें डर दिखेगा; अपने उद्देश्यों को देखो, तुम्हें डर दिखेगा; अपनी भावनाओं को देखो, तुम्हें डर दिखेगा; अपनी योजनाओं को देखो, तुम्हें डर दिखेगा; अपने रिश्तों को देखो, तुम्हें डर दिखेगा।

तुम्हारे जीवन में, साँस-साँस में, पग-पग पर डर ही डर है।

एक बार तुमने ये बात देख ली, फिर सत्य से प्रीत जुड़ जाती है। फिर तुम कहते हो, 'प्यार करने लायक सिर्फ़ तू है; और तो मैंने जिससे प्यार किया, बदले में डर ही पाया। तो प्यार करने लायक सिर्फ़ तू है।' फिर उसकी ओर बढ़ जाते हो। इसी को कह रहे हैं,

भय बिनु होइ न प्रीति

पर पहले मानना पड़ेगा। बस इतना-सा करना है कि अपने-आपको धोखा देना छोड़ दो। दूसरों को तो तुम बाद में छलते हो, पहले अपने से प्रपंच करते हो। ये हमारे चेहरे हमारे चेहरे थोड़े ही हैं, ये डरे हुए चेहरे हैं। जानते हो तुम्हारे चेहरे से जब डर हट जाता है तो तुम्हारा चेहरा कैसा निखर जाता है? कितना सुंदर हो जाता है?

मैं यहाँ बैठा रहता हूँ। मैं यहाँ बैठे-बैठे चेहरे बदलते देखता हूँ। तुम्हारा चेहरा पहले दिन दूसरा था, आज दूसरा है। फिर बदल गया! और तुम्हारे ये जो खाली चेहरे होते हैं जिनसे डर ज़रा मिटा होता है, इनकी बात दूसरी है। इस वक्त तुम मेरी नज़रों से अपने-आपको देख पाते तो अपने इश्क़ में पड़ जाते। कोई मज़ा है घुट-घुट कर जीने में? है? पक्का नहीं है?

प्रश्नकर्ता : जब कहते हैं तो फ़र्क नहीं पड़ता।

आचार्य : कह रहा है 'फ़र्क नहीं पड़ता।' मैं कह रहा हूँ 'फ़र्क पड़ना चाहिए।' तुम्हें किसने सिखा दिया है दर्द को, ज़ुल्म को बर्दाश्त करना? ये तुम्हारी नियति नहीं है। तुम्हें फ़र्क पड़ना चाहिए। तुम तो जवान हो; तुम्हारे भीतर से तो विद्रोह उठना चाहिए। ये हमारी किस्मत नहीं है कि परेशान रहें, घुट-घुट कर जियें, तिल-तिल मरें।

कभी किसी जानवर को सोते हुए देखना, तुम्हें ईर्ष्या हो जाएगी; सड़क के कुत्ते को कभी सोते हुए देखना। और तुम कह रहे हो अब फ़र्क नहीं पड़ता बंधन से, डर से, कष्ट से। उसकी आज़ादी को देखो। पेड़ पर कौआ बैठा होगा एक, जिसको तुम कोई अहमियत ही नहीं देते, साधारण पक्षी। तो तुम उसके तेवर देखो, उसकी शान देखो, उसकी उड़ान देखो। तुम उसकी आँखों में दर्द नहीं पाओगे। हाँ, तुमने उसे कैद कर लिया हो तो फिर बात बदल जाती है। जिन्हें तुम निम्न कहते हो, जिन्हें तुम पशु कहते हो, वो भी आज़ादी को प्यार करते हैं।

तुमने कैसे कह दिया कि अब बंधन से फ़र्क नहीं पड़ता? चूहेदानी में फँसे चूहे को देखा है कैसे छटपटाता है? उसे भी फ़र्क पड़ता है। एक चूहा भी फँसना, कैद हो जाना बर्दाश्त नहीं करता। तुम कैसे बर्दाश्त किए जा रहे हो? और कहते हो, 'चूहा है।'

ताकि भ्रम न रह जाए, इसलिए दूसरी-तीसरी बार कह रहा हूँ, 'भय बिनु होइ न प्रीति' का अर्थ ये नहीं है कि डराना पड़ेगा, या डर बाहर से लाना पड़ेगा, या डर आवश्यक है प्रीति के लिए।

इसका अर्थ ये है कि भय है और भय के साक्षात्कार बिनु होये न प्रीति। भय के साक्षात्कार, भय के स्वीकार बिनु होये न प्रीत। एक बार तुमने अपनी लुटी-पिटी हालत को ईमानदारी से देख लिया और शब्दों का फ़रेब नहीं किया, उसके बाद तुम्हारे सामने कोई चारा नहीं रह जाएगा, तुम्हें बदलना पड़ेगा; मजबूरन बदलना पड़ेगा।

एक बात और समझना! भय का साक्षात्कार बिना उसकी अनुकम्पा के नहीं कर सकते जिससे प्रीत लगनी है। तुम्हारी ओर से प्रीत बाद में लगेगी, उसकी ओर से पहले ही लगी हुई है। उसकी ओर से प्रीत न लगी होती तो तुम्हें वो दृष्टि कैसे मिलती? जो भय को भय कह सके, और तुम्हें वो मन कहाँ से मिलता? वो साहस कहाँ से मिलता कि कह सको कि, 'हाँ, मैं डरा हुआ हूँ।'

जो बहुत डरा हुआ होता है, वो मान भी नहीं पाता है कि मैं डरा हुआ हूँ। जो अपने डर से ज़रा उबरने लगता है वही कहता है, 'यार, डर बहुत लग रहा है।' जो अपने डर से

ज़रा सहज होने लगता है, सिर्फ़ वही मान पाता है, क्या? कि 'भाई! डर बहुत लग रहा है।' जो बहुत डर रहा है, वो तो मानेगा ही नहीं। उससे तुम कहो, 'डर रहे हो क्या?' वो कहेगा, 'डर रहा हूँ? मैं डर रहा हूँ? हम कभी डरे हैं? हमारे बाप भी नहीं डरे किसी से।'

ये डर का पक्का साक्ष्य है कि वो मानेगा नहीं कि वो डरा है। और जो मान ले कि, 'हाँ, मैं डरा हुआ हूँ,' जान लो कि इसका डर बहुत गहरा नहीं है, ये डर के साथ अब सहज हो गया है।

उसकी प्रीत सदा है, तुम्हारी प्रीत की दरकार है। वो उधर से भेज ही रहा है प्रेम-पत्र, इंतज़ार बस ये है कि तुम कब पढ़ोगे और कब प्रत्युत्तर दोगे। वो उधर से प्रेम-पाती न भेज रहा होता तो तुम कुछ न समझ पाते कि मैं अभी क्या कह रहा हूँ। इन शब्दों में क्या रखा है? तुम्हारे दिल में जो अभी हो रहा है वो मेरे शब्दों से थोड़ी हो रहा है? वो उधर से हो रहा है; मैं तो हद-से-हद डाकिया हूँ, छोटा-मोटा बिचौलिया। तुम्हारे आँसू इन शब्दों के लिए थोड़े ही हैं? वो उसके लिए हैं, तो उसकी ओर से प्रीत है। तुम इधर-उधर दिल लगाए फिरते हो, जाने किस-किसको सनम बना रखा है। कभी उससे टाँका भिड़ाया, कभी उससे नज़रें लड़ाईं, कभी वहाँ दिल दे आए। जो प्यार करने लायक है, उससे प्यार करो।

कबीर साहब दो को बहुत मानते हैं: एक सती और एक सूरमा। दोनों में क्या साझा है? दोनों ने एक पर न्योछावर कर दिया है अपने-आपको। जब कबीर साहब कहें 'सूरमा', और जब कबीर साहब कहें 'सती', तो समझ लो कि एक की ही बात कर रहे हैं—वो जो एक पर मर मिटा है, अब उसे एक से प्रीत लग गई है।

दिल अनमोल होता है, इधर-उधर नहीं बाँटा जाता। कहीं भी जाकर मत फँस जाया करो।

प्रश्नकर्ता : किंतु सच है क्या? कैसे बढ़ें उसकी तरफ़?

आचार्य : भय जान लो, सत्य जानने की ज़रूरत नहीं है। भय जानो! भय समझते हो ना? भय तो पता है; यह जो 'जानना' है ये वो सच है। भय जानो! इसमें 'भय' तो भय है, और ये जो 'जानना' है, यह क्या है? बोध क्या है? उसी की बात हो रही है। तो तुम बोध हटाओ। तुम बस भय पर ध्यान दो। ये जो ध्यान है ये वो है।

बात समझी! बात तो बात है। ये जो समझना है, ये वो है। बात तो बात है। क्या है? ध्वनि की कुछ लहरें हैं जो तुम्हारे कान से टकरा रही हैं। बात तो बात है। शब्द हैं, लिखे जा सकते हैं, पकड़े जा सकते हैं, किताब में बन्द किए जा सकते हैं। बात तो बात है। ये जो समझना है, बात का, ये वो है। बात में और समझने में जो आयामगत अंतर है, उसको देख पा रहे हो?

चलो, पुराना उदाहरण है, पर हमेशा काम आता है। तुम बैठे हो; बगल में ये बैठा है। कौन? कैमरा बाबू। एक-एक बात जो मैंने कही वो ज़्यादा किसने पकड़ी? तुमने या कैमरा बाबू ने?

प्रश्नकर्ता : हमने!

आचार्य : अजी छोड़ो! एक-एक बात पकड़ी इसने है। बात इसने पकड़ी है, समझा किसने है?

प्रश्नकर्ता : हमने।

आचार्य : ये जो समझना है ना, ये वो है। कैमरे के साथ ये कभी नहीं हो पाएगा। तुम्हारे साथ हो सकता है। कैमरा 'बात' के आयाम में है, तुम 'समझने' के आयाम में हो। कैमरे को मिलेंगे दृश्य और शब्द, तुमको मिलेगी समझ। ये जो समझ है, ये वो है।

कितनी अबूझ चीज़ है ना? ये समझ! सोचो, समझ माने क्या? ये चाय, ये कागज़, ये मेज़, कुर्ता-पायजामा? समझ माने क्या? जो समझ होती है, ये वो है। समझ माने क्या?

प्रज्ञानम् ब्रह्म!

प्रज्ञान माने समझ। जो ज्ञान से भी आगे का है, प्रज्ञान, वही वो है, वही ब्रह्म है। जाने?

कैमरा बाबू से पूछो, क्या पता वो समझा दें! जो पढ़ रहे हो, शब्द तो कागज़ पर लिखे हैं, तुम पर तो लिखे नहीं। अजीब बात है! लिखे कागज़ पर हैं और समझ तुम्हें आ रहे हैं, कागज़ को नहीं समझ आ रहे हैं। ये जो रोशनी है वो इस बल्ब की है। अजीब बात है! दिख तुम्हें रहा है, इस बल्ब को नहीं दिख रहा। 'दैट' इज़ दैट।

प्रश्नकर्ता : ये तो मेरा मन इंटरप्रेट (व्याख्या) कर रहा है ? शब्द ले रहा है, इंटरप्रेट कर रहा है। मैंने जो आज तक, भाषा का ज्ञान कह दें, उसी के हिसाब से समझ में आ रहा है।

आचार्य : फिर तो यहाँ एक कंप्यूटर रख दो। तो वो भी इंटरप्रेट कर लेगा। एक बढ़िया, मस्त बड़ा वाला कंप्यूटर रख दिया जाए, और सब कुछ उसमें फ़ीड कर दिया जाए। तो इंटरप्रेट तो वो भी कर लेगा ना? पर तुम्हें मुझसे प्यार हो सकता है, उसको नहीं।

''संत तुम्हें बता रहे हैं कि तुम डरे हुए हो और अपनी इस दुःखद स्थिति को मानो। दुनिया के सामने मुखौटा मत पहनो निडरता का। डरे हुए तो तुम हो ही, यही तुम्हारा तथ्य है। और जब तुमने यह तथ्य देख लिया, स्वीकार कर लिया कि मैं डरा हूँ! उस क्षण परिवर्तन शुरू हो जाता है; उस क्षण एक अलग आयाम की तुम्हारी यात्रा शुरू हो जाती है।''

भय से छुटकारे का सरल उपाय

शास्त्र कौमुदी, बोधस्थल, 2020

"कभी आसमान को गंदा होते हुए देखा है? मौसम आते-जाते रहते हैं, कभी धूल उठती है, कभी बारिश हो रही है, सब चलता रहता है। आसमान तो न साफ़ हो जाता है, न गंदा हो जाता है, न गीला हो जाता है, न गर्म हो जाता है, कितनी भी धूप हो।"

बाह्यान्तराणां शत्रूणां स्वभावं पश्य भारत।
यन्न पश्यति तद्भूतं मुच्यते स महाभयात्॥

भारत! बाहरी और भीतरी शत्रुओं के स्वभाव को देखिए-समझिए। (ये मायामय होने के कारण मिथ्या हैं, ऐसा निश्चय कीजिए)। जो मायिक पदार्थों को ममत्व की दृष्टि से नहीं देखता, वह महान भय से छुटकारा पा जाता है।

—कामगीता (श्लोक 8)

प्रश्नकर्ता : प्रणाम आचार्य जी, यहाँ सरल शब्दों में भयमुक्ति या जीवनमुक्ति के बारे में जो कहा गया है, उस बात को अहम् को आसानी से आत्मसात् करने में क्यों समस्या होती है?

आचार्य प्रशांत : जिसको हम भयमुक्ति कहते हैं या जीवनमुक्ति कहते हैं वो वास्तव में अहम्-मुक्ति होती है। अहम् ही भय है। अहम् ही सामान्य जीवन है।

अहम् की दृष्टि से देखें तो भयमुक्ति या जीवनमुक्ति उसके लिए जीवन का अंत होती है, उसके लिए मृत्यु समान होती है। और मृत्यु से कौन नहीं घबराएगा? कौन है जो मृत्यु को सहर्ष स्वीकारेगा? आमंत्रित करेगा? इसलिए अहम् इन सीधी बातों को जानते-समझते भी अस्वीकार करता है, कुछ कुतर्क करता है। अहम् कहता है, 'मैं ज़िन्दा हूँ।' ये उसकी मूल धारणा है, 'मैं हूँ। मैं अभी जिस भी स्थिति में हूँ, जो कुछ भी अनुभव करता हूँ, अच्छा हूँ, बुरा हूँ, मैं हूँ तो सही ना?'

और अध्यात्म कहता है : ये सब कुछ जो तुम्हें होने जैसा प्रतीत हो रहा है, तुम्हें इसी से तो मुक्ति चाहिए। याद रखिए, अध्यात्म ये नहीं कहता कि तुम्हारी हस्ती अगर एक घर जैसी है तो मैं तुम्हें उसके एक गंदे कमरे से उठाकर के दूसरे स्वच्छ कमरे में रख दूँगा; ये नहीं कहता अध्यात्म। अध्यात्म कहता है, 'तुम्हारी हस्ती अगर एक घर जैसी है तो तुम्हें उस घर से ही बाहर आना है।'

और हस्ती घर जैसी है, घर के बाहर क्या है? ये कभी जाना नहीं, समझा नहीं। घर के बाहर जो कुछ है वो हस्ती के बाहर है। घर के बाहर जो कुछ है वो मन के ही बाहर है, माने घर के बाहर जो कुछ है वो कल्पना के ही बाहर है। उसके बारे में विचार क्या, कल्पना भी नहीं की जा सकती। अब घर के भीतर अहम् ने जीवन देखा है, घर के भीतर ही, मात्र घर के भीतर ही अहम् ने जीवन देखा है, उसको लगता है जीवन जो है वो ऐसा ही है।

जब तुम उससे कहोगे 'आओ मैं तुमको एक विराट मुक्ति दे रहा हूँ, घर से बाहर ले जा रहा हूँ।' तो उसको ये लगता है कि तुम उसे जीवन से ही बाहर ले जा रहे हो, उसकी ज़िन्दगी ही ख़त्म किए दे रहे हो। और इसलिए फिर उसके भीतर से बड़ा भय और बड़ा विरोध आता है।

यही कारण है कि झूठी साधना बड़े लंबे समय तक चल सकती है, सुरक्षित। लेकिन जहाँ कहीं सच्ची साधना हो रही होगी वहाँ तुम्हारे लिए टिकना बड़ा मुश्किल हो जाएगा, क्योंकि वहाँ चूँकि काम असली है इसीलिए तुम्हें डर उठेगा, एकदम तड़प जाओगे। तुम्हारा जो डर उठ रहा है, तुम्हारे भीतर से जो विरोध उठ रहा है, वही इस बात का प्रमाण है कि तुम्हें जीवनमुक्ति की ओर धकेला जा रहा है। जीवनमुक्ति दूर से देखने पर बड़ा सुंदर आदर्श जैसा प्रतीत होती है, और जो जीवनमुक्त हो गया है उससे पूछोगे तो वो जीवनमुक्ति के गीत ही सुना देगा।

इन दो स्थितियों में जीवनमुक्ति बड़ी आकर्षक लगती है। पहली बात, किसी और की जीवनमुक्ति की बात हो रही हो और तुम दूर से बस उस बात को देख रहे हो, सुन रहे हो। लगेगा, 'वाह! क्या बात है! जीवनमुक्ति में ऐसा होता है, जीवनमुक्ति में वैसा होता है, शाबाश!' और जो जीवनमुक्त है उससे कहोगे कि तुम अपनी स्थिति का कुछ हाल सुनाओ तो वो गाते-गाते जो हाल सुनाएगा वो भी बड़ा आत्मिक होगा, बड़ा सुंदर होगा, बड़ा आकर्षक होगा।

लेकिन जब अपने पर आन पड़ती है, वो जो एक अधूरा, अधपका जीवन जी रहा है, उससे तुम कहते हो कि 'चल तुझे मैं वास्तव में जीवनमुक्ति दिलाऊँगा।' तो उसके लिए बड़ी समस्या, भीषण डर खड़ा हो जाता है। उसके लिए आफ़त आ गई, महा आफ़त! 'ये क्या हो रहा है मेरे साथ? क्यों हो रहा है मेरे साथ? जैसी भी ज़िन्दगी है, अभी है तो सही। ये जो मुझे जीवन-मुक्ति दिला रहे हैं, उसमें तो ज़िन्दगी ही नहीं बचेगी।'

हमारे लिए तो ज़िन्दगी क्या है? हमारे लिए तो ज़िन्दगी यही है : उठा-पटक, तनाव, इस चीज़ का डर, उस चीज़ का खौफ़, फलानी चीज़ का लालच, फलानी चीज़ की चिंता। यही है ना ज़िन्दगी? और अगर यही ज़िन्दगी है, सिर्फ़ यही ज़िन्दगी है—तुम्हारी ज़िन्दगी से अगर चिंता हट जाए, तनाव हट जाए, भय हट जाए, मोह हट जाए, भ्रम हट जाए, तो तुम्हें क्या लगेगा? ज़िन्दगी ही हट गई, क्योंकि ज़िन्दगी थी क्या? एक अनवरत शृंखला इन्हीं सब चीज़ों की।

कोई भी क्षण होता है तुम्हारे जीवन में जब तुम पूरे तरीके से मुक्त होते हो इन सबसे?

भय नहीं होता तो तनाव होता है, तनाव नहीं होता तो आशा होती है, आशा नहीं होती तो अवसाद होता है, अवसाद नहीं होता तो सुख होता है, सुख नहीं होता तो दु:ख होता है। मन की कोई-न-कोई स्थिति तो लगातार चलती ही रहती है ना?

कोई भी पल होता है जीवन में जब मन सब स्थितियों से मुक्त हो गया हो? ना! मन में लगातार कुछ-न-कुछ फ़िज़ा, कुछ माहौल बना ही रहता है। और अध्यात्म का मतलब होता है कि मन को सब मौसमों से आज़ाद करके आकाश में ही स्थापित कर देना।

मौसम अब रहेंगे, लेकिन बाहर-बाहर रहेंगे, भीतर साफ़ आकाश है। या ऐसे कह लो कि मन अब आकाशवत हो गया, जिस पर आते-जाते, गुज़रते मौसमों का कोई अंतर नहीं पड़ता। कभी आसमान को गंदा होते हुए देखा है? मौसम आते-जाते रहते हैं, कभी धूल उठती है, कभी बारिश हो रही है, सब चलता रहता है। आसमान तो न साफ़ हो जाता है, न गंदा हो जाता है, न गीला हो जाता है, न गर्म हो जाता है, कितनी भी धूप हो।

तो जीवन हमारा इन्हीं सब चीज़ों की शृंखला है। अध्यात्म कहता है कि इन सब चीज़ों से मुक्त हो जाना है, तो हमें लगता है कि इन सब चीज़ों से मुक्त हो गए तो जियेंगे कहाँ। देखते नहीं हो, आम आदमी आध्यात्मिक आदमी पर अक्सर यही आरोप लगाता है, ऐसा ही उलाहना देता है, वह कहता है, 'अरे तुम क्या जानो जीवन के रंगों को, जीवन के रंगों को तो हम जानते हैं। तुमने क्या किया? तुम तो जीवन के भगोड़े हो।'

संसारियों को बड़ा सुख मिलता है इस तरह की बातें करते हुए। कहते हैं कि 'अरे! ज़िन्दगी तो हमने देखी है, तुम तो आध्यात्मिक होकर जीवन से पलायन कर गए।' और ज़िन्दगी जो कहते हैं उन्होंने देखी है उसका क्या मतलब होता है? उसका मतलब होता है कि ये रोज़ जूता खाते हैं, ये रोज़ सोते समय काँप जाते हैं, भय से थर्राते हैं, लालच इनके गले में पट्टा डाले हुए है, भय इनके सर पर तलवार की तरह लटक रहा है, मौत इन्हें खाने-पीने-जीने नहीं देती; और इन सब विकारों को, दोषों को, नरकों को वो कहते हैं कि 'ये जीवन के हमारे रंग हैं।' वो कहते हैं, 'यही तो जीवन के रंग हैं। इनके बिना जीवन बेरौनक है, फीका है।'

अब ऐसा आदमी जो इन्हीं चीज़ों को जीवन के रंग और रौनक समझ रहा हो, उससे तुम कहो कि मैं तुझे भय से और लोभ से और मोह से और भ्रम से आज़ाद करा दूँगा। वो कहेगा कि मार ही डालोगे क्या, ये सब चले गए तो जीवन में बचेगा क्या? जैसे किसी शराबी की तुम शराब छुड़ाओ। वो कहेगा, 'अगर शराब चली गई तो जियेंगे कैसे?' समझ में आ रही है बात?

इसलिए अहम् इन चीज़ों को आत्मसात् नहीं करना चाहता। और इसीलिए जब कभी अहम् सत्य को और मुक्ति को आत्मसात् करता है, तो कहा जाता है कि ये कोई दैवीय घटना घटी है, क्योंकि प्राकृतिक तौर पर तो ऐसा होना संभव ही नहीं था। प्राकृतिक तौर पर हम ऐसे बने ही नहीं हैं कि मुक्ति हमें भली चीज़ लगे, सुंदर चीज़ लगे, कि मुक्ति को

हम समर्थन दें अपना।

इसीलिए लाखों में कोई एक होता है जो दिल से समर्थन दे पाता है और समर्पित हो पाता है अपनी मुक्ति को। वो घटना इतनी विरल होती है कि कहा जाता है, 'ये अपने-आप तो घट नहीं सकती थी। ये घटना इतनी अद्‌भुत है कि प्राकृतिक तौर पर इसका होना असंभव था।' तो फिर कह दिया जाता है, 'ज़रूर ये अनुग्रह है, ग्रेस है। अपने-आप तो नहीं हो पाती।'

''हमारे लिए तो ज़िन्दगी यही है : उठा-पटक, तनाव, इस चीज़ का डर, उस चीज़ का खौ़फ़, फलानी चीज़ का लालच, फलानी चीज़ की चिंता। भय नहीं होता तो तनाव होता है, तनाव नहीं होता तो आशा होती है, आशा नहीं होती तो अवसाद होता है, अवसाद नहीं होता तो सुख होता है, सुख नहीं होता तो दु:ख होता है। मन में लगातार कुछ-न-कुछ फ़िज़ा, कुछ माहौल बना ही रहता है। और अध्यात्म का मतलब होता है कि मन को सब मौसमों से आज़ाद करके आकाश में ही स्थापित कर देना।''

कौन से डर शुभ होते हैं?

शास्त्र कौमुदी, बोधस्थल, 2017

"ज़माना छिन रहा हो तुमसे, बेपरवाह रह जाना, कुछ नहीं छिना। सच्चाई छिनती हो, हृदय छिनता हो, प्रेमी छिनता हो, राम छिनते हों, गुरु छिनता हो तब बदहवास होकर के चीखना, चिल्लाना, पाँव पटकना, यत्न करना। यह अनहोनी घटने मत देना।"

यदिदं किं च जगत्सर्वं प्राण एजति निःसृतम्।
महद् भयं वज्रमुद्यतं य एतद्विदुरमृतास्ते भवन्ति॥
भयादस्याग्निस्तपति भयात्तपति सूर्यः।
भयादिन्द्रश्च वायुश्च मृत्युर्धावति पञ्चमः॥

(परब्रह्म परमेश्वर से) निकला हुआ यह जो कुछ भी सम्पूर्ण जगत है, उस प्राण स्वरुप परमेश्वर में ही चेष्टा करता है। इस उठे हुए वज्र के समान महान भयस्वरूप परमेश्वर को जो जानते हैं वे अमर हो जाते हैं अर्थात जन्म-मरण से छूट जाते हैं।

इस (परमेश्वर) के भय से अग्नि तपता है, इसी के भय से सूर्य तपता है तथा इसी के भय से इंद्र,वायु और पांचवें मृत्यु देवता दौड़ते हैं (अर्थात् परब्रह्म की आज्ञानुसार ही सभी देवता अपने-अपने नियत कार्य सम्पन्न करते हैं)।

— कठ उपनिषद्, दूसरा अध्याय, तृतीय वल्ली, श्लोक 2-3

प्रश्नकर्ता : इन दो श्लोकों में पहला कहता है कि परमात्मा दयालु, करुणावान तो है ही, भयमय भी है, भयस्वरूप भी है और दूसरा कहता है कि भला ही है कि परमात्मा भयस्वरूप है, भय से ही तो अग्नि है, धरती है, इंद्रियाँ हैं, ध्वनि है, प्रकाश है, समस्त देवता गण हैं। तो यह बात कदाचित कई जनों को उलझन में डाल रही है कि भय कीमती कैसे हो सकता है, भय का पक्ष क्यों लिया जा रहा है?

आचार्य प्रशांत : समझते हैं। भय है विचार, कि कुछ खो जाएगा, कुछ छिनेगा, कुछ मिट जाएगा। ज़ाहिर सी बात है कि यह विचार इस पर निर्भर करता है कि आप कौन हैं। आप जो होंगे, उसी के अनुसार आपको खोने का विचार आएगा और सताएगा।

एक वैज्ञानिक चला जाता हो, उसकी एक जेब में एक छोटी सी चिप पड़ी हो जिसमें उसके शोध कार्यों का ब्यौरा हो और उसकी दूसरी जेब में रुपया-पैसा, बड़ी धनराशि पड़ी हो। वह किस जेब को बार-बार टटोलेगा? वह किस जेब की सुरक्षा चाहेगा? क्या है जिसे

खोने का भय उसे सताएगा?

और जाता हो कोई साधारण व्यापारी, उसकी एक जेब में दुनिया भर के विज्ञान की बातें पड़ी हों, कोई चिप ही और दूसरी जेब में उसकी कमाई। उसको क्या खोने का भय सताएगा?

तो आप देख रहे हैं न कि भय का संबंध किससे है। भय का संबंध है मूल्य से है—आप किसको मूल्य देते हो, आप किसको कीमती समझते हो। भय दोनों को है, पर क्या खोने का भय है तुम्हें? समझना बात को, 'क्या खोने का भय है?', यह इस पर निर्भर करेगा कि तुम मूल्य किसको दे रहे हो। और तुम मूल्य किसको दे रहे हो, वह इस पर निर्भर करेगा और इसी बात को निर्धारित भी करेगा कि तुम कौन हो।

मीठी कहानी है, मैं कई बार कह चुका हूँ। कई बार सुनी होगी आपने मुझसे ही। किसी ज़ेन फ़कीर की है। वह अपनी झोपड़िया में अलमस्त पड़ा है और जो उसकी छत है, छप्पर, वह टूटा-फूटा है, कह लो कि आधा गायब ही है। फ़कीरों की बात। एक चोर घुस आता है। बेवकूफ़ होगा, जैसे चोर होते हैं, फ़कीरों के यहाँ चोरी करने गया। तो उसके हाथ जो पाता है टाठी-लोटा, बर्तन-भांडा। और क्या पाएगा? दो-चार कपड़े, दो-चार रुपए, वह इकट्ठा करके लगता है भागने। वह सोच रहा है कि फ़कीर सोया पड़ा है। फ़कीर जगा हुआ है, वह देख रहा है तमाशा पड़े-पड़े। और जब चोर विदा होने लगता है तो वह कहता है, "काश! मैं इसे वह चाँद भी दे पाता।"

टूटे हुए छप्पर से वह आसमान में चाँद को निहार रहा है, और ऐसा तार बैठ गया है चाँद में और फ़कीर की आँख में कि उसे उस तार को तोड़ना नहीं है। वो कह रहा है कि दृष्टि उसी पर लगातार जमी रहे। इतना भी व्यवधान कौन डाले कि उसको छोड़कर के चोर को देखें और टोके कि खखार ही दें कि चोर भगे। उसे यह सब नहीं करना।

मूल्य की बात है। फ़कीर के लिए चाँद का मूल्य चाँदी से ज़्यादा है। और यह क्यों है? क्योंकि वह फ़कीर है। आप बात को पलट कर भी कह सकते हैं, आप गलत नहीं होंगे। आप यह भी कह सकते हैं कि चूँकि उसके लिए चाँद का मूल्य चाँदी से ज़्यादा है, इसलिए वह फ़कीर है। दोनों बातें एक साथ हैं। कोई दूसरी बात का कारण नहीं है।

देखिए बैठना तो सिर्फ गोलू जानता है, सही जगह पर, सही आसन पर, सबसे पास। श्रोता हो तो ऐसा। कान ऐसे होने चाहिए। कल कह रहा था ना कि तुम बस कान हो जाओ, खरगोश की भाँति। वह पूरा कान है अभी। इसकी तस्वीर ले लो अभी, यही बताएगा कि कोई जानवरों को इंसानों से पिछड़ा ना समझे। इतना शोर मचाओगे तो वह जान जाएगा कि सत्र रुका हुआ है, कुछ और है यह। वह (खरगोश) बहुत होशियार हैं, उसके सारे बाल सफेद हैं, आपके तो दो-चार हैं।

जो तुम्हें कीमती होगा तुम्हें उसी का छिनना बुरा लगेगा। इस बुरा लगने को ही कहते हैं भय। तो भय थोड़ी बुरी बात है, बुरी बात यह है कि तुम्हें जो निकृष्ट है, निम्न है उसका छिनना बुरा लग रहा है। तुम्हें भय है कि कहीं तुम्हारे कष्ट और मलिनताएँ और बेवकूफियाँ ना छिन जाएँ, तब भय बुरा है। तुम्हें राम के छिनने का भय है तो भली बात।

उसमें भी आगे हम बात करेंगे कि राम के छिनने का भय क्या होता है, पर पहले भय और भय में अंतर समझना ज़रूरी है।

फरीद भी काँप उठते हैं, बुल्ले शाह भी कहते हैं कि रात को नींद नहीं आ रही है, प्यारा कहीं दिखाई नहीं देता और नदी उफनाई हुई है, क्या करूँ? भय वहाँ भी है, व्याकुलता वहाँ भी है।

कहा जाता है कि तीन जन होते हैं जो रात में नहीं सोते पर अंतर देखना। कौन होते हैं वो तीन जो रात में नहीं सोते?

सबसे नीचे होता है कामी। वह क्यों नहीं सोता समझते ही हो। शरीर नोंचे पड़ा है उसको कहाँ से नींद आएगी? शरीर ऐसा हावी है। उसके ऊपर होता है चौकीदार। उसका मन उसे नोंचे पड़ा है। कर्तव्य भावना प्रगाढ़ है, चढ़ी हुई है। फेरी दे रहा है इसलिए नहीं कि उसे प्रेम है उन लोगों से जिनकी रक्षा कर रहा है, बल्कि इसलिए कि कुछ पैसा मिलेगा। और सबसे ऊपर होता है संत। वह भी रात भर नहीं सोता।

अनिद्रा-अनिद्रा में, रात जगे-रात जगे में, जागरण-जागरण में भेद है, भेद करना सीखो। भय, भय में भेद है।

फरीद भी कहते हैं कि मुझे रात भर नींद नहीं आती और आवारा, मनचले नशेड़ी भी घूमते रहते हैं, उन्हें भी नहीं रात भर नींद आती। बड़ा फ़र्क है। दोनों को एक कोटि में मत रख देना।

तुम राममय हो जाओ इसकी अनिवार्यता ही यही है, उस दशा से पहले की शर्त ही यही है कि तुम्हें राम इतने प्यारे हो जाएँ कि राम का खोना बर्दाश्त ना कर पाओ।

ज़रा स्थूल उदाहरण है पर दिए देता हूँ। हम एक वैज्ञानिक की बात कर रहे थे। उसकी जेब में जब तक है चिप, तब तक उसका खोना संभावित है। संभावना हो सकता है नगण्य हो पर शून्य नहीं है। जेब में ही तो है, खो सकती है। तो वह एक विधि निकालता है, वह कहता है कि इस चिप को क्यों ना अपने हृदय में स्थापित कर लूँ। अब नहीं खोएगी। और एक बार कर ली हृदय में स्थापित, अब भय जाता रहता है। पर हृदय में स्थापित तभी करेगा जब भय की पराकाष्ठा हो जाए।

यह भय प्रेम है। तुम्हें इतना प्यार है कि तुम प्रेमी को खोना बर्दाश्त नहीं कर सकते, तो तुम उसे फिर उठाकर के हृदय में ही स्थापित कर लेते हो। गलत नहीं होगा अगर आप कहें कि संत को राम के खोने का भय इतना सताता है कि वह फिर राम में ही विलीन हो जाता है। वह कहता है यही अकेली विधि है जिससे अब मैं राम को कभी खो नहीं पाऊँगा।

जब तक चिप हाथ में है, जेब में है, खो सकती है। आँखों के सामने है तो भी सिद्धांत: संभव है कि खो जाए, गड़बड़ हो सकती है। कबीर कहते हैं कि सिर्फ़ मछली प्रेम जानती है। क्यों? क्योंकि पानी से निकलती नहीं है कि दम तोड़ देती है। इतना प्यार है कि प्यारे से बिछड़ेंगे नहीं कि जान चली जाएगी।

जिसको इतना प्यार हो कि एक पल की दूरी बर्दाश्त न कर पाए, जान चली जाए

मछली की तरह, तो उसके पास अब रास्ता ही क्या बचा है? उसे यही करना पड़ेगा कि जिससे प्यार है या तो उसमें समा जाए या उसको अपने भीतर स्थापित कर ले, दोनों एक ही बात है।

जब आप कहते हो कि 'मैं राम का हो गया', 'मैं कृष्ण का हो गया', 'मैं सत्य का हो गया', 'मैं परमात्मा का हो गया', और आप जब कहते हो कि 'मैंने राम को हृदयस्थ कर लिया' तो आप एक ही बात कर रहे हो। दोनों अलग बातें नहीं हैं। दोनों स्थितियों में आप यही कह रहे हो कि अब बँटवारा नहीं हो पाएगा। ना विघटन, ना विभाजन, अब दूरी नहीं बनेगी, हम और वो एक हो गए, फ़ना, विलीन।

जो चीज़ कीमती नहीं उसे तो कहीं भी रखकर छोड़ दोगे, कहोगे खो जाए तो खो जाए। माँ भी बच्चे को प्रेम करती है तो इतना ही कर पाती है न कि सीने से लगाए घूम रही है। भक्त का प्रेम माँ की ममता से कहीं ऊँचे आयाम का है। वह छाती से नहीं लगाता, वह छाती में बिठा लेता है। पर पहले तुम्हें कीमत पता हो तब तुम्हें डर लगेगा। तुम डरते नहीं हो क्योंकि तुम्हें कीमत ही नहीं पता। जिस चीज़ की कीमत नहीं पता उसको लेकर के क्यों डरोगे? फिर तो तुम कहोगे कि खोती हो तो खो जाए।

जैसे कि तुमने हीरे को कंकड़ समझ लिया हो और उसे उछाले फिरते हो। अब तुमने उछाला, वो पलट के हाथ में आ गया तो अच्छी बात, नहीं हाथ में आया, इधर-उधर गिर गया, खो गया तो भी क्या फ़र्क पड़ता है। हीरे को हीरा जानो तब ना डर लगे, कि यूँ उछाल दिया और ना मिला तो!

जब तक राम तुम्हारे हृदय में ही नहीं स्थापित हो गए हैं तब तक भला है कि तुम डरो। ना डरना सिर्फ़ उन्हें शोभा देता है जिन्हें अब खोने की संभावना शून्य हो गई है। नहीं तो तुम्हारी बड़ी अजीब हालत हो जाएगी। कबीर कहते हैं हीरा पायो गाँठ घठियाओ, वो हृदय की ग्रंथि है, वो भीतर है। हीरा उन्होंने अब भीतर स्थापित कर लिया है।

कबीर को अब नहीं डरना है, आपको तो डरना चाहिए। क्यों डरना चाहिए? क्योंकि हीरा आपसे अभी बाहर है, आपसे अभी दूर है। आप डरिए, आप से खो सकता है। इसलिए नहीं कि खोना हीरे की फ़ितरत है बल्कि इसलिए कि खोना आपकी फ़ितरत है। हीरा अपनी जगह रहा भी आए और आप उसे भूल जाएँ तो आपके लिए तो खो ही गया न। हीरे की फ़ितरत नहीं है खोना पर आप तो आजन्म खोए हुए ही हैं। तो आप तो डरिए कि कहीं खो ना जाए।

मैं जब भी भय की बात करता हूँ लोग आते हैं कहते हैं कि नहीं साहब, यह बात ठीक नहीं है। कुछ ज्ञानियों ने समझाया है कि डर के कोई काम नहीं होना चाहिए। मैं कहता हूँ कि वह बात उनसे कहीं गई है जो डर के पार चले गए हैं। तुम्हारी तो साँस-साँस डर में है, तुम डर के अलावा जानते क्या हो?

तो जब तुम मुझसे कह रहे हो कि डर नहीं होना चाहिए तो तुम यह कह रहे हो कि तुम अपने सास-ससुर से डरना चाहते हो, तुम अपने अधिकारियों से डरना चाहते हो, तुम पुलिस से डरना चाहते हो, तुम अपनी बीवी से डरना चाहते हो, तुम बैंक से डरना चाहते

हो, तुम दुनिया की तमाम आपदाओं से डरना चाहते हो, तुम सड़क के साँड से डरना चाहते हो, बस तुम सत्य से नहीं डरना चाहते।

लोग आते हैं कहते हैं, एक सज्जन आए कहते हैं कि कृष्णमूर्ति ने कहा है कि सबसे बड़ी बाधा डर है। मैंने कहा कि उन्होंने तुमसे तो नहीं कहा है न, कि तुमसे कहा है? और सबसे बड़ी बाधा डर है तो तुम सबसे पहले सड़क के साँड से डरना छोड़ो और अपनी बीवी से डरना छोड़ो। नहीं, उनसे तुम डरते रहोगे, तुम्हें किससे नहीं डरना है? तुम्हें राम से नहीं डरना है, तुम्हें सच्चाई से नहीं डरना है।

डरने का अर्थ समझते हो न? मूल्य देना। जब तुम साँड से डरते हो तो तुम अपनी शारीरिक सुरक्षा को मूल्य दे रहे हो। जब तुम अपने पति या पत्नी, सास या ससुर या किसी से भी डरते हो रिश्तेदार से बंधु-बांधव से तो तुम परिवार को मूल्य दे रहे हो। पर तुम सत्य से नहीं डरते हो क्योंकि तुम सत्य को मूल्य नहीं दे रहे हो।

भयहीनता आखिरी स्थिति है। वो उन्हीं को आए जो आखिर तक पहुँच गए हैं। जो आखिर तक नहीं पहुँचे उनके लिए बहुत आवश्यक है कि वह डरें, थरथर काँपें। यह भूल मत कर बैठना कि तुम सच से डरना छोड़ दो। 'भय बिन होय न प्रीति', और कहते हैं कबीर कि 'भय पारस है जीव को निर्भय होय ना कोय'।

भक्त और भगवान एक हो गए तब भय गया। पर जब तक भक्त और भगवान में दूरी है तब तक तो भक्ति करो और उस भक्ति में भय शामिल है। संत कवियों को पढ़ो, वो बार-बार क्या कहते हैं? प्रभु मेरे अवगुण माफ़ कर देना। इसमें भय नहीं दिख रहा? क्या भय है? कि क्या पता अवगुण ना माफ़ हों। प्रभु मेरे अवगुण चित ना धरो ।

आप डरिए। डरने में नहीं बुराई है, गलत वस्तु से, गलत व्यक्ति से और गलत केंद्र से डरने में बुराई है। तुम्हें जिससे नहीं डरना चाहिए तुम उससे डरते हो क्योंकि तुम उसका मूल्य करते हो, क्योंकि तुम उसे छिनने नहीं देना चाहते। और जिससे तुम्हें डरना चाहिए उसकी तुम्हारी नज़रों में कोई हैसियत नहीं। वहाँ तुम बेखौफ होकर घूमते हो।

तुम्हारा बेखौफ होकर घूमना ऐसा ही है जैसे कि कोई छोटा, अनाड़ी बच्चा सिंहों के झुंड में बेखौफ होकर घूमे। थोड़ी देर घूमेगा, फिर मौत है। पर थोड़ी देर के लिए तुम बादशाह बन ही लेते हो। कोई बेहोश बच्चा साँप को उठाए हुए घूम रहा है, और उठाए हुए ही नहीं घूम रहा, उसके फन में उँगली दे रहा है। बड़ा बेखौफ लगेगा, कितनी देर तक? 'यम के दूत बड़े मजबूत, यम से बड़ा झमेला'।

तुम परमात्मा की करुणा पर आश्रित नहीं हो, तुम परमात्मा को चुनौती दे रहे हो। यह भी नहीं है कि तुमने साँप उठाकर प्रार्थना करी है कि प्रभु नाग में भी नारायण दिख रहे हैं इसलिए उठाया है। तुम तो परमात्मा को चुनौती दे रहे हो कि तेरी हैसियत क्या है। "होगा तेरा संसार, तूने कहा होगा कि यह मृत्युलोक है। हमें नहीं लगता मृत्युलोक है, हम नहीं डरते मृत्यु से।" थोड़ी देर में साबित हो जाएगा कि कौनसा लोक है।

तुम डरो, तुम्हें पसीने छूटें। जहाँ तुम्हें संभावना दिखाई देगी कि छिटक रहे हो, तुम्हें

झुरझुरी छूट जानी चाहिए। हालत पस्त हो जानी चाहिए। यही बात उपनिषद् हमें समझा रहा है। जो परमात्मा से डरता है वह औरों से नहीं डरेगा। दुनिया से नहीं डरना है। जब कृष्णमूर्ति कह रहे हैं मत डरो तो वह कह रहे हैं कि दुनिया से मत डरो। पर है कुछ दुनिया के पार, उससे डरो। उसको खो दिया तो जीवन खो दिया। उसको खो दिया तो चलती फिरती मौत है, डरो।

शरीर की मृत्यु उतनी दुखद नहीं जितना दुखद है साँस लेते हुए मुर्दा हो जाना। डरो उस संभावना से कि तुम्हारी आँखें तो खुली हुई हैं पर तुम्हारी आँखें वैसे ही हैं जैसी लाश की होती हैं। देखा है न कितनी भयावह लगती हैं मुर्दे की खुली हुई आँखें। उसकी पलकें बंद कर दी जाती हैं। और बहुत लोग हैं जिनकी आँखों में झाँकों तो तुम्हें प्राण, प्रकाश, जीवन न दिखाई देगा, प्रस्तर होगा, पाषाण, मृत्यु। ना वहाँ पानी है, ना भाव है, ना बोध है। बस समय की धूल, जैसे आँखों में जाला पड़ गया हो।

उस संभावना से डरो, वह संभावना काल्पनिक नहीं है अधिकांश मानवता की किस्मत है वह संभावना, अधिकांश मानवता उसी में जी रही है। डरना तुम्हें चाहिए जब तुम्हें दिख रहा है कि सौ में से निन्यानवे लोग उसी हश्र को प्राप्त हो रहे हैं तो तुम डर कैसे नहीं रहे? तुम अपने-आप को क्या समझते हो? तुम ही अजूबे हो, तुम ही फन्नेखाँ हो, तुम ही माया को काट जाओगे? पर तुम्हें बड़ा यकीन है कि तुम अपवाद हो। मज़ेदार बात यह है कि जितने मुर्दे घूम रहे हैं उन्हें भी यकीन है कि वह अपवाद हैं।

डरो! उस एक से डर लोगे उसके बाद ज़माने से डरने की ज़रूरत नहीं पड़ेगी। और डर का अर्थ हम स्पष्ट कर चुके हैं, मैं दोहरा रहा हूँ, डर का अर्थ है—प्रेम है इतना कि छिनना बर्दाश्त नहीं कर सकते, यह परिभाषा है डर की। छिनना बर्दाश्त नहीं कर सकते। मछली को मत भूलना, ऐसा प्रेम है। दो पल को बिछड़ना, छटपटाती मछली देखी है? मछली को पानी से निकालो उसका छटपटाना देखा है? ऐसा अनुराग होना चाहिए राम के प्रति। दो पल को वह बिछड़ा नहीं कि तुम्हारी पूरी व्यवस्था झटपटाने लग जाए।

तुम किस श्रेणी में अवस्थित हो यह जानना हो तो यही देख लेना कि जब सत्य के साथ नहीं होते, जब राम के साथ नहीं होते तो तुममें छटपटाहट कितनी उठती है। तुम्हारी छटपटाहट ही तुम्हारी प्रीति है, तुम्हारी छटपटाहट ही भय है।

जब संतजन कहते हैं कि 'भय बिन होय न प्रीति' तो उसको यही जानना कि कह रहे हैं कि भय बराबर प्रीति। छटपटाहट ही प्रीति है, छटपटाहट की भय है, प्रीति ही भय है। अपनी छटपटाहट को आँकना, तुममें है आकुलता? तुम्हें लगता है ऐसा जैसे साँस अटक गई, जैसे किसी ने गला बाँध दिया हो, तुम्हें लगता है ऐसा? ना। तुम तो जब सत्य से दूर भी होते हो तो मौज में होते हो। बड़ी झूठी मौज है पर तुम्हारे लिए तो है।

सच्चा प्रेमी वह जिसकी आँखें हर वक्त तलाशती रहें प्रियजन को। और यही अंतर है। झूठा प्रेमी जब दूरी पाता है तो दूरी बढ़ाता है। कहता है मौका मिल गया, अब अपनी कारस्तानी अंजाम देते हैं। पहले तो उसने पकड़ रखा था, अवसर ही नहीं मिलता था। अब अवसर मिला है, दूरी है, अब कुछ कार-गुजारियाँ करते हैं जो हमें और दूर ले जाएँ। और

जो सच्चा होता है वह जब दूरी पाता है तो वह छटपटा जाता है और दूरी को घटाने के लिए उद्यत हो जाता है। तुम्हारी क्या हालत होती है उन क्षणों में जब दूरी बन जाती है इसी से सब तय हो जाना है। विरह, वियोग, वेदना कितना सताते हैं तुमको ?

मीरा को जब भी लगा है कि कृष्ण से दूरी है वो आँसू-आँसू हो गई हैं, वो हँस नहीं पाईं। और जब मीरा के पास में हैं कृष्ण उस समय मीरा को कोई रुला नहीं सकता, कोई दुःख नहीं।

ज़माना छिन रहा हो तुमसे, बेपरवाह रह जाना, कुछ नहीं छिना। सच्चाई छिनती हो, हृदय छिनता हो, प्रेमी छिनता हो, राम छिनते हों, गुरु छिनता हो तब बदहवास होकर के चीखना, चिल्लाना, पाँव पटकना, यत्न करना। यह अनहोनी घटने मत देना।

दुनिया छिनी, कुछ नहीं छिन गया। कुछ नहीं। क्या खोया ? पर कोई है जो यदि छिना तो तुम कहीं के नहीं रहे। उसके छिनने पर अनियंत्रित हो जाना, अव्यवस्थित हो जाना, अपने-आप को सारी नीति से, बंदिशों से और वर्जनाओं से मुक्त कर देना। जल से वियुक्त मछली कोई लाज रखती है फिर, किसी मर्यादा का पालन करती है? वह तो कूदती है, फाँदती है, तड़पती है, उछलती है। जो उसके बस में है सब कुछ करती है। उसे सागर चाहिए।

तुम भी किसी मर्यादा में मत बँध जाना, राम छिनते हों तो मूँक मत रह जाना। यह ना कह देना कि "अरे, समाज के सामने नंगे कैसे हो जाएँ? कैसे चीखें, कैसे चिल्लएँ?" चीखना, चिल्लाना, उपद्रव करना, सर पटकना जो कीमत दे सको देना, पागल हो जाना। सत्य छिना जाता हो और तुम शांति धरे बैठे हो, मौन तमाशा देखते हो, इससे बड़ा अभाग नहीं हो सकता। महा अनर्थ के सामने तुम शांत कैसे बैठे हो ? और तुम कह रहे हो कि देखिए, शांति बड़ी बात है। किसी भी मौके पर शांति नहीं खोनी चाहिए।

अरे, शांति ही तो खोई जा रही है। राम और शांति एक ही हैं। राम को खोए दे रहे हो तो कौन सी यह झूठी शांति पकड़े बैठे हो ? अपनी हकीकत प्रदर्शित करो, दिखाओ कि शांति गई, राम गए तो शांति गई और शांति गई तो हम क्या है ? अशांत हैं, उस अशांति को प्रदर्शित करो, होने दो, खुलने दो। तुम्हें भी तो तुम्हारी हकीकत पता चले कि तुमने क्या खो दिया है। बावले हो जाओ, किसी की ना मानो।

परमात्मा तुम्हारी इसी बेसब्री का बेसब्री से इंतजार करता है। वह तुम्हें बदहवास देखना चाहता है। उसे तुम्हारे पागलपन की ही प्रतीक्षा है। तुम जब तक संयमित हो और धीरजधारी हो, परमात्मा कहता है, "ठीक है, मुझसे दूर रहकर भी इसे संयम है तो अभी इसे मेरी ज़रूरत नहीं, अभी इसे जो कुछ मिला हुआ है इसके लिए वही काफ़ी है।"

तुम्हारे लिए खेल-खिलौने, तमाशे, कुर्सी, मेज और बर्तन ही काफ़ी हैं, तो तुम्हें परमात्मा की ज़रूरत क्या है ? क्यों आए वह तुम्हारे पास ? व्यर्थ, कि जैसे कि तुम गए हो दस रुपए का आलू खरीदने और कोई तुम्हें हीरे-जवाहरात दे दे, तुम्हारे लिए व्यर्थ है, क्या करोगे ? तुम चाहिए ही नहीं था।

तुम शोर मचाओ। जब परमात्मा के लिए शोर मचाते हो तो वह शोर भजन कहलाता

है। मीरा गा रही है कि रैदास गा रहे हैं, दादू गा रहे हैं, फरीद गा रहे हैं, कबीर गा रहे हैं, यह और क्या है? विरह में जब एक जोगी गाता है, रूठे यार को मनाता है, बुलाता है, तो वह ऐसा ही है कि जैसे कोई बच्चा माँ के लिए शोर मचाता हो। चूँकि तुम अस्तित्व के मालिक को बुला रहे हो इसीलिए अब यह शोर अस्तित्व के साथ हिल-मिल जाता है, संगीत बन जाता है।

शोर में और संगीत में यही अंतर है। जो शब्द तुमने किसी और की आशा में, प्रतीक्षा में, प्यास में कहा वह शोर है भले ही उसके पीछे संगीत का कितना कौशल, कितना अभ्यास हो, फिर भी वह शोर है।

कितने मझे-मझे संगीतकार हैं वह गाते हैं। अपनी दृष्टि बड़े संगीतज्ञ हैं पर उनमें मीरा की बात है क्या? यह जितने गायक-गायिकाएँ हैं, एक से एक सधे हुए, मंझे हुए, ये कोई मीरा का मुकाबला करेंगे? और मीरा नहीं करतीं थीं रियाज़। मीरा का शब्द कृष्ण के लिए था, इनका शब्द किसके लिए है? यह बुला रहे हैं पड़ोस के मोहल्ले के किसी स्त्री-पुरुष को। इनकी गायकी सिर्फ़ मूर्खों के कानों को संगीत लगेगी। जो इन गायकों के संगीत को सुने उससे बड़ा अभागा दूसरा नहीं है।

अब कबीर, मैं नहीं समझता कि शास्त्रीय संगीत जानते थे, कि कोई भी संगीत जानते थे। पर एक प्राकृतिक बहाव है उनमें, जैसे अस्तित्व आकर के उनके कानों में लय फूँक गया हो। कौन जाने कैसा था कबीर का गला, फर्क क्या पड़ता है कबीर का गला कैसा था? हमें कबीर का हृदय दिख रहा है। गले से नीचे जाना सीखो, वहाँ दिल मिलेगा। जहाँ दिल है वहाँ संगीत है। संगीत गले की बात नहीं है कि रियाज़ करे जा रहे हैं तो संगीतज्ञ कहला गए। यह दो कौड़ी के संगीतज्ञ हैं रियाज़ वाले।

अंततः एक दिन आता है जब कबीर कहते हैं कि खोने-वोने की अब बात ख़त्म हुई। अब तो मिलन ऐसा है कि जुदाई संभव नहीं। दो हों तो एक-दूसरे से बिछड़ेंगे, 'एक रहा दूजा गया दरिया लहर समाय'। नदी जब तक थी तो उसे लगता था कि सागर मिले ना मिले; लहर जब तक थी तो उसे लगता था कि नदी मिले ना मिले, दो थे तो। अब वह द्वी कहीं नज़र आती नहीं। क्या खो देंगे?

पर वह बिल्कुल आखिरी बात है, तुम मत कह देना। तुम्हारा जीवन तो द्वी ही द्वी से भरा हुआ है। द्वैत पर ही चल रहा है। तुम तो डरो, ना डरना कबीर को शोभा देता है, तुम्हें नहीं।

और एक बात समझ लेना, तीन कोटि के फिर मन हुए। उच्चतम तो कबीर का हो गया जिसके पास डर नहीं है क्योंकि अब वह राम में ही हैं। खो सकता नहीं तो डर की आवश्यकता नहीं। उसके नीचे आता है साधक का मन जो बहुत डरा हुआ है क्योंकि उसको दिख रहा है कि खो देगा। साधना यदि पूरी ना रही, भक्ति में, समर्पण में यदि खोट रह गई तो खो देगा। और इन सब से नीचे आता है संसारी जो खोए हुए है फिर भी डरता नहीं।

अब उसमें और कबीर में एक बात साझी है, क्या? दोनों डरते नहीं, और ना डरने वाले लोग या तो उच्चतम कोटि के होंगे या निम्नतम कोटि के। उच्चतम कोटि के होंगे इसकी संभावना कितनी है? इसकी संभावना ठीक उतनी है जितनी जनसंख्या में कबीर होते

हैं। कितने होते हैं? लाखों में एक, तो इसकी संभावना एक बटा एक लाख है कि तुम डर नहीं रहे हो और उचित ही है कि नहीं डर रहे हो।

तुम डर नहीं रहे हो तो करीब-करीब शत प्रतिशत संभावना यही है कि तुम महामूढ़ हो। तुम गंवाए भी बैठे हो और तुम्हें पता भी नहीं है तुमने गंवा दिया। तुम तो जब डरना शुरू करते हो तो तुम तीसरी कोटि से उठ कर दूसरी में आते हो। यह विकास है तुम्हारा, यह ऊर्ध्वगमन है तुम्हारा। संत के पास जाओगे तो जो नहीं डरता संत उसे भी डरा देगा। तुम कहोगे, ये तो अजीब बात है। संतों का काम तो हमने सुना था यह था कि वह डर हटाएँ, निर्भय करें। पर यह कैसे गुरुदेव है यह तो डरा रहे हैं?

वह डरा रहे हैं, तुम्हें उठा रहे हैं। निडर तो तुम घूम ही रहे हो पर तुम्हारी निडरता कौन-सी है? उस बच्चे वाली जो साँप हाथ में लेकर घूम रहा है। चार पल की निडरता है, झूठे सुख को सुख कहे मानत है मन मोद, जगत चबैना काल का कुछ मुख में कुछ गोद। हाथ में साँप है और सुख मना रहे हो। मौत की गोद में हो और मान रहे हो कि वाह, क्या आनंद आ रहा है।

गुरु के पास जाओगे तो वह तुम्हारी झूठी निडरता हटाएगा। वह तुममें परमात्मा का भय भरेगा। परमात्मा का भय का मतलब समझते हो? परमात्मा को खो देने का भय। गॉड फीयरिंग शब्द का वास्तविक अर्थ यह है। परमात्मा नहीं डराने आता पर तुम्हें डरना चाहिए कि परमात्मा को कहीं खो ना दूँ। यह है वास्तविक अर्थ गॉड फीयरिंग का।

भगवान से मत डरो, भगवान को खोने से डरो।

जब भगवान को खोने से डर रहे हो तो वास्तव में तुम किससे डर रहे हो? शैतान से। गॉड फीयरिंग का अर्थ वास्तविक में है सैटन फियरिंग। सत्य से नहीं डरता है, सत्य को खोने से डरना है माने किससे डरना है? असत्य से डरना है।

पर हमारे दिमाग कुछ ऐसे विकृत हैं कि हमने उस शब्द को बर्बाद कर दिया है — गॉड फियरिंग। हम भगवान से ही डरने लग गए और जब डरोगे तो दूरी और बना लोगे और क्या करोगे! जो डराता है उसके करीब जाते हो कभी? जिससे डर लगता है उसे क्या कहते हो? और भाग जाते हो। इस भगने से डरना है, सत्य से नहीं डरना। भय का मुद्दा साफ़ हो रहा है, बिल्कुल स्पष्ट हो गया है?

भय परम आवश्यक है। परम तक जाना है तो भय आवश्यक है। मेरा काम है आपमें भय का संचार करना और फिर एक अवस्था आती है जब आप दूसरी कोटी से पहली में प्रवेश कर जाते हो। अब ना रहा द्वैत और ना रहा बिछुड़ने का भय।

पर वह बड़ी दूर की बात है, कौन कल्पना करें उसकी। हम तो तथ्यों में जिएँ ना, हमें तो अपनी ज़िन्दगी का, अपनी औकात का पता है। कहाँ पहली कोटि, हम तो थर्ड क्लास वाले हैं। हमें तो डर लगता ही नहीं—यह किस बात की निशानी है? तीसरी कोटि के हैं। आज सत्र है इसके लिए इनको एक अलग से उद्घोषणा करनी पड़ती है—भाइयों कल सब नदारद थे, आज आ जाना। कौन काँपा विरह में, किसने कहा कि बड़ा नुकसान हो गया।

हम तो किस कोटि के हैं? तीसरी। अच्छा हो कि डरें और दूसरी कोटि में प्रवेश करें। दूसरी से पहले की यात्रा पता नहीं कैसे होती है, कब होती है। वो ऊपर से बूँद टपकती है, वह प्रसाद है। हमें नहीं मालूम दूसरे से आप पहले में कब जाएँगे, आपका धर्म है दूसरे में बने रहना, आपका धर्म है डरे रहना। जो डरा रहता है परमात्मा उसे निडर बनाएगा। जो नहीं डर रहा, जीवन उसे खूब-खूब डराएगा।

और यह जो तीसरी कोटि वाला है वह ऐसा नहीं है कि कहीं नहीं डरता। हम बात कर चुके हैं, यह किस से डरता है? सड़क के साँड से डरता है, संसार से डरता है, बस यह परमात्मा से नहीं डरता। इसको बोल दो कि मंदिर जाना है, यह तन के खड़ा हो जाएगा, ''नहीं, पहले समझाओ क्यों जाना है?'' इसको बोल दो नई पिक्चर लगी है, चलो, यह चल देगा। यह वहाँ नहीं पूछेगा कि क्यों जाना है, यह वहाँ चल देगा।

अदालत की पेशी आ जाए, यह घुटनों के बल रेंग कर जाएगा, पहुँच जाएगा। वहाँ इसकी हिम्मत नहीं पड़ती कहने की कि हम तो निडर हैं, हम नहीं सुनेंगे किसी की, हम नहीं आएँगे। वहाँ ऊपर न्यायमूर्ति बैठे हैं उनको तुरंत बोलेगा, योर ऑनर। पर किसी ज्ञानी के सामने जाएगा तो कहेगा, ''हम क्यों कहें इनको गुरुजी? नहीं, नहीं, यह गुरुजी वगैरह नहीं चलेगा।''

यह बात तुम को न्यायालय में नहीं याद आई थी, तब तुमने नाम लेकर पुकारा था जज को? वहाँ डर है कि अभी अदालत आज्ञा देगी और पुलिस आएगी और ऐसी सुताई करेगी मेरी, अदालत की अवमानना करने पर, कि कहीं का नहीं बचूँगा। तो डरता तो वह है पर स्थूल सुताई से। डंडे पड़े और प्रकट डंडे पड़े तो डरेगा। दिल का कुछ छिन गया, भीतर के झीने तार टूट गए, इसका उसे दर्द ही नहीं प्रतीत होता। जैसे कि कोई हाथ-पैर टूटने से डरे और दिल टूटने से ना डरे। जैसा होगा ऐसा आदमी?

प्रश्नकर्ता : आचार्य जी, क्या बच्चे का ज़िद करना, छटपटाना भी तभी होता है जब उससे सत्य छिनने लगता है?

आचार्य : वह बच्चे पर निर्भर करता है। छटपटाना हमारा हमारे मूल्यों पर निर्भर करता है। भाँति-भाँति के बच्चे होते हैं। जब मैं बच्चा कह रहा हूँ तो बच्चे से मेरा आशय वह है जो मानसिक रूप से अभी बच्चा है, जिसने मानसिक रूप से शैशव को प्राप्त कर लिया है।

तो छटपटाहट तो बहुधा देखने को मिलती है पर क्यों छटपटा रहे हैं, यह पकड़ना ज़रूरी है। अगर हम साधारण बच्चों की बात कर रहे हैं, उम्र के बच्चों की बात कर रहे हैं, दो साल-चार साल वालों की बात कर रहे हैं तो वो सत्य इत्यादि को लेकर नहीं छटपटाते। बच्चों को लेकर हमने बड़ी रोमानी छवियाँ बनाई हुई हैं पर बच्चे गर्भ से ही पूर्णतया संस्कारित पैदा होते हैं। समाज बस जैविक संस्कारों के ऊपर एक परत और डाल देता है, कई परतें और डाल देता है। और अहम् की ग्रंथि तो जीव लेकर के ही पैदा होता है। पैदा ही अहम् ग्रंथि होती है।

तो बच्चा सत्य इत्यादि के लिए नहीं छटपटाता। बच्चा खिलौने के लिए छटपटाएगा,

भूख–प्यास इत्यादि के लिए छटपटाएगा। उसे भी सुख चाहिए, उसे भी द्वेष उठता है, बच्चे ईर्ष्यालु–हिंसक भी होते हैं। अपने मंतव्य की प्राप्ति के लिए वह नुकसान करने में, झूठ इत्यादि बोलने में बहुत कतराते नहीं हैं। बच्चों ने अभी नीति का पाठ भी नहीं पढ़ा होता है तो उनको तो नैतिकता भी नहीं रोक पाती। उन्हें जो चाहिए उसके लिए कुछ भी कर गुजरेंगे।

प्रश्नकर्ता : आचार्य जी, क्या भय में ध्यान साधा जा सकता है?

आचार्य : बिल्कुल। प्रश्न प्रासंगिक है, पूछा है कि क्या भय में ध्यान साधा जा सकता है?

भय की उचित परिभाषा पकड़ो, दिख जाएगा कि भय में ध्यान सधेगा। भय क्या है? खोने का डर। जब खोने का डर है तो ध्यान दोगे। एक शब्द से भी चूक न जाऊँ, अब तुम ध्यान दोगे। यह खोने का डर ही तो है। पर यह तुम कब कहोगे कि एक शब्द से भी चूक ना जाऊँ? जब अपने प्रति प्रेम होगा और शब्द का मूल्य जानोगे। दो शर्तें हैं—पहली बात, दिखे कि शब्द में मूल्य है और दूसरी बात, यह दिखे कि मैं उस मूल्य के लायक हूँ। अपने प्रति प्रेम और शब्द का मूल्य दोनों चाहिए।

प्रश्नकर्ता : इनके अभाव में अगर भय है तो?

आचार्य : बिल्कुल, इनके अभाव में भय है तो मतलब तुम किसी निकृष्ट वस्तु के खोने से घबरा रहे हो। तुमने अनुराग किससे पाल लिया है? संसार से, कहीं कीचड़–वीचड़ को लेकर के भयाकुल हो कि यह ना खो जाए। जैसे कि कोई सुअरी कीचड़ से नहाकर निकली हो और कहती हो अभी प्रसाधन लपेट के आई हूँ। कोई उसे छू दे तो कहे कि यह क्या किया, मेकअप गिरा दिया। कीचड़ झड़ गया ज़रा सा। और वह बड़ा बच–बच के निकल रही है दुनिया से, भय है उसे कि यह सुगंधित कीचड़ कहीं छिन ना जाए। तो भय तो वहाँ भी है।

जिन्हें ध्यान साधने में दिक्कत होती हो वो इस व्यावहारिक विधि (सजीव गुरु के समक्ष ध्यान लगाना) को आजमाएँ। बाकी सब विषयों में तुम्हारा शून्य आ गया, कोई बात नहीं। मैं नहीं कह रहा हूँ कि शून्य ले आओ, मैं कह रहा हूँ बाकी सब विषयों में शून्य आ गया तो माफ़ी मिल जाएगी। एक विषय को पकड़ लो, एक खेल को साध लो, बाकी खेल पीछे–पीछे सध जाएँगे, ध्यान सीख लोगे।

''जो तुम्हें कीमती होगा तुम्हें उसी का छिनना बुरा लगेगा। इस बुरा लगने को ही कहते हैं भय। तो भय थोड़ी बुरी बात है, बुरी बात यह है कि तुम्हें जो निकृष्ट है, निम्न है उसका छिनना बुरा लग रहा है। तुम्हें भय है कि कहीं तुम्हारे कष्ट और मलिनताएँ और बेवकूफियाँ ना छिन जाएँ, तब भय बुरा है। तुम्हें राम के छिनने का भय है तो भली बात।''

परधर्म भयावह है

शास्त्र कौमुदी, बोधस्थल, 2020

''सब कुछ-न-कुछ कर रहे हैं। दिक्कत बस ये है कि बिना जाने, बिना समझे कर रहे हैं; यूँ ही कर रहे हैं, नकल में कर रहे हैं। कुछ नहीं मिल रहा करने से, तब भी करे जा रहे हैं। अन्यथा ऐसा कैसे होता कि दुनिया में इतने विविध लोग हैं, इतने अलग-अलग हैं, फिर भी सब एक जैसा ही कर रहे हैं?''

श्रेयान्स्वधर्मो विगुणः परधर्मात्स्वनुष्ठितात्।
स्वधर्मे निधनं श्रेयः परधर्मो भयावहः॥

दूसरों के कर्त्तव्य का भली-भाँति अनुसरण करने की अपेक्षा स्वधर्म को दोषपूर्ण ढंग से करना भी अधिक कल्याणकारी है। दूसरे के कर्तव्य का अनुसरण करने से भय उत्पन्न होता है और स्वधर्म में मरना भी श्रेयस्कर होता है।

—श्रीमद्भगवद्गीता, अध्याय 3, श्लोक 35

प्रश्नकर्ता : प्रणाम, आचार्य जी। इस श्लोक में श्रीकृष्ण कहते हैं कि अपना कर्तव्य अर्थात् स्वधर्म का पालन करना दूसरे के धर्म के अनुसरण करने से बेहतर है। ऐसा श्रीकृष्ण ने क्यों कहा है? कृपया मार्गदर्शन करें।

आचार्य प्रशांत : श्रीकृष्ण ने कहा है कि स्वधर्म बेहतर है क्योंकि स्वधर्म बेहतर है, और कोई वजह नहीं है। क्या तुम्हें ऐसा लग रहा है स्वधर्म श्रेष्ठ नहीं है परधर्म से? ऐसा लग रहा हो तो मुझसे पूछो। अन्यथा तुम मुझसे पूछोगे कि कृष्ण स्वधर्म को श्रेष्ठ क्यों बता रहे हैं, तो मैं कहूँगा इसलिए क्योंकि स्वधर्म श्रेष्ठ है, और क्या बात?

स्वधर्म का क्या मतलब है?

स्वधर्म का मतलब है अपनी स्थिति के प्रति ईमानदारी।

स्वधर्म का मतलब है कि अगर तुम्हारे दाएँ हाथ में दर्द है तो दवा दाएँ हाथ में लगाओ। और परधर्म का मतलब है कि तुम्हारे घर में सब बाएँ हाथ में दवा मलते हैं तो तुम भी बाएँ हाथ पर ही मल रहे हो, भले ही दर्द तुम्हारे दाएँ हाथ में है, ये है परधर्म।

परधर्म का मतलब है वो करना जो दूसरे कर रहे हैं।

और दूसरे जो कर रहे हैं, वो क्यों कर रहे हैं? क्योंकि उन्होंने भी किन्हीं दूसरों को

करते देखा है। वो पागलपन है न।

स्वधर्म का मतलब है, मैं फिर दोहरा रहा हूँ, अपनी स्थिति के प्रति ईमानदारी। पता हो कि तुम्हारी हालत क्या है, और इसलिए फिर पता हो कि इस हालत में तुम्हें करना क्या है। जो तुम्हारे लिए करना उचित है, उसी का नाम धर्म है।

तो बहुत सीधी-साधी बात कह रहे हैं कृष्ण। अपनी हालत को देखो, क्या तुम दूसरों का अनुसरण, दूसरों की नकल कर रहे हो। दूसरे को लगी है भूख, वो खा रहा है। तुम्हें लगी है प्यास, दूसरे की नकल करके अगर खाने लग गए तो प्यास और बढ़ेगी। तो कहते हैं, ''परधर्मो भयावह'', भयानक अंजाम होगा दूसरे के धर्म का अनुसरण करने का। मत देखो कि दूसरे क्या कर रहे हैं, तुम देखो तुम्हारे चित्त में छेद कहाँ पर है। तुम अपने घाव का उपचार करो। दुनिया जो कर रही, वही पीछे-पीछे मत करने लग जाओ।

गौर से समझो कि तुम्हें जो चाहिए, वो क्या है और उसकी प्राप्ति में पूरी जान लगा दो—यही धर्म है।

कोई पैसे के पीछे भाग रहा है, किसी को कुछ चाहिए, किसी को कुछ चाहिए, तुमने कहा, ''ठीक, यही चीज़ें तो होती हैं जीवन में पाने लायक। मैं भी इन्हीं के पीछे चल देता हूँ।'' ये क्या कहलाएगा? परधर्म। श्रीकृष्ण कह रहे हैं, ''ये भयानक है, भयावह है।''

सब कुछ-न-कुछ कर रहे हैं। दिक्कत बस ये है कि बिना जाने, बिना समझे कर रहे हैं; यूँ ही कर रहे हैं, नकल में कर रहे हैं। कुछ नहीं मिल रहा करने से, तब भी करे जा रहे हैं। अन्यथा ऐसा कैसे होता कि दुनिया में इतने विविध लोग हैं, इतने अलग-अलग हैं, फिर भी सब एक जैसा ही कर रहे हैं? ऐसा कैसे होता कि सुबह नौ बजे सड़क पर सब दिखाई देते हैं दफ़्तर की ओर जाते हुए? ऐसा कैसे होता? अगर सबको स्वधर्म का पालन करना है तो सब एक ही धर्म का पालन क्यों कर रहे हैं? सब एक ही दिशा में जाते क्यों दिखाई दे रहे हैं? इसी स्थिति को श्रीकृष्ण कह रहे हैं, ''भयानक स्थिति है ये।'' सब एक जैसा ही काम कर रहे हैं।

अगर सब अलग-अलग हैं तो ऐसा कैसे हो रहा है कि सब ज़िन्दगी एक ही तरह की जी रहे हैं और सबको एक जैसी ही चीज़ें चाहिए? और इन चीज़ों ने बड़ा उपद्रव मचा रखा है न? कहने को वो चीज़ होती है लेकिन तुम्हारी ज़िन्दगी खा जाती है। जब तुम चीज़ को भोग रहे होते हो, तुम्हें लगता है कि तुम चीज़ को खा रहे हो। और तुम क्यों खा रहे हो? क्योंकि सभी खा रहे हैं, तो चलो क्रेडिट कार्ड को भी खा लेते हैं। और फिर वो चीज़ तुम्हें खाती है, बहुत महीनों तक, सालों तक खाती है।

ये सिर्फ़ इसलिए हो रहा है क्योंकि धर्म नहीं है तुम्हारे जीवन में। परधर्म पर चल रहे हो; नकल पर चल रहे हो—आत्मा नहीं है तुम्हारे पास—संगति है, वो भी कुसंगति। दूसरों की देखा-देखी जी रहे हो, खा रहे हो, उन्हीं के नक्शे कदम पर चल रहे हो, और अभी भी होश नहीं आ रहा है।

विडम्बना पता है क्या है?

परधर्म पर चलने वाले की मजबूरी हो जाती है कि परधर्म पर और चले।

अपराध विषयक जो फिल्में वगैरह बनती हैं, डॉनों पर, माफ़िया पर, उसमें अक्सर ऐसा होता है। जो केन्द्रीय किरदार होता है, चाहो तो उसे नायक बोल लो, उसे मध्यांतर के बाद होश आता है। प्रेम वगैरह हो जाता है। तो कहता है कि, ''मैं अब इस बुराई की ज़िन्दगी को छोड़ना चाहता हूँ, ये कत्ल-ओ-आफ़त खत्म करना है।'' और वो बहुत सारे कत्ल वगैरह पहले कर चुका है, खूब खून-खच्चर। तो जब वो बोलता है कि ''मुझे अब गैंग छोड़ना है,'' तो उसको खड़ा किया जाता है डॉन के सामने। डॉन कहता है, ''ठीक है। तू छोड़ सकता है, पर छोड़ने से पहले तुझे एक आख़िरी कत्ल करना होगा।'' और आगे क्या होता है, हम सभी जानते हैं। कत्ल छोड़ने के लिए भी कहा जाता है एक कत्ल और करो। गलत राह का ऐसा ही हिसाब-किताब है।

परधर्म चूस ही लेता है आपको अपने भीतर, जैसे दलदल। जितने समय तक उसमें रहो, बाहर आना उतना ही ज़्यादा मुश्किल होता जाता है। दलदल तो फिर भी ठीक है, वो तुम्हें समा लेगा अपने अंदर और तुम्हें खत्म कर देगा, एक तरह से तुम्हारी जो शारीरिक पीड़ा है उसका अंत हुआ।

परधर्म में तुम मरते भी नहीं, परधर्म में दलदल के कीड़े बन जाते हो। इंसान धँसता जाता है दलदल में, धीरे-धीरे वो दलदल का कीड़ा बन जाता है और दलदल में खुश रहना सीख लेता है, इसीलिए भयावह है। तुम मरोगे भी नहीं, तुम जियोगे, दलदल के कीड़े की तरह जियोगे। भला होता अगर तुम्हें अफ़सोस होता, तुम्हें अफ़सोस भी नहीं होगा, तुम उस दलदल में खुशी मनाओगे, हैप्पी-हैप्पी। ये परधर्म है। चेत सकते हो तो चेत जाओ। और फिर कहा जाएगा कि स्वधर्म का पालन करो तो कीड़ा क्या बोलेगा? ''ठीक है यहाँ। समस्या क्या है?''

बहुत सारे वीडियो हैं मेरे मुक्ति के विषय पर, उन पर कमेंट (टिप्पणी) आते हैं, ''पर आचार्य जी, मुक्ति चाहिए क्यों?'' और जिसने पूछा है, उसने बड़ी मासूमियत से पूछा है कि ''मुक्ति की ज़रूरत ही क्या है?'' यह अब दलदल का कीड़ा बन चुका है, उसे मुक्ति चाहिए ही नहीं, वो खुश है दलदल में। इसको बल्कि मुक्ति दोगे तो ये छटपटाएगा। जैसे पानी से मछली को निकाल लो तो तड़पती है न, वैसे ही दलदल से दलदल के कीड़े को निकाल लो तो तड़पता है।

कई लोगों की अध्यात्म में आने पर ऐसी ही हालत होती है जैसे पानी में से मछली को निकाल लिया गया हो, दलदल से कीड़े को निकाल लिया गया हो। वो यहाँ बैठ भी नहीं पाते, थोड़ी देर बैठते हैं, फिर भागते हैं। जल बिन मछली। भयावह लग रहा है न सुनने में ही?

''स्वधर्म का मतलब है कि अगर तुम्हारे दाएँ हाथ में दर्द है तो दवा दाएँ हाथ में लगाओ। और परधर्म का मतलब है कि तुम्हारे घर में सब बाएँ हाथ में दवा मलते हैं तो तुम भी बाएँ हाथ पर ही मल रहे हो, भले ही दर्द तुम्हारे दाएँ हाथ में है, ये है परधर्म।''

मौत का वास्तविक अर्थ क्या?

शास्त्र कौमुदी, बोधस्थल, 2017

''कहाँ गया वो जो रात इतना अपना लगा था? कहाँ गया वो जिसके साथ रात गाँठ बाँधी थी, जिसको देखकर भरोसा उठा था कि इससे कभी विलग न होंगे? धोखा हो गया। चोट लग गई। आदमी इसी दर्द में जीता है। इसीलिए हम जीवन के हो नहीं पाते।''

मृत्युप्रोक्तां नचिकेतोऽथ लब्ध्वा विद्यामेतां योगविधिं च कृत्स्नम्।
ब्रह्मप्राप्तो विरजोऽभूद्विमृत्यु-रन्योऽप्येवं यो विदध्यात्ममेव॥

मृत्यु (अर्थात् यमराज) द्वारा उपदिष्ट इस विद्या को पाकर नचिकेता समस्त विकारों से रहित और सर्वथा शुद्ध होकर जन्म-मृत्यु के बन्धन से मुक्त हो गया और ब्रह्मभाव (ब्रह्मत्व) को प्राप्त हो गया। अन्य कोई जो इस अध्यात्म तत्त्व को इस प्रकार समझेगा, वह भी ऐसी ही स्थिति प्राप्त करेगा अर्थात् वह भी ब्रह्मरूप होकर भवबन्धनों से मुक्त हो जाएगा।

—कठ उपनिषद्, दूसरा अध्याय, तृतीय वल्ली, श्लोक 18

आचार्य प्रशांत : मौत समझते हो? शरीर नहीं मरता, शरीर के भय में कुछ और है जो सूखा रहता है भीतर। शरीर जाता है, तब तो उसे मौत का खौफ़ सताता ही है, और भी कुछ जाता है तो भी उसे यही लगता है कि अरे! मरा। कई बार तो वो शरीर को गँवाना भी स्वीकार कर लेता है, दूसरी और चीज़ों को बचाने के हेतु। ये है मौत—मिट जाने का भाव, ''मैं नहीं रहूँगा,'' -हम इससे बहुत दूर भागते हैं।

हमारा जीवन और कुछ नहीं है, इस भाव से पलायन है। किसी तरीके से ये डर न उठे कि ''मैं मिट रहा हूँ।'' और जहाँ लगता है कि मिटने की संभावना है, वहाँ से हम उड़न छूँ।

कहीं आपकी कीर्ति मिटती हो, आप वहाँ जाएँगे? कहीं आपका धन मिटता हो, वहाँ आप जाएँगे? कहीं आपके ज्ञान की अपूर्णता और निरर्थकता दिखती हो, वहाँ आप जाएँगे? ये सब हमारे लिए श्मशान घाट हो जाते हैं, यहाँ हम मिटेंगे।

आदमी मिटने से बड़ा डरता है, और ये बड़ी हास्यास्पद बात है क्योंकि बताने वाले बता गए हैं कि तुम अमर हो। जो अमर है, वो सबसे ज़्यादा किससे डर रहा है? मौत से। ''पानी में मीन प्यासी'' मछली परेशान है कहीं सूखा न पड़ जाए; जीव परेशान है कि कहीं मौत न आ जाए। महासागर में फुदकी मछली, इतनी बड़ी, उसको दुनियाभर की चिंता है।

क्या? कहीं महासागर सूख न जाए।

अनंत ब्रह्माण्ड में इतना बड़ा जीव, और इतना तो बहुत बता दिया मैंने, उसको क्या डर है? "कहीं मेरा व्यक्तिगत ब्रह्माण्ड मिट न जाए। कोई सुबह ऐसी न आ जाए जिसमें मैं न रहूँ। अरे! मैं न रहूँ तो ब्रह्माण्ड नहीं रहेगा।" अपने मिटने का थोड़े ही आपको खौफ़ है, होने के साथ जो कुछ आता है, उसका बड़ा खौफ़ है।

बिरला कोई होता है नचिकेता जो मौत के सामने खड़ा हो और कह रहा हो, "हाँ, जी।" जहाँ मिटते हो, वहाँ ज़रूर जाओ, ये बता रहा है उपनिषद्। प्रेम में मिटते हो—जहाँ प्रेम हो, वहाँ ज़रूर जाओ। समर्पण में मिटते हो—जहाँ कुछ ऐसा पाओ जिसमें डूब सको, जो तुमसे बड़ा है, जिसमें खो सको, वहाँ ज़रूर जाओ। गुरु के सामने मिटते हो, वहाँ ज़रूर जाओ। ग्रंथों में डूबोगे तो मिटोगे, पढ़ने भर से नहीं, ग्रंथ में जब डूबते हो तो मिटते हो, वहाँ ज़रूर जाओ।

यही यमराज है। यमराज कोई व्यक्ति हैं क्या? क्या समझा आपने कि नचिकेता कहीं गया था? कोई भौतिक यात्रा करके किसी जगह पहुँचा था? कहीं कोई यमराज का महल है? ये बेतुकी बातें हैं। उपनिषद् आपको कल्पना-सागर में थोड़े ही गोते दे रहे हैं। उपनिषद् तो आपको कल्पनाओं से हटाकर ठोस यथार्थ में ला रहे हैं।

यमराज कौन?

प्रतीक हैं यमराज। कोई नहीं घूम रहा भैंसे पर। पगला है कोई कि भैंसे पर घूमेगा? और ऐसे की इतनी ताकत कि पूरी दुनिया को कालकल्वित कर दे? हट! बेकार की बात। संकेत हैं, कि देखो, इसको देखो और कुछ और याद आ जाए, मिटना याद आ जाए। यमराज माने वो जो तुम्हें मिटा दे। सही अर्थों में तो प्रेमी भी यमराज होता है, अगर वास्तव में है प्रेमी तो। गुरु तो यमराज होता-ही-होता है। और अगर जीवन ईमानदारी से जिया है तो जीवन स्वयं यमराज है। जीवन को देखने की यदि दृष्टि रही है तो ये दृष्टि ही तुम्हें मिटा देगी।

पात्रता दर पात्रता, पात्रता पर पात्रता। एक बार नहीं, अनेक बार इम्तिहान होते हैं। और तुम्हें खरा उतरना है, तुम चूक नहीं सकते। आत्मा अमर है लेकिन तुम आत्मस्थ नहीं हो। तुम जीव हो, तुम शरीर से जुड़े हुए हो, और शरीर एक ही बार है, ये जन्म एक ही बार है। अन्य जन्म होंगे, तमाम होंगे, सागर में लहरें उठेंगी, वो जन्म तुम्हारे नहीं हैं। तुम्हारे पास तो एक ही अवसर है। तुम मिटोगे तो पूरा मिटोगे। जो अमिट रह जाएगा, उसका तुम्हें कुछ अभी पता नहीं।

तो तुम तो समय गँवाओ मत। इस धोखे में तो रह ही मत जाना कि कभी और, कभी और, कभी और। कभी और की कोई बात नहीं। यमराज तुम्हारे बुलाए नहीं आते और तुम्हारे हटाए नहीं हटते। चंद लम्हों का है जीवन, एक पल भी व्यर्थ मत जाने दो। समयातीत में प्रवेश करना है तो समय को आदर देना सीखो। मृत्यु का सतत स्मरण रहे, जैसे नचिकेता खड़ा है मौत के सामने, तुम्हें भी मौत हर वक्त याद रहे।

मौत हर वक्त याद रखने का अर्थ समझते हो?

देखो बार-बार कि जिसको तुम समझते थे कि है, वो अब नहीं है। यही तो मौत है, कि कल तक था और आज? और क्या मृत्यु प्रतिपल तुम्हारे चारो ओर, तुम्हारे इर्द-गिर्द और तुम्हारे भीतर भी घटित नहीं हो रही? कल तक आकर्षण था, आज नहीं है। कल तक घर था, आज? कल तक यौवन था, आज? कल तक संबंध था, आज? मौत-ही-मौत तो बरस रही है। संसार और क्या है? यूँ ही थोड़े ही इसको मृत्युलोक कहा गया। यहाँ मौत ही बरसती है।

कुछ पाया है ऐसा जो चिरंतन हो, सतत, स्थायी? कुछ बता दो जो न मिटा हो, न मिटेगा। जो न मिटा हो, न मिटेगा, ऐसा परमतत्व है। पर तुम जिसमें जीते हो, वहाँ तो सब कुछ मरणधर्मा है। याद है कि कभी पैदा हुए थे इतने (छोटे) से? वो जो पैदा हुआ था, उसकी शक्ल और तुम्हारी शक्ल में कुछ भी साम्य है? और अभी जैसा तुम्हारा चेहरा है, जब मरोगे तो कोई समानता बचेगी?

तुममें से कुछ लोग अभी जवान हैं, बिलकुल गदराए हुए, गोलमोल चेहरे, भरे। और अर्थी पर, कि अग्निशय्या पर किसी वृद्ध को देखा है? पिचका हुआ चेहरा, जैसे फुटबॉल की हवा निकल दी गई हो। कोई समानता है? आज तुम्हारे कंधे ये चौड़े, और वो जो नब्बे वर्ष का वृद्ध, देखा है उसको? ये क्या हुआ? तुम कहाँ गए? झूठ-मूठ ये दावा तो करो ही मत कि वो मैं ही हूँ जो चिता पर लेटा है। उसमें और तुममें क्या समानता है?

तुम्हारे पास उत्साह है, उमंग है, तमाम तरह के सपने हैं, कामनाएँ हैं, वासनाएँ हैं, और उसके पास मात्र हताशा, निराशा, एक अनजिए जीवन का दु:ख। तुममें और उसमें क्या समानता है? कौन कह रहा है कि वृद्ध मर गया? मर तो तुम कबके चुके थे। जिस क्षण आशा हताशा में बदली थी, क्या कुछ मर नहीं गया था? बोलो। यही मृत्यु है, इसी का साक्षात करना है।

संत बार-बार गा गए हैं, हज़ार बार समझा गए हैं कि तुम जिसके भरोसे जी रहे हो, वो काम नहीं आएगा। जो काम आएगा, उसकी सुध ले लो। नचिकेता उसी सुरति, स्मरण में जी रहा है। वो जब मृत्यु के सामने खड़ा है, मृत्यु के सामने खड़ा होना माने संसार की मरणशीलता के सामने खड़ा होना, संसार की क्षणभंगुरता के सामने खड़ा होना।

यमराज व्यक्ति नहीं हैं, यमराज एक बोध हैं, यमराज एक हार्दिक एहसास हैं। कहीं और जाने की ज़रूरत नहीं है, जहाँ बैठे हो, वहाँ बैठे-बैठे ही यमराज के सामने खड़े हो सकते हो, क्योंकि यमराज तो चारों तरफ हैं ही। क्या बचना है? ये पर्दा बचेगा? ये इमारत बचेगी? ये भवन, ये कक्ष, ये वक्ता, ये श्रोता?

और कबीर से पूछो तो वो कहते हैं, ''झूठ तो नहीं ही बचेगा, जिसे तुम सच कहते हो, बच्चू, वो भी नहीं बचेगा। पृथ्वी तो नहीं ही बचेगी, जिन्हें तुम चाँद-सूरज कहते हो, वो भी नहीं बचेंगे। अरे! नर, पशु और जीव तमाम तो नहीं ही बचेंगे, जिन्हें तुम देवता कहते

हो, वो भी नहीं बचेंगे। यहाँ कुछ ऐसा नहीं है जो बचेगा।''

नचिकेता इसी क्षणभंगुरता, नश्वरता के सामने खड़ा हो गया है, उसे यमराज नहीं दिख रहे। यमराज, फिर कह रहा हूँ, कोई देह नहीं हैं। उसे जीवन दिख रहा है। जीवन माने मृत्यु, जीवन माने यमराज। यमराज कौन? जो मार डाले। तुम्हें कौन मार डालता है? जन्म लेना ही तो मार डालता है। जो जन्मा ही नहीं, वो मरेगा कैसे? जन्म लिया तो मरेगा। मूल कारण क्या हुआ मरने का? जीवन ही तो यमराज है। प्रतिपल कुछ-न-कुछ काटा जा रहा है, मिटाया जा रहा है। ये है पात्रता।

मूल रूप से फिर पात्रता क्या हुई? जीवन को सहज आँखों से देख पाना, संसार का स्पष्ट अवलोकन, दुनिया के बारे में अपने-आपसे झूठ नहीं बोलना, अपने जीवन के बारे में तथ्यों को छुपाना नहीं, आत्मप्रवंचना में न जीना। यही है पात्रता।

ग्रंथों से पूछो तो वो कहेंगे कि इसका नाम होता है मुमुक्षा। जो मिट ही रहा है, उससे क्या रिश्ता बनाएँ? आज रिश्ता बनाया, कल उसे नदारद पाया। ये तो धोखा हो गया। दिल लगा बैठे, और जिससे दिल लगाया, सुबह वो कहीं नज़र ही नहीं आया। रात भर क्या चाँदनी बरसी! मधुमास था। कौन जाने कि जागरण था कि स्वप्न? क्या शीतल बयार थी! क्या सुगंध! क्या आलिंगन! और प्रात: नींद खुली तो साथी कहीं नहीं, सेज सूनी है।

कहाँ गया वो जो रात इतना अपना लगा था? कहाँ गया वो जिसके साथ रात गाँठ बाँधी थी, जिसको देखकर भरोसा उठा था कि इससे कभी विलग न होंगे? धोखा हो गया। चोट लग गई। आदमी इसी दर्द में जीता है। इसीलिए हम जीवन के हो नहीं पाते। लगातार ये डर लगा रहता है कि जीवन के हो गए तो फिर धोखा होगा, फिर चोट लगेगी। कौन दर्द में जिए? जिससे जुड़ेंगे, वही टूट जाएगा, तो जुड़ो ही मत। ये हम अपनी बुद्धि से समाधान निकालते हैं। जीवन ऐसे जियो जैसे पूरी दुनिया अछूत है, स्पर्श ही मत करो किसी को। स्पर्श करोगे, मोह लगेगा और फिर पीड़ा।

जीवन का अवलोकन वो करते हैं जिन्हें अब और धोखा नहीं खाना। हम सबके भीतर प्यास है कि कुछ ऐसा मिल जाए जो कभी न छिने, जिस पर पूर्ण भरोसा कर सकें। वही तो तृष्णा है जो मिटती नहीं। कुछ ऐसा मिलता ही नहीं जिस पर आँख मूँदकर विश्वास किया जा सके। जिन्होंने तुम्हें वादें किए हैं, कसमें खाई हैं, उनका भी तुम जानते हो कि कोई भरोसा नहीं। आदमी ही नहीं बचता, उसकी कसम क्या बचेगी?

जिनमें इतनी आंतरिक गरिमा हो कि कहें कि अब और धोखा नहीं खाना, अब और चोट नहीं खानी, वही जाते हैं फिर मौत के पास। वो कहते हैं, ''तू चीज़ क्या है जो मेरा सुख-चैन सब छीने लेती है?'' और जो धोखा खाने के लिए राज़ी हैं, उनके लिए तो संसार के तमाम आकर्षण हैं, तितलियाँ-ही-तितलियाँ हैं, रौशनियाँ-ही-रौशनियाँ, स्वाद है, रंग है, सुगंध है।

पात्रता—''मुझे धोखा नहीं खाना। धोखा खाना मेरा स्वभाव नहीं, मिटना मेरा स्वभाव

नहीं। मिटना यदि मेरा स्वभाव होता तो वो सब कुछ जो मिट रहा है, उससे जुड़ करके मैं इतना दुःख क्यों पाता? ये मेरा दुःख मुझे बता रहा है कि मिटना मेरा स्वभाव, मेरी नियति नहीं है। मिटना निश्चित धोखा है, पर धोखा कैसे है? वो जानूँगा तो तब न जब धोखे के पास जाऊँगा।''

कुछ वहाँ पड़ा है, साँप है कि रस्सी, पता कैसे चले? ज़रा निकट तो जाओ। दूर रह करके तो तुम कुछ भी ख़्याल कर सकते हो। आदमी है कि परछाई डोलती है? वस्तु है या कोहरा उठता है? बोलो, कैसे जानोगे? निकट जाकर। ये मृत्यु जो इतना आतंकित करती है, इतना छलती है, ये वास्तविक है या छलावा, कैसे जानोगे? निकट जाकर।

हमारा तरीका उलटा है। हम मृत्यु के निकट नहीं जाते, हम मृत्यु के तथ्य का दमन करते हैं। हम यूँ जीते हैं जैसे मौत कभी आएगी नहीं। और जो मिट रहा होता है, जो मिट चुका होता है, उसकी लाश को भी हम सजाए चले जाते हैं ज्यों अभी वो ज़िन्दा हो। रिश्ते में प्रेम कब का चला गया, पर अभी भी साथ घूम रहे हैं ज्यों प्रेम ज़िन्दा हो। न खुद स्वीकार करेंगे, न तुझे स्वीकार करने देंगे, न ज़माने को बताएँगे कि वो जो था हमारे-तुम्हारे बीच, वो तो कब का मर चुका है।

हम बड़े कुशल हैं अर्थियाँ सजाने में। मुर्दों की सजावट हमें खूब आती है। जीवन का शृंगार हम कभी कर नहीं पाए, मुर्दे का शृंगार कोई हमसे पूछे। देखा है न कि मुर्दे को कैसा सजाया जाता है? वो जीवन है हमारा। वो सब कुछ जो जा चुका है, जो है ही नहीं, हम उसी में जिए जाते हैं ज्यों वो अभी हो।

ब्रह्मविद्या, आत्मज्ञान उनके लिए है जिन्हें ये धोखाधड़ी का खेल नहीं खेलना, जो कह रहे हैं कि अब बस, बहुत हुआ, ये हमको पसंद ही नहीं आ रहा। ये संसार, ये भ्रम, ये प्रपंच, ये विपर्यय, ये मिथ्या, ये माया—ये चल क्या रहा है? अरे! कब तक झूठ बोलें? किसको धोखा दें? खुद को ही छले जा रहे हैं। हमें ये पसंद नहीं आ रहा। हमें सच्चाई बताओ क्या है।

और सच्चाई की पहचान ये है कि सच यकायक झूठ नहीं बन सकता। हम तो जिस-जिस बात को सच जानते हैं, वो पलक झपकते झूठ हो जाती हैं। राजा है, राजा है, राजा नहीं है। ये क्या हुआ? अरे, नहीं है अगर अभी, तो कभी था भी? स्मृति है, स्मृति है, स्मृति है, नहीं है। ये कौन से सच हैं जो झूठ में तब्दील हो जाते हैं? श्रद्धा है, है, है, श्रद्धा नहीं है। ये किस कोटि की श्रद्धा थी जिसका विलोप हो गया?

नचिकेता को मौत से अमरता मिली। रुचिकर बात है न। मौत से क्या माँग लाया वो? मृत्यु से अमरता माँग लाया। और अमरता सिर्फ़ ऐसे ही मिल सकती है।

मिटते हुए को मिटता हुआ जानो। आशा में मत जियो, अपेक्षा में मत जियो, ख़्वाबों-ख़्यालों में मत जियो। झूठ को झूठ जानो, सत्य का द्वार खुल जाएगा। झूठ को बार-बार सच बोल-बोलकर तुम खुद को सच से दूर किए देते हो। खड़े हो जाओ झूठ के सामने, तुम्हें पहली बात पता चलेगी कि वो झूठ है और दूसरी बात पता चलेगी कि उसी झूठ से सत्य

का द्वार खुलता है। ये तो मज़ेदार बात है।

झूठ जब तक सच लगता था, तब तक दो कौड़ी का था, अनुपयोगी था। जब झूठ, झूठ दिख गया, तब झूठ बड़ा उपयोगी हो गया। ज्यों झूठ के आधार में सच बैठा हो, ज्यों झूठ के पीछे सच खड़ा हो, ज्यों झूठ सिर्फ़ नकाब हो। नकाब उठाओगे कैसे अगर नकाब तक हाथ ही नहीं बढ़ाओगे? और नकाब के पीछे हो सकता है कि जीवन का बड़ा सुंदर चेहरा हो। तुम डरते हो नकाब हटाने से, तुमने तर्क दिया है, नकाब नहीं है, चेहरा है, इसे हटा थोड़े ही देंगे।

जो कुछ भी नकली है, झूठा है, हटाओ उसको। डरो मत, बिलकुल डरो मत। उसके पीछे जो है, वो तुम जानते नहीं, तुम्हारी दृष्टि से अज्ञात है इसलिए घबराते हो। इसीलिए श्रद्धा चाहिए कि जो अज्ञात है, उसमें भी प्रवेश कर सको। अज्ञात की चिंता छोड़ो, झूठ ज्ञात है न? तो आँखों देखी मक्खी क्यों निगलते हो?

जब घर जल रहा हो तो बाहर निकलते हैं, ये हिसाब नहीं लगाते कि बाहर क्या है। जो बाहर है, वो अज्ञात है, पर ये तो ज्ञात है न कि घर जल रहा है? तो तुम ज्ञात की तो खबर कर लो, ज्ञात के अनुसार तो चल लो। और तुम इस तर्क में रह गए कि जो अज्ञात है, पहले ज़रा उसको जान लें, फिर उसमें प्रवेश करेंगे, तो तुम जानते ही रह जाना। वो अज्ञातभर नहीं है, वो अज्ञेय है, कभी नहीं जान पाओगे। घर ही में जल मरोगे। तुम तो भागो, मौत से दूर नहीं, मौत की तरफ, नचिकेता की तरह।

ये ज़रा-सी बात है, याद रख लेना। जिधर लगे कि जाने से तुम्हारा जाना-पहचाना सब झूठ और छोटा लगने लगेगा, उधर ज़रूर जाना। सच से ज़्यादा डरावना कुछ नहीं होता और न ही उससे प्यारा, निर्भर इस पर करता है कि तुम कौन हो। नकाब हटा दिया तो क्या हुस्न खिला है! और नकाब पड़ा ही हुआ है तो नकाब कुरूप, काला, बेढंगा। नकाबों से क्या इश्क़?

''जब घर जल रहा हो तो बाहर निकलते हैं, ये हिसाब नहीं लगाते कि बाहर क्या है। जो बाहर है, वो अज्ञात है, पर ये तो ज्ञात है न कि घर जल रहा है? तो तुम ज्ञात की तो खबर कर लो, ज्ञात के अनुसार तो चल लो।''

तुम मुक्ति से नहीं, मुक्ति की कल्पना से डरते हो

शास्त्र कौमुदी, बोधस्थल, 2020

''कभी ये मत सोचिएगा। कभी मत घबराइएगा कि असलियत सामने आ गई तो पुराना रिश्ता टूटेगा। असलियत सामने आएगी तो असली रिश्ता बनेगा। जो जिस सम्मान का हकदार होगा, उसे वो मिलेगा।''

सखेति मत्वा प्रसभं यदुक्तं हे कृष्ण हे यादव हे सखेति।
अजानता महिमानं तवेदं मया प्रमादात्प्रणयेन वापि॥
यच्चावहासार्थमसत्कृतोऽसि विहारशय्यासनभोजनेषु।
एकोऽथवाप्यच्युत तत्समक्षं तत्क्षामये त्वामहमप्रमेयम्॥

आपके प्रभाव को न जानते हुए, आप मेरे सखा हैं ऐसा सोचकर प्रेम से अथवा प्रमाद से भी मैंने 'हे कृष्ण!', 'हे यादव!', 'हे सखे!' इस तरह जो कई बार बिना सोचे-समझे हठात् कहा है और हे अच्युत! आप जो मेरे द्वारा हास्य विनोद के लिए विहार, शय्या, आसन और भोजन इत्यादि के समय अकेले अथवा इन सखाओं के सामने भी मेरे द्वारा अपमानित किए गए हैं—वह सब अपराध अप्रमेयस्वरूप अर्थात अचिन्त्य प्रभाव वाले आपसे मैं क्षमा करवाता हूँ।

—श्रीमद्भगवद्गीता, श्लोक 11.41–11.42

आचार्य प्रशांत : तो भाई, क्या हो रहा है? कृष्ण अर्जुन के साथ सदा रहते थे और अर्जुन उनको सखा रूप में ही देखता था, हास्यविनोद भी कर लेता था। सखा को तो कई दफ़े हल्के में भी ले लिया जाता है। हल्के में भी ले लेता होगा। भाई, गुरु जब सखा बनकर आपके साथ रह रहा हो तो आप कई दफ़े उसके साथ धृष्टता करेंगे, अमर्यादा करेंगे, सीधे-सीधे कहूँ तो बदतमीज़ी करेंगे। अर्जुन ने भी करी होगी।

लेकिन अब जब कृष्ण ने अपना विकराल रूप दिखा दिया तो अर्जुन को याद आ रहा है, अरे! बाप-रे-बाप, ये तो बड़े आदमी हैं। और इनसे मैंने अतीत में कितनी धृष्टताएँ कर दी हैं, कितनी बदतमीज़ियाँ कर दी हैं। अब याद आ रहा है कि मैं इनके साथ जो खेल-खेल में और मज़ाक-मज़ाक में इनको जिस तरह से सम्बोधित कर देता था, वो सब इनका अपमान था। क्योंकि मुझे पता ही नहीं था कि ये वास्तव में कितने विराट और कितने अनंत हैं।

तो अब अर्जुन कह रहा है, ''मुझे माफ़ करिएगा। मैंने आपको अपना सखा मात्र ही समझ करके आपसे बहुत बातें हास्यविनोद में कह दी, वो अपमानजनक बातें थीं। मुझे नहीं कहनी चाहिए थी।''

तो प्रश्नकर्ता कह रही हैं, ''प्रणाम, आचार्य जी। अर्जुन श्रीकृष्ण का विराट रूप देखकर स्वयं पर ग्लानि एवं दु:ख अनुभव करते हैं कि किस तरह उन्होंने अनजाने में श्रीकृष्ण को सखा मात्र मानकर उनके साथ साधारण व्यवहार करके उनका अनादर किया। और फिर अर्जुन उनसे क्षमा माँगते हैं। तो पूछा है कि दिव्य दर्शन के बाद श्रीकृष्ण अर्जुन के लिए क्या पुराने श्रीकृष्ण नहीं रहे? तो क्या अर्जुन का श्रीकृष्ण के प्रति पुराना प्रेम ही अर्जुन के दु:ख का कारण बना? कृपया बताएँ।''

हाँ, कृष्ण का एक बार असली रूप देख लिया, कृष्ण की गहरी सच्चाई देख ली, उसके बाद निश्चित रूप से कृष्ण अर्जुन के लिए पुराने कृष्ण तो नहीं रहे। लेकिन यह कोई दु:ख की बात नहीं है। अब अर्जुन को असली कृष्ण मिले हैं तो असली लाभ भी मिलेगा न।

पहले अर्जुन को क्या मिले हुए थे? पहले अर्जुन को वही कृष्ण मिले हुए थे जो अर्जुन की छवि के थे। ये तो मेरे सखा मात्र हैं, मेरे सम्बन्धी हैं। तो कभी उनको 'यादव' बोल दे, कभी 'सखा' बोल दे, कभी कुछ बोल दे, कि ये तो ऐसे ही हैं जो अपने साथ घूमते-फिरते रहते हैं। इनका क्या है? हमारे ही जैसे हैं। इनकी बहन से तो मैंने ब्याह किया है। ये कौन से बड़े दूर के हैं। ठीक है?

तो अर्जुन का ऐसा रवैया रहता था श्रीकृष्ण के प्रति। ऐसा नहीं कि वो असम्मान रखता था। सम्मान रखता था, प्रेम रखता था, लेकिन उतना सम्मान नहीं रखता था जितने सम्मान के श्रीकृष्ण अधिकारी हैं। तो अब पछतावा हो रहा है अर्जुन को कि मैंने अनजाने में आपका बड़ा अपमान कर दिया, क्योंकि मैं कभी समझ ही नहीं पाया कि आपकी ऊँचाई क्या है और मैं आपके सामने कितना छोटा हूँ। मुझे माफ़ करें।

पूछ रही हैं, ''अब क्या श्रीकृष्ण और अर्जुन के रिश्ते में कुछ गड़बड़ हो जाएगी, क्योंकि पुराना रिश्ता तो अब टूटेगा?''

पुराना टूटेगा लेकिन जो नया बनेगा, वो पुराने से कहीं ऊँचा, सुंदर और बेहतर होगा। क्या चाहते हो कि आप जिसके साथ हो, अगर वो बहुत ऊँचा है, तो उसकी ऊँचाई आपसे छुपी रहे? या ये चाहते हो कि आप जिसके साथ हो, उसकी ऊँचाई आपको स्पष्ट हो जाए ताकि आप उसकी ऊँचाई से लाभान्वित हो सको? बोलो। स्पष्ट हो जाए न। तो अब ये होगा इनके साथ।

कभी ये मत सोचिएगा। कभी मत घबराइएगा कि असलियत सामने आ गई तो पुराना रिश्ता टूटेगा। असलियत सामने आएगी तो असली रिश्ता बनेगा। जो जिस सम्मान का हकदार होगा, उसे वो मिलेगा। रिश्ता इस लायक होगा कि आगे बढ़े, चले, फले-फूले, तो आगे बढ़ेगा, चलेगा। और रिश्ता इसी अधिकार का होगा कि वो हट जाए, नष्ट हो जाए, उसकी

जगह कुछ और आ जाए, तो हटेगा।

रही कृष्ण जैसों की बात, तो उनके साथ तो असली ही रिश्ता रखें। इसी में आपका लाभ है।

प्रश्नकर्ता : दोस्तों से बात करता हूँ, घर वालों से बात करता हूँ तो तरह-तरह की बातें बोलते हैं कि तुम पैसा कमा रहे हो तो उसको उपयोग करना सीखो, घूम आओ कहीं, कुछ मनोरंजन कर लो या विवाह ही कर लो। लेकिन अभी जितना मैंने अनुभव किया है अपने जीवन में तो उससे लगता है कि ये सब चीज़ें व्यर्थ हैं और कभी ऐसा कर भी लूँ तो अगले दिन वो चीज़ें ऐसी लगती हैं कि जैसे कल जो किया था, वो एक बोझ है और उसकी सज़ा मुझे सहनी होगी।

तो ये सोचकर ही यहाँ पर आया था, लेकिन यहाँ आना भी मुश्किल भरा था। बीच में कई बार सोचा कि आधे रास्ते से ही वापस हो जाऊँ। कल से यहाँ पर हूँ और कई बार वापस जाने का विचार मन में आ गया है। क्या करूँ? किस दिशा में जाऊँ? जीवन में कुछ सुनिश्चित नहीं हो पा रहा है और कुछ साफ़ भी नहीं हो पा रहा है।

आचार्य : एकदम ही न पता होता तुम्हें कि किस दिशा जाना है तो यहाँ आने से घबराते-कतराते नहीं। कह रहे हो कि जबसे वीडियो देखना शुरू करा है, तबसे पुरानी ज़िन्दगी के प्रति उत्साह कम हो गया है। तो वही तो कारण है कि यहाँ आते समय आधे रास्ते से ही लौट रहे थे। इसलिए नहीं लौट रहे थे कि पुरानी ज़िन्दगी के प्रति उत्साह कम हो गया है, इसलिए लौट रहे थे क्योंकि पुरानी ज़िन्दगी के प्रति उत्साह बचा हुआ है।

फिर कहा कि दिखाई देता है कि वो सब पुराने तौर-तरीके, ढर्रे व्यर्थ हैं। अगर वो व्यर्थ दिखाई ही दे रहे होते तो यहाँ आने में इतना संकोच, इतनी घबराहट नहीं होती। वो व्यर्थ हैं, ऐसा तुम्हें मेरे प्रकाश में लग रहा होगा। वो व्यर्थ हैं, ऐसा तुम्हें जानने वालों ने बता दिया होगा। स्वयं तुम्हें वो व्यर्थ लग कहाँ रहे हैं? इसका प्रमाण ये है कि तुम अभी भी ऐसे लोगों की बातों को उपलब्ध हो जो तुमसे कह रहे हैं कि वो सब व्यर्थ नहीं हैं।

कह रहे हो न कि दोस्त बताते हैं कि चलो-चलो, ऐसे मनोरंजन कर लो। और, और लोग, स्वजन इत्यादि बताते हैं कि ये सब कर लो। जिसको ज़िन्दगी की कुछ बातें व्यर्थ लगने लगेंगी, उसे उन बातों के पैरोकार भी तो व्यर्थ लगने लगेंगे। उन्हें अब वो 'दोस्त' थोड़े ही बोलेगा। प्याले में जो भरा हुआ है ज़हर, अगर वो दुश्मन है तुम्हारा, तो उस प्याले को तुम तक लाने वाला दोस्त हो गया? ये तो तुमने खूब बताई।

एक तरफ की कह रहे हो कि दिख रहा है कि साधारण ज़िन्दगी और साधारण ताम-झाम को ज़हर ही जाना जा सकता है, दुश्मन ही जाना जा सकता है। ठीक? उस प्याले को कह रहे हो कि ये तो दुश्मन है मेरा। और जो लोग वही प्याला उठा करके तुम्हें पिलाने की चेष्टा में हैं, वो दोस्त हो गए तुम्हारे?

उन्हीं के पास लौट जाने के लिए ही तो यहाँ से भाग रहे थे न? और तुम तो करीब-

करीब भाग ही गए थे। कहना हो कि जबरन तुमको यहाँ लाया गया है। और लाने के बाद भी तुम्हारा विचार यही है कि निकल भागो। तो सबसे पहले तो अपनी स्थिति को ईमानदारी से स्वीकारो।

तुम्हारे साथ बड़ी दुर्घटना हो गई है। तुम्हें मैं मिल गया। तुम तो भले-चंगे जा रहे थे, खुश थे, प्रसन्न। ज़िन्दगी मस्त चल रही थी जैसे किसी भी साधारण औसत आदमी की चलती है। न जानें क्या खोज रहे होंगे यूट्यूब पर, मेरा वीडियो सामने आ गया होगा। न जाने कौन सा नापाक पल था।

अधिकांश लोगों को मैं ऐसे ही मिलता हूँ। खोज कुछ रहे होते हैं, सामने ये (मेरा) थोपड़ा आ जाता है। वो कहते हैं, ''ये देखो जोकर।'' मज़े लेने के लिए बटन दबा देते हैं, फिर आगे जो होता है उसपर उनका बस नहीं होता। फँस जाते हैं बेचारे!

आप लोगों को जान करके हैरत भी होगी और मज़ा भी आएगा कि ये जो साढ़े तीन लाख सब्सक्राइबर हैं, उसमें से कुछ नहीं तो एक-डेढ़ लाख कामवासना संबंधित विषयों से आए हैं। अब ये बात बड़ी अजीब है, क्योंकि वीडियो हैं चार हज़ार, जिसमें से कामवासना और सेक्स इत्यादि से संबंधित वीडियो हैं मुश्किल से दस-बीस। और होंगे तो पच्चीस-तीस होंगे। तो एक प्रतिशत भी नहीं।

एक प्रतिशत भी नहीं हैं वीडियो कामवासना इत्यादि से संबंधित, लेकिन सब्सक्राइबर सब उन्हीं वीडिओज़ से आते हैं। तो वो खोजने जाते हैं रात में कुछ। अब सर्च में ये सब आ जाता है, तो कहते हैं, ''कुछ नए तरीके का मसाला है क्या?''

अब मैं नहीं कह रहा कि तुम वही सब देखकर आए हो। पर ये बात तो बिल्कुल ठीक है कि यूट्यूब पर कोई 'आचार्य प्रशांत' सर्च तो करता नहीं। अकस्मात ही मैं मिल जाता हूँ, कोई जानबूझकर तो मुझे खोजता नहीं। जापान की ओर निकले थे, चीन पहुँच गए। ऐसा ही होता है।

नतीजा? शुरू-शुरू में तो मेरी बातें आकर्षक लगती हैं। क्यों? क्योंकि वो बातें दूर की होती हैं न। तुम्हारे जीवन पर कोई प्रभाव तो डाल नहीं रही होती हैं, जीवन बदल तो रहा नहीं होता है। बातें सच्ची हैं। बातों की ओर तुम खिंचे चले जाते हो। सच में बड़ा कर्षण होता है, वो खींच लेता है चुम्बक की तरह।

तो खिंचे चले आते हो, खिंचे चले आते हो। और तुम्हें पता ही नहीं लगता कि कब वो बातें जो पहले सिर्फ़ तुम्हारे कान के पर्दों तक पहुँच रही थी, अब दिल तक पहुँचने लग गई हैं और तुम्हारा जीवन बदलने लग गई हैं। और जब जीवन बदलने लग जाता है, तब असुविधा होती है। और तब यार-दोस्त और परिवारजनों के भी कान खड़े हो जाते हैं कि कुछ गड़बड़ हो रही है, भाई। फिर वो पता लगाते हैं कि ये गड़बड़ कहाँ से हो रही है। तो जल्दी ही खोज लेते हैं कि ये कोई वीडियो देखा करता है किसी बाबे का। बहुतों के घरों में तो ब्लॉक कर देते हैं पकड़-पकड़कर।

अभी एक का आया है संदेश। यहाँ से गया भाग करके अपने घर। तुम लोग जानते हो, दोस्त तुम्हारा। ये सन्देश भेजा है कि अब घर आया हूँ तो ये लोग आचार्य जी के वीडियो नहीं देखने दे रहे। मुझे लौटना है। घर वाले काहे को लौटने देंगे।

लेकिन अच्छा है। मेरी भी चाल है। मनोरंजन की तरह घुसता हूँ तुम्हारे मन में और भूचाल की तरह सब हिला देता हूँ। मनोरंजन की तरह न घुसूँ तो घुसूँ कैसे? और कोई तरीका ही नहीं है, क्योंकि आज की दुनिया में जिसको देखो, वही तलाश क्या रहा है? मनोरंजन। तो तुम्हारे साथ बेचारा बड़ा धोखा हो जाता है। तुम्हें तो पता ही नहीं था कि ये क्या हो गया हमारे साथ।

लोगों के फ़ोन आते हैं। दिनभर यहाँ फ़ोन बजते रहते हैं। दिनभर, हर पाँच मिनट में फ़ोन आएगा। किसी-किसी दिन तो सैंकड़ों फ़ोन आते हैं। बड़ी खुशी-खुशी बोलेंगे, "एक हफ़्ते से आचार्य जी को सुन रहा हूँ। बहुत ही अच्छा लग रहा है। जीवन में बिल्कुल ताज़ी हवा बहने लगी है।" तो इधर से उत्तर दिया जाता है कि आप ऐसा करिए, अभी आप पंद्रह-बीस दिन और सुन लीजिए।

और फिर पंद्रह-बीस दिन, महीने बाद जब उन्हें फ़ोन करके पूछा जाता है, तो स्वर उदास, मुँह लटका हुआ, हालत खराब। कहते हैं कि किस झमेले में फँस गए। थोड़ा सा सच पच जाता है, आचार्य जी तो पूरा ही दे देते हैं। हमें अपच हो गया है, दस्त लग रहे हैं।

थोड़ा-थोड़ा सच अच्छा रहता है ज़ायके के लिए। झूठ से भरी हमारी थाली, उसमें सच की ज़रा से चटनी ठीक रहती है। आचार्य जी ने तो पूरी थाली ही पलट दी। डंडा लेकर पड़े हुए हैं झूठ के पीछे, छुपने ही नहीं देते कहीं।

अब बढ़िया सुविधा है। और तुम्हें जितनी असुविधा होती है, उससे ज़्यादा असुविधा होती है तुम्हारे आस-पास वालों को, क्योंकि तुम तो फिर भी झेल ले जाओ, तुम्हें कुछ तो आकर्षण है मुझसे, तुम्हारे आस-पास वालों को तो मैं फूटी आँख नहीं सुहाता। डिब्बा भर-भरकर गालियाँ आती हैं। न जाने कितने हैं जो पचास तरीके से दुश्मनी निकालने में लगे हैं।

मूल समस्या सबकी एक, कि सच बोला तो बोला, इतना क्यों बोला। थोड़ा-बहुत ठीक रहता है। थोड़ा-बहुत तो सभी बोल देते हैं, "शांत रहिए, गाली-गलौज मत करिए, प्रेमपूर्वक जियें।" इतना तक कह देते आप भी तो चल जाता, पर आप तो बाल की खाल निकाल डालते हैं, गड़े मुर्दे उखाड़ डालते हैं।

हमें बस उतना ही सच चाहिए जितना हमारे जीवन को सम्मान का एक मुखौटा पहना दे। हम भी ये कह पाएँ कि देखो, साहब, हम भी आध्यात्मिक हैं, हम भी सच्चाई में विश्वास रखते हैं। इतना सच चाहिए हमें। इतना सच हमें थोड़े ही चाहिए कि ज़िन्दगी ही कुछ और हो जाए। पुराना जीवन ही मृत हो जाए। तो अब फँसे, जैसे गर्म आलू गले में अटक गया है। अंदर भी नहीं जा रहा और उगला भी नहीं जा रहा। ऐसे हैं आचार्य जी। जो कर सकते हो, कर लो।

मैं तो अब अड्डा जमाकर बैठ गया हूँ। उगल सकते हो तो उगल दो, नहीं तो मैं अंदर जाऊँगा सीधा। और अंदर जाकर जो करूँगा, वो फिर मैं करूँगा, तुम्हारा कोई हक नहीं बचेगा। तुम्हें तो मेरी सलाह यही है कि समय रहते मुझे उगल दो। ब्लॉक कर दो चैनल, खबर ही न लगने पाए। और रातों-रात अभी भाग जाओ। एकाध-दो दिन बैठ गए तो भागना मुश्किल हो जाएगा।

जब वीडियो देखकर सोचो, इतना बड़ा फ़रेब हो गया तुम्हारे साथ कि तुम यहाँ तक आ गए। तो यहाँ आने के बाद अब क्या-क्या नहीं हो सकता तुम्हारे साथ? जब वीडियो इतने कातिलाना थे, तो कातिल के ठीक सामने बैठोगे तो क्या होगा? निकल ले, भइये रे। ये आख़िरी मौका है निकल लेने का।

सकुशल अभी निकल सकते हो। बाद में भी निकल सकते हो, पर बाद में अगर निकलोगे, जैसे बहुत लोग निकलते हैं कुछ महीने, कुछ साल गुज़ारने के बाद मेरे पास, तो बिल्कुल टूटकर निकलोगे। फिर अपनी आत्मा बेचकर निकलोगे। अभी तुम सम्माननीय तरीके से निकल सकते हो। अभी तुम कह सकते हो कि "हाँ, गए थे, दुकान देखी, माल आज़माया, कुछ पसन्द नहीं आया तो हम निकल आए।"

यहाँ रुक गए और फिर निकलोगे तब तुम्हारा ज़मीर ही तुम्हें कभी माफ़ नहीं करेगा। ऊपर-ऊपर कुछ भी कहते रहो। भीतर-ही-भीतर तुम जानोगे अच्छे तरीके से कि आत्मा बेची है अपनी। जहाँ होना चाहिए था, वहाँ से भागकर आए हैं।

एक तो हमारी कल्पनाएँ ज़बरदस्त होती हैं। हम सोचने लग जाते हैं कि अध्यात्म का तो मतलब ही होता है रूखा-सूखा और नीरस जीवन। अब आ रहे हैं शिविर की ओर, और मन में छवियाँ आ रही हैं बौद्ध भिक्षुओं की धर्मशाला के या ऋषिकेश के साधुओं की, और ख्याल उठ रहा है कि कहीं साल-दो साल बाद मैं भी तो कहीं ऐसा नहीं बन जाऊँगा। और बड़ा खौफ़ आ रहा है कि अरे! बाप-रे-बाप, अध्यात्म में तो यही होता है न।

अब देखो यहाँ सब सफ़ेद ही सफ़ेद पहनकर बैठे हैं। ज़रूर कुछ गड़बड़ है। ये सबको भिक्षु बनाने का इंतज़ाम चल रहा है। कटोरा लेकर सड़कों पर घुमाएँगे ये। और मन फिर प्रतिवाद भी करता है, कहता है, "सबको सफ़ेद पहना रखा है, खुद रंगीन घूमते हैं। ये आदमी गड़बड़ है। भागो।"

कल्पना संसार का अनिवार्य लक्षण है। प्रकृति की राजसिकता का प्रमाण है ये गुण। हम अध्यात्म में भी कल्पना करने लग जाते हैं। तुम्हें यहाँ आने से थोड़े ही डर लगा है, तुम्हें यहाँ आने के बाद जो होगा, उसकी अपनी व्यक्तिगत कल्पना से डर लगा है, भाई।

हमने तो सुना है कि ये आश्रमों इत्यादि में ब्रह्मचारी बना देते हैं। लड़की नहीं मिलेगी क्या? अब ल्यो! जान सूख गई बिल्कुल। एकदम हालत खराब है। अध्यात्म का तो मतलब ही होता है न ब्रह्मचर्य इत्यादि। ज़िन्दगी बर्बाद। ये तो कर देंगे कुछ हिप्नोसिस (सम्मोहन) वगैरह, उसके बाद कहीं अगर सही में मेरी कामवासना शिथिल पड़ गई तो?

और याद आया तभी कि एक दोस्त ने क्रोध के किसी क्षण में गरियाते हुए कहा था 'नपुंसक'। और वो गाली लगी कान में गूँजने, कि लगता है अब वो गाली यथार्थ बनने वाली है। भाँति-भाँति की कल्पनाएँ। फिर आते हुए कहा ड्राइवर से, "गाड़ी रोकना, भईया। वापस लौटने की कितने बजे मिलेगी?"

इसको यूनिवर्सिटी (विश्वविद्यालय) ही मान लो, भाई। यथार्थ बताया जा रहा है। सच्चाई और ज्ञान कोई खौफ़ खाने वाली चीज़ें होती हैं? बोलो। फिर? इतना आंतरिक संघर्ष किसलिए कि आऊँ कि न आऊँ, जाऊँ कि न जाऊँ। मुझे कोई समस्या नहीं होती अगर तुम बिना किसी आंतरिक द्वंद के वापस लौट जाते। ठीक है, कोई बात नहीं लौट जाते। पर तुम्हारे भीतर तो महाभारत मची हुई है। आते हुए लौट रहे थे, फिर पकड़कर लाए गए, फिर तुमको एक अनुकूलन केन्द्र में रखा गया, वहाँ से यहाँ लाए गए। यहाँ भी तुम्हारी यही है कि क्या हो रहा है। क्या हो रहा है? मेरा क्या होगा? यह द्वंद बहुत ही अनावश्यक है। यहाँ कुछ नहीं हो रहा है। कुछ बातें हैं सुन लो, ठीक लगे तो मान लेना, न ठीक लगे तो देख लो।

और विश्वविद्यालयों में तो फिर भी कम-से-कम दो साल, चार साल के कार्यक्रम चलते हैं। यहाँ तो पूरा कार्यक्रम ही तीन रोज़ का है। और विश्वविद्यालयों में तो तुम्हारी डिग्री दाँव पर लगी होती है। परीक्षा होगी, उत्तीर्ण नहीं हुए तो डिग्री नहीं मिलेगी। यहाँ तो कुछ नहीं है। विश्वविद्यालयों में तो विद्यार्थी श्रम करता नज़र आता है, मेहनत कर रहा है, ये और वो।

यह तो ऐसी यूनिवर्सिटी है जहाँ शिक्षक ही रोज़ चार घंटे श्रम करता है। बाकी बैठ करके क्या कर रहे हैं, कुछ खबर नहीं। कोई बैठ करके दिवास्वप्न में भी हो। अब दिवास्वप्न नहीं कह सकते, यहाँ काम सब रात का है। कोई बैठ करके सपने भी ले रहा हो तो कोई बात नहीं। मेहनत तो शिक्षक कर रहा है। बैठना ही तो है, बैठे रहो, फिर चले जाना।

लेकिन हमारा ये खौफ़, ये बताता है कि दाल में कुछ काला है। दाल में काला ये है कि हम जानते हैं कि हमारी ये ज़िन्दगी झूठ के धरातल पर खड़ी है। और जैसे ही फिर हमें सच की भनक लगने लगती है, हम काँप जाते हैं। भीतर-ही-भीतर हमको पता है कि हमारी बुनियाद खोखली है। और हमें ये भी पता है कि हमारे सामने ये जो इंसान बैठा हुआ है, ये बहुत निर्मम है। इसके हाथ में हथौड़ा है और ये सब खोखली चीज़ों पर वार करे ही जा रहा है।

हम डर जाते हैं। हमारी ज़िन्दगी की बुनियाद ही अगर किसी ने गिरा दी तो पूरी इमारत का क्या होगा? इस खोखली बुनियाद का ही नाम 'मैं' होता है। जो कुछ हम खड़ा करते हैं अपने जीवन का पूरा भवन, वो 'मैं' के केन्द्र से ही खड़ा करते हैं न? अपने बारे में हम कुछ ख्याल रखते हैं, अपने बारे में हम कुछ विचार, कुछ धारणा रखते हैं। उसी के अनुसार हम ज़िन्दगी को बढ़ाते हैं। जो हमारी मूल धारणा है, वही झूठी है। और यहाँ ये बात साबित हो जाती है। तो पूरा भवन कँपने लगता है।

अब मैं आपसे पूछ रहा हूँ, एक इमारत है जिसके बारे में आपको पता चलने लगा है कि खोखली बुनियाद पर खड़ी है। आप चाहते हो कि उसी में रहे आओ? बोलो। हाँ,

आपकी लागत लगी है उस इमारत में और आप उसमें कई सालों से रह रहे हो तो वो आपका मोह भी हो गया है। पर फिर भी बताओ, अगर अब मैंने दर्शा ही दिया कि उस इमारत की बुनियाद खोखली है। अब अगर मैंने सिद्ध कर ही दिया कि ये इमारत काँप रही है और ये कभी भी गिर सकती है, तो क्या चाहते हो उस इमारत में रहो? बोलो। या बेहतर ये होगा कि जो हिस्सा गिरने ही वाला है, वो अकस्मात गिरे इससे बेहतर है कि उसे खुद ही गिरा दो और नई इमारत खड़ी कर लो, भाई। कौन रोक रहा है? या फिर अभी ही तुम्हारी इमारत के कुछ हिस्से ऐसे हों कि जिन्हें गिराने की ज़रूरत नहीं तो ज़बरदस्ती मत गिराओ।

अध्यात्म अंधाधुंध तोड़-फोड़ का नाम थोड़े ही है, कि जो ठीक है उसको भी तोड़ दिया। अध्यात्म चिकित्सा की तरह है, बीमारी हटाता है, शरीर कोई थोड़े हटा देता है।

तुम गए, ''डॉक्टर साहब, ये एक फोड़ा हो गया है। बहुत दर्द कर रहा है।'' डॉक्टर साहब बोले, ''ठीक है। पांव में फोड़ा है तुम्हारे, उसको हटाए देते हैं।'' काटकर निकाल दिया। और फिर तुम बोलो, ''डॉक्टर साहब, गर्दन में भी बहुत दर्द रहता है।'' तो बोले ठीक है, ''गर्दन भी काटकर निकाले देते हैं।'' ऐसा लोटपोट के डॉक्टर झटका किया करते थे।

किसने-किसने पढ़ी है? डॉक्टर झटका किसको-किसको याद है? अरे, तो अध्यात्म के ऋषि-मुनि डॉक्टर झटका थोड़े ही हैं, कि डरे जा रहे हो कि कहीं मेरी ज़िन्दगी में जो कुछ ठीक भी है, वो भी छिन न जाए। कोई कुछ नहीं छीन रहा। क्यों इतना घबरा रहे हो? जो कुछ छीनने लायक होगा, जो कुछ भी तुम्हारी ज़िन्दगी में फोड़े, फुंसी और मवाद की तरह मौजूद होगा, सिर्फ़ वो हटाया जाएगा। जो कुछ भी स्वस्थ है तुम्हारे पास, उसका स्वास्थ्य तो और बढ़ाता है अध्यात्म, कम थोड़े ही कर देता है।

लेकिन मोह और भोग की ललक, वो भी एक जवान आदमी की। वो भी एक ऐसा जवान आदमी जिसके पास बहुत प्यारे प्यारे दोस्त हैं। क्या करें?

एक दफ़े मैंने किसी से कहा था कि तुम मुक्ति से नहीं डरते, मुक्ति की तुम्हारी जो कल्पना है, उससे तुम डरते हो। हम बड़े ज़बरदस्त लोग हैं न। मुक्ति किसको कहा जाता है, हम उसकी भी कल्पना करे बैठे हैं। और हम जानबूझकर खौफ़नाक कल्पना करते हैं मुक्ति की। क्यों खौफ़नाक कल्पना करते हैं मुक्ति की? ताकि मुक्त होना न पड़े।

तो खुद ही खौफ़नाक कल्पना करेंगे कि अरे, मुक्ति का ऐसा मतलब होता है, मुक्ति का वैसा मतलब होता है। और फिर कहेंगे, ''अच्छा, मुक्ति इतनी डरावनी होती है! तो फिर हमें नहीं चाहिए।'' जब तुम मुक्त हो नहीं तो तुम्हें कैसे पता कि मुक्ति कैसी होती है। और जब तुम्हें पता नहीं कि मुक्ति कैसी होती है, तो तुमने कल्पना क्यों कर डाली? कल्पना इसीलिए कर डाली न ताकि तुम्हारे बंधन सलामत रहें।

अब बंधनों से इतना मोह है तो लौट ही जाओ। बुला रहे हैं वो बंधन, छन-छन, छन-छन। जंज़ीरें खनक रही हैं। आहाहा, क्या संगीत है!

ये गीता का ग्यारहवाँ अध्याय है आज। इसमें क्या भयंकर लग रहा है तुमको कि कँपे जा रहे हो कि अरे, बाप–रे–बाप, पता नहीं क्या होगा, भागो, भागो, भागो।

खरगोशों से तो नहीं डर गए? पता है न वो खरगोश नहीं हैं? जो लोग यहाँ से भाग–भागकर जाते हैं, वो खरगोश बन जाते हैं। फिर उनको सज़ा ये मिलती है कि वो यहीं पर कैद हो जाते हैं, कि बच्चू अब भागकर दिखाओ। फूशूशूशू...। यही डर है न?

''हमें बस उतना ही सच चाहिए जितना हमारे जीवन को सम्मान का एक मुखौटा पहना दे। हम भी ये कह पाएँ कि देखो, साहब, हम भी आध्यात्मिक हैं, हम भी सच्चाई में विश्वास रखते हैं। इतना सच चाहिए हमें। इतना सच हमें थोड़े ही चाहिए कि ज़िन्दगी ही कुछ और हो जाए। पुराना जीवन ही मृत हो जाए। तो अब फँसे, जैसे गर्म आलू गले में अटक गया है।''

दुःख कैसे मिटे?

शास्त्र कौमुदी, बोधस्थल, 2021

"दुनिया में कोई ऐसा नहीं है जिसका एक क्षण का भी दुःख किसी और की वज़ह से हो। दुःख सदा और सर्वदा चुनाव है आपका। और दुःख से मुक्ति का मतलब कुछ पाना नहीं होता; दुःख से मुक्ति का सीधा-साधा मतलब दुःख से मुक्ति ही होता है। दुःख से मुक्त हो जाओ, दुःख को छोड़ दो।"

ततो यदुत्तरततं तदरूपमनामयम्।
य एतद्विदुरमृतास्ते भवन्त्यथेतरे दुःखमेवापियन्ति॥

वो दुःखों से परे हैं, जो उसे जानते हैं, वो तो अमर हो जाते हैं और जो नहीं जानते, वो दुःखों को प्राप्त होते हैं।

—श्वेतश्वतर उपनिषद, अध्याय 3, श्लोक 10

आचार्य प्रशांत : दुःख क्या है? सीधी-सी परिभाषा समझ लो—जो तुम वास्तव में चाहते हो, उसका न प्राप्त होना ही दुःख है। जो तुम्हारी कामना है असली, उसकी अप्राप्ति का नाम ही दुःख है। गौर से समझना—तुम्हारी असली कामना की अप्राप्ति का नाम ही दुःख है।

असली कामना अप्राप्त क्यों रह गयी?

नकली कामना प्राप्त हो गयी।

जब नकली कामना प्राप्त हुई तो बहुत सारा क्या मिला?

सुख।

तो दुःख अकेला नहीं मिलता किसी को, जिसे दुःख मिला है, उसे साथ में सुख भी मिला है। बस यह जो दुःख है, यह असली है थोड़ा ज़्यादा और जो सुख है, वह नकली है ज़्यादा।

पा तो तुम कुछ ऐसा भी सकते थे जो तुम्हारे भीतर की रिक्तता को भर देता, जो तुम्हारे गहरे-से-गहरे दुःख को खत्म कर देता; समय भी था, सामर्थ्य भी था, पर तुमने उस समय का, अवसर का, सामर्थ्य का उपयोग किया कुछ और पाने के लिए। कुछ और क्यों पा लिया?

क्योंकि वह आकर्षक लग रहा था।

जहाँ पाने निकले थे, वहाँ यूँ ही तो पाने नहीं निकल गए थे, लोक कल्याण के लिए तो नहीं, व्यक्तिगत सुख के लिए ही न? तो व्यक्तिगत सुख वहाँ से खूब ले आए, वहाँ से सुख ले आए, लेकिन जो पीछे छाती में जो दु:ख पल रहा था, वह कायम रहा। वो दु:ख कायम ही रहा, जो सुख लेकर आए थे, कुछ समय पर, कुछ समय बाद, वह सुख भी विनष्ट हो गया। बचा क्या?

सिर्फ़ दु:ख-ही-दु:ख।

तो दु:ख निरंतर है, दु:ख का ही जन्म होता है, दु:ख की ही जीवन की सारी यात्रा है, सुख बीच-बीच में आता है।

सुख क्या है?

दु:ख को मिटाने का अधूरा और असफल प्रयास ही सुख है।

दु:ख तो था ही था, दु:ख पाने के लिए कुछ विशेष करने की ज़रूरत नहीं है। दु:ख ही जन्म लेता है माँ के गर्भ से बालक के रूप में। तुम कितनी भी कहानियाँ बना लो कि कितना हँसता-खेलता मासूम नन्हा बालक है, वास्तव में वो दु:ख का पिंड है।

देखो उसकी कैसी-कैसी कामनाएँ हैं, देखो कैसी-कैसी बात पर वह डर जाता है, देखो कैसी उसकी सीमाएँ हैं, देखो कैसा उसका अज्ञान है। और वही अज्ञान आगे की यात्रा करता है, वही अज्ञान जीवन भर साथ बना रहता है। वही कामनाएँ जो एक नन्हे शिशु में बीजरूप में होती हैं, वही आगे चल करके बड़ा पेड़ बन जाती हैं। उन सब कामनाओं के मूल में दु:ख है। क्या दु:ख?

मैं अधूरा हूँ, कोई कमी है, मैं कहाँ फँस गया, मैं वह तो नहीं जो प्रतीत होता हूँ। यह दु:ख है।

अब यह दु:ख हमें लगातार लगा रहता है, चूँकि यह दु:ख हमें लगातार लगा रहता है, तो हम प्रयत्न करते हैं इसको मिटाने का। अहम् की नैसर्गिक स्थिति आत्मा की है और आत्मा आनंदस्वरूपा है, दु:ख उसका स्वभाव नहीं। तो अहम् जब दु:ख का अनुभव करता है, जब अहम् के होने में ही दु:ख है, तो वह क्रियाशील हो जाता है। अहम् का सारा कर्ताभाव इसीलिए है ताकि वह दु:ख से मुक्ति पा सके। समझ में आ रही है बात?

समझ में आ रहा है कि आम आदमी को ऊर्जा कहाँ से मिलती है? हममें से हर व्यक्ति गतिशील क्रियाशील क्यों है? क्योंकि हम भीतर-ही-भीतर किसका अनुभव कर रहे हैं?

दु:ख का।

इसलिए हम विश्राम में नहीं आ पाते। हमें लगातार कुछ-न-कुछ करते रहना पड़ता है क्योंकि दु:खी आदमी को करना पड़ेगा न। दु:ख इतना है कि उसे दौड़-भाग करनी पड़ेगी, रहा नहीं जा रहा, चैन नहीं मिल रहा। तो यह दु:खी व्यक्ति जीवन भर गति करता है, इसकी गति का नाम ही जीवन है।

अब अगर ये होश से भरी, समझदारी से भरी, बोध से भरी गति करे तो वास्तव में अपने दुःख का अंत भी कर सकता है। लेकिन दुःख का अंत तो तब करेगा न जब इसकी नीयत हो कि मुझे दुःख के मूल तक पहुँचना है और दुःख का अंत ही कर देना है। उसकी जगह वो इरादा यह बना लेता है कि कोई हलका-फुलका तात्कालिक उपचार मिल रहा हो।

वह (उपचार) ले लेते हैं न, कहीं जा करके एक सुंदर-सुमधुर शाम बिता आते हैं। कुछ घंटे किसी सुंदर जोड़ीदार के साथ काट लिये, कुछ अच्छा खा-पी आए—मन बहलाने के तरीके हज़ारों है। इन सब तरीकों में नीयत की खोट है। क्या खोट है?

तुम जानते हो कि तुम्हारा दुःख कितना गहरा है, लेकिन तुम उसको दे क्या रहे हो?

सतही उपचार।

वह सतही उपचार सतह जितना काम कर जाएगा। एक शाम तुम रंग भरी निश्चित रूप से बिता सकते हो, शाम बीत जाएगी, काली गहरी रात आएगी। दुःख वापस है। और वापस ही नहीं है, उस शाम के बाद वह दुःख और कचोटेगा, वो रात और काली लगेगी। समझ में आ रही है बात?

जीवन इसलिए नहीं है कि तुम दुःख से भरा जो यह अपना अस्तित्व है, जो अपनी काया है, इसके ऊपर सुख का सतही मरहम या लेप लगाते रहो, जीवन इसलिए है ताकि तुम अपनी ही छाती भेद दो सीधे, वहीं पर दुःख बैठा हुआ है। खाल पर माल मलने से कुछ नहीं होगा, अपने ही मर्मस्थल का भेदन करना पड़ता है, तब दुःख से मुक्ति मिलती है। लेकिन खाल पर लेप लगाने की दुकानें क्या, पूरी-पूरी बाज़ारें खुली हुई हैं जहाँ सस्ता सुख बिकता रहता है। यह सस्ता सुख खरीदने वाले हर व्यक्ति को यही जानना कि वो बहुत पीड़ित है, आक्रांत है। दुःख से पीड़ित तो है लेकिन इतना हौसला और इतनी ईमानदारी भी नहीं दिखा पा रहा कि अपनी समस्या का असली इलाज करे। तो क्या कर रहा है?

''अरे भाई, नशे की कोई चीज़ दे दो न, चार घंटे के लिए ही काम हो जाए।''

उससे पूछो, ''चार घंटे का काम क्यों कर रहा है? मैं तुझे कुछ ऐसा दूँगा कि तेरे चालीस साल चैन में बीतेंगे। तू यह चार घंटे की चीज़ क्यों माँग रहा है?''

तो कहेगा बिलकुल दीजिए, चालीस साल वाली चीज़ दीजिए। तुम जैसे ही उसको चालीस साल वाली चीज़ दोगे, कहोगे, ''इसकी कीमत लगती है।''

''कीमत क्या लगती है?''

''कीमत ये लगती है कि तूने जो दुःख से निर्मित सब धारणाएँ बना रखी हैं, जीवन बना रखा है, वो मुझे सौंप दे। दुःख निर्मित तूने जो यह पूरी दुनिया निर्मित कर रखी है, यह मुझे दे दे। और मैं तुझे ऐसी बूटी दे दूँगा जिससे तू सदा के लिए दुःख से मुक्त हो जाएगा।''

''वास्तव में जो यह आदान-प्रदान है, इसी में दुःख से मुक्ति है। मैं तुझे दुःख से मुक्ति नहीं दे रहा, मैं तुझसे तेरे दुःख ले रहा हूँ; दे नहीं रहा, ले रहा हूँ। मैंने अभी तुझे क्या बोला था? मैं तुझे कुछ ऐसा दूँगा कि तू दुःख से मुक्त हो जाएगा, वह देने का मतलब ही

यही है कि मैं तुझसे लिये ले रहा हूँ सारे दु:ख। दु:ख से मुक्ति का क्या मतलब होता है? तुम दु:ख से मुक्त हो गए। मतलब तुम्हारे साथ पहले क्या था?''

श्रोतागण : दु:ख।

आचार्य : ''मैं तुमसे ले रहा हूँ न तुम्हारे दु:ख, दो मुझे, मैं ले रहा हूँ। दो, चालीस साल के लिए मुक्त हो जाओगे। जीवन में तुम्हारे चालीस साल बचे हैं अभी, चालीस साल जीने वाले हो तुम, तुम मुक्त हो जाओगे चालीस साल से। लाओ, मुझे दो, दु:ख दो सारे मुझे।''

वो इंकार कर देगा, ''नहीं दूँगा,'' कहकर। उसे नहीं देने।

अब कौन क्या करेगा? तुम ही बादशाह हो, तुम्हारी हुकूमत चलती है। तुमने इनकार कर दिया अपने दु:खो को तिरोहित करने से, कौन छीनेगा, कौन बहा देगा?

यह सब मैं क्यों बोल रहा हूँ?

यह सब मैं इसलिए बोल रहा हूँ क्योंकि हम यह धारणा पकड़े रहते हैं कि हमारे दु:ख किसी और की वज़ह से हैं।

दुनिया में कोई ऐसा नहीं है जिसका एक क्षण का भी दु:ख किसी और की वज़ह से हो। दु:ख सदा और सर्वदा चुनाव है आपका। और दु:ख से मुक्ति का मतलब कुछ पाना नहीं होता; दु:ख से मुक्ति का सीधा-साधा मतलब दु:ख से मुक्ति ही होता है। दु:ख से मुक्त हो जाओ, दु:ख को छोड़ दो।

दु:ख को लेकिन छोड़ोगे तब न जब अपना ही जबड़ा काटकर, अपना ही मसूड़ा काटकर जो खून का स्वाद मिलता है, उसकी लत को छोड़ने के लिए राज़ी हो जाओ। कुत्ते की आदत होती है यह, कुछ भी कड़ा चबाता है, सूखी हड्डी चबाता है, तो उसका अपना ही मसूड़ा छिल जाता है, वहाँ से खून टपकता है। जब वहाँ से खून टपकता है तो उसको लगता है कि यह खून आ रहा है इस हड्डी से, वो हड्डी को और ज़ोर से चबाता है, हड्डी को और ज़ोर से चबाता है, उसका मसूड़ा और छिलता है, और खून टपकता है। उसको लगता है कि और खून आ रहा है इस हड्डी से, वो और ज़ोर से चबाता है। हम ऐसे हैं।

हम हड्डी छोड़ने को राज़ी ही नहीं। सूखी, बेकार, सड़ी हड्डी, उससे हमने अपनी ज़िन्दगी भर रखी है, राज़ी ही नहीं छोड़ने को। समझ में आ रही है बात?

इसलिए हमसे ऋषिवर कह रहे हैं कि ब्रह्म दु:ख से परे है। ''तुम या तो अपने दु:खों का चयन कर सकते हो या ब्रह्म का चयन कर सकते हो। और इस ज्ञान से रहित लोग दु:ख को प्राप्त होते हैं।''

जो दु:ख को प्राप्त हैं लोग, उनको भी ज्ञान है। उनको क्या ज्ञान है?

उनको यही ज्ञान है कि दु:ख तो आकस्मिक है, दु:ख तो संयोगवश है, दु:ख तो किसी दूसरे, किसी पराए की करतूत है, दु:ख तो हमारे ऊपर किया गया अत्याचार और अन्याय है।

नहीं, दु:ख किसी और की करतूत नहीं, दु:ख किसी और द्वारा आप पर किया गया

अन्याय नहीं, दु:ख आपका अपना चुनाव है।

आप अपना झूठा ज्ञान एक तरफ़ रखें, ऋषि का सच्चा ज्ञान अगर आप समझ पाएँ, उसके आगे नमन कर पाएँ, तो दु:ख से आपको मुक्ति मिलेगी।

''जो विद्वान जानते हैं इस बात को, वो अमर हो जाते हैं।''

अमर हो जाने से क्या आशय है?

सारा दु:ख ही यही है, ''सीमित बना दिया मुझको, परिवर्तनशील बना दिया मुझको, मरणधर्मा होकर बैठ गया हूँ मैं।'' और भीतर कुछ है जो खत्म होने से सहमत ही नहीं हो रहा, वो स्वीकार ही नहीं कर रहा कि कभी खात्मा आएगा। खात्मे का नाम लो, वो तुरंत बिदक जाता है।

यह तुम अपने-आपको झूठा ज्ञान पिला रहे हो न कि मुझे तो एक दिन खत्म होना है? इसीलिए तो मृत्यु इतनी बुरी लगती है, क्योंकि मृत्यु झूठा ज्ञान है। सच्चा ज्ञान क्या है?

सच्चा ज्ञान यह है कि तुम जो अपने बारे में यह मरणधर्मा धारणा लेकर बैठे हो, इस धारणा से बाज आओ। तुम वो नहीं हो वास्तव में जो मर सकता है, पर तुम बने वहीं बैठे हो जो मर सकता है। और इस बात में तुम्हारा बहुत गहरा यकीन है कि मैं तो मरूँगा।

ठीक है, तुम अपने इस यकीन का ही प्रयोग कर लो, ज़बरदस्ती रटो मत कि ''मैं नहीं मरूँगा, मैं नहीं मरूँगा।'' वो एक और बड़ी त्रासदी हो जाती है, वो त्रासदी आज-कल बहुत चलती है, क्या?

कि जो मरणधर्मा अहंकार है, उसने इस बात को रट लिया कि मैं तो अमर हूँ। और वो अपना नारा लगा रहा और वो मंत्र जप रहा है कि मैं तो अजन्मा और अमर हूँ, न तो मैं कभी आया था, न मैं कभी जाऊँगा। वो इस तरह की बातें दोहरा रहा है, जबकि उसकी छाती में क्या बैठा हुआ है?

अहंकार भी बैठा है, मरने का भय भी बैठा है।

समझ में आ रही है बात?

वो नहीं करना है। तुम अगर मरणशील ही अपने-आपको मानते हो तो इस मरणशीलता का पूरा परीक्षण करो—कौन है जो मरना चाहता है? कैसे जाना उसने कि वह खत्म हो जाएगा? जो खत्म होने वाली चीज है, वो क्या है? क्या उस चीज़ से हटकर भी कुछ और है? क्या तुम चीज़ हो? खत्म अगर तुम हो जाओगे तो कहाँ जाओगे? खत्म अगर तुम हो जाते हो तो मिट जाते हो या बदल जाते हो? क्या तुम बदल भी सकते हो? इन प्रश्नों को पूछना बहुत ज़रूरी है।

हमारी शिक्षा व्यवस्था हमें इन प्रश्नों की ओर भेजती नहीं है, पर ये सवाल पूछे जाने चाहिए।

सेल्फ माने 'मैं', उसको तुम 'आत्म' बोल दो, चाहे 'अहम्', वो निश्चित रूप से

शिक्षा व्यवस्था का हिस्सा होना चाहिए। और इसमें किसी धार्मिक आस्था का कोई सवाल नहीं है। हिंदू हो, मुसलमान हो, ईसाई हो, दुनिया की किसी धारा को मानने वाला हो, 'मैं' तो सबके पास होता है न? या ऐसा कह दोगे तुम कि मैं फलाने पंथ का मानने वाला हूँ, मेरा तो कोई 'मैं' ही नहीं है? 'मैं' तो सब बोलते हैं न? तो 'मैं' नाम से विषय होना चाहिए, स्कूलों की पढ़ाई में, कॉलेज (महाविद्यालय) की पढ़ाई में।

और कोई इसे यह न समझे कि यह होने से किसी एक संप्रदाय विशेष का दबदबा हो जाएगा या पक्षपात हो रहा है। यह किसी एक धर्म के पक्ष में या विपक्ष में नहीं है, 'मैं' सबका है। 'मैं' जब सबका है तो मैं सबको पढ़ाया भी जाना चाहिए—कहाँ से आता है, कहाँ को जाता है, क्या माँगता है, किस बात से डरता है।

विद्वान लोग होने चाहिए जो पाठ्यक्रम में निर्धारित करें, विद्वान लोग होने चाहिए जो शिक्षण कार्य करें। और अगर स्कूलों और कॉलेज की व्यवस्था में 'अहम्' नाम का विषय आ गया—'आत्मा' नाम के विषय से हो सकता है कि आप थोड़ा घबराएँ, परहेज करें। आत्मा को तो हम कह देंगे कि यह तो, भाई, देखिए, आपने वेदांत से शब्द उठा लिया। चलिए, आत्मा को रखिए। अहम् तो रख सकते हैं?

अहम् नाम का विषय अगर आ गया हमारे पाठ्यक्रम में तो दुनिया की पूरी तस्वीर बदल जाएगी। ज़्यादा-से-ज़्यादा समस्याएँ जो आज मनुष्य के सामने हैं, इसीलिए हैं क्योंकि हम जानते ही नहीं कि हम कौन हैं, और बेहोश ज़िन्दगी जिए जा रहे हैं। हम अपने-आपको चूँकि मृत्युधर्मा जानते हैं, इसीलिए आप चारों तरफ़ बस मौत का ही नाच देख रहे हैं।

''हम विश्राम में नहीं आ पाते। हमें लगातार कुछ-न-कुछ करते रहना पड़ता है क्योंकि दुःखी आदमी को करना पड़ेगा न। दुःख इतना है कि उसे दौड़-भाग करनी पड़ेगी, रहा नहीं जा रहा, चैन नहीं मिल रहा। तो यह दुःखी व्यक्ति जीवन भर गति करता है, इसकी गति का नाम ही जीवन है।''

अनुभवों के साथ आपके संघर्ष

शास्त्र कौमुदी, बोधस्थल, 2021

''अगर आपमें संवेदना नहीं है, अगर आपका अंतर्जगत सुन्न सा पड़ा हुआ है तो ये बिलकुल हो सकता है कि ज़िन्दगी आपको रोज़ चोटें देती रहे और आपको कुछ पता ही न चले। वास्तव में ज़िन्दगी रोज़ जो हमें चोटें देती है। वो हमें पता न चले इसके लिए हम इंतज़ाम ही यही करते हैं, क्या? सुन्न पड़ जाओ, असंवेदनशील हो जाओ फिर दर्द नहीं होगा, पीड़ा नहीं होगी।''

अजात इत्येवं कश्चिद्भीरुः प्रपद्यते।
रुद्र यत्ते दक्षिणं मुखं तेन मां पाहि नित्यम्॥

हे रुद्रदेव (संहारक देव)! आप जन्म-मृत्यु के चक्र से मुक्त हैं, ऐसा जानकर कोई भीरु (मृत्यु के भय से डरने वाला मेरे जैसा) आपके आश्रय में आता है, (और कहता है कि) आप अपने कल्याणकारी रूप (दक्षिणमुख) से मेरी सर्वदा रक्षा करें।

—श्वेतश्वतर उपनिषद, अध्याय 4, श्लोक 21

आचार्य प्रशांत : जिनको पिछले श्लोक में 'परमात्मा' कहकर संबोधित किया गया था, उन्हें ही यहाँ पर 'रूद्रदेव' कहकर संबोधित किया जा रहा है, ''आप जन्म-मरण के चक्र से मुक्त हैं। आप मन का कोई विषय नहीं हैं।''

मन में कभी कोई विषय देखा है जो शाश्वत रहे? कि अब आ गई वो बात मन में, तो लगातार है। कोई भी ऐसी बात है?

ज़िन्दगी में आपको जो चीज़ सबसे प्यारी हो, वो भी क्या ऐसा होता है कि किसी भी पल मन से ओझल नहीं होती? कुछ भी ऐसा है जीवन में? कुछ भी है क्या?

तो मन ही वो जगह है जहाँ चीज़ें आती हैं और जाती हैं, वही जन्म और मरण का चक्र है। वहीं पर ही सारी घटनाएँ घट रही हैं।

''हे रूद्र देव! आप जन्म-मरण के चक्र से मुक्त हैं। न आपका उदय होना है, न आप कभी अस्त होते हैं। न आप आते हैं, न आप जाते हैं। आप मन का कोई विषय हैं ही नहीं।''

यह बात हम फिर दोहराकर कहेंगे कि मन के विषयों के विरुद्ध इतनी सावधानी रखने को क्यों कहा जा रहा है।

कदाचित ऋषि उनमें से हैं जिन्होंने मन की तगड़ी चोट सही है। थोड़ा और स्पष्ट करूँगा, मन की चोट पड़ती तो हम सब पर है, पर सिर्फ़ कोई संवेदनशील व्यक्ति होता है जो उस चोट का पूरा-पूरा प्रभाव अनुभव करता है, क्योंकि आपके साथ क्या हो रहा है और आपने क्या अनुभव करा, इसमें बहुत अन्तर हो सकता है।

अगर आपमें संवेदना नहीं है, अगर आपका अंतर्जगत सुन्न-सा पड़ा हुआ है, तो यह बिलकुल हो सकता है कि ज़िन्दगी आपको रोज़ चोटें देती रहे और आपको कुछ पता ही न चले। वास्तव में ज़िन्दगी रोज़ जो हमें चोटें देती है, वो हमें पता न चले, इसके लिए हम इंतज़ाम ही यही करते हैं, क्या? सुन्न पड़ जाओ, असंवेदनशील हो जाओ; फिर दर्द नहीं होगा, पीड़ा नहीं होगी।

ऋषि उनमें से हैं जिन्होंने चोट भी सही है और चोट का पूरा-पूरा बेखौफ़ अनुभव भी करा है। मैं बेखौफ़ क्यों बोल रहा हूँ? क्योंकि अनुभव कष्ट देता है न। तो अनुभव को गहराई तक भीतर जाने देने के लिए बड़ा निडर होना पड़ता है।

हम तो अनुभव से डरते हैं। हमें लगता है कि अनुभव हमें तोड़ देगा। हम तो सख्त हो जाना चाहते हैं, कठोर हो जाना चाहते हैं, एक तरह से निष्प्राण और अचेतन हो जाना चाहते हैं, क्योंकि पूरा अगर अनुभव हो गया तो वो हमें दहला देता है, हमें तोड़ देता है—हमें माने अहंकार को ही, और किसी को नहीं, तो इसीलिए फिर हम अनुभवों के प्रति संज्ञाशून्य हो जाना चाहते हैं। हम कहते हैं, "हमें नहीं पता कि कुछ हुआ कि नहीं हुआ, हुआ भी तो कहीं हो गया होगा, मैं उसका संज्ञान ही नहीं लूँगा।" समझ में आ रही है बात?

तो ऐसे मत सोच लीजिएगा कि देखिए, ये तो तरीका है, ये तो एक विधि है, परंपरा है, रवायत है तो इसीलिए शिव को ऐसे संबोधित किया जा रहा है। नहीं, बात परंपरा की, प्रथा की नहीं है; बात उसके पीछे के अर्थ की, मर्म की है।

ये समझना होगा कि क्यों कहा जा रहा है कि "हे रूद्र देव! आप जन्म-मृत्यु के चरण से मुक्त हैं।" ये बस कुछ ऐसे ही कहासुनी की, मुहावरे की, कहावत की बात नहीं है, इसके पीछे मनोविज्ञान की गहराइयाँ हैं।

"हे रूद्र देव! आप जो जन्म-मृत्यु के चक्र से मुक्त हैं।"

वास्तव में मन अपनी ही उस सम्भावना को संबोधित कर रहा है जिसमें वो अपनी ही कैद से बाहर आ सकता है।

तो हमने पछले श्लोक में पूछा था कि "परमात्मा कौन है?"

एक तरीका है उत्तर देने का ये कि मन की ही अंतिम और उच्चतम संभावना को सत्य, आत्मा या परमात्मा कहते हैं। ठीक है?

मन जब तक अपने साधारण रूप में है, वो जन्म और मृत्यु में ही फँसा हुआ है। जन्म-मृत्यु में क्यों फँसा हुआ है? एक चीज़ उसमे उठती है, वो उससे बद्ध हो जाता है, फिर ठोकर खाता है, निराशा पाता है, फिर जा करके दूसरी चीज़ से लग जाता है।

दूसरी चीज़ से लग जाना पहली चीज़ की मृत्यु और दूसरी चीज़ का जन्म होता है। जन्म और मृत्यु आपके साथ घटने वाली घटनाएँ नहीं हैं। जन्म और मृत्यु आपके अनुभव हैं, जन्म और मृत्यु आपके विषयों की प्रकृति है।

आपका जन्म और मृत्यु नहीं होता, आप जिन विषयों से संलग्न हो जाते हैं, उनकी प्रकृति है एक रूप को छोड़ करके दूसरा रूप धारण करना—इसी को कभी जन्म, कभी मृत्यु बोलते हैं।

आपकी क्या प्रकृति है?

आपकी प्रकृति है बेवकूफ़ बनना। आपकी प्रकृति है ऐसों के साथ जुड़ना जो जुड़ने के लायक नहीं हैं।

जिनके साथ आप जुड़ रहे हैं, उनकी क्या प्रकृति है?

रूप बदलना।

आपकी क्या प्रकृति है?

रूपों के झाँसे में आ जाना। कुल इतनी-सी बात है।

समझ में आ गई बात?

जिनसे आप जुड़ रहे हैं, उनकी प्रकृति है रूप बदलना; कोई चीज़ अपने एक रूप में नहीं रह सकती। और आपकी क्या प्रकृति है?

रूपों के झाँसों में आना। उसके अलावा आपकी कोई प्रकृति नहीं।

कोई पूछे कि "आप कौन हैं?"

"मैं कोई नहीं, मैं बस वो हूँ जो दूसरों के झाँसे में आ जाता है।"

उस मूर्खता के अलावा अहम् की कोई पहचान नहीं है, इसीलिए अहम् का दूसरा नाम अज्ञान है। अहम् कोई वस्तु नहीं है, अहम् कोई विचार नहीं है, अहम् बस अज्ञान मात्र है। अज्ञान का मतलब वो जो फ़रेब में आ जाए।

"आप जन्म-मृत्यु के चक्र से मुक्त हैं। ऐसा जानकर कोई भीरु आपके आश्रय में आता है।"

कौन है ये भीरु?

मन।

तो मन अपनी ही अंतिम संभावना को संबोधित करके कह रहा है, अपने वर्तमान स्थान से। मन अपने-आपको देख रहा है, "मैं वैसा हो सकता हूँ," और अपनी हालत को देख रहा है, कह रहा है कि "अभी तो बहुत भीरुता की हालत है, डरा हुआ हूँ।"

सच पूछो तो वो नहीं जानता कि अमरता क्या होती है, लेकिन इतना ज़रूर अनुभव करता है कि मृत्यु का डर, मिटने का, खोने का डर बहुत भयंकर है। वो जब रूद्रदेव को,

शिव को या सत्य को संबोधित कर रहा है, तो भी वो नहीं जानता वास्तव में कि वो किसको संबोधित कर रहा है; जाना जा भी नहीं सकता।

उसका संबोधन तो बस एक आर्तनाद है अपनी वर्तमान अवस्था के विरुद्ध। वो ये नहीं जानता कि उसे बचाने कौन आएगा। जैसे किसी राह पर गहरी अँधेरी रात में कोई मुसाफिर लुट रहा हो, वो क्या करता है? वो ज़ोर से चिल्लाता है। क्या उसे पता है कि किसके लिए चिल्ला रहा है?

रास्ता सुनसान है और वो उस क्षेत्र से अपरिचित है, वो बिलकुल नहीं जानता कि उस क्षेत्र में कौन है, कौन नहीं है। पर जब वो लुटने लगता है, तो वो क्या करता है? वो ज़ोर से चिल्लाता है। वो किसी को बुलाने के लिए नहीं चिल्ला रहा, क्योंकि किसी को जानता नहीं है; वो अपनी अवस्था के खिलाफ़ चिल्ला रहा है। एक उम्मीद उसमें ज़रूर है कि क्या पता मेरे चिल्लाने से कोई आ जाए। कोई आ जाए! कौन आ जाए, ये उसको पता नहीं, पर शायद कोई आ जाए। कोई तो होगा, कोई तो होगा न जो इन लुटेरों जैसा नहीं होगा। प्रार्थना इसी को कहते हैं।

प्रार्थना का मतलब यह नहीं है कि तुम जिसके सामने प्रार्थी हो रहे हो, उसको तुम जानते हो। उसको तुम जानते ही होते तो तुम्हारी हालत इतनी खराब क्यों होती? उसको तुम जानते नहीं हो। बस तुम अपनी वर्तमान हालत के खिलाफ़ दुःख और आक्रोश से भरे हुए हो, यह प्रार्थना है। वह यहाँ पर हो रही है।

"हे रुद्रदेव (संहारक देव)! आप जन्म-मृत्यु के चक्र से मुक्त हैं, ऐसा जानकर कोई भीरु (मृत्यु के भय से डरने वाला मेरे जैसा) आपके आश्रय में आता है।"

बस इसको इतना ही पढ़ लो, "मैं बहुत डरा हुआ हूँ। मेरा कुछ खो रहा है, मेरा कुछ मिट रहा है। न जाने कल क्या होगा? मैं बचूँगा, कि नहीं बचूँगा?"

बस इतना बोला गया है अभी तक, "हाय! मेरा क्या होगा?" बस इतना।

और फिर (प्रार्थना करता है कि) "रूद्रदेव! आप अपने कल्याणकारी रूप—कल्याणकारी रूप को नाम दे दिया 'दक्षिणमुख'—से मेरी सर्वदा रक्षा करें।"

अब ये तरीका है अहंकार का, और कर भी क्या सकता है?

जब वो चिल्लाता है तो निष्प्रयोजन तो चिल्ला नहीं रहा, उसके पास तो एक वजह है न। क्या है? आओ, रक्षा करो मेरी। और जब वो कहता है, "मेरी रक्षा करो," तब तो ये नहीं कहता कि मुझे बदल दो। कहता है बस मुझे इन लुटेरों से बचा दो। वो ये नहीं कहता कि मुझे वो रहने ही मत दो जो इस काली अँधेरी रात में, इस बियाबान में लुटने के लिए चला आया। नहीं समझ रहे?

वो ये नहीं कह रहा है कि—क्या उसने चिल्लाकर ये कहा कि मुझे वो रहने ही मत दो जो ऐसी मुर्खता करता है कि इस काली अँधेरी रात में अपना सारा काला धन ले करके काले लुटेरों से लुटने के लिए चला आया है? वो क्या ये कह रहा है?

वो ये नहीं कह रहा है। वो सिर्फ़ क्या कह रहा है?

मुझे बचा लो। मुझे बचा लो, ताकि फिर मैं कभी दुबारा ऐसी ही किसी राह पर अपना काला धन ले करके लुटने के लिए पहुँच जाऊँ।

मैं अपनी तरफ़ से कुछ सीख लूँगा। मैं कहूँगा कि अच्छा, इस वाली राह पर नहीं आना, मैं इस राह पर नहीं आऊँगा, किसी दूसरी राह पर आ जाऊँगा। इस तरह के लुटेरों से नहीं लुटूँगा, किसी दूसरी तरह के लुटेरों से लुट लूँगा। पर मेरा ये इरादा तो नहीं है कि मैं मूलभूत रूप से बदल जाऊँ। मेरा इरादा तो बस अभी ये है कि "हाय-हाय! मैं लुट गया, मुझे बचा लो।"

प्रार्थी भी प्रार्थना इसी प्रकार की करता है। तो देखो अभी शिव से क्या कह रहा है, "अपना जो कल्याणकारी रूप है न 'दक्षिणमुख', वो दिखाएँ।"

अरे! सत्य के क्या पचास मुख होते हैं? पर यहाँ भी हम अपनी ओर से चुनाव कर रहे हैं, जैसे रेस्तरां में मेन्यू देख कर आर्डर किया जा रहा हो, "हे शिव! आप दक्षिणमुखी हो जाएँ।"

सत्य से कहा जा रहा है कि देखो, सत्य वगैरह तो ठीक है, सत्य तो पूर्ण होता है, पर हमें अभी पूर्ण की आकांक्षा नहीं है, अभी तो तुम हमें अपना उतना हिस्सा दिखा दो जो प्रार्थियों को सुरक्षा देता है।

अब शिव तो प्रलय भी करते हैं, तांडव भी होता है, सब नष्ट भी कर देते हैं।

कह रहा है, "नहीं, नष्ट करने वाला कार्यक्रम बाद के लिए रखिएगा, अभी तो आप बचाने वाला कार्यक्रम रखिए। हमें आकर बचाइए, हमारा बड़ा बुरा हाल है।"

बचा तो देंगे, सत्य बचाता है निश्चित रूप से, पर वैसे नहीं बचाता जैसे हम चाहते हैं। वो वैसे बचाता है जैसे बचा जा सकता है। वो हमें वैसे नहीं बचाता जैसे हम बचना चाहते हैं; वो हमें वैसे बचाता है जैसे बचा जा सकता है।

मान लीजिए साँड लाल कपड़े के पीछे भागता है। भागता नहीं है, पर हम मान लेते हैं, उदाहरण के लिए अच्छा रहेगा। साँड लाल कपड़े के पीछे भागता है और आपने सिर पर लाल टोपी पहन रखी है, लाल गॉगल्ज़ भी लगा रखें हैं, मुँह भी लाल रंग से रंगा है, होंठ भी लाल रंग रखे हैं, शर्ट (कमीज़) भी लाल है, पैंट (पतलून) भी लाल, जूते भी लाल—आपका नाम ही है लालम लाल। और साँड आपके पीछे पड़ा हुआ है, और आप चाहते हैं कि आपको बचाया जाए। आपकी नज़र में आपको बचाने का तरीका ये है कि साँड को भगा दो।

आप ये नहीं समझ रहे हैं कि आपकी जो हालत है, एक साँड भगा दिया तो दूसरा लगेगा, क्योंकि अभी आप साँडों के लिए चुम्बक हैं।

तो शिव आपको जब बचाएँगे तो ऐसे नहीं बचाएँगे कि साँड को भगा देंगे। साँडों का तो शिव से वैसे भी अच्छा सम्बन्ध है। वो बचाएँगे ही नहीं साँड से, क्या करेंगे? आप

ऐसे पहुँचेंगे, वो आपके सामने आपके कपड़े फाड़ देंगे सारे।

आप कहेंगे, ''ये क्या हो रहा है?''

ये वही हो रहा है जो होना चाहिए। ये एकमात्र तरीका है जिससे आपको बचाया जा सकता है। आपको नंगा कर दिया जाए। आपकी बिलकुल परत उघाड़ दी जाए, छिलका उतर दिया जाए आपका। पूरा ऊपर से नीचे तक छिलका उतार दिया।

सत्य ऐसे बचाता है, आपको आपके छिलके उतार करके। क्योंकि आपका ये जो छिलका है, यही आपके कष्ट का कारण है, इसी के पीछे सारे साँड लगे हुए हैं। जब तक ये उतरेगा नहीं, तब तक आप एक जगह बचेंगे तो दूसरी जगह पिटेंगे।

कहाँ-कहाँ आपको बचाते फिरेंगे शिव। उनका यही धंधा है?

तो कहते हैं कि अगर तुम इतने ही उत्सुक हो बचने के लिए तो हम तुम्हारा पूरा ही इलाज किए देते हैं। उतारो छिलका।

लेकिन वो भाव प्रार्थी की प्रार्थना में नहीं है। वो कह रहा है, ''आप तो अभी अपना दक्षिणमुखी हमें रूप दिखाएँ और हमें बस बचा दें।''

वैसा होगा नहीं। बचाया हमेशा दूसरे तरीके से जाता है, आपकी कामनाएँ पूरी करके नहीं।

अगर आपकी प्रार्थना यही रहती है कि मेरी कामना पूरी कर दो तो ये प्रार्थना तो अच्छा है कि विफल जाए। वास्तविक प्रार्थना में बस आप खड़े हो सकते है कि ''मैं जानता ही नहीं मेरे लिए अच्छा क्या है।''

''आपकी क्या प्रकृति है? आपकी प्रकृति है बेवक़ूफ़ बनना। आपकी प्रकृति है ऐसों के साथ जुड़ना जो जुड़ने के लायक नहीं हैं। जिनके साथ आप जुड़ रहे हैं उनकी क्या प्रकृति है? रूप बदलना। आपकी क्या प्रकृति है? रूपों के झाँसे में आ जाना। कुल इतनी सी बात है।''

संसार की विविधता से डर

शास्त्र कौमुदी, बोधस्थल, 2018

''इच्छा पूरी न हो तो उद्यम होता है इच्छा को पूरा करने का और इच्छा यदि पूरी हो जाए, तो वो अपने पीछे अपने से संबंधित इच्छाओं की कतार लेकर आती है।''

दोषोऽपि विहितः श्रुत्या मृत्योर्मृत्युं स गच्छति।
इह पश्यति नानात्वं मायया वञ्चितो नरः॥

'मृत्यु से मृत्यु को प्राप्त होता है', ऐसा कहकर श्रुति ने (नानात्वदर्शन में) दोष भी बतलाया है। मनुष्य माया से ठगा जाकर ही संसार में नानात्व देखता है।

—अपरोक्षानुभूति, श्लोक 48

प्रश्नकर्ता : श्लोक कहता है, ''मनुष्य माया से ठगा जाकर ही संसार में नानात्व देखता है।''

आचार्य जी, मन तो टुकडों में जीता है, अलग-अलग ही देखता है, तभी डरता है। ये अलग-अलग देखना, नानात्व क्या है?

आचार्य प्रशांत : आदिशंकर का वचन है कि ''मनुष्य माया से ठगा जाकर ही संसार में नानात्व देखता है।'' मौलिक अपूर्णता है मनुष्य, और वो मौलिक अपूर्णता जीवन की स्थितियों में अलग-अलग रूप से अपने-आपको दर्शाती है।

अलग-अलग लोग, अलग-अलग समय, अलग-अलग कर्मों में और विचारों में उद्यत होते हैं, लेकिन ज़रा नीचे जाकर देखिए कि मूल रूप से प्रेरणा क्या है सबकी; मूल रूप से प्रेरणा सबकी एक है और वो एक प्रेरणा है कि किसी तरह से पूरा, भरपूर महसूस करूँ। इसी तरीके से भीतर जो तड़प है, बैचैनी है, ज़रा कम होने का, ज़रा हीन होने का भाव है, उसका शमन हो, वो मिटे। बात अलग-अलग तरीके से प्रकट हो रही है, लेकिन बात एक ही है।

ठीक वैसे जैसे एक बाज़ार मे लोग अलग-अलग चीज़ों के अभिलाषी और ग्राहक होते हैं, लेकिन एक बात सबमें पक्की है कि सबको कुछ-न-कुछ चाहिए। उसी तरीके से दुनिया हमारे लिए वस्तुओं का भण्डार है और हर वस्तु अपने साथ एक आश्वासन लिये हुए है—तुम्हारा मन भर दूँगी, तुम्हारा घर भर दूँगी, तुम्हें पूरा कर दूँगी।

और एक आदमी जो आज एक चीज़ चाह रहा है बाज़ार में, वो उस एक चीज़ पर

रुक नहीं जाने वाला। एक दुकान में चाहे सफलता मिले, चाहे असफलता मिले, ये पक्का है कि वो आदमी जल्दी ही दूसरी दुकान में भी नज़र आएगा। कपड़ों की दुकान में गया था वो, जैसे कपड़े चाहिए थे, मिल गए, भली बात। क्या यात्रा रुक गई उसकी ? नहीं, यात्रा नहीं रुक गई। अब वो जाएगा और सब्ज़ियों और फलों की दुकानों पर नज़र आएगा, या वो अब जाएगा, मिठाई की दुकान पर नज़र आएगा। और कपड़ों की दुकान पर गया था वो और उसे असफलता मिली, तो भी बात वही रही, अभी भी वो नज़र दुकान पर ही आएगा, किस दुकान पर ? दूसरे कपड़े की दुकान पर नज़र आएगा।

इच्छा पूरी न हो तो उद्यम होता है इच्छा को पूरा करने का और इच्छा यदि पूरी हो जाए, तो वो अपने पीछे अपने से सम्बंधित इच्छाओं की कतार लेकर आती है।

घर चाहिए था, घर मिल गया। अब घर में बाग भी तो चाहिए। घर हो गया सुव्यवस्थित, बाग-बगीचा भी लग गया, अब पोर्च में खड़ी कार भी तो चाहिए। घर भी आ गया, बाग भी आ गया, कार भी आ गयी, अब कार को संभाल सके, ऐसा व्यापार भी तो चाहिए। अब व्यापार के बाद पत्नी भी तो चाहिए, जिससे संसार है। और फिर उसके बाद इच्छाओं की कई अन्य शृंखलाएँ।

जिसको नहीं मिला, वो भी अतृप्त और जिसको मिला, वो दूसरे तरीके से अतृप्त। मूल में लेकिन अतृप्ति बैठी ही है, ये मौलिक अतृप्ति अपने-आपको पचासों तरीके से अभिव्यक्त करती है, इसीलिए दुनिया हमें अलग-अलग नज़र आती है।

हर चीज़ पृथक है दूसरी चीज़ से और हर चीज़ बिलकुल वैसी ही है जैसी कोई दूसरी चीज़। दोनों बातों को समझिएगा। एक चीज़ आपकी कमी की एक अभिव्यक्ति को पूरा करती हुई प्रतीत होती है, दूसरी चीज़ आपकी कमी की दूसरी अभिव्यक्ति को पूरा करती प्रतीत होती है। इस तल पर दोनों चीज़ें कैसी हुईं ? अलग-अलग हुईं। लेकिन दोनों ही चीज़ें आपके लिए अर्थपूर्ण सिर्फ़ इसलिए हैं क्योंकि दोनों ही किसी कमी को पूरी करती प्रतीत होती हैं। जो आपकी कमी को पूरा करता न प्रतीत हो, वो आपके लिए अर्थपूर्ण नहीं होने वाला। और इस दुनिया में कुछ भी नहीं है जो हमारे लिए अर्थपूर्ण नहीं होता। हाँ, कुछ कभी अर्थपूर्ण होता है और कुछ कभी और अर्थपूर्ण होता है। कुछ अर्थपूर्ण हो चुका, कुछ अर्थपूर्ण हो जाएगा। कुछ यहाँ अर्थपूर्ण है, कुछ वहाँ अर्थपूर्ण हो जाएगा। पर आप दुनिया में ऐसा कुछ भी नहीं खोज पाएँगे जो आपके लिए अनिवार्यतः अर्थहीन हो।

भीतर कुछ है जिसमें एक छेद है, ज्यों हृदय में कोई पिण्ड हो और उसे बाहर से किसी पक्षी ने चोंच मार-मारकर खोखला कर दिया हो, या उसमें कोई कीट लग गया हो तो वो ज़रा खोखला हो गया हो। और ये जो खोखला पिण्ड है, ये घूमता रहता है, उसमें जो छेद है, वो कभी उस दिशा में होता है, कभी इस दिशा में, कभी उस दिशा में। जितनी दिशाएँ संभव हैं, हर दिशा में वो छेद हो सकता है, पर किसी-न-किसी दिशा में होगा ज़रूर। जिस दिशा में होता है, उस दिशा से अपने लिए वो आपूर्ति माँगने लगता है। दिशाएँ अलग-अलग हैं, आपूर्तियाँ अलग-अलग हैं, पर एक बात सदा समान है कि भीतर कोई बैठा है जो बहुत

भूखा है। कभी उसे ये चाहिए, कभी उसे वो चाहिए, पर एक बात पक्की है कि सदा उसे चाहिए-ही-चाहिए।

प्रश्नकर्ता : चीज़ें अलग-अलग क्यों दिखती हैं? क्यों आदिशंकर कह रहे हैं कि मनुष्य माया से ठगा जाकर ही संसार में नानात्व देखता है?

आचार्य : नानात्व का अर्थ हुआ चीज़ों का वैविध्य, चीज़ों की पृथकता। नानात्व इसीलिए दिखता है क्योंकि हमें हर चीज़ अपने ही सन्दर्भ में दिखती है। जो भूखा होगा, अगर उसके सामने बढ़ई की, फर्नीचर की भी दुकान होगी तो वो यही अंदाज़ लगाएगा और यही उम्मीद करेगा कि क्या पता इसके यहाँ भी खाने का कुछ मिलता हो, जाकर पूछ भी आएगा कि आपके यहाँ खाने का कुछ मिलता है क्या। वो कहेगा, "पागल गए हो, दिखता नहीं है कि यहाँ लकड़ी का काम होता है।"

तर्क भी दे दोगे, कहोगे, "लकड़ी वृक्ष से, फल भी वृक्ष से, क्या पता तुम फल भी रखते हो?"

वो लोहे की दुकान पर भी पूछ आएगा, "यहाँ कुछ खाने का भी मिलता है?"

हमें चीज़ें दिखती ही अपने संदर्भ में हैं। और हम एक नहीं, हम जो हैं, वो बदलता रहता है। हम जो हैं, वो एक ऐसा बीमार है जिसकी बीमारी लगातार बदलती रहती है। अपने संदर्भ में वो दुनिया को देखता है और उसका होना लगातार परिवर्तनशील है, और उसका होना लगातार एक भूख है, एक खोखलापन है, एक बीमारी है।

वो कभी इधर (दाएँ) देखेगा और कहेगा कि यहाँ से कुछ मिल जाए, और पल भर में बदल गया; अब उधर (सामने) देखेगा, कहेगा न, दूसरी चीज़ चाहिए, वो वहाँ से मिल जाए, और फिर बदल गया; अब इधर (बाएँ) देखेगा, कहेगा न, तीसरी चीज़ चाहिए, क्या पता वहाँ से मिल जाए। इस तरह से संसार हमारे लिए पहली बात, अर्थपूर्ण हो जाता है और दूसरी बात, वैविध्यपूर्ण हो जाता है। नहीं तो जो अपने-आपमें पूरा है, उसके लिए चीज़ें मात्र चीज़े हैं, दुनिया मात्र दुनिया है; अर्थ नहीं रखेगी, बस एक तथ्य की तरह सामने होगी।

ये दीवार है, ये मुझे पूरा करने का साधन नहीं है, ये मुझे उठा या गिरा नहीं सकती। ये कपड़ा है, वो पर्दा है, वो पंखा है, ये कुर्सी है, ये कालीन है, ये लोग हैं, मन में विचार हैं, परितः दुनिया है, जो है, सो है। जो है, मेरे सन्दर्भ मे नहीं है, बस है। हम, हमारी जगह, संसार, संसार की जगह; संसार माध्यम नहीं, संसार साधन नहीं, न हममें कुछ जोड़ देगा, न हमसे कुछ छीन ले जाएगा। अब सब चीज़ें अलग-अलग होते हुए भी एक हो गईं, आँखों से पूछोगे तो कहेगा, "हाँ, फ़र्क तो है। पीला, पीला है और लाल, लाल है; फ़र्क तो है।"

इन्द्रियों के तल पर फ़र्क है, मन के तल पर कोई फ़र्क नहीं है, क्योंकि न मेरे लिए पीले की महत्ता है और न मेरे लिए लाल की। तो दोनों मेरे लिए अब क्या हो गए? अब बराबर

हो गए। आँखे बता देंगी कि अंतर है, आँखों का काम है अंतर बताना, आँखे संस्कारित हैं अंतर बताने के लिए, पर अंतस के तल पर कोई अंतर नहीं है। हाँ, ये चुपड़ी रोटी है, हाँ, ये सूखी रोटी है। हाँ, ये मीठा है, हाँ, ये खट्टा है। हाँ, गर्मी है, हाँ, बरसात है। अंतर तो इनमें है ही, पर गर्मी हमें सुखा नहीं देने वाली और बरसात हमें गला नहीं देने वाली, तो सच पूछो तो कोई अन्तर नहीं है। गर्मियाँ आती हैं, जाड़े आते हैं, बरसातें जाती हैं, हम, हम हैं। हम, हम हैं, तो गर्मी और जाड़ा अलग-अलग होकर भी हमारे लिए एक है।

जिसको ये एक रस्ता दिखने लगती है दुनिया में, वो फिर न दुनिया का, न अपना गुलाम रह जाता है। न अब उसके ऊपर दुनिया शासन कर सकती है और न ही उसकी अपनी वृत्तियाँ। कुछ है ही नहीं जिसको वो अमूल्य समझता हो। मूल्य हर चीज़ का जानता है, पर ये भी जानता है कि मूल्य सदा सीमित है। अमूल्य वो किसी चीज़ को नहीं कहता। जानता सबको है, समझता सब कुछ है, पर गुलाम किसी का नहीं है। अनजान नहीं है, पर आज़ाद है। छोटे बच्चे की तरह नहीं है कि उसको साँप का पता ही नहीं है इसलिए साँप से खेल रहा है। देखा है छोटा बच्चा? बिजली का सॉकेट होता है, उसमे उँगली डाल रहा है, ये निर्भयता तो नहीं है न? ये क्या है? ये अज्ञानता है। उसे पता ही नहीं कि खतरा है।

हम जिस प्रज्ञावान की बात कर रहे हैं, वो सब जानता है। उसे दुनिया के रंग-ढंग, तौर-तरीके पता हैं। वो साँप को साँप जानता है, आम को आम जानता है, लेकिन उसके बाद भी न उसे साँप से भय है और न आम का लालच है। इसका अर्थ यह नहीं है कि वो साँप को जाकर गले में डाल लेगा, इसका अर्थ यह भी नहीं है कि आम उसे मीठा नहीं लगेगा। वो साँप से बचेगा भी और आम का रस भी लेगा, लेकिन फिर भी उसके भीतर कुछ सदा ऐसा रहता है जिसे साँप डस नहीं सकता और जिसे आम का रस छू नहीं सकता।

जो उस बिंदु पर जी रहा है, सिर्फ़ उसी का जीवन मुक्त है और जो उस बिंदु पर नहीं जी रहा है, वो यातना सहने और गुलामी करने के लिए ही पैदा हुआ है।

ये गूढ़ प्रश्न है कि संसार में वैविध्य है कि नहीं है। उत्तर इसका ये है कि प्रश्न पूछ कौन रहा है, अगर आँखे पूछ रही हैं तो निश्चित रूप से है, अगर कान पूछ रहे हैं तो निश्चित रूप से है वैविध्य। अगर आँखों से एक हो करके जीते हो तो फिर सब अलग ही अलग दिखेगा, त्वचा से एक हो करके जीते हो तो भी सब अलग है—गीला अलग है, सूखा अलग हैं, गर्म अलग है, ठंडा अलग है। पर अगर बहुत गहरे जीते हो, आत्मा में जीते हो, तो तुम देखोगे कि आँखों के लिए कितने भेद हैं, तो तुम देखोगे कि बुद्धि के लिए कितने भेद हैं, पर तुम्हारे अपने लिए कोई भेद नहीं होगा। तुम कहोगे, ''जिन्हें चीज़ें अलग-अलग लगती हैं, उन्हें लगती रहें, हम शांत हैं, हम स्थिर हैं, हम संतुलित हैं, हम स्थायी हैं। हम बदलते हों, तो हम कहें न कि कुछ है, जो बदला-बदला सा है, हम प्रभावित होते हों अलग अलग चीज़ों से, तो हम कहें न कि इस अलगाव का कोई अर्थ है ही, होगा अलगाव, हमारे लिए तो अर्थहीन है।''

जिनके लिए अलग-अलग चीज़ें, अलग-अलग स्थितियाँ बहुत अर्थ रखती हैं, उनकी

हालत को ज़रा समझना। काला तुम्हारे लिए अर्थपूर्ण हो गया, महत्वपूर्ण हो गया, तो तुम सफ़ेद से बचकर भागोगे। जीवन में भय आ गया न? धन तुम्हारे लिए महत्वपूर्ण हो गया तो गरीबी की आशंका तुम्हें खौफ़ में रखेगी। जीवन व्यर्थ कर लिया न?

जब भी कुछ तुम्हारे लिए कीमती होगा, उसका द्वैत, विपरीत, तुम्हारे लिए आशंका का कारण बन जाएगा। मोहग्रस्त हो गए तो जिससे मोहित हो, उससे बिछुड़ने की आशंका तुम्हें सोने नहीं देगी। सम्मान पकड़ लिया, ज्ञान पकड़ लिया तो इसी उधेड़बुन में रहोगे कि और बढ़ाए कैसे, और रक्षित कैसे रखें, क्योंकि जिस चीज़ को तुमने पकड़ा है, तुम भलीभाँति जानते हो कि उसका विपरीत भी अस्तित्वमान है, और विपरीत अगर है तो तुम पर भी कभी भी आ सकता है। सारी दुनिया काली-ही-काली नहीं, सफ़ेद का भी अस्तित्व है। और है तो कभी-न-कभी तुम्हें छू जाएगा। तुम हैरान हो, परेशान हो, न जाने कब वो खौफ़नाक घड़ी आ जाए। दुनिया तो ऐसी ही है न, यहाँ जो चीज़ है, उसका विपरीत भी है।

जो नानात्व में यकीन रख रहा है, वो द्वैत के किसी एक सिरे जाकर जुड़ रहा होगा; एक सिरे से जुड़ना माने दूसरे सिरे पर अपने लिए आफ़त खड़ी कर लेना। कौन जीना चाहता है आफ़त में? ऐसे जियो कि बाहर सारे खेल चलते रहें, जिसको बदलना है, वो बदलता रहे, जिसको आना है, वो आता रहे, जो विदा हो, सो विदा होता रहे, कुछ बढ़ता रहे, कुछ घटता रहे।

प्रकृति तो सदा गतिशील है ही न? बाहर आँधी-तूफ़ान चलने हों, चलते रहें, बाहर मंद बयार बहनी हो, बहती रहे, और भीतर भीतर का कुछ पता नहीं, वहाँ जैसे एक सुंदर सन्नाटा, वहाँ जैसे कुछ बड़ा अनछुआ-सा, ऐसा साफ़ कि उस पर वक्त की धूल पड़ ही नहीं सकती।

सब बाहर अलग-अलग खंडित रहे और भीतर अखंड का राज रहे। जब भीतर कुछ होता है अखंड, अटूट, तो बाहर की टूट-फूट परेशान नहीं करती। फिर बाहर की टूट-फूट के मज़े लिए जा सकते हैं। भीतर सब बढ़िया है, भाई, जहाँ हमें रहना है, वहाँ सब बढ़िया हैं, और बाकी सब खेल का मैदान है। घर में हमारे बिलकुल सब कुछ सुन्दर और सुव्यवस्थित है, अब खेल के मैदान पर अगर धूल उड़ती हो तो इसमें बुराई क्या है? खेल का मैदान है, वहाँ मिट्टी उड़ सकती है, वहाँ कपड़े गंदे हो सकते है, वहाँ ज़रा चोट भी लग सकती है, वहाँ धरातल थोड़ा उबड़-खाबड़ हो सकता है, कुछ भी हो सकता है।

कूद लगाई जा रही है, कुश्तियाँ लड़ी जा रहीं हैं, खेल चल रहा है। और जब ये खेल चल रहा है, तब हमें भलीभाँति पता है कि घर में सुव्यवस्था है, शांति है, बहुत महीन संगीत है। यहाँ उड़ती होगी धूल, घर में एक कण भी नहीं और बाहर खेलते-घूमते, रमते-विचरते जब ज़रा-सा भी अंदेशा होगा कि ये बाहर हावी होने लगा है, कि दुनिया पकड़ने लगी है, तत्काल विकल्प उपलब्ध है, मुड़ जाएँगे, घर में प्रविष्ट हो जाएँगे। और

घर कुछ ऐसा है कि वहाँ घुसे नहीं, कि वहाँ की याद की नहीं कि आत्मस्नान हो गया, सारी सफ़ाई हो गई।

घर की स्मृति मात्र ही पूरी तरह साफ़ कर देती है। सिर पर घर का हाथ है, हृदय में घर की ऊर्जा है, इसीलिए इतनी निर्भयता है, इतना साहस है कि दुनिया में कहीं भी जाकर कुछ भी खेल लेंगे। दनिया में तो सब बदलता रहता है, ऊँच-नीच चलती ही रहती है, सारे बदलावों को झेल जाएँगे, न सिर्फ़ झेल जाएँगे, खेल जाएँगे, क्योंकि भलीभाँति जानते हैं कि घर पाक साफ़ है और घर के द्वार हमारे लिए हमेशा खुले हैं और पहुँचना सरल-सुगम है। याद भर करना है, पहुँच जाएँगे।

माया तब नहीं है जब तुम्हें पार्थक्य दिखता है, भेद दिखते हैं, माया तब है जब तुम्हें सिर्फ़ भेद दिखते हैं। जीव पैदा हुए हो, तो इन्द्रियाँ तो भेद का अनुभव करेंगी ही, पर मात्र जीव ही नहीं हो, जीव के हृदय में बसती आत्मा भी तो हो तुम न। और वही तुम्हारी असली पहचान है, जीव तो आज है, कल नहीं, अनित्य है। जीव से पहले भी तुम कुछ थे और जीव के बाद भी तुम रहोगे, वो तुम्हारी असली पहचान है।

तो जीव भेद देखेगा, देखने दो, पर मात्र भेद ही न दिखें, भेदों के नीचे जो अभेद है, जो अविच्छिन्न है, जो अखंड है, उसमें जियो। उसी को ब्रह्मलीनता भी कहते हैं, उसी को कैवल्य भी कहते हैं।

बड़ी अद्‌भुत होती है वो दशा जब तुम संसार के वैभिन्य से एक स्वस्थ सम्बन्ध बना लेते हो, तब कुछ भी ऐसा नहीं रह जाता जिसका घोर विरोध करने की ज़रूरत पड़े। किसी चीज़ का कड़ा विरोध तब करना पड़ता है जब तुम्हें पता होता है कि वो चीज़ तुम पर छा जाएगी, तुम्हें लुभा लेगी, तुम्हें पकड़ लेगी, तुम्हें गुलाम बना लेगी। और अक्सर तुम्हें जब एक चीज़ लुभा सकती है तो उसकी विपरीत चीज़ डरा भी सकती है। तब तुम दोनों तरफ़ से तनाव मे जिओगे। एक तरफ़ का तनाव होगा लोभ का और दूसरी तरफ़ का तनाव होगा भय का।

जो आदमी सही जगह स्थापित है, वो जीवन की हर स्थिति का स्वागत करता है, क्योंकि कोई भी स्थिति उस पर छा तो सकती नहीं न, तो विरोध क्या करना, भाई? 'अ' आए, कि 'ब' आए, हमारे लिए दोनों बराबर हैं, क्योंकि दोनों में से कोई भी हम पर राज नहीं कर पाएगा। और अगर दोनों ही नहीं आए, 'क', 'ख', 'ग' आ गए, तो भी ठीक है, आओ, तुम लोग भी अपनी-अपनी छटा दिखाओ। संसार है, यहाँ तो 'क' से लेकर 'ज्ञ' तक और उनके आगे भी न जाने क्या-क्या पसरा हुआ है। आओ, भाई, सब आओ, सबका स्वागत है, दरवाज़े खुले हैं।

ये आदमी अब निर्विकल्प, निर्विरोध में जीने लग जाता है। इसके निर्विरोध जीवन को देखकर आपको ऐसा लग सकता है कि इसके पास अब शायद विवेक नहीं बचा। आपको ऐसा लग सकता है कि इसने तो अब दरवाज़ा खुला छोड़ दिया है, कुछ भी भीतर आ जाए। हाँ, उसने दरवाज़ा खुला छोड़ दिया है क्योंकि उसे अब फ़र्क नहीं पड़ता कि

कौन भीतर आ रहा है।

इसी स्थिति को जानने वालो ने कभी-कभार ऐसे कहा है कि अब पूरा जगत ही हमारे लिए परमात्मा हुआ। अब कण-कण में नारायण हुआ। 'कण-कण में नारायण' से आशय यह नहीं है कि कण को देखा तो उसमे नारायण दिख गया, आशय यह है कि कण 'क' हो या कण 'ब' हो, हम नारायण में स्थित हैं। ये नहीं होने वाला कि कणों का प्रकार और प्रारूप बदला तो भीतर से हमारा स्थान भी बदला; हमारा स्थान अब तय है, हमारा स्थान नियत है और वहाँ अब हम अडिग हैं, और बाहर जो कुछ है, वो हमारे लिए कणस्वरुप ही है, धूल बराबर ही है।

(सभी दिशाओं की ओर इशारा करते हुए) ये आए, कि ये आए, कि ये आए, कि ये आए, सबका स्वागत है। सबका स्वागत है, क्योंकि जो भी आए, हम, हम हैं। "आइए, आप भी आइए। आइए, आप भी आइए। आइए, आप भी आइए। सब आइए।"

बीमार आदमी को देखा है न कैसे बचाकर रखा जाता है सैनिटॉरिअम (स्वास्थ्य-सुधार केन्द्र) में? क्यों बचाकर रखा जाता हैं? बीमार है, भाई। बीमार का अर्थ ही होता है अस्वस्थ, गलत जगह स्थापित हो गया है। 'अ-स्वस्थ' है वो, आत्मा में स्थापित नहीं है, कही और जाकर स्थान ले लिया है उसने, अस्वस्थ हो गया। जो अस्वस्थ हो गया, वो अब 'अ', 'ब', सबका स्वागत नहीं कर पाएगा। उसको तो अपने-आपको सुरक्षा देनी होगी, कवच देने होंगे, कि कहीं कुछ उलटा-पुलटा न आ जाए।

और जो स्वस्थ है, वो? बाहर ठंडी हवाएँ चल रही हैं, जवान आदमी कई बार यूँ ही बाहर निकल जाता हैं, कहता है, "बह रहीं होंगी हवाएँ ठंडी, ज़रा छाती पर भी तो लें, उसका अपना आनंद है।" और बुड्ढे? "अरे, राम का नाम लो। ये कोई बाहर जाने का वक्त है, बच्चा।"

जो स्वस्थ है, वो न सिर्फ़ डरता नहीं हैं बल्कि अक्सर पाया जाता है तूफ़ानों को आमंत्रित करता हुआ। "आओ, तुम आते हो तो हमारे भीतर की शक्ति और जगती है, तुम आते हो तो हमें अपनी ताकत का और पता चलता है।" और कौन आए? वो नहीं कि जिसको हमने चुन रखा है, दुबला-पतला है, फटीचर है, कि पटक ही देंगे, उसको बुला रहे हैं बार-बार कि "तू आ, तुझसे लड़ेंगे कुश्ती।" खुद अस्सी किलो के है और पच्चीस किलो वाले को बार-बार निमंत्रण दे रहे हैं, "बाहर निकल, आज कुश्ती है।" न, ये नहीं।

जो आता हो आए, चौराहे पर खड़े हो गए हैं और आदिशंकर के शब्दों में कहें तो सम्पूर्ण नानात्व को चुनौती दे रहे हैं, जो आता हो, जिधर से आता हो, आए। और इसमें कोई अहंकार नहीं, ये दर्प की ललकार नहीं, खेल है। मज़ा आएगा, न जाने कौन निकल आए। जो भी निकल आएगा, हम देखेंगे। कोई पक्का भरोसा नहीं हैं कि जीत ही जाएँगे, कभी-कभी हार भी लेना चाहिए। हार भी गए तो? देखेंगे।

अब बताओ, नानात्व है कि नहीं हैं? नानात्व निश्चित रूप से है, लेकिन कैवल्य भी है साथ में, एकत्व भी है साथ में। कुछ है भीतर जो कपने का नाम ही नहीं ले रहा, कुछ है भीतर जो डिगता ही नहीं। अब आया मज़ा। और आश्वस्ति कुछ नहीं है। फिर कह दे रहा हूँ कि ऐसा नहीं है कि ऐसे जिओगे तो एक विशिष्ट प्रकार का ही परिणाम का फल मिलेगा, ऐसा नहीं है कि मैच फिक्स (तय) है, पहले ही पता है कि जीतेंगे तो सबको बुला ले रहे है कि ''आओ, आओ। परिणाम तो तय है ही, आओ।'' न! कुछ भी हो सकता है। पर, जो भी होगा, देखा जाएगा।

ये अंदाज़ है एक, और जिसको ये अंदाज़ उपलब्ध नहीं, तो क्या जिया!

''जब भी कुछ तुम्हारे लिए कीमती होगा, उसका द्वैत, विपरीत, तुम्हारे लिए आशंका का कारण बन जाएगा। मोहग्रस्त हो गए तो जिससे मोहित हो, उससे बिछुड़ने की आशंका तुम्हें सोने नहीं देगी। सम्मान पकड़ लिया, ज्ञान पकड़ लिया तो इसी उधेड़बुन में रहोगे कि और बढ़ाए कैसे, और रक्षित कैसे रखें।''

साक्षित्व ही अमरता है

शास्त्र कौमुदी, बोधस्थल, 2020

''शरीर जिन तत्वों से बना है, उन्हें तत्व जान लो, कि वे तो प्रकृति के तत्व हैं—वो तुम नहीं हो। प्रकृति के तत्व ठीक वैसे ही हैं जैसे लोहा, जैसे पानी, जैसे पत्थर। क्यों तुम उनके साथ अपना नाम जोड़ करके अपने लिए ही झंझट पैदा कर रहे हो?''

पृथ्वी, जल, अग्नि, वायु और आकाश—इन पाँचों महाभूतों का सम्यक् उत्थान होने पर इनसे संबंधित पाँच योगविषयक गुणों की सिद्धि होने पर जिस साधक को योगाग्निमय शरीर प्राप्त हो जाता है, उसे न तो रोग होता है, न वृद्धावस्था प्राप्त होती है और न ही असामयिक मृत्यु प्राप्त होती है।

—श्वेतश्वतर उपनिषद्, अध्याय 2, श्लोक 12

आचार्य प्रशांत : योग की दृष्टि से इसका अर्थ हुआ कि शरीर के सब तत्वों का समुचित शोधन हो जाने के बाद जो योगी होता है, वह रोग से, वृद्धावस्था से और असामयिक मृत्यु से बच जाता है। ठीक है?

रोग से, जरा माने वृद्धावस्था से और असामयिक मृत्यु से, अकाल मृत्यु से, माने कि चालीस की उम्र में ही मर गए, साठ की उम्र में ही मर गए।

''योगी को स्वास्थ्य-लाभ होता है, वह लंबा जीता है, उसकी सौ वर्ष की आयु होती है।'' योग की दृष्टि से इसका यह अर्थ हुआ कि आप अपने शरीर पर काम करिए और उससे आपको शरीरगत लाभ अवश्य मिलेंगे।

वेदान्त की दृष्टि से इसका क्या अर्थ है? वेदान्त की दृष्टि से अर्थ है कि ये जो पाँच भूत हैं—ये जो पाँच तत्व हैं जिनसे शरीर बना है—इनके पार जो निकल गया, वह अब शरीर से संबंधित रहा ही नहीं। उसका अब शरीर से तादात्म्य रहा ही नहीं। जो अभी शरीर है ही नहीं, उसको तुम बूढ़ा कर कैसे लोगे? जो अब शरीर है ही नहीं, उसे तुम बीमार कर कैसे लोगे? और जो अब शरीर है ही नहीं, उसकी अब मृत्यु होगी कैसे?

शरीर जिन तत्वों से बना है, उन्हें तत्व जान लो, कि वे तो प्रकृति के तत्व हैं—वो तुम नहीं हो। प्रकृति के तत्व ठीक वैसे ही हैं जैसे लोहा, जैसे पानी, जैसे पत्थर। क्यों तुम उनके साथ अपना नाम जोड़ करके अपने लिए ही झंझट पैदा कर रहे हो? अब मृत्यु नहीं

हो सकती तुम्हारी क्योंकि अब जो कुछ होगा, वह किसके साथ होगा? इन तत्वों के साथ होगा, भाई, शरीर के साथ होगा। तुम्हारे साथ कहाँ कुछ हो रहा है? जो हो रहा है, शरीर के साथ हो रहा है। जो प्रतीत भी हो रहा है, वह किसको प्रतीत हो रहा है? वह तुम्हारे सूक्ष्म शरीर को प्रतीत हो रहा है।

तुम कहते हो न कि हाथ पर चोट लगी और मन तड़प गया—ये जो पूरी प्रक्रिया है, ये शुरू से अंत तक शरीर की ही है। जिसको कह रहे हो 'हाथ', वह क्या है? स्थूल शरीर। और जिसको कह रहे हो 'मन', जो तड़प गया, वह क्या है? सूक्ष्म शरीर। तो तुम अब तड़प भी नहीं जाओगे। न तो तुम्हें चोट लगेगी, न तुम तड़प जाओगे। चोट भी शरीर को लगी, तड़प भी शरीर गया। ठीक है, अच्छी बात है।

साक्षित्व अमरता है। जो साक्षी हो गया, वह मृत्यु का भी साक्षी हो गया। अब मौत को भी वह देखेगा; मृत्यु को भी वह देख रहा है। नहीं, वैसे नहीं जैसे आप खिड़की को देखते हैं या किसी का मुँह देखते है, वैसे नहीं। वह बहुत सूक्ष्म घटना है। उसको मैं शब्दों से क्या बताऊँ कि मृत्यु का साक्षी होने का अर्थ क्या होता है?

और मृत्यु का साक्षी होने का यह अर्थ तो बिलकुल भी नहीं है कि आप मर जाएँगे, उसके बाद भी आप मरे हुए शरीर को देखते रहेंगे। ये सब हसरतें मत पाल लीजिएगा, कि ''मैं तो अब साक्षी हो गया। मैंने मौत को देखा, मौत के बाद शरीर मरा हुआ था, उसको देखा। उसके बाद शरीर को जलाया जा रहा था, वह भी मैं देख रहा था।'' ये किस्सेबाज़ी नहीं है अध्यात्म। ये बहुत सूक्ष्म बात है। शब्द बता पाने में असफल हैं कि साक्षी हो करके मृत्यु को देखना क्या है।

क्योंकि हम जिसको 'देखना' बोलते हैं, वह साक्षित्व नहीं है; हम जिसको 'देखना' बोलते हैं, वह तो सहभागिता है, प्रतिभागिता है। तो साक्षित्व क्या है? यह बात हमारे विचारों से, हमारे सिद्धांतों से बहुत आगे की है।

जब हम कहते हैं, ''साक्षी वह है जो सिर्फ़ देखता है, भाग नहीं लेता,'' तो हमारे मन में तत्काल एक छवि उठती है, कि जैसे मैं इस खंभे को सिर्फ़ देख रहा हूँ तो मैं साक्षी हो गया। नहीं। आप जब इस खंभे को देख भी रहे हैं, तो भी आप किसी प्रक्रिया के हिस्से हैं, आप साक्षी नहीं हैं। तो ये मत सोचिएगा कि जैसे आप इस खंभे को देख रहे हैं और अपने-आपको साक्षी कह रहे है गौरव से, वैसे ही आप अपनी मौत को देखेंगे साक्षी हो करके। नहीं, वैसा नहीं होने वाला है। क्योंकि साक्षी जब आप खंभे को देखते हुए नहीं हैं, तो साक्षी आप अपनी मौत को देखते हुए कैसे हो जाएँगे?

साक्षित्व चीज़ ही दूसरी है। वास्तव में साक्षित्व का मतलब है—'देखने' से बेहतर है 'न देखना'।

क्योंकि देखने में तो मैंने कहा—क्या आ जाती है? सहभागिता। आप कुछ कर रहे हैं, आप लिप्त हैं। हमने कभी कुछ देखा नहीं मात्र देखने के लिए; हमने जब भी कुछ देखा

है, उसके साथ हमारा कुछ रिश्ता, कुछ स्वार्थ रहा है। तो साक्षित्व का बेहतर अर्थ है—न देखना। साक्षी वह जो कुछ नहीं देखता।

तो ये तो मज़ेदार बात हो गई! इसका मतलब ये है कि जिसने इन पंचभूतों को जान लिया, वह अब अपनी मौत नहीं देखता। हमने शुरुआत करी थी ये कहने से कि वह अपनी मृत्यु का साक्षी हो जाता है। उसे मृत्यु कभी नहीं आती, वह तो साक्षी हो गया। और अब हम कह रहे हैं कि नहीं, वह अपनी मृत्यु कभी देखता नहीं।

जो मृत्यु देखे, वही तो मरा है। जिसे लगे कि वह मर रहा है, वही तो मरा। साक्षी वह जो अपनी मृत्यु अब कभी देखता ही नहीं। उसे अब मृत्यु से कोई प्रयोजन ही नहीं रह गया। वह नहीं देख रहा मृत्यु को। हमने कहा कि हम वही चीज़ देखते है जिससे हमें कोई मतलब, कोई प्रयोजन होता है। मृत्यु भी हम इसीलिए देख रहे होते हैं क्योंकि हमें जीवन से प्रयोजन होता है। जीने की हसरत है, तभी तो मौत को देख रहे होते है न? ''अरे! मौत आ रही है, मौत आ रही है।'' जिसे जीने की हसरत ही नहीं, वह क्यों देखेगा कि मौत आ रही है, मौत आ रही हैं। आ रही होगी किसी के लिए, हमें मतलब क्या? परेशान क्यों हों उसकी ओर देखकर?

हम कुछ भी नहीं देखते, हमें किसी चीज़ से कोई मतलब ही नहीं; हम सब कुछ देखते हैं। बात समझ में आ रही है?

मृत्यु शरीर के साथ घटने वाली कोई घटना नहीं है। मृत्यु मन की एक बहुत पुरानी बीमारी का नाम है। जो स्वस्थ हो गया, वह मन की सब बीमारियों से मुक्त हो गया—मन ही तो बीमार है न? अब मृत्यु नहीं आती।

सबके चेहरे पूछ रहे हैं, ''कैसे नहीं आती? आती तो है न? मतलब मौत तो होगी।'' और ये प्रश्न कोई मुड़कर अपने-आपसे नहीं पूछ रहा है कि ''हाँ, मौत तो होगी, पर किसकी होगी?'' यहाँ अध्यात्म के क्षेत्र में पहला सवाल ये होना चाहिए—किसके लिए?

मृत्यु हमारा एक विचार है। मृत्यु हमारे लिए लगातार एक डर है। अमर होने का अर्थ होता है कि तुम्हें अब वह विचार नहीं आता, अब तुम्हें वह डर नहीं सताता।

क्या मृत्यु तुमको ठीक मृत्यु के क्षण में परेशान कर सकती है? क्योंकि एक क्षण तो होता ही समय का सबसे छोटा खंड है न? तो मौत के पास जगह ही कितनी है तुम्हें परेशान करने की? जिस क्षण मृत्यु हो रही है, उस क्षण तुम कहाँ परेशान हो पाओगे? जब तक परेशान होगे, तब तक मर जाओगे। तो मौत तुमको कब परेशान करती है? मरते वक्त या जीते वक्त?

श्रोतागण : जीते वक्त।

आचार्य : मौत जागृत मन की चेतना की बीमारी है, उसी का दूसरा नाम डर है। उसका मूल कारण है—अपने अस्तित्व के प्रति झूठा ज्ञान। जो खुद को नहीं जानता, वह बार-बार अपने-आपको प्रकृति से जोड़कर देखेगा। और प्रकृति में सब कुछ बन-बिगड़

रहा है, उठ-गिर रहा है। जहाँ तुमने अपने-आपको प्रकृति से जोड़ा, तहाँ तुम्हें ये भाव आएगा कि मैं भी गया!

कल चाँद पूरा था, आज अधूरा है—मैं भी गया! अभी ज्वार था, अभी भाटा है—मैं भी गया! थोड़े ही देर पहले क्या गोल-गोल रोटी रखी हुई थी सामने, अभी उसका मुँह के अंदर क्या बन गया? थूक मिश्रित लोंदा। मैं तो गया!

क्योंकि प्रकृति में तो यही सब चल रहा है न? क्या सुंदर फूल खिला है सुबह-सुबह। आहाहा! सब जा रहे हैं, देख रहे हैं, फोटो-वोटो भी खींच ली। और शाम को क्या देख रहे हैं?

प्रश्नकर्ता : फूल ज़मीन पर पड़ा हुआ है।

आचार्य : नहीं, सिर्फ़ पड़ा हुआ नहीं है ज़मीन पर, कोई भैंस आकर पाँव भी रख गई उस पर। अरे! भैंस... ? मैं तो गया!

प्रकृति लगातार आपको प्रतिदिन सैकड़ों संदेश यही भेज रही है कि तुम तो गए। अब कोई आश्चर्य है कि हम लगातार डर में जीते हैं? वह डर हमेशा यही नहीं आएगा कि मैं मरने वाला हूँ आज से बीस साल बाद—वह डर उन तमाम चीजों का आएगा जो प्रकृति की हैं उन सब डरों का मूल कारण है—हमारा प्रकृति से तादात्म्य। और प्रकृति में जो कुछ भी है, वह लगातार मिट रहा है। तो हमें भी फिर यही भावना आ रही है लगातार कि मैं तो मिटा, मैं तो गया!

''जो मृत्यु देखे, वही तो मरा है। जिसे लगे कि वह मर रहा है, वही तो मरा। साक्षी वह जो अपनी मृत्यु अब कभी देखता ही नहीं। उसे अब मृत्यु से कोई प्रयोजन ही नहीं रह गया।''

राम का भय ही पार लगाएगा

शास्त्र कौमुदी, बोधस्थल, 2017

"तुम पूर्ण नहीं हो, तो तुम्हारा वैराग्य भी पूर्ण नहीं हो सकता। तुम पूर्ण नहीं हो, तो तुम्हारा बोधपूर्ण नहीं हो सकता। तो हार तुम्हारी पक्की है, अधिक-से-अधिक ये कर लोगे कि थोड़ा लड़-भिड़ के हारोगे। आसानी से हार जाए सो संसारी, ज़रा लड़-भिड़ कर हारे सो संन्यासी। हार तो दोनों की ही पक्की है।'

रामहि डरु करु राम सों ममता प्रीति प्रतीति।
तुलसी निरुपधि राम को भएँ हारे हूँ जीति॥

—संत तुलसीदास

आचार्य प्रशांत : ध्यान देना होगा! कुछ ऐसा है यहाँ पर जो आपको चौंका सकता है।

राम से ही डरूँ, हो राम से ही ममता, प्रीत और राम ही हों सर्वत्र प्रतीत। 'तुलसी निरुपधि राम को, निरुपधि राम, निर्गुण राम को, भय हारे हूँ जीति।'

हार को जीत में बदलने की कीमिया का नाम है राम! कि जैसे गुरु, जो अँधेरे को प्रकाश में बदल देता है। तुलसी कह रहे हैं डर, तुलसी कह रहे हैं ममता, तुलसी कह रहे हैं प्रीति, तुलसी कह रहे हैं प्रतीति।

आप उपनिषदों के पास जाएँगे तो वे कहेंगे ये सब भ्रम है। ममता (ममत्व) भ्रम, भय भ्रम, मोह भ्रम और जो कुछ भासता हो, प्रतीत होता हो वो तो निश्चित ही भ्रम।

फिर तुलसी क्यों कह रहे हैं राम का भय, राम से प्रीत, राम से ममता, राम ही प्रतीति? क्यों कह रहे हैं? गौर करेंगे! साथ रहेंगे तो आगे पता चल जाएगा!

जो राम के साथ है, जिसके लिए राम है, राम उसकी हार को भी जीत में बदल देते हैं। बड़ा मुश्किल है हमारे लिए अगर हमसे सीधे कह दिया जाए 'ममत्व' त्याग दो! बड़ा मुश्किल है हमारे लिए अगर हमसे सीधे कह दिया जाए 'भय' त्याग दो! और अति मुश्किल है अगर हमसे कह दिया जाए कि जो प्रतीत होता है उस सबको भ्रम मात्र जानो! तुलसी ने एक व्यावहारिक उपाय बताया, और क्या है वह व्यावहारिक उपाय? वह कह रहे हैं, 'छोड़ो तुम कि जो दिख रहा है वो झूठ है, कि जो कुछ प्रतीत होता है वह झूठ है, तुमसे हो नहीं पाएगा।' प्रतीत तो तुम्हें होता ही रहेगा, क्योंकि जन्म लेते ही एक अर्थ में तुम हार

गए थे। अगर यह माया की जीत है कि माया के होते संसार तुम्हें भासित होता है तो माया सदा की जीती हुई है; तुम सदा के हारे हुए हो क्योंकि तुम्हारे होने में ही 'ममत्व' शुमार है। तुम्हारी आँख खुलती नहीं है कि जगत तो तुम्हें दिखने लगता है, तुम्हारी एक-एक कोशिका भय जानती है।

तो अगर भय का एहसास, अगर ममता-मोह और अगर इंद्रियगत अनुभव 'हार' हैं, तो तुम हारे ही हुए हो। इस हार को तुम टाल नहीं पाओगे। यह तुम धोखा दोगे अपने-आपको अगर तुम कहोगे, 'नहीं! मैं तो मोह से मुक्त हो गया, मुझे कोई ममता नहीं। मुझे जगत दिखाई नहीं देता, मुझे कुछ पाना नहीं, कोई कामना नहीं, कोई मात्सर्य नहीं।' झूठ! सारी पोल खुल जानी है। अगर कुछ तुम्हें आकर्षित नहीं करता तो इसका अर्थ इतना ही है कि अभी उसका आकर्षण इतना बढ़ा नहीं है कि तुम्हें झुका सके। कुछ और आ जाएगा—ज़्यादा लुभावना, ज़्यादा बली—वो खींच लेगा तुमको। तुम पूर्ण नहीं हो, तो तुम्हारा वैराग्य भी पूर्ण नहीं हो सकता। तुम पूर्ण नहीं हो, तो तुम्हारा बोध पूर्ण नहीं हो सकता। तो हार तुम्हारी पक्की है, अधिक-से-अधिक ये कर लोगे कि थोड़ा लड़-भिड़ कर हारोगे। आसानी से हार जाए सो संसारी, ज़रा लड़-भिड़ कर हारे सो संन्यासी; हार तो दोनों की ही पक्की है। पैदा होने का ही मतलब है हार! कबीर साहब कहते हैं —

हद चले सो मानवा, बेहद चले सो साध।

लेकिन मानव हो या साधु हो, हारे तो दोनों ही हैं, जीता कोई और है। इन दोनों में से किसी को भी विजेता घोषित नहीं करते कबीर साहब। आगे कहते हैं —

हद बेहद दोनों तजै, ताका पता अगाध।

नहीं कह रहे हैं कबीर साहब, कि संसारी हारा हुआ है और साधु जीता हुआ है, वो कह रहे हैं, 'ये दोनों ही हारे हुए हैं।' संसार में आने का मतलब ही है कि तुम्हारी हार पक्की है, तुम हारे हो। या तो हदों में रहोगे या तो कहोगे, 'हदों में नहीं रहना है,' दोनों ही स्थितियों में तुम हो हद के तल पर, दोनों ही स्थितियों में बात तो तुम हदों की ही कर रहे हो। कोई कह रहा है भीतर रहना है, कोई कह रहा है बाहर रहना है।

इस हार को जीत में बदलना कैसे है? इसीलिए शुरू करते हुए ही मैंने कहा कि 'हार को जीत में बदलने की कीमिया हैं—राम।' हार तुम्हारी पक्की है, तुम कुछ कर लो। तुम यह मत सोचना कि तुम्हारा ज्ञान तुम्हारे काम आएगा—तुम्हारा वैराग्य, तुम्हारा त्याग, तुम्हारा प्रेम, स्नेह, बोध, कर्म—कुछ भी तुम्हारे काम आएगा। कुछ काम नहीं आएगा; इतना ही होगा कि तुम जितनी कोशिश करोगे तुम और अहंकारी होते जाओगे, ये सोचते जाओगे कि मैंने बहुत कर लिया है : वैराग्य की दिशा में, बोध की दिशा में, मुक्ति की दिशा में।

तो तुलसी सूत्र क्या दे रहे हैं? तुम मुक्त मत हो! तुम मुक्त मत हो! तुम यह मत कहो कि संसार से मुक्त होना है, तुम यह मत कहो कि जो दिख रहा है वो सब झूठा है। नेति-नेति छोड़ो तुम, तुम्हारे बस की नहीं है, क्योंकि तुम जिसकी नेति-नेति कर रहे हो वो

तुम्हारे ही भीतर बैठा है नेति-नेति के कर्ता के रूप में। जब तुम नेति-नेति कर रहे होते हो तो तुम जिस वस्तु को काट रहे होते हो, वो वस्तु तुम पर हँस रही होती है, क्योंकि बाहर कट कर वो तुममें भीतर प्रवेश कर गई होती है। तुम्हारे भीतर होती है तभी तो तुम्हें दिखाई देती है। तुम काटते भी उसको कहाँ हो? बाहर ही तो काटते हो, भीतर तो वह बैठी हुई है। भीतर न बैठी होती तो बाहर कैसे काटते?

तो तुलसी वो मार्ग कहते ही नहीं हैं। वो भक्त हैं। भक्तों के लिए कुछ भी अस्पृश्य नहीं है। भक्त के लिए कुछ भी भगवान से रिक्त नहीं है। भक्त का सूत्र दूसरा है। भक्त कहता है, 'डर तुझे बहुत लगता है ना? तू "डरों के डर" से डर, तू भय से बड़े भय से डर, तू राम से डर। तू डर ज़रूर क्योंकि डर से तेरी मुक्ति नहीं है, तू डर से हारा ही हुआ है, तू यह मत कह कि मैं निडर बनूँगा, तू कह, मैं डरता हूँ और बहुत डरता हूँ और मैं राम से डरता हूँ। जैसे ही तू कहेगा मैं राम से डरता हूँ, सारे डर दूर हो जाएँगे।'

मैं आपसे पहले सत्र में कह रहा था कि काल को हराना हो तो महाकाल के करीब चले जाएँ। महाकाल काल को खा जाएगा। ये बिलकुल वही बात है—भय को हराना हो तो महाभय के करीब चले जाएँ। महाभय भय को खा जाएगा।

संसार भय है! संसार भय है क्योंकि वो आपसे कुछ छीन लेता है। लेकिन संसार जब छीनता है तो साथ में उम्मीद भी रखता है कि कुछ दे देगा। थोड़ा-थोड़ा छीनता है, छोटा-छोटा छीनता है। संसार ने आज तक जो भी आप से छीना वो थोड़ा-थोड़ा है, छोटा-छोटा है, हिस्सा है, आंशिक है।

राम महाभय हैं और महाकाल हैं, वो आपसे सब कुछ छीन लेंगे, यहाँ तक कि आपका भय भी छीन लेंगे। तो डरना है तो उससे डरो ना! बाकी सब से तो 'कुछ' आपका छिनेगा। राम तो आकर आपसे आपको ही छीन लेंगे, आप कहेंगे, 'मैं कहाँ गया?' अब ये इतना बड़ा छलिया है, यह सब हर ले जाने वाला है, इससे तो डरना ही चाहिए। बड़ा डरावना है, खौफ़नाक है, सब हर ले जाने वाला।

संसार आपसे क्या छीन लेगा? संसार आपसे आपकी ज़मीन-जायदाद छीन ले गया, रोने के लिए आप तो बचे। जब सारी छिन गई ज़मीन-जायदाद तो बैठ कर रो कौन रहा था? कौन रो रहा था? तो आप तो बचे। तो पूरे तो नहीं छिने थे, पूरे छिने होते तो रोने वाला भी कोई न बचता। राम तो ऐसा छीनेंगे कि रोने वाला भी न बचेगा। पूर्ण मृत्यु हो जानी है, कुछ शेष नहीं रहेगा। पीछे मुड़ कर देखेंगे तो घुप्प अंधकार, खालीपन। आप कहेंगे कि 'मैं आया कहाँ से? मेरे पीछे कोई लकीर दिखाई नहीं देती, कोई इतिहास समझ में नहीं आता। अतीत की पैदाइश तो मैं नहीं हूँ। मैं आया कहाँ से? राम ने अतीत ही मिटा दिया पूरा, कुछ छोड़ा ही नहीं मुझे, ऐसा खाली किया कि कोई अवशेष नहीं।'

राम महाकाल हैं! तुलसी में, ज्ञानी में और मूर्ख में अंतर यही है—डरते तीनों हैं। एक डरता है उससे जो इस लायक ही नहीं है कि उससे डरा जाए; और ज्ञानी डरता है उससे

जिससे डरना ही चाहिए, जिससे डरे बिना गुज़ारा नहीं और जिससे डर के तर ही जाओगे। मूर्ख होते हैं वो जो भय से मुक्ति माँगते हैं। तुम भय से मुक्ति मत माँगो, तुम और भय माँगो; तुम महाभय माँगो। मिल गया तुम्हें महाभय, तो कायरों की तरह जिस छोटे भय से इधर-उधर डरते-छुपते फिरते हो, वो कायरता जाती रहेगी।

हर भय एक विचार है। हर भय क्या है? एक विचार है। तुम कहते हो तुम किसी चीज़ से डरते हो। वह चीज़ तुम्हारे सामने हो और उसे देखकर तुम्हें कुछ न हो तो क्या तुम्हें चीज़ ने डराया? डर तुम कब कहते हो कि लगा? तब ना, जब डर का अनुभव हुआ, और डर का अनुभव तुम्हारे भीतर है। तो डर क्या है फिर? एक अनुभव है। वो अनुभव उस वस्तु से नहीं है जिस वस्तु पर तुम दोष लगाते हो, वो अनुभव तुम्हारे भीतर की कोई बात है। डर तुम्हारे भीतर है, विचार तुम्हारे भीतर है। 'राम का नाम' वो औषधि है जो तुम्हें समस्त विचारों से खाली कर देती है, वो चीज़ इतनी मीठी है और इतनी आख़िरी कि उसके बाद तुम्हें कुछ और सोचने की ज़रूरत नहीं पड़ती। तो तुम सोच रहे थे डर! डर! काल! काल! मृत्यु! मृत्यु! और तभी आ गया राम-नाम।

तुम जब भी सोचते हो, तुम डर के ही तो सोचते हो। डर ही तो विचारों की प्रेरणा है, डर ही तो विचारों का केंद्र है। विचार किसी भी दिशा में हो सकता है, विचार किसी भी वस्तु का हो सकता है। पर ईमानदारी से बताइए, डरे न हों तो इतना विचार करेंगे जितना करते हैं? और जब डर लगता है तो विचारों की गाड़ी कैसे धक-धका कर भागती है? और जब मौज में होते हैं तो विचारों की कहाँ ज़रूरत बचती है? तो तुम डरे बैठे थे और भीतर विचारों की चक्की चल रही थी, चल रही थी, और फिर आ गया राम-नाम। राम-नाम वो, तुम जिसका विचार ही नहीं कर सकते; जो समस्त विचारों का अंत है, घोल देता है सबको, आखिरी बात है, विचार गया। विचार गया, तो डर गया, काल गया, इसीलिए राम का नाम महाकाल है। काल विचार है और राम का नाम समस्त विचारों की विलुप्ति है।

अब ये ज़रा उल्टी बुद्धि है। जो साधारण मन होता है वो भय से और मृत्यु से बचने के लिए जीवन की ओर भागता है; और जो गहरा मन होता है, समझदार मन होता है, वो मृत्यु से बचने के लिए सीधे महामृत्यु की ओर चला जाता है।

मैं कबीरा ऐसा मरा, दूजा मरण ना होय।

वो ये नहीं कह रहे हैं कि मैं ऐसा जिया कि अब मरूँगा नहीं। वो क्या कह रहे हैं? वो कह रहे हैं 'मैं ऐसा मरा, ऐसा पूरा मरा कि अब नहीं मरूँगा।' काल से बचना हो तो महाकाल। मरने से बचना हो तो पूरा मर जाओ। यही युक्ति तुलसी भी सुझा रहे हैं—राम का भय रखो!

भय-मुक्त होने की अपनी कोशिश में कहीं राम के प्रति भय-मुक्त मत हो जाना। क्योंकि पहली बात, वो झूठ होगा, दूसरी बात, वो बड़ा खतरनाक झूठ होगा। क्योंकि राम यदि तुम्हारे पास नहीं हैं तो भयमुक्त तो तुम हो ही नहीं सकते, और दूसरी बात, तुम अपने-

आपको यदि यह झूठ समझा रहे हो कि 'मैं तो भयमुक्त हो गया हूँ,' तो अब तुम्हें ज़िन्दगी बहुत बड़े झटके देगी। तुम जानोगे भी नहीं कि तुम्हारे भीतर डर, झूठ, कामनाएँ, रिक्तताएँ कितनी गहरी बैठी हुई हैं, तुम तो इसी स्वांग में जियोगे कि मुझे तो अब डर लगता ही नहीं, मुझे राम का भी कोई डर नहीं। राम कहेंगे, 'मेरा डर तो बहुत आगे की बात है, तू ज़रा सड़क पार कर, मैं अभी एक ट्रक भेजे देता हूँ, देखता हूँ कि इससे डर लगता है कि नहीं? मेरा डर तो बहुत दूर की बात है, मेरे हनुमान का डर भी बहुत आगे की बात है तुझसे, मैं एक छोटा-सा बंदर भेज देता हूँ दाँत किटकिटाता हुआ, अभी आकर तेरी छाती पर सवार हो जाए, फिर देखता हूँ डर लगता है कि नहीं?'

और तुम ढोल पीट रहे थे कि हम बड़े ज्ञानी हैं, फ्रीडम फ्रॉम फ़ियर (डर से मुक्ति), हमने बड़े-बड़े सुधीजनों को पढ़ा है, उन्होंने हमें बताया है कि डरना मत, किसी से भी मत डरना। और तभी वो हनुमान का दूत आएगा और दाँत दिखाएगा, चढ़ जाएगा छाती पर और पूछेगा तुमसे 'कहाँ गया तुम्हारा निडर होना? वो निर्भयता सारी कहाँ गई? तुम ही थे ना अभी जो शाम को बड़ी तकरीर देकर आए थे कि भय समस्त दु:खों का मूल है।'

अब रात में अचानक बत्ती गुल हो गई और पेट में दबाव बढ़ता है और टटोल रहे हो इधर-उधर कि कहीं से कुछ रोशनी मिल जाए, कोई टॉर्च, मोमबत्ती मिल जाए। और जब टटोल रहे हो तो पीछे से कोई स्पर्श कर दे पीठ पर और पूछे 'कहो क्या ढूँढते हो?' और तुमने इतना बड़ा पोथा लिखा है कि डरना नहीं चाहिए, और डर यहाँ से आता है, डर वहाँ से जाता है, और डर से तत्काल मुक्ति संभव है। और बस एक ठंडा हाथ चाहिए; जितना ठंडा हाथ, उतनी ही बड़ी-सी आवाज़। 'दोस्त, क्या चाहिए?' इसके बाद पूरे सबूत के साथ पकड़े जाओगे कि डरे थे।

पार्थिव सबूत, भौतिक सबूत—मानसिक भी नहीं कि इनकार कर दो डर आया ही नहीं—छुआ जा सकता है, चित्र लिया जा सकता है, धोया जा सकता है।

तुलसी इस तरह के पाखंड से बचने के लिए कह रहे हैं। वो कह रहे हैं, 'हटाओ ये सब बातें कि निर्भय हूँ और ये हूँ और वो हूँ। डरे तो हो ही। तुम डरने के लिए सुपात्र चुनो! तुम डर का सम्यक् विषय चुनो।' राम से डरने का अर्थ क्या हुआ? राम से डरने का अर्थ हुआ कि मैं अपने-आपको जो भी जानता हूँ, समझता हूँ, वो राम के समक्ष बहुत छोटा है, उसे राम में अंततः समा जाना है। वो जब तक है, तब तक डरा हुआ ही रहेगा। उसके लिए तो डर से मुक्ति पाने का एक ही तरीका है कि वो डरता रहे राम से। ये बात थोड़ी उल्टी लगेगी, पर गौर करो। डर से बचना हो तो डरते रहो, राम से।

इसीलिए बहुत सारे पुराने धर्म तुमसे कह गए हैं कि वो मात्र करुणावान ही नहीं होता, उसका तांडव, उसका प्रकोप, उसकी लाठी, उसका खौफ़, ये भी बड़े हैं। 'गॉड-फ़ीयरिंग' जो शब्द है अब उसका बड़ा दुरुपयोग हो गया है। पर अगर उसके मूल में जाओगे, तो समझोगे कि भावना क्या थी? शब्द अच्छा है, तब तक अच्छा है जब तक गॉड को तुम कोई धारणा, कोई मूर्ति, कोई विषय, कोई छवि न बना लो।

इसी तरह से तुलसी आगे कहते हैं कि और अभी तुम्हारी जितनी हारे हैं, जीत में तब्दील हो जाएँगी। 'ममत्व' हार है। 'विपर्यय' हार है। 'मोह' हार है। बिलकुल हारे हुए हो तुम; हारना तुम्हारी प्रकृति है। यही हार झट-से जीत में बदल जाएगी अगर मोह हो जाए तुम्हें राम से, अगर नाता हो जाए तुम्हें राम से। जो तुम्हें दिखता है वो तो तुम्हें दिखता ही रहेगा, झूठ मत बोलना कि नहीं दिखता। लेकिन जो दिखता है, वही तुम्हारी जीत बन जाएगा अगर जो कुछ तुम्हें दिख रहा है वो तुम्हें राम दिखे।

एक तो सज्जन वो होंगे, जो कहेंगे, 'हमें तो अब कुछ दिखता ही नहीं।' तो बोल किससे रहे हो? यह तो हो गया आडंबर 'कि नहीं, हमें तो जग की व्यर्थता समझ में आ गई है, दृष्टि का मिथ्या होना दिखा है, तो हमें अब कुछ दिखाई नहीं देता।' दूसरा यह है—दिखाई देता है, लेकिन जो दिखाई देता है उसमें राम दिखाई देते हैं। हम इतना राममय हैं कि जो दिखता है उसमें राम दिखते हैं। अर्थ क्या हुआ? इसका अर्थ यह हुआ कि मैं इतना डूबा हुआ हूँ राम में कि चारों तरफ़ जो दिखता है वह राम के रंग में डूब जाता है।

समझिएगा! उदाहरण देता हूँ। आपकी एक छोटी-सी बच्ची है और वह आपके दिमाग पर राज करती है, आपके मन की देवी है वो। अब आप चल रहे हैं और आपको एक छोटा-सा फूल दिखाई देगा। तुरंत आपको क्या विचार आएगा? यह फूल तोड़ कर बच्ची को दे दें। तो आपको फूल नहीं दिखा, आपको क्या दिखाई दिया? आपको आपकी बच्ची ही दिखाई दी। आप ज़रा आगे बढ़े, आपको कुछ दिखाई देगा जो गेहुँआ है, सफ़ेद है या साँवला है। रंग दिखाई दिया है आपको, लेकिन वो रंग आपको तुरंत क्या याद दिला देगा? आपके मन में वह रंग नहीं उतरेगा; आपके मन में उस रंग के माध्यम से आपकी बच्ची की छवि उतर जाएगी। आपको गेहुँआ रंग दिखाई दिया, आपको अपनी बच्ची का चेहरा याद आ जाएगा। रंग तो नहीं दिखाई दिया ना?

तुलसी कह रहे हैं, 'ऐसे ही तुम्हें जो कुछ भी दिखाई दे, वह न दिखाई दे, 'राम' दिखाई दें, क्योंकि राम तुम्हारे मन के राजा रहें।'

आप जानते हैं, आपके मन में जो कुछ चल रहा होता है, संसार में आपको वही-वही दिखाई देता है! आपके मन में वासना चल रही हो, आपको पुरुष चाहिए हो, आप जिधर देखेंगे उधर आपको मात्र पुरुष ही दिखाई देंगे। आपको स्त्री चाहिए हो, आपकी आँखों को और कुछ दिखाई ही नहीं देगा, स्त्रियाँ, उनकी भाव-भंगिमाएँ, उनके रूप-रंग, उनके अंग-प्रत्यंग। जो मन में होता है वही-वही बाहर दिखाई देता है।

आपने देखा है, आप कभी बाज़ार जाते हैं कुछ खरीदने के लिए, आपकी दृष्टि बार-बार कहाँ जाकर रुकती है? कहाँ जाकर रुकती है? वहीं जो आपको चाहिए। ठीक वहीं पर जाकर आपकी दृष्टि रुकती है जो आपको चाहिए। बाकी जगहों पर नज़र रुकती ही नहीं, दिखाई देता ही नहीं। राम यदि मन में हों तो बाहर भी मात्र दिखाई क्या देंगे? राम! तुलसी यही सूत्र दे रहे हैं, वो कह रहे हैं—'जगत को नश्वर, मिथ्या मत बोलो, तुम इतने राममय हो जाओ कि जहाँ देखो वहाँ राम दिखाई दें।

तुम्हें कपड़ा दिखाई दे, तुम कहो, 'बढ़िया है! मेरे घर में मानस की एक प्रति पड़ी हुई है, मैं इस कपड़े से उस प्रति की जिल्द बनाऊँगा।' तुम्हें कहीं जाता हुआ कोई वाहन दिखाई दे, 'ठीक! ये वाहन कहीं जा रहा है, एक दिन मैं भी कहीं चला जाऊँगा।' तुम्हें एक जोड़ा आता दिखाई दे, तुम कहो, 'जोड़ा तो तभी जोड़ा है जब राम-सीता का हो।' जो कुछ भी तुम्हें दिखाई दे, वो तुम्हें किसी-न-किसी तरीके से सुध किसकी दिला दे? राम की!

वह तभी होगा जब तुम्हारे मन में राम की सुध पहले से बसती हो। जब पहले वो भीतर बसती होगी तब बाहर जो देखोगे उसमें राम ही दिखाई देंगे।

तब कोई भी पशु दिखेगा तो तुम कहोगे, 'राम की सेना में गिलहरी भी थी और भालू भी थे।' अब एक साधारण चूहा, गिलहरी, खरगोश, वो कुछ भी हो सकता है और किसकी याद दिला गया? राम की याद दिला गया। और पूरा समुद्र है राम-कथा, उसमें इतने पात्र हैं, इतनी घटनाएँ हैं, इतने अवसर हैं याद करने के कि सब याद हो जाना है। वहाँ हिरण है, वहाँ जंगल है, वहाँ शहर है। तुम बोर्डिंग पास लेकर बैठे हो बोइंग 737 में, तुम्हें याद आ जाए पुष्पक विमान! क्या बुराई है? वहाँ इतना कुछ है कि तुम्हें जो भी दिखाई दे रहा है उसका सीधा संबंध उससे बैठ जाएगा। नदी देखो कोई, तुम्हें सरयू याद आ जाए। भाइयों को देखो तो तुम्हें कभी भरत, कभी लक्ष्मण याद आ जाएँ, बच्चे दिखें तो लव-कुश। भाइयों में प्रेम तो राम-भरत मिलाप। भाइयों में कलह तो विभीषण और रावण। जो देख रहे हो उससे याद रामकथा की ही बँध रही है। कोई पत्नी को समर्पित है तो राम, कोई पत्नी की नहीं सुनता तो रावण।

संसार में तुम जो भी कुछ पाते हो, वो पूरा-का-पूरा राम कथा में तो मौजूद है ही ना? तभी तो *रामायण* इतना सशक्त और प्रचलित वक्तव्य है। इसीलिए तो हमारे मन से वह उतरता नहीं। इसीलिए तो रामकथा कभी बासी नहीं होती। क्योंकि तुम्हारे जीवन में जो भी कुछ हो सकता है, वह उसमें मौजूद है; *रामायण* हो, *महाभारत* हो कोई भी महाकाव्य हो। एक एपिक की खूबसूरती ही इसमें होती है कि वो तुम्हारे जीवन का जस-का-तस प्रतिनिधित्व कर देता है। तुम जो हो, उसमें अपना प्रतिबिंब देख लेते हो, इसीलिए फिर वो समयातीत हो जाता है। समय बीतता जाता है, हर घर में कौरव और पांडव आज भी पाए जाते हैं। *महाभारत* कभी पुरानी नहीं होगी। *रामायण* कभी पुरानी नहीं होगी। क्योंकि वह कभी पुराने नहीं होंगे, इसलिए तुम्हारे पास प्रचुर मौका है उनमें अपने जीवन को निरंतर देखने का। यही है राम की निरंतर सुध बनाए रखना। जो कुछ घट रहा है तुम्हारे जीवन में, देखो कि वो जुड़ा हुआ है राम से ही।

इसीलिए इतने दृष्टांत मिलते हैं। तुलसीदास की अगर मानें तो उन्हें बार-बार राम-लक्ष्मण मिल जाते थे। कभी इधर, कभी उधर, कभी इस बहाने, कभी उस बहाने। अब कैसे मिल जाते थे? कैसे उन्हें कहीं भी दिखाई दे जाते थे राम-लक्ष्मण? चित्रकूट में बैठे हैं, हरे वस्त्रों में दो सुंदर युवक आ रहे हैं। एक गोरा, एक साँवला। मिल गए राम-लखन, उस मौके पर तुलसी नहीं पहचान पाए; कथा यही कहती है, पर फिर भी मिल गए। कैसे मिल

गए? ऐसे ही मिल गए, भीतर बैठे थे तो बाहर भी दिखाई दे गए। तुम्हारे भीतर भी राम बैठे हों, तो जगत तुम्हारे लिए राममय हो जाएगा।

अद्‌भुत नहीं है तुलसी की कहानी? स्नानादि करने के लिए, स्वच्छ होने के लिए जो जल लेकर जाते थे प्रात: में, उसमें से जो शेष बच जाता था उसको लाकर के एक पेड़ की जड़ में डाल देते थे। यह पानी है, बच गया है, इससे यह पेड़ सींचे देते हैं। उस पेड़ पर एक प्रेत बसता था, अब कहानी देखिए, तो वो सींचे पानी, वो उस प्रेत को मिल जाए, प्रेत बड़ा खुश। तो प्रेत एक दिन पकड़ लेता है तुलसी को, कहता है, 'विरह में हो, क्या चाहिए?' अब पत्नी तो बहुत पहले ही छोड़ आए थे। तो बोलते हैं, 'राम'। प्रेत बोलता है, 'मैं ठहरा प्रेत, राम मेरे बस की नहीं, हनुमान का पता बता सकता हूँ।' अब प्रेत हनुमान का पता बता रहा है; और ये घटनाएँ घट रही हैं, तुलसी मज़ाक में नहीं बता रहे हैं। उनकी मानें तो ये सचमुच हुआ और हम और आप कोई होते नहीं हैं यह कहने वाले कि यह नहीं हुआ। अगर ये नहीं हुआ तो *रामचरित मानस* भी नहीं हुई। *मानस* का होना यह प्रमाण है कि यह हुआ; कैसे हुआ, वो एक अलग तल की बात है। हो सकता है वैसे न हुआ हो, जैसे दो आम आदमियों की मुलाकात होती है। कोई ज़रूरी नहीं है कि प्रेत सामने ही खड़ा हो तो ही प्रेत है, प्रेत कहीं भी हो सकता है। अन्तरलोक में भी तो हो सकता है, मनोलोक में भी तो हो सकता है, तो भी है प्रेत! प्रेत बोलता है, 'चलो हनुमान से मिलवाते हैं।' अब हनुमान से कैसे मिलवाएँ? कहें कि आप जब राम कथा बाँचते हैं तब एक कोढ़ी आता है बूढ़ा, सबसे पहले आता है, सबसे बाद में जाता है, वही है हनुमान। और घूम रहे हैं हनुमान कोढ़ी बन कर, उन्हें रामकथा सुननी है, और यह हो रहा है पर सिर्फ़ तुलसी के साथ हो रहा। और भी लोग रहे होंगे चित्रकूट में, उनके साथ नहीं हो रहा है। उनके साथ क्यों नहीं हो रहा है? मन में राम नहीं हैं तो उनके लिए कौन-से हनुमान?

तो अब ये राम कथा करते हुए देखते हैं, वो बैठा हुआ है पीछे।

अंत में वह चल देता है तो उसको पछियाते हैं, वह जंगल पहुँच जाता है, उसको पकड़ लेते हैं, बोलते हैं, 'महाराज! पहचान लिया आपको!' वह कहता है, 'अरे! छोड़ो मुझे! कहाँ तुम फँसा रहे हो?' ये छोड़ते नहीं हैं तो फिर हनुमान अपना रूप दिखाते हैं। बोलते हैं, 'माँगो!' वह बोलते हैं, 'राम'! कहते हैं, 'आएँगे, पहचान भर लेना।' गौर करिएगा वाक्य पर, 'आएँगे, पहचान भर लेना।' और तुलसी चूकते हैं, वो घटना घटती है कि आए और तुलसी कह रहे हैं, 'वाह! क्या सुंदर नवयुवक हैं, बढ़िया!' वह घोड़े पर निकल गए। इधर से हनुमान कह रहे, 'बुद्धू बन गया।' फिर जाकर दोबारा बताते हैं, 'फिर आएँगे!'

अब ये क्या हो रहा है? आपको वाकई लग रहा है राम-लक्ष्मण घोड़े पर बैठकर घूम रहे थे चित्रकूट में? ये हो रहा था क्या? वास्तविकता की, रियलिटी की परिभाषा बदलिए। सिर्फ़ वही नहीं हो रहा होता है जिसको आप छू सकें, जिसका आप चित्र उतार सकें, जो तथ्यों के अंतर्गत आता हो; 'होना' कुछ और भी होता है। और आपकी ज़िन्दगी बड़ी रूखी है, बड़ी दरिद्र है अगर आपकी ज़िन्दगी में सिर्फ़ वो होता है जो बस होता है, जो भौतिक

है, जो पार्थिव है।

बड़ी अधन्य ज़िन्दगी है आपकी, अगर आपकी ज़िन्दगी में कुछ ऐसा नहीं होता है जो होता नहीं है फिर भी होता है। चलते-फिरते अगर आपको 'राम' नहीं मिल जाते, तो आप चल ही क्यों रहे हैं? जहाँ हैं वहीं लुढ़क जाइए। चलना तो तब सार्थक है ना, कि चले और चौराहे पर 'राम' मिल गए, और आकर वास्तव में बता रहे हैं लोगों को, बिना किसी अतिशयोक्ति के, 'वो राम मिले थे रास्ते में।' और माहौल ऐसा है, समाज ऐसा है, संगत ऐसी है, कि जिसको बता रहे हैं वह कह रहा है, 'हाँ! हाँ! मिले होंगे। अक्सर मिल ही जाते हैं।'

अगर ऐसा जीवन नहीं है आपका, ऐसा घर नहीं है आपका, ऐसी संगति नहीं है आपकी तो आप नाहक जी रहे हैं। जीवन में कुछ है कि नहीं यह जाँचना हो तो अपने-आप से बस यही पूछिए, 'चलते-फिरते अक्सर 'राम' मिल जाते हैं कि नहीं?' नहीं मिल जाते, तो जैसा कह रहा था, चलना-फिरना ही बंद करिए।

हम इन बातों को अंधविश्वास कह देते हैं, हम इन बातों को कपोल-कल्पना कह देते हैं, हम कहते हैं, 'उन्होंने भाँग खा रखी थी।' हाँ, उन्होंने भाँग खा रखी थी, तभी उसी भाँग से इन महाशास्त्रों का जन्म हो गया है; और तुमने भाँग नहीं खा रखी है, तभी तुमने आज दुनिया की ये हालत कर दी है, तुम बड़े होशमंद हो।

ममत्व तो है ही, मोह तो है ही। क्यों कहते रहते हो कि ये गुड्डा मेरा है, ये खिलौना मेरा है? सीधे बोलो ना कि राम मेरा है। ये जो तुम्हारा 'मेरा' है ना, इसको शांति वहीं मिलनी है और कहीं भी नहीं। मोह को त्यागो मत, राम से मोह जोड़ लो। त्यागना तुम्हारे बूते का नहीं। नौवीं या बारहवीं बार बोल रहा हूँ। सब कुछ त्याग दोगे, त्यागने वाले को कहाँ से त्यागोगे? सब त्यागा! अब त्यागी को कौन त्यागे? त्यागी तो वैसे भी महिमावान, क्योंकि त्यागी है भाई! उसको कैसे त्यागोगे? त्यागने से अच्छा है, जब पाने से निजात नहीं है, तो पा ही लो! पूरा पा लो! किसको पा लो? राम को ही पा लो। दिल लगा लो। किससे? राम से। दिल उचटता तो वैसे भी नहीं है तुम्हारा, कहीं-न-कहीं जाकर बैठ जाता है। कभी इधर, कभी उधर, कूड़ा-कर्कट, ढबरा-ढिबरी, कहीं भी जाकर बैठा है। इससे अच्छा उसे राम में जाकर बैठा दो। यह भक्त का रास्ता है।

आओ भगवान, हाथ हमारे नन्हे-नन्हे हैं पर हम इन्हीं से तुम्हें पूरा पाना चाहते हैं। छोटे बच्चे देखे हैं? सामने पिता खड़ा हो छह फ़ुट का, और ये इतने छोटे हैं कि उसके घुटने तक भी नहीं आते, और उसको पूरा कस कर खड़े हो जाते हैं। अपना जान उन्होंने बाँध लिया, और मज़ेदार बात ये है कि पिता बँध भी जाता है। कोई पिता तुमने नहीं देखा होगा जिसको उसके नौनिहाल ने बाँध रखा हो और वो झटक कर चल दे पाँव; कम-से-कम राम तो ऐसे पिता नहीं। तुम्हारे हाथ ज़रा से हैं, अपनी इन्हीं नन्ही हथेलियों से बाँध लो, तुम्हारे मोह में बँध जाएँगे। इसीलिए इतनी कथाएँ हैं, जो कहती हैं कि भक्त के सामने भगवान भी विवश होकर चले आते हैं।

वैज्ञानिक मन हो, तार्किक मन हो तो बातें फिर मूर्खतापूर्ण लगती हैं। मूर्खतापूर्ण नहीं हैं; और हैं भी मूर्खतापूर्ण तो ऐसी मूर्खता राम सबको बख़्शे। तुम इसी मूर्खता के अभाव में पगलाए जा रहे हो। अपनी शक्ल देखो! तुम्हारी बुद्धि तुम्हारे किस काम आई है? अपनी ज़िन्दगी देखो! अपनी हालत देखो! और दूसरों को कहते हो कि मूर्ख हैं क्योंकि मीठी कथाओं में यकीन करते हैं।

उनके लिए वो कथाएँ नहीं हैं, वो 'मिठास' जीवन है उनका। वो राम के मोह में जीते हैं, तुम कहते हो, 'सपने में जी रहे हैं।' तुम काम के मोह में जीते हो, अपने-आपको होशियार बताते हो। ये बात तो बहुत जँचने वाली है? उनके मन के आकाश में राम उदित होते हैं, तुम कहते हो, 'झूठ है, सपना है,' और अपने सपनों को तुम महिमामंडित किए जाते हो। तुम कहते हो, 'मेरे सपने हैं, टूटने नहीं चाहिए।' अगर उनके राम सपना भी हैं, तो तुम्हारे सपनों से भला सपना है। सपने तो लेते ही हो, वो सपना ले लो जो तुम्हें जगा देगा।

बिना उद्देश्य के जीवन में जी नहीं पाओगे, निरुद्देश्य जीना किताबी बात है। जीवन जीने का एक सादा, सीधा, सरल तरीका तुमसे कहे देता हूँ, तुलसी का माहौल है, एक ऊँचे-से-ऊँचा, मीठे-से-मीठा, प्यारे-से-प्यारा उद्देश्य पकड़ो और अपना पूरा जीवन उसको समर्पित कर दो; इसके अलावा जीने का कोई तरीका नहीं। और उस महत उद्देश्य का ही तुलसी की दुनिया में नाम है—राम। तुम्हें राम नाम नहीं देना, तुम कोई और नाम दे दो। पर जीने का इसके अलावा कोई तरीका नहीं।

ये छोड़ो कि मैं सब कुछ त्याग दूँगा, निरुद्देश्य हो जाऊँगा, खाली हो जाऊँगा, इत्यादि। तुम तो पकड़ो! तुम एक महत उद्देश्य पकड़ो और जीवन उसको दे दो। यही भक्ति है,यही कर्मयोग है। इसी में जीवन का रस है, सार्थकता है। तुम्हारे पास अगर वो महत उद्देश्य नहीं है तो बड़ा गरीब है तुम्हारा जीवन। अपने-आपसे पूछो, 'किसके लिए जी रहा हूँ?' जिसके लिए जी रहे हो अगर वो अनंत नहीं है तो तुम्हारा अंत हो चुका। तुम लगातार अंतों की कड़ियाँ जी रहे हो। इस कड़ी अंत हुआ, फिर अगली कड़ी अंत हुआ, फिर अगली कड़ी अंत हुआ, मौत-दर-मौत जी रहे हो। ये जीना भी कोई जीना है?

राम से नीचे का कोई उद्देश्य रखना मत! ये हुआ हार को जीत में बदलना। जब तुम पैदा हुए तो माया ने तुम्हें सज़ा दी थी। कैसे? माया ने कहा था, 'अब तू जीवन भर किसी उद्देश्य का पीछा करेगा, यही तेरी सज़ा है, यही तेरी हार है।'

तुमने हार को जीत में तब्दील कर दिया। कैसे?

तुमने कहा, 'ठीक! तूने मुझे श्राप दिया है, मैं जीवन भर किसी उद्देश्य का पीछा करूँगा। तो अब उद्देश्य तो मुझे चाहिए ही, तो मैंने राम को उद्देश्य बना लिया।' ये हार बदल गई जीत में; वही तुलसी कह रहे हैं, क्या?

तुलसी निरुपधि राम को, भएँ हारहूँ जीत।

हारे हुए की जीत हो गई, जो राम के साथ हो गया। उद्देश्य बनाना हार थी, पर 'राम'

को उद्देश्य बनाना जीत हो गई। अब माया कह रही है, 'ये बेईमानी है।' माया ने तो यही सोचा था कि तुम उद्देश्य बनाओगे कोई हल्का-फुल्का, 'पाँच मंज़िला मकान हो जाए, दस देशों में व्यापार हो जाए, पंद्रह देश बीवी को दिखा आऊँ,' इत्यादि। माया ने तुम्हारा वज़न इतना ही नापा था, उसके अनुसार इससे ज़्यादा तुम्हारी काबिलियत नहीं थी। कहा, 'ये उद्देश्य बनाएगा और कोई हल्का-फुल्का उद्देश्य बनाएगा, कि सौ करोड़ इकट्ठा हो जाएँ, तर गए!' तुमने माया को मात दे दी, तुमने माया के पार का उद्देश्य बना लिया।

राम दूरी माया बढ़ती, घटति जानि मन माँह।
भूरि होति रबि दूरि लखि सिर पर पगतर छाँह॥

—संत तुलसीदास

इसे कहते हैं पूरे जगत में राम को देखना। सूरज रोज़ उगता है, आप रोज़ धूप खाते हो, छाया भी रोज़ बनती है, कि नहीं? आपको यह बात कभी लगी, जो तुलसी कह रहे हैं यहाँ पर? आपको कभी समझ में आया कि सूरज, राम है और छाया, माया है। पर उनके मन में राम छपते हैं, तो उनके साथ दिन-भर जो भी घटना घट रही है, उसमें उन्हें राम की ही छाप दिखाई दे जाती है। वो कहते हैं, 'ये सूरज नहीं है, राम हैं, और यह ये छाया नहीं है, ये माया है।' अगर मैंने सूरज को कोई भी दर्जा दिया, सर्वोच्च के अतिरिक्त, तो माया प्रकट हो जाएगी। मैं सूरज को बाएँ रखूँ, तो माया प्रकट हो जाएगी कहाँ? दाएँ। मैं सूरज को आगे रखूँ तो माया प्रकट हो जाएगी कहाँ? पीछे। मैं सूरज को पीछे रखूँ तो माया प्रकट हो जाएगी कहाँ? आगे। और मैं सूरज को रखूँ ही नहीं, अंधेरा कर दूँ, रात कर दूँ। तो माया प्रकट हो जाएगी कहाँ? चहुँ दिश।

एक ही तरीका है माया को अप्रकट कर देने का, गायब कर देने का, जूतों के नीचे रख देने का, क्या? सूरज को वहाँ रखो जहाँ उसे होना ही चाहिए। कहाँ होना चाहिए उसे? ऊपर।

और नहीं कोई जगह, नहीं कोई जगह। और यही एक छोटा-सा सूत्र है जो मानवता हमेशा भुलाए रहती है, जो साधक हमेशा भुलाए रहता है। पहली गलती तो हम ये करते हैं कि हमारे लिए रात हो जाती है। पहली गलती तो हम ये करते हैं कि सत्य को द्वैत का हिस्सा बना देते हैं। सूरज भी हमारे लिए बस आधे दिन आता है। बात समझ रहे हो, सूरज आधे दिन आता है, इसका आशय क्या है? सूरज हमारे लिए आता ही तब है जब हम अँधेरे और रात से गुज़र चुके होते हैं; जब दु:ख खूब भुगत चुके होते हैं सिर्फ़ तब हम जाते हैं अध्यात्म की शरण में। रात से गुज़ारो, तब हमें कीमत पता चलती है रोशनी की। तो यह तो हुई पहली भूल, कि हमारे लिए दिन है ही तब, जब साथ में रात हो, और दूसरी भूल ये हुई कि जब हमारे लिए दिन है भी, मान लीजिए बारह घंटे का, तो उन बारह घंटों में से बस एक,दो, चार क्षण आते हैं जब हम सूरज को वो स्थान दे पाते हैं जिसका वो अधिकारी है।

राम अक्सर तो हमारे लिए होते ही नहीं, और जब होते भी हैं तो हम उनका अपमान कर देते हैं, उनकी अवहेलना कर देते हैं। हम कहते हैं कि अरे तू दाएँ रह, अरे तू बाएँ रह,

अरे तू शिखर से थोड़ा हट कर रह। चौबीस घंटे में दो क्षण के लिए होता है कि सूरज हमारे सर के ठीक ऊपर होता है। फिर बस इतनी ही सांत्वना आज तक मानव को मिलती रही कि चौबीस घंटे में से दो पल, और फिर बाकी सारे पल फिर काहे के होते हैं? क्लेश के, दुःख के, पीड़ा के।

बताने वाला या तो आपको मिलेगा ही नहीं क्योंकि आप उससे बहुत दूर हो, आपके लिए रात है अभी, और जब बताने वाला मिल भी जाएगा तो आप उसका अपमान करोगे, आप उसकी अपेक्षा किसी और चीज़ को महत्त्व दे दोगे, सर के ऊपर नहीं रखोगे उसको। आप कहोगे कि कुछ और ज़रूरी है, खाने को तैयार।

आप रखो उसे कहीं और, आप जान ही नहीं रहे हो कि सूरज को कहीं और रखकर आपने किसको अपने पास कर लिया है? किसको अपने पास कर लिया है? छाया को अपने पास कर लिया, अंधकार को अपने पास कर लिया। मानवता यही दो गलतियाँ हमेशा से करती आई है। अक्सर तो वो ऐसी जगह जाकर बैठ जाती है जहाँ प्रकाश उसे उपलब्ध ही न होने पाए, चुन-चुन कर ऐसी जगहें निकालती है। और जब दैवीय अनुकंपा से उसे ऐसा कोई मिल भी जाता है जो उसे प्रकाश दे दे, तो वो उसे समुचित स्थान नहीं दे पाती, वो कहती है, 'होगा कोई, हमारी ही दुनिया में है तो हमारे जैसा ही होगा।'

कोई तुलसी ही चाहिए रात को, दिन को, छाया को, छवि को दृष्टांत बना कर 'राम' समझा देने के लिए। इस एक चीज़ से बाज आ जाइए—कुछ और ज़रूरी है। इसके अलावा कुछ नहीं है त्यागने लायक, और यह भी न त्यागा जाता हो तो ये याद कर लीजिए कि राम ज़रूरी हैं। यह राम-धुन लगातार बजती रहे, लगातार बजती रहे। कुछ तो हो जिसका सतत् स्मरण रहे। जैसे कहते हैं ना कबीर साहब —

साँस नगाड़ा कूच का, बाजत है दिन-रैन।

कोई तो नगाड़ा दिन-रात भीतर बजे ताकि भूल न जाओ, तुम भूलते कितना हो? और ऐसा नहीं कि तुमसे भूलवश भूल हो जाती हो। तुम्हारी भूल भी भूल नहीं है। तुम्हारी भूल न जाने क्या है? कोई याद दिलाता हो, बार-बार जताता हो, बार-बार बुलाता हो, तब भी?

'नहीं ठीक है! बुलाता होगा, संध्या का सूरज है, आँखों के सामने है तो निश्चित हमारी ही ऊँचाई का होगा। हमारी ही ऊँचाई का न होता तो आँखों के सामने कैसे आता?' ये तुम्हारा तर्क है।

गौर कर लेना, सूरज तुम्हें जब भी दिखाई दे रहा है, जब भी वो तुम्हारी दृष्टि के भीतर है, निश्चित रूप से तुमने अपने-आपको गलत जगह रखा हुआ है। सूरज तुम्हारे लिए तभी सूरज है, तभी मान्य है, जब वो तुम्हें दिखाई देना बंद हो जाए, जब बिलकुल सर के ऊपर रहे। जब तक सर के ऊपर नहीं है, तुम उसे देख सकते हो, और अगर अभी वो तुम्हारे लिए दृश्य मात्र है तो तुम्हारे किसी काम का नहीं है।

राम तुमसे इतने ऊपर हों कि तुम्हें दिखाई न दें, इसीलिए राम की मूर्ति नहीं, राम-नाम;

राम–नाम। कोई तो हो तुम्हारे जीवन में तुमसे इतने ऊपर का कि तुम उसे दृश्य न मानो, तुम उसे व्यक्ति न मानो, तुम उसे पदार्थ न मानो, और नहीं है कोई ऐसा, तो तुम्हारे पास रहेगी तुम्हारी छाया, वही तुम्हारी सतत् संगनी रहेगी, उसी के साथ जियोगे। कौन है मेरा साथी? मेरी छाया। छाया, साया, माया! इन्हीं के साथ जियोगे।

सूनापन किसकी ज़िन्दगी में है? सूनापन उसकी ज़िन्दगी में है जिसकी ज़िन्दगी में वो दोहरा मौजूद है। सूनेपन की, लोनेलीनेस की परिभाषा जान लो। जिसकी अपनी ज़िन्दगी में दोहरा मौजूद है, वो सूनेपन का शिकार है। दोहरा मौजूद माने, पहले तो स्वयं, और दूसरा उसकी छाया।

हम और जीते कैसे हैं? अपनी छाया के साथ ही तो जीते हैं। हमारे जीवन में और कोई नहीं होता। हम होते हैं और हमारा प्रतिबिम्ब, हमारी छाया होती है। हमारी सारी बातें हमसे होती हैं, हमारी सारी बातचीत अंतर्संवाद होती है, हम किसी दूसरे से नहीं बात कर रहे होते हैं, हम अपने–आप से ही बात कर रहे होते हैं, क्योंकि दूसरे को तो हम जानते ही नहीं। दूसरा कुछ और नहीं है, बस छवि है हमारे लिए, और वो छवि हमने प्रक्षेपित की है।

भरा–पूरा कौन होता है? सूनापन किसका नहीं होता? वो जिसके साथ कोई नहीं है, वो जो छायाहीन है। जिसके साथ कोई है, वो हमेशा अकेलेपन का, सूनेपन का शिकार रहेगा और जिसके साथ कोई नहीं, जो अकेला खड़ा हो गया है, जिसके सर पर सिर्फ़ राम हैं और वो राम भी ऐसे हैं कि वो दिख नहीं रहे, उनका इतना सम्मान है कि उनकी छवि नहीं बनाई जा रही—मात्र वही होगा जिसके जीवन में सूनापन नहीं होगा।

अपने–आप से पूछिए, अपने–आपको निरंतर कोंचते रहिए—'भूल तो नहीं रहा? भूल तो नहीं रहा?' हर पाँच मिनट में अपने–आप से ये सवाल पूछा करिए, 'फिर भूला ना? फिर 'कुछ और' कीमती हो गया ना? फिर किसी और बात को महत्त्व दे दिया ना?' लगातार यही। क्या कीमती हुआ जाता है? कहाँ दिल लगा बैठे? किसको हैसियत दे दी? मन को, मन को, मन को।

क्या घूम रहा है मन में? राम तो नहीं घूम रहे। देने वाला वो, पालने वाला वो, समझाने वाला वो, बचाने वाला वो, ले जाने वाला वो, तुम याद किसको कर रहे हो? 'नहीं, असल में पिछली गली के गुप्ता जी को याद कर रहे थे।'

मुँह देने वाला वो, ज़बान देने वाला वो, स्वाद देने वाला वो, पाचन उससे, जीवन उससे, अन्न उससे, धन उससे, तुम याद किसको कर रहे हो? 'नहीं, वो सामने वाली दुकान में समोसे!'

तुम्हारी हालत उस बच्चे जैसी है जिसका बाप फलों का थोक व्यापारी हो और बच्चा एक सड़े हुए अंगूर के लिए रोता हो, और रोता ही नहीं है, जब बाप पीछे से आवाज़ देता है, तो कहता है, 'नहीं! वो मेरा सड़ा हुआ अंगूर है, मैं उसको हासिल करने जा रहा हूँ।'

ये अलग बात है कि वो सड़ा अंगूर भी दिया बाप ने ही है, पर तुर्रा ये है कि 'मेरा

है।' अंगूर है और मगरूर है! सड़ा है और अड़ा है! 'मेरा प्यारा व्यक्तिगत अंगूर!' और वहाँ पीछे से आवाज़ें दी जा रही हैं कि, 'भाई! अनार की तश्तरी भेजी है, अंगूरों का थैला भेजा है,' और उसके बाद शिकायत ये कि, 'जीवन दुःख है! अंगूर सड़ा है।'

अंगूर सड़ा है कि तू औंधा घड़ा है? कितना भी तुझे दिया जाता है तुझमें समाता नहीं, तू औंधा पड़ा है।

लेकिन शिकायत क्या है?

अंगूर सड़ा है।

''ठीक वहीं पर जाकर आपकी दृष्टि रुकती है जो आपको चाहिए। बाकी जगहों पर नज़र रुकती ही नहीं, दिखाई देता ही नहीं। राम यदि मन में हों तो बाहर भी मात्र दिखाई क्या देंगे? राम! तुलसी यही सूत्र दे रहे हैं, वो कह रहे हैं—'जगत को नश्वर, मिथ्या मत बोलो, तुम इतने राममय हो जाओ कि जहाँ देखो वहाँ राम दिखाई दें।''

❑❑❑

प्रशांत अद्वैत संस्था

प्रशांत अद्वैत संस्था आचार्य प्रशांत द्वारा स्थापित और नेतृत्व प्राप्त एक गैर–लाभकारी संस्था है। संस्था की स्थापना असत्य–जोकि प्रत्येक मनुष्य के भीतर बसा हुआ है तथा समाज में भी व्याप्त और प्रचलित है–को नष्ट करने के लक्ष्य से किया गया है। साथ ही, संस्था लोगों को स्वयं के प्रति तथा अपने जीवन के प्रति वैज्ञानिक एवं आध्यात्मिक दृष्टिकोण अपनाने को प्रेरित करती है।

संस्था का संचालन किस प्रकार होता है?

संस्था आचार्य प्रशांत की शिक्षाओं का विभिन्न माध्यमों से प्रचार करती है। संस्था इन शिक्षाओं से जुड़े आध्यात्मिक शिविर, ऑनलाइन पाठ्यक्रम, व्याख्यान तथा सम्मेलन भी आयोजित करती है। आचार्य प्रशांत जी की पचास से अधिक वेदांतिक ग्रंथों पर व्याख्याएँ उपलब्ध हैं। उपनिषद् और गीता ही नहीं, आचार्य प्रशांत संतों व अन्य कालातीत विषयों पर भी व्याख्यान दे चुके हैं।

इन सभी सत्रों को रिकॉर्ड किया जाता है और इन पर आधारित विविध बोध सामग्री, जैसे कि शैक्षिक पाठ्यक्रम इत्यादि, निर्मित किए जाते हैं ताकि यह संदेश सुगमता से दूर–दूर तक पहुँचाया जा सके।

सामग्री कहाँ उपलब्ध है?

(क) मोबाइल ऐप–आचार्य प्रशांत द्वारा बोध साहित्य एवं व्याख्याएँ अत्यंत तीव्र गति से उपलब्ध कराई जा रही हैं। संस्था इस सामग्री के एकीकरण, प्रतिलेखन तथा प्रकाशन करने की भूमिका निभाती है। संस्था विशेष ध्यान यह भी रखती है कि इस कार्य के दौरान आचार्य जी के संदेशों का मूल रूप विकृत न हो ताकि आने वाली सदियाँ भी इनका शुद्धतम रूप में लाभ उठा सकें। सार्वजनिक उपयोग हेतु आचार्य प्रशांत के सारे पाठ्यक्रम एवं पुस्तकें सुगम रूप में संस्था के मोबाइल ऐप पर संग्रहित हैं। सत्य के साधकों तक विशुद्ध ज्ञान पहुँचाने हेतु यह मोबाइल ऐप एक कालातीत स्रोत बना रहेगा।

(ख) वेबसाइट–आचार्य प्रशांत द्वारा निर्मित पाठ्यक्रम तथा पुस्तकें संस्था के वेबसाइट www.solutions.acharyaprashant.org पर भी उपलब्ध हैं।

(ग) सोशल मीडिया–सार्वजनिक उपयोग के लिए संस्था आचार्य प्रशांत के यूट्यूब, फेसबुक, इंस्टाग्राम और ट्विटर आदि सोशल मीडिया चैनल्स पर भी भारी मात्रा में बोध साहित्य तथा वीडियोज़ उपलब्ध करवाती है।

संस्था के कार्य से सर्वाधिक लाभान्वित वर्ग निम्नलिखित हैं–

(क) पशु–पक्षी, वनस्पति तथा अन्य गैर–मानव जीव–आज के समय में पशु–

पक्षियों तथा वनस्पति को सबसे बड़ा खतरा मानव जाति के अज्ञान से है। मनुष्य का पर्यावरण के प्रति यह अज्ञान मूलतः स्वयं के शरीर तथा मन के अज्ञान से पैदा होता है। अतः मनुष्य के मन का सुधार ही प्रकृति को बचाने का सबसे उचित उपाय है। यह कहा जा सकता है कि आचार्य प्रशांत के कार्यों की वजह से लाखों जानवरों की जानें बची हैं, विशेष रूप से उन जानवरों की जो आमतौर पर भोजन के लिए मारे जाते है, जैसे–मुर्गा, बकरा, भेड़, गाय, भैंस, मछली आदि। इसके अतिरिक्त, बड़ी तादाद में जंगली जानवरों की जानें भी बची हैं। आचार्य जी के प्रयासों से प्रेरित होकर लाखों लोगों ने शाकाहार अथवा विशुद्ध शाकाहार को अपनाया है तथा एक सजग जीवनशैली अपनाई है जिसमें पर्यावरण के प्रति जागृति तथा न्यूनतम कार्बन पदचिह्न का प्रमुख स्थान है। आचार्य प्रशांत को वीगन मूवमेंट (विशुद्ध शाकाहार आंदोलन) का एक प्रमुख चेहरा भी माना जाता है।

(ख) युवा–वर्ग–आज का युवा, विशेषतः भारत का युवा–वर्ग, घर–परिवार, समाज, मीडिया, आर्थिक व्यवस्था इत्यादि से संस्कारित होने के कारण भिन्न–भिन्न चुनौतियों का सामना कर रहा है। इस वजह से उसके सामने शारीरिक संबंध, प्रेम, अस्तित्व इत्यादि को लेकर तरह–तरह की दुविधाएँ खड़ी हो गई हैं। वे एक नाजुक स्थिति में हैं जहाँ सम्यक निर्णय लेना मुश्किल हो गया है तथा गलत चुनाव करना बहुत आसान, आचार्य प्रशांत ने युवाओं की इन दुविधाओं को संबोधित करने में अनूठा किरदार निभाया है। देश के कई युवा आचार्य प्रशांत के शुक्रगुज़ार हैं कि उन्होंने अहम मौकों पर उनका मार्गदर्शन किया है और घातक निर्णय लेने से बचाया है।

(ग) महिलाएँ–दुनिया भर में, खासकर भारत में, महिलाओं को मानव जाति का एक अशक्त अंश समझा गया है। हालाँकि सामाजिक, राजनैतिक तथा आर्थिक नीतियों के माध्यम से उन्हें सबल बनाने की कोशिश की गई है लेकिन आंतरिक स्पष्टता एवं स्वायत्तता की गैर मौजूदगी में यह प्रयास सफल नहीं हो सकते। आचार्य प्रशांत ने महिलाओं को अपनी असली पहचान के प्रति जागृत किया है, उन्होंने यह दिखाया है कि न तो वे शरीर मात्र हैं और न ही केवल एक समाज–संस्कृत मन। स्कूली बालिकाओं से लेकर अधेड़ उम्र की गृहिणियों तक आज अनगिनत महिलाएँ आचार्य प्रशांत की शुक्रगुज़ार हैं। उनकी शिक्षाओं से उन्हें स्वायत्ता, स्पष्टता और साहस मिला है जिससे वे बाहरी शोषण एवं भीतरी कमज़ोरी का सामने करने में सक्षम हुई हैं।

(घ) आध्यात्मिक साधक–आज के समाज में एक विपुल वर्ग है जिसके लिए अध्यात्म केवल एक मनोरंजन का माध्यम है। इसके अतिरिक्त, एक ऐसा वर्ग है जिसके लिए अध्यात्म पुराने अंधविश्वासों को बनाए रखने के लिए एक सम्मानजनक नाम मात्र है। फिर कुछ लोग ऐसे भी हैं जो अपने जीवन की कटु सच्चाइयों से दूर भागने के लिए अध्यात्म की ओर आते हैं। इन्हें किसी सतही उपाय की खोज रहती है जिसमें किसी प्रकार की क्रियाएँ, कर्मकाण्ड अथवा आसन शामिल हों। आचार्य प्रशांत इन सभी प्रकार के जिज्ञासुओं को इनकी मूर्छित अवस्थाओं से बाहर लाने के लिए प्रचलित हैं। इन सभी

से भिन्न वह बिरला साधक है जिसने मन की गहराइयों में प्रवेश करने की खूब कोशिश की है, जो अपनी मुक्ति के लिए कठोर श्रम करने के लिए तैयार है, जो बंधनों से हताश है और मुक्ति की कीमत अदा करने को तैयार है। आचार्य प्रशांत ऐसे साधकों के लिए एक सच्चे मित्र बन जाते हैं।

पिछले कुछ वर्षों में विभिन वर्गों से बड़ी तादाद में स्वयंसेवक संस्था से जुड़े हैं और इन्होंने आचार्य प्रशांत के द्वारा दिए बोधज्ञान का प्रचार करने में निरंतर श्रम लगाया है। संस्था ने विभिन्न माध्यमों से तकरीबन एक करोड़ से अधिक लोगों के जीवन को प्रभावित किया है। आने वाले समय में निश्चित ही यह आँकड़ा कई गुना बढ़ने वाला है।

संरथा के बारे में और अधिक जानकारी हेतु acharyaprashant.org पर जाएँ। संस्था के पाठ्यक्रमों के बारे में जानकारी solutions.acharyaprashant.org पर उपलब्ध है। अन्य किसी विषय के संबंध में संस्था से requests@advait.org.in पर संपर्क करें।